Beiträge zur Graphischen Datenverarbeitung

Herausgeber:
Zentrum für Graphische Datenverarbeitung e. V., Darmstadt (ZGDV)

Beiträge zur Graphischen Datenverarbeitung

J. L. Encarnação (Hrsg.): Aktuelle Themen der Graphischen Datenverarbeitung. IX, 361 Seiten, 84 Abbildungen, 1986

G. Mazzola, D. Krömker, G. R. Hofmann: Rasterbild – Bildraster.
Anwendung der Graphischen Datenverarbeitung zur geometrischen
Analyse eines Meisterwerks der Renaissance: Raffaels „Schule von
Athen". XV, 80 Seiten, 60 Abbildungen, 1987

W. Hübner, G. Lux-Mülders, M. Muth: THESEUS. Die Benutzungsoberfläche der UNIBASE-Softwareentwicklungsumgebung.
X, 391 Seiten, 28 Abbildungen, 1987

M. H. Ungerer (Hrsg.): CAD-Schnittstellen und Datentransferformate im
Elektronik-Bereich. VII, 120 Seiten, 77 Abbildungen, 1987

H. R. Weber (Hrsg.): CAD-Datenaustausch und -Datenverwaltung.
Schnittstellen in Architektur, Bauwesen und Maschinenbau.
VII, 232 Seiten, 112 Abbildungen, 1988

J. Encarnão, H. Kuhlmann (Hrsg.): Graphik in Industrie und Technik.
XVI, 361 Seiten, 195 Abbildungen, 1989

D. Krömker, H. Steusloff, H.-P. Subel (Hrsg.): PRODIA und PRODAT.
Dialog- und Datenbankschnittstellen für Systementwurfswerkzeuge.
XII, 426 Seiten, 45 Abbildungen, 1989

J. L. Encarnação, P. C. Lockemann, U. Rembold (Hrsg.): AUDIUS –
Außendienstunterstützungssystem. Anforderungen, Konzepte und
Lösungsvorschläge. XII, 440 Seiten, 165 Abbildungen, 1990

J. L. Encarnação   P. C. Lockemann
U. Rembold (Hrsg.)

AUDIUS –
Außendienstunterstützungssystem

Anforderungen, Konzepte und
Lösungsvorschläge

Mit 165 Abbildungen

Mit Beiträgen von J. Brünig, W. Felger, M. Göbel,
M. Spreng und P. Zuppa

Unter Mitwirkung von H. Grabowski und W. Stucky

Springer-Verlag Berlin Heidelberg New York
London Paris Tokyo Hong Kong

Reihenherausgeber

ZGDV, Zentrum für Graphische Datenverarbeitung e.V.
Wilhelminenstraße 7, D-6100 Darmstadt

Bandherausgeber

José L. Encarnação
FhG-AGD, Fraunhofer-Arbeitsgruppe für Graphische
Datenverarbeitung, Wilhelminenstraße 7
D-6100 Darmstadt

Peter C. Lockemann
FZI, Forschungszentrum Informatik an der
Universität Karlsruhe, Haid- und Neu-Straße 10–14
D-7500 Karlsruhe 1

Ulrich Rembold
Institut für Prozeßrechentechnik und Robotik
Universität Karlsruhe, Postfach 6980
D-7500 Karlsruhe 1

ISBN-13:978-3-540-52289-8   e-ISBN-13:978-3-642-95613-3
DOI: 10.1007/978-3-642-95613-3

CIP-Titelaufnahme der Deutschen Bibliothek
Aussendienstunterstützungssystem : AUDIUS; Anforderungen, Konzepte und Lösungsvorschläge /
J.L. Encarnação ... (Hrsg.). Mit Beitr. von J. Brünig ... unter Mitw. von H. Grabowski u. W.
Stucky. – Berlin ; Heidelberg ; New York ; London Paris ; Tokyo ; Hong Kong : Springer, 1990
  (Beiträge zur graphischen Datenverarbeitung)

NE: Encarnação, José L. [Hrsg.]; Brünig, J. [Mitverf.]; AUDIUS

2145/3140(3011)-543210 – Gedruckt auf säurefreiem Papier

Vorwort

In den letzten Jahren werden sowohl in den Unternehmen der Produktivgüterindustrie als auch des Dienstleistungssektors große Anstrengungen unternommen, alle Unternehmensbereiche in ein durchgängiges Datenverarbeitungskonzept zu integrieren. Erstaunlicherweise machen diese Integrationsbestrebungen bisher in aller Regel spätestens an der Pforte des Unternehmens halt. Wie nötig jedoch gerade eine Einbindung des Außendienstes in die Datenverarbeitung des Unternehmens ist, wird z.B. in der Produktivgüterindustrie daran deutlich, daß nur ein verschwindend geringer Prozentsatz der mit hohen Kosten verbundenen Angebote tatsächlich in Aufträge umgesetzt wird. Durch einen integrativen Ansatz der Datenverarbeitung bieten sich vielfältige Möglichkeiten, diese Kosten zu senken (z.B. durch Ausschaltung der Doppelerfassung von Daten oder eine automatisierte Angebots- und Auftragsbearbeitung). Außerdem lassen sich individuelle Wünsche der Kunden schnell und gezielt erfassen und bei der Entwicklung und Produktion flexibel berücksichtigen.

Erschien die Einbindung des im mobilen Außendiensteinsatz vor Ort tätigen Mitarbeiters vor wenigen Jahren noch unrealistisch, so überrascht es angesichts der jüngsten Fortschritte auf dem Gebiet der Informatik, daß inzwischen keine leistungsfähigen dezentralen Außendienstsysteme auf dem Markt erschienen sind und Einsatz gefunden haben. Als Beispiele für derartige Fortschritte, die eigentlich eine Katalysator-Funktion hätten übernehmen müssen, sei hier nur die Leistungsfähigkeit moderner tragbarer PC's (Laptops) genannt. Eine auch dem gelegentlichen Benutzer von DV-Geräten sofort ins Auge stechende Leistungssteigerung ist beispielsweise im Graphikbereich zu verzeichnen. Während die Benutzer der ersten Laptops noch keinen hochauflösenden oder farbigen Graphikbildschirm zur Verfügung hatten, befinden sich heute derartige Geräte bereits auf dem Markt; angesichts des in der Branche generell zu beobachtenden Preisverfalls dürften sie in naher Zukunft für einen breiten Einsatz interessant werden. Robuste Festplatten mit hoher Speicherkapazität und optische Platten tragen zu dieser Leistungssteigerung bei. Doch nicht nur auf der Hardware-Seite sind bedeutende Fortschritte erzielt worden. Neue Techniken der Software-Entwicklung erleichtern die Erstellung von leistungsfähigen Programmen mit ergonomisch günstig gestalteten Mensch-Maschine-Schnittstellen. Nicht zuletzt sind gerade für eine informationstechnische Anbindung des Außendienstes an die Unternehmenszentrale die Fortschritte in der Kommunikationstechnologie, wie sie Breitband-ISDN und andere Neuentwicklungen bieten, von höchster Bedeutung.

Die Notwendigkeit der Außendienstunterstützung und -einbindung auf der einen Seite und die technische Leistungsfähigkeit dezentraler Kleinrechner und die Vielfalt der Kommunikationsinfrastruktur auf der anderen Seite veranlaßten das Forschungszentrum Informatik an der Universität Karlsruhe (FZI) und die Fraunhofer-Arbeitsgruppe Graphische Datenverarbeitung (FhG-AGD), Darmstadt, die heutige Situation des Außendienstes zu analysieren und den Stand der Technik auf den mit der Außendienstunterstützung in Zusammenhang stehenden Teilgebieten der Informatik genauer zu untersuchen. Daneben sollen erste Konzepte zur Realisierung der Integration des Außendienstes in die Datenverarbeitung des Unternehmens aufgezeigt werden.

In diesem Bericht werden die Ergebnisse der Analysephase des zur Durchführung dieser Aufgaben ins Leben gerufenen Projekts AUDIUS (AUßenDIenstUnterstützungsSystem) dargestellt. Er enthält eine ausführliche Betrachtung der vom Außendienst zu bearbeitenden Aufgaben und diskutiert die Schwachstellen, Ziele und Anforderungen sowohl im technischen Bereich als auch im Dienstleistungsbereich. Weiterhin wird eine detaillierte Beschreibung des Standes der Technik auf den für die Außendienstunterstützung relevanten Gebieten der Informatik gegeben. Daneben wird der Funktionsumfang einer Reihe bereits auf dem Markt erhältlicher Systeme skizziert, die sich die Unterstützung einiger wichtiger Funktionen im Außendienst zum Ziel gesetzt haben. Am Ende wird eine Konzeption eines Außendienstunterstützungssystems vorgestellt, und es werden Strategien zu seiner Einführung im Unternehmen angedeutet.

Der Bericht wendet sich zunächst an Fachleute aus der Praxis, die mit der Problematik des Außendienstes befaßt sind. Er soll denjenigen, die sich im Außendienst des eigenen Unternehmens eine höhere Effektivität und Effizienz erhoffen und die bislang ihre Probleme für rein unternehmensspezifisch gehalten haben, zeigen, welche Chancen in der Realisierung eines mit heutiger Technologie bereits machbaren universell einsetzbaren Außendienstunterstützungssystems liegen. Weiterhin soll er verdeutlichen, wo neue Entwicklungen möglich sind, um die Datenverarbeitung im Außendienst effizient einzusetzen. Er soll auch potentiellen Anbietern von Außendienstsystemen helfen, die mit derartigen Systemen verbundenen Anforderungen und die mit ihnen verknüpften Marktchancen kennenzulernen. Daneben soll dieser Bericht aber auch den Unternehmen und der Wissenschaft Anregungen für interessante Forschungsthemen geben. Letzten Endes soll der Bericht Anwender, Anbieter und Wissenschaft zur Kooperation und zur Erschließung und Nutzung eines Marktsegments anregen, das derzeit noch eine erfolgversprechende Nische bietet.

Eine so weitreichende Aufgabe konnte nur in Teamarbeit gelöst werden. Die fünf Autoren aus den beiden beteiligten Forschungseinrichtungen teilten sich die Arbeit wie folgt: Kapitel II und VII wurden erstellt von J. Brünig und M. Spreng, Kapitel III von W. Felger, M. Göbel und P. Zuppa, Kapitel V von W. Felger, M. Göbel, M. Spreng und P. Zuppa, Kapitel VI von J. Brünig und die verbleibenden Kapitel I, IV sowie das Literatur- und das Stichwortverzeichnis von allen Autoren gemeinsam.

Eine solche Arbeit erfordert natürlich intensiven Praxisbezug. Er wurde zunächst durch eine Fragebogenaktion Anfang 1988 bei potentiellen Anwendern und Anbietern von Außendienstunterstützungssystemen hergestellt, deren Ergebnisse bereits publiziert wurden (/FZIA-88/). Außerdem haben die am Projekt beteiligten Forschungsinstitutionen einen Arbeitskreis AUDIUS eingerichtet, der am Thema "DV-Einsatz im Außendienst" interessierte industrielle Anwender, Anbieter und Berater mit Mitarbeitern von FZI und FhG-AGD zusammenführte. Auf seinen

Sitzungen brachten die aus der Praxis kommenden Mitglieder ihre Erfahrungen und Anregungen in Form von Vorträgen und Diskussionsbeiträgen ein. Die Mitglieder aus der Forschung stellten die Ergebnisse ihrer Arbeiten vor. Das positive Echo, auf das die Arbeiten gestoßen sind, wird durch die Tatsache belegt, daß auch nach Abschluß dieses Berichts der Arbeitskreis erhalten blieb und sich inzwischen sogar in mehrere, Spezialthemen gewidmete Kreise aufgeteilt hat.

An dieser Stelle möchten wir allen Mitgliedern des Arbeitskreises für die wertvollen Anregungen, Diskussionen und Sitzungsbeiträge danken. Unser Dank gebührt ferner den Unternehmen Hewlett Packard GmbH, Schroff GmbH sowie der Technologie Management Gruppe (TMG), die zusammen mit dem Ministerium für Wirtschaft, Mittelstand und Technologie des Landes Baden-Württemberg und dem Wirtschaftsministerium des Landes Hessen großzügig die Mittel zur Finanzierung des Projekts bereitstellten. Dank für seine Unterstützung gebührt auch dem Förderverein Forschungszentrum Informatik. Wie bei Forschungseinrichtungen üblich, haben Studenten die Arbeitslast mitgetragen: Roland Becker, Niels Müller-Warmuth, Hauke Schlüter, Wolfgang Müller, Dirk Egner und Wilfried Grieb seien hier ausdrücklich erwähnt. Die Professoren Grabowski und Stucky standen immer wieder mit Rat zur Seite. Unser besonderer Dank gilt aber den fünf Autoren, die uns durch ihre Eigenständigkeit, Initiative, Motivation und durch ihren Sachverstand die Leitung des Vorhabens besonders leicht machten.

Wir wünschen dem Bericht, daß er Anbieter und Anwender gleichermaßen zur Bedienung und Nutzung eines entwicklungsfähigen Marktsegments anspornt.

Darmstadt und Karlsruhe, im Januar 1990

José Encarnaçao
Peter Lockemann
Ulrich Rembold

Inhaltsverzeichnis

I Einführung

Das Umfeld von Unternehmen der Produktivgüterindustrie und auch des Dienstleistungsgewerbes ändert sich hinsichtlich Markt, Technik, Recht und Gesellschaft zunehmend schnell. Es lassen sich beispielsweise die folgenden Einflüsse identifizieren:

- Markt
  Wachsender Wettbewerb sowohl auf dem Weltmarkt als auch auf dem heimischen Markt sowie eine allmähliche Veränderung der Marktgewohnheiten durch Sättigung des Nachholbedarfs stellen heute die Unternehmen vor neue Probleme: Vergrößerung der Typenvielfalt, Verringerung der Losgrößen (Seriengrößen tendieren zur Stückzahl 1), erschwerte längerfristige Terminplanung und stark schwankende Kapazitätsnutzung durch kurzfristige Stückzahlschwankungen bei flüchtigen Nachfragen. Diesen Problemen kann nur durch eine Erhöhung der Unternehmensflexibilität begegnet werden.

- Technik
  Die Innovationszyklen für Produkte und Technologien werden immer kürzer, das heißt, es entstehen in immer kürzeren Abständen neue Produkte mit im Durchschnitt entsprechend verkürzter Lebensdauer. Die Folge sind häufige Produktumstellungen in der Fertigung. Außerdem vollzieht sich in diesem Bereich ein ständiger Strukturwandel.

- Recht
  Eine Reihe rechtlicher Regelungen der letzten Jahre wirkt unmittelbar auf den Fertigungsbereich von Unternehmen der Produktivgüterindustrie ein. Erwähnt seien in diesem Zusammenhang die Umweltgesetzgebung, das Betriebsverfassungsgesetz von 1972, die Arbeitsstättenverordnung von 1976 sowie die z.T. bereits erstellten oder noch in Arbeit befindlichen Arbeitsstättenrichtlinien und Ergonomie-DIN-Normen. Zudem werden in Tarifverträgen Vereinbarungen getroffen, die die Arbeitsgestaltung und Arbeitsorganisation stark beeinflussen (z.B. Flexibilisierung der Arbeitszeit).

- Gesellschaft
  Die allgemeine Erhöhung des Wohlstandes und des Bildungsniveaus der Bevölkerung hat zu erhöhten Ansprüchen an die Arbeitswelt geführt. Als Selbstverständlichkeit gilt bereits die Forderung nach gut bezahlter, sauberer und unfallsicherer Arbeit. Die Ansprüche beziehen sich zunehmend auch auf die Arbeitsorganisation. Es werden Wünsche erhoben nach mehr Handlungsspielraum, Möglichkeiten

der Höherqualifizierung am Arbeitsplatz und Möglichkeiten, zwischen verschiedenen Arbeitssystemen wählen zu können. Gleichzeitig ist insbesondere bei jüngeren Mitarbeitern die Bereitschaft zu erkennen, größere Arbeitsinhalte zu bewältigen und mehr Verantwortung zu übernehmen /VDI-80/.

Diese Einflußfaktoren haben insbesondere auch starke Auswirkungen auf den Außendienst von Unternehmen der Produktivgüterindustrie, aber auch des Dienstleistungsgewerbes. Die Unternehmensführung ist heute beispielsweise zur strategischen Unternehmens- und Produktplanung auf umfassende, aber korrekte, vor allem aber strukturierte, vom Außendienstmitarbeiter unbeeinflußte Informationen über den Wirkungsgrad des Außendienstes und über das Marktgeschehen wie beispielsweise Käuferverhalten, Produktakzeptanz, Wettbewerbskraft etc. angewiesen. Der Grund für diesen Bedarf ist darin zu suchen, daß sich für viele insbesondere auch mittelständische Unternehmen der Markt zunehmend zu einem Käufermarkt, einem besonders im Hinblick auf Preisstellungen transparenten Markt, einem Markt mit flüchtigen Nachfragen und einem Markt mit kurzen Produktlebenszyklen verändert /IHDE-87/.

Das Forschungszentrum Informatik an der Universität Karlsruhe (FZI) und die Fraunhofer Arbeitsgruppe Graphische Datenverarbeitung (FhG-AGD), Darmstadt, bearbeiten deshalb ein gemeinsames Projekt "AUßenDIenstUnterstützungsSystem" (AUDIUS). Im Rahmen dieses Projekts wurden Möglichkeiten einer Unterstützung des Außendienstes durch EDV-Systeme untersucht.

Dabei wird insbesondere auch im Rahmen eines computerintegrierten Unternehmenskonzepts die Einbindung solcher Systeme in den innerbetrieblichen Informationsfluß beleuchtet, was bisher kaum untersucht worden ist.

Nach einer gemeinsamen Markt- und Bedarfsanalyse, u.a. in Form einer Fragebogenaktion, haben die Projektpartner die Tätigkeitsfelder des Technischen und des Nichttechnischen Außendienstes untersucht. Schwerpunktmäßig wurde der Technische Außendienst vom FZI und der Außendienst im Versicherungsgewerbe von der FhG-AGD betrachtet. Es wird insgesamt im Projekt AUDIUS angestrebt, bzgl. der technischen Ausprägungen der Systeme weitgehende Gemeinsamkeiten zu erzielen, um eine möglichst große Gesamtwirtschaftlichkeit für potentielle Anwender und Anbieter solcher Systeme zu erzielen. Dieser Bericht hat die Ergebnisse der Definitionsphase zum Inhalt. Den Hauptteil dieser Definitionsphase bildete die Problemanalyse und die Erarbeitung des Standes der Technik für potentielle AUDIUS-Komponenten.

Das Vorgehen während der Problemanalysephase lehnt sich weitgehend an bekannte Methoden aus dem Softwareengineering /KIMM-79/ /LOCK-83/ an, während an einigen Stellen auch die Methodik von /MENA-88/ angewandt wird. Insgesamt lassen sich die Phasen Istanalyse, Zielanalyse, Schwachstellenanalyse und Anforderungsanalyse unterscheiden, wobei diese Einzelschritte, bedingt durch die Breite des betrachteten Anwendungsspektrums jeweils für die Anwendungsfelder Technischer Vertrieb und Außendienst im Dienstleistungsgewerbe bearbeitet werden, um die anwendungsspezifischen Ziele, Schwachstellen und Anforderungen an ein AUDIUS herausarbeiten zu können.

Zur Vorbereitung der Systemkonzeption oder - in der Terminologie von /MENA-88/ - zur Ermittlung der AUDIUS-Inkarnation wird, basierend auf der Anforderungsdefinition, anschließend der Stand der Technik für die als notwendig erachteten funktionalen Systemkomponenten aufgearbeitet, wobei hier ausschließlich die differenzier-

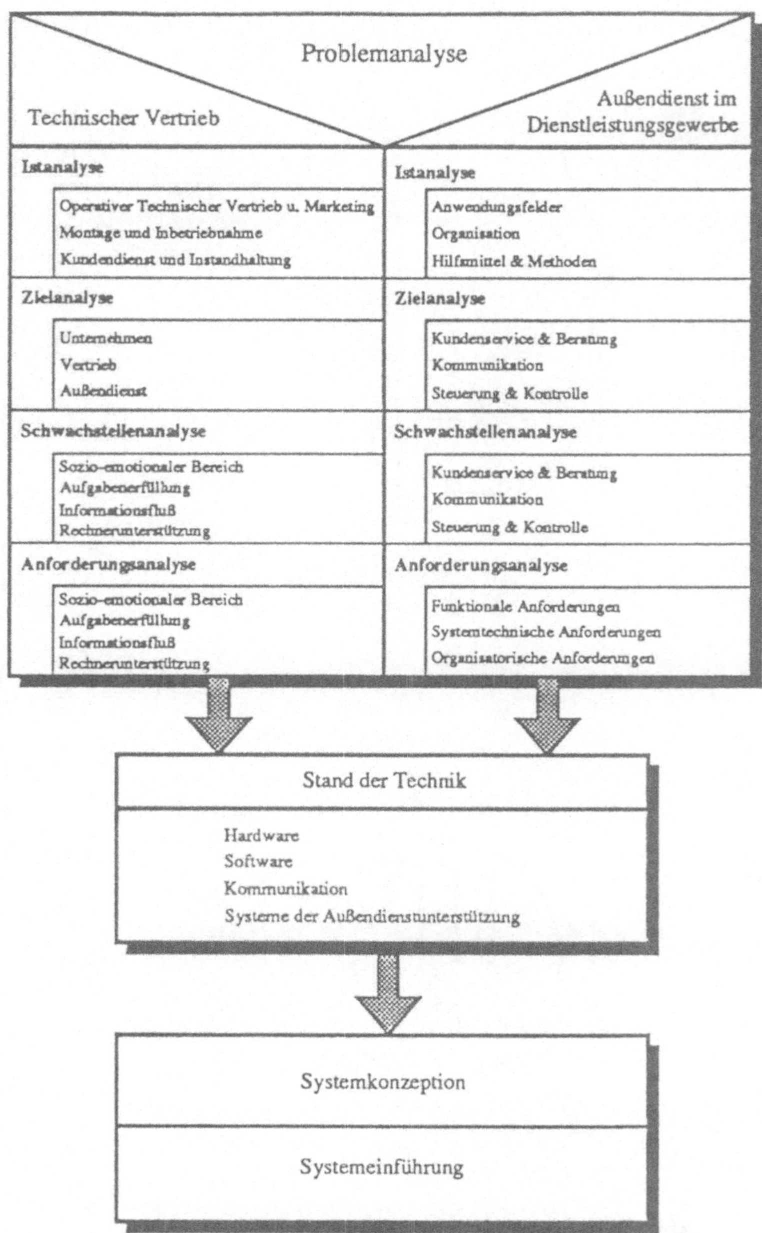

Abb. 1. Vorgehensweise während der AUDIUS-Definitionsphase

ten Konzeptionen der Funktionsmoduln verglichen werden.

Im Kapitel V wird ein Konzept für eine AUDIUS-Architektur vorgestellt mit einem ersten Grobentwurf des Gesamtsystems. Der Bericht schließt in Kapitel VI mit einer möglichen Strategie der Systemeinführung ab.

Die Definitionsphase stützt sich auf eine umfangreiche Markt- und Bedarfsanalyse

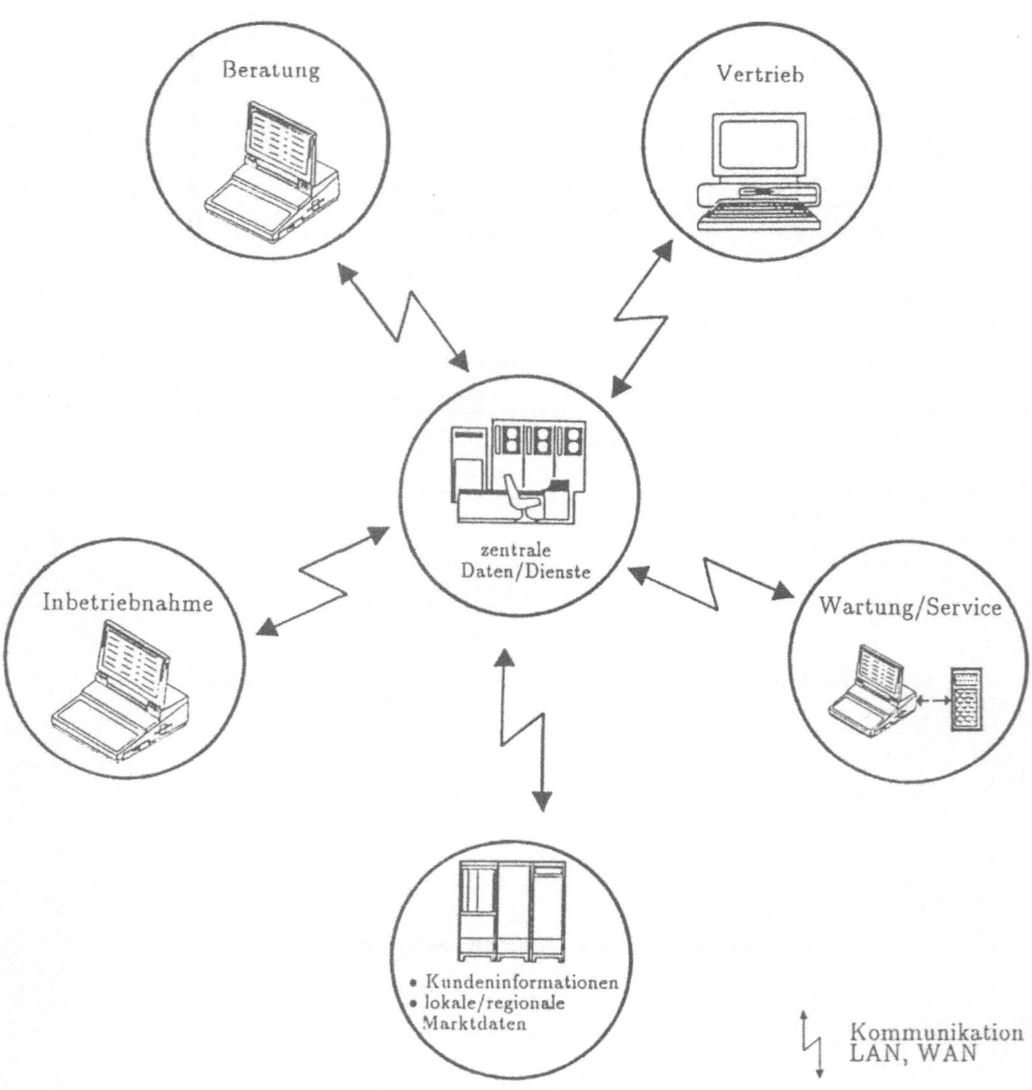

Abb. 2. Beispiel einer AUDIUS-Konfiguration

u.a. in Form einer Fragebogenaktion. Mit ihrer Hilfe sollte sowohl das derzeitige und geplante Angebot seitens potentieller Anbieter von Außendienstunterstützungssystemen eruiert als auch die heute tatsächlich vorhandenen bzw. zukünftig absehbaren Anforderungen an solche Systeme identifiziert werden. Der Bericht zur Fragenbogenaktion ist bereits zu einem früheren Zeitpunkt publiziert worden /FZIA-88/. Parallel zur Markt- und Bedarfsanalyse wurde eine Expertenbefragung bei Verbänden und Unternehmen durchgeführt. Exemplarisch wurde am FZI außerdem der Außendienst in einem Unternehmen des Baustoffachhandels im Rahmen einer Diplomarbeit mit dem Thema "Konzeption eines Außendienstunterstützungssystems für ein Unternehmen des Baustoffachhandels" /MÜWA-89/ beleuchtet. Diese Diplomarbeit wurde in Zusammenarbeit mit der Universität Karlsruhe und einem in Karlsruhe ansässigen Unternehmensberater durchgeführt. In einer Studienarbeit an der Universität Karlsruhe /BECK-89/ wurden bereits auf dem Markt erhältliche Außendienstsysteme untersucht, eine weitere Studienarbeit /MÜHL-89/ beschäftigte sich mit einem Kryptographie-Modul.

Darüber hinaus wurde in einer Studienarbeit die Funktionalität von heute verfügbaren Kommunikationseinrichtungen für eine Verwendung in Außendienstunterstützungssystemen untersucht /SCHL-89/. Diese Studienarbeit wurde in Zusammenarbeit mit der Universität Karlsruhe und der FhG-AGD durchgeführt.

Das Thema Außendienstunterstützung, insbesondere die Bereitstellung eines generalisierten Basissystems, ist außerordentlich komplex. Die Problemidentifikation

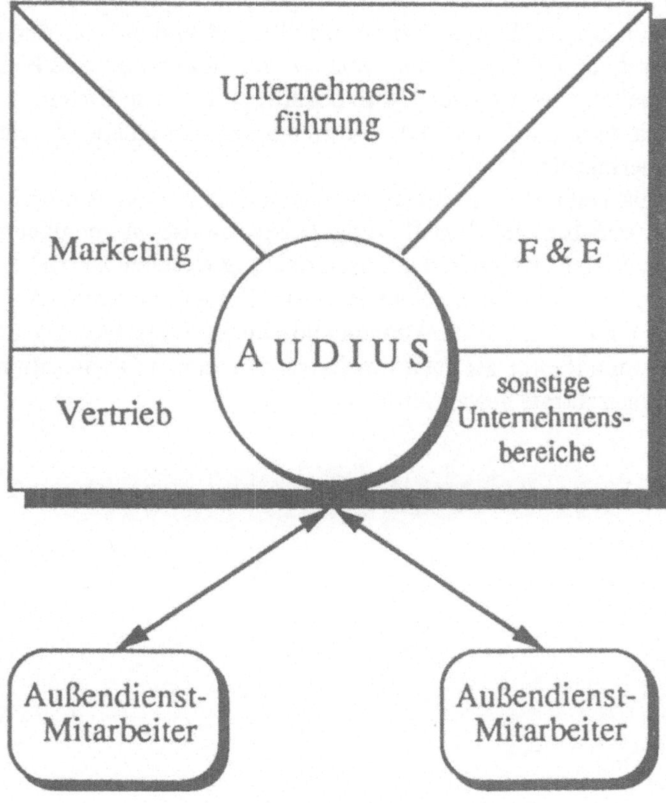

Abb. 3. Organisatorische Einbettung eines AUDIUS im Unternehmen

und Lösungsfindung erfordert beispielsweise eine enge Zusammenarbeit zwischen Wissenschaft und Wirtschaft. Hierbei ist auf seiten der Wissenschaft die Zusammenarbeit verschiedener Disziplinen, nämlich der Informatik, der Betriebswirtschaft, der Ergonomie sowie möglicherweise der Linguistik gefordert. Hingegen ist auf seiten der Wirtschaft die Einbeziehung von Herstellern von Systemkomponenten ebenso notwendig wie eine Beteiligung verschiedener potentieller AUDIUS-Anwender. Die Einbeziehung dieser unterschiedlichen wissenschaftlichen Disziplinen und industriellen Interessengruppen gewährleistet den Entwurf und die Realisierung eines weitgehend anwendungsneutralen Rahmensystems, das dann durch Modifikationen bzw. Erweiterungen auf den Einsatz in einer Vielzahl von Unternehmen zugeschnitten werden kann.

Bevor die Ergebnisse der Definitionsphase präsentiert werden, soll der Begriff AUDIUS, wie er von den Kooperationspartnern verstanden wird, definiert werden.

Ein AUDIUS ist ein Rechnersystem (Hard- und Software), das den Außendienst in den unternehmensweiten Informationsfluß integriert. Dies bedeutet zum einen, daß das AUDIUS den Mitarbeiter im Außendienst jederzeit und an jedem Ort bei seiner Aufgabenerfüllung durch die Bereitstellung geeigneter Dienste und aktueller Informationen unterstützt. Zum anderen dient ein AUDIUS als Instrumentarium zur systematischen Informationsgewinnung im Außendienst und zur optimalen Versorgung anderer Unternehmensbereiche mit Informationen des Außendienstes.

Unter einem AUDIUS wird also nicht etwa ein System verstanden, das ausschließlich in der Unternehmenszentrale installiert ist und auf das der Außendienstmitarbeiter ausschließlich Zugriff hat, wenn er sich in der Zentrale befindet und mit dem System arbeitet, bzw. wenn er Dritte beauftragt, mit dem System in seinem Sinne zu arbeiten, um ihm die benötigten Informationen anschließend telefonisch oder schriftlich zu übermitteln.

Ein AUDIUS stellt also ein verteiltes System dar, das Dienste und Daten dezentral vorhält und anbietet. Der Zugriff erfolgt beispielsweise on-line über einen mobilen Computer, der mit einer Kommunikationseinrichtung versehen ist (siehe Abb. 2).

Abbildung 3 zeigt in einer Übersicht die Einbettung eines AUDIUS in ein Unternehmen. Der Zugriff auf Funktionen und Dienste des AUDIUS muß sowohl für die Außendienstmitarbeiter als auch für die verschiedenen Organisationseinheiten in der Unternehmenszentrale gewährleistet sein.

II Problemanalyse: Technischer Vertrieb

Zielsetzung der Problemanalyse ist eine möglichst vollständige Beschreibung der an das AUDIUS gestellten Anforderungen unter besonderer Berücksichtigung der Einsatz- bzw. Umgebungsbedingungen. Die Umgebungsbedingungen sind Unternehmen, Betriebsorganisation, Markt, Produkte und Anwendungsfelder. Im Rahmen dieser Studie soll das Anforderungsprofil für ein AUDIUS-Basissystem entwickelt werden, das möglichst flexibel an vielfältige Anwendungsfelder des Technischen Außendienstes und des Außendienstes im Dienstleistungsgewerbe angepaßt werden kann. Deshalb werden im Rahmen dieser Studie die Parameter Unternehmen, Betriebsorganisation, Markt und Produktspektrum ausgeklammert, da diese nicht so sehr für die Entwicklung des Basissystems von Relevanz sind als vielmehr für die Entwicklung der unternehmensspezifischen Anpassungen des AUDIUS.

In dieser Problemanalyse kann es also beispielsweise nicht darum gehen, eine spezifische Datenflußanalyse für ein konkretes Unternehmen durchzuführen, da der Informationsfluß einer Firma von vielfältigen Einflußfaktoren, wie z.B. der Aufbau- und Ablauforganisation, dem Produktprogramm etc. abhängig ist. Vielmehr soll es Aufgabe dieser Problemanalyse sein, aus allen denkbaren Anwendungen, insbesondere den zu erfüllenden betrieblichen Funktionen und den zu bearbeitenden Aufgaben, Schwachstellen und Ziele möglichst verallgemeinerter Art abzuleiten, um dann Anforderungen an dieses AUDIUS-Basissystem zu extrahieren. Die Situation des Außendienstes in einem spezifischen Unternehmen und daraus zu extrahierende Anforderungen an ein Außendienstunterstützungssystem wurden parallel zu den Arbeiten an dem vorliegenden Bericht im Rahmen einer Diplomarbeit /MÜWA-89/ durchgeführt.

Wie in der Einführung bereits besprochen, soll während der gesamten Definitionsphase nach /LOCK-83/ und /MENA-88/ vorgegangen werden. Dementsprechend gliedert sich die Problemanalyse in die Schritte

- Ist-Analyse,
- Zielanalyse,
- Schwachstellenanalyse und
- Anforderungsanalyse.

Um der Vielfalt möglicher Anwendungen Rechnung zu tragen, wird die Problemanalyse für zwei sehr bedeutende Anwendungsfelder durchgeführt, nämlich den Technischen Vertrieb und den Außendienst im Dienstleistungsbereich. Dabei werden zunächst die beiden Anwendungsfelder hinsichtlich der zur Erfüllung der Funktion der betrieblichen Bereiche zu bearbeitenden Aufgaben, der in diesen Unternehmensbereichen bisher eingesetzten Methoden und Hilfsmittel sowie der Rechnerunterstützung analysiert. Sodann werden die spezifischen Schwachstellen des Außendienstes identifiziert, um daraus die Ziele für den AUDIUS-Einsatz pro Anwendungsfeld abzuleiten. Anschließend wird der jeweilige spezielle Anforderungskatalog für AUDIUS in Reflexion auf das Anwendungsfeld erstellt.

Der vorliegende Bericht wurde so gegliedert, daß in diesem zweiten Kapitel der Technische Vertrieb, in dem folgenden Kapitel III der Außendienst im Dienstleistungsbereich beschrieben wird.

1 Ist-Analyse: Technischer Vertrieb

Für die Ist-Analyse wurde der Technische Vertrieb gegliedert in seine Ausprägungen Operativer Technischer Vertrieb und Marketing, Montage und Inbetriebnahme sowie Kundendienst und Instandhaltung.

Die Aufnahme des Ist-Zustandes wird im folgenden anhand einer Beschreibung

- der zu erfüllenden Aufgaben der betrachteten betrieblichen Funktionsbereiche,
- der benutzten Hilfsmittel und Methoden,
- des Informationsflusses und
- des Standes der Rechnerunterstützung

durchgeführt.

Nach /MERT-88/ und /VDI-83/ muß in Branchen, in denen die kundenindividuelle Auslegung der Erzeugnisse Arbeitskräfte im Vertrieb und in der Konstruktion bindet, wie es beispielsweise in vielen Bereichen des Maschinen- und Anlagenbaus typisch ist, auch der Einsatz dieser knappen Ressourcen optimiert werden. Dies gilt besonders dann, wenn die Angebots- oder Projektbearbeitung bereits in diesem frühen Stadium der Auftragsabwicklung hohe Kosten verursacht, die erst bei Erlangung des betreffenden Auftrags gedeckt werden können. Neben einer Beurteilung der Realisierungswahrscheinlichkeit wird man in diesem Fall vorher unter anderem das erwartete Auftragsvolumen, voraussichtliche Deckungsbeiträge bzw. Erlöse (soweit bereits prognostizierbar) sowie die Beanspruchung der Vertriebs- und Konstruktionsabteilung durch die Projektierungsarbeiten bewerten. Eine DV-Unterstützung ist in Form einer Nutzwertanalyse vorstellbar. Deren Ergebnis kann dann dazu führen, daß der Rechner, also das AUDIUS, empfiehlt, kein Angebot abzugeben, ein unverbindliches Kontaktangebot zu erstellen oder aber ein Detail-Angebot auszuarbeiten.

Dies alles trifft in besonderem Maße auf den im Außendienst operierenden Technischen Direktvertrieb zu. Der beschriebene Mehraufwand im Angebotswesen begründet für den Vertriebsbeauftragten z.B., daß Kundenbesuche effizienter geplant und gestaltet werden müssen /RKW-81/. D.h. der Außendienstmitarbeiter benötigt ein Koordinierungsinstrumentarium z.B.

- zur Prognoserechnung über die Erfolgswahrscheinlichkeit des Kundenbesuchs, wozu Kundendateien mit Vermerken über das Bestellverhalten, das Zahlungsverhalten, das Produktspektrum, die letzte Bestellung, den Bedarf etc. zu führen sind,
- zur Terminplanung und -optimierung sowie

– zum Informationsaustausch mit der Zentrale während der Auftragsvorklärung zur Ermittlung der technischen Realisierbarkeit, freier Kapazitäten (Lieferzeitbestimmung) und zur Übermittlung signifikanter Produktdaten.

Weiterhin muß, wie bereits in der Einführung erwähnt, die heutige Vertriebsplanung und Unternehmensführung zunehmend Unsicherheiten über Umweltentwicklungen in Kauf nehmen. Das rechtzeitige Erkennen von Schwachstellen im Unternehmen und seiner Umwelt, die korrekte Beurteilung von Innovationszyklen, die laufende Beobachtung der Konkurrenz und sogenannter "strategischer Erfolgsindikatoren", wie z.B. Marktposition und Marktwachstum, sowie eine genaue Ist-Analyse der Produkte, Märkte und Geschäftseinheiten im Unternehmen sind heute unabdingbare Voraussetzung zur strategischen Vertriebs- und somit auch Unternehmensplanung /KINT-85/. Berücksichtigt man noch, daß nach /KINT-85/ branchenabhängig 60% bis 80% der Ideen, die letztendlich zu neuen Produkten führen, keine eigenen Erfindungen sind, sondern aus Nachfragen, Beschwerden oder Anregungen aus Kundenkontakten resultieren, wird die Marktinformation zum Wettbewerbsfaktor. Dieser Sachverhalt wird durch /MUSC-87/ bestätigt, wonach jede Information und jeder Erfolgsfaktor des Unternehmens in den Händen des Vertriebes zum Wettbewerbsfaktor wird. Die Unternehmensführung ist daher, wie bereits in der Einführung dargelegt, zur strategischen Unternehmens- und Produktplanung auf umfassende, aber korrekte, vor allem aber strukturierte, vom Außendienstmitarbeiter unbeeinflußte Informationen über den Wirkungsgrad des Vertriebs und über das Marktgeschehen wie beispielsweise Käuferverhalten, Produktakzeptanz, Wettbewerbskraft etc. angewiesen. Bisher ist es jedoch so, daß Informationen, die dem Vertriebsbeauftragten im Außendienst vom Markt zufließen, von diesem, bewußt oder unbewußt, motivierend oder manipulierend, keineswegs aber neutral, an das Unternehmen weitergegeben werden. Es bedarf also eines Mediums, das den Vertriebsbeauftragten bei der Informationsakquisition unterstützt, diese Informationen dann formalisiert, strukturiert und auch selektiert. Diese Unterstützung des Informationsflusses vom und zum Außendienstmitarbeiter kann jedoch angesichts der komplexen Struktur des innerbetrieblichen Informationsflusses, wie er z.B. für ein Unternehmen der Investitionsgüterindustrie in /FZIA-89/ dargestellt ist, nicht isoliert betrachtet werden und stellt daher eine nicht zu unterschätzende Herausforderung dar.

Nicht nur aufgrund der skizzierten Entwicklungen erscheint es insgesamt immer wichtiger, den Technischen Vertrieb in die Auftragsabwicklung eines Unternehmens einzubinden und ihm ein Instrumentarium in die Hand zu geben, das ihn bei seinen vielfältigen und durchaus komplexen Aufgaben unterstützt, zumal in vielen Unternehmen die Marketing- und Vertriebskosten Größenordnungen erreicht haben, die zu einer Behinderung der Wettbewerbsfähigkeit führen /ZAHN-87/.

Im Anschluß an dieses Kapitel werden die Aufgaben des Technischen Vertriebs mit seinen Teilfunktionen Operativer Technischer Vertrieb und Marketing, Montage und Inbetriebnahme sowie Kundendienst und Instandhaltung beschrieben. Danach werden die derzeit eingesetzten Hilfsmittel und Methoden des Technischen Vertriebs erläutert, der Informationsfluß wird analysiert, um daran anschließend den derzeitigen Stand der Rechnerunterstützung aufzuzeigen. Darauf basierend wird dann eine Ziel-, Schwachstellen- und Anforderungsanalyse für dieses Anwendungsfeld durchgeführt.

10

Die wichtigsten Begriffe und Definitionen, die bei der Beschreibung der Aufgaben, Hilfsmittel und Methoden, des Informationsfluß und des Standes der Rechnerunterstützung des Technischen Vertriebs und des Marketings verwendet werden, werden im Anhang in alphabetischer Reihenfolge kurz erläutert.

1.1 Aufgaben des Technischen Vertriebs

Die Bedeutung des Vertriebs für ein Unternehmen kann nicht unterschätzt werden,
da über den Verkauf von Sachgütern und Dienstleistungen der Rückfluß der im
Betriebsprozeß eingesetzten Geldmittel eingeleitet und damit die nachhaltige Fort-
setzung der Produktion erst möglich gemacht wird /WÖHE-86/. Welche Aufgaben fallen nun im Technischen Vertrieb an? Welche Informationen müssen vom Mitarbeiter
des Technischen Vertriebs erfaßt, verarbeitet und anschließend an die Zentrale weitergegeben werden?

Vor der Beantwortung dieser Fragen ist es zunächst sinnvoll, sich auf eine gemeinsame Definition des Begriffs "Vertrieb" zu verständigen. Die Autoren verstehen
unter "Vertrieb" gemäß der von /GERT-79/ erarbeiteten und in Kapitel VII
vollständig enthaltenen Definition die Zusammenfassung aller Absatzmittel, die im
weitesten Sinne den Zweck verfolgen, Kunden die Möglichkeit zum Kauf und u.U. zur
Nutzung der hergestellten Produkte zu verschaffen.

Unter dem Begriff Technischer Vertrieb werden neben den originären Vertriebsfunktionen, wie Angebotswesen, Kundenberatung etc., auch die betrieblichen Funktionen Lagerwesen, Kundendienst, Kundenschulung subsummiert /LEMI-82/. Der
Vertrieb umfaßt somit die gesamte Auftragsabwicklung, da ihm die Auftragsvorklärung aber auch die Inbetriebnahme, Kundendienst etc. obliegt.

Nachfolgend werden aus Gründen der besseren Übersichtlichkeit zunächst die
Aufgaben des Operativen Technischen Vertriebs und des Marketings beschrieben, bevor eine Darstellung der vertrieblichen Teilfunktionen Montage und Inbetriebnahme
einerseits sowie Kundendienst und Instandhaltung andererseits erfolgt.

1.1.1 Operativer Technischer Vertrieb und Marketing

Zu den auf den Kunden bezogenen Hauptaufgaben des Technischen Vertriebs gehören nach obiger, sehr weit gefaßter Definition neben der Anbahnung und Durchführung von Verkaufsgeschäften, z.B. durch Angebote, auch Aufgaben wie Installation,
Inbetriebnahme und Reparatur von verkauften Produkten sowie Ausbildung des
Kundenpersonals. In diesem Kapitel soll nun der Technische Vertrieb in seinem engeren Sinne betrachtet werden, d.h. primär in Ausrichtung auf die Anbahnung und
Durchführung von Verkaufsgeschäften. Diese Teilfunktion wird nachstehend als Operativer Technischer Vertrieb bezeichnet.

Eng verbunden mit dem Vertrieb, oftmals darin integriert, ist das Marketing (vgl.
Definition in Kapitel VII). Wesentlicher Informationslieferant ist dabei der Außen-
dienst, der in seinen Besuchsberichten z.B. über Kundenreaktionen auf eigene und
Konkurrenzprodukte oder über die Wettbewerbssituation berichtet.

Einen guten Überblick über die Aktivitäten des Operativen Vertriebs, einschließlich des Außendienstes gibt, unabhängig von strukturellen Organisationsformen,
/VDI-84/ in Form einer Prozeßanalyse. In /SEBE-88/ werden als wesentliche Funk-

tionsbereiche und Einzelaufgaben, die in Vertrieb und Marketing zu organisieren sind, unter anderem die folgenden angegeben.

Marktbeobachtung

- Erkundung von Verkaufsmöglichkeiten (Marktpotential, Aufnahmefähigkeit des Marktes, Bedarfstrends) und der Verkaufsbedingungen in den in- und ausländischen Absatzmärkten

- Ermittlungen auf der Bedarfsseite, z.B.
  - der Bedarfsursachen
  - der potentiellen Abnehmer
  - der regionalen Bedarfsverteilung
  - der Abnehmerprobleme
  - der Kaufgewohnheiten
  - von Bedarfsverschiebungen (z.B. nach neuen Produkten oder Verfahren) der voraussichtlichen Bedarfsentwicklung
  - von Verbrauchereinstellungen zu den Produkten
  - von notwendigen Änderungen der Erzeugnisse
  - der Entwicklung der Preise und Konditionen

- Beobachtung der Konkurrenz, z.B.
  - der Firmen und ihrer Charakteristika
  - der regionalen Verteilung der Angebotsseite
  - der Erzeugnisprogramme
  - der Marktanteile
  - der Vertriebswege
  - der Vertriebsmethoden
  - der Preise
  - der Werbung
  - der Qualität
  - der Abnehmergruppen

- Beobachtung der Wirtschaftslage und ihrer Entwicklungstendenzen im In- und Ausland, z.B.
  - momentane Konjunkturphasen
  - Entwicklungstrends
  - politische Gegebenheiten und Ziele
  - soziale Verhältnisse
  - Kaufkraftentwicklung
  - Förderungsmaßnahmen
  - Beschaffungsbeschränkungen
  - Investitionstätigkeit
  - Kostenentwicklung
  - Arbeitsmarktlage
  - Branchenkonjunkturen
  - Industriestrukturänderungen

12

- Planung, Steuerung und Durchführung der Marktforschungstätigkeit, z.B.

  - Festlegung der Art und Menge der für das Unternehmen interessanten und notwendigen Marktinformationen
  - Ermittlung geeigneter externer Informationsquellen, Informationsträger und Informanten
  - Festlegung von Informationszuträgern aus dem eigenen Unternehmen
  - Schaffung eines geeigneten Dokumentationssystems
  - Feststellung des individuellen Informationsbedarfs und Schaffung eines Informationsverteilungssystems
  - Auswertung der laufend eingehenden Informationen
  - Anweisung von Mitarbeitern anderer Bereiche zwecks Durchführung von Marktforschungsaufgaben
  - Planung und Durchführung von Abnehmerbefragungen und speziellen Marktanalysen
  - Ausarbeitung von Ergebnisberichten über Marktforschungsaufgaben
  - Mitwirkung bei der Ausarbeitung der Vertriebsplanungen

Marketingplanung (Vertriebs- und Absatzplanung)

- Planung des Erzeugnisprogramms (Leistungsprogramms)

  - langfristige Planung der Erzeugnisse unter Berücksichtigung der Marktentwicklung und Marktmöglichkeiten mit Hilfe von:
    - Auswertung technischer Fachliteratur
    - Analyse der Erzeugnisse der Wettbewerber
    - Auswertung von Messen und Ausstellungen
    - Prüfung von Lizenzangeboten
    - Kontakte mit technischen Fachausschüssen
    - Beobachtung externer Forschungsergebnisse
    - Analyse der Wünsche und Probleme der Abnehmer
    - Untersuchungen in der Fertigung
    - Analyse neuer Fertigungsverfahren (Substitutionsverfahren)
    - Planung der zu den Erzeugnissen gehörenden Dienstleistungen, z.B.
      - Kundenschulung
      - Programmierung
      - Kunden- und Ersatzteildienst
    - Festlegung der möglichen Zukauferzeugnisse (Handelsprodukte)

- Planung der vertrieblichen Aktivitäten und Instrumente

  - Planung des Absatzes nach Erzeugnisgruppen, Menge, Wert, Marktanteil, Exportanteil usw.
  - Planung der Vertriebsorganisation, der Absatzwege und Absatzgebiete
  - Planung der Verkaufspreise und -konditionen
  - Planung der Fertiglagerbestände nach Erzeugnissen, Menge und Wert
  - Planung der Werbe-, Verkaufsförderungs- und Schulungsmaßnahmen
  - Planung der Vertriebskosten

Leistungsanalyse (Vertriebsstatistik und -kontrolle)

- Führen von Statistiken über

  - Umsatz nach Erzeugnisgruppen, Absatzgebieten, Außendienstmitarbeitern und Kundengruppen
  - Auftragseingang
  - Auftragsbestand
  - Retouren
  - Reklamationen
  - Angebot, Angebotserfolg

- Kontrolle der Verkaufsleistungen des Außendienstes

- Kontrolle der Vertriebskosten

- Kontrolle der Einhaltung der Preise und Konditionen

- Kontrolle der Wirksamkeit der Werbe- und Verkaufsförderungsmaßnahmen

- Kontrolle der Marktgängigkeit (Marktalter) der einzelnen Erzeugnisgruppen

- Kontrolle der Außenstände

- grundsätzliche Kontrolle der Einhaltung der Vertriebsplanungen

Absatzförderung (Verkaufsförderung, Information, Werbung)

- Information des Außendienstes

  - Wirtschaftsmeldungen, Marktinformationen
  - anwendungstechnische Informationen
  - wichtige Verkaufsvorgänge
  - Veränderungen im Stammhaus
  - Absatzchancen
  - Vertriebsergebnisse
  - kaufm. Details, Lieferzeiten, Preise

- Schulung des Außendienstes

  - Einarbeitung neuer Außendienstmitarbeiter
  - Fortbildung der Außendienstmitarbeiter
  - Schulung und Information des Verkaufsinnendienstes

- Information der Fachpresse

  - Vermittlung von Interviews
  - Erstellen von Fachartikeln

- Durchführung von Verkaufsförderungsmaßnahmen

  - Fachtagungen
  - Werksbesichtungen
  - Vorführungen

- Organisation von Messen und Ausstellungen

- Konzipierung und Gestaltung der Verkaufsunterlagen und Verkaufshilfen

- Planung und Unterstützung der Markteinführung neuer Erzeugnisse

- Planung und Durchführung von Werbe- und PR-Maßnahmen

  - Werbemittelentwurf und -herstellung
  - Direktwerbung
  - Anzeigenwerbung
  - Information der Öffentlichkeit
  - Herstellung von Fotos und Filmen

- Verwaltung der Verkaufsunterlagen und Werbemittel

Außendienst

- Steuerung und Kontrolle der Außendiensttätigkeit

  - Beobachtung der turnusmäßigen Kundenbearbeitung
  - Einsatzsteuerung der Außendienstmitarbeiter in akuten Fällen
  - Unterstützung der Außendienstmitarbeiter bei Anliegen im Stammhaus
  - Bearbeitung der Kundenkartei
  - Mitwirkung bei der Leistungs- und Kostenkontrolle des Außendienstes
  - Mitwirkung bei der Absatzplanung
  - persönliche Betreuung der Außendienstmitarbeiter

- Durchführung der Außendienstarbeit

  - aktive Kontaktaufnahme zu interessierten oder potentiellen Kunden
  - Information und Beratung der Kunden
  - Erkennen der Wünsche und Probleme des Kunden und Vorschlag von Lösungen
  - Formulierung und Weitergabe von Anfragen
  - terminliche Verfolgung der Angebotsausarbeitung
  - Übergabe und Erläuterung des Angebots beim Kunden
  - Verfolgung der Angebote
  - Abgabe von Zusatz- oder Änderungsangeboten
  - Durchführung von Objektbesichtigungen
  - Durchführung von Verkaufsverhandlungen
  - Termin- und Preisabklärungen im Lieferwerk
  - Auftragsentgegennahme und volle Klarstellung
  - ständiges Kontakthalten mit dem Kunden, insbesondere Kontakthaltung während der Lieferzeit
  - Mitarbeit bei der Inbetriebnahme
  - Klärung und Schlichtung von Reklamationen
  - Entgegennahme nachträglicher Wünsche
  - Klärung von Ersatzteilfragen
  - Weitergabe von Reparatur- und Kundendienstangelegenheiten
  - Durchführung von Marktforschungs- und Sonderaufgaben
  - Berichterstattung und Kontakthaltung mit dem Stammhaus
  - Führung einer Gebietskundenkartei
  - Planung des persönlichen Einsatzes.

Hinweise darauf, welche der hier genannten Aktivitäten und Informationen von besonderer Relevanz für ein AUDIUS sind (der Außendienstmitarbeiter soll schließlich nicht zu einem "Informationsbroker" gemacht werden!), wurden mit Hilfe einer Befragung der Mitglieder des projektbegleitenden Arbeitskreises AUDIUS gewonnen. Größtes Gewicht wurde dabei auf die Bereiche Marktbeobachtung (insbesondere Erkundung von Verkaufsmöglichkeiten, Ermittlungen auf der Bedarfsseite und Beobachtung der Konkurrenz; nicht aber Beobachtungen der Wirtschaftslage insgesamt), Absatzförderung (sofern sie mit Außendienst zusammenhängt wie z.B. Informationen des Außendienstes und Schulung) und Außendienst (sowohl Durchführung als auch Steuerung und Kontrolle) gelegt, während die Bereiche Marketingplanung und Leistungsanalyse sowie die Teilgebiete der Absatzförderung, die nicht direkt mit dem Außendienst zusammenhängen (z.B. Informationen der Fachpresse), als weniger relevant für ein AUDIUS erachtet wurden.

Die skizzierten Merkmale des Technischen Vertriebs und des Marketing lassen sich nach Betrachtung der dargestellten Aufgabenkomplexe in drei wichtige Teilbereiche zerlegen, nämlich in marktbezogene, unternehmensbezogene und gesellschaftsbezogene.

Der konkrete Inhalt und der Umfang der Vertriebs- und Marketingaktivitäten sowie die Akzentuierung der jeweiligen Aufgaben ergeben sich immer aus der spezifischen Absatzsituation und den Marketingzielen des einzelnen Unternehmens. Der Katalog marktbezogener, unternehmensbezogener und gesellschaftsbezogener Aufgaben kann insofern hier nur allgemein umschrieben werden.

Die marktbezogenen Aufgaben zerfallen in die Ausschöpfung des derzeitigen Absatzmarktes sowie die systematische Suche und Erschließung neuer Märkte. Berücksichtigt man, daß sowohl mit vorhandenen als auch mit neuen Produkten bzw. Leistungen auf Märkten operiert werden kann, so gelangt man zu der in Kapitel VII unter dem Punkt "Marketingstrategien" dargestellten Aufgabengliederung im Marketing.

Den marktbezogenen Aufgaben steht die Koordination der Aktivitäten in der Unternehmung gegenüber. Die Koordination ergibt sich aus der Notwendigkeit des Denkens in Systemzusammenhängen. Sie erfordert eine Integration der unternehmenspolitischen Interessen aus der Sicht der absatzpolitischen Konzeption. So sind beispielsweise Interessenkonflikte zwischen den einzelnen Unternehmensbereichen auszugleichen.

Die Koordinationsaufgabe des Marketing im Unternehmen erstreckt sich vor allem auf eine Abstimmung der Forschungs- und Entwicklungsstrategien, der Produktions- und Lagerhaltungsstrategien sowie der Einkaufs- und Finanzierungsmaßnahmen.

Darüber hinaus sind vor allem die absatzpolitischen Instrumente innerhalb der Unternehmung in sachlicher und zeitlicher Hinsicht zu koordinieren. So kann z.B. der Verkauf eines Markenartikels mit hohem Qualitätsimage über Billigpreisgeschäfte zu Konflikten führen. Ähnlich verhält es sich mit der Einleitung einer Werbekampagne, obwohl das Produkt am Verkaufsort noch nicht erhältlich ist.

Analysiert man die Tätigkeiten eines Außendienstmitarbeiters im Technischen Vertrieb im einzelnen, so kommt man zu Ergebnissen, die die zu optimierenden Kernbereiche eines effizienten Außendiensteinsatzes verdeutlichen.

In /WOLT-78/ wird angeführt, daß im Vetriebsaußendienst als durchschnittliche, verkaufsaktive Zeit pro Mitarbeiter lediglich Werte (je nach Branche) zwischen 200 und 260 Stunden pro Jahr anzusetzen sind.

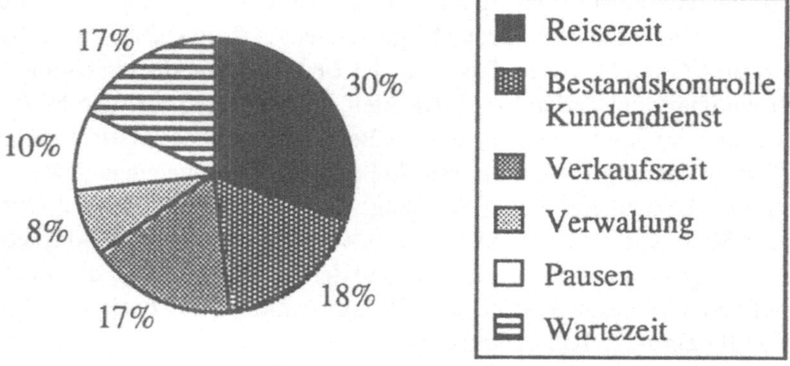

Abb. 1.1. Tageseinteilung eines Verkäufers der Konsumgüterindustrie

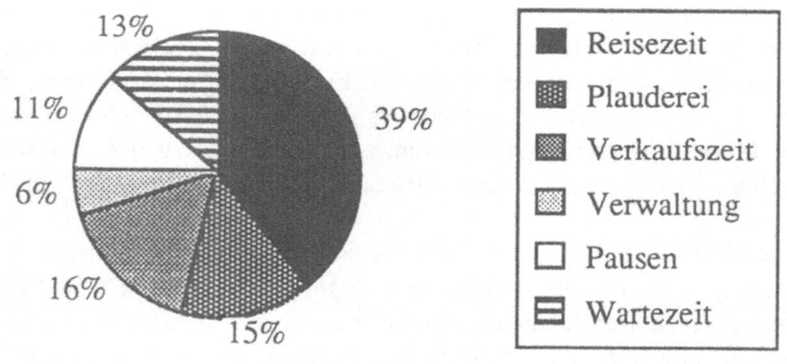

Abb. 1.2. Tageseinteilung eines Verkäufers der Investitionsgüterindustrie

/WAGE-81/ gibt für die Tageseinteilung von Verkäufern in der Konsum- und Investitionsgüterindustrie die in Abb. 1.1 und Abb. 1.2 dargestellten Werte an.

Weiterhin hat das Marktforschungsunternehmen McGraw-Hill Research, angeregt durch eine allgemein zu beobachtende Wettbewerbsverschärfung aufgrund von Faktoren wie sich verringernden Produktunterschieden, gesättigten sowie zunehmend grenzüberschreitenden Märkten, 1987 in den USA eine Untersuchung bzgl. der sich durch eine Unterstützung des Technischen Vertriebs bietenden Rationalisierungsreserve erstellt. Die Studie ergab, daß die durch einen Besuchstermin eines Außendienstmitarbeiters ausgelösten Kosten in den letzten 10 Jahren um 200 % gestiegen sind, mit in jüngster Zeit zunehmender Tendenz. Die Preissteigerungsrate für die Lebenshaltung belief sich demgegenüber auf 124 %. /WENZ-86/ ermittelte die in Abb. 1.3 angegebenen Kosten eines Vertriebsingenieurs. /WOLT-78/ hat ermittelt, daß die verkaufsaktive Arbeitszeit des Operativen Vertriebs der Investitionsgüterindustrie ca. 16 % beträgt. Nach Untersuchungen von /MERT-88/ liegt die derzeitige Angebotstrefferquote bei 12,5 %, was man auch als Mittelwert der in /VDI-88c/ genannten 5 bis 20 % erhält. Damit beträgt der tatsächlich produktive, in Aufträge umgesetzte Arbeitsanteil - und damit der Wirkungsgrad - gerade 2 %. Daraus wird gefolgert, daß beispielsweise mit der Verbesserung der Beratungsqualität ein mächtiges Rationalisierungspotential für den Operativen Technischen Vertrieb begründbar ist.

<table>
<tr><td colspan="2">Arbeitsplatz incl. Gehalt, Nebenkosten, Fahrzeug, Material</td></tr>
<tr><td>pro Jahr</td><td>ca. 216 000</td></tr>
<tr><td>pro Arbeitstag (bei 220 Arbeitstagen
./. 30 Tage Urlaub ./. 10 Tage Ausfall)</td><td>ca. 1 200</td></tr>
<tr><td>pro Arbeitsstunde (bei 8 Stundentag)</td><td>ca. 150</td></tr>
<tr><td>pro Minute</td><td>ca. 2,50</td></tr>
</table>

Abb. 1.3. Kosten der Arbeitszeit eines Vertriebsingenieurs in DM /WENZ-86/

1.1.2 Montage und Inbetriebnahme

Nach /MITT-86/ hat die betriebliche Funktion der Montage folgende Aufgaben zu bearbeiten:

– Montageplanung,
– Montageleitung,
– Inbetriebnahme und
– Erarbeitung der Dokumentation.

1.1.2.1 Montageplanung

Während der Planung des Montageablaufs sind von der Betriebsfunktion Montage folgende Teilaufgaben zu erfüllen.

- Bestimmung der Basiseckdaten gemäß vertraglichem Terminplan
    – früheste Termine für Einrichtung der Baustelle, Anlieferung der Ausrüstungen und Anlagenteile
    – Montageende
    – Inbetriebnahme

- Bestimmung der Montagemassen: Im Rahmen der Montageablaufplanung wird auf Basis oben genannter Eckdaten sowie der zu montierenden Massen für jeden Anlagenbereich ein Montagezeitplan erstellt, der den Montagefortschritt im Zeitablauf zeigt. Die Montagezeitpläne werden herangezogen, um Soll-Leistungskurven je Bauteil zu erstellen bzw. diese zu einer Soll-Leistungskurve für das gesamte Projekt zu aggregieren. Die Soll-Leistungskurve zeigt Schwankungen im Einsatz von Personal und Montagegerät auf.

- Bestimmung des Bedarfs an Personal, Geräten und Baustellenmaterial

- Auswahl und Vorbereitung des Montagepersonals

- Errichtung der Infrastruktur auf der Baustelle

Zu den wichtigsten Aufgaben der Montageplanung beispielsweise im Anlagenbau gehören /FREY-75/

- Erstellen der technischen Unterlagen wie z.B.
    - Abstimmen der Betriebsmittel- und Fundamentmaße
    - Maßabstimmung mit Lieferfirmen
    - Vorschriften über die Montage und Inbetriebnahme von Betriebsmitteln

- Erstellen des Durchführungsnetzplanes

- Zeichnen der Rohrmontagepläne

- Erstellen der Durchführungsbedingungen wie z.B.
    - allgemeine Bestimmungen über die Ausführung der Montagearbeiten
    - Unfallverhütung, Eigentumsschutz, Haftpflichtversicherungswesen
    - Koordination der Zusammenarbeit mit Liefer- bzw. Montagefirmen

- Festlegen der Montagespezifikationen wie z.B.
    - technische Beschreibung
    - Abgrenzung des gewünschten Arbeitsumfangs
    -. Bestimmung des Montagematerials
    - Angaben über die Zusammensetzung der Montagegruppen
    - Regelungen über die Abnahmeprüfung und die Abrechnungsmodalitäten

- Vergeben der Montagearbeiten an
    - die Lieferfirma
    - eine Montagefirma
    - das eigene Personal

- Planen des Montagepersonals

- Planen der Montagepersonalkosten

Nach Abschluß der vorbereitenden Maßnahmen auf der Baustelle, jedoch vor Ankunft des Montagepersonals bzw. der Ausrüstungsgüter, müssen die folgenden Komplexe geregelt werden /MITT-86/.

- Montage-Detailplanung

- Materialverwaltung

  - Materialeingangskontrolle
  - Erfassung von Transportschäden
  - Nachbestellung bzw. Reparatur von schadhaften Ausrüstungen
  - Einlagerung nach Konservierung gemäß den Bestimmungen der Lieferanten
  - Ausgangskontrolle

- Geräteverwaltung

- Dokumentationsverwaltung

  - Zeichnungen
  - Montagebeschreibungen, Manuals
  - Montageabschlußprotokolle

- Personalverwaltung

- Baufortschrittskontrolle

- Kostenkontrolle

- Auflösung der Baustelle

1.1.2.2 Montageleitung

Die Montageleitung als Bestandteil des Projektmanagements hat die Aufgabe, alle anstehenden und nicht den Bau betreffenden Montagearbeiten zu planen und durchzuführen.
Diese können z.B. sein:

- Elektroinstallation eines NC Bearbeitungszentrums
- Rohrinstallation für einen Glasschmelzautomaten
- Aufstellen von Werkzeugmaschinen

Der Aufgabenkreis der Montageleitung kann wie folgt umschrieben werden /FREY-75/.

- allgemeine Aufgaben

  - technische Leitung der Montagearbeiten
  - Arbeitsorganisatorische Koordinierung der verschiedenen Bau- und Montagegruppen
  - Kontrolle und Koordinierung der technischen Unterlagen
  - Arbeitsfortschrittskontrolle
  - Durchführung der Aufmessungen
  - laufende Terminverfolgung und Investitions- bzw. Kostenüberwachung
  - Materialverwaltung
  - Baustellenordnung, Unfallverhütung, Arbeitsdisziplin
  - Inbetriebsetzung
  - Übergabe
  - Endabrechnung
  - Enddokumentation

- **Kontrolle und Koordinierung**
  - tägliche Kontrolle des Montagepersonals
  - tägliche Kontrolle des eintreffenden bzw. des einzubauenden Materials
  - laufende Kontrolle, Genehmigung bzw. Freigabe der erstellten Zeichnungen und Montageunterlagen
  - regelmäßige Absprachen mit den Spezialisten
  - Materialprüfung
  - Einholen von Gutachten
  - Funktions-, Belastungs- und Druckproben

- **Baustellenordnung**
  - Regelungen über das Betreten der Baustelle
  - allgemeine Ordnung und Reinlichkeit
  - Arbeitsdisziplin
  - Unfallverhütungsmaßnahmen
  - Eigentumsschutz
  - Erste Hilfe, ärztliche Betreuung
  - Feuerschutzmaßnahmen
  - Materialverwaltung
  - Pförtnerdienst
  - Baustellenplan

- **Materialverwaltung**
  - Empfang von Materialien
  - vorläufige Kontrolle
  - fachgerechte Aufbewahrung
  - Materialausgabe

- **Montagegeräte**

- **Unfall- und Schadenverhütung**

- **Erfassung des Montageaufwandes**

- **Termin- und Kostenverfolgung**

- **Probebetrieb und Abnahmeprüfungen**
  - Funktions-, Belastungs-, Druckproben
  - Probebetrieb kompletter Aggregate
  - Abnahmeprüfung und Einregulierung

- **Inbetriebsetzung und Übergabe**
  - Einweisung des Betriebspersonals
  - Regelung der Zuständigkeiten

- **Abschlußarbeiten**
  - Ausführung der von Anfang an geplanten, jedoch aus verschiedenen Gründen zurückgestellten Arbeiten
  - Behebung von Mängeln und "Kinderkrankheiten"

- **Endabrechnung**

1.1.2.3 Inbetriebnahme

Die Voraussetzungen für eine erfolgreiche Inbetriebnahme (Definition siehe Kapitel VII) können folgendermaßen beschrieben werden:

- zuverlässige und ausreichende Versorgung mit Betriebsmitteln wie Strom, Wasser, Heiz- und Schmieröl u.a.

- ausreichende Vorräte an geeigneten Rohstoffen bzw. Einsatzmaterialien (am besten für die gesamte Zeit der Gewährleistung)

- das Vorhandensein von ausreichendem und geschultem Betriebs- und Wartungspersonal

- gesicherte Entsorgung von Abfallmaterial, Schmutzwasser u.a.

- aufgabenadäquate Hilfsmittel

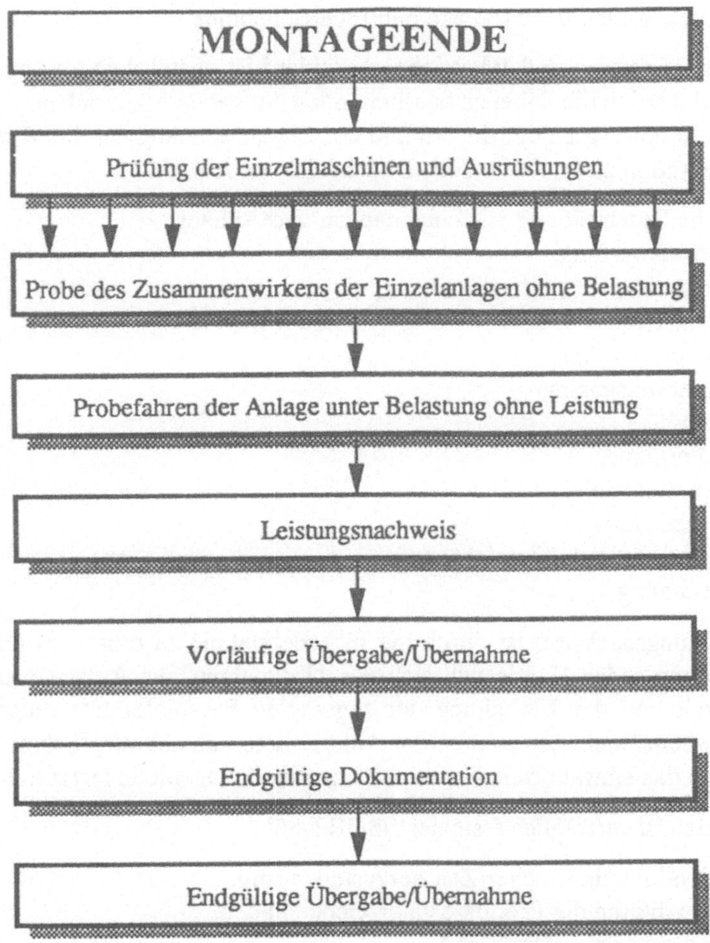

Abb. 1.4. Ablauf einer Inbetriebnahme /SÜRT-86/

Jedes Bauteil, seien es nun Maschinen oder andere Ausrüstungen, wird entsprechend der vom Hersteller erlassenen Vorschrift im allgemeinen ohne Belastung angefahren. Mit anderen Worten: es wird etwas "bewegt".

Abhängig von der Maschinen- oder Anlagenart wird im Anschluß an die erste Phase der Inbetriebnahme das richtige Zusammenwirken aller installierten Teilsysteme geprüft und eingestellt. Man spricht hier gerne von einem "Kaltlauf".

Sind alle vorangegangenen Tests erfolgreich abgeschlossen, wird die Anlage nun unter Belastung gefahren. Das Rohmaterial bzw. das Einsatzmaterial wird eingegeben und dabei der Materialfluß verfolgt. Alle Anlagenteile werden optimal eingestellt. Dazu gehören insbesondere die Meß- und Regel-Anlagen, aber auch die Einstellungen an den Zuführungen der Betriebsmedien. Die bei diesem Test hergestellten Endprodukte werden einer Qualitätsprüfung unterzogen. Diese Phase der Inbetriebnahme kann man auch als Generalprobe für den Leistungsnachweis bezeichnen.

In Kurzform kann der Ablauf einer Inbetriebnahme und das Procedere der Übergabe bzw. Übernahme wie in Abb. 1.4 dargestellt beschrieben werden.

1.1.2.4 Dokumentation der Montage und Inbetriebnahme

Der gesamte Montage- und Inbetriebnahmeablauf ist ausführlich zu dokumentieren. Nachstehend werden die dabei zu bearbeitenden Aufgaben beschrieben.

Parallel zu den Abschlußarbeiten und der Endabrechnung hat die Montageleitung die Dokumentation zu erarbeiten. Sie bezieht sich auf /FREY-75/:

- technische Beschreibung mit Zeichnungen und Anhang,
- Angebotsauswertung,
- Dokumentation der Lieferfirmen,
- Ersatzteilliste,
- Abnahmeprotokolle,
- Zahlungsanweisungen,
- Baupläne,
- Fundamentpläne,
- Betriebsmittelliste,
- Bestellverzeichnis,
- Investitionsliste und -übersicht sowie
- Endabrechnung.

Der Leistungsnachweis ist durch die Inbetriebnahme zu erbringen und zu dokumentieren, denn jeder Kunde will sich vor Übernahme der Anlage von ihrer Leistungsfähigkeit und der Einhaltung der zugesagten Parameter überzeugen. Es wird daher mit diesem Nachweis, zu dem der Anlagenlieferant sich verpflichtet hat, nur begonnen, wenn das einwandfreie Funktionieren aller Anlagenteile festgestellt ist.

Im allgemeinen ist vertraglich festgelegt /SÜRT-86/:

- welche Produkte in welcher Zeit herzustellen sind,
- welche Qualitäten die Produkte zu erreichen haben,
- welche Toleranzen zulässig sind,
- welcher Prozentsatz an Ausschuß tolerierbar ist,
- wieviel Energie und sonstige Betriebsmittel maximal verbraucht werden darf sowie

– wie oft und auf wessen Kosten sowie innerhalb welchen Zeitraumes ein fehl-
geschlagener Leistungsnachweis wiederholt werden darf.

Ein erfolgreich durchgeführter Leistungsnachweis wird vom Kunden in Form eines Abnahme-Protokolls bestätigt. Dieses Protokoll bewirkt aber noch nicht die endgültige, sondern nur die vorläufige Übernahme durch den Kunden. Die endgültige
Übernahme erfolgt erst nach Ablauf der Gewährleistungszeit. Gewährleistet werden
muß der einwandfreie Lauf der Anlage in dieser Zeit, wobei alle defekt gegangenen
Anlagenteile - die Verschleißteile ausgenommen - vom Lieferanten auf seine Kosten
entweder repariert oder ausgetauscht werden müssen. All diese Vorgänge müssen seitens der Montageleitung dokumentiert werden.

Da während der Inbetriebnahme manchmal noch Änderungen an der Anlage
vorgenommen werden, wird die Dokumentation, die Bau- und Schaltpläne sowie Be-
dienungs- und Wartungsvorschriften enthält, in die endgültige Fassung gebracht. Das
ist nicht zuletzt auch für den Fall wichtig, daß später Änderungen an der Anlage, z.B.
für Erweiterungen, vorgenommen werden.

Wenn die Inbetriebnahme erfolgt ist, werden die gewonnenen Erkenntnisse und
Erfahrungen in Form eines Abschlußberichts gesammelt.

Der Bericht beinhaltet die Meilensteine des Projekts, die Kosten und die Ergebnisse. Die Erarbeitung des Abschlußberichts sollte verantwortlich vom Projektleiter
übernommen werden und es sollten aus diesem Bericht wesentliche Erkenntnisse ins
Unternehmen zurückfließen.

Die einzelnen Meilensteine sind zu kommentieren, was gut oder was schlecht ge-
laufen ist, damit aus diesen Erfahrungen Verbesserungsvorschläge erarbeitet werden
können. Da die gesamte Vertriebsabwicklung über einen längeren Zeitraum läuft, ist
es zweckmäßig, die Meilensteine eines Projekts in ihrem geschichtlichen Ablauf darzustellen.

Es sollen dann nicht nur die zeitlichen Abweichungen aufgezeichnet, sondern
auch die sachlichen Differenzen zur Planung dargestellt werden. Die Kostenseite ist je
nach Projekt so darzustellen, daß Erfahrungen bei zukünftigen Projekten in die Angebotsphase mit eingebracht werden können. /MENC-86/

Die Daten des Abschlußberichts sollten in einem sogenannten Projektprofil
zusammengefaßt und in einem Soll-Ist-Vergleich dargestellt werden. In der in Abb.
1.5 dargestellten Tabelle geht die Beurteilung von "risikolos-problemlos-gut", mit der
Note 1 bewertet, bis zu "risikoreich-problematisch-unbefriedigend", mit der Note 6 bewertet.

Diese Darstellungsform hat den Vorteil, daß sich mehrere Personen an der Beurteilung beteiligen können. Hier wäre es möglich, einzelne Sachverständige für die
Sachgebiete zu ernennen, oder ein gewichtetes oder ungewichtetes Mittel der Angaben aller Beteiligter zu ziehen. Diese allgemeine Darstellung kann projektspezifisch
modifiziert werden. Die wesentlichen Abweichungen sind zu erläutern und die Beein-
flussung auf die Kosten- und Terminseite ist festzustellen. Man kann davon ausgehen,
daß Abweichungen nach rechts von der vorgegebenen Linie meistens mit erhöhten
Kosten, erhöhten Schwierigkeiten und Terminverzögerungen einhergehen /MENC-
86/.

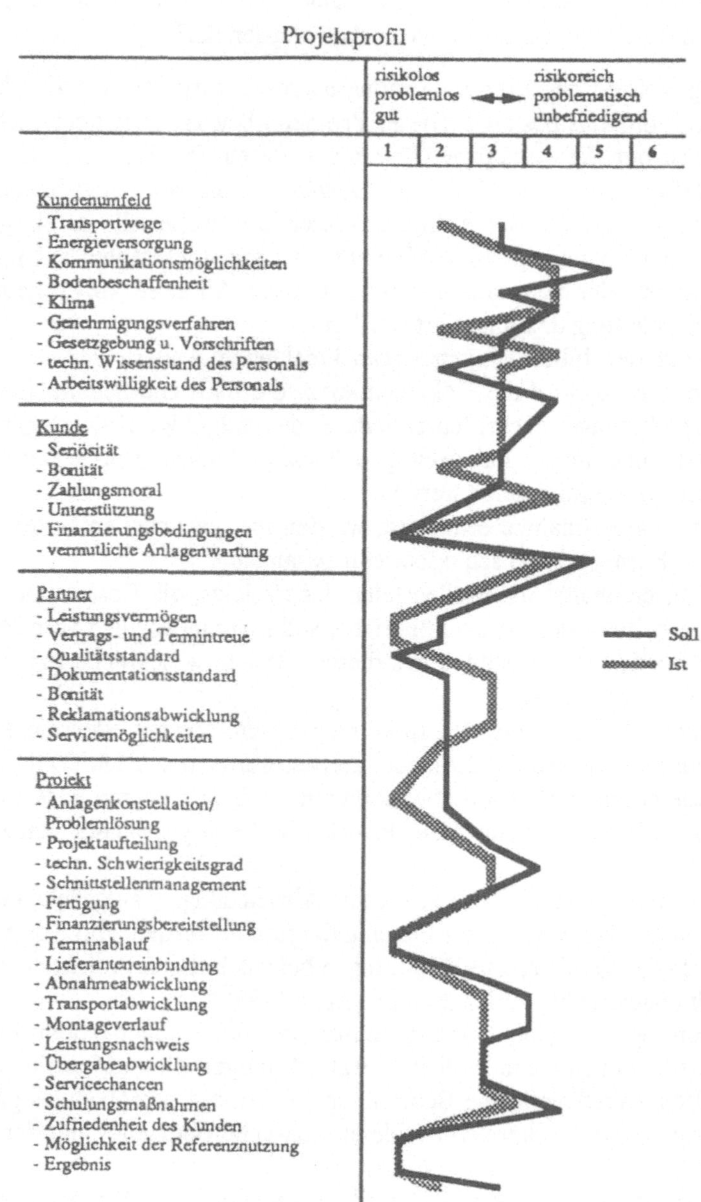

Abb. 1.5. Willkürliches Beispiel für ein Projektprofil (nach /MENC-86/)

1.1.3 Kundendienst und Instandhaltung

Da die Aufgaben des Kundendienstes und der Instandhaltung sich in der Praxis in vielen Bereichen überschneiden, sollen sie hier gemeinsam betrachtet werden.

1.1.3.1 Kundendienst

Der Begriff Kundendienst ist sowohl in der betriebswirtschaftlichen Literatur als auch in der Praxis nicht einheitlich definiert. In dieser Arbeit soll die im Kapitel VII angeführte Definition von /EVER-79/ verwendet werden.

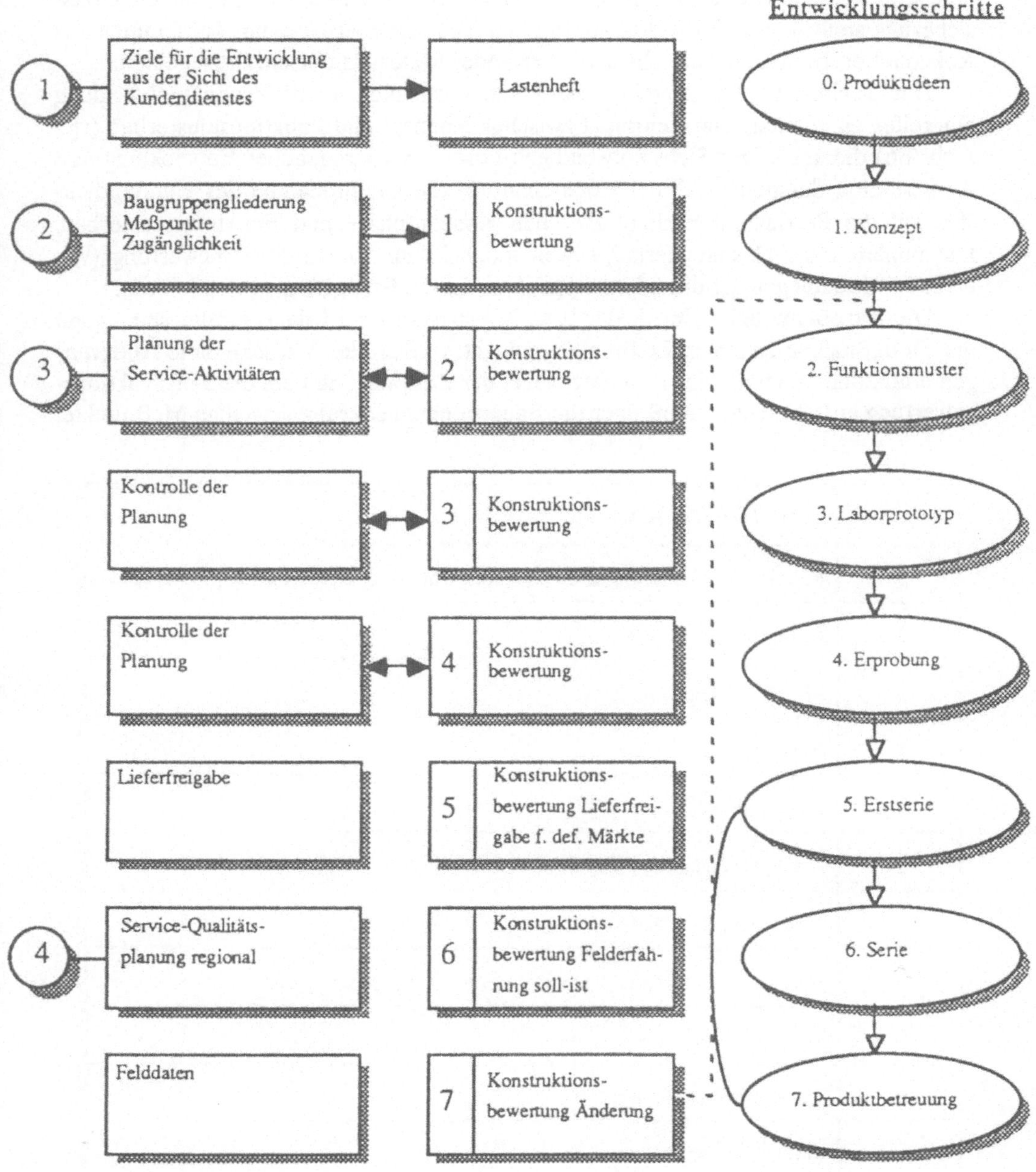

Abb. 1.6. Zusammenwirken zwischen Entwicklung und Kundendienst über die Entwicklungsphase /BREI-86/

Der Kundendienst stellt, ebenso wie die Instandhaltung ein wichtiges Rückkopplungselement u.a. für die Konstruktion und Produktion dar. So kann der Kundendienst durch verbesserte informatiktechnische Einbindung in das Unternehmen sein Wissen und seine Erfahrungen nicht nur zur Verbesserung bestehender Produkte einbringen, sondern auch aktiv zur Produktneuentwicklung herangezogen werden. Der Kundendienst hat dabei einen entscheidenden Anteil an der Verwirklichung der Qualitätsstrategie seines Unternehmens. Ein wichtiges Glied in der Kette der Qualitätssicherung stellt demnach die Auswertung der Technikerberichte dar, entnommen aus Reklamationsberichten, Betriebslogbüchern oder Materialanforderungsscheinen.

Der Technische Kundendienst muß, um tatsächlich in die Produktentwicklung eingreifen zu können, zum Zeitpunkt zwischen Konzept und Funktionsmusterbau (vgl. Abb. 1.6) die aus seiner Sicht notwendigen Forderungen gegenüber Entwicklung und Konstruktion darstellen. Abb. 1.7 dokumentiert die Einflußnahme des Kundendienstes auf die Produktentwicklung zwischen Konzeptphase und Funktionsmusterbau. Die Punkte 1 bis 11 sind hierbei, soweit möglich, zur Konstruktionsbewertung (vgl. Abb. 1.6) festzulegen. Ist dies nicht möglich, so ist die Festlegung zu terminieren.

Die Akzeptanz beim Entwickler bzw. Konstrukteur wird dann größer sein, wenn die Einflußnahme zu einem Zeitpunkt geschieht, zu dem die Wünsche ohne Änderungen einfließen können. Dies ist in der Regel der Zeitpunkt zu dem die Konstruktionsbewertung ansteht. Dabei muß über die Baugruppengliederung, jeweilige Meßpunkte,

Punkt	abzuklärende Aspekte
1	Baugruppengliederung und Festlegung von Meßpunkten für Service-Belange
2	Justierbarkeit
3	Abgleich-Möglichkeiten
4	Austauschbarkeit
5	Zugänglichkeit
6	Reparaturaustauscheinheiten
7	Meßzeuge, Werkzeuge
8	Erfahrungen mit ähnlichen Baugruppen (Lebensdauer, Ausfallraten)
9	Montagehilfen für Betreiber
10	Zusammenbauanleitung
11	Montagebetriebsmittel

Abb. 1.7. Einflußnahme des Kundendienstes auf die Entwicklung zwischen Konzept und Funktionsmusterbau /BREI-86/

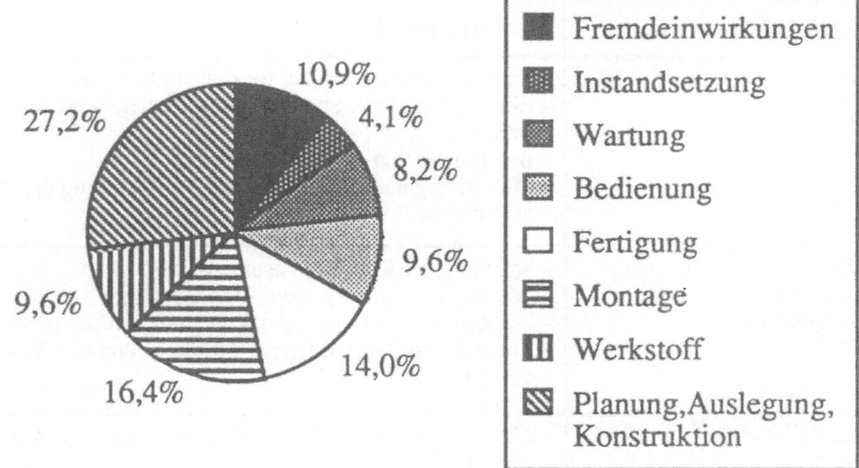

Abb. 1.8. Ursachen von Großschäden und der entsprechende Aufwand zur Behebung /TEIN-88/

die Justierbarkeit, sowie Abgleichmöglichkeiten, Austauschbarkeit, Zugänglichkeit und Reparaturaustauscheinheiten mit der Konstruktion gesprochen werden. Diese Forderungen müssen dokumentiert werden. Über Meßzeuge und Werkzeuge, die für das fertige Produkt notwendig sind, wird ebenfalls zu diesem Zeitpunkt gesprochen.

Es ist notwendig, bei der Konstruktionsbewertung auch Erfahrungen aus dem Feld mit ähnlichen Produkten und Baugruppen zu berücksichtigen und anhand von Felddatenstatistiken Wege zu einer Optimierung zu suchen. In diesem frühen Stadium wird auch bereits über die Gestaltung einer Zusammenbauanleitung und über Montagebetriebsmittel gesprochen /BREI-86/. Charakteristika kundenfreundlicher Systeme sowie bereits im Lastenheft vorzuschreibende Entwurfsziele findet man in Kapitel VII unter dem Stichwort "Kundendienst".

Betrachtet man die Analyse von Schäden und den entsprechenden Aufwand für deren Behebung (aus /TEIN-88/) sowie die vorangestellten Aussagen zur Einflußnahme des Kundendienstes auf die Entwicklung und Konstruktion, Abb. 1.8, so ist die Notwendigkeit der Kommunikation des im Außendienst operierenden Kundendienstes mit den Konstruktions- und Produktionsabteilungen erkennbar, schon um eine frühzeitige Fehlervermeidung bzw. -erkennung, zumindest aber eine schnellstmögliche Fehlerbehebung, zu gewährleisten.

Der Kundendienst ist weiterhin ein Instrument zur Marktbeobachtung. In vielen Fällen haben Kunden Anlagen im Gebrauch, die von einem Wettbewerber stammen und ihr Funktionieren kann über einen längeren Zeitraum mitbeobachtet werden.

Die wesentlichen Funktionsbereiche und Einzelaufgaben, die im Kundendienst zu organisieren sind, zeigt Abb. 1.9. Wesentliche Voraussetzungen bei der Gewährleistung der Sicherheit und der Verfügbarkeit der gelieferten Anlagen ist der sofortige Zugriff zu den benötigten Ersatzteilen /KORI-88/. Die Ersatzteilversorgung ist somit ein wesentliches Element eines gut organisierten Kundendienstes. Sie teilt sich in drei

Funktionsbereiche	Einzelaufgaben
I. Anwendungstechnische Beratung	- Beratung der Kunden bei speziellen Problemen - Einarbeitung bzw. Schulung von Kundendienstmitarbeitern - Beseitigung von Reklamationen - Mitwirkung bei der Planung und Verbesserung der Erzeugnisse
II. Durchführung des Kundendienstes (Monteur- und Wartungsdienst)	- Schulung der Kundendienstmitarbeiter - Führung der Anlagen bzw. Wartungskartei - Disposition und Einsatz der Kundendienstmitarbeiter - Kontrolle der Leistungen der Monteure und des Aufwandes
III. Ersatzteil-Verkauf	- Abklärung von erfragten Ersatzteilen mit dem technischen Büro - Anfragen von Fremdteilen über den Einkauf bei Lieferanten - Ermittlung von Preisen und Lieferzeiten für Ersatzteile - Ausarbeitung und Verfolgung der Ersatzteilangebote - Prüfung und Klärung der eingehenden Ersatzteilaufträge - Beschaffung der Fertigungsunterlagen und Aufgabe der Ersatzteile in der Fertigung - Bestellung von Fremdteilen über den Einkauf - Abstimmung des Montagetermins und der Abwicklungsdetails mit dem Kundendienst und dem Kunden - Erstellung der Ersatzteil- und Montagerechnungen - Disposition des Ersatzteillagers anhand der Dispositionskartei

Abb. 1.9. Funktionsbereiche und Einzelaufgaben des Kundendienstes /TEIN-88/

Hauptaufgaben auf:

– Materialplanung mit Dokumentation,
– Materialdisposition (Steuerung) und
– Lagerhaltung.

Im Ersatzteilverkauf werden die angefragten Ersatzteile mit den technischen Büros abgeklärt, die Preise und Lieferzeiten für Ersatzteile ermittelt, die Ersatzteilangebote ausgearbeitet und verfolgt und die eingehenden Ersatzteilaufträge geprüft und geklärt. Die Fertigungsunterlagen sind zu beschaffen und die Ersatzteile in der Fertigung aufzugeben. Fremdteile sind über den Einkauf zu bestellen. Nachfolgend werden die Abwicklungsdetails mit dem Kundendienst und dem Kunden festgelegt. Die Erstellung der Ersatzteil- und Montagerechnungen, sowie die Disposition des Ersatzteillagers anhand einer Dispositionskartei, setzen den Schlußpunkt unter die Aktivitäten des Ersatzteildienstes /SEBE-88/.

1.1.3.2 Instandhaltung

Heute können teure Maschinen nur rentabel eingesetzt werden, wenn sie ständig einsatzbereit sind und evtl. Störungen schnell beseitigt werden. Auf der anderen Seite ist aber durch die immer größer werdende Komplexität der Maschinen eine Eigeninstandhaltung zu kostspielig, der Aufwand für die Schulung eigener Mitarbeiter zu groß.

Deshalb wird in immer größerem Maße, insbesondere bei hochkomplexen Maschinen und Teilen, auf den Kundendienst des Herstellers oder qualifizierter Fremdfirmen zurückgegriffen mit entsprechend hohen Qualitäts- und Verfügbarkeitsanforderungen.

Die Instandhaltung (Definition siehe Kapitel VII) umfaßt folgende Aufgabenbereiche:

- Inspektion,
- Instandsetzung und
- Wartung.

Hierzu gehört auch

- die Abstimmung der Instandhaltungsziele mit den Unternehmenszielen und
- die Festlegung entsprechender Instandhaltungsstrategien.

Das Ziel, Ausfälle zu verhindern, erfordert die Akzeptanz des Marktes für eine Überprüfung des Ist-Zustandes (Inspektion) in regelmäßigen Abständen.

Inspektion

Zur Inspektion (Definition siehe Kapitel VII) gehören die Aufgabenbereiche

- Erstellen eines Planes zur Feststellung des Ist-Zustandes, der für die spezifischen Belange des jeweiligen Betriebes oder der betrieblichen Anlage abgestellt ist und hierfür verbindlich gilt. Dieser Plan soll u.a. Angaben über Ort, Termin, Methode, Geräte und Maßnahmen enthalten
- Vorbereitung der Durchführung
- Durchführung, vorwiegend die quantitative Ermittlung bestimmter Größen
- Vorlage des Ergebnisses der Ist-Zustandsfeststellung
- Auswertung der Ergebnisse zur Beurteilung des Ist-Zustandes
- Ableitung der notwendigen Konsequenzen aufgrund der Beurteilung

Aus dem Ist-Zustand werden Maßnahmen abgeleitet, die die Funktion von Gerät und Anlagen bis zur nächsten Inspektion sicherstellen. Anders ausgedrückt, wird dafür gesorgt, daß der Nutzungsvorrat, der die Funktion sicherstellt, über die gesamte Nutzungsphase erhalten bleibt.

Diesem Ziel muß sich die dafür notwendige Logistik unterwerfen. Bei der Instandhaltung, ob vorbeugend oder ausfallbedingt, entstehen Erkenntnisse und Daten über das Verhalten der Geräte und Anlagen am Markt. Diese Daten können aus den Aufzeichnungen der Servicemitarbeiter derart erfaßt und verdichtet werden, daß der Fachmann in der Abteilung Entwicklung und Konstruktion Maßnahmen zur Produktverbesserung einleiten kann /BREI-86/.

Instandsetzung

Maßnahmen im Bereich der Instandsetzung (Definition siehe Kapitel VII) beinhalten /KORI-88/ (vgl. DIN 31 051):

- Auftrag, Auftragsdokumentation und Analyse des Auftragsinhalts

- Planung im Sinne des Aufzeigens und Bewertens alternativer Lösungen unter Berücksichtigung betrieblicher Forderungen
- Entscheidung für eine Lösung
- Vorbereitung der Durchführung (z.B. Kalkulation, Terminplanung, Abstimmung, Erstellung von Arbeitsplänen sowie Bereitstellung von Personal, Mitteln und Material
- Vorwegmaßnahmen wie Arbeitsplatzausrüstung, Schutz- und Sicherheitseinrichtungen
- Überprüfung der Vorbereitung und der Vorwegmaßnahmen einschließlich der Freigabe zur Durchführung
- Durchführung
- Funktionsprüfung und Abnahme
- Fertigmeldung
- Auswertung einschließlich Dokumentation, Kostenaufschreibung, Aufzeigen und gegebenenfalls Einführen von Verbesserungen

Wartung

Im Bereich der Wartung (Definition siehe Kapitel VII) sind Aufgaben folgender Art zu erledigen:

- Erstellen eines Wartungsplanes, der auf die spezifischen Belange des jeweiligen Betriebes oder der betrieblichen Anlage abgestellt ist und hierfür verbindlich gilt,
- Vorbereitung der Durchführung,
- Durchführung und
- Rückmeldung

1.2 Hilfsmittel und Methoden des Technischen Vertriebs

In den Abbildungen 1.10 und 1.11 werden die ablauforientierten Tätigkeiten im Vertriebsinnen- bzw. -außendienst des Operativen Technischen Vertriebs zusammen mit den einsetzbaren Hilfsmitteln dargestellt, wobei hier nur die technischen Hilfsmittel, wie Telefon, Schreibutensilien Kopierer etc., nicht aber die arbeitsorganisatorischen Methoden und Hilfsmittel, wie Berichtswesen, Dokumentation, Referenzbroschüren und Kundendateien dargestellt worden sind. Letztere sollen nachfolgend auch für die Teilfunktionen Montage und Inbetriebnahme sowie Kundendienst und Instandhaltung beschrieben werden.

1.2.1 Dateien

Zur Erfüllung seiner Aufgaben benötigt sowohl der Technische Vertrieb insgesamt, als auch der Außendienstmitarbeiter im besonderen eine ganze Reihe von Dateien. Die in diesen Dateien enthaltenen Angaben sollen im folgenden exemplarisch anhand der Kundendatei dargestellt werden, während die Bedeutung von Dateien auch anhand der Lieferantenliste verdeutlicht wird. Eine weitere für die Arbeit des Außendienstmitarbeiters sehr wichtige Datei ist die Artikeldatei bzw. der Produktkatalog. Darin sollten neben den Endprodukten auch die Einzelteile enthalten sein, die zu deren Herstellung benötigt werden.

Legende:

- = zurückgehender Einsatz
0 = weiterhin verwendet
+ = zunehmender Einsatz
* = stark zunehmender und sehr wirksamer Einsatz

Hilfsmittel / Arbeitsabläufe

Arbeitsabläufe	Handarbeit, Bleistift	Bücher, allgemeines Schrifttum	Fachzeitschriften	Firmenschrifttum	Checklisten, Prioritätslisten	Briefe	Berichte	Kurzmitteilungen	periodische Berichte, Zusammenfassungen	Fernschreiben	Kopiergerät	Fragebogen	Durchschreibsätze	Diktiergeräte
Aufgaben definieren	0			0	0				0		0	0		0
Probleme analysieren	0				0		0		0		0	0		
Potentielle Kunden ermitteln		0	0			0	0				0			
Bedarf abschätzen	0	0			0		0		0		0			
Umfeldfragen klären			0		0		0			0	0	0		
Kontaktaufnahme vorbereiten	0				0	0			0		0			
Kompetenten Partner ermitteln							0							
Partner ansprechen						0				0				
Interesse wecken				0		0					0			
Besuch vereinbaren										0				
Touren vorbereiten u. opt. planen					0		0	0	0		0			
Informationsmaterial zus.stellen					0						0	0		
Vorgesetzte informieren							0	0			0			
Kollegen einschalten					0		0		0		0			
Berichte auswerten	0				0		0		0					
Lösungsvorschläge prüfen	0	0	0	0	0		0	0	0		0			
Preise, Lieferzeiten klären				0				0		0				
Wettbewerbslage überprüfen	0	0	0	0	0		0	0	0		0			
Angebot erstellen	0				0		0	0	0		0	0		
Angebot verfolgen	0				0		0	0	0		0	0		

Arbeitsabläufe	Kartei	Schlitzlochkartei	Listen, Plantafeln, Verzeichnisse	Datenhandbücher	Projektoren, Overhead, Video	Telefon	Lehrgänge, Seminare	Begleitung von Fachkollegen	Rechenzentrum	Tischrechner	programmierbare Tischrechner	dezentrale EDV	zentrales Schreibbüro	programmierte Textverarbeitung
Aufgaben definieren	0									+	+			
Probleme analysieren									0	+	+	+		
Potentielle Kunden ermitteln							0	0						
Bedarf abschätzen								0		+	+	+		
Umfeldfragen klären						0								
Kontaktaufnahme vorbereiten							0	0						
Kompetenten Partner ermitteln														
Partner ansprechen					0									
Interesse wecken			0	0	0									
Besuch vereinbaren					0									
Touren vorbereiten u. opt. planen										+	+	+		
Informationsmaterial zus.stellen														
Vorgesetzte informieren														
Kollegen einschalten														
Berichte auswerten	0	0								+	+	+		
Lösungsvorschläge prüfen		0								+	+	+		
Preise, Lieferzeiten klären												+		
Wettbewerbslage überprüfen	0	0	0				0	0		+	+	+		
Angebot erstellen										+	+	+	+	*
Angebot verfolgen										+		+		

Arbeitsabläufe	Speicherschreibmaschine vor Ort	Audiovisuelle Hilfsmittel	Prozeßanalytische Hilfsmittel	Programmierte Unterweisung	Personal Computer	transportable Taschenrechner-Systeme	Kopieren und Drucken über EDV	Adressieren mit EDV-Etiketten	Kopieren und Drucken über EDV	Ferndiktat	Postabfertigungsmaschine	Grp.arb., Brainstorm., Moderationstechn.	intelligente Kopierer
Aufgaben definieren			+		+	+						+	
Probleme analysieren			+		+	+						+	
Potentielle Kunden ermitteln			+										
Bedarf abschätzen			+		+	+						+	
Umfeldfragen klären												+	+
Kontaktaufnahme vorbereiten		0											
Kompetenten Partner ermitteln													
Partner ansprechen													+
Interesse wecken													
Besuch vereinbaren													
Touren vorbereiten u. opt. planen	+	+	+	+	+	+	+						
Informationsmaterial zus.stellen			+										
Vorgesetzte informieren													
Kollegen einschalten													
Berichte auswerten			+		+	+							
Lösungsvorschläge prüfen		+	+		+	+	+						
Preise, Lieferzeiten klären					+	+							
Wettbewerbslage überprüfen		+	+		+	+	+						
Angebot erstellen	+		+		+	+	+	+	+	+	+	+	+
Angebot verfolgen		+	+		+	+	+		+			+	+

Arbeitsabläufe	Telefax, Fernkopierer	Teletext	portable Terminals im Außendienst	Videotext und Bildschirmtext	Elektronische Kartei	Computergesteuerte Nebenstellenanlage	Funktelefon, Autotelefon	Sprechfunkanlage	Fernschulüberwachungsanlage	IDITO-Systeme (integrierte EDV/CTV)	Farb-Grafik-Terminal	Strich-Code Leser	Bildtelefon
Aufgaben definieren										*	+		
Probleme analysieren										*	+		
Potentielle Kunden ermitteln				+	+	+				+	+		
Bedarf abschätzen			+		+					+	-		
Umfeldfragen klären	+	+	+							+			
Kontaktaufnahme vorbereiten				+	+					*	+		
Kompetenten Partner ermitteln					+					*	+		
Partner ansprechen	+												+
Interesse wecken			+										
Besuch vereinbaren													+
Touren vorbereiten u. opt. planen					+					*			
Informationsmaterial zus.stellen					+	+				+			
Vorgesetzte informieren					+	+				+			
Kollegen einschalten						+							
Berichte auswerten					+					*	+		
Lösungsvorschläge prüfen					+					+			
Preise, Lieferzeiten klären	+	+	*		+					*	+		
Wettbewerbslage überprüfen	+	+	+	+	+					*	+	+	
Angebot erstellen	+	+			+					*	+		
Angebot verfolgen	+	+			+					*	+		

Abb. 1.10. Arbeitsabläufe im Vertriebsinnendienst und einsetzbare Hilfsmittel und Methoden /VDI-84/

Legende:

- · zurückgehender Einsatz
- 0 weiterhin verwendet
- + zunehmender Einsatz
- * stark zunehmender und sehr wirksamer Einsatz

Hilfsmittel / Arbeitsabläufe

Arbeitsabläufe	Handarbeit, Bleistift	Bücher, allgemeines Schrifttum	Fachzeitschriften	Firmenschrifttum	Checklisten, Prioritätslisten	Briefe	Berichte	Kurzmitteilungen	periodische Berichte, Zusammenfassungen	Fernschreiben	Kopiergerät	Fragebogen	Durchschreibsätze	Diktiergeräte
Optimale Reiseroute ausarbeiten	0		0	0	0						0			0
Richtige Reisezeiten festlegen	0			0	0						0			0
Zweckmäßige Reisemittel wählen	0			0	0	0			0		0		0	0
Kunden aufsuchen	0			0	0	0	0	0			0		0	
Interessen wecken	0			0										
Problem/Bedarf analysieren	0			0			0				0	0		0
Kundenspezifische Fragen klären	0			0			0				0	0		0
Umfeldeinflüsse ermitteln	0	0	0	0	0						0	0		0
Lösungsmöglichkeiten aufzeigen	0			0										0
Negative Gesichtspunkte beachten	0			0			0	0	0		0			0
Weitere Vorteile aufzeigen	0			0			0			0	0	0		0
Lösungsweg abstimmen	0						0	+			0	0	0	0
Innendienst Bericht erstatten	·						0	0	0	0	0			
Angebot veranlassen	·						0	0	0	0	0		0	
Angebot erläutern	0	0	0	0		0					0		0	
Entscheidungsträger ermitteln	0	0	0	0	0			0						
Angebot verfolgen	0			0							0			
Entscheidungsträger beeinflussen	0			0		0					0			
Machtragsangebot ev. veranlassen	·							0	0		0			
Abschlußverhandlungen führen	0			0	0	0					0	0	0	0
Betreuen, Nachberaten	0	0	0	0	0	0	0	0	0	0	0	0		0

Arbeitsabläufe	Kartei	Schlitzlochkartei	Listen, Plantafeln, Verzeichnisse	Datenhandbücher	Projektoren, Overheads, Video	Telefon	Lehrgänge, Seminare	Begleitung von Fachkollegen	Rechenzentrum	Tischrechner	programmierbare Tischrechner	dezentrale EDV	zentrales Schreibbüro	programmierte Textverarbeitung
Optimale Reiseroute ausarbeiten	0	0					0	0			0	0		
Richtige Reisezeiten festlegen	0	0	0				0	0		+		0		
Zweckmäßige Reisemittel wählen	0	0	0				0					+		
Kunden aufsuchen		0		0	+	0	0				+			
Interessen wecken		0	0	0		0	0				+			
Problem/Bedarf analysieren	0	0		0	+	0				+	+	+		
Kundenspezifische Fragen klären	0	0	+	0		0			+	+	+			
Umfeldeinflüsse ermitteln	0	0	0	0	0	0				+	+	+		
Lösungsmöglichkeiten aufzeigen	0	0	0	0	+	0				+	+	+		
Negative Gesichtspunkte beachten	0	0	0	0		0				+	+	+		
Weitere Vorteile aufzeigen	0	0	0		+	0				+	+	+		
Lösungsweg abstimmen	0				0									
Innendienst Bericht erstatten					+									
Angebot veranlassen													+	0
Angebot erläutern		0		0	+	0		+		+				
Entscheidungsträger ermitteln	0	0	0			0								
Angebot verfolgen	0	0	0	0	+	0			+	+			+	+
Entscheidungsträger beeinflussen	0	0	0	0	+	+			+	+			+	+
Machtragsangebot ev. veranlassen	0					0							+	0
Abschlußverhandlungen führen		0	0	0	0	0				+				
Betreuen, Nachberaten	0	0	0	0	0	0	+	0	+	+	+	+	+	+

Arbeitsabläufe	Speicherschreibmaschine vor Ort	Audiovisuelle Hilfsmittel	Prozeßanalytische Hilfsmittel	Programmierte Unterweisung	Personal Computer	transportable Taschenrechner-Systeme	Kopieren und Drucken über EDV	Adressieren mit EDV-Etiketten	Kopieren und Drucken über EDV	Ferndiktat	Postabfertigungsmaschine	Grupp.arb., Brainstorm., Moderationstechn.	intelligente Kopierer	Telefax, Fernkopierer
Optimale Reiseroute ausarbeiten			+		+	+						+		
Richtige Reisezeiten festlegen			+		+	+						+		
Zweckmäßige Reisemittel wählen			+		+	+						+		
Kunden aufsuchen		+				+								
Interessen wecken		+	+	+	+	+								
Problem/Bedarf analysieren		+	+		+	+						+		
Kundenspezifische Fragen klären		+	+		+	+						+		
Umfeldeinflüsse ermitteln		+	+		+	+						+		
Lösungsmöglichkeiten aufzeigen		+	+		+	+						+		
Negative Gesichtspunkte beachten		+	+		+	+						+		
Weitere Vorteile aufzeigen		+	+		+	+						+	+	+
Lösungsweg abstimmen			+										+	+
Innendienst Bericht erstatten												+	+	+
Angebot veranlassen	0											+	+	+
Angebot erläutern		+										+	+	+
Entscheidungsträger ermitteln			+		+	+						+		
Angebot verfolgen	+		+		+	+						+		+
Entscheidungsträger beeinflussen	+		+		+	+						+	+	+
Machtragsangebot ev. veranlassen	0						+						+	+
Abschlußverhandlungen führen		+	+	+	+	+						+	+	+
Betreuen, Nachberaten	+	+	+	+	+	+						+	+	+

Arbeitsabläufe	Teletext	portable Terminals im Außendienst	Videotext und Bildschirmtext	Elektronische Kartei	Computergesteuerte Nebenstellenanlage	Punktelefon, Autotelefon	Sprechfunkanlage	Fernsehüberwachungsanlage	IDITO-Systeme (integrierte EDV/CTV)	Farb-Grafik-Terminal	Strich-Code Leser	Bildtelefon
Optimale Reiseroute ausarbeiten				+	+				+			
Richtige Reisezeiten festlegen				+		+			+			
Zweckmäßige Reisemittel wählen				+		+			+			
Kunden aufsuchen		+			+						+	
Interessen wecken			+	+							+	
Problem/Bedarf analysieren			+	+								
Kundenspezifische Fragen klären			+	+								
Umfeldeinflüsse ermitteln			+	+								
Lösungsmöglichkeiten aufzeigen	+	+	+	+								
Negative Gesichtspunkte beachten			+	+								
Weitere Vorteile aufzeigen	+			+					+	+		+
Lösungsweg abstimmen	+			+					+	+		+
Innendienst Bericht erstatten					+	+	+					
Angebot veranlassen					+	+	+					
Angebot erläutern												+
Entscheidungsträger ermitteln		+							+	+	+	+
Angebot verfolgen	+	+		+					+			
Entscheidungsträger beeinflussen	+	+	+	+					+	+		
Machtragsangebot ev. veranlassen	+			+					+	+	+	
Abschlußverhandlungen führen	+			+					+		+	+
Betreuen, Nachberaten	+	+	+	+					+	+	+	+

Abb. 1.11. Arbeitsabläufe im Vertriebsaußendienst und einsetzbare Hilfsmittel und Methoden /VDI-84/

1.2.1.1 Kundendatei

In /WAGE-81/ wird für den Inhalt einer Kundendatei, der an dieser Stelle mehr als logischer denn als physikalischer Begriff verstanden werden soll, als wichtig erachtet:

- Firmen- und Personaldaten

  - Firmenname und -adresse
  - ggf. Konzernzugehörigkeit
  - Branchenzugehörigkeit
  - Namen wichtiger Gesprächspartner

- Herstellungs- und Verkaufsprogramm

  - Welche Produkte werden hergestellt bzw. verkauft?
  - Welche Schwerpunktbranchen werden beliefert?
  - Nach welchen Ländern wird exportiert?
  - Quantitative Bedeutung der Produkte des Unternehmens am Absatzmarkt?
  - Welche Preispolitik betreibt das Unternehmen?

- Einkaufs- und Lagerhaltungspolitik

  - Für welche Produkte aus der eigenen Palette käme das Unternehmen in Betracht?
  - Welche Produkte bezieht das Unternehmen mit welcher Häufigkeit?
  - Welche Konkurrenzlieferanten hat das Unternehmen?
  - Werden Einkaufsentscheidungen lang-, mittel- oder kurzfristig geplant?

- Bearbeitungsdaten

  - Wie häufig sollte der Kunde jährlich besucht werden?
  - Wann wurde der Kunde besucht?
  - Welche Besuche führten zu einem Auftragsergebnis?

- Umsatz-Soll- und -Ist-Daten

  - Welches Verkaufssoll hatten und haben wir monatlich bei dem Kunden?
  - Welchen Ist-Umsatz haben wir für unsere verschiedenen Produktgruppen erreicht?

1.2.1.2 Lieferantenliste

Es ist eine der Aufgaben des Projektmanagements, besondere Bedingungen, die der Kunde im Vertrag festgelegt hat, auf Einhaltung zu überwachen. Insbesondere sind bestimmte Wünsche des Kunden, die im Vertrag verankert sind, zu erfüllen. Alle auftragsgebundenen Vorschriften sind deshalb vom Projektleiter zu prüfen und zu genehmigen.

An dieser Stelle sei besonders die Lieferantenliste angesprochen. Häufig nennt der Kunde Firmen als bevorzugte Lieferfirmen, da diese unter Umständen gleichzeitig Abnehmer aus der eigenen Produktpalette, oder aber auch zum Teil aus früheren Leistungen bekannt und vertrauenswürdig sind. Sind Firmen aus dem eigenen Lande vom Kunden bereits namentlich genannt, und gibt es dabei kein Ausweichen, so muß es unterbleiben, andere Firmen zur Angebotsabgabe aufzufordern, weil so nur unnötigerweise Kosten anfallen. Solche Kenntnisse der Projektleitung müssen in der Lieferantenliste ihren Niederschlag finden. /WEBE-86/

1.2.2 Andere Informationsträger

Neben den eher strukturierbare Informationen enthaltenden Dateien werden als Informationsträger noch eine ganze Reihe anderer Medien eingesetzt, wie Berichte, Dokumentationen (z.B. Referenzbroschüre), die sich (zumindest in ihrer Gesamtheit) weniger leicht strukturieren lassen. Diese sollen in den folgenden Abschnitten kurz vorgestellt werden.

1.2.2.1 Berichtswesen

Ein wichtiger, branchen- und funktionsunabhängiger Aspekt der Unterstützung des Außendienstes, aber auch der mit dem Einsatz vor Ort direkt oder indirekt betroffenen betrieblichen Abteilungen (z.B. Vetriebsplanung, Entwicklung), ist die Erfassung von Informationen durch den Außendienstmitarbeiter über den jeweiligen Besuch beim Kunden, meist in Form von Besuchs- oder Reparaturberichten. Diese Berichte sind insofern von besonderem Interesse, da sie ein wichtiges Informationsinstrument für planerische Abteilungen darstellen.

Für den Aufbau von Berichten, die der Erfassung von Informationen entweder für den Technischen Vertrieb selbst oder für die ihm nachgelagerten Funktionsbereiche eines Unternehmens dienen, gibt es Vorschläge von nationalen und internationalen Organisationen der Markt- und Meinungsforschung. Diese Richtlinien ermöglichen nicht nur eine Beurteilung bestehender Erhebungen und Untersuchungen, sondern sie können in der Planungsphase eines neuen Vorhabens als Anhaltspunkte benutzt werden.

Zur Erhöhung der Effizienz der Berichterstattung wird vorgeschlagen, einen technischen und einen allgemein verständlichen Bericht anzufertigen. Eine genauere Beschreibung eines technischen Berichts findet man in Kapitel VII.

In dem allgemein verständlichen Bericht werden nur die Hauptergebnisse unter Aufzeigung der weiteren Auswertungen durch den Auftraggeber aufgenommen. Die verbalen und tabellarischen Auswertungen werden durch geeignete Schaubilder und Abbildungen ergänzt. /TIET-78/

Im Technischen Vertrieb (Operativer Technischer Vertrieb, Montage und Inbetriebnahme sowie Kundendienst und Instandhaltung) fallen Berichte unterschiedlichster Ausprägung an, wie beispielsweise Besuchsberichte des Operativen Technischen Vertriebs, die ausschließlich alphanumerische Daten bzw. Informationen beinhalten, oder aber Berichte der Abteilung Montage und Inbetriebnahme (Leistungsnachweise), die Informationen in Form von Zeichnungen, Meßwertprotokollen oder auch Video-Aufzeichnungen enthalten.

1.2.2.2 Dokumentation

Im Technischen Vertrieb fallen, wie bereits mehrfach angedeutet, Dokumente in vielfältigster Form an. Unter dem Begriff der Dokumentation werden in dieser Studie allgemein diejenigen Tätigkeiten zusammengefaßt, die zur Erlangung, Erfassung, Sortierung, Speicherung und Aufbereitung von Dokumenten oder Informationen gehören. Wichtig ist, daß es sich hierbei um eine systematische Zusammenstellung einzelner oder vieler Fakten bzw. Ereignisse handelt, die über das Projekt selbst miteinander in Zusammenhang stehen.

Dokumente beinhalten diejenigen Teile, die sich - meistens später - als Beweisstücke bei der Klärung von Sachverhalten verwenden lassen. Das sind z.B. der Vertrag, Patente, Lizenzen, Schreiben, Fotos, Zeichnungen, Lieferpapiere. Aspekte, unter denen der Inhalt der einzelnen Dokumente auszuwählen ist, findet man in Kapitel VII.

In der Vorprojektphase ist es Zweck der Dokumentation, das Genehmigungsverfahren beispielsweise für den Anlagenbauer vorzubereiten, indem das Basic-Engineering für die zu liefernde Anlage zusammengestellt wird. Dieses kann als Inhalt haben:

- infrastrukturelle,
- maschinentechnische,
- elektrotechnische sowie
- meß- und regeltechnische Ausführungsteile.

In der Ausführungsphase werden auf der Basis des abgestimmten Vorprojektes sehr detaillierte und umfangreiche Informationen über die Ausführung der Gesamtanlage und der Ausrüstungsteile vom Kunden erwartet. Der Umfang der zur Genehmigung der Projektausführung vorzulegenden Dokumentation umfaßt das breite Spektrum des Detail-Engineering und nimmt i.d.R. ein beachtliches Volumen ein. Die besondere Problematik, auf welche sich der Auftragnehmer mit seiner Dokumentationserstellung vorzubereiten hat, liegt u.a. in den Genehmigungsverhandlungen. Hierbei lösen Änderungswünsche des Kunden erneute und umfangreiche Engineeringaktivitäten aus, die u.U. rückwirkend Einfluß auf bereits erstellte Anlagenteile wie Baumaßnahmen nehmen, die infolge des notwendigen zeitlichen Vorlaufs bereits zur Durchführung freigegeben waren. Insofern kommt der Dokumentations- und Berichtsführung eine besondere Bedeutung zu, als daß sich mittels ihrer Hilfe zusätzliche Kosten begründen lassen und über eine Erstattung verhandelt werden kann /BUMA-86/.
Die nach dem Projektabschluß zusammengestellte Dokumentation dient mehreren Zwecken, nämlich der Sicherstellung, daß

- die Anlage durch den Kunden betrieben werden kann,
- die Anlage und Anlagenteile durch den Kunden gewartet werden können,
- Schadensfälle klargelegt werden können,
- eine Schulung - auch vor Ort - möglich ist und
- Ersatzteilbestellungen erfolgen können.

Da Dokumentationsunterlagen in bestimmten Teilen sowohl vom Lieferanten als auch vom Kunden benutzt werden, ist eine absolute Identität, d.h. der gleiche Konfigurationsstand, zu gewährleisten. Die beispielsweise im Anlagenbau im Laufe der Projektdurchführung an den Kunden zu liefernde Dokumentation besteht im wesentlichen aus folgenden Teilen /BUMA-86/:

- Vorplanungsunterlagen,
- Hauptplanungsunterlagen,
- Ausführungsunterlagen,
- Zeichnungen,
- Montageanweisungen,

- Prüfanweisungen,
- Bedienungs- und Wartungsanweisungen,
- Berechnungen,
- Schmierpläne und
- Protokolle.

Der Inhalt der Dokumentation, insbesondere die Bedienungs-, Wartungs- und Instandhaltungsvorschriften, bildet die Basis für die Schulungsunterlagen der Mitarbeiter des Kunden. Schon bei der Ausarbeitung des Kaufvertrags wird i.d.R. neben Lieferung, Montage und Inbetriebnahme die Schulung des Personals als eigenes Kapitel behandelt, falls eine solche von vornherein als notwendig angesehen wird. Im Rahmen der Schulung ist dem Lieferanten bzw. Hersteller die Möglichkeit gegeben, andere Produkte und Verfahren seines Hauses dem Kundenpersonal vorzustellen.

1.2.2.2.1 Referenzbroschüre

Die Qualität der Referenzbroschüre ist von entscheidender Bedeutung für den Wirkungsgrad und die Güte der Beratung im Operativen Technischen Vertrieb, da es für jedes Unternehmen zur Erlangung von Aufträgen äußerst wichtig ist, bereits im Anfragestadium gute Referenzprojekte nachzuweisen. Daher sollte von jedem erfolgreich durchgeführten Projekt eine Beschreibung der Anlage mit den wesentlichen Leistungsmerkmalen aufgezeichnet werden. Diese Unterlagen sollten in Form einer reichlich mit Farbfotos ausgestatteten Broschüre veröffentlicht werden. Dieser Prospekt schildert die besonderen technischen und organisatorischen Leistungen, die bei dieser Anlage hervorzuheben sind. Desweiteren soll über die Ausbildung des Bedienungspersonals, die Instandhaltungsplanung und über das vorhandene Servicenetz berichtet werden.

Es ist zweckmäßig, eine Kurzbeschreibung anzufertigen, die in die allgemeine Referenzliste des Unternehmens aufgenommen wird.

Eine Referenzbroschüre sollte mindestens folgende Daten enthalten /MENC-86/:

- Titel, Titelfoto,
- Aufstellungsort,
- Zweck der Anlage,
- technische Daten, auch Prozeßdaten,
- Ausführungen und Lösungen sowie
- technische und wirtschaftliche Besonderheiten.

1.3 Informationsfluß

DV-Systeme und informationsverarbeitende Prozesse oder Tätigkeiten sind Elemente des Informationsflusses in einem Unternehmen. Der Informationsfluß hat durch seinen stark steuernden Charakter großen Einfluß auf die Ablauforganisation eines Unternehmens. Wir interessieren uns im Projekt AUDIUS primär für den Informationsfluß zwischen Markt und Unternehmen, hier über die betriebliche Funktion des Technischen Vertriebs.

Nachstehend werden die Schnittstellen des Technischen Vertriebs zum Markt und zum Unternehmen vorgestellt. Anschließend wird der Informationsbedarf des Technischen Vertriebs zur Erfüllung seiner Teilfunktionen präsentiert.

In Abb. 1.14 sind nochmals die wesentlichen Funktionen des Technischen Vertriebs dargestellt. Es wird klar, daß der Vertrieb zur Erledigung seiner Aufgaben auf eine Vielzahl von Informationen aus den unterschiedlichsten Unternehmensbereichen angewiesen ist.

So benötigt der Technische Vertrieb z.B. während der Phase der Auftragsvorklärung Informationen aus der kaufmännischen Abteilung (Zahlungsverhalten des potentiellen Kunden, kundenspezifische Rabatte etc.), der Entwicklung und Konstruktion (Prüfung der technischen Realisierbarkeit) sowie aus der Produktionsplanung und -steuerung (Kapazitätsdaten) zur Bestimmung des Lieferzeitpunktes. Der Informationsbedarf des Technischen Vertriebs während der Einzelbearbeitungsschritte der gesamten Auftragsabwicklung ist in Abb. 1.15 dargestellt.

Schnittstellen des Technischen Vertriebs mit anderen Unternehmensbereichen

von	Daten ➞	Funktion	Daten ➞	nach
Extern Entwicklg. u. Konstrukt. Auftragsverwaltung und -überwachung Lieferfähigkeit	Anfragen Produktdaten Kundendaten Engpässe	Auftragsvorklärung	Produktanforderungen Auftragsanforderungen	Entwicklung u. Konstruktion PPS Unternehmen Angebotserstellung
Entwicklg. u . Konstrukt. Auftragsvorklärung PPS Marktpolitik Vertriebslagerverwaltung	Produktspezifikationen Auftragsanfordergen. Lieferfristen Kosten Preispolitik Vertr.lagerbestände	Angebotserstellung	Angebot Vertriebslager- reservierungen	Extern Unternehmen Auftragsverwaltung und -überwachung Vertriebslagerverwaltung
Extern PPS	Kundenauftrag Rückfragen Kundenauftrags- fortschritt	Auftragsverwaltung und -überwachung	Auftragsbestätigung Antw. auf Rückfragen Kundenaufträge Liefertermine kurzfrist. Absatzprogr. Kundenauftragsändergn. Terminänderungen	Extern PPS Extern Entwicklg. u . Konstruktion PPS Extern PPS
PPS Auftragsverwaltung u. -überwachung Extern Versand	Fertigmeldungen Angebot Zahlungseingänge Reklamationen Versandmeldung	Auftragsabschluß	Lieferbestätigung Rechnung Zahlungsaufforderung Kundenrückmeldung	Extern Auftragsverwaltung und Überwachung Entwicklung u . Konstruktion Qualitätssicherung
Produktionsausführung Angebotserstellung	Lagerzugänge Reservierungen	Vertriebslagerverwaltung	Lagerabgänge Vertriebslagerbestände	Extern Angebotserstellung
Arbeitsplanung Extern	Versandstücklisten Verpackungsmaterial	Versand	Versandmeldungen	Extern Auftragsabschluß
Extern	Rückfragen Reklamationen Ersatzteilaufträge	Kundendienst	Kundenrückmeldungen Ersatzteile Beratung Ersatzteilbedarf	Qualitätssicherung Extern PPS

Abb. 1.12. Betriebliche Schnittstellen des Technischen Vertriebs /DIN-87/

ergeben sich zwangsläufig bei der Bearbeitung oben geschilderter Aufgaben, vgl. Abb. 1.12. Wesentlich scheinen hier die Schnittstellen zur Entwicklung und Konstruktion, zur Produktionsplanung und -steuerung, zur Arbeitsplanung sowie zum Versand, vgl. /DIN-87/ und /WARN-84/.

Als Marketing-Informationen gelten alle Informationen, die für Ziel- und Instrumentalplanung im Marketing relevant sind. Dabei handelt es sich nicht nur um unternehmensinterne Daten (sachliche, personelle und finanzielle Kapazität, bisheriger Absatzerfolg, Außendienstmitarbeiterleistungen usw.), sondern wegen der Marktbezogenheit vor allem auch um Daten über das Umweltsystem der Unternehmung (Entwicklung des Gesamtmarktes, Käuferverhalten, Wirkung absatzpolitischer Maßnahmen usw.).

Die Zwecke, für welche die verschiedenen Stellen die Marketing-Informationen benötigen, können naturgemäß in allgemeiner Form nicht dargestellt werden, sondern hängen vom individuellen Fall und den gegebenen Bedürfnissen ab. Sie müssen also jeweils für sich untersucht werden, wobei auf aktuelle, aber auch auf potentielle Zwecke geachtet werden sollte. Es läßt sich dazu hier nur soviel feststellen, daß es entweder Zwecke der Planungstätigkeit, Zwecke der Durchführungstätigkeit oder Zwecke der Kontrolltätigkeit des jeweiligen Informationsempfängers und dabei jeweils wieder operative, administrative oder dispositive Zwecke sein können. Es sollte also bei der Ermittlung der möglichen Zwecke nach operativen, administrativen und dispositiven Maßnahmen der Planung, Durchführung und Kontrolle im Rahmen der Tätigkeit des Informationsempfängers unterschieden werden.

Unternehmensführung	Inhaber bzw. Gesellschafter Aufsichtsrat Geschäftsleitung Stabsstellen der Geschäftsleitung
Marketing-Bereich	Marketing-Leiter Stabsstellen des Marketing-Leiters
Verkaufsleiter	Verkaufsinnendienst Verkaufsaußendienst andere Verkaufsorgane (z.B. auch Händler)
Werbeleiter	
Lagerleiter	Versandleiter
andere Vertriebsorgane	Kundendienst
andere Unternehmensbereiche	Produktionsleiter Einkaufsleiter Leiter der Finanzen Buchhaltungsleiter andere Unternehmensorgane (z.B. Innenrevision)

Abb. 1.13. Stellen des Unternehmens als Empfänger von Marketing-Informationen
/MEYE-73/

Die als Empfänger von Marketing-Informationen in einem Unternehmen in Frage kommenden Stellen werden in Abb. 1.13 in Form einer Übersicht wiedergegeben.

Neben den Besuchsberichten, die in erster Linie Informationen vom Markt zum Unternehmen tragen, sind die im allgemeinen als "Stammdaten" bezeichneten Infor-

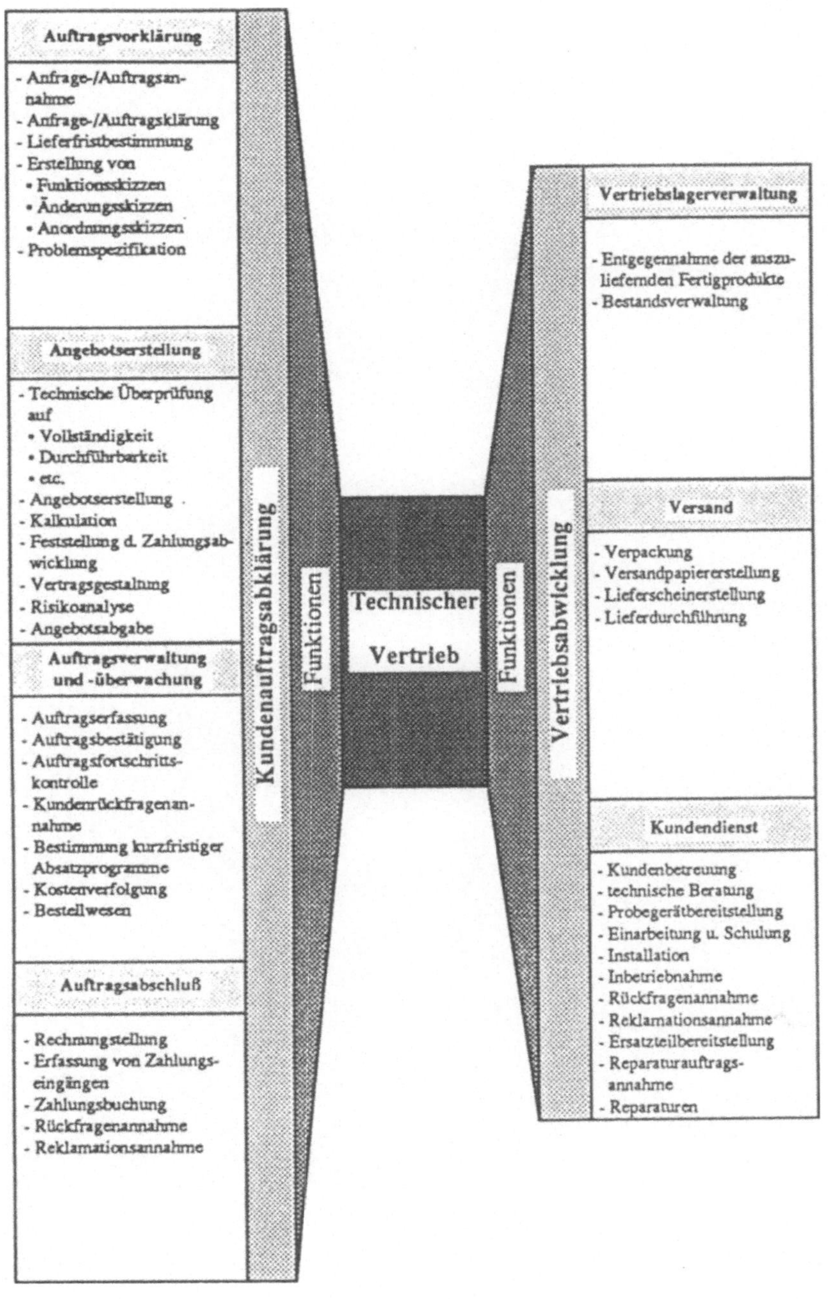

Abb. 1.14. Funktionen des Technischen Vertriebs

mationen (z.B. Kundendaten, Produktdaten etc.) für den Außendienstmitarbeiter ein wichtiges Informationspotential.

Der Außendienstmitarbeiter muß z.B. im Vertrieb Zugriff zu Informationen über den zu besuchenden Kunden sowohl in der Vor- und Nachbereitung, als auch wäh-

Abb. 1.15. Informationsbedarf des Technischen Vertriebs

rend des Besuches haben, um alle für seine Tätigkeiten beim Kunden relevanten Informationen in Betracht ziehen und Kundenaussagen bewerten zu können. Derzeit geschieht dies noch meistens über Karteikarten oder durch kurze, ausschließlich subjektive Notizen des Außendienstmitarbeiters. Eine detaillierte, aktuelle und, zumindest teilweise, auf objektiven Daten (z.B. Umsatzstatistiken) beruhende Information des Außendienstmitarbeiters ist hier dringend notwendig. Vorsicht ist allerdings bei der Visualisierung von Daten angebracht, die der Kunde nicht sehen soll, beispielsweise "Kunde hat schlechte Zahlungsmoral".

Die Entwicklung von Unternehmenszielen und -strategien kann sinnvollerweise nur auf der Basis einer umfassenden Informationsgrundlage erfolgen. Die Informationen aus dem Außendienst (Operativer Technischer Vertrieb und Marketing, Montage und Inbetriebnahme sowie Kundendienst und Instandhaltung) sind deshalb möglichst zu systematisieren, in der Regel nach Informationsbereichen über das eigene Unternehmen, das unternehmerische Umfeld, den Markt, die Kunden und die Wettbewerber. Auch nach zeitlichen Kriterien ist eine Datensammlung anzustreben, z.B. nach vergangenheits- bzw. zukunftsorientierten Informationen. Nach dem Kriterium des Verwendungszwecks könnte man in operative und in strategische Analyse differenzieren. Für die betriebliche Praxis jedoch hat es sich bewährt, die Analyse in zwei Bereiche zu untergliedern, nämlich

- in die Umweltanalyse und
- in die Unternehmensanalyse.

Näheres über die in der Umwelt- und Umfeldanalyse zu behandelnden Fragestellungen enthält Kapitel VII. Während sich die Umwelt- und Umfeldanalyse auf einer relativ globalen Ebene bewegen, muß die ebenfalls in Kapitel VII dargestellte Marktanalyse, die insbesondere auch die Konkurrenzanalyse umfaßt, auf die aktuellen und zukünftigen Märkte im Sinne von Betätigungsfeldern des jeweiligen Unternehmens zugeschnitten sein /NN-82/.

Wesentlicher Informationslieferant für die genannten Analysen ist der Außendienst des Technischen Vertriebs (Operativer Technischer Vertrieb und Kundendienst), der in seinen Besuchsberichten z.B. über Kundenreaktionen auf eigene und Konkurrenzprodukte oder über die Wettbewerbssituation berichtet. Welche weiteren Möglichkeiten der Informationserhebung sich der Unternehmensleitung bieten, wird in Kapitel VII unter dem Stichwort "Marktforschung" erläutert.

1.3.1 Informationsbedarf des Technischen Vertriebs für ausgewählte Aufgaben

Am Beispiel der Angebotserstellung, der Innovationsplanung und der Kostenkontrolle wird nachstehend exemplarisch der komplexe Informationsbedarf, insbesondere aber auch der Informationsfluß näher beschrieben. Für die anderen Teilfunktionen des Vertriebs wird auf die einschlägige Literatur verwiesen.

1.3.1.1 Angebotserstellung

Ohne DV-Nutzung wird im Angebotswesen bei Standard-Produkten auf Textvordrucke zurückgegriffen, die für das Angebot durch spezifische Daten ergänzt werden. Bei DV-Unterstützung tritt heute als Schnittstelle oftmals die Übergabe von Textverarbeitungsaufträgen an zentrale Schreibdienste auf. Eine sehr wesentliche Schnittstelle ergibt sich aus der juristischen Beurteilung von Vertragstexten, die der Anfrage beigefügt sind /MAGS-85/.

Im Angebotsstadium sind in verschiedenen Phasen der Bearbeitung die in Abb. 1.16 dargestellten Schnittstellen grob zu definieren:

Externe Schnittstellen	Interne Schnittstellen
- Kunde - Zulieferer - Konsorten - Finanzen	- Marketing - Jurist - Technik - Fertigung - Montage - Spedition

Abb. 1.16. Schnittstellen während der Angebotsphase /MAGS-85/

Die Angebotsphase ist durch vielfältige Risiken geprägt. Diese Risiken gilt es zu minimieren. Risiko bedeutet in diesem Zusammenhang, daß irgendwo beim Projektablauf Unsicherheiten vorhanden sind, die zum augenblicklichen Zeitpunkt nicht abgesichert werden können, sondern in ihrer Höhe abgeschätzt werden müssen, wobei Überlegungen anzustellen sind, inwieweit sie kalkulatorisch abdeckbar sind, bis zu welchem Grade sie verteilt, abgeschätzt oder verringert werden können, oder welche Absicherungsmöglichkeiten es letztlich überhaupt gibt.

Um bei einem Projektablauf die Übersicht nicht zu verlieren, werden die Risiken gewissen Ordnungskriterien unterzogen, wobei man grob drei Risikogruppen identifizieren kann:

– technische Risiken,
– kaufmännische Risiken,
– allgemeine Risiken.

Diese Risiken können wieder in weitere spezifische Risiken unterteilt werden. Zugleich können die Risiken entsprechend ihrer Höhe bewertet werden und es können ihnen mögliche Absicherungsmaßnahmen zugewiesen werden. In Abb. 1.17 sind den dargestellten Risiken solche Wertungen und Absicherungsmöglichkeiten zugeordnet worden.

Die Risiken befinden sich weniger bei der Angebotskalkulation selbst. Sie entstehen mehr aus organisatorischen und menschlichen Gründen. Sie sind somit überwiegend vermeidbar. Die Risiken der Ablaufphase Angebotskalkulation werden vornehmlich durch Risiken der vor- und nachgeschalteten Projektabwicklungsphasen beeinflußt. Es ist daher von immenser Wichtigkeit, daß Entscheidungen aus der Risikobewertung unbedingt in die Angebotskalkulation einfließen müssen /HORN-85/!

Technische Risiken

	Absiche-rungsmaß-nahmen	Wertung
Konstruktion	K	*
Neuentw. (Produkt, Technologie)	K, SM	**
Materialquantität und -qualität	K	**
Vorschriften, Normen u. Regeln	VT	***
Schnittstellen (Leistung, Lieferung)	VT	**
Fremdfertigg. eigener Konstruktion	K, VT	**
techn. Umfang: Unterlieferant, Konsortialpartner	VT	**
Gewährleistungen	VT, K, VS	**
Termine	VT	**
Konzeptänderungen	VT, K	**
Transport (Größe, Gewicht, Weg)	VT, K	*
Verpackung (Beschädigung)	VT, K	*
Eigenfertigung	K	*
Materialgarantie (Anz. unerprobter Teile, Umgang d. Kunden m. d. Anl.)	VT, K, VS	**
Beschaffenheit der Grundstoffe, des Baugrundes u. der Lagerstätte	VT, (K)	***
Produktionsausfall	VS	**
Inbetriebnahme	VT, VS	**
Technische Baustellenführung	K	**
Stückzahl der notwendigen Ersatz- und Reserveteile	K, VT	**
Kundenausbildung	VT, SM	*

Kaufmännische Risiken

	Absiche-rungsmaß-nahmen	Wertung
Konkurrenz: sog. Marktpreise (Qualität, Quantität etc.)	K	**
Währung (Wechselkurs)	K, VS	**
Inflation (Gleitpreis)	K	*
Kostenentwick. (Fest- / Gleitpreis)	K	**
Bonität des Kunden	VT, SM	**
Ausfall v. Unterlieferanten u. Konsortialpartnern	VT	**
Masseneinheitspreis	K, VT	**
Leistungsabgrenzung (Montage)	VT	*
Auftragswert bez. auf Kapital und Kapazität	K, SM	**
Kompensationsgeschäfte	K, VT, VS	**
Steuern u. Abgaben im Kundenland	K, (VT)	*
Finanzierung (Zinsabdeckung)	K, VS	*
Einfuhrbeschränk. im Kundenland	VT, SM	*
Zollbestimmungen	VT, SM	*
Bankverkehr (Gebühren u.ä.)	K	*
langfristige Kapitalbindung	K	*
Kalkulation der Baustellenkosten	K	**
Seetransport (Hafenliegegebühren, Kriegsrecht etc.)	K, VS, VT	**
Transportkosten im Kundenland	K, VS, VT	**
Großprojekte: Kostenprojektionen über mehrere Jahre	K	**
schwankende Kostenbewertung	K	**
Abhängigkeit z. Zahlung, Kostenanfall, Auslieferung	K, VT	**

Allgemeine Risiken

	Absiche-rungsmaß-nahmen	Wertung
menschliche Unzulänglichkeiten	SM	**
Katastrophen/höhere Gewalt		***
Streik		***
Baustopp		***
Verzögerungen durch Behörde und Verwaltung	K, (VT)	*
Politik und Region	VS, (VT)	**
Rechtsvereinbarungen	VT	**
Sprachen (Verträge, Unterweisungen d. Kundenpers.)	SM	*
Behördenmaßnahmen	K, (VT)	*

Legende

Absicherungsmaßnahmen
K = Kalkulation
SM = Sonstige Möglichkeiten
VS = Versicherungen
VT = Vertragsgestaltung

Wertung
* = geringes Risiko
** = mittleres Risiko
*** = hohes Risiko

Abb. 1.17. Risiken während der Angebotsphase

Es wird deutlich, daß der Technische Vertrieb nicht nur zur Abschätzung dieser Risiken während der Angebotsphase Informationen aus nahezu allen Funktionsbereichen eines Unternehmens benötigt.

1.3.1.2 Innovationsplanung

Ausgangspunkt erfolgreicher Produktinnovationen ist ein tiefgehendes Verständnis der Kundenprobleme. Zur Erfassung von Kundenproblemen eignen sich spezielle

Methoden, wie beispielsweise die Bedarfserfassung oder die Nutzerbeobachtung. Beide Methoden werden nachstehend beschrieben. Ein Exkurs zu der Frage, wie i.a. Innovationen entstehen und was bei der Informationsbeschaffung während der Neuproduktplanung zu beachten ist, befindet sich in Kapitel VII unter dem Stichwort "Innovationsplanung".

Der potentielle Anwender von Neuentwicklungen wird heute erst relativ spät in den Innovationsprozeß integriert. Dies resultiert aus der Erfahrung, daß ein Anwender oder Verbraucher in der Regel überfordert ist, eine neue Technologie in all ihren Ausprägungen und Nutzanwendungen abzuschätzen. Er kann erst reagieren, wenn ihm konkrete, vorstellbare Produktkonzepte vorgelegt werden /GESC-86/.

Typisch für Innovationen ist der lange Zeitverbrauch zwischen dem Aufgreifen einer Idee und ihrer Einführung als neues Produkt auf dem Markt. Daraus ergibt sich, daß das neue Produkt auf die Problem- und Bedarfssituation des potentiellen Kunden zu einem Zeitpunkt ausgerichtet sein sollte, der z.T. weit in der Zukunft liegt. Für die Produktkonzipierung wird also eine Antizipation des zukünftigen Verhaltens sowie der zukünftigen Präferenzen und Probleme des potentiellen Kunden benötigt.

Bedarfserfassung

Die Kenntnis der Problemsituation beim Kunden ist ein entscheidender Erfolgsfaktor für Produktinnovationen.

- Zahlreiche Studien weisen nach, daß 70 - 80% der erfolgreichen Innovationen von der Nachfrageseite her angeregt werden, d.h. Technology-Pull-Innovationen sind.
- Das Projekt SAPHO, in dem 42 Paare erfolgreicher und mißlungener Innovationen im gleichen Marktsegment analysiert wurden, identifiziert als wichtigsten Erfolgsfaktor: gründliches Verständnis der Probleme und der Bedarfssituation der Abnehmer /GESC-86/.

Durch die Innovationsbedarfserfassung wird herausgefunden, ob es ungelöste Probleme bei bestimmten Kundengruppen gibt, welche Bedeutung diesen Problemen zukommt, ob bestimmte Lösungskonzepte akzeptiert werden u. ä.

Hier resultieren aus dem Kundendienst - insbesondere aus der anwendungstechnischen Beratung - häufig wichtige Informationen für den Innovationsprozeß.

Während der Innovationsbedarfserfassung wird sorgfältig geprüft, wer in einer Absatzkette die wertvollsten Informationen liefern kann. Es können Personengruppen mit starkem Einfluß auf die Kaufentscheidung wie etwa die eigentlichen Nutzer, Berater oder Planer, einbauende Handwerker oder Stellen sein, die einen guten Überblick über bestimmte Verbrauchssektoren haben. Schließlich ist zu beachten, wer de facto die Marktmacht besitzt, Veränderung von Produkten durchzusetzen; dies können je nach Marktkonstellation die Hersteller, die großen Handelsorganisationen, das verarbeitende oder einbauende Gewerbe oder auch die Endabnehmer sein /GESC-86/.

Nutzerbeobachtung

Oftmals führt die Beobachtung von Nutzern bei der Anwendung von Systemen, beispielsweise Maschinen und Anlagen, zu Produktverbesserungen, da der potentielle Anwender meistens am genauesten weiß, wo die Schwachstellen des Systems liegen. Mit der Nutzerbeobachtung erschließt sich Unternehmen der Produktivgüterindustrie folglich ein weiteres Innovationspotential. Bei der Beobachtung der Nutzer erfordern manche Detailvorgänge umfangreiche Hilfsmittel zu ihrer Erfassung, z.B. technische Aufzeichnungsmethoden wie

- Fotografien,
- Tonbandaufnahmen,
- Video- oder Filmaufnahmen,
- Zeitnahme mit Stoppuhren und
- Zählvorrichtungen.

An die Beobachtung muß sich eine fachlich qualifizierte Analyse anschließen, durch die Schwachstellen und Mängel identifiziert werden /GESC-86/.

1.3.1.3 Kostenkontrolle

Das Controlling stellt umfangreiche Kennziffern zur Verfügung. Hierfür werden zahlreiche Informationen des Außendienstes benötigt. Die verschiedenen Arten der Deckungsbeitragsrechnung und Controlling-Grundsätze werden in Kapitel VII unter dem Stichwort "Controlling" besprochen.

Zur Ermittlung von Herstell- und Selbstkosten für die Eigenfertigung sind Dateien mit Materialkosten, Fertigungszeiten, Zahlen der Nachkalkulation und die Kosten fremder (Standard-) Produkte erforderlich. Eine systematische Erfassung von Konstruktionszeiten ist nicht überall eingeführt und dementsprechend wird dieser Teil der Kosten mehr oder weniger grob geschätzt und ist oftmals bei Kostenüberprüfungen und -kürzungen vor Angebotsabgabe einer der Hauptangriffspunkte der Unternehmensleitungen. Ähnliches gilt für Montagekosten, vor allem dann, wenn das Unternehmen über eigene, personell gut ausgestattete Montageabteilungen verfügt /MAGS-85/.

1.4 Rechnerunterstützung

Am Markt ist derzeit kein vollständig integriertes Software-System für die Auftragsabwicklung der Investitionsgüterindustrie verfügbar. Dieser Sachverhalt hat im besonderen Maße Auswirkungen auf die Rechnerunterstützung für den im Außendienst operierenden Technischen Vertrieb mit integriertem Marketing, da dieser Informationen aus nahezu allen betrieblichen Funktionsbereichen benötigt, vgl. /DIN-87/ und /WARN-84/.

Die durch hohe inhaltliche und zeitliche Variabilität, aber auch durch einen geringeren Anteil strukturierbarer Daten gekennzeichneten Aufgaben des Technischen Vertriebs, wie z.B. Projektmanagement, Systematisierung der Problemerkennung (Checklisten), Terminverfolgung auf vertrieblicher Seite, Redigieren von Verträgen, Personaleinsatzplanung, Auftragsrisikoanalyse, Qualitätssicherung und -kontrolle usw. werden bisher in Einzelfällen durch Rechner unterstützt, in der Regel losgelöst von DV-Systemen der Auftragsabwicklung, insbesondere sind diese Aufgaben bisher aber nicht oder nur in Teilaufgaben in den Außendienst hinein dezentralisierbar.

Mit Sicht auf operative Funktionen der an der Auftragsabwicklung beteiligten Stellen innerhalb der Aufbauorganisation ergeben sich heute Ansatzpunkte zur Unterstützung durch Rechner gängiger Technologie bei den Aufgabenarten, die zu ihrer Erfüllung

– Analyse	– Konzeption	– Entscheidung
– Planung	– Steuerung	– Überwachung

erfordern.

Im Hinblick auf Funktionen im Sinne mechanisierbarer Büro- bzw. Verwaltungsarbeiten liegen für den Außendienst auf der Grundlage gängiger Rechnertechnologie Teillösungen für Rechnerunterstützung in allen Tätigkeiten vor, die mit Erfassung und Pflege, Archivierung und Abruf, Umformung und Weitergabe von Informationseinheiten verbunden sind. Hierunter fallen z.B. Systeme zur Kundeninformation, Auftragsdatenverwaltung, Kalkulation, Teilautomatisierung der Übersetzung von Texten sowie der Korrespondenz, Dokumentation, Zeichnungserstellung, Erstellung von internen und externen Auftragspapieren, Erstellung von Referenzbroschüren usw. Das Hinzuziehen neuer, in einigen Fällen bereits angewandter, Informatiktechnologien wie CAD, CAE, CAM, CIM, Kommunikationstechniken, Rechnernetzwerke, externe Datenbanken, Retrievalsysteme, Expertensysteme ergibt eine Fülle neuer Ansatzpunkte für die gesamte Auftragsabwicklung, insbesondere der dezentralen Teilfunktionen.

In der EDV-Industrie in den USA werden Subsets von AUDIUS derzeit mit großem Erfolg pilotiert /KALB-87/. Von einer Einbindung des Außendienstes in den innerbetrieblichen Informationsfluß kann jedoch noch keine Rede sein. Eines der Ergebnisse eines dieser von einem EDV-Anbieter im eigenen Außendienst eingesetzten Pilotsysteme einschließlich der damit verbundenen Untersuchungen war, daß die Mitarbeiter mehr Effizienz bei der Kommunikation sowie bei der Informationsbeschaffung und -weiterleitung dringend wünschten. Grund: Nur so konnten sie erwarten, via eingeschränkter Reisezeiten, geringerem Verwaltungsaufwand und kompetenterer Kundenberatung zu höheren Umsätzen zu gelangen. Ein Piloteinsatz hat ergeben /DREL-88/, daß 35% mehr Kundenkontakte zustande kamen, 25% mehr Verkaufszeit zur Verfügung stand und aufgrund einer Steigerung der Zahl der Aufträge um 5% - hochgerechnet auf das erste Jahr - ein Gewinnplus von 15 Mio. US-$ zu erwarten war. Durch die "Sichtbarkeit" der eigenen Produkte (Laptops) wurden 5 Großaufträge (Wert jeweils > 1 Mio. US-$) akquiriert. Dieser zuletzt genannte Akquisitionseffekt ist allerdings nicht von der EDV-Branche auf andere übertragbar.

In der Bundesrepublik Deutschland wurde bei einem Nutzfahrzeughersteller der mehrere hundert Seiten starke Produktkatalog in Verbindung mit einem Konfigurationsmodul auf einem Laptop implementiert. Dieses System ist in den Niederlanden mit Erfolg pilotiert worden. Die Anzahl der Fehlberatungen konnte erheblich reduziert werden. Interessant ist an dem Beispiel weiterhin, daß der Vertriebsbeauftragte mit dem System die Möglichkeit hat, im Kundengespräch eine computergestützte Wirtschaftlichkeitsberechnung durchzuführen. Für verschiedene Fahrzeugtypen sind die Gesamtkosten pro Kilometer, pro Tonne transportierter Nutzlast sowie für ein Jahr und über die gesamte Nutzungsdauer berechenbar. Einzelne Kostenarten, wie kalkulatorische Zinsen und Kfz-Steuer, werden auch für unterschiedliche Kilometerleistungen und Einsatzstunden ebenfalls ausgewiesen. Außerdem werden die Verkehrsart, beispielsweise Nahverkehr, die Anzahl der Fahrer und die Auslastung der Zugmaschine nebst Aufbau und des Anhängers bei der Hin- und Rückfahrt beachtet. Die Ergebnisse sind graphisch in Form von Kreis- und Balkendiagrammen am Laptop-Display oder am mitgeführten Drucker visualisierbar. Mit solchen Systemen wird allerdings nur die Beratung an sich verbessert. Eine Erhöhung des verkaufsaktiven Zeitanteils wird indirekt durch den geringeren Nachberatungsaufwand erreicht, nicht aber durch eine Unterstützung des Außendienstmitarbeiters bei seinen Verwaltungsarbeiten, seiner Besuchsplanung etc /MERT-88/.

Weitere Moduln befinden sich z.B. bei einem Karlsruher Software-Haus, von dem auch das System für oben genannten Nutzfahrzeughersteller erstellt wurde, in der Entwicklung. U.a. sind dies ein Modul zur Routenplanung sowie ein System, das den Vertriebsbeauftragten bei seinen Verwaltungsaufgaben, wie Verwalten einer Kundendatei, Terminplanung, Berichtswesen und Spesenabrechnung, unterstützt. Interessante Ansätze zur Verbesserung der Kundenberatung und zur Rationalisierung des Angebotswesens finden sich in den Unternehmenszentralen der DV-Industrie. Bei der englischen Firma ICL wird beispielsweise der Außendienst seit Ende 1986 durch ein Expertensystem bei der kundenspezifischen Auslegung von Mainframes, Netzwerken und Massenspeichern unterstützt /BARL-87/. Es werden detaillierte, für die Kundenanforderung optimierte und durchkalkulierte Teilelisten erstellt, die sofort in das Angebots- und Auftragswesen übernommen werden können. In der ersten Phase des Verkaufsprozesses fungiert das System als Berater. Der Vertriebsangestellte kann alternative Systeme beschreiben und nach Inhalt, Kosten, Korrektheit vom Expertensystem prüfen lassen. Sobald eine feste Definition erreicht ist, erstellt der Rechner eine vollständige Beschreibung des konfigurierten Systems auf unterer Produktebene, die automatisch in das Vertragswesen einbezogen wird. Um die Konsistenz der Ergebnisse zu wahren, kann die generierte Beschreibung nicht personell (etwa mittels Textverarbeitung), sondern nur im Dialog mit dem Expertensystem verändert werden. Hilfreich ist die sogenannte "Experten-Kritik"-Funktion, mit der Schwachstellen bei den Konfigurationswünschen des Anwenders diagnostiziert und Hinweise auf eventuell durchzuführende Prüfungen gegeben werden. Die Anmerkungen werden in Dokumente übernommen, die der Außendienstmitarbeiter dem Kunden bei der nächsten Konsultation vorlegt, und die weitere Ausführung des Auftrags wird bis zur Klärung der offenen Sachverhalte blockiert /MERT-88/.

All diese Systeme sind bisher jedoch nicht integriert worden. Insbesondere kann von einer Einbindung des Außendienstes in den innerbetrieblichen Informationsfluß, vor allem was die vertriebsorientierte Auftragsabwicklung, z.B. zur Lieferzeitbestimmung in der Angebotsphase betrifft, nicht die Rede sein.

Vom organisatorischen Stand der vertriebsorientierten Auftragsabwicklung geht erheblicher Einfluß auf die Termin- und Kostensituation im Bereich der Produktionsplanung und -steuerung einschließlich Materialwirtschaft aus. Dies wird besonders deutlich, wenn auf der fertigungsorientierten Seite der Auftragsabwicklung bereits rechnergestützte Systeme der Produktionsplanung und -steuerung einschließlich Materialwirtschaft (PPS) eingesetzt sind und die vertriebsorientierte Auftragsabwicklung vorwiegend mit rechnerunabhängigen bzw. vom PPS-System losgelösten Verfahren arbeitet.

PPS-Systeme sind nur dann wirklich wirtschaftlich zu nutzen, wenn die vom PPS-System benötigten aktuellen Daten u.a. aus der vertriebsorientierten Auftragsabwicklung in aufbereiteter Form übernommen werden können. Dies gilt insbesondere dann, wenn das PPS-System selbst einen hohen Integrationsgrad hat. Entsprechend wichtig sind die Rückmeldungen des PPS-Systems und die Aufbereitung der Informationen für die kundenorientierte Auftragsabwicklung. Gerade die Schnittstelle zwischen vertriebs- und fertigungsnaher Abwicklung wirkt sich als Trennung aus; der Außendienstmitarbeiter handelt mehr kundenbezogen, weniger fertigungsorientiert.

Im Sinne einer verstärkten Ausrichtung auf leistungsfähige, wirtschaftliche Logistik und Produktion kann insbesondere dann ein wesentliches Nutzpotential erschlossen werden, wenn die Neugestaltung eines rechnergestützten Auftragsabwicklungssystems unter Beachtung der Schnittstellen, des Informationsbedarfs und der Informationsausgabe von PPS-Systemen vorgenommen wird /GEIS-86/.

Am Beispiel der Angebotsbearbeitung sollen nachstehend nochmals die verfügbaren Einzelmoduln zur rechnergestützten Angebotserstellung (vgl. auch Kapitel IV.4.) beschrieben werden.

Zentrales Merkmal der Angebotsbearbeitung ist die Verarbeitung von Informationen, d.h. das Erzeugen, Verwalten, Suchen, Modifizieren und Darstellen von Informationen. Typische und zumeist arbeitsaufwendige Aufgabenstellungen sind nach /VDI-83/:

– Zugriff auf vorliegende technische Lösungen
– Modifizieren ähnlicher Lösungen durch Anpassen der Lösungsdarstellungen sowie
– Erstellen von Lösungsdarstellungen in Form von Zeichnungen und Produktbeschreibungen

Zur Unterstützung der genannten Aufgabenstellungen werden im Angebotsbereich bereits verschiedenste DV-Systeme eingesetzt bzw. für den Einsatz vorbereitet. Dies sind z.B. nach /VDI-83/:

– Dokumentationssysteme zur Suche von Stichwörtern in gespeicherten Texten. Damit wird die technische Lösungsfindung auf Basis textueller Produktbeschreibungen angestrebt,
– Dateiverwaltungssysteme zur DV-technischen Verarbeitung von Karteien und zum Zugriff auf Karteiinformationen auf der Basis klassifizierender Daten,
– Textverarbeitungssysteme zur effizienten Ausarbeitung und Erstellung von Angebotstexten auf der Basis vordefinierter Textbausteine,
– DV-Systeme zur Kostenkalkulation auf der Basis gespeicherter Arbeitspläne, Kostendaten oder Regreßfunktionen,
– CAD-Systeme zur beschleunigten Ausarbeitung von Angebotszeichnungen sowie
– Entscheidungstabellensysteme zur Unterstützung der technischen Lösungsfindung und automatischen Zusammenstellung von Angeboten durch Festlegung von Auswahlprinzipien.

1.4.1 Rechnerunterstützung im Marketing

Exemplarisch soll im folgenden die Rechnerunterstützung anhand des Marketing beleuchtet werden. Im Marketing werden zunehmend moderne EDV-Systeme eingesetzt, um neue Aufgaben zu unterstützen und die Unternehmen insgesamt erfolgreicher zu machen. Neben selbstverständlichen Informationen über Produktverfügbarkeit und -preis, aktuellem Auftragsstatus und Produktionsauslastung liefern diese Systeme auch weitergehende Informationen /DREL-88/:

– Informationen über Wettbewerber und Konkurrenzverhalten,

– Unterstützungsmöglichkeiten im Bereich der Marktforschung, wie beispielsweise direkter Zugang zu internationalen Informations-Datenbanken,

– Verfolgung von Marketing- und Werbeaktionen und Aussagen über deren Wirkungsgrad.

Diese und andere Informationen werden von sogenannten Marketing-Management- bzw. Managementinformationssystemen bereitgehalten, die zur Unterstützung von Entscheidungsprozessen im Marketing- und Managementbereich eingesetzt werden.

Aufbau, Zweck und Nutzanwendung eines Managementinformationssystems richtet sich nach der Komplexität des gewünschten Informationsabrufes. Kapitel VII gibt einen Überblick über die unterschiedlichen Systeme und ihre Funktionen.

Kundenanalyse

Sowohl für statistische Zwecke als auch zur Bestimmung des Absatzpotentials bei jedem einzelnen (wichtigen) Kunden wird eine Kundenanalyse durchgeführt. Grundlage für deren Erstellung mittels EDV bildet die Erfassung aller Kundenstammdaten, welche von entsprechender Beständigkeit sind und vielseitige Verwendungsmöglichkeiten auch für die Abwicklung verschiedener anderer Programme und der darin enthaltenen Probleme bieten.

Die Unterteilung des Datenmaterials hinsichtlich der Häufigkeit seiner Verwendung stellt neben die Stammdaten die Gruppe der Bewegungsdaten. Im Gegensatz zu den Stammdaten lösen diese jeweils nur einmalige Berechnungen aus, unter Umständen jedoch in verschiedenen Programmen. Es handelt sich hierbei um die zu verarbeitenden Geschäftsvorfälle einer Unternehmung (vgl. /FUTH-66/).

Die für die Durchführung einer Kundenanalyse benötigten Bewegungsdaten sind in erster Linie die

– Kundenaufträge,

– Zahlungseingänge,

– Zahlungsausgänge,

– Retouren,

– Lieferungen,

– Stornierungen

sowie Daten über die dem Kunden anzulastenden Kosten im Hinblick auf die Ermittlung eines Deckungsbeitrages /MEYE-73/.

Im Rahmen der periodischen Abarbeitung der Kundenanalyse können dem Programm die verschiedensten Aufgabenstellungen zugrundegelegt werden /MEYE-73/:

– Vergleiche zwischen den Daten (Umsatz, Deckungsbeitrag) eines Kunden bzw. einer Kundengruppe zu den entsprechenden Daten vorangegangener Abrechnungsperioden, unter Umständen unter Berücksichtigung der verschiedenen Fristigkeiten,

– Vergleiche zwischen den Daten verschiedener Kunden bzw. Kundengruppen in derselben Abrechnungsperiode,

– Vergleiche zwischen vorher zugrundegelegten Sollvorhaben und den tatsächlich festgestellten Ist-Daten je Kunde, Kundengruppe und Abrechnungsperiode,

– Vergleiche des Abnehmerverhaltens im Zeitablauf bzgl. des Artikelsortiments einer Unternehmung sowie

– Anteile des Kunden oder von Kundengruppen am Gesamtumsatz und/oder Gesamtdeckungsbeitrag wieder mit der Möglichkeit der Berücksichtigung verschieden langer Zeiträume.

2 Zielanalyse: Technischer Vertrieb

Im folgenden wird zunächst grob spezifiziert, welche Ziele in einem Unternehmen verfolgt werden. Aus diesen Zielen soll dann überblicksartig auf den möglichen Beitrag eines Außendienstunterstützungssystems zur Zielerfüllung geschlossen werden. Schließlich gibt dann Abb. 2.2. in Form einer Tabelle einen Übersicht darüber, welche Ziele von den einzelnen Aufgabenbereichen des Unternehmens verfolgt werden. Diese Ziele bieten dann im späteren Verlauf des Berichts die Grundlage für eine Schwachstellenanalyse und eine Anforderungsanalyse.

Ausgangspunkt dieser Analyse bilden die Unternehmensziele. Daneben werden auch Ziele des Vertriebs und des Außendienstes, auch im sozio-emotionalen Bereich, betrachtet. Hierbei sei allerdings bemerkt, daß die Ziele des Vertriebs und des Außendienstes, da es sich jeweils um Teile des Gesamtunternehmens handelt, nicht zu den Zielen des Unternehmens als Ganzes im Widerspruch stehen sollten. Eine Unterstützung des Außendienstes muß also vor allem auch einen Beitrag zum Erreichen der Unternehmensziele darstellen. Derzeit suchen viele, gerade auch kleine und mittel-

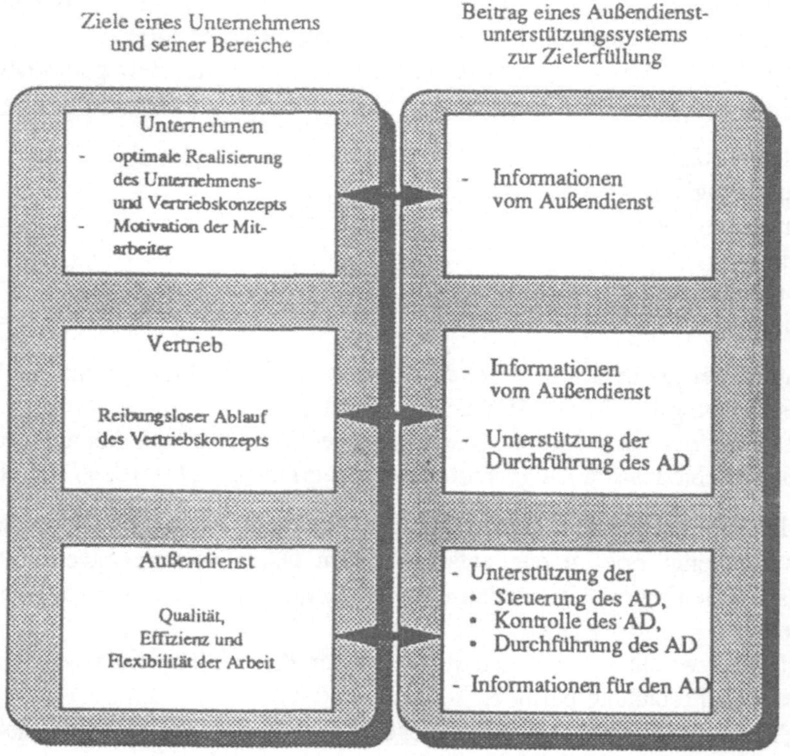

Abb. 2.1. Beitrag eines Außendienstunterstützungssystems zur Zielerfüllung

ständische Unternehmen im Rahmen ihres CIM-Konzepts nach leistungsfähigen integrierten Systemen. /MERT-88/ und /SCHE-87/ zeigen bereits vorhandene Ansatzpunkte für die Einbindung des Vertriebs in solche Systeme auf. Wie der mögliche Beitrag eines Außendienstunterstützungssystems zur Zielerfüllung eines Unternehmen aussehen kann, ist Abb. 2.1. zu entnehmen.

2.1 Ziele erfolgreicher Unternehmen

Zur Erzielung eines Wettbewerbsvorteils bzw. einer Effizienz- und Wirtschaftlichkeitserhöhung verfolgen erfolgreiche Unternehmen nach /MEPI-87/ Ziele, die überwiegend ausgerichtet sind auf

– eine Verbesserung der Produktqualität,
– eine Effizienzsteigerung des Managements,
– eine Erhöhung der Mitarbeitermotivation und
– eine Vergrößerung des Marktanteils.

Es bleibt zu untersuchen, inwieweit der Einsatz von Hilfsmitteln aus dem Bereich der Informatik zur Zielerfüllung von Nutzen ist. /SCHM-87/ unterscheidet zwischen kurz- und langfristigen Zielen.

• Kurzfristige Ziele: Der Nutzen überwiegt die Kosten. Beispiele hierfür sind
  – Reduzierung oder Einsparung von Bearbeitungszeiten,
  – Ausschalten von Doppelfunktionen,
  – Reduzierung der Durchsatz- und Vorlaufzeiten,
  – Einsparung von Sachmittelkosten,
  – Vereinfachung der Bearbeitung,
  – Einsparung von Personal,
  – Verkürzung und Flexibilisierung der Arbeitszeit,
  – Verringerung der Herstellungskosten und
  – niedrigere Bestände.

• Langfristige Ziele: Es muß eine Auswirkung auf Erfolgsfaktoren bestehen wie z.B.
  – Verbesserung der Kommunikation und des Datenaustauschs,
  – Erhöhung der Qualität,
  – Effizienzsteigerung des Managements,
  – flexibles Eingehen auf Kundenwünsche und Nachfrageänderung,
  – Verbesserung des Lieferservice sowie
  – Verringerung der Auftragsdurchlaufzeiten.

Wettbewerbsfähigkeit und Effizienzsteigerung können am ehesten durch ein integriertes Unternehmens- und Marketingkonzept erreicht werden /PORT-83/. Viele einzelne Bereiche können effizienter, qualitativ besser und flexibler gestaltet werden. Es muß auch angestrebt werden, die Motivation der Mitarbeiter zu erhöhen (sozio-emotionale Ziele bei /HILL-81/). Ein Außendienstunterstützungssystem muß in das integrierte Unternehmens- und Marketingkonzept eingebettet werden, um Unternehmensziele realisieren zu können. /SCHÜ-87/.
Nachfolgend sollen die wichtigsten Ziele eines Außendienstunterstützungssystems

für ein Unternehmen aufgelistet werden. Die Ziele beeinflussen sich gegenseitig. Anhand von Beispielen soll deutlich gemacht werden, wie ein Ziel durch ein AUDIUS erfüllt werden kann. In späteren Kapiteln soll dann auf die Schwachstellen in bezug auf die Zielerfüllung und die Anforderungen an ein Außendienstunterstützungssystem näher eingegangen werden.

Zuerst soll jedoch eine kurze Übersicht nachfolgend verwendeter Begriffe gegeben werden. Tätigkeiten, die mit Einkauf, Sortimentsfragen und Neuproduktakquisition zu tun haben, werden als Produktarbeit bezeichnet. Beobachtungen der Konkurrenz und der Marktentwicklung sowie Untersuchungen über kurz- und langfristige Konjunkturentwicklungen in einer Branche werden unter dem Begriff Marktarbeit zusammengefaßt. Tätigkeiten im Zusammenhang mit den Kunden wie z.B. Informationsbeschaffung über Kunden werden als Kundenarbeit bezeichnet, während die eigentliche Bearbeitung von Aufträgen ausgehend von Anfrage, Angebot, Bestellung bis hin zu Lieferung und Zahlungsmodalitäten unter dem Begriff Auftragsarbeit zusammengefaßt ist. Insbesondere fällt also die Vorstellung eines Produkts oder die Erstellung individueller Angebote nicht unter den Bereich Kundenarbeit.

Ziele sind in jedem Falle unternehmensabhängig. So spielt z.B. der Aufgabenbereich eines Außendienstmitarbeiters eine besondere Rolle. Besucht er Kunden nur sehr selten, dann wird sich kein persönliches Verhältnis zu dem Mitarbeiter entwickeln, so daß kaum Kundenarbeit zu leisten ist. Werden in einem Unternehmen (z.B. des Anlagenbaus) technisch komplizierte Produkte vertrieben, muß viel Zeit in technische Fragen investiert werden, und damit nimmt die Produktarbeit einen entscheidenden Anteil im Aufgabenfeld des Außendienstmitarbeiters ein.

2.2 Quantitative Ziele

Quantitative Ziele sind letztendlich die einzigen Ziele, die für ein Unternehmen in Zahlen meßbar sind. Alle übrigen Ziele wirken sich indirekt auf die quantitativen Ziele aus, so daß diese den besten Maßstab für den Erfolg eines Unternehmens darstellen. Das Problem dabei ist, daß sich die Zahlen nicht exakt auf einen Unternehmensbereich (z.B. den Außendienst) zurückführen lassen.

Quantitative Ziele eines Unternehmens sind /WOLT-80/:

- Erhöhung des Deckungsbeitrages,
- Umsatzsteigerung,
- Erhöhung der Absatzmengen,
- Erhöhung des Marktanteils,
- Ausweitung der numerischen/gewichteten Distribution,
- Durchsetzung von Mindestpreisen,
- Verbesserung der Kundenumsatzstruktur,
- Erhöhung der Zahl der Kunden,
- Verbesserung der Auftragsstruktur und Mindestauftragsgröße sowie Erhöhung des Durchschnittsumsatzes je Auftrag,
- Verbesserung der Gebiets- und Kundenausschöpfung,
- Erhöhung der Umschlagsgeschwindigkeit,
- Senkung der Retourenquote,
- Durchsetzung von Schwerpunktaktivitäten,

- Vorgaben von Sollzahlen für den AD,
- Minimierung der Mitarbeiterzahl (AD und ID),
- Senkung des Zahlungsziels im Kundenbereich sowie
- Reduktion von Erlösschmälerungen (Differenzen mit Kunden).

Ein Außendienstunterstützungssystem kann dadurch einen Beitrag zur Erfüllung der quantitativen Ziele leisten, daß es einen Beitrag zur Erfüllung der übrigen Ziele leistet.

2.3 Qualitative Ziele

Die Qualität der Arbeit des Außendienstes (und benachbarter Unternehmensbereiche) läßt sich zunächst dadurch verbessern, daß sämtliche Teilaufgaben qualitativ besser gelöst werden. Dies bedeutet insbesondere eine Verbesserung der Qualität

- der Angebotsbearbeitung,
- der Auftragsabwicklung,
- des Berichtswesens,
- der Kundenanfragen,
- der Kundenbearbeitung und Kundenbesuche,
- des Kundendienstes,
- der Reklamationen und
- der Steuerung und Kontrolle des Außendienstes.

Daneben ist noch an eine qualitative Verbesserung der Methoden und Hilfsmittel zur Erfüllung der Aufgaben zu denken. Hierzu zählen vor allem

- der Informationsfluß (die Informationsversorgung) und
- die Rechnerunterstützung.

Als weitere qualitativen Ziele zählt /WOLT-80/ auf:

- Beseitigung personeller Engpässe im Vertriebsbereich,
- Senkung der Fluktuationsrate,
- Erhöhung der Flexibilität des Vertriebsbereichs,
- Wettbewerbsabwehr,
- Verbesserung des Images der Vertriebsorganisation,
- Verbesserung der Mitarbeiter-Ausstattung,
- Verbesserung der Informationen und Basisdaten im Vertrieb sowie
- Verbesserung der Teamqualitäten (Außendienst und Innendienst) im Vertriebsbereich.

Zur Verbesserung der Qualität der Arbeit kann ein Außendienstunterstützungssystem u.a. dadurch einen Beitrag leisten, daß es die Qualität der o.g. Tätigkeiten sowie die Informationsversorgung verbessert. Beispiele dafür, wie dies im einzelnen geschehen kann, findet man in Abschnitt II.4. Ferner kann es den Mitarbeiter zu eigenständigerer und qualitativ besserer Arbeit veranlassen.

2.3 Ziel Kommunikation

Einen besonderen Schwerpunkt in der Zielsetzung eines DV-Systems bildet die Informationsbereitstellung und der Informationsfluß zwischen den verschiedenen beteiligten Bereichen. Aus diesem Grunde wird auf das Ziel Kommunikation getrennt eingegangen. Ein Außendienstunterstützungssystem soll ganz allgemein eine Verbesserung der Kommunikation zwischen allen mit dem Außendienst verbundenen Bereichen bewirken, also insbesondere

- zwischen Außendienstmitarbeitern,
- zwischen Außendienst und Innendienst (Verkauf, Disponent etc.),
- zwischen Außendienst und Unternehmensleitung sowie
- zwischen Außendienst und anderen Unternehmensbereichen (z.B. Einkauf, Produktion, Lager oder Rechnungswesen).

In jedem Unternehmen, in dem ein AUDIUS installiert werden soll, muß im Einzelnen gemäß Organisationsstruktur und Aufgabenteilung entschieden werden, wie die Anbindung der einzelnen Bereiche an ein Außendienstunterstützungssystem vollzogen wird.

2.4 Ziel Flexibilität und Effizienz

In Zeiten starken Wettbewerbs sowie schwieriger Wirtschaftssituation ist es wichtig, flexibel auf äußere Einflüsse zu reagieren. Ein entscheidendes Qualitätsmerkmal ist die Flexibilität der Arbeit. Sie kann sich sowohl in einer flexiblen Besuchsplanung als auch in einem flexiblen Eingehen auf Kundenwünsche äußern.

Ein Außendienstmitarbeiter kann dann flexibler reagieren, wenn er einerseits eine genügende Autonomie hat und ihm andererseits Hilfsmittel für verschiedene Handlungsalternativen (z.B. Informationen) mitgegeben werden.

Zur Zeit werden häufig Arbeiten doppelt verrichtet, gehen Informationen verloren oder sind nicht auf dem aktuellsten Stand. Dadurch arbeitet das Unternehmen ineffizient. Eine Effizienzsteigerung ist sowohl bei der Außendienst- als auch bei der Innendienstarbeit notwendig. Dies kann auf verschiedenen Wegen angestrebt werden. Insbesondere sind zu nennen

- Vereinfachung bestimmter Tätigkeiten (z.B. durch EDV-Unterstützung),
- Reduzierung der Auftragsdurchlaufzeiten,
- Einsparung von Fahrzeiten und
- Ausschalten von Doppelarbeiten (z.B. Mehrfacherfassung bestimmter Daten).

Der Beitrag eines Außendienstunterstützungssystems ist hier die Informationsversorgung sowie die Art der Steuerung und Kontrolle des Außendienstes. Generell besteht die Forderung nach mehr Unterstützung des im Operativen Technischen Vertrieb und Marketing tätigenden Außendienstmitarbeiters. So muß

- die verkaufsproduktive Zeit beim Kunden zu Lasten der unproduktiven Zeiten erhöht werden und
- die Verkaufszeit selbst effektiv unterstützt werden, um den Verkaufserfolg pro Zeiteinheit zu maximieren.

/WOLT-78/ nennt als Kernbereiche für eine Effizienzsteigerung im Operativen Technischen Vertrieb:

- Kundenkategorisierung (= = > prioritätsgesteuerte Besuchspolitik)
- Besuchs-/Tourenplanung (= = > reduzierte Reisezeit)
- Bezirksanpassung/-verkleinerung (= = > reduzierte Reisezeit)
- gezielte Gesprächsführung (= = > optimale Zeitausschöpfung während des Besuchs).

/NIES-85/ stellt dar, daß die Akquisition eines Auftrags oftmals weniger von der Preiswürdigkeit und Qualität des Produkts abhängt, sondern vielmehr von der Schnelligkeit, mit der die Ware geliefert oder die Leistung erbracht wird. Hierfür essentiell ist aber ein durchgängiger und schneller Informationsfluß vom Außendienstmitarbeiter bis hin zur Produktion und Auslieferung. So fordert auch /ZAHN-79/ für eine Verkaufsorganisation den gezielten, kostenoptimalen Einsatz und die rasche Verarbeitung von Marktinformationen.

Eine weitere Möglichkeit zur Effizienzsteigerung im Außendienst des Technischen Vertriebs wird in /VDI-84/ angegeben. Dort wird als Entwicklungstrend formuliert, daß die Integration die Berücksichtigung zentral vorgegebener Mittel und Strukturen empfiehlt oder verlangt: Die Forderungen an alle Einzelfunktionen laufen darauf hinaus, daß konsequent

- programmierbare Strukturen,
- normierte Nummern- bzw. Ordnungssysteme,
- normierte Datenrahmen,
- einheitliche Formularaufbauten,
- gleiche Definitionen und
- standardisierte Hilfsmittelpaletten

vorgesehen werden.

2.5 Sozio-emotionale Ziele

Neben instrumentalen (quantitativen oder qualitativen) Zielen müssen sozio-emotionale Ziele angestrebt werden /HILL-81/. Sozio-emotionale Ziele sind solche, die der persönlichen Bedürfnisbefriedigung eines Menschen dienen, einer essentiellen Voraussetzung für die Motivation zur Arbeit. Es wird unterschieden zwischen

- Verbesserung der Motivation der AD-Mitarbeiter,
- Verbesserung der Motivation der ID-Mitarbeiter und
- Erhöhung der Zufriedenheit der Kunden.

Nach /HILL-81/ tragen die Ziele Selbständigkeit und Sicherheit (je nach Menschentyp) am ehesten etwas zur Bedürfnisbefriedigung des Einzelnen bei. Bei einem AUDIUS kommt es insbesondere darauf an, das System für und nicht gegen den Mitarbeiter zu installieren.

2.6 Zusammenfassung

In Abb. 2.2. sind neben den Aufgabenbereichen, für die in Kapitel II.3. bzw. II.4. Schwachstellen bzw. Anforderungen untersucht werden, Informationsfluß und Rechnerunterstützung den einzelnen Zielen gegenübergestellt. Es wird danach unterschieden, ob in einem Aufgabenbereich ein Ziel hauptsächlich, teilweise oder überhaupt nicht angestrebt wird. Beispielsweise werden im Bereich Reklamationen hauptsächlich die Ziele hohe Qualität der Auftrags-, Produkt- und Kundenarbeit sowie eine Effizienzsteigerung der Arbeit des Außendienstes angestrebt.

Legende (Ziele):
- **+** Hauptziel
- + Nebenziel
- · kein Ziel

Aufgabenbereiche \\ Ziele	Umsatzsteigerung	Einsparung von Kosten	Vergrößerung des Marktanteils	hohe Qualität der Auftragsarbeit	hohe Qualität der Produktarbeit	hohe Qualität der Marktarbeit	hohe Qualität der Kundenarbeit	Verbess. d. Komm. AD - a. UB	Verbess. d. Komm. AD - Leitung	Verbess. d. Komm. im Vertrieb	Verbess. d. Komm. AD - Lager	flex. Eingehen auf Kundenwünsche	flexible Besuchsplanung	Reduzierg. d. Auftragsdurchlaufz.	Einsparung von Fahrzeiten	bessere Plang. d. Besuchszeitpunkts	Ausschalten von Doppelarbeiten	Effizienzsteigerung der AD-Arbeit	Effizienzsteigerung der ID-Arbeit	Zufriedenheit der Kunden	Motivation der AD-Mitarbeiter	Motivation der ID-Mitarbeiter	Humanisierung der Arbeit
(Zielkategorie)	QUANTITÄT			QUALITÄT				KOMMUNIKATION				FLEXIBILITÄT UND EFFIZIENZ								SOZIO-EMOT. ZIELE			
Angebotsbearbeitung	**+**	**+**	**+**	**+**	·	·	+	·	·	**+**	**+**	+	·	+	·	+	+	+	+	**+**	+	+	+
Auftragsabwicklung	**+**	+	**+**	**+**	·	·	+	·	·	+	·	+	·	+	·	·	+	+	+	**+**	+	·	+
Berichtswesen	+	+	+	+	+	+	+	**+**	**+**	**+**	**+**	+	·	+	·	+	+	+	**+**	+	+	·	·
Kundenanfragen	**+**	+	**+**	**+**	·	·	**+**	**+**	·	+	·	**+**	·	+	·	·	+	+	·	+	+	+	+
Kundenbesuche	**+**	+	**+**	**+**	·	+	**+**	·	·	·	·	**+**	**+**	·	+	+	·	+	·	+	+	·	+
Kundendienst	**+**	+	+	**+**	·	·	**+**	+	·	·	+	**+**	+	+	+	·	+	**+**	·	+	+	+	+
Reklamationen	**+**	+	+	**+**	**+**	·	**+**	+	·	·	+	**+**	+	+	+	·	+	**+**	·	+	+	+	+
Steuerung und Kontrolle des AD	+	**+**	+	+	·	**+**	+	·	·	+	·	·	·	+	·	·	+	**+**	**+**	+	·	·	+
Informationsfluß	+	·	+	+	+	+	+	**+**	**+**	**+**	**+**	+	·	+	·	·	+	**+**	+	+	**+**	·	+
Rechnerunterstützung	+	+	+	**+**	**+**	**+**	**+**	**+**	+	+	+	+	+	**+**	+	+	+	+	+	+	+	·	+

Abb. 2.2. Zielanalyse

3 Schwachstellenanalyse: Technischer Vertrieb

Die Ergebnisse der Ist-Aufnahme innerhalb einer Unternehmung können dazu verwendet werden, Schwachstellen innerhalb einzelner Teilbereiche zu lokalisieren. Diese Schwachstellen lassen sich den in Kapitel II.2. genannten Zielen zuordnen. Sie geben Ursachen dafür an, daß die angestrebten Ziele in der Ist-Situation nur mangelhaft erfüllt werden.

Ein DV-System soll dazu dienen, die Schwachstellen zu beseitigen. Dazu wird eine Anforderungsanalyse durchgeführt, die die positiven Eigenschaften des alten Systems beibehält und die Schwachstellen durch neue Systemeigenschaften beseitigt /LOCK-83/.

AUDIUS soll dazu dienen, die Schwachstellen in der bisherigen Außendienstorganisation zu beseitigen. Gemäß der im vorliegenden Bericht diskutierten Problemstellung werden im folgenden nicht Schwachstellen eines bestimmten Unternehmens untersucht, sondern solche, die im Außendienst generell bzw. bei einer sehr großen Zahl von Unternehmen auftreten. Die Schwachstellen werden den Bereichen Sozio-Emotionalität, Aufgabenerfüllung, Informationsfluß und Rechnerunterstützung zugeordnet.

3.1 Schwachstellen im sozio-emotionalen Bereich

1. unzureichende Motivation des Außendienstmitarbeiters
   Außendienstmitarbeiter haben persönliche Ziele, die von denen des Unternehmens abweichen können. Damit sie im Dienste des Unternehmens einen optimalen Beitrag zur Zielerfüllung leisten, müssen sie motiviert werden. Daher muß ein Außendienstunterstützungssystem z.B. auch einen Beitrag zur persönlichen Bedürfnisbefriedigung der Mitarbeiter leisten.

   Der Grund für eine unzureichende Motivation des Außendienstmitarbeiters kann darin liegen, daß

   * die Selbstständigkeit des Außendienstmitarbeiters eingeschränkt oder
   * seine Informationsversorgung mangelhaft oder umständlich ist.

2. unzureichende Motivation des Innendienstmitarbeiters
   Einfluß auf die Motivation des Innendienstmitarbeiters hat der Außendienst durch die Form seiner Zusammenarbeit mit dem Innendienst und seine Informationsberichterstattung. Beide sind häufig nicht genügend ausgeprägt.

3. begrenzte Zufriedenheit der Kunden.
   Aus unterschiedlichen (z.B. organisatorischen) Gründen wird die Zufriedenheit der Kunden nicht immer in optimaler Weise erreicht. So ist beispielsweise häufig

   * die Qualität der Angebotserstellung unzureichend oder
   * das Eingehen auf spezielle Kundenwünsche z.B. aufgrund starrer oder umständlicher innerbetrieblicher Abläufe unmöglich.

3.2 Schwachstellen bei der Aufgabenerfüllung

In der Ist-Aufnahme wurden bereits die Hauptaufgaben im Technischen Außendienst erläutert. Nachfolgend werden nun die wichtigsten Schwachstellen in den Hauptaufgabenbereichen aufgelistet. Da auf zahlreiche verbesserungsfähige Bereiche bereits in früheren Abschnitten des vorliegenden Berichts (Aufgabenbeschreibungen) eingegangen wurde, werden die Schwachstellen z.T. nur skizziert. Da verschiedene Aufgabenbereiche während der Auftragsausführung parallel bzw. mehrfach zu erfüllen sind (Kundenbesuche können z.B. vor, während und nach der Angebotsbearbeitung stattfinden.), wurde keine auftragschronologische, sondern die alphabetische Reihenfolge gewählt.

3.2.1. Angebotsbearbeitung

1. Aufwandsabschätzung der Angebotserstellung
    Für den Technischen Vertrieb ist es schwierig, eine Prognose über Aufwand und Nutzen einer Angebotserstellung abzugeben. Es ist zwar immer schwer, eine Abschätzung für das zu erwartende Auftragsvolumen und die Wahrscheinlichkeit der Auftragserlangung abzugeben; der Aufwand für eine Angebotserstellung läßt sich jedoch relativ leicht berechnen. Aussagen über den Nutzen einer Angebotserstellung lassen sich häufig aus ähnlichen früheren Anfragen extrahieren und in einem Verfahren der Nutzwertanalyse mit dem zu erwartenden Aufwand vergleichen. Insgesamt ist der Aufwand für die Angebotserstellung i.a. recht hoch, vor allem, wenn man in Betracht zieht, daß, wie in Abschnitt II.1.1.1. aufgezeigt, nur jedes achte Angebot zum Erfolg führt.
2. dezentrale Speicherung von Produktinformation
    Die Produktinformationen liegen häufig in unstrukturierter und unformalisierter Form vor. Die technischen Beschreibungen stammen häufig von unterschiedlichen Verfassern, die ihre Berichte unterschiedlich aufbauen. Dadurch geht dem Außendienstmitarbeiter leicht der Überblick verloren. Der Außendienstmitarbeiter hat häufig auch keinen Zugriff auf Lieferzeitinformationen über das PPS-System oder das DV-System des Lagers.

3.2.2 Auftragsabwicklung

1. unzureichende Verfügbarkeit von Information im Außendienst
    Der Außendienstmitarbeiter hat häufig keinen Zugriff auf Auftragsablaufinformation. Er ist dann bei der Auftragsbearbeitung ganz auf sich selbst angewiesen und kann dem Kunden gegenüber ohne Rückfragen in der Zentrale keine Statusinformationen über seinen Auftrag geben.
2. unflexible Auftragsabwicklung
    Die Auftragsabwicklung läuft in den meisten Unternehmen in einem starren Schema ab. Auf Kundenwünsche kann nicht flexibel reagiert werden. Auch DV-Konzepte zur Auftragsabwicklung haben hier bisher für keine Verbesserung gesorgt.

3.2.3 Berichtswesen

/ZAHN-79/ hat Vertriebs- und Verkaufsleiter danach befragt, welche Probleme sie mit dem bestehenden Außendienst-Berichtswesen haben. Abb. 3.1. zeigt die meistgenannten Antworten auf diese Frage. Danach beinhalten die Berichte des Außendienstes keine klaren Hinweise auf Folgemaßnahmen, d.h. Maßnahmen, die der Auftragsabwicklung nachgelagerte Betriebsbereiche zu ergreifen haben. Probleme werden im Berichtswesen weiterhin im Informationsfluß (zu langsam, daraus resultierend Verlust der Aktualität), in der Korrektheit, Vollständigkeit und Verständlichkeit der Informationen sowie in der Auswertung und Bearbeitung der Berichte durch den Außendienstmitarbeiter (Zeitbedarf) gesehen.

Berichte werden im Außendienst meist handschriftlich in Form von Formularen erfaßt. Die Akzeptanz dieses Mediums ist mäßig, weil beispielsweise das Ausfüllen zu umständlich scheint, oder weil Informationen auf verschiedenen Formularen doppelt erfaßt werden müssen. Für den Außendienstmitarbeiter ist weiterhin nur schwerlich einzusehen, warum er Formulare ausfüllen soll, die ihm selbst nichts nützen. Oftmals werden die Berichte überhaupt nicht oder aber nur nach zahlreichen weiteren Besuchen bei anderen Kunden geschrieben.

Das Berichtswesen ist nicht in die Auftragsabwicklung integriert; die darin enthaltenen Informationen werden ihr vorenthalten. Zudem werden im gleichen Formular neben den eigentlichen Informationen zum Auftrag Marktinformationen erfaßt, die ihrer Wirkung nach von ganz anderem Charakter sind.

Die Besuchsberichte (Formulare) werden in der Unternehmenszentrale manuell ausgewertet. Dabei werden möglicherweise Informationen übersehen oder aber falsch interpretiert, oder sie sind unlesbar. Die Zielsetzung, aus den Besuchsberichten Marktinformationen, Daten für Erfolgsstatistiken und Kundeninformationen zu extrahieren, wird nur mangelhaft erfüllt.

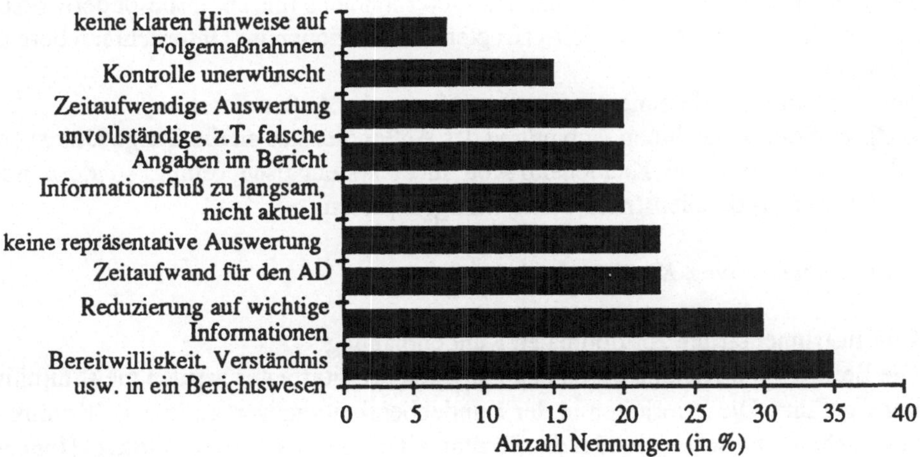

Abb. 3.1. Probleme mit bestehendem AD-Berichtswesen /ZAHN-79/

Diese Überlegungen lassen sich zu folgenden Schwachstellen im Berichtswesen zusammenfassen.

1. mangelnde Systematik und Struktur der Außendienstberichte
   Der Außendienstmitarbeiter trägt die Ergebnisse seiner Besuche meist nur in Form von Notizen ein. Diese Notizen richten sich nur nach eigenem Interesse (obwohl der Innendienst die Informationen genauso benötigt). Meist erstellt der Mitarbeiter die Berichte erst abends, nachdem sämtliche Kundenbesuche erledigt sind. Dabei ist es nicht ausgeschlossen, daß er Informationen bereits vergessen hat oder vermeintliche Informationen hinzufügt. Außerdem werden möglicherweise Informationen aus verschiedenen Gesprächen vermischt. Die mangelnde Systematik der Außendienstberichte führt dazu, daß häufig Informationen verloren gehen oder nicht richtig verstanden werden.
2. Berichtswesen nicht in Auftragsbearbeitung integriert
   Die Informationen der AD-Berichte werden meist der DV-geführten Auftragsbearbeitung vorenthalten. Im Ergebnis führt das dazu, daß die Koordination von Innendienst und Außendienst beeinträchtigt wird, sowie daß eine leistungsorientierte Bezahlung aufgrund unzureichender Informationen erschwert wird.
3. manuelle Auswertung von Besuchsberichten
   Die Besuchsberichte werden in der Unternehmenszentrale von Hand ausgewertet. Dabei werden mögliche Informationen übersehen oder aber falsch interpretiert und gehen dadurch den Abteilungen, die aus ihnen Nutzen ziehen könnten, verloren.

3.2.4 Kundenanfragen

1. Informationsversorgung des Außendienstmitarbeiters unzureichend
   Dem Außendienstmitarbeiter steht zumeist nicht genügend Information zur Verfügung, um die Kundenanfragen überzeugend und erfolgreich zu bearbeiten. Dies kann leicht zu einem Imageverlust des Unternehmens führen, insbesondere wenn die vom Außendienstmitarbeiter erfragten Informationen im Unternehmen bereits vorliegen.
2. unsystematische Erfassung von Kundenanfragen im Außendienst
   Aufgrund der mangelnden Anbindung des Außendienstes an die übrige Datenverarbeitung werden die Kundenanfragen nicht systematisch erfaßt, sondern nur intuitiv vom Außendienstmitarbeiter wahrgenommen.

3.2.5 Kundenbearbeitung, Kundenbesuche

1. kein Instrumentarium zur optimalen Kundenplanung
   Die Besuche von Kunden durch den Außendienstmitarbeiter werden meist intuitiv durchgeführt. Die Prioritäten in der Kundenbearbeitung werden in sog. "Konfliktgesprächen" zwischen Außendienstmitarbeiter und Vertriebsführung (Innendienst) festgelegt. Sie sind wenig geplant und zielorientiert. Ein Vergleich zwischen Zielsetzung und Ergebnis findet nicht in ausreichendem Maße statt. Um objektive Entscheidungen bei der Kundenbearbeitung fällen zu können, benötigt der Außendienstmitarbeiter ein nach objektiven Kriterien geordnetes Kundenprofil zur Unterstützung bei der Kundenbearbeitung und ein Hilfsmittel, das ihn bei-

spielsweise über die Auftragsintensität eines Kunden unterrichtet. Heute existieren oftmals nur sogenannte "Hitlisten der schlechten Zahlungsmoral". Hätte der Außendienstmitarbeiter hier geeignetere Hilfsmittel, so würde er mit verringerter Häufigkeit durch die Unternehmenszentrale korrigiert, wodurch seine Motivation ansteigen würde.

2. Kundenkarteien werden handschriftlich geführt

   Kundenkarteien werden vom Außendienstmitarbeiter meist handschriftlich geführt. Marktinformation, insbesondere Information über die Konkurrenz wird selten festgehalten, sondern der Außendienstmitarbeiter behält sie im "Hinterkopf". Durch diese unsystematische Erfassung von Informationen gehen dem Unternehmen vielfältige Informationen verloren.

3. unsystematische Besuchsplanung

   Vor einem Besuch muß anhand verschiedener Kriterien (geographische Lage, Treue des Kunden zum eigenen Unternehmen etc.) geprüft werden, ob er sinnvoll ist. Aus verschiedenen Gründen (z.B. Kunde in Urlaub oder auf Dienstreise, avisierter Gesprächstermin dem Kunden unpassend, Mittagspause des Ansprechpartners) kommt es häufig zu Fehlbesuchen, die vermieden werden sollten. Besuche bei entfernten Kunden lohnen sich nur dann, wenn sie mit überdurchschnittlichen Erfolgsaussichten verbunden sind. Reine Akquisitionsmaßnahmen lohnen sich hier oftmals nicht.

3.2.6 Kundendienst

Die für das Unternehmen wesentliche Schwachstelle des Kundendienstes ist der mangelhafte Rückfluß von Information (z.B. über Wartungsintervalle, Schadenshäufigkeit von Produkten des eigenen als auch von Konkurrenzunternehmen, Kundenwünsche und Vorschläge) in den Unternehmensbereich Entwicklung und Konstruktion. Berücksichtigt man, daß, wie zu Beginn von Kapitel II.1. bemerkt, 60 bis 80 % der zu neuen Produkten führenden Ideen aus Kundenkontakten resultieren, so wird deutlich, welch großes Innovationspotential dem Unternehmen hierdurch verschlossen bleibt.

Bedingt durch eine Marktsituation, die die Unternehmen der Produktivgüterindustrie zur kundenauftragsorientierten Fertigung zwingt, wird es für den Kundendienst immer wichtiger, daß er auf einheitlich' strukturierte, möglichst automatisch bei der Entwicklung eines Produkts generierte Pläne zur Vorgehensweise bei Diagnose und Instandsetzung zurückgreifen kann.

Nachfolgende Abbildung 3.2. zeigt die Schwachstellen des heute im Außendienst operierenden Kundendienstes aus der Sicht der Industrie.

Die Qualität und Geschwindigkeit der Arbeit ist nahezu ausschließlich von der Qualifikation (Wissen und Erfahrung) des Kundendienstmitarbeiters abhängig. Steht er vor einem für ihn selbst unlösbaren Problem, wird er heute eher versuchen, durch Probieren und Improvisieren zur Lösung zu kommen, als durch Befragung eines Experten in der Zentrale. Der Zentrale bleiben die Problemstellungen im Kundendienst verschlossen. Es fehlt folglich an einem Medium, das es dem Kundendienstmitarbeiter gestattet, sich flexibel an einen Experten zu wenden, ihm das Problem mit multimedialen Daten (Videobilder und -filme, Skizzen, Meßwerte, verbale Beschreibungen etc.) kurzfristig vorzustellen, und ihn um Lösungsvorschläge zu bitten.

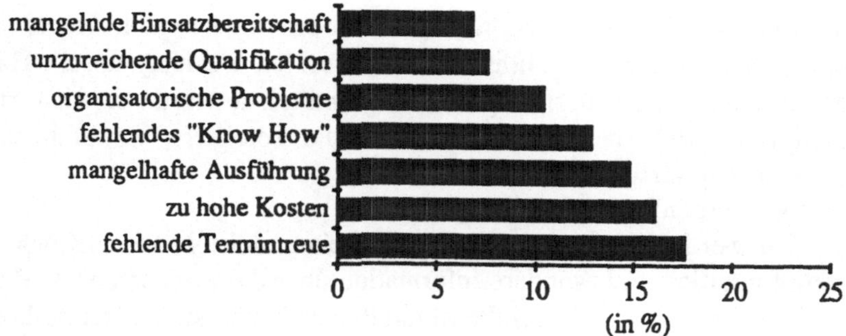

Abb. 3.2. Schwachstellen im Kundendienst-Management /SEBE-88/

Die genannten Punkte lassen sich zu folgenden Schwachstellen zusammenfassen.

1. **Informationsversorgung des Kundendienstmitarbeiters unzureichend**
   Die Qualität und Geschwindigkeit der Arbeit des Kundendienstes nimmt zunehmend Einfluß auf den Erfolg eines Unternehmens. Bei zunehmender Tendenz zur Auftragsfertigung bei komplexer werdenden Anlagen, ist es dem Kundendienstmitarbeiter nicht mehr möglich, mit sämtlichen Produktdaten und Vorgehensweisen bei Wartung und Instandsetzung im Detail vertraut zu sein. Daher ist es selbst dem hochqualifizierten Außendienstmitarbeiter oft nicht möglich, seine Arbeit schnell und erfolgreich zu erledigen, da er nicht kurzfristig zu detaillierten Informationen über ein bestimmtes Produkt des Unternehmens gelangen kann.

2. **Informationsfluß zu anderen Abteilungen unzureichend**
   Informationen, die vom Kundendienst bei seiner Tätigkeit auf einfache Art erfaßt werden können, und die für andere Unternehmensbereiche (z.B. Entwicklung und Konstruktion) von größtem Interesse sind, werden häufig nicht strukturiert erfaßt bzw. nicht gezielt weitergeleitet.

3.2.7 Reklamationen

1. **keine kundengerechte Bearbeitung von Reklamation**
   Da der direkte Kontakt zwischen Außendienstmitarbeiter, der von Fehlern erfährt, und Fehlerverursacher (Unternehmensbereich, Mitarbeiter etc.) meist nicht gegeben ist, können Reklamationen nicht zielgerichtet bearbeitet werden.

3.2.8 Steuerung und Kontrolle des Außendienstes

1. **Unterstützung des Außendienstmitarbeiters unzureichend**
   Die Tätigkeit des Außendienstes wird von der Unternehmensleitung und vom Innendienst nur unzureichend unterstützt und gefördert. Der Außendienstmitarbeiter benötigt klare Zielvorgaben, um genügend motiviert zu werden.

2. Informationen zur Kontrolle des Außendienstes unzureichend
   Der Unternehmensleitung fehlen häufig die Informationen über den Außendienstmitarbeiter, um eine sinnvolle Gebietseinteilung vorzunehmen bzw. um eine leistungsorientierte Bezahlung gerecht einzusetzen. Es ist zu beachten, daß die
   Motivation des Mitarbeiters durch die Kontrolle nicht beeinträchtigt werden darf.

3.3 Schwachstellen im Informationsfluß

Die bereits in den vorangegangenen Abschnitten deutlich gewordenen Schwachstellen
im Informationsfluß sollen hier noch einmal zusammengefaßt werden.

1. Kommunikation zwischen Außen- und Innendienst unzureichend
   Bei vielen Vertriebsaufgaben sind häufig Außendienst und Innendienst beteiligt.
   Sie müssen sich dann über die Aufgabenerledigung und ihre Ergebnisse verständigen. Ein regelmäßiger Informationsaustausch zwischen Außendienst und Unternehmenszentrale findet nicht statt, da er zu umständlich ist.
2. Kommunikation zwischen Außendienstmitarbeitern unzureichend
   Die Außendienstmitarbeiter arbeiten häufig gegen- statt miteinander, da sie nur
   eigene Ziele (bzw. solche ihrer Abteilung) und nicht die Unternehmensziele
   verfolgen.
3. Kommunikation mit anderen Unternehmensbereichen unzureichend
   Neben Außendienst und Innendienst sind andere Abteilungen für bestimmte Vertriebsaufgaben zuständig. Sie müssen in den Prozeß der Vertriebsabwicklung
   direkt mit einbezogen werden.

3.4 Schwachstellen bei der Rechnerunterstützung

1. bisherige DV-Konzepte erfüllen nur Einzelfunktionen
   Integrierte Systeme, die die Funktionalitäten des Außendienst-Berichtswesens,
   der Angebotsbearbeitung, eines Kundeninformationssystems, eines elektronischen
   Produktkatalogs, eines Terminplanungssystems, eines Routenplanungs- und Spe-
   senabrechnungssystems sowie eines Informationssystems zur persönlichen Leistungskontrolle vereinigen, sind nicht in optimaler Weise vorhanden.
2. Rechnersysteme wenig benutzerfreundlich
   In den meisten Unternehmen sind DV-Systeme installiert, die wenig komfortabel
   und benutzerfreundlich sind. Lange Antwortzeiten erschweren den Umgang mit
   den Systemen erheblich.
3. Mächtigkeit bisheriger Systeme unzureichend
   Mit bisherigen Systemen ist es nicht möglich, multimediale Daten dezentral durch
   den Außendienstmitarbeiter abzurufen oder einzugeben. Der Kunde möchte häufig detaillierte, seinen Wünschen entsprechende Konstruktionspläne sehen. Diese
   kann der Außendienstmitarbeiter nicht dezentral erstellen, modifizieren und mit
   Hilfe rechenintensiver Manipulationen veranschaulichen. Eine kurzfristige Bereitstellung von Videobildern oder -filmen bei Kundenbesuchen und Kundendienst ist
   ebenfalls nicht möglich.

4. Systeme untereinander nicht kompatibel
Viele Unternehmen arbeiten mit unterschiedlichen Systemen für verschiedene
Aufgabenbereiche. Der Austausch zwischen den Systemen ist meist nicht möglich,

Legende: **+ große Beinträchtigung der Zielerfüllung**

<table>
<tr>
<th rowspan="2">Schwachstellen \ Ziele</th>
<th colspan="3">QUANTITÄT</th>
<th colspan="4">QUALITÄT</th>
<th colspan="4">KOMMUNIKATION</th>
<th colspan="8">FLEXIBILITÄT UND EFFIZIENZ</th>
<th colspan="4">SOZIO-EMOT. ZIELE</th>
</tr>
<tr>
<th>Umsatzsteigerung</th>
<th>Einsparung von Kosten</th>
<th>Vergrößerung des Marktanteils</th>
<th>hohe Qualität der Auftragsarbeit</th>
<th>hohe Qualität der Produktarbeit</th>
<th>hohe Qualität der Marktarbeit</th>
<th>hohe Qualität der Kundenarbeit</th>
<th>Verbess. d. Komm. AD - Zentrale</th>
<th>Verbess. d. Komm. AD - Leitung</th>
<th>Verbess. d. Komm. im Vertrieb</th>
<th>Verbess. d. Komm. AD - Lager</th>
<th>flex. Eingehen auf Kundenwünsche</th>
<th>flexible Besuchsplanung</th>
<th>Reduzierg. d. Auftragsdurchlaufz.</th>
<th>Einsparung von Fahrzeiten</th>
<th>bessere Plang. d. Besuchszeitpunkte</th>
<th>Ausschalten von Doppelarbeiten</th>
<th>Effizienzsteigerung der AD-Arbeit</th>
<th>Effizienzsteigerung der ID-Arbeit</th>
<th>Zufriedenheit der Kunden</th>
<th>Motivation der AD-Mitarbeiter</th>
<th>Motivation der ID-Mitarbeiter</th>
<th>Motivation (andere UB)</th>
</tr>
<tr><td colspan="24">AUFGABENERFÜLLUNG</td></tr>
<tr><td>Angebotsbearbeitung
Aufwandsabschätzung der Angebotserstellung</td><td></td><td>+</td><td></td><td>+</td><td></td><td></td><td></td><td></td><td></td><td></td><td></td><td></td><td></td><td></td><td></td><td></td><td></td><td>+</td><td></td><td></td><td>+</td><td></td><td></td></tr>
<tr><td>Produktinformation verstreut</td><td></td><td></td><td></td><td></td><td>+</td><td></td><td>+</td><td></td><td></td><td></td><td></td><td>+</td><td></td><td></td><td></td><td></td><td></td><td>+</td><td></td><td>+</td><td>+</td><td>+</td><td></td></tr>
<tr><td>Auftragsabwicklung
Verfügbarkeit von Information mäßig</td><td></td><td></td><td></td><td>+</td><td>+</td><td></td><td>+</td><td>+</td><td></td><td>+</td><td></td><td></td><td></td><td>+</td><td></td><td></td><td></td><td>+</td><td>+</td><td></td><td>+</td><td>+</td><td></td></tr>
<tr><td>Auftragsabwicklung unflexibel</td><td>+</td><td></td><td></td><td>+</td><td></td><td></td><td></td><td></td><td></td><td></td><td></td><td>+</td><td></td><td>+</td><td></td><td></td><td></td><td>+</td><td></td><td></td><td>+</td><td></td><td></td></tr>
<tr><td>Berichtswesen
AD-Berichte unsystemat.</td><td></td><td></td><td></td><td></td><td>+</td><td></td><td>+</td><td>+</td><td>+</td><td>+</td><td>+</td><td></td><td></td><td></td><td></td><td></td><td></td><td></td><td>+</td><td></td><td></td><td>+</td><td>+</td></tr>
<tr><td>Berichtswesen nicht integriert</td><td></td><td></td><td></td><td></td><td>+</td><td></td><td></td><td>+</td><td>+</td><td>+</td><td>+</td><td>+</td><td></td><td></td><td></td><td></td><td></td><td></td><td>+</td><td></td><td></td><td>+</td><td>+</td></tr>
<tr><td>Auswertung manuell</td><td></td><td></td><td></td><td></td><td>+</td><td></td><td></td><td>+</td><td>+</td><td>+</td><td>+</td><td></td><td></td><td>+</td><td></td><td></td><td></td><td></td><td>+</td><td></td><td></td><td>+</td><td></td></tr>
<tr><td>Kundenanfragen
zu wenig Kundeninformation für den AD</td><td>+</td><td></td><td>+</td><td></td><td>+</td><td></td><td>+</td><td></td><td></td><td></td><td></td><td></td><td>+</td><td></td><td>+</td><td></td><td></td><td>+</td><td></td><td></td><td>+</td><td></td><td></td></tr>
<tr><td>Kundenanfragen nicht systematisch erfaßt</td><td></td><td></td><td></td><td></td><td>+</td><td></td><td>+</td><td></td><td>+</td><td></td><td>+</td><td></td><td></td><td></td><td></td><td></td><td></td><td>+</td><td></td><td>+</td><td></td><td></td><td></td></tr>
<tr><td>Kundenbesuche
AD fehlt Instrumentarium zur Selbstkontrolle</td><td></td><td></td><td></td><td></td><td>+</td><td></td><td></td><td></td><td></td><td></td><td></td><td></td><td>+</td><td></td><td>+</td><td>+</td><td></td><td>+</td><td></td><td></td><td>+</td><td></td><td></td></tr>
<tr><td>Kundenkarteien nur handschriftlich</td><td></td><td></td><td></td><td></td><td></td><td>+</td><td>+</td><td>+</td><td></td><td></td><td></td><td></td><td></td><td></td><td></td><td></td><td></td><td></td><td></td><td></td><td>+</td><td></td><td></td></tr>
<tr><td>keine systematische Besuchsplanung</td><td>+</td><td>+</td><td></td><td></td><td></td><td></td><td></td><td></td><td></td><td></td><td></td><td>+</td><td>+</td><td></td><td>+</td><td>+</td><td></td><td></td><td></td><td></td><td>+</td><td></td><td></td></tr>
<tr><td>Kundendienst
Informationsfluß zu Entw. & Konstruk. unzureichend</td><td></td><td>+</td><td></td><td>+</td><td>+</td><td></td><td>+</td><td></td><td></td><td>+</td><td>+</td><td></td><td></td><td></td><td></td><td></td><td></td><td>+</td><td>+</td><td></td><td></td><td></td><td></td></tr>
<tr><td>Informationsversorgg. f. K.dienstaufg. unzureich.</td><td></td><td>+</td><td></td><td></td><td>+</td><td></td><td>+</td><td></td><td></td><td></td><td></td><td>+</td><td></td><td>+</td><td></td><td></td><td></td><td>+</td><td></td><td></td><td></td><td></td><td></td></tr>
<tr><td>Reklamationen
R. nicht kundengerecht bearbeitet</td><td></td><td>+</td><td></td><td>+</td><td></td><td></td><td>+</td><td></td><td></td><td></td><td></td><td>+</td><td></td><td>+</td><td></td><td></td><td></td><td>+</td><td></td><td>+</td><td></td><td></td><td></td></tr>
<tr><td colspan="24">INFORMATIONSFLUSS</td></tr>
<tr><td>Kommunik. AD-ID schlecht</td><td></td><td></td><td></td><td>+</td><td>+</td><td>+</td><td>+</td><td>+</td><td>+</td><td>+</td><td>+</td><td></td><td></td><td></td><td></td><td></td><td></td><td></td><td></td><td></td><td>+</td><td></td><td></td></tr>
<tr><td>K. zw. AD-Mitarb. unzureich.</td><td></td><td></td><td></td><td></td><td></td><td>+</td><td></td><td></td><td></td><td></td><td></td><td></td><td></td><td></td><td></td><td></td><td></td><td>+</td><td></td><td></td><td></td><td></td><td></td></tr>
<tr><td>Informationsfluß zu anderen Vertriebsbereichen schlecht</td><td></td><td></td><td></td><td></td><td></td><td>+</td><td>+</td><td></td><td></td><td>+</td><td></td><td></td><td></td><td></td><td></td><td></td><td></td><td></td><td></td><td></td><td>+</td><td></td><td>+</td></tr>
<tr><td colspan="24">RECHNERUNTERSTÜTZG.</td></tr>
<tr><td>DV-Konzepte erfüllen Einzelfktn.</td><td></td><td>+</td><td>+</td><td>+</td><td>+</td><td>+</td><td>+</td><td></td><td></td><td></td><td></td><td></td><td></td><td></td><td></td><td></td><td></td><td></td><td></td><td></td><td></td><td></td><td></td></tr>
<tr><td>Systeme wenig benutzerfreundl.</td><td></td><td>+</td><td></td><td></td><td></td><td></td><td></td><td></td><td></td><td></td><td></td><td></td><td></td><td></td><td></td><td></td><td></td><td></td><td></td><td></td><td>+</td><td>+</td><td>+</td></tr>
<tr><td>Mächtigkeit unzureichend</td><td></td><td></td><td></td><td>+</td><td>+</td><td>+</td><td>+</td><td></td><td></td><td></td><td></td><td></td><td></td><td></td><td></td><td></td><td></td><td>+</td><td>+</td><td></td><td></td><td></td><td></td></tr>
<tr><td>Systeme nicht kompatibel</td><td></td><td></td><td></td><td></td><td></td><td></td><td></td><td>+</td><td>+</td><td>+</td><td>+</td><td></td><td></td><td></td><td></td><td></td><td></td><td></td><td></td><td></td><td></td><td></td><td></td></tr>
</table>

Abb. 3.3. Schwachstellenanalyse

da inkompatible Hardware verwendet wird. Da der Außendienst Anschluß an mehrere Unternehmensbereiche finden soll, ist es notwendig, die unterschiedlichen Systeme zu integrieren.

Die vorgestellten Schwachstellen der Rechnerunterstützung im Anwendungsgebiet des Technischen Außendienstes werfen natürlicherweise die Frage auf, warum diese Systeme bisher nicht vorliegen bzw. nicht entwickelt werden. Fehlt es möglicherweise noch an entsprechenden Basissystemen, die die Informatik bereitzustellen hat? In diesem Bereich sind u.a. nachfolgende Schwachstellen identifizierbar:

- So ist beispielsweise der Multi-User-Betrieb mit einer sehr großen Zahl von Teilnehmern über jederzeit und an jedem Ort verfügbare globale Kommunikationsnetze mit kurzen Antwortzeiten bisher praxisgerecht nicht in zufriedenstellender Weise gelöst.
- Weiterhin sind zur komfortablen Speicherung und Verwaltung multimedialer Daten (Text, Videobilder und -filme, Zeichnungen, Ton, Sprache) noch Forschungsarbeiten zu leisten.

3.5 Zusammenfassung

Abbildung 3.3. zeigt eine Übersicht der Schwachstellen und ihren Einfluß auf die Zielerfüllung.

4 Anforderungsanalyse: Technischer Vertrieb

Zielsetzung der Anforderungsanalyse ist es, die Hauptanforderungen an ein neu zu erstellendes System (speziell an ein AUDIUS) zu definieren. Das neue System soll die Schwachstellen des alten Systems in bezug auf die Zielerfüllung beseitigen und die positiven Eigenschaften des alten Systems übernehmen.

Die Vollständigkeit und die Qualität der Beschreibung ist wichtig, um zum einen sicherzustellen, daß das AUDIUS den Wünschen der involvierten Unternehmensbereiche Operativer Technischer Vertrieb und Marketing, Montage und Inbetriebnahme sowie Kundendienst und Instandhaltung entspricht, und zum anderen, daß das AUDIUS gemäß den Anforderungen richtig konzipiert wird.

Zum Zwecke der Überprüfung können im Anforderungs- oder auch Kriterienkatalog Gewichtungsfaktoren (Bewertungsfaktoren) auf der einen Seite für Anforderungsklassen, auf der anderen Seite für Detailanforderungen spezifiziert werden, um dann während der Konzeptionsphase den Beitrag der einzelnen Systembausteine zur Zielerfüllung bewerten zu können und um die optimale Komposition der Einzelmoduln mit größtmöglichem Zielerfüllungsgrad identifizieren zu können, d.h. es kommt das Verfahren der Nutzwertanalyse zur Anwendung. Das Verfahren muß in jedem Unternehmen, das ein AUDIUS installieren will, anhand der speziellen Unternehmensziele angewandt werden, weshalb im vorliegenden Bericht auf eine solche Gewichtung verzichtet wurde.

Wie bei der Schwachstellenanalyse soll auch bei der Anforderungsanalyse unterschieden werden zwischen den Bereichen

- Sozio-Emotionalität,
- Aufgabenerfüllung,
- Informationsfluß und
- Rechnerunterstützung.

4.1 Sozio-emotionale Anforderungen

Der Außendienstmitarbeiter im Technischen Vertrieb nimmt am Markt die beiden folgenden Hauptaufgaben wahr.

* Er ermittelt den Bedarf.
  Das Unternehmen erhält so Aufschluß über die Bedarfsursachen, potentielle Abnehmer, regionale Bedarfsverteilungen, Abnehmerprobleme, Bedarfsverschiebungen, Bedarfsentwicklungen, notwendige Änderungen der Erzeugnisse etc.
* Er beobachtet die Konkurrenz.
  Das Unternehmen erhält so Aufschluß über Firmen und ihre Charakteristika, wie Erzeugnisprogramme und deren regionale Verteilung.

Die Informationsbeschaffung ist die Voraussetzung für erfolgreiche Marketingaktivitäten. Der Außendienstmitarbeiter ist somit:

* der kreative technische Berater und Problemlöser,
* der verhandlungsgewandte, durchsetzungsfähige Verkäufer,
* der versierte Marktkenner,
* der vertrauenswürdige Partner seiner Kunden,
* der systematische, chancenorientierte Markt- und Kundenbearbeiter,
* insbesondere aber auch die Schnittstelle des Unternehmens zum Markt.

Der harte Wettbewerb setzt neue Maßstäbe für das Know-how und die Qualifikation des Außendienstmitarbeiters. Dem universell ausgerichteten, vielseitig gebildeten Außendienstmitarbeiter, der "mehrere Fachleute" gleichzeitig in einer Person vereinigt, gehört die Zukunft. Eine Übersicht über das Fach- und Sachwissen des Außendienstmitarbeiters gibt Abb. 4.1. /SEBE-82/.
Der Außendienstmitarbeiter ist gleichzeitig auch Kunden-Manager und bildet damit das letzte Glied in der Managementkette zwischen dem Top-Management eines Unternehmens bis hin zum Kunden. Damit hängt auch zusammen, daß Aufgaben, Kompetenzen und Verantwortungen aufeinander abgestimmt delegiert werden müssen. Unter Kunden-Management werden alle Funktionen verstanden, die den Außendienstmitarbeiter in die Lage versetzen, das ihm übertragene Verkaufsgebiet optimal abzudecken und damit die Umsatz- und Deckungsbeitragsziele des Unternehmens in diesem Gebiet zu realisieren. Zur wesentlichen verkäuferischen Funktion kommt hier also noch die Selbstplanungs- und Selbstkontrollfunktion des Außendienstmitarbeiters hinzu /LESS-82/. Da der Außendienstmitarbeiter aus dem Regelkreis-Prinzip der Unternehmung ausscheidet, muß ihm, dem Gedanken des Kunden-Managements folgend, breite Unterstützung zur Erreichung seiner Zielsetzung gewährt werden. Dazu gehört insbesondere ein für den Mitarbeiter transparentes Informationsmanagement (Kunden-, Produkt-, Konkurrenzdaten etc.), welches

- die Speicherung und Verwaltung großer Datenbestände (Stamm- und Strukturdaten; z.B. Kunden-, Auftrags- und Materialdaten, Daten über den Arbeitsfortschritt),
- die Bearbeitung von Aufgaben der Materialplanung (Bedarfs- und Bestellrechnung),

Das eigene Unternehmen/das Lieferwerk	Geschichtl. Entwicklung, Organisation, Geschäftspolitik, Stellung in Markt u. Branche, Leistungsfähigkeit, Leistungsgrenzen, besondere Merkmale, wesentliche Aspekte f. d. Kunden
Die Produkte/das technische Angebot	Erzeugnisprogramm-Struktur; Konstruktion, Herstellung, Einsatz- und Verwendungsmöglichkeiten der Produkte; besondere Produktmerkmale; Verkaufsargumente; Serviceleistungen, wie Versuchsdurchführung, Kundenschulung, Ersatzteil- u. Reparaturdienst
Die Kunden/die Abnehmerbranchen	Abnehmerstruktur, wesentliche Kundenunternehmen; Erzeugnisse und Betriebstechnik, spezielle Bedürfnisse, Probleme u. Anforderungen der Abnehmer; wirtschaftliche Situation; Entw.-Trends
Der Wettbewerb/die Wettbewerbserzeugnisse	Wettbewerbsstruktur, wesentliche Wettbewerbsunternehmen; Marktstellung u. Marktanteile; Produkte u. Leistungen; besondere Verfahren; Produktvorteile u. -nachteile; Vertriebsmethod.
Die Verkaufs- und Verhandlungstechnik	Verkaufsziele, Verkaufschancen; Verkaufspsychologie; Vorgehens- u. Verhaltensweisen im Kundenkontakt; Verkaufsprozeß für die speziellen Produkte des Unternehmens; Verkaufsunterlagen
Das kommerzielle und vertragsrechtl. Wissen	Preisgestaltung; kaufmännische Besonderheiten im Angebots- u. Auftragswesen; Finanzierungsmöglichkeiten; Verhalten in Preisgesprächen; Handelsvertreter-Recht
Sondergebiete der Geschäftsabwicklung	Reklamationsabwicklung; Montageabwicklung; Ersatzteilwesen; Kundendienst; Versuchsdurchführung u.ä.
Methoden der Marktbearbeitung u. Selbstorganisation	Marktsegmentierung, Abnehmerklassifizierung; strategische Kundenbearbeitung; Eigenkapazitätsverplanung; Besuchsplanung u. -vorbereitung; Berichtswesen; Informations- u. Datenerfassung; Hilfsmittel für die Orientierung, Planung und Arbeitssteuerung; Büro-Organisation
Wirtschaftliche und betriebswirtschaftliche Grundkenntnisse	Unternehmensorganisation; Aufbau- u. Ablauforganisation im Vertrieb; Kooperation mit anderen Stellen im Unternehmen; Leistungen und Kosten; Wirtschaftlichkeitsberechnungen
Fremdsprachen u. landesspezifisches Wissen	Fremdsprachliche techn. u. kommerz. Fachausdrücke; volkskundliche u. verhaltensmäßige Besonderheiten von Auslandsmärkten; besondere Vorschriften u. Regelungen

Abb. 4.1. Übersicht über das Fach- und Sachwissen des Vertriebsingenieurs im Außendienst /SEBE-82/

- die Bearbeitung von mit hohem Verarbeitungsaufwand behafteten Aufgaben der Terminplanung (Durchlaufterminierung, Kapazitätsbelegung),
- die Ausgabe von vertriebsseitigen Auftragspapieren sowie
- die Ausgabe von Fertigungsunterlagen und Übersichten

umfaßt.

Mit der Übertragung wesentlicher Arbeiten der Auftragsabwicklung auf Rechner steigen die Ansprüche an die Leistungsfähigkeit, Sicherheit und Zuverlässigkeit des Rechnersystems. Zur Abdeckung der Ansprüche sind u.a. folgende Aufgaben wiederkehrend durchzuführen

- Regelung der Aufgabenteilung zwischen Außendienstmitarbeiter und verantwortlichem Mitarbeiter des Rechenzentrums,
- Regelung der Zugriffserlaubnis zu Datenbeständen,
- aktuelle, transparente, vollständige und genormte Dokumentation
- Regelung von zulässigen Systemausfallzeiten, Datensicherungs-, Datenreorganisations- und Wiederanlaufverfahren,
- Rechnertuning zur Sicherung des Durchsatzes steigender Leistungsanforderungen und Wirtschaftlichkeit der Rechnerinvestitionen sowie
- Beibehalten der anwendungs- und systembezogenen Aktualität.

Es gilt also, Wege zu finden, die eine dauerhafte, erfolgreiche Zusammenarbeit von Außendienstmitarbeitern, Organisatoren bzw. Systementwicklern möglich machen. Dies darf jedoch /GEIS-86/

- nicht zu Lasten der Kunden,
- nicht zu Lasten aktueller Auftragsabwicklungsvorgänge,
- aber auch nicht zu Lasten einer neuen Organisation

geschehen.

4.2 Anforderungen an die Aufgabenerfüllung

4.2.1 Angebotsbearbeitung

1. Zugriff auf vorliegende technische Lösungen
   Der Zugriff auf vorliegende technische Lösungen sollte umfassend möglich sein. Ein Angebot muß möglichst durch Modifikation ähnlicher Lösungen erstellt werden können. Dies kann mit Unterstützung von Expertensystemen (z.B. Konfiguratoren) durchgeführt werden.
2. Ausgabe von Angeboten
   Angebote sollen dem Kunden durch den Außendienstmitarbeiter in Form von Zeichnungen und Produktbeschreibungen ausgegeben werden. Die Ausgabe sollte in weiten Teilen automatisch ablaufen, nur die kundenspezifischen technischen Angebotsteile sollten einen zusätzlichen Arbeitsaufwand begründen.
3. Informationsversorgung des Außendienstes
   Für die Angebotserstellung vor Ort benötigt der Außendienst Informationen. Zur

Unterstützung des Mitarbeiters bei der Selektion der vom System vorgehaltenen Information sind intelligente Algorithmen zu entwickeln (Information Retrieval Systeme; siehe z.B. /PANY-87/).

4.2.2 Auftragsabwicklung

1. integriertes System zur Auftragsabwicklung
   Bei der Auftragsabwicklung sind unterschiedliche Abteilungen involviert (Außendienst, Innendienst, Marktforschung). Sie müssen miteinander kooperieren, um Kundenwünsche optimal zu erfüllen. Außendienst und Innendienst müssen jederzeit Zugriff auf alle für den Auftrag relevanten Daten haben.
2. Informationsversorgung des Außendienstmitarbeiters
   Wie bei der Angebotserstellung müssen alle relevanten Informationen dem Außendienstmitarbeiter zur Verfügung gestellt werden. Ein besonderes Augenmerk muß auf die Möglichkeit der Erstellung von Dokumenten zur Auftragsabwicklung gerichtet werden.

4.2.3 Berichtswesen

/ZAHN-79/ hat Vertriebs- und Verkaufsleiter befragt, welche Erwartungen sie an ein neu zu gestaltendes Außendienstberichtswesen hätten. In Abb. 4.2. sind die wesentlichen Antworten dargestellt.

Demnach sollten die Außendienstmitarbeiter durch das Berichtswesen zur Zusammenarbeit mit den Innendienstabteilungen motiviert werden. Mit dem Berichtswesen sollen wesentliche Marktinformationen, wie Bedarfsentwicklungen, insbesondere aber auch die Kundeneinstellung zu eigenen Produkten und zum Wettbewerb erfaßt werden können. Die Ergebnisauswertung soll schnell erfolgen, damit die Resultate möglichst aktuell sein können. Die Darstellung der Ergebnisse

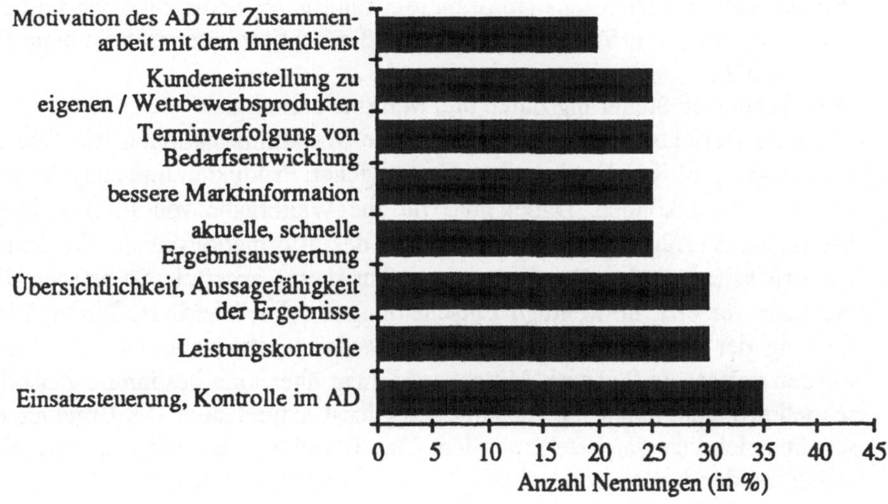

Abb. 4.2. Erwartungen an ein neu zu gestaltendes AD-Berichtswesen /ZAHN-79/

soll übersichtlich sein. Das Berichtswesen soll auch zur Leistungskontrolle und zur Einsatzsteuerung der Außendienstmitarbeiter eingesetzt werden können.

Daraus extrahiert /ZAHN-79/ folgende Anforderungen an ein Außendienst-Berichtssystem.

- Wegen des Zeitaufwandes für den Außendienst muß das System knappe und präzise Aussagen enthalten.
- Die Erfordernis der Aktualität und damit die Notwendigkeit zu einer schnellen Informationsverarbeitung ist ein wesentliches Element für ein zweckmäßiges Berichtssystem.
- Um repräsentative, vergleichende Auswertungen zu ermöglichen, empfiehlt sich die möglichst weitgehende Strukturierung (Vereinheitlichung von Antwortmöglichkeiten) im Bericht. Freitext sollte nur dort erlaubt sein, wo es unbedingt nötig ist.
- Jeder Bericht sollte am Ende den Verfasser oder andere Kommunikationsstellen zu einer Maßnahme auffordern (Wiederbesuch, Werbeaussendung, Angebotsausfertigung o.ä.).

Für eine Auswertung und Weiterverarbeitung der Außendienstberichte sollte eine Klassifizierung der Daten vorgenommen werden, etwa nach folgendem Schema:

- produktbezogene Informationen,
- kundenbezogene Informationen,
- außendienstbezogene Informationen,
- wettbewerbsbezogene Informationen und
- spezielle Marktinformationen.

Es ergeben sich also im wesentlichen folgende Anforderungen.

1. Integration des Außendienstberichtswesens
   Das Außendienstberichtswesen muß in die eigentliche Auftragsbearbeitung integriert werden, um Doppelerfassung von Information zu vermeiden. Die Zielsetzungen des Berichtswesens (Informationsweitergabe, Selbstkontrolle und Fremdkontrolle) müssen erfüllt werden, ohne daß der Mitarbeiter ständig neue Formulare ausfüllt.
2. Weitergabe von Steuerungsdaten und Marktinformationen
   Mit dem Berichtswesen sollen wesentliche Marktinformationen wie Bedarfsentwicklungen und Kundeneinstellungen zu eigenen Produkten und zum Wettbewerb erfaßt werden können. Dabei muß für die Weitergabe von Informationen ein Modul zur Verfügung stehen, das anhand des Informationsinhalts der Daten alle zu berücksichtigenden Empfänger (und nur diese) ermittelt. So werden diese in die Lage versetzt, notwendige Entscheidungen schnell herbeizuführen. Die Auswertung der Ergebnisse, die aus den gewonnen Informationen erst aufbereitet werden müssen (z.B. durch Mittelwertbildung über eine bestimmte Periode) soll schnell erfolgen, damit die Resultate möglichst aktuell sind. Die Ergebnisse müssen übersichtlich dargestellt werden. Das Berichtswesen soll auch zur Einsatzsteuerung der Außendienstmitarbeiter eingesetzt werden können.
3. Form der Außendienstberichte
   Die Außendienstberichte müssen klare und präzise Aussagen enthalten. Um re-

präsentative oder vergleichende Auswertungen zu ermöglichen, empfiehlt sich die Vereinheitlichung von Fragen und Antwortmöglichkeiten im Bericht. Jeder Bericht sollte am Ende den Verfasser oder andere Kommunikationsstellen zu einer Maßnahme auffordern (Wiederbesuch, Werbeaussendung, Angebotsausfertigung o.ä.).

4.2.4 Kundenanfragen

1. Zielbewußte Bearbeitung der Kundenanfragen
   Kundenanfragen müssen schnell und flexibel bearbeitet werden, um optimal beantwortet zu werden. Der Außendienstmitarbeiter muß bereits vor Ort auf den Kunden eingehen, ohne daß der Innendienst zwischengeschaltet ist.

4.2.5 Kundenbearbeitung, Kundenbesuche

1. Reduktion der unproduktiven zugunsten der verkaufsproduktiven Zeit
   Um sämtliche Besuche effizienter zu gestalten, bedarf es einer prioritätsgesteuerten Besuchsplanung. Durch Kundenkategorisierung sollen die Kunden, die oft und in großem Umfang Bestellungen aufgeben, häufiger besucht werden. Mit einer Termin- und Tourenplanung kann die Reisezeit reduziert werden. Eine Unterstützung bei der Terminplanung kann beispielsweise durch ein sog. Electronic Diary, ein elektronisches Tagebuch verwirklicht werden, in das der Außendienstmitarbeiter Termine und persönliche Notizen eintragen kann und von dem er automatisch an anstehende Termine erinnert wird. Das System überprüft insbesondere jeden einzutragenden Termin auf Kollisionen (z.B. mit periodischen Terminen). Ein solches System sollte mit einem Tourenplanungssystem kommunizieren, um möglichst optimale Besuchsfolgen für den Außendienstmitarbeiter zu erzielen und um automatisch Fahrzeiten bei der Terminplanung zu berücksichtigen.
2. Informationsversorgung des Außendienstmitarbeiters
   Für eine Optimierung des Außendienstes ist es notwendig, daß der Mitarbeiter zur Besuchsplanung übersichtlich, schnell und zuverlässig mit Informationen über Kunden versorgt wird.
3. Verwaltungsunterstützung für den Außendienstmitarbeiter
   Bei Verhandlungen über ein sehr großes Investitionsvolumen erwarten Kunden saubere Zeichnungen zur Präsentation der Produkte. Der Kunde will auch optisch das Gefühl haben, daß er über einen Wertgegenstand spricht /NN-86/. Bei der Erstellung und Verwaltung derartiger Zeichnungen muß das AUDIUS den Außendienstmitarbeiter unterstützen. Außerdem kommt der Außendienstmitarbeiter häufig in die Situation, Informationen festhalten zu wollen bzw. Nachrichten an andere Mitarbeiter weiterzugeben. Hier kann ihm eine Verwaltungsunterstützung mit Text- und Mailboxsystem helfen.

4.2.6 Kundendienst

In /SEBE-88/ wurden die Prioritäten in den von der Industrie gehegten Erwartungen an den im Außendienstt operierenden Kundendienst ermittelt. Abbildung 4.3. zeigt das Ergebnis der Untersuchung.

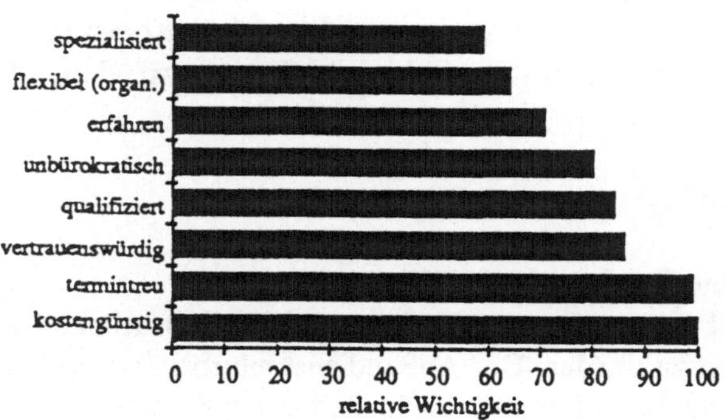

Abb. 4.3. Erwartungen an den Kundendienst /SEBE-88/

Um eine Wirkung in Richtung auf diese an den Kundendienst gestellten Erwartungen zu haben, müssen an ein AUDIUS folgende Anforderungen gestellt werden.

- Kosten. Durch weitgehende Automatisierung von Verwaltungstätigkeiten ist der Zeitanteil, den der Mitarbeiter mit seinen eigentlichen Aufgaben verbringt, zu erhöhen. Weiter ist zu prüfen, ob man dem Kunden (u.U. gegen Gebühr) einen Anschluß an den Rechner des Herstellers ermöglicht, um ihn in die Lage zu versetzen, bestimmte Daten wie z.B. Anweisungen für kleinere Reparaturen oder routinemäßige Wartungsarbeiten benutzen zu können. Hierbei ist allerdings vorher neben der Frage, inwieweit es im Interesse des Maschinenproduzenten liegt, den Kunden zu derartigen Arbeiten zu befähigen, sehr genau die Datenschutzfrage hinsichtlich anderer im Rechnersystem des Herstellers befindlicher Daten zu klären.

- Termintreue. Durch eine verbesserte Zeit-, Termin- und Routenplanung ist die Pünktlichkeit der Kundendienstmitarbeiter im Außendienst zu erhöhen.

- Arbeitsqualität. Eine Verbesserung der Arbeitsqualität ist vor allem durch eine verbesserte Information und Schulung des Außendienstmitarbeiters sowie durch bessere Möglichkeiten der kurzfristigen Beschaffung von umfangreichen aktuellen Informationen anzustreben. Daneben ist auch an eine vermehrte Kontrolle der Arbeitsergebnisse zu denken.

- Kompetenz. Durch verbesserte Information ist eine Know-how-Verbesserung des Kundendienstes zu erzielen. Dies kann beispielsweise durch Schulung, verbesserte Kundendienstunterlagen sowie die Integration des Kundendienstes in den Informationsfluß der Unternehmens- oder Kundendienstzentrale geschehen.

Ferner sollte der Kundendienst ebenfalls in das oben erwähnte integrierte Informationssystem eingebunden werden, da z.B. die Abteilung Entwicklung und Konstruktion aus dem Bedarf eines bestimmten Ersatzteils auf dessen Qualität schließen kann und so Anstöße für Verbesserungen erhält. Außerdem sollte der

Außendienstmitarbeiter auch bei sehr speziellen Ersatzteilen dem Kunden sofort Angaben über den exakten Liefer- und damit Reparaturtermin machen können. Das Informationssystem muß darüberhinaus auch vom Kundendienstmitarbeiter erfaßte Daten über Maschinenspezifika, die dem Benutzer mißfallen (z.B. ungünstig angeordnete Bedienelemente, schwer zugängliche Schmierstellen), an die Entwicklungs- und Konstruktionsabteilung weiterleiten. In diesem Zusammenhang ist, ebenso wie im Operativen Technischen Vertrieb die weitgehende Strukturierung aller zu verarbeitenden Daten erforderlich. Außerdem sollte der Kundendienstmitarbeiter, soweit dies notwendig ist, während seiner Arbeit beim Kunden bei Bedarf auf in der Unternehmenszentrale vorliegende Detailpläne zugreifen können.

4.2.7 Reklamationen

1. Bearbeitung von Reklamationen vor Ort
   Der Außendienstmitarbeiter muß in der Lage sein, bereits vor Ort Reklamationen bearbeiten zu können. Dazu benötigt er neben Informationen auch die Möglichkeit, mit benachbarten Unternehmensbereichen (Konstruktion, Lager, Versand etc.) zu kommunizieren.

4.2.8 Steuerung und Kontrolle des Außendienstes

1. Versorgung mit benötigter Information
   Der Innendienst und die Unternehmensleitung muß genügend Information bekommen, um gezielt Steuerung und Kontrolle des Außendienstes durchführen zu können. Es muß jedoch darauf geachtet werden, daß die Motivation des Außendienstmitarbeiters durch Kontrollmaßnahmen nicht beeinträchtigt wird.

4.3 Anforderungen an den Informationsfluß

Bereits bei der Zielanalyse wurde gesondert auf Kommunikationsziele eingegangen. Hier soll nun erläutert werden, wie diese Ziele realisiert werden können. Insbesondere soll erklärt werden, warum eine Kommunikationsverbindung zu bestimmten Unternehmensbereichen aufgebaut werden muß.

1. Kommunikation mit dem Lager
   Insbesondere bei der Auftragsbearbeitung ist es wichtig zu wissen, ob ein Produkt vorrätig ist oder erst nachbestellt (bzw. nachproduziert) werden muß. Um die notwendige Aktualität der Daten zu gewährleisten, genügt es oft nicht, auf dem PC die notwendigen Informationen abzuspeichern. Vielmehr muß eine direkte On-line-Anbindung an den Lagerbereich möglich sein.

2. Kommunikation mit der Versandabteilung
   Die Versandabteilung (oder auch der Disponent) übernimmt in den meisten Unternehmen den Transport der bestellten Waren (oder zumindest dessen Organisation). Der Kunde möchte nun bereits bei der Auftragserteilung (der Anfrage) wissen, wie und wann die Zustellung der Waren erfolgt. Überdies kann die Versandabteilung im Reklamationsfall Auskunft über Probleme bei der

Zustellung geben. Der Außendienstmitarbeiter, der Auftragserteilung und Reklamationsbearbeitung übernimmt, muß also jederzeit mit der Versandabteilung Kontakt aufnehmen können.

3. Kommunikation mit der Unternehmensleitung
Bei wichtigen Fragen der Auftragsbearbeitung muß i.d.R. die Unternehmensleitung konsultiert werden. Es geht hierbei insbesondere um Zahlungmodalitäten, Sonderkonditionen und Fragen der Bonität der Kunden. Dazu muß der Außendienst an Ort und Stelle mit der Unternehmensleitung Kontakt aufnehmen können und dabei auch Informationen austauschen können, die möglicherweise codiert am Bildschirm erscheinen. So besteht z.B. die Möglichkeit, daß die Unternehmensleitung je nach der gegenwärtigen Lager-, Kosten- oder Konjunktursituation Mindestverkaufspreise (z.B. Einstandspreise, Deckung der variablen Kosten, Deckung der Gesamtkosten, Deckung der Gesamtkosten + x %) in das System einsteuert.

4. Kommunikation mit der Abteilung Entwicklung und Konstruktion
Für einen wirksamen Kundendienst (und eine Reklamationsbearbeitung) wird technisches Detailwissen über Produkte benötigt. Die Abteilungen Entwicklung und Konstruktion sowie Fertigung können den Außendienstmitarbeiter zum einen durch die Beantwortung konkreter Fragen und zum anderen durch die Übersendung von Konstruktionsplänen unterstützen. Gefordert wird deshalb eine ständige Kommunikationsverbindung zur Abteilung Entwicklung und Konstruktion.

5. Kommunikation mit sonstigen Unternehmensbereichen
An den Vertriebsaufgaben sind außer den bereits genannten Abteilungen noch andere Bereiche beteiligt. Insbesondere marktstrategische, längerfristige Planungen werden von gesonderten Abteilungen vorgenommen, die Informationen des Außendienstes benötigen.

4.4 Anforderungen an die Rechnerunterstützung

flexible Anpaßbarkeit

Um durch Standardisierung eine möglichst große Gesamtwirtschaftlichkeit des Systems zu erreichen, muß es flexibel an die spezifischen Außendienstaktivitäten unterschiedlicher Branchen angepaßt werden können. Ein wissensbasiertes Konfigurationssystem für Hardware- und Software-Werkzeuge entsprechend den unternehmensspezifischen Anforderungen sollte eine sehr einfache Adaptierung der anwendungsunabhängigen generischen Werkzeuge an unternehmensspezifische Funktionen erlauben.

modulare Erweiterbarkeit

Das System muß offen für Erweiterungen sein. Derartige Erweiterungen können sein

• bisher nicht vorhandene Funktionalitäten wie z.B.

   – Ausdehnung auf weitere einen Außendienst einsetzende Branchen oder

- durch informatiktechnische Fortschritte ermöglichte neue Elemente (z.B. multimediale Daten) etc. sowie

• Verbesserungen bisheriger Funktionalitäten (neue Algorithmen).

All diese Erweiterungen sowie Änderungen der Funktionalität (z.B. neue Klassifikationskriterien bei Kundenbesuchen) müssen modular in das AUDIUS-Basissystem integriert werden können. Eine Neukonfiguration der Softwareanwendung muß automatisch vom System durchgeführt werden, falls ein Außendienstmitarbeiter eine nicht in seinem Teilsystem befindliche Funktionalität fordert.

verteilte Berechnung

Die vom Außendienstmitarbeiter mit dem System durchzuführenden Aufgaben müssen, soweit es die Kapazität der lokalen AUDIUS-Komponente zuläßt, dort ablaufen, um die Belastung des AUDIUS-Servers in der Unternehmenszentrale gering zu halten und den Kommunikationsbedarf zu minimieren. Diese Kommunikation muß jedoch im Gegensatz zu älteren Programmsystemen, die die Daten nach der Übertragung auf der Host-Seite auf eine Datei übertragen und erst im nächtlichen Batch-Lauf weiterverarbeiten, ständig möglich sein und sollte direkt zwischen Programmen bzw. Prozessen erfolgen können, um das Ergebnis auch komplizierterer Simulationen oder CAD-Anwendungen dem Kunden sofort in geeigneter Form präsentieren zu können.

Um aktuelle Programmversionen zu übermitteln oder angeforderte Moduln lokal einzubinden, ist ein zentral gesteuertes Downloading erforderlich, welches alle nötigen Schritte unternimmt, um das zu ladende Modul ohne Benutzereingriff in existierende Applikationen einzubinden und eventuell zu starten. Dazu muß die Host-Seite die Möglichkeit haben, bei jedem Verbindungsaufbau oder in bestimmten Zeitintervallen, z.B. über die Versionsnummer, die Aktualität von Programmen zu untersuchen und, falls nötig, den Programmcode lokal zu löschen und die aktuelle Version in die lokale Umgebung einzubinden.

verteilte Datenspeicherung

AUDIUS muß im Hinblick auf das weite Spektrum von Anfragen und die große Mannigfaltigkeit komplizierter Dienste große verteilte Datenbanken verwalten, um die Effektivität, mit der Information am Hauptsitz des Unternehmens aufgefunden wird, zu verbessern. Hierbei ist insbesondere auf Konsistenz und die Gewährung von Zugriffsrechten zu achten.

Kommunikation

Eine Festlegung auf eines der verfügbaren öffentlichen Medien für die Kommunikation im Außendiensteinsatz ist aufgrund der jeweiligen Vor- und Nachteile nicht zu befürworten. Es sollten vielmehr auf lokaler und zentraler Seite geeignete Schnittstellen für verschiedene Medien zur Verfügung gestellt werden, um je nach Art und Umfang der Daten die geeignete Übertragungsform auswählen zu können. So müssen beispielsweise in speziellen Anwendungen juristisch anerkannte Übertragungsformen unterstützt werden (z.B. Telex bei Verträgen).

Neben verschiedenen WAN-Anschlüssen müssen auch LAN-Anschlüsse für die Arbeit in der Unternehmenszentrale bzw. bei der Fehlerdiagnose an einer installierten Anlage vorgesehen werden.

Bricht während einer Datenübertragung die Kommunikationsverbindung zusammen, so muß das System automatisch die zusammengebrochene Verbindung wiederherstellen und die Datenübertragung (evtl. ab einem wohldefinierten Aufsetzpunkt) von neuem starten. Alle Kommunikationsaktivitäten müssen soweit wie möglich vom Benutzer unbemerkt im Hintergrund ablaufen.

Außendienstadministrator

Zur Koordination aller Prozesse und Verwaltung der verteilten Prozesse und Datenbanksysteme ist an der Kommunikationsschnittstelle des Host-Rechners in der Unternehmenszentrale und der dezentralen Einheit je ein AUDIUS-Administrator vorzusehen. Beim Datenmanagement ist der Konsistenz verteilter Anwendungen und Zugriffsrechte besonderes Gewicht beizumessen.

Datensicherheit

Der Zugriff auf zentrale Daten und Dienste muß jederzeit und von jedem Ort aus möglich sein. Dabei ist insbesondere auf Datensicherheit zu achten, da die gespeicherten Daten (z.B. Produktdaten) vielfach vertraulichen Inhalt haben, an dem Unbefugte möglicherweise Interesse haben. Solche potentiellen Interessenten können z.B. Konkurrenten sein, die Einzelheiten über Produkte erfahren wollen, aber auch Kunden, die wissen wollen, wie sie vom Lieferanten kategorisiert werden und welchen Verhandlungsspielraum der Außendienstmitarbeiter bei seinen Verkaufsverhandlungen hat. Außerdem sind auch für Kunden Einzelheiten über die Produkte (wie z.B. Qualitätsdaten) von Interesse.

Der Datenschutz muß jedoch so geregelt werden, daß alle, die an bestimmten Daten ein legales Interesse haben, auf diese Daten auch zugreifen können. Hierbei ist nicht nur an die regelmäßigen Abläufe im Betrieb zu denken, sondern z.B. auch daran, daß ein Mitarbeiter, der einen Kollegen bei Urlaub oder Krankheit vertritt, auf die hierzu benötigten Daten zugreifen kann, ohne deshalb gleich alle Rechte des Vertretenen zu bekommen.

Ferner müssen die Daten aber auch gegen Verlust bzw. Zerstörung gesichert werden. Zur Gewährleistung der physikalischen Datensicherheit

- muß die Hardware, soweit dies möglich ist, in verschlossenen Räumen mit definierten Zugangsberechtigten plaziert werden.
- müssen die Daten, ebenso wie regelmäßig anzufertigende Sicherungskopien, den gleichen Sicherheitsbestimmungen unterworfen werden wie konventionelle Dokumente auf Papier.
- müssen die Datenträger gegen unerwünschte äußere Einwirkungen (z.B. Hitze, Staub, Magnetismus) abgeschirmt werden.

Verwendung von Standards

Die Notwendigkeit der Anwendung von Standards für Systemkomponenten wie Betriebssysteme, Kommunikationstechnologie, Software- und Hardware-Schnittstellen ist zur Ermöglichung der Integration des AUDIUS in die mannigfaltigen verteilten Rechnersysteme eines speziellen Unternehmens evident. So ist z.B. beim Dokumentenaustausch der Einsatz von Standards wie ODA/ODIF oder bei der Kommunikation der von V.24, RS 422 etc. anzustreben.

Benutzungsoberfläche

Eine benutzerfreundliche, intelligente Mensch-Maschine-Schnittstelle ist wesentlich, um die Akzeptanz bei den Anwendern, den Außendienstmitarbeitern, zu erreichen. Da dieser Anwenderkreis zumeist aus EDV-Laien bestehen wird, sind höchste Anforderungen an die Ergonomie zu stellen und geeignete Konzepte für eine einfache und effiziente Benutzerführung zu entwickeln. Die Anforderungen an die Benutzungsoberfläche bzw. die Datenpräsentation resultieren im wesentlichen aus dem Qualifikationsprofil und den Tätigkeitsmerkmalen des Anwenders. Ihn interessiert i.d.R. nur das Verhalten der Benutzerschnittstelle; tiefere Systemschichten sind für ihn uninteressant. Ein wesentliches Element hierbei ist die Anwendungsunabhängigkeit der Benutzungsoberfläche (d.h. daß sie für jedes Anwendungsprogramm gleich aussieht). Ferner sind geeignete Graphikstandards (CGA, EGA, VGA) zu unterstützen. Außerdem erscheint es sinnvoll, einem mit dem System besser vertrauten Benutzer auch im täglichen Einsatz weniger ausführlich erklärte, dafür aber größere Funktionalität aufweisende Menüs zur Verfügung zu stellen. Die Benutzungsoberfläche muß durch umfangreiche Hilfen zur anwendungsbezogenen Nutzung der im AUDIUS enthaltenen Methodenbank (vgl. Abschnitt IV.2.2.2.) den Einsatz der unterschiedlichen Methoden unterstützen.

Die gesamte Ein-/Ausgabe muß so konzipiert werden, daß das System in mehreren natürlichen Sprachen arbeiten kann. Insbesondere sollte z.B. auch eine Anfrage an einen anderen Benutzer in der einen Sprache eingegeben werden können und beim Kommunikationspartner in einer anderen ausgegeben werden.

Merkmale der Außendienstgeräte

Die Hardware-Moduln für den dezentralen Einsatz vor Ort (Laptop, portabler Drucker, Scanner etc.) müssen geringe Größe und Gewicht mit einem hohen Maß an Leistung kombinieren, um die Akzeptanz beim Außendienstmitarbeiter zu fördern. Denn dieser ist zwar einerseits nicht bereit, seine Aufgaben mit einem schweren und unhandlichen Gerät durchzuführen, andererseits dürfte er aber über die durch ein leistungsfähiges AUDIUS mögliche qualifiziertere Beratung und das damit verbundene höhere eigene Image sowie eine deutliche Entlastung bei Routinearbeiten sehr wohl für den Einsatz des AUDIUS zu motivieren sein.

Ein zukünftiger Laptop sollte beispielsweise ein geringes Gewicht mit Netzunabhängigkeit und einem eingebauten Drucker vereinigen. Daneben sollte die Eingabe nicht nur über Tastatur, sondern auch über eine in das Gehäuse integrierte Maus oder einen Scanner möglich sein. Besonders auch im Hinblick auf die Benutzerfreundlichkeit ist es erstrebenswert, das System auch mit einer Sprachschnittstelle zu versehen.

Informationssysteme

Zur Bereitstellung und Verwaltung der von den verschiedenen Abteilungen des Unternehmens benötigten Informationen muß ein integriertes datenbankorientiertes Informationssystem (d.h. ein Informationssystem, dessen Teilkomponenten über eine gemeinsame Datenbank miteinander kommunizieren) bereitgestellt werden. Zu seiner Entwicklung muß im jeweiligen Unternehmen eine Analyse der benötigten und erzeugten Informationen u.a. unter folgenden Aspekten durchgeführt werden:

- Wo werden welche Informationen erstellt und benötigt?
- Wie wird auf Informationen zugegriffen und wie werden sie verarbeitet?
- Um welche Art von Informationen handelt es sich und in welcher Form werden sie dargestellt?

Zentrale Aufgabe eines solchen Informationssystems ist die konsequente Aufbereitung und Nutzung entsprechender Informationsquellen. Dies betrifft in einem ersten Schritt digitale Informationsquellen, wie

- DV-Stücklisten in Stücklistensystemen,
- Textbausteine in Textverarbeitungssystemen,
- Variantenprogramme in CAD-Systemen,
- Zeichnungs- und Produktmodelle in CAD-Systemen sowie
- Terminangaben in PPS-Systemen.

Die genannten Informationen bzw. Informationsquellen haben die Eigenschaft, daß sie gemeinsam für die Suche und Beschreibung einer Produktlösung benötigt werden. Das bedeutet, daß die einzelnen Informationen nicht unabhängig voneinander betrachtet werden können. Um diese Informationen korrekt und konsistent zu verarbeiten, müssen die Beziehungen und Abhängigkeiten zwischen Informationselementen beachtet werden. Hierzu muß eine sogenannte Informationsstruktur festgelegt werden, in der die verarbeitbaren Informationselemente sowie deren Beziehungen untereinander anwendungsspezifisch dargestellt werden.

Expertensysteme

Ganz allgemein ist für folgende Aufgabenstellungen der Einsatz eines Expertensystems anzustreben:

- Erarbeitung einer präzisen Problemstellung aus den expliziten und impliziten Forderungen des Kunden, möglichst formuliert in dessen Fachterminologie,
- Durchführung einer korrekten und vollständigen Lösung des erkannten Problems,
- verständliche Erläuterung der auf eine Anfrage gefundenen Antwort,
- Erklärung des Lösungswegs, um dem Benutzer (Kunden) eine Einschätzung der Verläßlichkeit der Lösung zu geben, sowie
- Hilfe beim Einsatz der gefundenen Lösung.

Im einzelnen müssen folgende Aufgaben im Rahmen eines AUDIUS von einem Expertensystem übernommen werden.

Produktkonfiguration

Dieses Werkzeug unterstützt den Außendienstmitarbeiter im technischen Vertrieb bei allen technischen Entscheidungen. Diese sind oft einer ganzen Reihe von Beschränkungen unterworfen, wie z.B.

- technische Rahmenbedingungen von Produkten oder spezifischen Maschineninstallationen,
- Verfügbarkeitsbedingungen,
- Dead-Lines,
- Kostenlimits sowie
- projektspezifischer Rahmenbedingungen.

Da die meisten derartigen Entscheidungen bei der Beratung beim Kunden zu fällen sind, ist es sehr wesentlich, daß die Informationen über die genannten Bedingungen vor Ort zur Verfügung stehen und dort auch verarbeitet werden können. Die hinter diesem Konzept stehende Idee ist die, den Vertriebsingenieur bei seiner Routinearbeit (z.B. bei Konsistenzüberprüfungen) durch das von seiner dezentralen AUDIUS-Einheit aus aufrufbare Expertensystem zu entlasten, damit er sich voll auf die anstehenden strategischen Entscheidungen konzentrieren kann. Um die redundante Speicherung dieser (möglicherweise äußerst umfangreichen) Informationsmengen zu vermeiden, ist die Anbindung der dezentralen Einheit über öffentliche Netzwerke an den Rest des AUDIUS erforderlich. Nur so können verteilte Wissens- und Datenbanken erfolgreich und effizient genutzt werden.

Diagnosesysteme

Bei der Diagnose von an installierten Anlagen aufgetretenen Schäden durch den Kundendienst ist ein Unterstützung durch ein Expertensystem vorzusehen. Dieses muß übliche Fehler so weit wie mögliche eingrenzen können, um dadurch das Service-Personal von Routinearbeiten zu entlasten. Dies kann z.B. mit Hilfe von vorprogrammierten Tests geschehen, die das über standardisierte Schnittstellen mit der defekten Anlage verbundene auf der dezentralen AUDIUS-Einheit befindliche System in intelligenter Reihenfolge aufruft. Darüber hinaus muß das System auch bei selten auftretenden Fehlern den Kundendienstmitarbeiter bei deren Diagnose durch Zurverfügungstellung von Expertenwissen (Wissensmultiplikationseffekt) unterstützen. Dieses Diagnosesystem muß so universell aufgebaut sein, daß es durch geringfügige Modifikationen für unterschiedlichste Maschinen und Anlagen einsetzbar ist.

AUDIUS-Konfiguration

Für Installation, Wartung und Fehlerdiagnose eines AUDIUS ist eine Expertenunterstützung zur Verfügung zu stellen. Mit diesem Werkzeug kann ein spezifisches AUDIUS modelliert und seine Installation und Funktionen, ebenso wie ein "Nach-Installationsservice" simuliert werden. Die so generierte Information kann, an die lokale AUDIUS-Komponente übermittelt, das Service-Personal bei Installation, Wartung und Instandsetzung unterstützen. Die Produktinstallation, der Service und die Fehlerdiagnose können mit Hilfe von Ursache-Wirkungs-Szenarios analysiert werden.

System zur Aus- und Weiterbildung des Außendienstmitarbeiters

Dieses Werkzeug hilft dem Außendienstmitarbeiter, sich im AUDIUS zurechtzufinden. Es unterrichtet ihn zunächst über die wesentlichen Systemfunktionen und macht ihm Neuerungen im System bekannt. Zur optimalen Erfüllung dieser Aufgabe muß das Werkzeug auf unterschiedlich qualifizierte Eingaben des Benutzers unterschiedlich reagieren, d.h. löst ein Benutzer alle ihm gestellten einfachen Aufgaben sofort richtig, so ist zu schwierigeren Aufgaben zu wechseln, macht er dagegen selbst einfache Aufgaben falsch, so sind ausführliche Erklärungen aufzurufen und die entsprechenden Aufgaben nach einer gewissen Zeit zu wiederholen.

Erweiterung der Wissensbasis des Systems

Dieses Werkzeug erweitert aufgrund in der Realität aufgetretener Fälle automatisch die bereits vorhandene Wissensbasis um die Regeln, die für die Bearbeitung dieser

80

Fälle hilfreich gewesen wären, aber noch nicht in der Wissensbasis vorhanden waren.
Ferner erkennt dieses Werkzeug häufige Bedienungsfehler und weist den Benutzer
(selbstverständlich nach dem Kundenbesuch) auf diese hin. Außerdem wird erkannt,
wo der Benutzer umständlich handelt, obwohl einfachere Bearbeitungswege im
System vorgesehen sind. Diese Wissenserweiterung ist insbesondere auch bei der
Unterstützung des Kundendienstes (Service) notwendig.

+ Beitrag zur Zielerfüllung

AUFGABENERFÜLLUNG

Ziele: QUANTITÄT und QUALITÄT

Anforderungen	Umsatzsteigerung	Einsparung von Kosten	Vergrößerung des Marktanteils	hohe Qualität der Auftragsarbeit	hohe Qualität der Produktarbeit	hohe Qualität der Marktarbeit	hohe Qualität der Kundenarbeit
Angebotsbearbeitung – Zugriff auf vorliegende technische Lösungen		+					+
Ausg. v. Angeboten vor Ort	+		+	+			+
Informationsversorgung des AD vor Ort				+		+	
Auftragsabwicklung – Integriertes System zur Auftragsabwicklung	+		+	+			+
Informationsversorgung des AD vor Ort				+			
Berichtswesen – Integration des AD-Berichtswesens	+		+	+	+	+	+
feste Form d. AD-Berichte	·		+	+	+	+	+
Markt- u. Steuerungsinfo.	+		+		+	+	
Kundenanfragen – zielbewußte Bearbeitung von Kundenanfragen	+		+	+			
Kundenbesuche – Red. d. unproduktiv. Zeit u. Erhöh. d. verkaufsprod. Z.		+					
Info.versorgung d. AD						+	
Verwalt.unterstützg. d. AD				+	+	+	+
Kundendienst – Effizienz d. K.arbeit		+		+	+		+
Integration d. K. in die innerbetriebliche DV	+		+	+	+		
Reklamationen – Bearbeit. v. R. vor Ort				+	+		
INFORMATIONSFLUSS	+		+				
RECHNERUNTERSTÜTZG. – flexible Anpaßbarkeit		+					
modulare Erweiterbarkeit		+					
verteilte Berechnung							
verteilte Datenspeicherung				+	+	+	+
Datensicherheit				+	+	+	+
Verwendung von Standards		+					
Benutzeroberfläche							
Informationssysteme				+	+	+	+
Expertensysteme				+	+	+	+

Ziele: KOMMUNIKATION und FLEXIBILITÄT UND EFFIZIENZ

Anforderungen	Verbess. d. Komm. AD - Zentrale	Verbess. d. Komm. AD - Leitung	Verbess. d. Komm. im Vertrieb	Verbess. d. Komm. AD - Lager	flex. Eingehen auf Kundenwünsche	flexible Besuchsplanung	Reduzierg. d. Auftragsdurchlaufz.	Einsparung von Fahrzeiten	bessere Plang. d. Besuchszeitpunkt	Ausschalten von Doppelarbeiten	Effizienzsteigerung der AD-Arbeit	Effizienzsteigerung der ID-Arbeit
Angebotsbearbeitung – Zugriff auf vorliegende technische Lösungen												
Ausg. v. Angeboten vor Ort											+	
Informationsversorgung des AD vor Ort	+		+		+	+				+	+	
Auftragsabwicklung – Integriertes System zur Auftragsabwicklung			+	+		+				+	+	+
Informationsversorgung des AD vor Ort				+		+				+	+	
Berichtswesen – Integration des AD-Berichtswesens	+	+	+	+		+				+		+
feste Form d. AD-Berichte	+	+	+									+
Markt- u. Steuerungsinfo.	+	+										+
Kundenanfragen – zielbewußte Bearbeitung von Kundenanfragen					+						+	
Kundenbesuche – Red. d. unproduktiv. Zeit u. Erhöh. d. verkaufsprod. Z.									+	+	+	
Info.versorgung d. AD							+		+	+	+	+
Verwalt.unterstützg. d. AD							+	+	+	+	+	+
Kundendienst – Effizienz d. K.arbeit					+		+				+	
Integration d. K. in die innerbetriebliche DV					+		+			+	+	+
Reklamationen – Bearbeit. v. R. vor Ort					+		+	+		+	+	
INFORMATIONSFLUSS	+	+	+				+			+	+	+
RECHNERUNTERSTÜTZG. – flexible Anpaßbarkeit												
modulare Erweiterbarkeit												
verteilte Berechnung												
verteilte Datenspeicherung											+	
Datensicherheit												
Verwendung von Standards												
Benutzeroberfläche												
Informationssysteme												+
Expertensysteme												

Ziele: SOZIO-EMOT. ZIELE

Anforderungen	Zufriedenheit der Kunden	Motivation der AD-Mitarbeiter	Motivation der ID-Mitarbeiter	Motivation (andere UB)
Angebotsbearbeitung – Zugriff auf vorliegende technische Lösungen	+			
Ausg. v. Angeboten vor Ort	+			
Informationsversorgung des AD vor Ort	+	+		
Auftragsabwicklung – Integriertes System zur Auftragsabwicklung		+	+	
Informationsversorgung des AD vor Ort		+		
Berichtswesen – Integration des AD-Berichtswesens			+	+
feste Form d. AD-Berichte			+	+
Markt- u. Steuerungsinfo.				+
Kundenanfragen – zielbewußte Bearbeitung von Kundenanfragen	+			
Kundenbesuche – Red. d. unproduktiv. Zeit u. Erhöh. d. verkaufsprod. Z.				
Info.versorgung d. AD		+		
Verwalt.unterstützg. d. AD		+		
Kundendienst – Effizienz d. K.arbeit	+			
Integration d. K. in die innerbetriebliche DV		+	+	+
Reklamationen – Bearbeit. v. R. vor Ort	+			
INFORMATIONSFLUSS		+	+	+
RECHNERUNTERSTÜTZG. – flexible Anpaßbarkeit				
modulare Erweiterbarkeit				
verteilte Berechnung	+		+	
verteilte Datenspeicherung		+	+	+
Datensicherheit				
Verwendung von Standards				
Benutzeroberfläche		+	+	+
Informationssysteme				
Expertensysteme		+	+	+

Abb. 4.4. Anforderungen und ihr Beitrag zur Zielerfüllung

Generell müssen nach /MERT-87/ Expertensysteme so gebaut werden, daß sie in gewachsene integrierte DV-Lösungen eingebettet werden können. Daher sollte das System mit preiswerter Standardhardware und mit vorhandenen Betriebs- und Programmiersystemen auskommen. Da die ausführlichen Dialoge den Benutzer schnell ermüden und damit eine Akzeptanzbarriere darstellen, müssen sie weitestmöglich vereinfacht und weniger monoton gestaltet werden.

4.5 Zusammenfassung

Abbildung 4.4. zeigt eine vollständige Übersicht der Anforderungen und ihren Einfluß auf die Zielerfüllung.

III Problemanalyse:
Außendienst im Dienstleistungsgewerbe

1 Istanalyse: Außendienst im Dienstleistungsgewerbe am Beispiel der Versicherungsbranche

1.1 Anwendungsfelder

1.1.1 Dienstleistungssektor

Der Einsatz von Informationstechniken ist für die Unternehmen der Dienstleistungsbranche zu einem wesentlichen Faktor für die Zukunftssicherung geworden. Dies trifft in besonderem Maße für die zukünftigen Anforderungen an EDV-Anwendungen im Bereich des Marketing-Managements als auch im Vertriebsbereich dieser Unternehmen zu. Im Management-Bereich sind dies Anforderungen an eine bessere Nutzung des Informationspotentials der bereits vorhandenen Daten- und Informationsbestände und die Umsetzung dieser Informationen in konsequente Marketing-Aktionen. Im Vertriebsbereich betreffen diese Anforderungen vor allem qualitative Aspekte im Bereich der Kundenakquisition und Kundenberatung durch erweiterte Möglichkeiten des individuellen und umfassenden Kundenservices.

Der Einsatz von modernen Informationstechniken wird auch die Schnittstellen zwischen den Organisations- und Funktionseinheiten innerhalb des Unternehmens verändern, ein Schwerpunkt dabei wird die Schnittstelle zwischen der Unternehmenszentrale und dem Außendienst sein. In diesem Bereich kommt es zu einer wachsenden Anzahl von Anwendungen auf dezentralen Rechnersystemen, z.B. auf portablen Minicomputern.

Dies gilt insbesondere für den Dienstleistungsbereich "Versicherungen". Die Märkte in diesem Sektor sind heute durch die folgenden Aspekte gekennzeichnet /NIED-85/:

- Zunehmende Internationalisierung und verschärfte Wettbewerbssituation:
  Internationale Anbieter und Spezialversicherer drängen auf den Markt, verstärkte Konkurrenz mit Anbietern aus dem Finanzdienstleistungssektor wie Banken, Bausparkassen und Investmentgesellschaften, die diverse Finanzierungs- und Anlagemöglichkeiten offerieren.

- Kritischere Kunden:
  Bei den Kunden verstärkt sich das Preis- Leistungs- und Servicebewußtsein bezüglich der Angebote. Ein steigendes Bedürfnis nach einem integrierten Angebot von Dienstleistungen im Finanzbereich, Steuerbereich, Anlagebereich, Risikoabdeckung stellt hohe Anforderungen an die Versicherungsunternehmen und Versicherungsvermittler.
- Zunehmende technologiebedingte Markttransparenz:
  Versicherungsunternehmen bieten zum Teil schon Angebote, Tarife und Konditionen über Btx an.
- Wandel im Vertriebsbereich:
  Im Vertriebsbereich von Versicherungsunternehmen sind Tendenzen zu erkennen, daß traditionelle Vertriebsformen durch neuere Formen von Direktvertriebssystemen erweitert bzw. abgelöst werden.

Auf der Kostenseite hat der Vertrieb einen erheblichen Anteil eingenommen. Dies ist Ergebnis einer in der Vergangenheit auf einen quantitativen Ausbau von Funktionen des Vertriebs hin orientierte Unternehmenspolitik. Man hat es mit dem Problem zu tun, daß die Kostenstrukturen im Vertriebsbereich relativ undurchsichtig sind und damit Kosten/Nutzen-Analysen über das Vertriebssystem bzw. einzelner Vertriebsfunktionen schwierig sind. Hier setzen Forderungen des Managements ein, das Vertriebssystem zu systematisieren, um einerseits die Steuerungsmöglichkeiten zu verbessern und andererseits die Transparenz von Kosten und Nutzen dieses Bereiches zu erhöhen. Gleichzeitig stehen im Vordergrund Forderungen nach einer besseren Unterstützung des Vertriebsmanagements durch moderne Informationstechniken mittels neuer Möglichkeiten der Informationsversorgung, um die Schlagkraft des Vertriebs zu erhöhen.

Der Kunden- und Vermittlerkontakt nimmt im Versicherungsbereich einen besonderen Stellenwert ein. Hier wird man sich höheren Qualitätsanforderungen im Beratungsbereich zu stellen haben.

Die Qualität von individuellem Kundenservice und Kundenberatung hängt in entscheidendem Maß von der Qualität der zur Verfügung gestellten Informationen ab. Für den Außendienst bedeutet dies auch die Bereitstellung der benötigten Informationen vor Ort beim Kunden. Heute werden für den Außendienst schon mobile Informationssysteme eingesetzt. Im Versicherungsbereich ist dies der Einsatz von portablen Computern für die Unterstützung des Außendienstmitarbeiters in seinen Informations-, Beratungs-, Akquisitions- und Bestandspflegetätigkeiten. Diese Außendiensttätigkeiten sind jedoch bisher nur partiell unterstützt worden (z.B. EDV-Lösungen für die Verwaltung von Kundendaten, Tourenplanung, Berichtswesen etc.). Eine Außendienstunterstützung, die zum einen möglichst das gesamte Spektrum der Außendiensttätigkeiten abdeckt und zum anderen nahezu vollständig in die unternehmensinterne Informations- und Kommunikationsinfrastruktur integriert ist, ist deshalb ein zentraler Aufgabenbereich für die zukünftige Außendienstorganisation von Versicherungsunternehmen.

Eine ähnliche Situation findet man auch im Dienstleistungsbereich der Anlage- und Kreditwirtschaft vor. Hier ist die schnelle und umfassende Information mittels moderner Kommunikationsnetze zu einem entscheidenden Wettbewerbsfaktor geworden. Sie stellt auch eine Herausforderung für die Beratungsqualität der Banken dar.

Mehr denn je wird sie speziell von Unternehmen der mittelständischen Wirtschaft als Bankdienstleistung erwartet.

Forderungen an eine marktorientierte Bankorganisation in der Kundenberatung und der Kundenbedienung - wie z.B. eine möglichst spartenübergreifende, qualitative Kundenberatung zu ermöglichen, um den Aufbau eines persönlichen Vertrauensverhältnisses des Kundenberaters zum Kunden zu erleichtern bzw. zu vertiefen - sollten berücksichtigt und durch den Einsatz von adäquaten Informationstechniken entsprechend unterstützt werden.

1.2 Unternehmensorganisation

Die Organisation des Außendienstes verschiedener Versicherungsunternehmen ist durch weitgehende Homogenität gekennzeichnet: Besonders trifft dies für die oberste und für die unterste Hierarchieebene (Zentrale, bzw. Außendienstmitarbeiter) zu. Nahezu alle Versicherungsunternehmen sind zentral organisiert, d.h. sie verfügen über eine Hauptverwaltung, die zugleich das Stammhaus und den Firmensitz darstellt. Diesen Hauptverwaltungen (andere Bezeichnung dafür sind Direktion oder Zentraldirektion) können bei einigen überregional operierenden Versicherungsunternehmen sogenannte Landesdirektionen oder Regionalverwaltungen entsprechen, die in diesem Fall in der Unternehmenshierarchie die oberste Instanz darstellen. Es existieren ebenfalls Varianten, daß mehrere Regionalverwaltungen einer Hauptverwaltung unterstellt sind. Neben generellen Aufgaben administrativer und delegativer Natur wird in den Hauptverwaltungen vorwiegend über die Annahme bzw. die Ablehnung von Versicherungsanträgen entschieden und die Schadensregulierung durchgeführt. Den Hauptverwaltungen nachgeordnet sind Landesorganisationen und bei entsprechender Größe des Versicherungsunternehmens eine Anzahl von Bezirks- oder Filialdirektionen. Die Filialdirektionen nehmen i.A. auch Verwaltungsaufgaben wahr, zu denen auch das Inkasso- und Mahnwesen gehört, während die Bezirksdirektionen in einigen Fällen nur Akquisitions- und Betreuungsaufgaben durchführen. Andere Unternehmen setzen die Bezirksdirektionen mit den Filialdirektionen gleich (uneinheitliche Bezeichnung), bzw. die Bezirksdirektionen eines Unternehmens entsprechen der Hauptgeschäftsstelle oder Geschäftsstelle eines anderen Versicherungsunternehmens. Eine Übersicht über die Hierarchieebenen zeigt Abbildung 1.1. Ab einer bestimmten Größe, wobei sich diese am Bestand der Versicherungsverträge orientiert, können Geschäftsstellen, und damit auch die ihr übergeordneten Instanzen, mit der Schadenregulierungsvollmacht ausgestattet sein. Die Pflege des Kundenbestandes und die Aufnahme von Schadensfällen sind typische Aufgaben einer Geschäftsstelle, die bei manchen Versicherungsunternehmen auch nur aus einem einzigen Mitarbeiter bestehen kann, der neben festen Geschäftszeiten zusätzlich Besuche bei (potentiellen) Kunden durchführt. Bei größeren, bundesweit operierenden Versicherungsunternehmen findet man für gewöhnlich in hinreichend großen Städten mehrere, nur aus einem oder wenigen Mitarbeiter bestehende Geschäftsstellen, die für viele Kunden somit in der Nachbarschaft liegen und das Versicherungsunternehmen persönlicher erscheinen lassen. Weitere Aufgaben einer Geschäftsstelle sind die Erstellung und der Versand von Angeboten für bestimmte Versicherungsprodukte oder das von Auskünften sowie die Berechnung von Vertragseinzelheiten. Dabei verfügen Geschäftsstellen in der

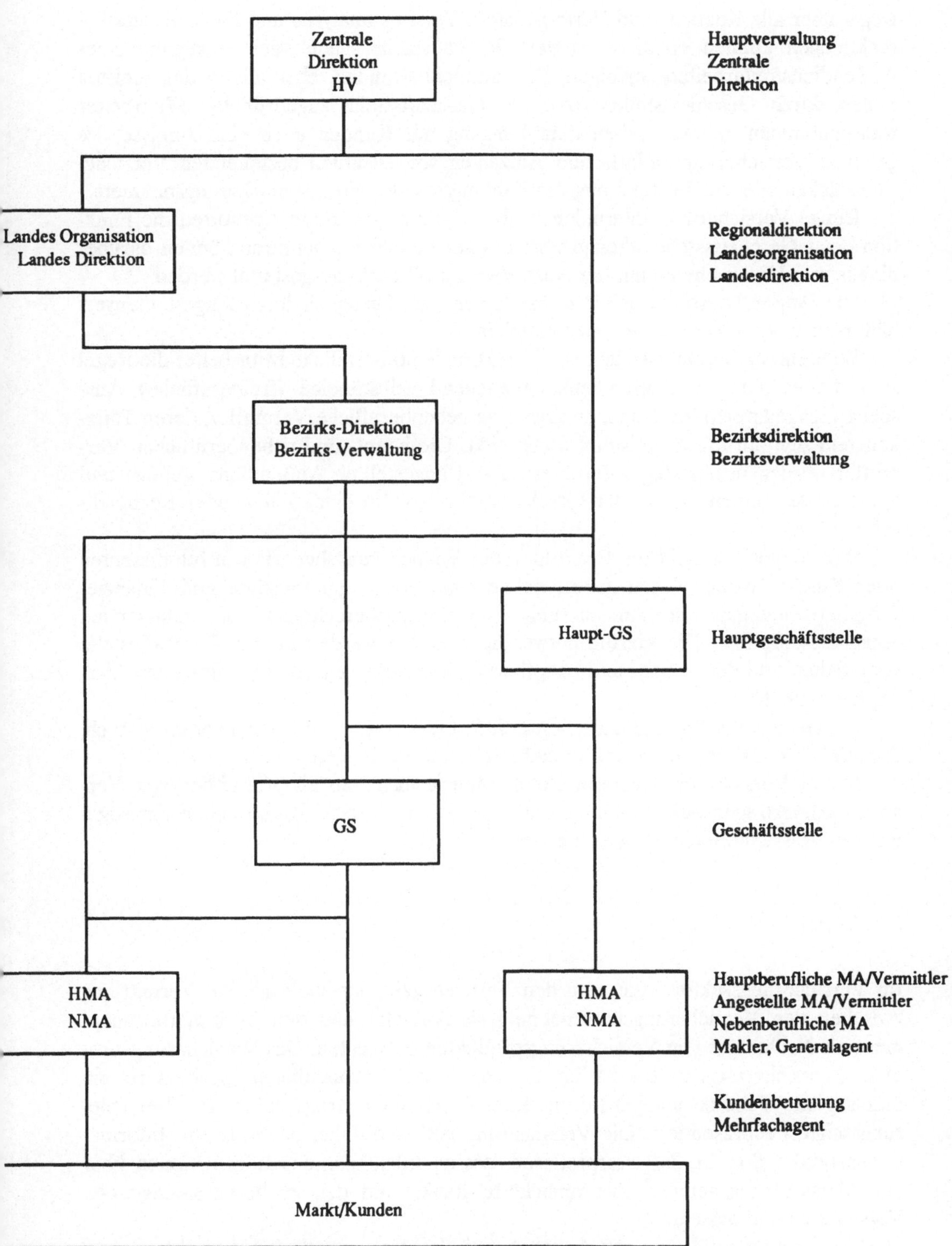

Abb. 1.1. Organisationsstruktur von Versicherungsunternehmen

Regel über alle Kunden- und Vertragsdaten. Vorsorgeanalysen und Finanzierungsberechnungen können ebenfalls in der Geschäftsstelle, auch nach Anregung eines Außendienstmitarbeiters, erfolgen. Die Kundenbetreuung, ebenfalls in den meisten Fällen durch Geschäftsstellen bzw. der Geschäftsstelle zugeordneten Mitarbeiter wahrgenommen, umfaßt neben dem Umgang mit Kunden auch eine Analyse des genauen Versicherungsbedarfs und Aufzeigen von eventuell bestehenden Versicherungslücken oder die Bestimmung des Zahlungsstandes eines Versicherungsnehmers.

Einige Versicherungsunternehmen übertragen sogenannten Agenturen die Funktion einer Geschäftsstelle; alteingesessene oder bewährte Agenturen können darüber hinaus vom Unternehmen mit der Ausfertigungsvollmacht ausgestattet werden.

Die Außendienstmitarbeiter selbst lassen sich bezüglich ihres Angestelltenverhältnisses in verschiedene Gruppen einteilen.

Während in Geschäftsstellen und Direktion hauptberufliche Mitarbeiter die Regel sind, findet man im Außendienst vorwiegend selbständige (freiberufliche) Ausschließlichkeitsvertreter. Daneben existieren nebenberufliche Vermittler, deren Tätigkeitsfeld sich auf die Akquisition beschränkt. Die haupt- und nebenberuflichen Vermittler werden in der Regel durch einen fest angestellten Außendienst geführt und beraten, der seinen Sitz in der Geschäftsstelle bzw. in einer Filial- oder Bezirksdirektion hat.

Der Akquisition geht die Ermittlung des Versicherungsbedarfs von Interessenten oder Kunden voraus. Dazu gehört neben einer Versorgungsanalyse und Finanzierungsberechnungen mit Versicherung eine Beitragsberechnung mit umfassenden Angebotsschreiben. Die hierfür notwendigen Daten werden in der Geschäftsstelle vorgehalten und den neben- und hauptberuflichen Mitarbeitern auf Anfrage zur Verfügung gestellt.

Für Groß- oder Spezialkunden sind oft fest angestellte Mitarbeiter verantwortlich, die direkt einer Direktion oder Geschäftsstelle unterstellt sind.

Neben Versicherungsmaklern treten Mehrfachagenten als Vermittler von Versicherungsverträgen auf. Sie bilden einen besonderen Vertriebsweg neben der sogenannten Ausschließlichkeitsorganisation.

1.3 Vertrieb

Im Versicherungssektor kann man den Vertrieb ganz allgemein als die Vermittlung zwischen den Versicherungsunternehmen als Anbieter und den Versicherungsnehmern als Nachfrager von Versicherungsprodukten betrachten. Das Versicherungsprodukt (Versicherungsschutz) ist im Gegensatz zu herkömmlichen Sachgütern ein immaterielles Produkt und wird durch Informationen (Vertrags-Police bzw. Versicherungsschein) repräsentiert. Die Versicherung läßt sich daher auch als ein "Informationsprodukt" /MÜLL-86/ interpretieren, dessen Inhalt u.a. aus Informationen über den Versicherungsnehmer, das versicherte Risiko und den zu berücksichtigenden Versicherungfall besteht.

Die Zusammenführung von Angebot und Nachfrage durch die Versicherungvermittlung ist die entscheidende Voraussetzung zur Erfüllung der versicherungsbetrieblichen Absatzfunktion. Allgemein kann man im Versicherungabsatz die folgenden Bereiche unterscheiden:

1. Marktforschung (Absatzvorbereitung),
2. Außendienstorganisation (Absatzverfahren),
3. Sortimentsgestaltung (Absatzpolitik),
4. Preisgestaltung (Prämienpolitik),
5. Provisionsgestaltung,
6. Werbung,
7. Annahmepolitik und Risikoprüfung,
8. Akquisition (Absatzdurchführung) /FARN-76/.

Wichtigster Aufgabenbereich in der Versicherungsvermittlung ist die Kontaktherstellung zwischen Versicherungsunternehmen und Versicherungnehmer. Diese Funktion wird heute im wesentlichen vom Außendienst in Form der direkten persönlichen Kommunikation zwischen Versicherungsagent und Versicherungsnehmer wahrgenommen. Neueste Formen des Absatzes sind Verfahren des Direktvertriebes, d.h. ohne die Zwischenschaltung eines Vermittlers. Diese Verfahren sind nicht unproblematisch und haben einen relativ engen Einsatzbereich, sind aber für zukünftige alternative Vertriebskanäle in Verbindung mit den neuen Kommunikationstechnologien von Interesse. Nach Kontaktherstellung und Vermittlung kann der Abschluß eines Versicherungsvertrages zustandekommen. Im Vorfeld des Vertragsabschlusses erfolgt meist eine besondere Werbeleistung und während des Kundenkontaktes findet eine intensive und individuelle Beratung statt. Eine wesentliche Rolle spielt dabei die Ermittlung des genauen Versicherungsbedarfs des Versicherungsnachfragers und die geeignete Auswahl der Versicherungsleistung (welche Art Leben, Sach, mit/ohne Selbstbeteiligung) als auch die Form der gewünschten Dienstleistung (mit/ohne Service).

Neben der Kontaktherstellung und dem Vertragsabschluß, d.h. der Entgegennahme des Antrags, existieren Aufgaben und Tätigkeiten, die den eigentlichen Kern der Versicherungsdienstleistung ausmachen, d.h. Verwaltung, Information, Betreuung, Service, Schadensregulierungen oder allgemein der folgende Dialog mit dem Versicherungsnehmer.

Mit dem Zeitpunkt des Vertragsabschlusses ist der Vertriebsprozeß nicht beendet. Versicherung ist ein zeitraumbezogenes Gut /FARN-65/, der Versicherungsschutz wird also über eine festgelegte Zeitperiode gewährleistet. In diesem Zeitraum können verschiedene Vorgänge eintreten, wie etwa Schadensregulierungen oder Prämienauszahlungen, betreffen also Aufgaben der Leistungserstellung und Verwaltung. Dabei sind nicht nur ausschließlich die betroffenen Versicherungsnehmer beteiligt, sondern auch Geschädigte und sonstige Dritte (Ärzte, Rechtsanwälte, Reparaturstätten).

Die Aktivitäten, die auf den Vertragsabschluß hinführen, können als Akquisition, die darauf folgenden als Betreuung bezeichnet werden.

Wird der Versicherungsvertrag angenommen, erhält der Versicherungsnehmer die Versicherungspolice. Nachfolgende Arbeiten beziehen sich dann auf den Dialog zwischen Versicherungsunternehmen und Kunden, wie z.B. Prämieninkasso, Schriftverkehr und Schadensbearbeitungen, oder auf die Bestandspflege, d.h. der Verlängerung von ablaufenden Versicherungsverträgen und der Analyse von Stornoursachen.

In der Versicherungsakquisition lassen sich die Einsatzbereiche Neugeschäft und Verlängerungs- oder auch Erweiterungsgeschäft mit Bestandskunden unterscheiden. Vor dem Hintergrund rückläufiger Haushaltsneugründungen und Unternehmensgründungen kommt dem Neugeschäft neben dem Bestandsgeschäft eine verstärkte

Bedeutung zu, denn es kann nicht davon ausgegangen werden, daß sich ein Verlängerungsgeschäft stets automatisch ergibt.

Die Natur des Versicherungsprodukts begründet die Notwendigkeit eines intensiven Informationsaustausches zwischen Versicherungsnehmer und Versicherungsanbieter. Allgemein kann man den Versicherungsvertrieb auch als einen Kommunikationsprozeß ansehen. Im Gegensatz zum materiellen Austauschprozeß findet man hier einen primär kommunikativen Austauschprozeß vor. Eine ähnliche Situation trifft man auch in anderen Dienstleistungsbranchen (Unternehmensberater, Banken) an. In der Versicherungsbranche besitzt dieser Kommunikationsprozeß quantitativ und qualitativ eine besondere Dimension.

Die mit dem Vertrieb des Versicherungsproduktes verbundenen Kommunikationsprozesse lassen sich nach verschiedenen Kriterien hin untersuchen. Diese sind die Art, Häufigkeit und Intensität der Kommunikation. Unterschiedliche Versicherungsprodukte erfordern unterschiedliche Formen der Kommunikation und sind damit ein wichtiger Einflußfaktor auf die Kommunikationsbeziehung. Dazu zählen bestimmte Kundenmerkmale, z.B. Art der Kundengruppe, allgemeine Bedürfnisse oder das Bildungsniveau. Diese Faktoren haben auch Einfluß auf die Wahl des zweckmäßigen Vertriebsverfahrens, ob man eher zentrale oder dezentrale Vertriebsstrukturen aufbaut. Zu den dezentralen Vertriebsstrukturen zählen dabei der Direktvertrieb oder der Vertrieb über selbständige Versicherungsvermittler (indirekter Vertrieb). Im Versicherungsbereich finden wir heute überwiegend dezentrale Vertriebsstrukturen vor, d.h. eine Vertriebsform mit relativ stark ausgeprägtem Außendienst.

Neben den Vertriebsstrukturen und -verfahren gibt es weitere Faktoren, die Kommunikationsbedarf und -notwendigkeiten beeinflussen. Wesentlichen Einfluß haben die Versicherungsprodukte selbst. Diese können grob in die folgenden Sparten unterteilt werden:

- Schaden/Unfall-Versicherung (Kfz, Feuer, Haftpflicht, Einbruch etc.),
- Lebens-Versicherung (Kapital, Renten, Unfall etc.),
- Sach-Versicherung (Unfall, Hausrat, Wohngebäude),
- Vermögens-Versicherung (Mieten, Objekte, Hypotheken, Darlehen),
- Kranken-Versicherung, (Berufsunfähigkeit, Unfall),
- Rechtsschutz-Versicherung (Kfz, Verwaltung, Mieten, Strafrecht).

Die Personenversicherungen sind meist längerfristig angelegt und erfordern einen großen Beratungsaufwand bei Vertragsabschluß (Neugeschäft) bzw. bei der Anpassung (Erweiterungsgeschäft). Während der Vertragslaufzeit sind die gegenseitigen Kontakte verhältnismäßig selten und mit relativ geringem Betreuungsaufwand durchführbar.

Im Bereich der Kompositversicherung ist die Erklärungsbedürftigkeit recht unterschiedlich und wegen der Komplexität und Differenziertheit der Mehrzahl der Produkte relativ groß. Das Spektrum reicht dabei von relativ einfachen, standardisierten Versicherungsprodukten, wie z.B. Reisegepäckversicherungen, bis hin zu komplex gebündelten Hausratversicherungen (wahlweise Sonderklauseln mit Dynamik). Im Vergleich zu den Personenversicherungen hat man mit den Kompositversicherungen während der Vertragslaufzeit in der Regel einen hohen Betreuungsaufwand durch häufige Kontakte und intensivere Beratungen, z.B. für Risikoanpassungen von Verträgen, Schadensbearbeitungen.

Das Verhalten des Versicherungsnehmers spielt für die Formen der gewählten Kommunikations- und Vertriebsmöglichkeiten eine entscheidende Rolle. Die Versicherungsnehmer sind kritischer und anspruchsvoller geworden und beurteilen die Versicherungleistung stärker unter dem Punkt der Zweckmäßigkeit in Beziehung zu ihrem Preis-/Leistungsverhältnis. Damit ergibt sich eine Marktsegmentierung in Kunden, die sehr stark preisorientiert der Versicherungsleistung gegenüberstehen und in andere Kundenkreise, die bereit sind, sich individuellen Service etwas kosten zu lassen. Für das Versicherungsunternehmen besteht deshalb die Notwendigkeit, mit seiner angebotenen Produktpalette in gleicher Weise für preis- und servicebewußte Kundengruppen attraktiv zu sein und die in den Gruppen auftretenden Informationsbedürfnisse besonders zu berücksichtigen.

Es lassen sich die folgenden Gruppen einteilen /ULRI-86/:

– preisorientierte Privatkunden (meist handelt es sich hier um Massengeschäft),
– beratungsorientierte Kunden (meist Individualgeschäft),
– industrielle bzw. großgewerbliche Kunden (meist Individualgeschäft).

Die preisorientierten Privatkunden sind überwiegend an billigen Produkten interessiert. Bei der Auswahl des Versicherungsproduktes wird beim Preis-/ Leistungsverhältnis sehr stark der Preis bewertet. Diese Kundengruppe kann durch standardisierte (Massen-)Produkte angesprochen werden. Diese normierten, relativ wenig erklärungsbedürftige Versicherungen haben im Vergleich zu den sonstigen Versicherungsprodukten einen eingeschränkten Leistungs- und Serviceumfang. Dies sind z.B. verringerte Leistungen im Risikogeschäft (geringere Deckungssummen in der Kfz- oder Allgemeinen Haftpflichtversicherung, nicht variabler Deckungsumfang) oder im Dienstleistungsgeschäft (z.B. verringerter Service bei Vertragsabschluß, weniger Beratung im Schadensfall). Zu dieser Gruppe von preisorientierten Kunden zählen sich auch die Versicherungsnehmer, die bewußt eine nicht-persönliche und servicearme Form des Kontaktes zum Versicherungsunternehmen wählen (z.B. Scheu vor persönlichen Kontakten, Hausbesuchen etc.).

Dieses Marktsegment wird in der Zukunft einem höheren Wettbewerb unterliegen (leichte Vergleichbarkeit der Preise bei ähnlichen Leistungsumfängen, z.B. in Zeitschriften oder über Btx).

Zu den beratungsorientierten Versicherungsnehmern zählen Kunden aus dem Privatbereich und Freiberufler aus dem Klein- und Mittelständischen Gewerbe. Hier liegen besondere Anforderungen an die individuelle und flexible Gestaltung der Versicherungsprodukte, die ganz auf die persönliche Risikolage und Sicherheitseinstellung ausgerichtet sind. Zur Ermittlung des genauen Versicherungsbedarfs und der Zusammenstellung einer geeigneten Versicherung ist deshalb auch ein entsprechend hoher Erklärungs- und Beratungsaufwand erforderlich. Sehr häufig sind darüber hinaus noch zusätzliche Fragen zu Finanzierungsgeschäften und Steuerproblemen zu klären.

Gerade auf diesem Gebiet gibt es viele interessante Einsatzgebiete für eine informationstechnisch unterstützte Beratung durch entsprechend qualifizierte Vermittler. In Zukunft wird dabei mehr Aktivität auf dem Gebiet "Financial Services" zu erwarten sein. Die dezentrale Verfügbarkeit der Vermittler ist für die Kontaktpflege während der Vertragslaufzeit von großer Bedeutung.

Der in dieser Kundengruppe vorhandene sehr individuelle Versicherungsbedarf stellt deshalb auch besondere Anforderungen an die Kommunikationsbeziehung, Produktgestaltung und Betreuung durch das Versicherungsunternehmen. So erfordern die verschiedenen vorliegenden Risiken entsprechend individuell ausgeprägte Analysen, Prüfungen und Kalkulationen, was ein sehr breites und unterschiedliches Preisspektrum der einzelnen Versicherungsprodukte zur Folge hat. Dies führt zu einer Nichtvergleichbarkeit der einzelnen Produktpreise und Produktleistungen untereinander.

Im Bereich der industriellen und großgewerblichen Kunden liegen gegenüber den Privatkunden ganz spezifische Anforderungen vor, die sich über alle Absatz- und Leistungserstellungsphasen erstrecken. Diese erfordern sehr intensive und umfangreiche Beratungen in Sicherheitsfragen auch über Versicherungsprobleme hinaus (Risk Management), ein individuelles Produktspektrum sowie flexible Konditionen und Preise. Auch hier sind durch die individuellen Produktanforderungen Preis- und Konditionenvergleiche nur schwer möglich. Die Beratung und Betreuung dieser Kunden erfordert den Einsatz von Spezialisten, die für ihre Tätigkeiten eine entsprechende Unterstützung mit geeigneten Informationstechniken benötigen. Mit dieser Unterstützung lassen sich Risikoanalysen und komplexe individuelle Kalkulationen schneller durchführen und in die entsprechenden Deckungsvorschläge (Angebote) einsetzen. Häufig ist für die Vertragsbearbeitung noch eine Kommunikation mit Mit- und Rückversicherungen im In- und Ausland erforderlich, die schnell und zuverlässig abgewickelt werden muß.

Aus diesen doch recht unterschiedlichen Anforderungen in den einzelnen Kundengruppen ergeben sich bestimmte Auswirkungen auf die Auswahl eines geeigneten Vertriebsverfahrens, je nachdem welche dieser Gruppen vorrangig angesprochen werden soll und mit welcher Intensität die Betreuung erfolgen soll. Die Abbildung 1.2 gibt einen Überblick über die verschiedenen Vertriebsverfahren.
Der Vertrieb über den direkten persönlichen Kontakt zwischen Versicherungsunternehmen und Versicherungsnehmer stellt die individuellste Vertriebsform dar (personal selling). Diese Form der Kommunikationsbeziehung hat den Vorteil, daß Verständigungsschwierigkeiten oder Mißverständnisse in einem persönlichen Gespräch meist sofort ausgeräumt werden können. Dies kann über den Besuch des Versicherungsnehmers beim Versicherungsunternehmen sein, z.B. in einer Niederlassung oder in der Zentrale. Wichtig in diesem Zusammenhang ist die Schaffung einer geeigneten Atmosphäre, in der dem Kunden das Gefühl einer individuellen und vertraulichen Beratung vermittelt wird. Diese Gespräche gehen im Regelfall auf die Initiative des Kunden zurück, der das Versicherungsbüro aufsucht. Im Versicherungsbereich besitzen diese Vertriebsverfahren eine insgesamt geringe Bedeutung, auch wenn sie für einige wenige Versicherungsunternehmen das Hauptverfahren darstellen.
Im Finanzdienstleistungssektor (Bankenbereich) stellt das Absatzverfahren über Zweigstellen das bekannteste und im breiten Privatkundenbereich das wichtigste dar. Der Besuch des Kunden in einer Bankfiliale ist im Gegensatz zum Versicherungsbereich sehr viel häufiger. Im Versicherungsbereich kommt eine Kontaktaufnahme durch den Versicherungsnehmer erst beim Auftreten von Schadensfällen zustande, weswegen es mehr Schadens- als Vertragsbüros gibt.
Die wichtigste Form des Vertriebes im Versicherungsbereich ist der Absatz über Vermittler. Die Versicherungsvermittler haben die Aufgabe, Geschäftsbeziehungen zwischen dem Versicherungsunternehmen als Anbieter und dem Versicherungsneh-

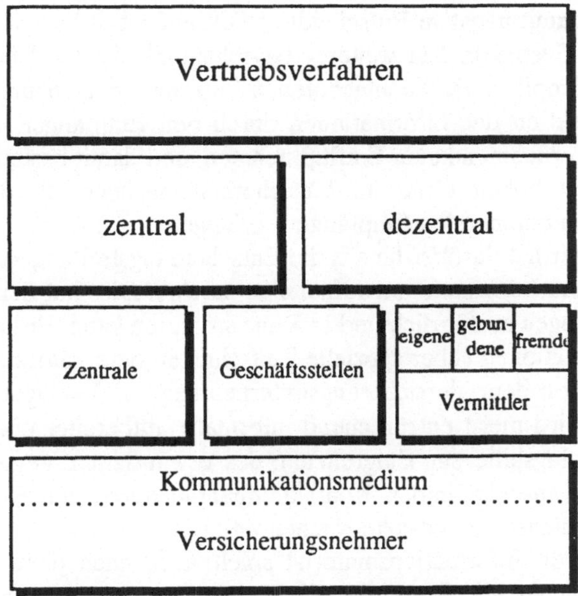

Abb. 1.2. Vertriebsverfahren

mer als Nachfrager aufzubauen und zu betreuen. Zu den Versicherungsvermittlern zählen selbständige Versicherungsagenten, haupt- und nebenberufliche Vermittler (Angestellte), Versicherungsmakler, Mehrfachagenten, Einfirmen- und Konzernvertreter oder auch stille Vermittler. Diese Vermittler sind hauptsächlich außerhalb des Versicherungsunternehmen tätig. Die Beratungsgespräche finden dabei entweder beim Vermittler selbst (weniger verbreitet), im Regelfall in der Wohnung oder im Betrieb des Kunden statt. Die Vorteile des Besuches in der Wohnung des Kunden sind die individuelle Atmosphäre während des Gesprächs sowie die einfachere Risikoaufnahme und Prüfung vor Ort (Gebäude und Hausrat können direkt besichtigt werden, und notwendige Unterlagen sind beim Kunden verfügbar).

Im Vertriebsprozeß werden von den Versicherungsunternehmen und Versicherungsvermittlern zusätzliche Verfahren eingesetzt, die die Kontaktherstellung und -pflege im Zusammenhang mit dem direkten persönlichen Kontakt unterstützen. Dies sind Vertriebsverfahren über traditionelle Medien wie Postvertrieb, direktes Anschreiben, Plakate, Post- oder Hauswurfsendungen, Anzeigen und Prospekte. Die in diesem Zusammenhang auftretenden Fragestellungen betreffen die Beschaffung und Auswahl des brauchbaren Adreßmaterials sowie die Wahl des geeigneten Mediums. Die angebotenen Informationen können dabei das Versicherungsunternehmen, die angebotenen Versicherungsleistungen oder einzelne Produkte betreffen. Dabei müssen Form, Art und Inhalt der Informationen mehr oder weniger spezifisch auf die besonderen Interessen der einzelnen Zielgruppen hin zusammengestellt und aufbereitet werden.

Wichtig beim Einsatz von Informationsschriften in der Kontaktphase ist der Aspekt der Anonymität, der von manchen Kunden gewünscht wird. Die ablehnende

Einstellung und damit negative Entscheidung fällt auf schriftlichem Wege leichter als im persönlichen Gespräch. Ein weiterer Gesichtspunkt ist die freie Entscheidungsmöglichkeit des Empfängers, die angebotenen Informationen anzunehmen oder nicht, d.h. in einer Selektion der Informationen durch den Empfänger. Hierauf kann das Versicherungsunternehmen kaum Einfluß nehmen, und damit besitzt diese Kommunikationsform einen hohen Grad an Unsicherheit darüber, ob die Informationen letztendlich zu den potentiellen Empfängern gelangen.

Der Empfänger hat darüber hinaus die Entscheidungsfreiheit, wann, wo, wie lange und wie oft er diese Informationen aufnehmen möchte. Dies hat den Vorteil, daß der Kunde die Unterlagen ausführlich und in Ruhe studieren kann. Er kann sich weiterhin zusätzliche Informationen (über spezielle Zeitschriften oder Informationsbroschüren) beschaffen. Das von dem Versicherungsunternehmen zur Verfügung gestellte Informationsmaterial wird meist entsprechend informativ aufbereitet und kann dem Kunden als Orientierungshilfe zur Eingrenzung des gewünschten Versicherungsschutzes dienen. Bei einer anschließenden Kontaktaufnahme durch den Kunden kann dann durch den Außendienst eine gezielte Nachbereitung stattfinden.

Der Einsatz von Informationsmaterial spielt auch nach dem Vertragsabschluß eine wichtige Rolle für die Betreuung des Bestandes. Aus vertriebspolitischer Sicht dient die Informationsübermittlung auch der Kontakterhaltung zum Kunden und darüber hinaus dem Verlängerungs- und eventuell dem Erweiterungsgeschäft. So kann in der Lebensversicherung die mangelnde Informationsversorgung, z.B. über die Gewinnbeteiligung oder den Rückkaufswert, zu einem frühzeitigen Storno oder zum Ausbleiben des Verlängerungsgeschäfts führen.

Eine andere Form des Absatzes ist der Vertrieb durch Einsatz des Telefons. Beim Vertrieb über das Telefon wird eine ähnlich persönliche und individuelle Kommunikationsbeziehung aufgebaut wie beim persönlichen Kontakt (Anfragen, Klären von Verständnisproblemen etc.). Dabei sind die Zeiten, zu denen ein Kontakt aufgenommen wird, realtiv frei vereinbar (unabhängig von Bürozeiten etc.). Das Neugeschäft bleibt aber schwierig, da es auf die Initiative des Kunden zurückgehen muß und die telefonische Akquisition von Kunden ohne eine vorherige Geschäftsbeziehung in Deutschland nicht zulässig ist. Ein Neugeschäft ist deshalb nur in Kombination mit einer anderen Kommunikationsform, wie z.B. Anzeige, Brief, Radio oder Fernsehen denkbar, bei der ein Anruf beim Versicherungsunternehmen angeregt wird. Die neuen Postdienste, wie z.B. Service 130 (Kostenübernahme durch das angerufene Versicherungsunternehmen), können hierfür geeignet eingesetzt werden. Der Bestandsbetreuung kommt aufgrund der allgemeinen Marktsituation des Finanz- und Versicherungsbereichs eine immer wichtigere Bedeutung zu. Für das Verlängerungs- und Erweiterungsgeschäft spielt das Telefon heute eine nicht unwesentliche Rolle. Als Ergänzung zu persönlichen Kundenbesuchen kann dabei das Telefon, beim Bestehen einer Bekanntschaft und Vertrauensbeziehung zwischen Vermittler und Kunde, zur Klärung von kleineren Angelegenheiten dienen und damit manchen zeitaufwendigen Besuch vor- oder nachbereiten bzw. sogar einsparen helfen.

Im Bankbereich findet man neuere Vertriebsformen vor, die dem Kunden einen möglichst schnellen und bequemen Einkauf ermöglicht. Es handelt sich hierbei um Techniken, die eine Selbstbedienung gestatten (ATM, Automated Teller Machine und POS, Point-of-Sale-System, die Bargeldabhebung, Überweisung, Scheckeinzahlung u.ä. erlauben). Diese Methoden eignen sich nur bedingt für den Vertrieb im Versicherungsbereich (etwa für den Absatz von preisorientierten Standardprodukten). Zudem unterstützen sie nicht den Aufbau einer dauerhaften und stabilen Geschäftsbeziehung zwischen Unternehmen und Kunden und damit ist diese Vertriebsform nur sehr bedingt für den Einsatz im Versicherungssektor geeignet.

Dem Vertrieb über Btx kommt heute und in Zukunft (mit steigenden Btx-Teilnehmerzahlen) ebenfalls eine stärkere Bedeutung zu. Dies betrifft zum einen die Möglichkeit, mit Hilfe von Btx Informationen über Produkte und Konditionen anzubieten, die ständig und aktuell über das öffentliche Telefonnetz verfügbar sind. Der wichtigere Aspekt liegt aber in der Möglichkeit des echten Dialogs, d.h. Informationsaustausch über Btx. Besonders die Dialogfähigkeit und die Fähigkeit des Anschlusses der unternehmenseigenen EDV an das Btx-Netz erlauben es dem Versicherungsaußendienst, auf zentrale Datenbestände zuzugreifen bzw. Kunden- und Vertragsinformationen an die Zentrale zu übermitteln, wenn dafür das geeignete Instrumentarium (z.B. stationäre oder mobile Mikrocomputer mit Btx-Anschlußmöglichkeiten, Btx-Decoder) zur Verfügung steht.

Btx erlaubt verschiedene Formen des Informationsaustausches und unterstützt die folgenden Kommunikationsformen /ULRI-86/:

- Informationen für mehrere Btx-Teilnehmer

  - Abrufinformationen für alle
  - Abrufinformationen für Teilnehmergruppen
  - (geschlossene Benutzergruppen)
  - Mitteilungen für mehrere

- Informationen für einzelne

  - Abrufinformationen für einzelne
  - Mitteilungen für einzelne

- Dialog

Btx bietet mit den Abrufinformationen die Möglichkeit, den Absatzprozeß schon im Vorfeld, d.h. der Versorgung mit allgemeinen Informationen, und in der Kontaktphase zu unterstützen. Die Initiative liegt in diesem Fall aber beim potentiellen Kunden, der über Btx mit dem Versicherungsunternehmen kommuniziert, im Gegensatz zum Versand von Werbebriefen, -prospekten und -anzeigen. Diese Kontaktaufnahme über Btx erlaubt dem Kunden, sich gezielt nur die Information über Produkte zu beschaffen, für die er sich interessiert (Holprinzip, /BÄTS-85/). Das Versicherungsunternehmen muß dazu als Anbieter von Informations- und Mitteilungsseiten am Btx-Dienst teilnehmen.

Btx bietet die Möglichkeit, Mitteilungen in Form von Seiten zu versenden /DBP-86/. Diese Seiten werden im elektronischen Briefkasten des Empfängers unter dem Punkt "Neue Mitteilungen" gespeichert (max. 30 Tage). Der Empfängerkreis kann dabei gezielt zusammengestellt werden. Er kann sich aus speziell ausgewählten (potentiellen Kunden) zusammensetzen, z.B. Schulabgänger, junge Familien mit vermutetem oder bekanntem Einkommen, oder nach sonstigen regionalen Kriterien.

Sind persönlich adressierte Mitteilungen Werbesendungen, so müssen diese auch als solche gekennzeichnet werden. Es liegt im Ermessen des Empfängers, sich diese Werbesendungen anzusehen oder auch ungelesen aus dem elektronischen Briefkasten zu löschen.

Eine besondere Form des Mitteilungsdienstes sind die sogenannten Antwortseiten. Sie sind durch den Informationsanbieter (in diesem Fall das Versicherungsunternehmen) frei gestaltbar und haben eine fest vorgegebene Zieladresse - den Informationsanbieter. Das Versicherungsunternehmen kann nun dem Kunden vorgegebene Antwortseiten anbieten, in die bestimmte Einträge (Text, numerische Daten) mit dem entsprechenden Endgerät (Btx-Terminal, PC etc.) vorgenommen werden können. Mit dieser Form der Mitteilung über Antwortseiten können im Versicherungsunternehmen Vertriebsaktivitäten initiiert werden, wenn z.B. Angebote oder Deckungsarten angefordert werden oder Willenserklärungen bei Neuabschluß, Veränderungen oder Verlängerungen von Verträgen abgegeben werden. Weiterhin können dies auch Mitteilungen über Konto-, Adressenänderungen oder Schadensmeldungen sein.

Jeder Btx-Anbieter hat die Möglichkeit, die angebotenen Informationen nur einem beschränkten Benutzerkreis zugänglich zu machen, der "geschlossenen Benutzergruppe" (GBG). Damit haben nur Mitglieder, die in der GBG eingetragen sind, Zugang zu bestimmten Informationen. Der Zugriff auf diese Daten erfolgt nur nach erfolgreicher Autorisierung über eine vom Anbieter zu vergebende Autorisierungskennung. Die eingetragenen Mitglieder können z.B. die Angestellten oder etwa speziell die Außendienstmitarbeiter sein.

Eine weitere interessante Form des Informationsaustausches ist die Möglichkeit der Kommunikation im Rechnerverbund, d.h. der Zugriff von Btx-Teilnehmern über Btx auf die private DV-Anlage (externer Rechner, ER).

Der externe Rechner (durch den hausinternen Rechner des Versicherungsunternehmens repräsentiert) kann Daten und Informationen bereitstellen, die nur in der zentralen EDV verfügbar sind. Über den Btx-Dialog mittels ER lassen sich transaktionsorientierte Vorgänge, wie z.B. Übersichten über Vertragsdaten auf den Datenbeständen des ER durchführen. Damit ist es z.B. dem Außendienstmitarbeiter möglich, sich bestimmte Vertragsinformationen eines Kunden herauszusuchen oder etwa interaktiv Änderungen an diesen Datenbeständen vorzunehmen. Eine andere Möglichkeit ist der Dialog eines Außendienstmitarbeiters im Kundengespräch und die Durchführung von Finanzierungsberatungen gestützt auf tagesaktuelle Datenbestände bereits bestehender Kundenverträge (Leben und Sach, Schäden, Leistung). Welche Möglichkeiten hier angeboten werden, ist abhängig von den EDV-Anwendungen, die auf dem Zentralrechner (ER) im Versicherungsunternehmen zur Verfügung stehen.

Die Btx-Anwendungen sind also gewissen Einschränkungen unterworfen. Dies ist zum einen die beschränkte Darstellungskapazität der Bildschirminformationen (40 Spalten x 24 Zeilen). Auf dieser Bildschirmseite sind alle nötigen Information unterzubringen. Für komplexere Versicherungsprodukte bzw. Vertragsinformationen ist dies nicht immer leicht, da Texte nur knapp aber verständlich formuliert werden müssen und zum Teil in Form von Tabellen oder graphisch aufbereitet wiedergegeben werden müssen. Ist die Erkärungsbedürftigkeit eines Versicherungsproduktes hoch, müssen unter Umständen mehrere Seiten zur Darstellung verwendet werden. Neben der Zeit, die für das Lesen der einzelnen Seiten aufgebracht werden muß, kommt noch die Zeit, die Btx für die Übertragung und den Seitenaufbau benötigt.

Die angemessene Präsentation von Versicherungsprodukten ist daher mittels Btx nur beschränkt möglich, zumal unter dem Gesichtspunkt Kundeninitiative der Informationsbeschaffung die kundenfreundliche Aufbereitung der Informationen (attraktiv, verständlich, zeitlich nicht zu aufwendig) ein entscheidender Faktor für die Akzeptanz dieses Informationsangebotes ist. Für die unternehmensbezogene Werbung (PR) und kundenbezogene Verkaufsförderung bietet Btx dagegen recht gute Möglichkeiten, die von vielen Versicherungsunternehmen heute bereits genutzt werden.

Ein anderer Aspekt sind Maßnahmen zur Verkaufsförderung im Finanzdienstleistungsmarkt. Die Verkaufsförderung läßt sich auch als Kommunikationsprozeß verstehen. Dazu gehört die Motivation der anvisierten Zielgruppen, des Außendienstes, der Mittler und Makler sowie der Bestands- und Neukunden mit dem Ziel, ein bestimmtes Produkt zu einem bestimmten Kunden gezielter, schneller und kostengünstiger zu transportieren /BÖHM-88/.

Starken Einfluß auf die Verkaufsförderung und ihre Methoden haben zum einen gesellschaftliche Prozesse, wie Interessenverschiebungen der Menschen, ausgelöst durch einen Wandel in der Lebensanschauung, zum anderen Marktveränderungen durch neue Wettbewerbssituationen (Zunahme der Anbieter von Versicherungsprodukten, z.B. Bausparkassen und Banken), neue Formen des Vertriebs und die Entwicklung neuer Informationstechniken. In den Industrienationen werden dem Menschen mehr Möglichkeiten und Freiräume zur individuellen Selbstverwirklichung geschaffen. Diesen Trend zu mehr Individualität gilt es auch mit flexiblen und anpaßbaren Formen der Verkaufsförderung zu begegnen.

Auf der einen Seite muß ein Angebot von Standardprodukten bereitgestellt werden, die den Grundbedarf an Versicherung decken, auf der anderen Seite muß ein breites Spektrum an individuellen Produktvarianten und -bündelungen existieren. Für Standardprodukte mit relativ geringer Erklärungsbedürftigkeit bieten sich auch neue Vertriebskanäle wie Direktvertriebsmethoden an. Für die speziellen, oft sehr komplexen Individualprodukte ist die persönliche Direktkommunikation zwischen Vertreter und Kunde immer noch die beste Grundlage der Verkaufsförderung, auch im Hinblick auf den Aspekt und die Pflege des Vertrauensverhältnisses Kunde/Mitarbeiter und die Bindung Kunde/Unternehmen.

Zukünftiger Schwerpunkt der Verkaufsförderung werden aber auch der Einsatz und die Bewertung neuer Vertriebsformen sein, sowie die Prüfung neuer Informationstechnologien auf ihre Eignung für Aufgaben der Verkaufsvorbereitung, Werbung oder des Direkt Marketings.

Der Vertrieb über den traditionellen Außendienst ist zu einem gewichtigen Kostenfaktor für das Versicherungsunternehmen geworden mit einem gegenüber dem Produktivitätszuwachs überproportionalen Kostenanstieg. Als kostengünstige Alternative erscheinen neue Distributionskanäle, so auch der Direktvertrieb, d.h. der Verkauf von Versicherungen ohne Einschaltung eines Agenten oder Maklers, also einen direkten Kontakt zwischen dem Versicherungsunternehmen und dem potentiellen Kunden. Erfahrungen wurden bereits in den USA gemacht/FÄHN-86/ und aus der genauen Analyse der dort erzielten Ergebnisse ergeben sich möglicherweise auch interessante Implikationen für den europäischen Versicherungsmarkt.

Die über den Direktvertrieb angebotenen Produkte sind in der Regel einfache, wenig erklärungsbedürtige Versicherungsprodukte, wie z.B. Kraftfahrzeug-, Unfall-, Krankenzusatz- und Risikolebensversicherungen. Die Zielgruppen sind dabei überwiegend untere und mittlere Einkommensschichten, für den Außendienst somit von geringer Attraktivität.

Sehr wichtig ist in diesem Zusammenhang die gezielte Identifizierung und Motivation der potentiellen Zielgruppen, was ein sorgfältig aufbereitetes Adressenmaterial als Voraussetzung hat. Möglichkeiten bieten sich auch durch die Zusammenarbeit zwischen Versicherungsunternehmen und Banken, Kreditorganisationen, Kaufhäusern etc. Das Versicherungsangebot kann als neuer zusätzlicher Service der Bank oder Kreditorganisation vorgestellt werden.

Wichtiger Aspekt im Direktvertrieb ist die Gestaltung der Kommunikation mit den potentiellen Versicherungsnehmern. Durch den Wegfall des Vermittlers und damit dessen persönlicher Überzeugungsarbeit im direkten Verkaufsgespräch steigen die Anforderungen an die Qualität und die Wirksamkeit der eingesetzten Kommunikationsmittel wie Werbung, Briefe, Anzeigen und Telefonkontakte.

Für die Wirtschaftlichkeit des Direktvertriebs gilt es, aus der Beobachtung der in den USA gemachten Erfahrungen zu berücksichtigen, daß man eine relativ kleine Erfolgsquote pro Kontakt hat. Hier ist eine sorgfältige Planung und Auswahl von anvisierten Marktsegmenten sowie der dafür eingesetzten Verkaufsförderungsmethoden von entscheidender Bedeutung.

1.4 Marketing

Für die Unternehmensführungen im Versicherungsbereich ist das marketingorientierte strategische und operative Management entscheidender Faktor für ein gewinnbringendes Wachstum und langfristiges Überleben des Unternehmens vor dem Hintergrund der nationalen und internationalen Marktentwicklung auf dem Gebiet der Versicherungsdienstleistung. Die perfekte Beherrschung der operativen Grundfunktionen des Marketings und des Vertriebs sowie eine mitarbeiter- und kundenbewußte Führungspraxis sind dafür ebenso Voraussetzung, wie die Einbeziehung von neuen Informationstechnologien und deren Einfluß auf die Organisations- und Vertriebsstrukturen bzw. deren Nutzung zur Unterstützung der Gestaltung und Anpassung an neue Formen von Vertriebssystemen.

Im Einsatz neuer Informationstechnologien liegt aber gerade für die Unternehmensführung und -kontrolle ein gewaltiges Potential zur Deckung des Informationsbedarfs in der Entscheidungsunterstützung und der Unternehmenssteuerung.

Eine Übersicht über die zur Entscheidungsunterstützung notwendigen Informationen wird in den folgenden Kapiteln vorgenommen. Hier sollen nur kurz die gemeinsamen Anforderungen der Unternehmensführung und speziell des Marketings und die Aufgaben und Ziele der Informationsversorgung erläutert werden. Aufgabe ist es, möglichst alle aus der Sicht der Entscheidungsträger relevanten Informationen bereitzustellen. Dazu zählen Informationen, die folgende Entscheidungsprozesse unterstützen und dies in allen Phasen der Marketing-Entscheidungsfindung /BROM-88/:

- rechtzeitige Auslösung notwendiger Entscheidungen,
- Erkennen von Entscheidungsproblemen,
- richtige Zielfestlegung,
- Einsatz der geeigneten Marketing-Instrumente,
- Kontrolle von Marketing-Aktivitäten.

Wichtig im Zusammenhang der Entwicklung moderner Informationstechnologien ist deren Nutzungspotential für eine systematische Informationsversorgung der strategischen Führung und Planung im Versicherungsunternehmen.

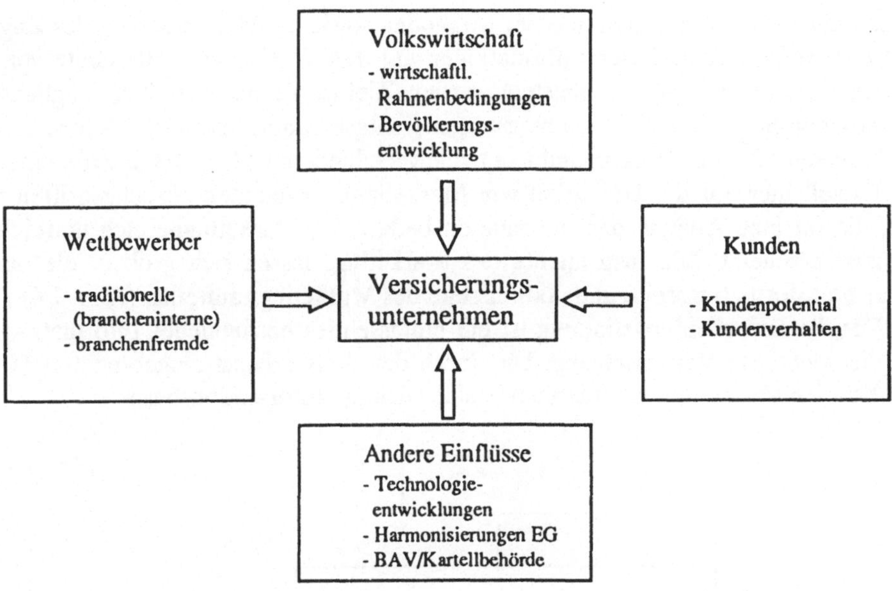

Abb. 1.3. Strategisches Umfeld

Marketingentscheidungen sind generell dadurch gekennzeichnet, daß sie unter unvollständigen Informationen über meist sehr komplexe Unternehmens- und Marktprozesse zu treffen sind und damit einen bestimmten Grad an Unsicherheit besitzen. Entscheidungsprozesse stellen im wesentlichen Informationsverarbeitungsprozesse dar. So müssen Entscheidungen über sehr komplexe Ursache/Wirkungszusammenhänge mit vielfältigen, zum Teil konträren Zielgrößen und Abhängigkeiten (Zielkonflikte) getroffen werden (z.B. Gewinn, Umsatz, Marktanteil, Image, Konkurrenz, makroökonomische Entwicklungen, Technologieentwicklung).

In diesen Entscheidungsprozeß fließen eine Vielzahl von Faktoren mit ein, die das strategische Umfeld des Unternehmens bilden (Abb. 1.3).

Einige davon sind:

– der volkswirtschaftliche Rahmen mit Konjunktur- und demographischer Entwicklung,

– quantitative und qualitative Veränderungen auf der Kundenseite,

– Veränderungen in der Wettbewerbssituation (brancheninterne und branchenexterne Einflüsse) /KLEY-86/.

Marketingentscheidungssituationen weisen in der Regel erhebliche Strukturmängel hinsichtlich der Kenntnis dieser Unternehmenszusammenhänge auf. So kann man auch die meisten Entscheidungen im Marketingbereich den schlecht-strukturierten Problemen zurechnen /BROM-88/.

Der Strukturierungsgrad läßt sich durch geeignete Maßnahmen verbessern (Zielsetzungen, höhere Problemdurchdringung). Ein wichtiger Faktor ist aber die Verbesserung der Informationsbasis und der Methoden sowie die Unterstützung des Zugriffs und der Aufbereitung dieser Informationen mit den Werkzeugen, die heute von der Informationstechnologie bereitgestellt werden. Ziel ist die Bereitstellung möglichst aller, aus der Sicht von Entscheidungsträgern entscheidungsrelevanten Informationen zur besseren Planung, Einsatz und Kontrolle verschiedener Marketinginstrumente.

Es soll hier auf die Definition von Marketinginstrumenten zurückgegriffen werden, die für eine Analyse des Informationsbedarfs im Marketingbereich hinreichend geeignet erscheint. Die Instrumente des Marketings lassen sich grob in die beiden Bereiche Informationsseite und Aktionsseite des Marketings aufteilen (Abb. 1.4).

Für die Entscheidungsfindung ist ein umfassendes betriebliches Informationswesen die wichtigste Voraussetzung. Die durch den Außendienst eingebrachten Markt- und Kundeninformationen bilden dafür eine wichtige Informationsbasis.

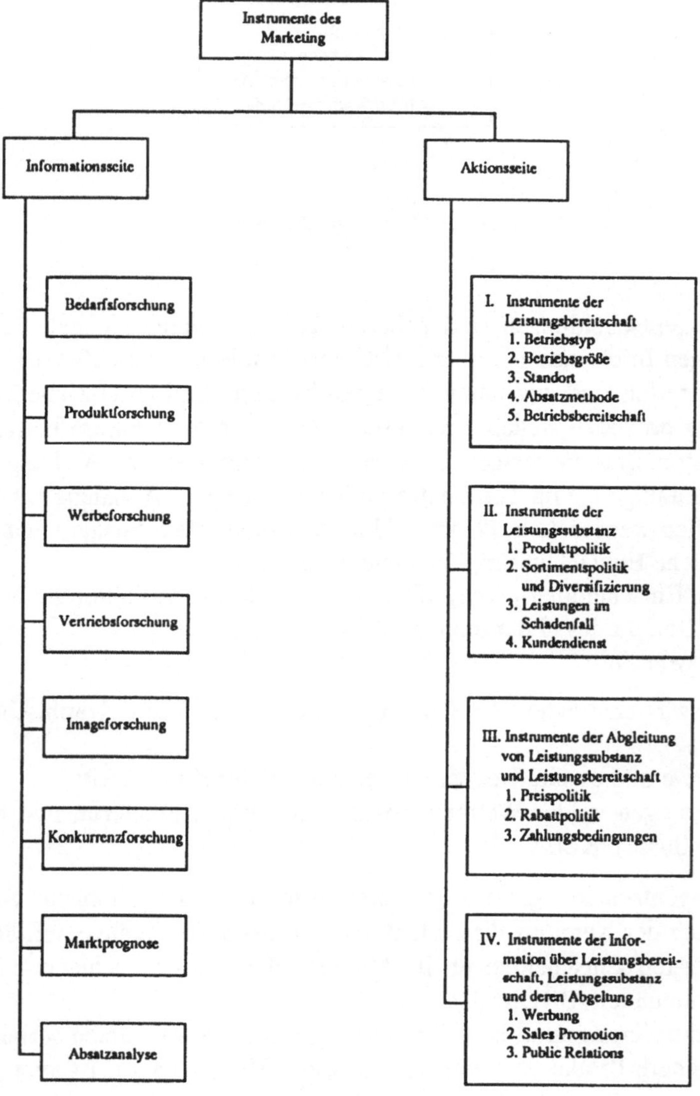

Abb. 1.4. Instrumente des Marketings

Die Informationsseite beschreibt die Informationsgewinnung und Analyse als notwendige Voraussetzung für den systematischen Einsatz der Marketinginstrumente aus ganz bestimmten betrieblichen Überlegungen heraus mit gezielten Aktionen gestaltend auf den Absatzmarkt Einfluß zu nehmen.

Ein Instrument bzw. Hilfsmittel, das in der Unternehmensführung bei der Strategiefindung und -umsetzung eingesetzt wird, ist die Portfolio-Analyse. Im folgenden sollen kurz die Methoden des Portfolio-Managements dargestellt und deren Nutzung für die Entscheidungsunterstützung im Führungsbereich aufgezeigt werden.

Die Portfolio-Analyse baut auf einem Organisationskonzept von sogenannten strategischen Geschäftseinheiten (SGE) auf. Strategische Geschäftseinheiten ergeben sich aus einer Aufteilung der für das Unternehmen interessanten, analytisch bedeutsamen Segmente. Kerngedanke ist dabei, die Chancen und Risiken für das Unternehmen aufzuzeigen, daß auch als Erkennen, Schaffen und Erhalten von Erfolgspotentialen bezeichnet werden kann.

Geschäftseinheiten beschreiben Einheiten, die sich aus unternehmensspezifisch abgegrenzten Produkt- bzw. Kundengruppen-Markt-Kombinationen zusammensetzen.

Die Strategischen Geschäftseinheiten werden in der Regel aus drei Elementen gebildet. Diese drei Elemente sind das Produkt, der Markt und die Region. Damit ergibt sich eine dreidimensionale Segmentierung der Geschäftsbereiche (Abb. 1.5).

Kriterien zur Identifizierung und Abgrenzung von strategischen Geschäftseinheiten sind dabei /HINT-85/:

1. Eigenständigkeit der Marktaufgabe (Segmentierungskriterien, Produktfunktionen, Kundengruppen, Tarife, etc.)

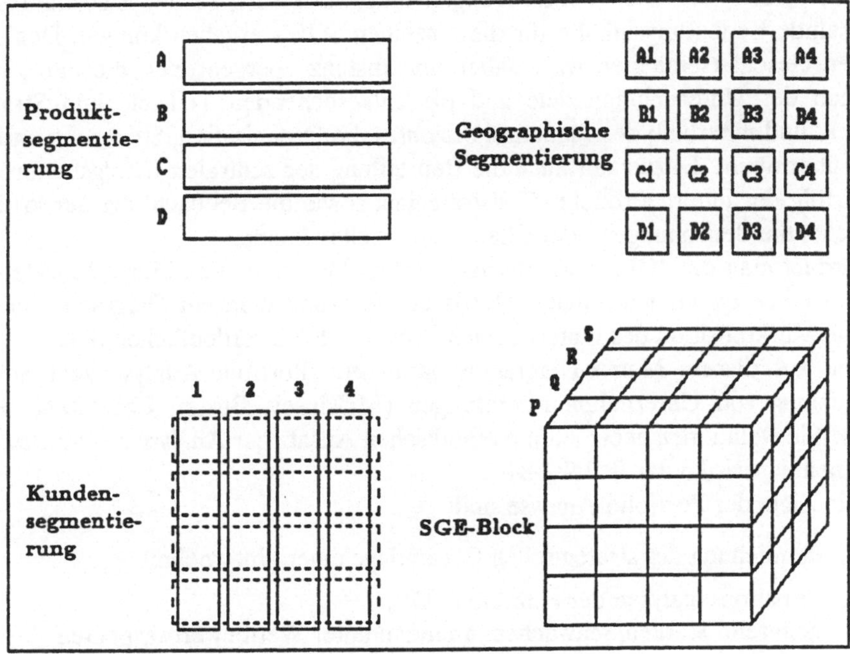

Abb. 1.5. Strategische Segmentierung

100

2. Identifikation der Wettbewerber
3. Wettbewerbsvorteile des Unternehmens in bezug auf die strategische Geschäfts-
   einheit
4. Klare Führungsstrukturen (Kontrolle über die erforderliche Ressourcen in den
   Führungsbereichen, möglichst große Unabhängigkeit von Strategien und Handel
   anderer Geschäftseinheiten)
5. Identifikation der Zielgruppen und deren Bedürfnisse

Folgende Aspekte sind dabei zu beachten:

- Anzahl der einzurichtenden Geschäftseinheiten
- Größe der Geschäftseinheiten
- Überschneidungsgrad der Geschäftseinheiten
- SGE/Struktur der Konkurrenz
- Einstellung der Unternehmensleitung
- Ausrichtung des Rechnungswesens sowie des Informationssystems und ope-
  rativen Kontrollsystems des Unternehmen auf die Erfordernisse der SGE

Die strategischen Geschäftseinheiten können in der Versicherung etwa für die
Bereiche Leben, HUK, Krankenversicherung, Schaden etc. gebildet werden. Die
Aufteilung läßt sich weiter verfeinern, z.B. bei der Bildung von SGE in der Lebensver-
sicherung nach bestimmten Tarifen, wie individuelle Kapitalversicherung, individuelle
Risikoversicherung, Gruppenrisikoversicherung. Eine andere Segmentierung wäre z.B.
das Einrichten von strategischen Geschäftseinheiten orientiert nach Kundengruppen
wie private Haushalte, Freiberufler, Kleingewerbe und Verbände /PUTZ-85/.
Jede dieser strategischen Geschäftseinheiten hat dabei ihren wohldefinierten
Aktionsrahmen, der aber Veränderungen unterworfen ist, so daß sich daraus auch
wechselnde Bedeutungsinhalte für die einzelnen SGE's ergeben können. Den strategischen Geschäftseinheiten wird dabei eine Instanz übergeordnet, die den globalen
Rahmen der Unternehmensziele und die entsprechenden Teilziele und Strategien
absteckt und innerhalb des Planungshorizontes die Organisation, Steuerung und Kontrolle übernimmt. Dazu zählt auch die Beurteilung der zentralen Erfolgsfaktoren und
der Erfolg der untergeordneten Teilstrategien, sowie die Beobachtung der kritischen
Bereiche, die Bedrohungen oder Chancen darstellen können.
Ordnet man die SGE, gewichtet nach ihrem Marktanteil und ihrer Marktattrakti-
vität, in einer zweidimensionalen Matrix an, so erhält man ein Diagramm, mit dem
sich die Marktposition des Unternehmens bzw. der SGE verdeutlichen läßt.
Die auf diesem Matrix-Diagramm basierende Portfolio-Analyse geht auf eine
Entwicklung von Unternehmensberatungen (McKinsey, Boston Consulting Group)
zurück. Sie stellt einen geeigneten methodischen Ansatz zur Analyse des strategischen
Unternehmensrisiko dar /BENÖ-84/.
Die Ziele der Portfolio-Analyse sind:

- Verdeutlichung der strategischen Gesamtlage einer Unternehmung,

  - Situationsanalysen der einzelnen SGE,
  - generelle Stärken/Schwächen-Analysen unter Wettbewerbsaspekten,

- Prognose der Entwicklung wesentlicher Einflußgrößen für die SGE,

- Entwicklung von Unternehmens-Strategien unter Berücksichtigung von Handlungsalternativen,

- Erarbeitung des Zielrahmens für die lang- und kurzfristige Unternehmensplanung.

Die Portfolio-Matrix wird durch zwei Achsen gebildet. Die eine Achse beschreibt die Marktattraktivität einer SGE, auf der anderen Achse wird der relative Wettbewerbsvorteil eingetragen (eigener Marktanteil dividiert durch Marktanteil des stärksten Mitbewerbers) /PUTZ-85/. Die Größe der Kreisflächen entsprechen der relativen Bedeutung der SGE. Zur Bestimmung von Marktattraktivität und Wettbewerbsvorteil können verschiedene Parameter herangezogen werden. Für den relativen Wettbewerbsvorteil sind dies etwa der relative Marktanteil, Vorteile im Vertrieb, Personalqualität und Vorteile im technisch-organisatorischen Bereich. Für die Marktattraktivität sind z.B. folgende Kriterien von Bedeutung: Ertragspotential, Wachstumspotential und Risikopotential.

Die Portfolio-Matrix läßt sich zunächst zur Bestimmung der Ausgangssituation verwenden. Dies kann für den Gesamtmarkt und das Gesamtunternehmen erfolgen, für einzelne Geschäftsfelder, Produktgruppen, Einzelprodukte oder für die einzelnen Unternehmenssparten. Hinter der Bestimmung der relevanten Einflußgrößen Marktattraktivität, Marktgröße, relevanter Marktanteil etc. stehen eine Vielzahl von Einzelanalysen und Einzeluntersuchungen.

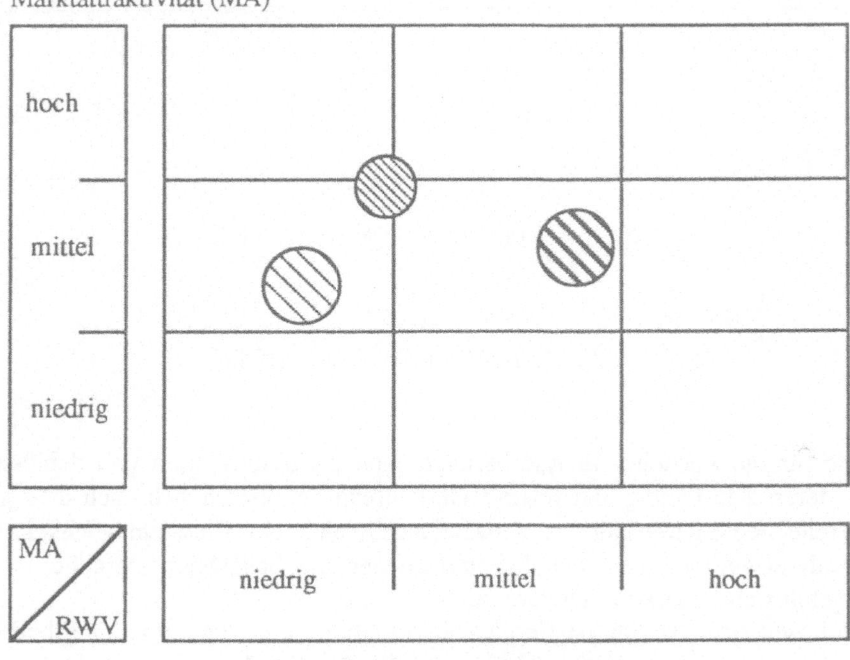

Abb. 1.6. Portfolio-Darstellung

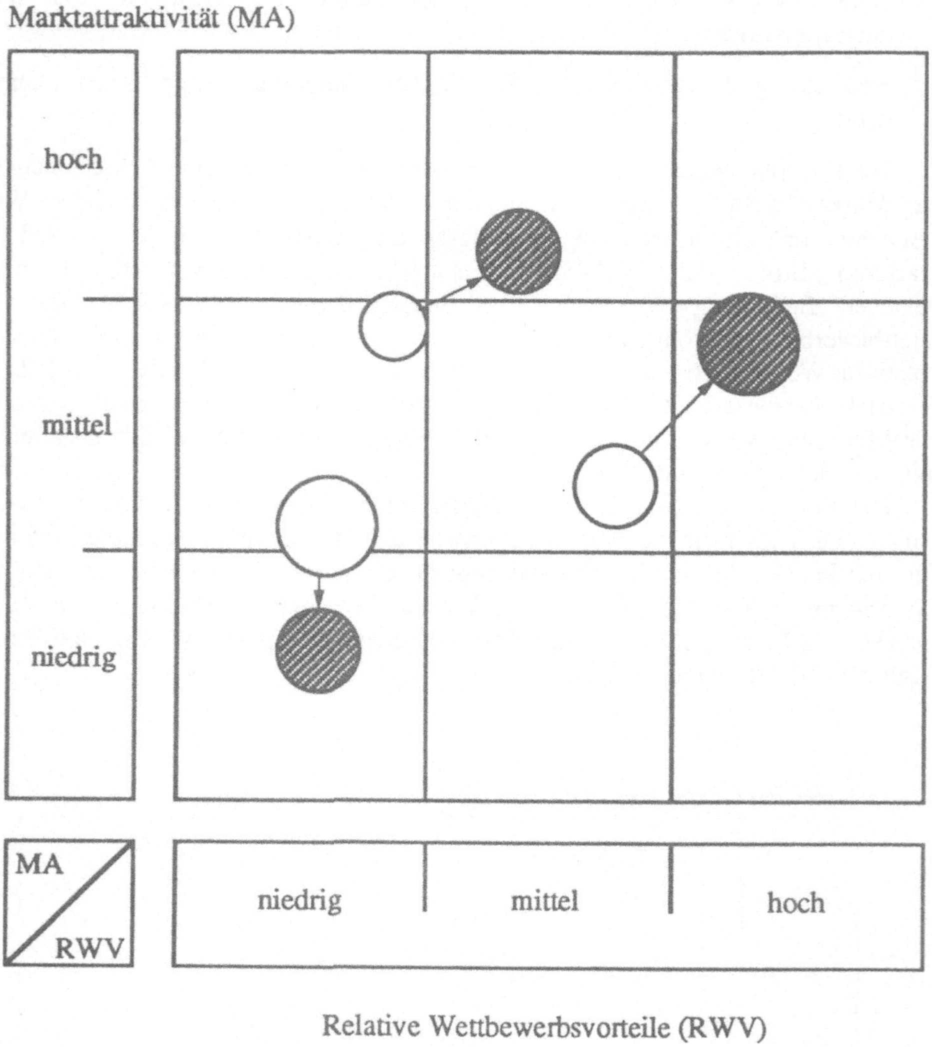

Abb. 1.7. Ist-Portfolio, Ziel-Portfolio

Die für die Portfolio-Analyse herangezogenen Einflußgrößen und Schlüsselfaktoren, deren Beurteilung und relative Gewichtung orientieren sich nach dem jeweils darzustellenden Sachverhalt und Anwendungsbereich. Die Einsatzmöglichkeiten dieser Analyse-Methode sind vielfältig und können mit beliebigem Detaillierungsgrad durchgeführt und übersichtlich dargestellt werden.

Es lassen sich z.B. Soll/Ist-Vergleiche durchführen, um den Handlungsbedarf für das Unternehmen aufzuzeigen. Die Gegenüberstellung des Soll- und Ist-Portfolios macht "strategische Lücken" sichtbar (Abb. 1.7).

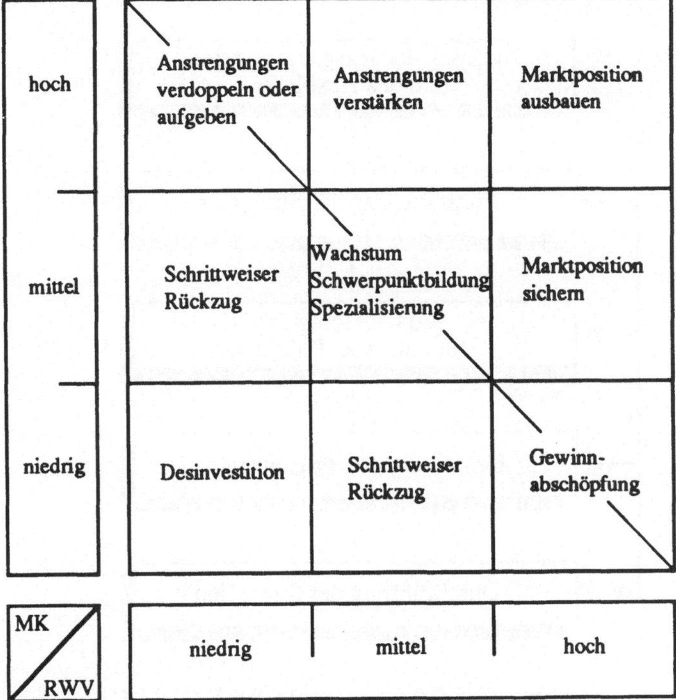

Relative Wettbewerbsvorteile (RWV)

Abb. 1.8. Generelle Strategie-Ansätze

Weiterhin lassen sich mit der Portfolio-Analyse generelle Strategieansätze (Stoßrichtungen) festlegen. Diese werden aus der Positionierung der SGE innerhalb der Portfolio-Matrix abgeleitet (Abb. 1.8).
Dabei existieren drei Globalstrategien:

- Investitions-, Wachstums- und Erhaltungsstrategien,
- Abschöpfungs- und Desinvestitionsstrategien,
- Ableitung selektiver Strategien /BENÖ-84/.

So bezeichnen die linken unteren Felder wenig lukrative Bereiche. Hier empfiehlt sich eine "Ernte"-Strategie, d.h. Gewinnmaximierung, keine weiteren Investitionen bis hin zur Aufgabe. Die mittleren Felder bezeichnen unbestimmte Bereiche, in denen mit selektiven Strategien vorgegangen werden muß. Die rechten oberen Felder kennzeichnen Wachstumsbereiche. Hier empfiehlt sich der massive Einsatz von Ressourcen zur Ausschöpfung der attraktiven Märkte und der eigenen Stärken.
Die Entwicklung von Unternehmensstrategien kann in einem Phasenschema beschrieben werden (Abb. 1.9).
In der ersten Phase wird das Globalziel des Unternehmens festgesetzt, basierend auf einer detaillierten Umweltanalyse über die augenblickliche Unternehmensposition. Darin beinhaltet sind Fragestellungen zu externen Einflußgrößen wie z.B. wirtschaftliche, technische, politische Entwicklungen, zu Branchenfaktoren, Gesamt- und Individualnachfragen nach Versicherungsschutz, Angebotsstruktur anderer Versicherer und zur Konkurrenzsituation.

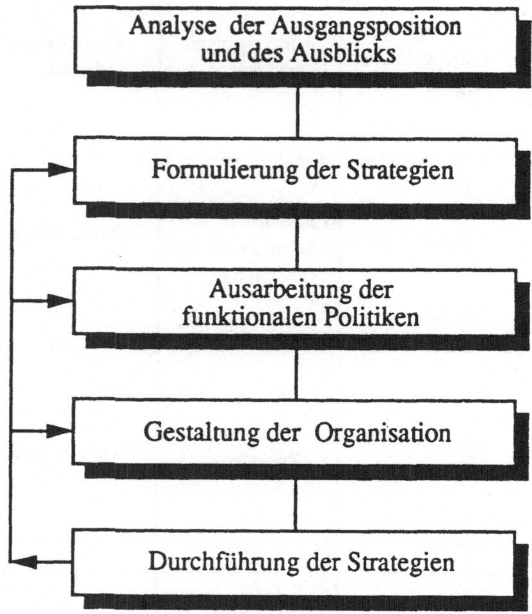

Abb. 1.9. Fünf-Phasen-Modell/HINT-84/

Zusätzlich können über eine Unternehmensanalyse Stärken und Schwächen des Unternehmens mit Vergangenheitsanalysen und Soll/Ist-Vergleiche aufgezeigt werden. Dies muß im Vergleich zu den Informationen über die Stärken und Schwächen des Konkurrenten erfolgen, um die eigenen Potentiale besser herausarbeiten zu können. Dies kann für die einzelnen strategischen Geschäftseinheiten in einem Ist-Portfolio und einem Ziel-Portfolio geschehen.

Mit der Zielfestlegung und über einen Prozeß der Beurteilung der gegenwärtigen und zukünftigen Chancen und Risiken, Konkurrenzabsichten und Fähigkeit des Unternehmens bzw. der strategischen Geschäftseinheiten kann zur nächsten Phase, der Strategieformulierung übergegangen werden. Mit dem Eintrag der strategischen Geschäftseinheiten in die Portfolio-Matrix wird ihr Entscheidungs- bzw. Handlungsbedarf erkennbar. Dafür gilt es, die geeigneten Strategien oder Strategiealternativen auszuwählen, zu bewerten und einzuleiten.

In der dritten Phase müssen die einzelnen funktionalen Politiken unter Berücksichtigung der festgelegten Strategien bestimmt werden. Dazu zählen Mathematik und Planungspolitik, Marketingpolitik (Produkte, Preise, Konditionen, Distribution, Kommunikation), Verwaltungs- und Produktpolitik, Bilanz- und Finanzpolitik etc.

Die vierte Phase befaßt sich mit den Maßnahmen der Organisationsgestaltung und Führungsstil.

Die fünfte Phase beinhaltet Fragen zur Strategiedurchführung, wie für die kurz-, mittel- und langfristige Durchführungsplanung, Motivation, Kontrolle und Revision.

Für die Unterstützung dieser Entscheidungsprozesse bilden Unternehmens-, Kunden- und Marktinformationen die Grundlage. Die Informationen werden im Versicherungsbereich zum erheblichen Anteil über den Außendienst gewonnen und müssen der Unternehmensführung in der geeigneten Form bereitgestellt werden.

Hier zeigen sich die Perspektiven für den Einsatz eines AUDIUS auf, die in der Unterstützung einer systematischen Informationsgewinnung im Außendienst und deren Weiterverarbeitung, Bereitstellung und Aufbereitung für die Unternehmensführung liegen. So lassen sich, z.B. speziell für die Portfolio-Analysen, graphische Präsentationsmethoden und entsprechende Graphiksoftware-Werkzeuge innerhalb des AUDIUS einsetzen, die über geeignete Schnittstellen auf diese Datenbasis zugreifen können und die graphische Aufbereitung in Form von Portfolio-Diagrammen vornehmen.

1.5 Tätigkeitsmerkmale im Außendienst

Die im Versicherungsaußendienst eingesetzten Vermittler haben je nach Versicherungszweig und Spezialisierungsgrad unterschiedliche Aufgaben zu erfüllen. Unabhängig von den jeweils speziellen Erfordernissen in den einzelnen Versicherungssparten lassen sich dennoch Gemeinsamkeiten in den Aufgabenstellungen des Vermittlers erkennen. Diese betreffen vor allem die Tätigkeiten in der Akquisition und der Betreuung, d.h. den eigentlichen Kernaufgaben im Versicherungsaußendienst. Generell lassen sich Außendienstaufgaben in folgende Bereiche aufteilen:

direkt absatzbezogene Aufgaben:

- räumliche Funktionen des Absatzes

    - Kontaktaufnahme
    - Kontaktpflege

- Beratungs- und Informationsfunktion des Absatzes

    - Kundenberatung
    - Kundeninformation
    - Kundenaufklärung

- Akquisitionsfunktion des Absatzes

    - Neu-
    - Verlängerungs-
    - Erweiterungsgeschäft

- Funktionen der Absatzvorbereitung

    - Sammeln und Aufbereiten absatzrelevanter Informationen
    - Absatzplanung

indirekt absatzbezogene Aufgaben:

- Anwerbung, Einarbeitung und Betreuung von Außendienstmitarbeitern
- Erst- und Folgeberatung von Versicherungsverträgen
- Schadenbearbeitung
- Schulung von Außendienstmitarbeitern /DREI-82/

Es sollen hier nur die Tätigkeiten der Absatzdurchführung beschrieben werden, die direkt und indirekt kundenbezogen sind (Aufgaben, die die Organisation des Außendienstes betreffen, wie Schulungsleitung und Verkaufstraining, sollen hier nicht weiter betrachtet werden).

Ein Schwerpunkt der Aufgaben des Außendienstmitarbeiters im Versicherungsbereich liegt im direkten persönlichen Kontakt und Umgang mit Personen, die entweder in einem Verkaufsgespräch als zukünftige Kunden gewonnen werden sollen oder mit Kunden des Versicherungsunternehmen, zu denen bereits eine Geschäftsbeziehung besteht.

Hieraus ergeben sich bestimmte Anforderungen an das Eignungsprofil des Außendienstmitarbeiters, die sich auf bestimmte Eigenschaften der Person und auf die zu verrichtenden Tätigkeiten beziehen. Personenbezogene Eigenschaften sind Kontaktfähigkeit und Kontaktbereitschaft, Leistungsbereitschaft, Auftreten, Selbstvertrauen, Antrieb und Initiative sowie Kreativität des Außendienstmitarbeiters. Speziell für die Arbeitserfordernisse im direkten Verkaufsgespräch werden besondere Anforderungen an das Verhandlungsgeschick, die Überzeugungskraft und die Glaubwürdigkeit des Versicherungsvermittlers gestellt.

Für die Durchführung seiner Aufgaben ergeben sich spezifische Anforderungen, die sich zum einen auf die Fähigkeiten des Außendienstmitarbeiters beziehen und zum anderen die Methoden und Hilfsmittel betreffen, die den Außendienstmitarbeiter in seinen Tätigkeiten geeignet unterstützen können. Ein erfolgreiches Verkaufsgespräch setzt planerische und organisatorische Fähigkeiten voraus. Dazu gehört die systematische und vorausschauende Verkaufsvorbereitung. Diese Forderung betrifft die geeignete Gewinnung und Selektion des entsprechenden Anschriftenmaterials sowie die Vorbereitung auf den eigentlichen Kundenbesuch und das Verkaufsgespräch.

Die Tätigkeit des Außendienstmitarbeiters erfordert ein großes Maß an Sorgfalt und Gründlichkeit. Die genaue Analyse des individuellen Kundenbedarfs unter Berücksichtigung des besonderen Sicherheitsbedarfs und der Risikoabdeckung, das Erstellen des kundenbezogenen Angebots und die Beachtung rechtlicher Vertragsformalismen sind von wichtiger Bedeutung. Nichts schadet dem Außendienstmitarbeiter und damit dem Versicherungsunternehmen mehr, als daß aufgrund einer Nachlässigkeit bei der Antragsaufnahme ein Schaden nicht ersetzt werden kann.

Das Verhandlungsgeschick und die Überzeugungskraft spielen ebenfalls eine entscheidende Rolle für den erfolgreichen Absatz des Versicherungsprodukts. Der Bedarf muß unter Umständen erst geweckt werden und der Kunde auf den optimalen Versicherungsschutz hingeführt werden. Dazu gehört auch das Erkennen der Kaufmotive und der besonderen Wünsche des Kunden und die Einschätzung derer relativen Wichtigkeit durch den Außendienstmitarbeiter. Zum einen sind hier Methoden der Verkaufstechnik und -psychologie von Bedeutung, als auch die Möglichkeiten der adäquaten Präsentation des Versicherungsprodukts in Form ansprechender und übersichtlicher Graphiken und Tabellen.

Wichtig in diesem Zusammenhang ist die Glaubwürdigkeit des Außendienstmitarbeiters gegenüber den angesprochenen Kunden oder Interessenten. Diese Glaubwürdigkeit setzt ein fundiertes Fachwissen über das angebotene Produktsortiment, Tarife und deren Anwendung, ein allgemeines Wissen über wichtige Unternehmensdaten, Unternehmenspolitik, Wettbewerbssituation sowie kundenspezifisches Wissen voraus. Das Image des Versicherungsunternehmen wird vielfach durch das Image des

Außendienstmitarbeiters vor Ort geprägt, d.h. er verkörpert das Versicherungsunternehmen beim Kunden und ist damit das "Aushängeschild" des Unternehmens. Gleichzeitig ist er die Anlaufadresse für Wünsche und Beschwerden des Kunden.

Neben den Anforderungen an das Persönlichkeitsprofil des Außendienstmitarbeiters existieren Forderungen, die das funktionale Tätigkeitsspektrum der Außendienstmitarbeiteraufgaben betreffen. Je nach Spezialisierungsgrad lassen sich verschiedene Aufgabenfelder in der Sachbearbeitung identifizieren, zu denen auch typische Verwaltungstätigkeiten gehören. Deshalb sollen hier nur kurz einige, in nahezu allen Anwendungsbereichen anzutreffenden Einzelaufgaben beschrieben werden.

Die in der Akquisitions- und Betreuungsphase auftretenden Einzelaufgaben betreffen:

Besuchsvorbereitung

Der Kundenbesuch muß sorgfältig geplant werden. Handelt es sich um einen neuen Interessenten, so muß das geeignete Informationsmaterial für das Kundengespräch zusammengstellt werden. Hat der Außendienstmitarbeiter bereits gewisse Grundinformationen über den Interessenten (bereits über die gezielte Selektion aus einer Kunden/Interessenten-Kartei, wie z.B. Schulabgänger, junge Eltern, Berufsstand etc.), so kann er sich schon etwas detaillierter auf den in diesen Zielgruppen typischerweise auftretenden Versicherungsbedarf vorbereiten und entsprechendes Informationsmaterial für das Kundengespräch mitnehmen. Dies erfordert gute Kenntnisse des lokalen Marktes, um auf Gelegenheiten und Marktänderungen schnell reagieren zu können. Besteht bereits eine Geschäftsbeziehung zu dem Kunden, ist es wichtig, über alle notwendigen Informationen, die zu diesem Kundenbesuch führten (Schadensmeldung, Vertragsablauf etc.), und sämtliche Daten über alle bereits existierenden Verträge, Angebote und stattgefundenen Besuche bereitzuhaben. Dabei gilt es auch abzuwägen, inwieweit bei Kundenanfragen ein zeitaufwendiger Besuch notwendig ist, oder ob sich Fragestellungen bereits im Vorfeld, z.B. über ein Telefongespräch, abklären lassen. Durch eine gewissenhafte Besuchsvorbereitung läßt sich die Erfolgswahrscheinlichkeit von Kundenbesuchen erhöhen und damit die Anzahl der Fehlbesuche verringern.

Terminplanung

Für eine effektive Kundenakquisition und -betreuung ist die Terminplanung und -überwachung ein wichtiger Faktor. Aufgaben, die in der Terminverwaltung immer wieder anfallen, sind: Pflege, Aktualisierung und Zugriff der bzw. auf die Termine, bezogen auf Kunden, Interessenten, Verträge, Schäden, Überwachung von Sammelterminen, Wiedervorlagetermine, Anbahnungen, z.B. auch beim Ablauf von Fremdverträgen. Diese Tätigkeiten sind notwendig für die rechtzeitige und termingerechte Kundenbetreuung sowie für eine bessere Besuchsplanung.

Kundenberatung

Während des Kundengespräches muß der individuelle Kundenbedarf analysiert, müssen Versicherungslücken aufgezeigt und Vorschläge zur Bedarfsdeckung mit möglichen Alternativen angeboten werden. Für die Beratung und Information benötigt der Außendienstmitarbeiter ein gutes Fachwissen über das angebotene Versicherungproduktsortiment (Preise, Konditionen, Tarife, Risiko und Risikopolitik) sowie eine gute Kenntnis über allgemein wirtschaftliche, steuerliche und sozialversicherungsrechtliche

Fakten. Ist der Kunde bereits beim Unternehmen versichert, müssen Daten zu Verträgen, Vertragsabläufen, Leistungserstellungen des Kunden präsent sein und bei der Beratung mitberücksichtigt werden. Zu dieser möglichst umfassenden und individuellen Beratung gehören auch die Möglichkeiten und Methoden der angemessenen Präsentation des Versicherungsschutzes, wie Dauer, Beiträge, individuelle Beispielrechnungen zum Vermögensablauf (mit Dynamik) in Form von Tabellen und Graphiken.

Berichtswesen

Das Erstellen von Besuchsberichten gehört ebenfalls zu den Aufgaben im Versicherungsaußendienst. Die Erfassung von Kundeninformationen und damit Marktinformationen durch den Außendienstmitarbeiter ist eine wesentliche Informationsgrundlage für die persönliche Vermittlertätigkeit sowie für Vertriebs- und Marketingaktivitäten des Versicherungunternehmens. Die Vorteile der Beschaffung von Kundeninformationen durch den Außendienstmitarbeiter liegen beim exklusiven persönlichen Kontakt zum Kunden. Über diesen Kontakt werden wichtige Daten über Kundenbedürfnisse, Kundeneinstellungen und Kundenpotentiale erfaßt, darüber, wo der Kunde bereits versichert ist und was er bei dem eigenen Unternehmen versichert hat. Ziel ist es dabei, eine möglichst systematische und vollständige Erfassung aller für das Unternehmen und den Außendienstmitarbeiter wichtigen Marktinformationen zu gewährleisten. Grundlage für die systematische Erfassung und spätere effiziente Auswertung ist ein gutstrukturierter Aufbau des Berichts durch eine übersichtliche Trennung von relevanten und allgemeinen Informationen.

Angebotsbearbeitung

Während des Kundenkontakts wird vom Außendienstmitarbeiter eine intensive und individuelle Beratungsleistung erbracht. Die im Dialog mit dem Kunden erarbeitete Analyse der Versicherungssituation und Ermittlung des genauen Versicherungsbedarfs führt dann zur Erstellung eines entsprechend auf den Kundenbedarf hin zugeschnittenen Angebots. Bei der Erstellung von kundenbezogenen Angeboten sind häufig komplexe Einzel- und Alternativberechnungen oder individuelle Anpassungen durchzuführen, die dann gemeinsam gegenübergestellt, erläutert und mit dem Kunden diskutiert werden. Weitere Tätigkeiten neben dem Erstellen von Angeboten und der damit verbundenen Korrespondenz (Anschreiben, Informationsschriften) gehört die Angebotsverfolgung und Analyse bei ausgebliebenen Anträgen.
Zusätzlich zu den funktionsbezogenen Außendiensttätigkeiten kommen arbeitsintensive Verwaltungstätigkeiten, wie das Führen von Kundendateien, die Pflege des Datenbestands und Korrespondenz mit Kunden und Zentrale bzw. Einheiten des Innendienstes.
Aus den hier nur grob skizzierten Aufgaben und Tätigkeitsmerkmalen im Versicherungsaußendienst wird dennoch deutlich, wo die Hauptzielsetzungen für eine effektive Außendienstunterstüzung liegen. Allen zuvor aufgeführten Aufgabenfeldern ist gemeinsam, daß der Außendienstmitarbeiter ständig mit Informationen umgehen muß. Die Erfassung, Bearbeitung und Bereitstellung von Kundeninformationen, Vertragsdaten, allgemeinen Adreßdaten, sowie die vielfältigen Möglichkeiten für die Selektion und gezielte Auswertung vorhandener Informationsbestände bilden den zentralen Ausgangspunkt der Tätigkeiten des Außendienstmitarbeiters. Der arbeitsinten-

sive Verwaltungsanteil muß zugunsten der eigentlichen Akquisitions- und Betreuungstätigkeiten reduziert werden. Das größte Potential liegt dabei auf dem Gebiet der Informationserfassung, -verarbeitung, -aufbereitung und -bereitstellung.

In den nachfolgenden Kapiteln sollen der Informationsbedarf, die Informationsversorgung sowie Hilfsmittel und Methoden, die für diese Tätigkeiten die Grundlage bilden, systematisch zusammengestellt werden und Perspektiven und Anforderungen an die Möglichkeiten des Einsatzes neuer Informationstechnologien im Versicherungsaußendienst dargestellt werden.

1.6 Informationsbedarf im Außendienst

Für die Unternehmensführung und im Versicherungsunternehmen lassen sich ebenso wie für andere Unternehmen typische Problembereiche in der Unternehmenssteuerung und -kontrolle identifizieren. Dies ist zum einen das Problem der Anpassung an sich kontinuierlich ändernde Umweltbedingungen mit immer komplexer werdenden Aufgaben. Zum anderen betrifft dies das Problem der Koordination. Die zunehmende Betriebsgröße, die Tendenz zur Konzentration in Versicherungsgruppen und eine stärkere Aufgabenteilung erfordern entsprechende Steuerungs- und Koordinationsinstrumente /KIRC-86/.

Zur Bewältigung dieser Probleme sind die Versicherungsunternehmen in einem entscheidenden Maß auf ein ausreichendes und effektives Informations- und Kommunikationswesen angewiesen. Die wirksame Informationsversorgung aller Unternehmenseinheiten von der Unternehmensführung bis zum Personal im Innen- und Außendienst spielt dabei eine entscheidende Rolle. Zu den Informationen gehören alle relevanten Daten des Unternehmensumfeldes (Kunden-, Marktpotentiale, Entwicklungstrends, wirtschaftliche Rahmenbedingungen).

Es lassen sich verschiedene Ziele der Informationsversorgung identifizieren: Diese betreffen die Unterstützung zur Führung des Versicherungsunternehmens und aller angegliederten Organisationseinheiten im Innen- und Außendienst, die Erstellung und Erhaltung der betrieblichen Leistungsfähigkeit und Erfolgspotentiale, die rechtzeitige Information bei Zielabweichungen zur Einleitung von Korrekturmaßnahmen.

Strategische Entscheidungsprozesse haben häufig Investitionsvorhaben zur Folge (z.B. Ausbau der Vertriebsstrukturen, Maßnahmen zur Verbesserung der betrieblichen Leistungsfähigkeit), die eine mehrjährige Analyse und Entwicklung erfordern. Deshalb ist es gerade in dieser Hinsicht entscheidend, über eine möglichst umfangreiche und qualitativ hochwertige Informationsversorgung zu verfügen.

Die Aufgaben in der Unternehmenssteuerung lassen sich den drei Bereichen Planung, Organisation und Kontrolle zuordnen, für die sich bestimmte Anforderungen an die Informationsversorgung ableiten lassen; dies beinhaltet Entwicklungsanalysen zur Unterstützung von Planungsentscheidungen oder etwa laufende Ergebniskontrollen in Form von Soll/Ist-Vergleichen.

Entsprechend dem jeweilig angestrebten Ziel werden in der Unternehmenssteuerung verschiedene Steuerungstätigkeiten eingesetzt. Zur strategischen Steuerung gehören Entscheidungen über Produkte und Märkte. Sie hat zum Ziel, Ertragsmöglichkeiten zu schaffen, zu erhalten und zu verbessern und ist längerfristig orientiert. Die organisatorische Steuerung ist gekennzeichet durch Entscheidungen über die Ausbau-

und Ablauforganisation des Unternehmens, Einsatz von Produktionsfaktoren (quantitativer und qualitativer Art). Ziel ist, die betriebliche Leistungsfähigkeit zu schaffen, zu erhalten oder zu verbessern. Zur operativen Steuerung gehören Entscheidungen und Maßnahmen über konkrete Ergebnis- und Marktziele für übersichtliche Teilbereiche. Sie ist auf einen kurzen Zeitraum orientiert, Ziel ist das wirtschaftliche Ergebnis einer Periode.

Den angestrebten Ergebnissen lassen sich bestimmte Informationsfelder zuordnen, aus denen der Informationsbedarf für die Steuerungsmaßnahmen gedeckt werden kann /KIRC-86/.

Informationsfeld Ertragsmöglichkeiten

Hierunter fallen Informationen, die für die Steuerung zur Schaffung, Erhaltung und Verbesserung der Ertragsmöglichkeiten im Versicherungsunternehmen benötigt werden. Dazu zählen Informationen über die wirtschaftliche Umwelt der Unternehmens-, Trendanalysen, sowohl historischer als auch zukünftiger Art, sowie auch Zieldaten globaler Art. Diese Informationen können den vier Informationsbereichen Marktpotential, Konkurrenten, Serviceleistung und Produkte zugeordnet werden (Abb. 1.10).

Die Geschäftätigkeit des einzelnen Versicherungsunternehmens, das angebotene Produktionssortiment, die Serviceleistungen, die Kundengruppen, die Markt- und Konkurrenzsituation bestimmen den individuellen Informationsbedarf. Um Chancen und Risiken des Unternehmens aufzuzeigen, müssen detaillierte Untersuchungen über die Unternehmens- und Marktsituation durchgeführt werden. Für die Strukturierung

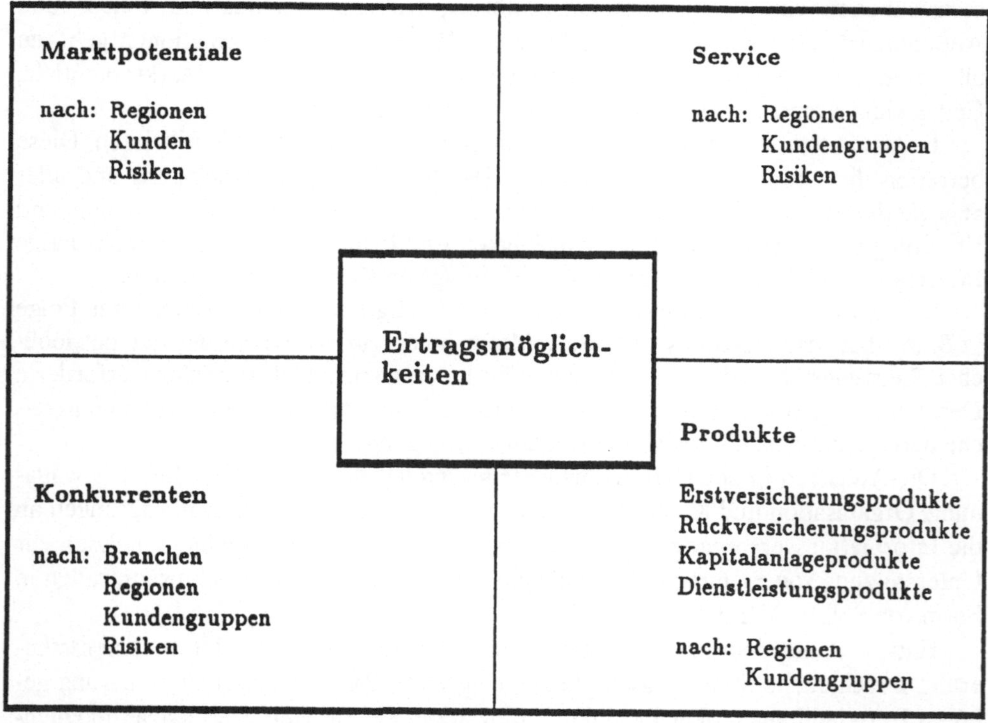

Abb. 1.10. Ertragsmöglichkeiten

des Informationsbedarfs können dabei verschiedene Kriterien herangezogen werden: die Unternehmenssituation (z.B. Konzernverbund, Kooperationspartner, Vertriebskanäle, Sparten-, Kundengruppenorganisation). Bei der Kundengruppenorganisation ist eine Gliederung nach Versicherungs- Kapitaleinlagen-, und Dienstleistungsprodukten möglich, oder Aufteilung in Regionen und Vertriebswege nach Produkten und Kunden. Hier kann eine Aufteilung nach strategischen Geschäftseinheiten erfolgen (siehe Kapitel III.1.4), für die der jeweilige Informationsbedarf gesondert ermittelt werden muß.

Für die strategische Steuerung sind Informationen über die Marktpotentiale (gegliedert nach Regionen, Kundengruppen, Risikoarten) von entscheidender Bedeutung. Diese Informationen sind externer Art und können über Marktuntersuchungen, öffentliche Statistiken oder von den Berufsverbänden eingeholt werden. Dazu zählen die regelmäßigen Veröffentlichungen der statistischen Ämter (Bundesamt, Landesämter), Informationen aus dem Kraftfahrtbundesamt etc. Die Auswahl der Informationen wird von jedem Unternehmen individuell getroffen. Für die Kundengruppe Privatkunden ist beispielsweise die Bevölkerungs- und Haushaltsentwicklung von Bedeutung. Prognosen über Marktentscheidungen werden unter anderem von den Wirtschaftsverbänden erstellt. Problematisch bei den Informationen über Marktpotentiale ist die Beschaffung und die Bewertung dieser Daten, was in der Regel Spezialisten erfordert.

Wichtige Informationen für die strategische Steuerung betreffen die Konkurrenzsituation des eigenen Unternehmens. Hier sind ebenfalls Informationen strukturiert nach Branchen, Regionen, Kundengruppen und Risiken, bereitzustellen. Generelle Informationen lassen sich über extern verfügbare Betriebsvergleiche oder aus den Geschäftsberichten des Bundesaufsichtsamtes für das Versicherungswesen beziehen. Die bereits nach Regionen oder Kunden strukturierten externen Konkurrenzdaten sind relativ schwer zu beschaffen und setzen eine qualitative Einschätzung und den Vergleich zwischen eigenem Unternehmen und Hauptkonkurrenten voraus.

Ähnliches gilt auch für die Informationen über die angebotenen Serviceleistungen des eigenen Unternehmens und der Konkurrenz. Wichtige Informationsquelle ist dabei der Außendienst. Die erfaßten Daten müssen ebenfalls im Vergleich zu den Hauptmitbewerbern qualitativ eingeschätzt und bewertet werden.

Informationen über das eigene Produktmanagement und den angebotenen Konkurrenzprodukten, sowie eine Einschätzung von Gesamt-Produktangebot und Marktpotential gehören ebenfalls zu den Grundinformationen für strategische Maßnahmen. Mit der Strukturierung nach regionalen Gegebenheiten (regional verschiedene Schadenhäufigkeiten, Einbruch, Autodiebstahl etc.) und bestimmten Kundengruppen lassen sich Informationen für die regionale Vertriebssteuerung gewinnen.

Informationsfeld Leistungsfähigkeit

Informationen über die eigene betriebliche Leistungsfähigkeit, und damit der eigenen Stärken und Schwächen im Vergleich zu den Mitbewebern, sind für die organisatorische Unternehmensgestaltung von Bedeutung (siehe Abb. 1.11). Auf der Grundlage dieser Informationen sind Maßnahmen zu treffen, die den Einsatz und Ausbau von Personal- und Vertriebsstrukturen betreffen. Dazu zählen Entscheidungen über den quantitativen und qualitativen Ressourceneinsatz als auch über die Besetzung und Organisation von Führungsstellen. Die Kooperation mit Partnern aus

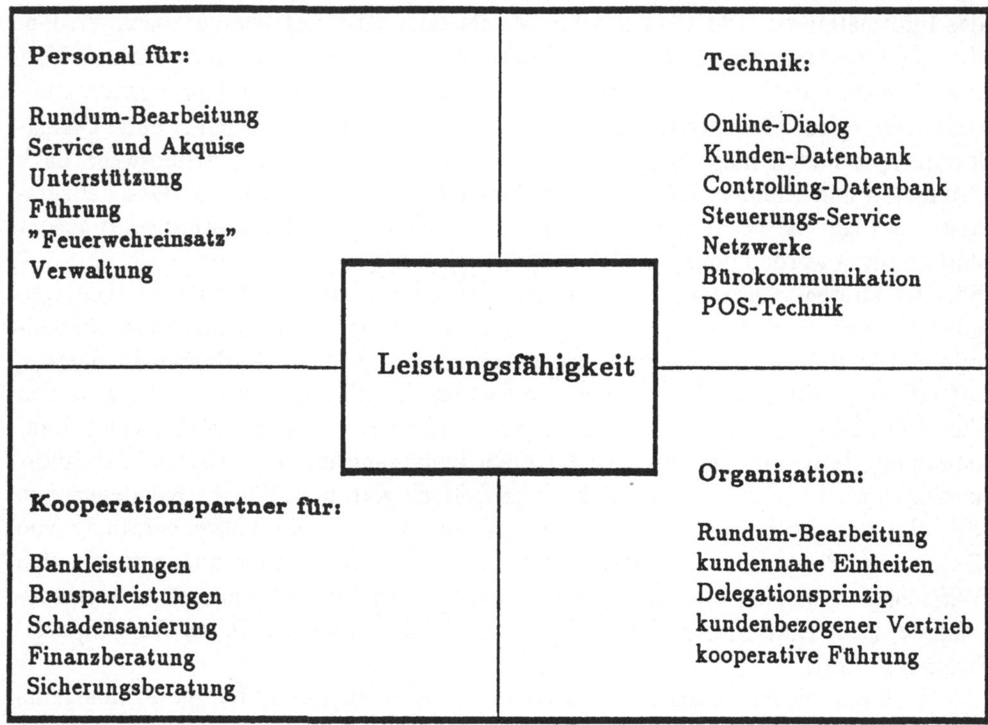

Abb. 1.11. Leistungsfähigkeit

dem Finanzdienstleistungssektor ist ebenfalls ein Einflußfaktor für die eigene betriebliche Leistungsfähigkeit.

Informationen über das eingesetzte Personal betreffen dessen Einsatz und Zuständigkeiten für die jeweiligen Aufgabenbereiche im Innen- und Außendienst. So werden für die kundennahe persönliche Privatkundenberatung im Außendienst andere Mitarbeiterqualifikationen benötigt als für eine Sachbearbeitung im Innendienst. Der Technikeinsatz spielt eine entscheidende Rolle für die unternehmensinterne Kommunikation und Informationsstruktur. Hierzu zählen ebenfalls die automatische Bearbeitung von Geschäftsvorfällen als auch der Einsatz moderner Informationstechnologien, wie etwa portable Informationssysteme im Außendienst, Agenturinformationssysteme, Systeme zur Bürokommunikation. Wichtige Informationen betreffen die verfügbaren Komponenten (Hard- und Software), deren Funktionalität und Leistungsspektrum und die Möglichkeiten der Integration in bereits bestehende DV- und Organisationsstrukturen.

Die Informationen über Kooperationspartner aus den Finanzdienstleistungsbereich (Banken, Bausparkassen) betreffen deren Leistungen für bestimmte Kundengruppen, Regionen und Risikoarten, sowie deren Vertriebsaktivitäten in diesen Bereichen.

Informationen über die Organisation betreffen Fragen zur Unternehmensorganisation und deren Effizienz zur Erreichung bestimmter Unternehmensziele. Dazu zählen detaillierte Informationen und regelmäßige Einschätzungen der Leistungsfähigkeit aller Funktionsbereiche und Organisationseinheiten und deren Vergleich, z.B. in Form von Stärken/Schwächen-Profilen.

Informationsfeld Ergebnis

Die Informationsbereiche, die für die Erreichung und Beurteilung der wirtschaftlichen Unternehmensergebnisse relevant sind, zeigt die Abbildung 1.12. Diese Daten sind konkret bestimmbar und können über geeignete EDV-Verfahren ausgewertet und systematisch in Form von Graphiken und Tabellen dargestellt werden.

Dies sind Informationen über Mengen bei Produkten (Neugeschäft, Bestand, Storno, Schaden), gegliedert nach strategischen Geschäftseinheiten und Segmenten, über Zeitbedarf für die Leistungserstellung und Auslastung der einzelnen Organisationseinheiten. Dies umfaßt weiterhin Informationen über Preise, die für ein Produkt erzielt werden, bzw. für den Produktionsfaktoreinsatz im eigenen Unternehmen bezahlt werden müssen. Darüber hinaus gehören dazu Informationen über Deckungsbeiträge und Kostenbelastungen für die einzelnen Organisationseinheiten, die sich aus detaillierten Kostenanalysen ermitteln lassen.

Die Darstellung der einzelnen Informationsfelder zeigt Schwerpunkte des Informationsbedarfs der Unternehmensführungen auf. Planungs- und Entscheidungs-

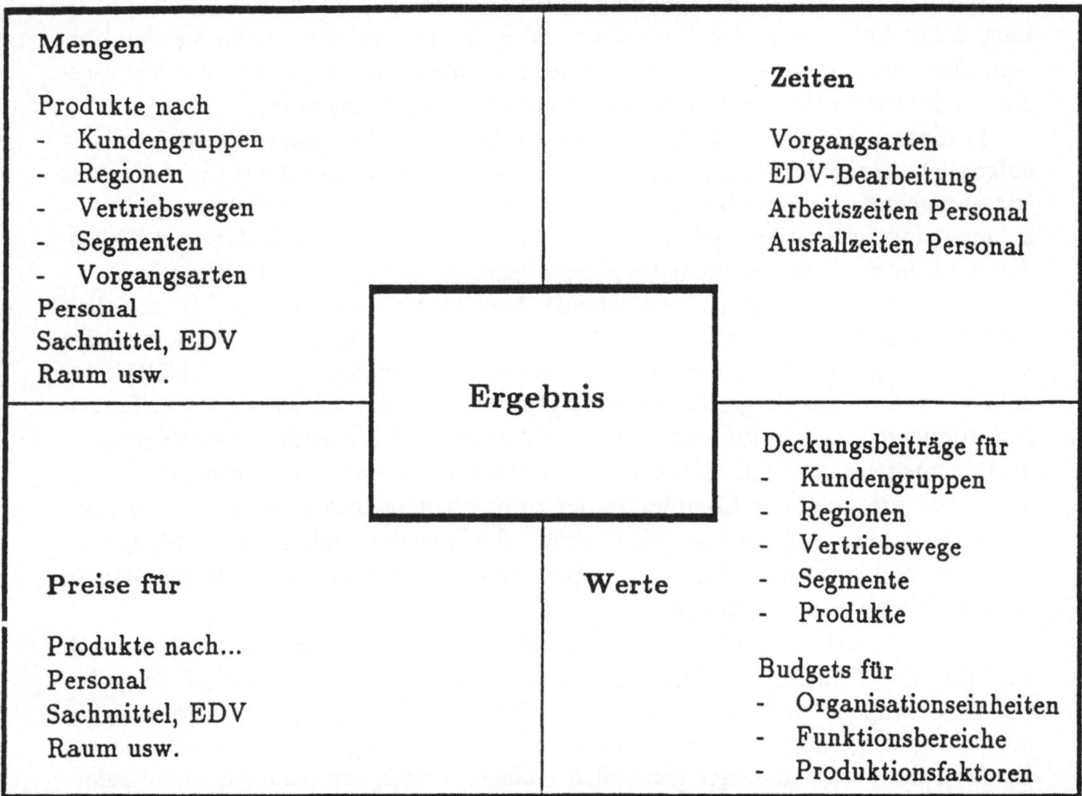

Abb. 1.12. Ergebnis

tätigkeiten in den verschiedenen Ebenen der Unternehmensführung sind in der Regel sehr komplex. Ein für alle Entscheidungssituationen gültiger Informationsbedarf ist nicht exakt festlegbar. Er ist vielmehr durch die jeweils konkret vorliegende Unternehmenssituation geprägt und verändert sich jeweils mit der Geschäftsentwicklung. Es lassen sich aber allgemeine Rahmeninformationen (Informationsbedarf) bereitstellen, die es der Unternehmensführung erlauben, kurz-, mittel- und langfristig Entscheidungsfelder und Entscheidungsprozesse besser zu strukturieren und damit "planbarer" zu machen.

Diese Informationen bilden die Basis von Entscheidungsprozessen in den unterschiedlichen Hierarchiestufen des Unternehmens. Zur Unterstützung dieser Entscheidungsprozesse müssen Methoden und Werkzeuge bereitgestellt werden, die eine adäquate Selektion, Aufbereitung und Präsentation der Informationen für die jeweilige Entscheidungsebene gewährleisten. Der Einsatz von Informationstechniken muß hier die Möglichkeiten der Darstellung in verschiedenen Verdichtungs- oder Darstellungsstufen für die jeweilige Hierarchieebene anbieten.

Die Art der zu bewältigen Aufgaben innerhalb der verschiedenen Organisationsarbeiten des Versicherungsunternehmens bestimmt maßgeblich deren Informationsbedarf. So wird sich der Informationsbedarf von Außendienst-Führungskräften von dem Informationsbedarf der Außendienstmitarbeiter unterscheiden. Dies betrifft zum einen Art und Umfang der benötigten Informationen und zum anderen die Stufe der Aufbereitung und Verdichtung.

Für die Mitarbeiter im Außendienst sind bestimmte Informationen von Bedeutung, damit Aufgaben in der Akquisition und Betreuung wahrgenommen werden können. Dies können das Anschriftenmaterial, Informationen zu Kunden und Vertragsdaten oder Informationen über das angebotene Produktsortiment sein.

In diesem Abschnitt soll der Informationsbedarf im Versicherungs-Außendienst aufgezeigt werden. Der Inhalt stützt sich dabei im wesentlichen auf das Ergebnis eines vom Ausschuß für Betriebstechnik des Verbandes der Lebensversicherungs-Unternehmen eingesetzten Arbeitskreises, der das Thema Informationsbedarf und Methoden der Informationsvermittlung für den Außendienst behandelte /SCHR-82/.

Die möglichst genaue und umfassende Analyse der benötigten und zu verarbeitenden Daten und Informationen im Unternehmensaußendienst ist eine notwendige Voraussetzung, um die Anforderungen an die Funktionalitäten eines AUDIUS zu definieren. Der hier dargestellte Ansatz geht von den allgemeinen und spezifischen Anforderungen an eine Informationsversorgung der verschiedenen Hierarchieebenen im Unternehmen aus und versucht, daraus einen Rahmeninformationsbedarf herzuleiten. Entsprechend der Komplexität der zu bearbeitenden Aufgaben benötigt auch das Personal im Außendienst eine mehr oder weniger umfangreiche Menge an Informationen und Methoden, diese Informationen nach gewissen Merkmalen hin zu strukturieren und zu verarbeiten.

Der Informationsbedarf ist entscheidend durch menschliche Faktoren, wie z.B. die Erfahrung, Bildung, Motivation, Gedächtnis geprägt, und schafft deshalb für jeden einzelnen Außendienstmitarbeiter ein Bedürfnis nach individueller Informationsversorgung. Abgesehen von diesen individuellen Ausprägungen gibt es Informationen, die der Mitarbeiter zu seiner generellen Aufgabenerledigung benötigt. Diese Informationen repräsentieren den Grundbedarf und müssen dem Außendienstmitarbeiter ständig verfügbar sein. Darüber hinaus gibt es Informationen, die abhängig vom jeweiligen Aufgabenbereich zusätzlich vorhanden sein müssen, um spezielle Aufgaben wahrnehmen zu können. Diese Zweiteilung des Informationsbedarfes in Grund- und Zusatzbedarf kann als generelles Schema auf das gesamte Personal im Außendienst projiziert werden. Auf diese Weise lassen sich unterschiedliche Anforderungen an den Informationsbedarf des im Außendienst eingesetzten Personals finden /VLU-82/.

So benötigen beispielsweise neue Mitarbeiter Informationen über die Werbestrategie, Kundenkreise, Tarifwerk und Kenntnisse über Verkaufstechnik und Verkaufspsychologie. Erfahrene Außendienstmitarbeiter benötigen detaillierte Informationen über die Geschäftspolitik, Tarifwerk, Werbeaktionen, aktuelle Informationen über sozialpolitische und steuerliche Entwicklungen. Außendienst-Führungskräfte benötigen ausführliche Unternehmensinformationen, wie Daten zu einzelnen Organisationseinheiten, allgemeine gesellschaftliche, wirtschaftliche und politische Rahmendaten und Versicherungsmarktdaten.

Im folgenden sollen diese Anforderungen an den Informationsbedarf für die unterschiedlichen Hierarchiestufen im Außendienst aufgeführt werden. Ziel kann es dabei aber nicht sein, einen für jeden Mitarbeiter für jede Situation vollständigen Informationsbedarf zu ermitteln; denn dazu sind die Aufgabenbereiche und Aufgabenverteilungen und Funktionen für die verschiedenen Abteilungen im Versicherungsbereich zu unterschiedlich. Der Informationsbedarf wird deshalb in Form eines generellen Rahmenkatalogs zusammengestellt und sollte durch unternehmens- oder mitarbeiterspezifische Anforderungen ergänzt, erweitert bzw. angepaßt werden können.

Generell wird man jedoch feststellen, daß Aufgabenbereiche existieren, für die die Ermittlung eines bestimmten Informationsbedarfes äußerst schwierig ist. Dies ist im Führungbereich der Fall. Hier hat man es mit einem ganz spezifischen Bedarf an Informationen und Verfahrensmethoden zu tun, was in den dispositiven und nicht formalisierbaren Tätigkeitsmerkmalen dieses Aufgabenfeldes begründet liegt. Der Informationsbedarf für die unterschiedlichen Führungsfunktionen, z.B. im Bereich des strategischen Marketings oder der operativen Unternehmensführung, ist deshalb nicht genau erfaßbar oder etwa im weiteren Sinne planbar. Die Aufgaben in der strategischen Führung befassen sich überwiegend mit der Marktentwicklung des gesamten Unternehmens. Man hat größere Zeiträume zu überschauen mit vielfältigen Vernetzungsmöglichkeiten verschiedener Unternehmens- und Marktfaktoren. Die Entscheidungen sind sehr komplex, erst längerfristig wirksam und besitzen einen hohen Grad an Unsicherheit. Die operativen Aufgaben dagegen beinhalten die Steuerung und Kontrolle überschaubarer Teilbereiche. Sie sind auf einen kleinen Zeitraum hin orientiert, sind kurzfristig wirksam und besitzen einen niedrigen Grad an Unsicherheit.

In der folgenden Übersicht wird der Informationsbedarf für die Gebiete der Außendienst-Führung und der Mitarbeitertätigkeiten dargestellt und in die Bereiche Grund- und Zusatzbedarf aufgeteilt. Diese Aufteilung stellt dabei keine feste Grenze dar, sondern versucht nur, die Informationsbereiche zu identifizieren, die für die Aufgabenerfüllung notwendig sind (Grundbedarf), bzw. die Informationen zu bestimmen, die darüber hinaus benötigt werden (Zusatzbedarf). Diese Darstellung orientiert sich dabei an den Ergebnissen eines vom Ausschuß für Betriebstechnik des Verbandes für Lebensversicherungen eingesetzten Arbeitskreises, der den Informationsbedarf und Methoden der Informationsübermittlung im Außendienst erfaßte und in der

Schriftenreihe Betriebstechnische Fragen der Lebensversicherung, 69. Folge in 1982 veröffentlichte.

Führungsebene: Grundbedarf an Informationen

Informationen, die den Führungsstellen Unternehmenssteuerung und Personalführung verfügbar sein müssen, betreffen die folgenden Bereiche:

Planung:
Entwicklung von Unternehmenszielen und Durchführungsmaßnahmen zur Zielerfüllung. Dies betrifft wiederum die Gebiete Verkauf, Kosten und Anzahl der Außendienstmitarbeiter.

Entscheidung:
Auswählen von Entscheidungsalternativen, die sich mit der Erfüllung der geplanten und gesetzten Ziele und Durchführungsmaßnahmen befassen. Bei festgestellten Abweichungen ist über Korrekturmaßnahmen zu entscheiden.

Kontrolle:
Vergleich von geplanten Zielvorgaben mit dem Erreichten (Soll/Ist-Vergleich) und der Analyse von Abweichungen. Gegensteuern aufgrund von Alternativplänen.

Repräsentation:
Entwicklung und Aufbau eines Unternehmensleitbildes, Entwicklung der Unternehmensphilosophie. Unternehmensziele und Aktionen sind gegenüber den Mitarbeitern und Dritten zu vertreten.

Motivation:
Die Mitarbeiter sind davon zu überzeugen, vorgegebene Unternehmensziele zu erreichen. Wichtig in diesem Zusammenhang ist die materielle und immaterielle Anerkennung der Personalleistung.

Beurteilung:
Bewertung und Beurteilung der Mitarbeiterleistungen durch Bewertung des erreichten Zielerfüllungsgrades.

Führungsebene: Zusatzbedarf an Informationen

Zusätzlich zu den allgemeinen Informationen gehören spezifische Informationen, die für die jeweilige konkrete Aktivität verfügbar sein müssen. Diese fallen in die folgenden Kategorien:

Unternehmensplanung:
Inhalte relevanter Teilpläne strategischer oder operativer Art, wie z.B:

- Organisationsplanung
- Produktplanung
- Verkaufsplanung
- Vertriebsplanung
- Absatzplanung
- Umsatzplanung
- Werbeplanung
- Kostenplanung

Unternehmensanalysen:

- Erarbeitung von (Stärke-Schwächen)
- Produktgruppen-Markt-Kombination
- Kundengruppen-Markt-Kombinationen
- Analyse des relevanten betrieblichen Umfelds
- Geschäftsfeldbezogene Chancen-Risiko Analysen

Die Verwertung dieser Informationen und deren Umsetzung in eine konkrete Entwicklung von Planungskonzeptionen und Handlungen im Bereich der strategischen Unternehmensführung wird im Kapitel III.1.4 genauer erläutert.

Unternehmensentwicklung:
Detaillierte Daten zur Organisationsentwicklung, Stab, Vertriebsbereiche, Organisationseinheiten

- Eigene Organisation
- Direktionsgeschäft
- Makler
- Mehrfachagenten
- Kooperationspartner
- Verkaufsstatistiken
- Bestandsentwicklungen
- Kostenentwicklung
  - Kostenarten
  - Kostenstellen
- Schadenskosten
- Rückversicherungskosten
- Sicherheitkapitalkosten
- Betriebskosten

Versicherungsmarktdaten:
Daten sind Statistiken über Marktentwicklungen, Marktstruktur und Markttendenzen.

- soziodemographische Grundlagen
- Versicherungsdichte
- Organisationsdichte
- Konkurrenzanalyse
- Wettbewerbsvorteile
- Kaufkraft
- Nachfrage (gesamt, individuell)
- Bevölkerungsentwicklung
- Haushaltsentwicklung
- Wohnungsentwicklung
- Gebäudeentwicklung
- Kfz-Bestandsentwicklung

Arbeitsmarktdaten:

- Personalbedarf
- Fluktuationsquote
- Arbeitsmarktstatistiken

118

- Zahl der Arbeitslosen, Arbeitssuchenden, offenen Stellen nach Branchen
- Einkommensverhältnisse
- Erschließungsmöglichkeiten am Arbeitsmarkt
- allgemeine, aufgabenbezogene Stellenanzeigen
- Verbindungen zu Verbänden, Vereinigungen, Ausbildungsstätten, Arbeitsämtern
- Konkurrenzsituation

Aktuelle Ereignisse und Perspektiven:

- Gesetzesänderungen
- Konkurrenzaktivitäten
- Persönliche Daten für Mitarbeiter
- Wirtschaftliches Wachstum Entwicklung
- Wettbewerbseinflüsse
- Wandelnde Vertriebsstrukturen
- Technische Entwicklung
- Politische Entwicklung
- Gesellschaftliche Entwicklungen
- Image der Gesellschaft, Branchenimage

Personaldaten:
Bewerbung und Einstellungskriterien

- Bewerbungsunterlagen
- Testverfahren
- psychologische Gutachten
- Auskünfte
- feststehende und individuelle Vertragsinhalte und Konditionen
- Stellenbeschreibungen und Anforderungsprofile
- Einsatzgebiete und Aufstiegsmöglichkeiten
- rechtliche Regelungen (HGB, Tarifvereinbarungen, Wettbewerbsrichtlinien usw.)

Schulungstechniken und Inhalte:

- Schulungsthemen

    - Fachwissen
    - Verkaufstechnik
    - Verkaufspsychologie
    - Didaktik
    - Unternehmensidentifizierung

- Schulungsziel

    - Schulungsbedarf erkennen, ermitteln, bestimmen
    - Schulungsplanung
    - Kundenkreisanalyse
    - Lehr- und Lernstrategie
    - Lernerfolgskontrolle

- Schulungspsychologie

    - Lehrstoff struktuieren
    - Teilnehmer aktivieren und motivieren

- Schulungsrahmen

  - Schulungsstätte, Räumlichkeiten, Sitzordnung
  - Zeitplanung, Unterrichtszeiten, Pausen
  - Unterrichtsmaterialien

Außendienstmitarbeiter: Grundbedarf

Allgemeines Fachwissen:

- Angebotspalette
- Tarife und deren Anwendung
- rechtliche und wirtschaftliche Entwicklungen (Steuerrecht, Arbeitsrecht, Sozialrecht, Haftpflichtrecht, Geldwert, Zins usw.)
- innerbetriebliche Arbeitsabläufe

Verkaufstechnik:

- Besuchsvorbereitung
- Ermitteln der besten Besuchszeit
- Entree
- Verkaufsgespräch
- Präsentation von Produkt und Service
- Behandeln von Einwänden
- Vertragsabschluß

Verkaufspsychologie:

- Hinführen des Kunden zum angemessenen Versicherungsbedarf
- Verständnis für Kundeninteressen
- Behandeln von geizigen Kunden
- Behandeln von unzufriedenen Kunden
- Behandeln von versicherungsfeindlichen Kunden
- Behandeln von unbedarften Kunden

Kundenbetreuung:

- Kontakt zum Kunden halten
- Kundenberatung, -aufklärung, -information
- Versicherungsschutz des Kunden aktualisieren
- Ansprechbarkeit und Verfügbarkeit für Kundenanfragen
- Vermittlung zwischen Kunden und Zentrale

Außendienstmitarbeiter: Zusatzbedarf

Unternehmensdaten:

- Organisation
- Rechtsform
- Marktstellung
- Geschäftsentwicklung
- Image
- Bestandsgröße
- Bestandszusammensetzung
- Schadenregulierung, herausragende Leistungfälle

Unternehmenspolitik:

- Kundenkreise
- Aufnahmepolitik, -richtlinien
- Verkaufsstrategie, -modelle
- Wettbewerbsmaßnahmen

    - überregionale Werbemaßnahmen
    - Möglichkeiten regionaler Werbung
    - Kundenzeitschriften

- Beitragsrückgewährzusagen und -erwartungen
- Kundendienstverhalten und Dienstleistungsangebot der Zentrale
- Verfahren zur

    - Antragsannahme
    - Beitragseinzug
    - Leistungsbearbeitung
    - Organisation der Bestandspflege

Anschriftenmaterial:
Der Informationsbedarf betrifft

- Informationen über die persönlichen Verhältnisse des Kunden (Alter, Beruf, Einkommen, Hobby, Familienstand, Vermögensverhältnisse usw.)
- Informationen über bestehende Versicherungsverträge des Kunden
- Informationsquellen

    - Verwandte, Freunde, Nachbarn, Bekannte
    - Innungen, Fachgruppen, Vereine, Verbände
    - Einwohnermeldeämter, Standesämter
    - Zeitungen
    - Adressverlage, Telefonverzeichnisse, Branchenführer
    - Kunden

Kundenkreisorientiertes Wissen:
Bezieht sich auf Informationen aus dem unmittelbaren Aufgaben und Tätigkeitsfeld des Außendienstmitarbeiters

- .Industrie-und andere Großkunden
- Klein-und Mittelbetriebe
- Selbständige (verschiedene Bereiche: Ärzte, Rechtsanwälte, Techniker), Angestellte, Arbeitnehmer
- Landwirtschaftliche Betriebe
- öffentlicher Dienst
- Privathaushalte
- Verbände

1.7 Deckung des Informationsbedarfs

Generell lassen sich die Quellen, aus denen der Außendienst seine Informationen bezieht, in zwei Bereiche aufteilen. Zum einen sind dies externe Quellen, wie z.B. Artikel in Fachpublikationen, Verbandszeitschriften etc., zum anderen sind dies interne Informationsquellen, auf die der Mitarbeiter Zugriff hat, wie beispielsweise Informationen über Unternehmens- und Organisationsentwicklung, Verkaufsförderungsmaßnahmen, Schulungen etc. Beide lassen sich nochmals untergliedern in formelle und informelle Deckung. Eine Übersicht über den Zusammenhang zwischen Deckung des Informationsbedarfs und Informationsquellen zeigt die Abbildung 1.13.

Interne Informationsquellen:

Bei den internen Informationsquellen kann man zwischen formellen und informellen Quellen unterscheiden.

Formelle Quellen:
Zu den formellen Quellen zählen alle unternehmensinternen Informationsstellen (Fachabteilungen, Verwaltungsabteilungen) mit Informationen über Unternehmenszahlen, die in Hauszeitschriften veröffentlicht werden, in Hinblick auf Unternehmens

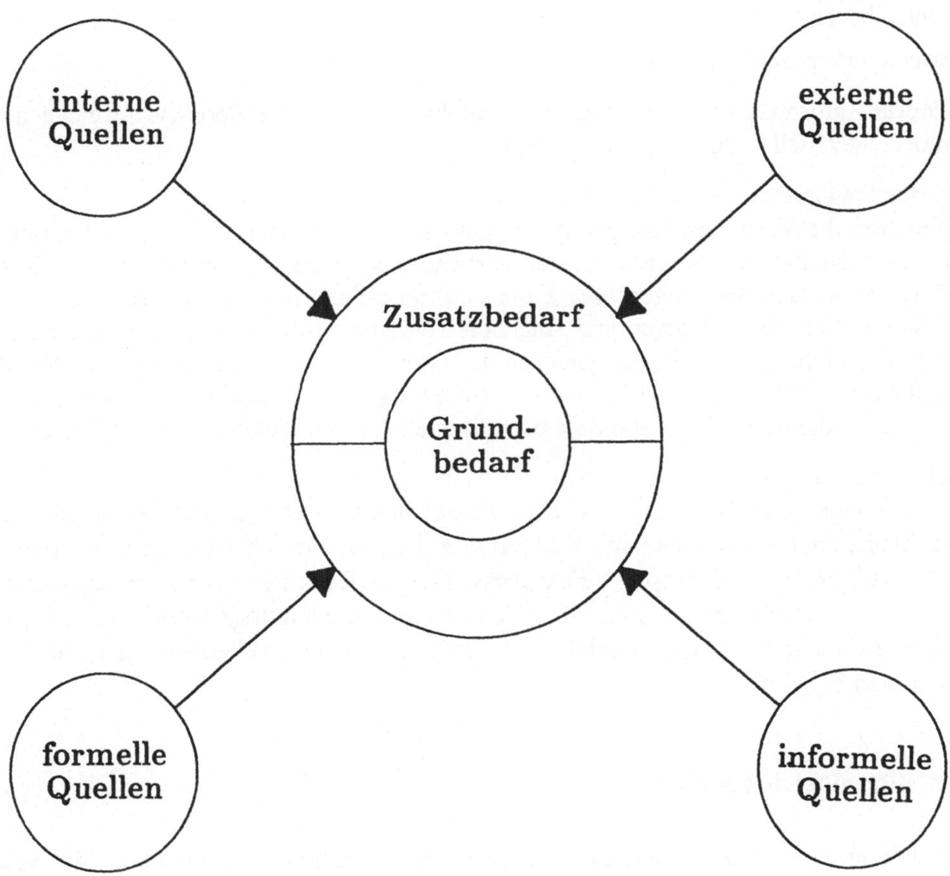

Abb. 1.13. Informationsbedarfsdeckung

ziele, -erfolg, Produktplanungen, Personalplanungen, Tarifregulierungen, Verkaufsförderungsmaßnahmen usw.

Diese Informationen sind dabei relativ leicht zugreifbar. Die Informationen sollten aber mitarbeiterspezifisch und für den jeweiligen Empfängerkreis sorgfältig und in einer verständlichen Form aufbereitet und angeboten werden. Die Verbreitung der Informationen sollte über zentrale Informationsstellen geschehen, die im direkten Kontakt zum Außendienst stehen. An diesen Stellen kann auch eine entsprechende Informationsumsetzung und Informationsaufbereitung auf die spezifischen Bedürfnisse des Mitarbeiters erfolgen.

Informelle Quellen:
Die Außendienstmitarbeiter beziehen neben den offiziellen Informationsquellen auch Informationen aus sogenannten informellen Quellen. Dies kann der wichtige Erfahrungsaustausch zwischen Außendienstmitarbeitern im Gespräch sein, in dem über Probleme und Lösungen und persönliche Erfahrungen individuell diskutiert werden kann.

Nachteil dieser Quellen ist, daß auch Falschinformationen oder Gerüchte über diesen Weg verbreitet werden, für die niemand die Verantwortung übernimmt. Diese Quellen sind im allgemeinen der Zentrale nicht bekannt und lassen sich auch nicht kontrollieren.

Externe Informationsquellen:

Externe Informationsquellen können ebenfalls in die beiden Bereiche formelle und informelle Quellen unterschieden werden.

Formelle Quellen:
Dies sind die Veröffentlichungen in Zeitungen, Zeitschriften und Fachpublikationen, die über die allgemeinen Medien oder Verbandsmedien herausgegeben werden. Dazu zählen aber auch Sendungen über Funk und Fernsehen, Kunden und Interessentenhinweise, Veröffentlichungen und Angebote von Konkurrenten (Preise, Konditionen, neue Produkte etc.). Weiterhin gehören dazu die regelmäßigen Berichte oder Veröffentlichungen offizieller Stellen, wie z.B. Erhebungen der statistischen Ämter (Bund, Länder), Adressenverlage, Standesämter, Meldebehörden, Telefonverzeichnisse etc.

Informelle Quellen:
Diese können z.B. Gespräche zwischen Außendienstmitarbeiter und Freunden oder Nachbarn oder Verwandten von Kunden sein. Dazu zählen aber auch der informelle Informationsaustausch zwischen Führungskräften im Rahmen von Informationsveranstaltungen und Fachkongressen über Tendenzen und zukünftige Entwicklungslinien. Diese Informationen sind ebenfalls wie die internen informellen Quellen mit Unsicherheit behaftet.

1.8 Hilfsmittel und Methoden

In diesem Abschnitt werden die Hilfsmittel und Methoden beschrieben, die vom Außendienstmitarbeiter für seine unterschiedlichen Aufgaben in der Kundenakquisition, Kundenbetreuung und Verwaltung eingesetzt werden bzw. eingesetzt werden können. Gegenwärtig findet in diesem Bereich ein dynamischer Wandel statt. Es werden neben den konventionellen Hilfsmitteln, die sich auf die Möglichkeiten des Papiers, der Karteikarte und das Telefon beschränken, zunehmend modernere Informations- und Kommunikationstechnologien eingesetzt. Dies kann beispielsweise der Einsatz einfacher Speicherschreibmaschinen sein, die Nutzung von Textverarbeitungssystemen auf einem Personal Computer oder bereits die Durchführung komplexer Finanzierungskalkulationen für die Angebotserstellung mit entspechenden Programmpaketen auf dem PC sein. Im folgenden werden die im Außendienst gegenwärtig eingesetzten Hilfsmittel in ihrer Funktionsweise und ihren Anwendungsmöglichkeiten erläutert (vgl. auch /VLU-82/).

Papier

Das am häufigsten eingesetzte Hilfsmittel ist das Papier. Papier dient zum einen der Informationsspeicherung als auch der Informationsübermittlung. Dazu zählen unter anderen Verträge, Berichte, Produktdokumentationen, Werbematerialien, aktuelle Mitteilungen der Zentrale und alle Mitschriften und Skizzen, die sich der Außendienstmitarbeiter anfertigt.

Diese Materialien werden meist in Ordnern, Handbüchern, Mappen und in mehr oder weniger losen Blattsammlungen gesammelt. Durch ständige Veränderungen, beispielsweise bei Neuordnung im Tarifwerk oder neuen Produktangeboten, nimmt dieses Informationsmaterial auf Papierträgern mit der Zeit beachtliche Dimensionen ein. Hieraus ergibt sich ein beträchtlicher Verwaltungsaufwand, der sich zum einen auf die Archivierung dieser Materialien und zum anderen auf die Zugriffsmöglichkeit der darin enthaltenen Informationen bezieht. Kritischer Faktor in dieser Form der Informationsspeicherung und -verwaltung ist dabei die Konsistenz und Aktualität der Informationsbasis.

Das Anwendungsspektrum von Papier ist allgemein bekannt und soll hier nur für wenige, relevante Einsatzbereiche aufgeführt werden. Papier wird für Lehrgangsmaterial, Rundschreiben, Statistiken, Vertragsunterlagen (Kundenspiegel), Dokumenten, Schriftwechsel oder Inkassounterlagen (Kontoauszüge, Mahnkopien) verwendet. Teile dieser Unterlagen werden dem Außendienstmitarbeiter in regelmäßigen Intervallen zur Verfügung gestellt und dienen ihm als Informationsbasis zur Vertragsauskunft oder direkt für die Unterstützung in der Kundenakquisition und -betreuung.

Dateien

Dateien dienen dem Außendienst zur Speicherung, Strukturierung und Organistion seiner Informationen. Dateien können durch Karteien, Listen, Kataloge, Tabellen oder Register realisiert werden. Für die Beleg- und Dokumentensammlung (Schriftwechsel, Verträge, Kopien), schriftliche und notierte mündliche Mitteilungen, persönliche Beobachtungen bilden Karteien ein wesentliches Unterstützungsmittel im Außendienst. Die Vorteile liegen in einer systematischen Erfassung und Verwaltung von Informationen. Der Außendienstmitarbeiter setzt Karteien beispielsweise für die folgenden Aufgaben ein:

- Erfassen und Speichern von Kundeninformationen
  - Versicherungsumfang eines Kunden
  - Vertragsinformationen des Kunden
  - Zusatzinformationen über persönliche Daten des Kunden und seiner Angehörigen

124

- Aufbewahrung von Produktinformationen, Tarifkonditionen etc.
- Aufbewahrung von Dokumenten, Verträge in deren Kopien
- Terminplanung und -kontrolle

Diese Karteien sind dabei nach verschiedenen Kriterien hin strukturierbar und sortierbar. Problematisch jedoch ist der hohe Aufwand an Raum und Mobiliar. Darüber hinaus ist bei zunehmender Größe die Änderung, Sortierung und Aktualität der Informationen manuell sehr schwierig zu handhaben, was eine Quelle für Fehler darstellen kann.

Telefon

Neben dem persönlichen Kontakt stellt das Telefon ein wesentliches Mittel des Informationsaustausches im Außendienst dar. Es wird sowohl in der Kundenakquisition und -betreuung eingesetzt (Terminabsprachen, Besuchsankündigungen, Auskunft) als auch in der Außendienstunterstützung (der Außendienstmitarbeiter hält Rücksprachen mit Fachabteilungen oder fordert Unterlagen und Formulare an). Das Telefon bietet den Vorteil des direkten Dialoges zwischen den Kommunikationspartnern und erlaubt somit einen aktuellen Informationsaustausch.

Verbunden mit dem Telefon existieren bestimmte Serviceleistungen, wie Anrufbeantworter oder die Möglichkeit von Konferenzschaltungen. Mit der Einführung von ISDN kommen zusätzliche Dienstmerkmale hinzu, wie z.B. die dezentrale Anrufweiterschaltung oder die Gebührenübernahme durch den angerufenen Teilnehmer (Service 130).

Außerdem bildet das Telefonnetz die Grundlage für weitere Kommunikationsmittel, die im Außendienst eingesetzt werden. Dies gilt für die Übertragung von Daten über Modem, Akustikkoppler, Btx, Telefax, oder Teletex. In diesem Bereich werden mit ISDN die Anwendungsmöglichkeiten des Telefoneinsatzes für den Datenaustausch im Außendienst ausgeweitet. Zum einen werden die Leistungsmerkmale (Übertragungskapazitäten, Geschwindigkeit) verbessert und zum anderen wird die Funktionalität erweitert (neue Dienstmerkmale).

Mikrofilm

Neben dem Papier kann als Speichermedium auch der Mikrofilm eingesetzt werden, der es ermöglicht umfangreiche Informationsmengen auf kleinstem Raum zu speichern. Die Speicherung erfolgt duch Verfilmung des Schriftguts und Archivierung in Rollfilmen oder Jackets. Das Lesen ist nur mit speziellen Lesegeräten möglich. Die Mikroverfilmung bietet sich für Akten und Belege an, spielt aber im Außendienst keine besondere Rolle, da hier ein enormer Aufwand für die Verwaltung und Aktualisierung betrieben werden müßte. Mit dem Aufkommen von optischen Speichermedien, die weit größere Datenmengen (mehrere Gigabyte, siehe Kapitel IV) speichern können, nimmt die Bedeutung von Mikrofilmanwendungen allmählich ab.

Telex und Teletex

Weiteres Kommunikationsmittel im Außendienst ist Telex (Fernschreiben) und Teletex (Bürofernschreiben). Mit entsprechenden Endgeräten können dabei Informationen über das integrierte Text- und Datennetz der DBP übertragen werden. Es lassen sich Mitteilungen und Briefe versenden oder auch beim Teletex Texte in Schriftqualität austauschen, die mit einer Speicherschreibmaschine oder einem Textverarbeitungssystem erstellt wurden. Diese Kommunikationsmittel bieten sich für die schnelle

Übermittlung schriftlicher Informationen an, wie unter anderem für Angebote oder Deckungszusagen.

Der Schriftverkehr zwischen Außendienst und Zentrale kann damit beschleunigt und Telefonate können durch belegbare Informationsübermittlungen ersetzt werden. Der Empfang geschieht automatisch und erfordert keine Anwesenheit eines Bedieners.

Telefax

Telefax (Fernkopierer) wird überall dort eingesetzt, wo es neben der Übertragung von reinen Textinformationen auch auf den Austausch von Graphikinformationen ankommt. Es lassen sich damit Formulare, Anträge, Risikoverläufe und -entwicklungen in Form von Tabellen und Graphiken übermitteln. Ebenso wie beim Telex und Teletex wird die Informationsübermittlung mit Telefax erheblich beschleunigt. Der Informationsempfang ist ebenfalls automatisiert und erfordert keine Bedieneranwesenheit.

Btx

Btx erlaubt den Abruf und Austausch von Texten und graphischen Informationen. Mit den entsprechenden Endgeräten (Telefon, Modem- oder Akkustikkoppler, Fernsehgerät oder Computer mit Btx-Decoder) lassen sich über Btx Informationen für Kunden und für die Außendienstmitarbeiter bereitstellen. Damit können Informationen über das eigene Unternehmen, die angebotenen Produkte und Konditionen aktuell über das Telefonnetz abgerufen werden. Btx bietet die Möglichkeit des Dialogs, d.h. des gegenseitigen Datenaustausches an. Mit dem Anschluß der unternehmenseigenen EDV an das Btx-Netz (externer Rechner) kann der Außendienst auf zentrale Datenbestände (Kunden-, Vertragsdaten) zugreifen. Im Gegenzug können die von ihm erfaßten Kunden- und Marktinformationen schnell und aktuell an den Zentralrechner übertragen werden und stehen dort zur Weiterverarbeitung unmittelbar zur Verfügung. Der Zugriff auf zentrale Programme und Daten kann dabei über stationäre oder mobile Mikrocomputer im ON-LINE-Dialog erfolgen. Die Anwendungsmöglichkeiten sind schon im Kapitel III.1.3 hinreichend erläutert worden. Btx bietet sich als ein kostengünstiges Hilfsmittel für den Informationsaustausch an, mit dem Vorteil der Aktualität und des verhältnismäßig schnellen Zugriffs auf Informationen.

Mikrocomputer

Der Einsatz von Mikrorechnern im Außendienst findet immer größere Verbreitung. Dies betrifft beispielsweise den Einsatz von stationären PC's in Filialen und Verkaufsdirektionen oder von mobilen PC's im Außendienst (beim Außendienstmitarbeiter zu Hause, unterwegs beim Kunden vor Ort). Die Leistungsfähigkeit heutiger Mikrorechnersysteme macht den Kleincomputer zu einem flexiblen und universellen Arbeitsmittel für ein sehr weites Anwendungsspektrum. Mit den heute verfügbaren Eingabe-, Verarbeitungs-, Speicher-, Kommunikations- und Ausgabemöglichkeiten gewinnt der PC im Außendienst zunehmende Bedeutung als ein eigenständiges Beratungsinstrument, mit dem eine qualitativ hochwertige und umfassende Kundenberatung durch den Außendienstmitarbeiter möglich wird. Der Einsatz des PC's bietet sich für eine sehr große Anzahl von Anwendungsbereiche im Außendienst an. Es lassen sich damit Auskünfte über Kundenbestände und Produkte aus entsprechenden Kundendatenbanken abfragen, in der Akquisition können spezielle Selektionsprogramme eingesetzt werden, die potentielle Kundenadressen nach bestimmten Merkmalen klassifizieren und aufbereiten oder der PC wird für die Textbearbeitung und -verarbeitung zur Erstellung von Anschreiben, Serienbriefen und Angeboten genutzt.

Heute steht dem PC-Anwender eine nahezu unüberschaubar große Angebotspalette von Dienstprogrammen und Hardware-Erweiterungen zur Verfügung. Mit diesem umfangreichen Angebot ergibt sich das Problem des Auffindens und der Auswahl geeigneter Lösungen, die auf den individuellen Bedarf hin zugeschnitten sind bzw. sich darauf zuschneiden lassen. Zusätzlich tritt das Problem der Integration von Einzellösungen in bereits im Unternehmen bestehende DV-Konzepte auf. Eng mit diesen Problemstellungen verbunden ist die Frage nach geeigneten Schnittstellen und die Verwendung von Soft- und Hardwarestandards.

Im folgenden werden deshalb interessante Einsatzmöglichkeiten der Mikrocomputer im Außendienst aufgezeigt. Für ein AUDIUS ist dies insbesondere von Interesse, da diese Mikrorechner als dezentrale Einheiten in einem AUDIUS eingesetzt werden können und ihr funktionales Leistungsspektrum (als Teil des AUDIUS-Gesamtsystems) damit auch einen Teil der AUDIUS-Funktionalität widerspiegelt. Mit dem geplanten Einsatz dieser Rechner als dezentrale AUDIUS-Komponenten ergeben sich darüber hinaus Anforderungen an die Integration der lokal verfügbaren Soft- und Hardwareressourcen in das AUDIUS Gesamtkonzept und der bereitzustellenden Schnittstellen.

Interessant für den Außendienst sind Programme zur Dateienverwaltung (Kundendaten, -addressen), zur Selektion- und Sortierung, zur Terminplanung, für die Reisekostenabrechnung oder für Tabellenkalkulationen. Das Rechnersystem bietet den Vorteil der schnellen und großen Informationsverfügbarkeit. So können vielfältige Auskünfte innerhalb von Sekunden abgefragt werden. Damit lassen sich Versicherungsnummern, Umfang und Inhalt von Versicherungsverträgen, Beitrags- und Außendienstkontostände feststellen. Mit dem Einsatz von Selektionsprogrammen können Kundendatenbestände nach geeigneten Merkmalen hin ausgewählt werden und damit die Steuerung von Kundenakquisition und -betreuung verbessert werden. Für die Textverarbeitung kann entsprechende Peripherie (Laserdrucker, Plotter etc.) eingesetzt werden.

Es lassen sich individuell benötigte Dateien einrichten, wie z.B.

- Termindatei (Wiedervorlagemöglichkeiten für Kundenbesuche oder Schriftwechsel),
- Anbahnungsdatei (Angebote und Abläufe bei der Konkurrenz),
- Hobbydatei (Ansprechmerkmale der einzelnen Kunden).

Es bieten sich sowohl Möglichkeiten der automatisierten Abwicklung im Neu- und Änderungsgeschäft an als auch im Buchungs- und Abrechnungsverkehr. Dies ist insbesondere für Mehrfachagenten und Makler von Bedeutung, die in Kontakt mit mehreren Unternehmen stehen und der gesetzlichen Buchungspflicht unterliegen.

Man kann die Anwendungen dahingehend unterscheiden, ob sie im neuen OFF-LINE-Modus, im ON-LINE-Modus oder in einem Mixbetrieb gefahren werden. Mit der Verfügbarkeit von Hardwareerweiterungen auf dem PC-Sektor (Btx-Karten, Modems, Akustikkoppler) lassen sich heute viele PC-Systeme, die zunächst nur für den OFF-LINE-Betrieb gedacht waren, für einen ON-LINE-Betrieb aufrüsten. Kritisch ist hier nicht die Frage der Aufrüstung von PC's mit einer Kommunikationsfunktionalität, sondern eher die Möglichkeit der Integration eines ON-LINE-Konzepts in das unternehmensweite EDV-Konzept.

Im OFF-LINE-Modus stellt der PC ein dezentrales autonomes DV-System dar. Für den OFF-LINE-Modus spricht eine hohe Systemverfügbarkeit und die Möglichkeit der individuellen Anpassung der Systemkonfiguration an die Bedürfnisse des Außendienstes. Gegenüber den Standardprogrammen in der Zentrale können hier individuelle Lösungen eingesetzt werden. Der direkte Zugriff auf Informationen, die in der Zentrale gespeichert sind, kann allerdings nicht erfolgen. Ein Datenaustausch mit dem in der Zentrale geführten EDV-Beständen muß über Datenträger erfolgen (Diskette, Bänder, Wechselplatten, optische Platten). Problematisch ist in diesem Zusammenhang die Wahrung der Konsistenz und Aktualität der lokalen Datenbestände, da nicht jeden Tag ein auf den Außendienst zugeschnittenes Informationsangebot mit Datenträgeraustausch realisiert werden kann.

Mit dem Einsatz von Kommunikationseinrichtungen (Modems, Akustikkoppler) ergeben sich Möglichkeiten der ON-LINE-Kommunikation mit der zentralen EDV. Die Verbindung kann über Stand- oder Wahlleitungen erfolgen, über Datex-P oder Btx. Dabei können unintelligente Terminals als reine Datensichtstationen oder auch PC's eingesetzt werden. Mit der Verbindung zur zentralen EDV hat man die Möglichkeit des Zugriffs auf die umfassenden Datenbestände (Kunden- und Vertriebsinformationen) im Unternehmen. Der Datenabruf und die Dateneingabe geschieht zentral. Änderungen können sofort in den Datenbestand übernommen werden. Die zentrale Datenbasis ist damit stets aktuell und besitzt zudem den Vorteil, daß Informationen nicht mehrfach in verschiedenen Versionen in unterschiedlichen dezentralen Dateien existieren (Konsistenz, Redundanz).

Von Vorteil ist auch die Möglichkeit der Nutzung von Diensten und Funktionen auf einem leistungsfähigen Zentralrechner, die auf dem PC nicht existieren oder aber zu umfangreich oder zu langsam wären. Wichtig in diesem Zusammenhang ist die Verfügbarkeit des Zentralrechners. Aus der Sicht des Außendienstes ist es wünschenswert, auch außerhalb der üblichen Arbeitszeiten Zugriff auf die zentralen Dienste zu haben. So können jederzeit wichtige zentral gespeicherte Informationen abgerufen werden, sei es, um sich nur auf einen Kundenbesuch vorzubereiten oder im Gespräch mit den Kunden Auskunft über Vertragsdaten, Kontostände oder Angebote zu erhalten.

Bei einer zentralen Lösung treten aber auch Nachteile auf. Dies betrifft

- die Abhängigkeit der angeschlossenen Einheiten von der zentralen EDV (bei einem Systemfehler bzw. -ausfall ist ein Zugriff auf benötigte Informationen nicht mehr möglich.),
- die Belastung der zentralen EDV (bei vielen Außenstationen),
- die anfallenden hohen Datenübertragungs- und Leitungskosten,
- die hohen Antwortzeiten.

Diese Nachteile können zum Teil aufgefangen werden, wenn man einen gemischten Betrieb vornimmt, d.h. man setzt PC's ein, die mit lokaler Intelligenz ausgestattet sind (Dienstprogramme und Teildatenbestände).

Die Vorteile sind:

- die PC's sind unabhängig von der zentralen EDV nutzbar (hoher Grad an Verfügbarkeit),

- die Auswirkungen von Systemausfällen bleiben lokal begrenzt,
- die zentrale EDV wird entlastet,
- die Übertragungs- und Leitungskosten werden reduziert,
- das Antwortzeitverhalten lokaler Systeme ist um ein vielfaches besser,
- die lokalen Systeme sind besser auf die lokalen Bedürfnisse hin konfigurierbar,
- die lokalen Systeme weisen meist eine bessere Dialogumgebung auf.

Mit der rasanten technischen Entwicklung auf dem Gebiet der mobilen Informationstechniken besitzen portable PC's und Laptops heute bereits die Leistungsfähigkeit von PC-Tischmodellen (zu den Leistungsmerkmalen dieser Systeme siehe auch Kapitel IV). Ihr großer Vorteil liegt in ihren Einsatzmöglichkeiten vor Ort, beispielsweise beim Außendienstmitarbeiter zu Hause oder direkt beim Kunden im Beratungsgespräch. Die mobilen PC's stellen damit äußerst dezentrale Computerressourcen dar. Die Palette reicht dabei von einfachen Handhelds mit programmierbaren Moduln (Statistik, Kalkulationen) bis hin zu 32-Bit-Prozessoren mit farbigen LCD-Bildschirmen und integrierten Festplattenlaufwerken. Der Datenaustausch mit der zentralen EDV erfolgt über Akustikkoppler oder Modem. Mit den mobilen PC's können damit alle schon weiter oben beschriebene ON-LINE- und OFF-LINE-Anwendungen realisiert werden. Zusätzlich bietet der mobile Computer besondere Nutzungsmöglichkeiten beim Kunden. Der mit Kommunikationsmitteln ausgestattete mobile PC läßt sich überall dort einsetzen, wo ein Telefonanschluß existiert, wie im Büro des Außendienstmitarbeiters, in der Wohnung des Kunden oder in einer öffentlichen Telefonzelle. Durch die Möglichkeit des Direktzugriffs auf den Zentralrechner können beim Kundengespräch Anfragen auf sämtliche Verträge des Kunden erfolgen. Diese Informationen sind aktuell und erlauben dem Außendienstmitarbeiter während des Kundengesprächs gezielt zu akquirieren und zu beraten. Durch lokale oder zentrale Dienstprogramme können auf die Bedürfnisse des Kunden hin orientierte Berechnungen (Tarif-Kalkulationen, Angebotsvarianten) durchgeführt werden. Der PC kann Funktionen der herkömmlichen Tarifbücher übernehmen. Mit anwendungsspezifischen Programmoduln lassen sich während des Verkaufsgesprächs (z.B. zum Abschluß einer Lebensversicherung) Kalkulationen mit unterschiedlichen Parametern wie Tarifart, Eintrittsalter, Laufzeit, Zahlungsweise, die Versicherungssumme oder der Beitrag ermitteln. Damit können für den Kunden Angebotsalternativen durchkalkuliert werden. Der Außendienstmitarbeiter kann sich mehr auf das Verkaufsgespräch konzentrieren. Fehler bei Beitrags-Berechnungen bzw. Versicherungs-Summen-Ermittlung werden stark reduziert, die Eingaben können sofort angezeigt und auf Plausibilität geprüft werden. Die Deckungszusage nach erfolgter Risikoprüfung kann direkt vor Ort erfolgen (Ausdruck auf Drucker). Die Antragsannahme kann ebenfalls rationalisiert werden, indem schon vor Ort Antragsmasken ausgefüllt und an die Zentrale übertragen werden können (Vermeidung von Doppelerfassungen).

Die Bestätigung des Antragseingangs (ggf. Antragsannahme) kann sofort erfolgen und die Beitragsberechnungen durchgeführt werden. Die Antragsformulare lassen sich auch auf diesem Weg erstellen, die dann vom Kunden unterschrieben an das Unternehmen weitergeleitet werden können.

Die Vorteile des Einsatzes von mobilen PC's liegen also in einer erheblichen Rationalisierung des Informationsaustausches zwischen Unternehmenszentrale und Außendienst. Es lassen sich Auskünfte über Provisionen, Inkassostände, Verträge, Schadensverläufe im Sekundenbereich durchführen.

Für alle Anwendungen mit stationären oder mobilen PC's bieten sich noch weitere Möglichkeiten an, den Informationsfluß zwischen Unternehmen und Außendienst zu verbessern.

Eine Möglichkeit ist die Einrichtung einer Mailbox auf dem Zentralrechner. In der Mailbox können Mitteilungen und Ankündigungen hinterlegt werden, die bei der Verbindung mit der Zentrale abgerufen werden können. Mit der Mailbox lassen sich Nachrichten zwischen dem Außendienst und der Zentrale austauschen. Es lassen sich mehrere Mailboxen einrichten, falls erforderlich für jeden Außendienstmitarbeiter eine eigene, so daß auch ein Nachrichtenaustausch zwischen den Außendienstmitarbeitern untereinander möglich wird (Erfahrungsaustausch, Hinweise).

Mit der Einrichtung von gesonderten Informations- und Programmdiensten lassen sich zentralgespeicherte Standardbrieftexte für Werbeaktionen, Bereichsankündigungen abrufen, oder aber auch neue Versionen von eingesetzten PC-Dienstprogrammen über ein downloading von der Zentrale auf den PC übertragen.

Optische Speichersysteme

Optische Bildplatten lassen sich überall dort einsetzen, wo es auf die Speicherung und den schnellen Zugriff auf umfangreiche Datenmengen ankommt. Dies kann für die Archivierung von Akten, Zahlungs- und Buchungsbelegen oder auch von technischen Zeichnungen oder Skizzen erfolgen. Damit können Archivierungen, die noch in Mikrofilm- oder Papierform stattfinden, allmählich abgelöst werden. Es werden heute verschiedene optische Speichersysteme angeboten, die nur einmal beschreibbar sind (siehe Kapitel IV). Neueste Entwicklungen in diesem Gebiet gehen aber in die Richtung der wiederbeschreibbaren optischen Platten. Für den einzelnen Außendienstmitarbeiter sind diese Systeme noch zu kostspielig um sie lokal einzusetzen.

Die Entwicklung der optischen Speichermedien ist noch nicht abgeschlossen. Diese Technologien spielen aber gerade für den Einsatz in der zentralen EDV zur Speicherung und Archivierung der umfangreichen Datenbestände eine zunehmend wichtigere Rolle.

Scanner

Scanner werden heute für verschiedene Anwendungen eingesetzt. Beispielsweise in der Bildverarbeitung beim Einlesen von Strichvorlagen (Logos, Strichzeichnungen) oder Bildvorlagen (Fotos, Bilder), für die optische Zeichenerkennung (OCR) oder in Spezialanwendungen wie Dokumenteneingabe oder Belegerfassung. Mit Ein-Bit- und Mehr-Bit-Scannern lassen sich Vorlagen in den Rechner einlesen und dort als Rastergraphiken bzw. mit OCR (optische Zeichenerkennung) als Textdaten weiterverarbeiten. Die optische Zeichenerkennung ist noch ein relativ junges Aufgabengebiet, aber sie eröffnet neue Anwendungsmöglichkeiten auch für den Außendienst, beispielsweise in der Erfassung und Archivierung von Dokumenten und Belegen.

Tonband / Film / Video

Tonband, Film und Video sind Speichermedien für Texte und Bilder. Sie wurden überwiegend für die Schulung von Mitarbeitern und Führungskräften eingesetzt. Der Einsatz dieser Medien zur Unterstützung von Verkaufsgesprächen ist denkbar.

Spracheingabe / Sprachausgabe

Es existieren bereits prototypische Systeme, die die Eingabe von Sprache unterstützen. Mit festgelegten phonetischen Sprachmustern lassen sich Stimmen analysieren und identifizieren.

Diese Spracherkennungssysteme können heute bereits Einzelwörter und Wortketten aus gesprochenen Sätzen erkennen und weiterverarbeiten. Diese Systeme sind aber noch in der Entwicklungsphase und werden in Zukunft bessere Leistungsmerkmale aufweisen (größerer Wortschatz, Lernen von Sprachmustern). Die Sprachausgabe dagegen ist schon weit fortgeschritten und stellt heute kein Problem mehr dar. Die Anwendungsmöglichkeiten sind heute noch gering und spielen gegenwärtig für den Einsatz im Außendienst eine unerhebliche Rolle.

1.9 Schnittstellen und Informationsfluß

Im folgenden Kapitel werden die Schnittstellen zwischen Unternehmen, Außendienst und Kunden hinsichtlich des Informationsflusses untersucht. In dem Kommunikationssystem Unternehmen-Außendienst-Kunde findet ein reger Kommunikationsprozeß statt, in dem Informationen unterschiedlichster Art und Form ausgetauscht werden. Dieser Kommunikationsprozeß findet dabei in beide Richtungen statt. Von der Unternehmenszentrale zum Außendienst (Steuerung und Kontrolle) und vom Außendienst zur Unternehmenszentrale (Kunden- und Marktinformationen). Analog kann man die Informationsströme zwischen Kunden und Außendienst oder Kunden und Zentrale analysieren.

Jedes Unternehmen besitzt eine spezifische Aufbauorganisation, dies gilt insbesondere für die Versicherungsbranche, wo zum Teil erhebliche Organisationsunterschiede auftreten. Für die Analyse des Informationsflusses im System Unternehmen-Außendienst-Kunde genügt zunächst das Schema wie aus Abbildung 1.14 ersichtlich wird. Innerhalb der Abbildung wird der Informationsfluß zwischen Unternehmen und Außendienst durch einen breiteren Pfeil hervorgehoben, da der Informationsaustausch zwischen diesen Einheiten in der Regel den Schwerpunkt in der Unternehmenskommunikation bildet und für ein AUDIUS von vorrangigem Interesse ist.

Um den Kommunikationsprozeß innerhalb dieses Systems zu strukturieren, wird der Informationsaustausch zwischen den Kommunikationsobjekten dahingehend untersucht,

- wo die Informationen ausgetauscht werden,
- welche Informationen ausgetauscht werden,
- in welcher Form dieser Austausch geschieht,
- über welches Medium der Austausch geschieht.

Für genauere Analysen des Kommunikationsverhaltens muß das einzelne Unternehmen seine spezifischen Kommunikationsschnittstellen noch hinsichtlich des zugrundeliegenden Mengengerüstes untersuchen. Dieses Mengengerüst ist dabei für den Faktor Zeit (wie häufig werden Informationen ausgetauscht?) und den Faktor Volumen (in welchem Umfang werden Informationen ausgetauscht?) in weiteren Detailanalysen genauer zu erfassen.

Nachfolgend wird deshalb das Modell Unternehmen-Außendienst-Kunde hinsichtlich der Schnittstellen Unternehmen-Außendienst weiter verfeinert. Dieses Schema kann dann gemäß der unternehmensspezifischen Organisationsausprägungen

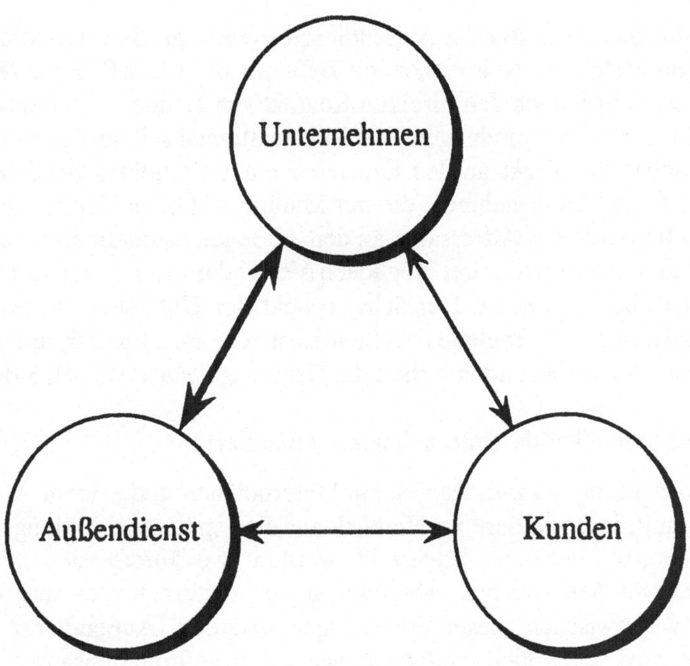

Abb. 1.14. Kommunikationsmodell Unternehmen-Außendienst-Kunde

und Anforderungen durch Hinzunahme weiterer Abteilungen weiter detailliert werden (vgl. auch /SCHL-88).

1.9.1 Der Informationsaustausch im System Unternehmen-Außendienst-Kunde

Grundsätzlich kann der Austausch von Informationen zwischen zwei Einheiten im Modell Unternehmen-Außendienst-Kunde erfolgen. Die Komplexität des Informationsaustausches kommt jedoch weniger in der Kombination Unternehmen/Kunde zum Ausdruck, als vielmehr in der Beziehung Unternehmen-Außendienst. Diese Verbindung ist in der Regel durch einen höheren Grad an Strukturiertheit und Organisation gekennzeichnet, als die Kontakte, die zwischen einem Unternehmen und seinen Kunden auftreten (vom Direct Marketing oder von der Betreuung eines Großkunden, Key Account Management, sei hier abgesehen).

Generell bedeutet die Existenz eines Außendienstes eine starke Verschiebung der Kommunikation Kunde-Unternehmen zu Kunde/Außendienst. Über den Außendienst ist es dem Unternehmen möglich, innerhalb eines bestimmten Zeitraumes den Kontakt zum Kunden aufrechtzuerhalten, ohne daß der Kunde "zum Unternehmen kommen muß". Der Außendienst bzw. der einzelne Mitarbeiter wird hiermit zum Repräsentanten des Unternehmens und hält über diesen Weg den Kontakt Kunde-Unternehmen aufrecht.

Die Einführung eines starken Außendienstes (einer großen AD-Mannschaft oder ein-es Außendienstes mit weitreichenden Befugnissen, wie z.B. Preis-/Kondi-tionen-ge-staltung) schließt jedoch den direkten Kontakt von Kunde und Unternehmen nicht aus. Beispiele solcher Verbindungen sind Reklamationen seitens der Kunden, die sich mit ihrer Beschwerde direkt an den Hersteller eines Produktes wenden oder, in der an-deren "Richtung" Unternehmen, die mit Mailing-Aktionen Kunden direkt an-sprechen und bei Interesse des Adressaten an den Außendienstmitarbeiter verweisen.

Im folgenden werden die drei möglichen Verbindungen im System Unternehmen-Außendienst-Kunde analysiert. Der Schwerpunkt der Untersuchung liegt hierbei bei der Kommunikation Unternehmen-Außendienst, die im Hinblick auf den Gesamt-zusammenhang der vorliegenden Arbeit die Grundlage eines AUDIUS darstellt.

1.9.1.1 Die Kommunikation Unternehmen-Außendienst

Um den Informationsfluß zwischen einem Unternehmen und seinem Außendienst zu analysieren, muß, insbesondere im Hinblick auf eine spätere Abbildung auf Telekom-munikationsdienste, genauer festgestellt werden, wo Informationen ausgetauscht werden (d.h. zwischen welchen Abteilungen des Unternehmens und dem Außen-dienst) und was zwischen diesen Abteilungen und dem Außendienst ausgetauscht wird. Daraus wird schließlich modelliert, wie dieser Informationsaustausch realisiert wird (d.h. unter Nutzung welcher Telekommunikationsdienste und -endgeräte).

Die von FhG-AGD und FZI durchgeführte Fragebogenaktion, die u.a. nach mit dem Außendienst im Unternehmen verbundenen Abteilungen fragte, läßt die Aus-prägungsvielfalt solcher Abteilungen erkennen; darüber hinaus ergeben sich selbstver-ständlich Überschneidungen bestimmter Bereiche (z.B. Product Management/Marke-ting und Marktforschung), oder etwa in der Aufgabendefinition einzelner Abteilungen bei verschiedenen Betrieben (z.B. kann die Abteilung "Verkaufsinnendienst" die Funk-tion "Sammeln und Auswerten von Marktinformationen" erfüllen, wogegen diese Auf-gabe bei anderen Unternehmen der Abteilung "Marketing" zugeschrieben wird).

Trotzdem lassen sich aus den Aufgaben der mit dem Außendienst verbundenen Abteilungen vier verschiedene Grundfunktionen abstrahieren, die in nahezu allen Un-ternehmen bezüglich des Außendienstes auftreten.

Diese sind:

1. Steuerung und Kontrolle des Außendienstes
2. Unterstützung des Außendienstes
3. Gewinnung von Informationen des Außendienstes
4. Austausch von Fachinformationen mit dem Außendienst

Jede dieser vier Grundfunktionen kann durch je eine im Unternehmen vorhan-dene Instanz repräsentiert werden.

Dies führt zu folgendem Modell, welches die vier oben genannten Grundfunktio-nen (1.-4.) den vier Instanzen

- Außendienst-Leitung
- Außendienst-Unterstützung
- Marketing und
- Fachabteilung

zuordnet.

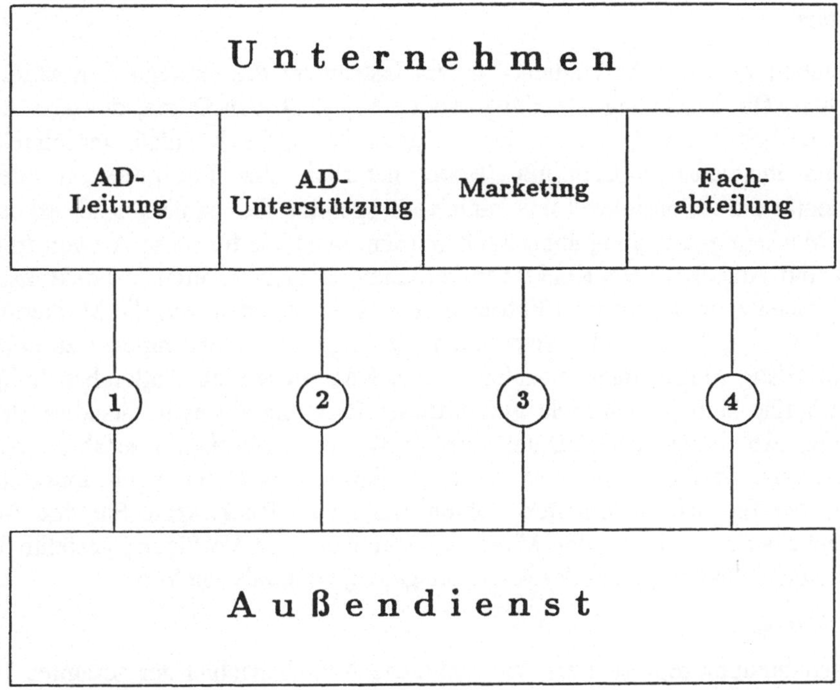

Abb 1.15. Grundfunktionen eines Unternehmens bezüglich des Außendienstes

Selbstverständlich werden bei einigen Unternehmen Funktionen von derselben organisatorischen Einheit (Abteilung) wahrgenommen, dies beispielsweise bei kleineren Außendienstfilialen, in denen Leitungsfunktionen und Marketingfunktionen von einer Person, dem Filialleiter, für den der Filiale zugeordneten Bezirk wahrgenommen werden.

Außendienst-Leitung

Hauptaufgabe dieser Instanz ist die Einsatzplanung und Überwachung der Außendienst-Aktivitäten. Die Steuerung der Außendienst-Mannschaft erfolgt in den meisten Fällen über Zielvorgaben, die Kontrolle über Soll/Ist-Vergleiche. Das Aufstellen von für den Außendienst verbindlichen Richtlinien (z.B. Gebietseinteilung für die Außendienstmitarbeiter) und Anweisungen (z.B. Aufforderung, einen bestimmten Kunden zu besuchen) obliegt ebenfalls dieser Einheit. Weitere Funktionen dieser Instanz bezüglich des Außendienstes können sein: Vertragsgestaltung, Empfänger der Besuchsberichterstattung, Aufstellen und Interpretieren von Statistiken, die genaue Planung und die Erstellung zeitlicher Vorgaben. Andere (in den Fragebögen) verwendete Bezeichnungen für diese Abteilung sind "Außendienst-Steuerung", "Außendienst-Koordination" oder "Außendienst-Controlling".

Außendienst-Unterstützung

Diese Abteilung beschäftigt sich mit der Unterstützung des Außendienstes im weitesten Sinne. Die Aufgaben dieser Instanz umfassen die Versorgung des Außendienstes mit (z.B. Auftrags-) Formularen ebenso wie die Tourenplanung oder Zwischenkontakte (z.B. Terminabsprache) mit den Kunden.

134

Marketing

Zunehmend wird der Außendienst als ein Instrument des strategischen Marketings betrachtet. Die Marketing-Abteilung profitiert deshalb von Daten, die vom Außendienstmitarbeiter (auf Anregung, durch Eigenintiative, durch Zufall) gesammelt werden und möglichst unbeeinflußt (wobei natürlich eine Interpretation oder ein Kommentar durchaus sinnvoll sein kann, vorausgesetzt, dies ist als solches erkennbar) an die Marketing-Abteilung übermittelt werden. Beispiele für diese Art von Informationen sind Angaben über Konkurrenzverhalten, Käuferverhalten, Produktakzeptanz oder Einschätzung des eigenen Betriebes seitens der Kunden, was die Marketing-Abteilung befähigt, Trends oder Schwächen (des eigenen Unternehmens) zu erkennen und kurzfristig Maßnahmen einzuleiten. Die Kommunikation Außendienstmitarbeiter-Marketing läuft jedoch nicht nur in dieser Richtung ab; es ist denkbar, daß die Marketing-Abteilung gezielt Daten vom Außendienstmitarbeiter erfahren möchte. Folglich kann sie die Verbindung zur Formulierung von Datenakquisitionsaufträgen nutzen oder für sich auf erhaltene Daten beziehende Rückfragen. Für den Außendienstmitarbeiter sind von der Marketing-Abteilung zur Verfügung gestellte Daten (z.B. mögliche Zielgruppen oder Kundenangaben) ebenfalls von Wert.

Fachabteilung

Die Fachabteilung repräsentiert das eigentliche Aufgabengebiet der gesamten Unternehmung (Versicherungsfachwissen, medizinische Kenntnisse eines Pharmakonzerns oder das Know-How eines Maschinenbau-Unternehmens) und ist in diesem Modell diejenige Instanz mit den unterschiedlichsten Ausprägungen, die sektoren-, branchen- und unternehmensspezifisch sind.

Die Aufgaben dieser Abteilung können die Beurteilung und Entscheidung über Annahme/Ablehnung von Verträgen sein. Ebenso zu dieser Instanz zählen Versicherungsfachabteilungen (z.B. Hypotheken-Abteilungen, Rechtsabteilungen und Statistische Abteilungen). Die Aus- und Weiterbildung von (Außendienst-) Mitarbeitern kann auch als Aufgabe einer Fachabteilung angesehen werden.

Eine eindeutige Aufgabendefinition soll in dem Modell für die vier Abteilungen nicht vorgenommen werden, da in den realen Unternehmen die Aufgabenverteilung recht individuell ausgeprägt ist. Durch das Modell werden aber dennoch die Informationsflüsse hinreichend verdeutlicht und liefern wertvolle Hinweise für die Konfiguration eines unternehmensspezifischen AUDIUS.

Nach der Identifizierung der vier Informationsströme ist zu untersuchen, welcher Art der Informationsaustausch zwischen den einzelnen Instanzen und dem Außendienst ist.

Aus der Fragebogenaktion und der Befragung von Außendienst betreibenden Unternehmen lassen sich die nachfolgenden Formen des Nachrichtenaustausches definieren; die Unterschiede dieser Formen liegen im Wesen der ausgetauschten Nachricht (ob ein Text, ein Bild oder ein Sachverhalt übermittelt werden muß) und in dem Medium, unter dessen Verwendung der Informationsaustausch realisiert wird. Die Medien, die bei der jeweiligen Art der Übermittlung zur Verwendung kommen, sind in den einzelnen Abschnitten aufgeführt.

Eine Ausnahme in der Einteilung stellt der erste Punkt "persönlicher Kontakt" dar, der einerseits eine Form des Informationsaustausches ist (z.B. Gespräch), gleichzeitig aber auch ein "Medium" darstellt, mit dem andere Formen des Informationsaustausches ermöglicht werden (z.B. persönliche Abgabe von Verträgen).

Persönlicher Kontakt

Der persönliche Kontakt ist die natürlichste Form des Nachrichtenaustausches. Neben dem Einsatz aller menschlichen Sinne, die durch Nutzung eines Telekommunikationsmediums auf einen oder zwei reduziert werden (z.B. Telefon oder Videokonferenz), erlaubt er die Verwendung veranschaulichender Mittel (z.B. Zeichnungen, Dia-Präsentation, Erklärungen an einem 3D-Modell etc.), welche die bewußte Wahrnehmung (Apperzeption) der Nachricht unterstützen oder auch die Führung eines vertraulichen Gespräches ohne nachweisbare Unterlagen (z.B. nichtvernichtete Akten, postseitig geführte Anrufliste bei Autotelefon).

Des weiteren ist die Möglichkeit gegeben, Informationen an eine hohe Anzahl von Empfängern weiterzugeben (z.B. Vortrag) oder Informationen unterschiedlicher Sender an verschiedene Empfänger gelangen zu lassen.

Gegen den ausschließlichen persönlichen Kontakt sprechen u. a. der Aufwand für sein Zustandekommen (z.B. Anreise entfernter Kommunikationspartner), hohe Kosten während der "Verbindung" (gebundene Arbeitskraft), sowie Koordinationsaufwand für einen Termin.

Im Versicherungssektor stellt der persönliche Verkauf trotz des hohen Kostenfaktors auch zukünftig noch die wichtigste Form des Vertriebes dar (siehe auch Kapitel III.1.3).

Austausch des gesprochenen Wortes

Dies ist die auf Sprache reduzierte Kommunikation zwischen zwei oder mehreren Partnern in Dialogform. Das ausschließliche Medium für diese Art des Informationsaustausches ist das Telefon (evtl. auch eine Funkverbindung, die in den meisten Unternehmen jedoch nicht genutzt wird).

Beispiele für eine "Anwendung" eines Telefongespräches sind Rückfragen des Außendienstmitarbeiters an die Fachabteilung (z.B. Lieferbereitschaft) oder Anfragen an die Außendienst-Unterstützung (z.B. Bitte um Formulare).

Dokumentenaustausch

Dokumentenaustausch ist die Übergabe von Unterlagen im weitesten Sinne. Dazu können gehören: Formulare (leer oder ausgefüllt), Zeichnungen (Handskizzen, Konstruktionspläne), Briefe etc.

Beispiele für zwischen Unternehmen und Außendienst ausgetauschte Dokumente sind Besuchsberichte, Prospekte, Fachzeitschriften (Außendienst-Unterstützung an Außendienst) oder Handskizzen eines Kunden (Außendienst an Fachabteilung). Als Medium der Informationsvermittlung dienen Telefax, Telex, Teletex, Briefpost, persönlicher Kontakt oder Kurier.

Original-Dokumentenaustausch

Original-Dokumente sind Dokumente, die durch Reproduktion (z.B. Kopie) ihren Wert verlieren. Ein typisches Beispiel dafür sind mit Unterschrift versehene Dokumente (z.B. Scheck oder Vollmacht). Als Medium kommt eine Teilmenge der Medien des "normalen" Dokumentenaustauschs in Frage, nämlich Briefpost, persönlicher Kontakt oder Kurier. Da dasselbe Dokument vom Sender an den Empfänger gelangen muß, sind Dienste wie Teletex, Telefax und Telex nicht zugelassen. Beispiele für im Außendienst verwendete Original-Dokumente sind Auftragsbestätigungen oder auch Einladungen zu Messen (von Außendienst-Unterstützung via Außendienstmitarbeiter an Kunden).

Datenträgeraustausch

Datenträgeraustausch ist die Übergabe von auf einem Medium gespeicherten Informationen (Disketten, Tonband, Videokassetten, Microfiches etc.). Der (Original-) Dokumentenaustausch ist dabei nicht als Datenträgeraustausch im eigentlichen Sinne anzusehen, obwohl die gleichen Transportmedien zugrundeliegen, wie beim Austausch von Original-Dokumenten.

Ein Beispiel ist der wöchentliche Diskettenversand eines Außendienstmitarbeiters an seinen Heimatbetrieb.

Datendirektaustausch

Der Datendirektaustausch erfolgt über beidseitig (Sender und Empfänger) installierte Datenendeinrichtungen unter Nutzung eines öffentlichen Kommunikationsnetzes über ein LAN hinaus (Datex-L/P, Telex, Teletex, Telefon + Modem, Btx).

Ein Sonderfall des Datendirektaustausches ist die Datenhinterlegung, bei welcher der Empfänger nicht direkt angesprochen wird, sondern über einen vorhandenen Speicher auf für ihn bestimmte Informationen zugreifen kann (Mailbox, Btx-Briefkasten, Sprachspeicherdienst).

Anwendungen im Außendienst sind z.B. die Übermittlung von Besuchsberichten über Btx (Direktaustausch sowie auch Hinterlegung im Btx-Briefkasten).

Austausch von unstrukturierbaren Einheiten

Zu unstrukturierbaren Einheiten gehören alle "Nachrichten", die sich nicht in eine der vorherigen Kategorien einordnen lassen (z.B. Werbeartikel). Diese "Einheiten" können durch Brief- (Paket-) Post, persönlichen Kontakt oder Kurier an den Adressaten gelangen.

Im folgenden werden einige typische Kommunikationsapplikationen im System Unternehmen-Außendienst aufgeführt, und es wird angegeben, welche Formen des Informationsaustausches bei der jeweiligen Übermittlung zugrundeliegen.

Bei der Angabe von beispielhaften Kommunikationstätigkeiten kann innerhalb der vier Abteilungen des Unternehmens (Außendienst-Leitung, AD-Unterstützung, Marketing und Fachabteilung) noch unterschieden werden, in welche Richtung die Informationsübermittlung stattfindet (z.B. Marketing-Außendienstmitarbeiter oder Außendienstmitarbeiter-Marketing).

Aufgrund der Bidirektionalität fast aller (öffentlichen) Kommunikationsdienste, auf die in der Konzeption eines AUDIUS die Informationsströme abgebildet werden, ist diese Unterscheidung weniger wichtig als die angewandte Art des Informationsaustausches. Ist z.B. eine Datendirektverbindung (z.B. Hauptanschluß für Datenübertragung) für die Übermittlung von Daten der Fachabteilung an den Außendienstmitarbeiter notwendig, steht somit auch die umgekehrte Richtung zur Verfügung. In ihrer Ausprägung können sich die von beiden Kommunikationspartnern eingesetzten Endgeräte unterscheiden (z.B. Mainframe in der Fachabteilung, PC oder Laptop beim Außendienstmitarbeiter).

Das Ziel dieser Betrachtungen ist, diejenigen Kommunikationsarten zu identifizieren, die für einen uneingeschränkten Informationsaustausch Unternehmen-Außendienst notwendig sind, d.h. nur den über die Anforderungen betrachteten Informationsaustausch. Die Medien der Kommunikation werden entsprechend den Anforderungen konfiguriert und keine Anforderungen oder Tätigkeiten aus den verfügbaren (oder preisgünstigsten) Kommunikationsdiensten abgeleitet.

Die Identifikation dieser Kommunikationsarten stellen die Grundlage für eine Abbildung auf vorhandene (bzw. vorgesehene) Telekommunikationsdienste dar.

Beispiele:

Außendienstleitung/Außendienstmitarbeiter		
Anwendung	Beispiel	Kommunikationsart
• Soll/Ist-Vergleich	Vergleich der Zielerfüllung verschiedener Perioden	Original-Dokumentenaustausch, Dokumentenaustausch, Datendirektaustausch.
• Termine	mit Geschäftsleitung vereinbarter Termin	Dokumentenaustausch, Datendirektaustausch, gespr. Wort.
• Fachwissen, Tarife	Kreditzinsen, Kurse	Dokumentenaustausch, gespr. Wort, Datendirektaustausch.

Außendienstmitarbeiter/Außendienstleitung		
Anwendung	Beispiel	Kommunikationsart
• Sendung von Besuchsberichten		
- schriftlich nach Formularen	fest vorgegebener Rahmen für Bericht	Original-Dokumentenaustausch, Dokumentenaustausch.
- formloser Bericht	handschriftl. Notiz	Dokumentenaustausch.
- "EDV-formatierter" Bericht	Diskettenversand	Datenträgeraustausch.
- on-line Bericht	Btx-Anbindung	Datendirektaustausch.
- Kurzinformation	Diktiergerät	Datenträgeraustausch.
- elaborierter Report	Vortrag vor Abt.-Leitern	pers. Kontakt.
• Anfragen i.w.S.	kurzfristige Klärung von Kompetenzen	gespr. Wort.

Außendienst-Unterstützung/Außendienstmitarbeiter		
Anwendung	Beispiel	Kommunikationsart
• Sendung von Formularen i.w.S.	Bestellformulare	Original-Dokumentenaustausch.
• Terminplanung	Weitergabe angenommener Termine an den ADM	Original-Dokumentenaustausch, Dokumentenaustausch, gespr. Wort, Datendirektaustausch, pers. Kontakt.
• Tourenplanung	Reihenfolge Kundenbesuch, Hotelbuchung	Original-Dokumentenaustausch, Dokumentenaustausch, gespr. Wort Datendirektaustausch, pers. Kontakt.

Außendienstmitarbeiter/Außendienst-Unterstützung		
Anwendung	Beispiel	Kommunikationsart
• Anforderungen i.w.S.	Formulare, Werbeartikel	pers. Kontakt, gespr. Wort, Datendirektaustausch, Dokumentenaustausch, Original-Dokumentenaustausch.
• Angaben zur Touren- und Terminplanung	Kundendaten, Aufenthaltsorte	pers. Kontakt, gespr. Wort Datendirektaustausch, Dokumentenaustausch Original-Dokumentenaustausch.
• Anfrage nach Kunden-parametern	Zahlungsverhalten des Kunden	gespr. Wort, Datendirektaustausch, Dokumentenaustausch, Original-Dokumentenaustausch.

Marketing/Außendienstmitarbeiter		
Anwendung	Beispiel	Kommunikationsart
• Anfordern von Marktdaten i.w.S.	Daten zur Marktentwicklung	gespr. Wort, Dokumentenaustausch, Original-Dokumentenaustausch.
• Veranlassung zur Erhebung bestimmter Marktdaten	Einschätzung von eigenen Produkten	gespr. Wort, Dokumentenaustausch, Datendirektaustausch.
• Senden von Markt-(Segment-) Daten	Zielgruppen für Produkte	Original-Dokumentenaustausch, Dokumentenaustausch, Datendirektaustausch, Datenträgeraustausch.

Außendienstmitarbeiter/Marketing

• Marktdaten i.w.S.	Konkurrenzpreise	Original-Dokumentenaustausch, Dokumentenaustausch, Datendirektaustausch, Datenträgeraustausch.
• Daten einzelner Kunden	Einschätzung von Konkurrenzprodukten	Original-Dokumentenaustausch, Dokumentenaustausch, Datendirektaustausch, Datenträgeraustausch.
• Anfordern von Daten i.w.S.	Prognosen zur (lfr.) Marktentwicklung	gespr. Wort, Dokumentenaustausch, Datendirektaustausch.

Fachabteilung/Außendienstmitarbeiter

Anwendung	Beispiel	Kommunikationsart
• Versorgung mit allg. technischen Information	Unternehmens-präsentation	Original-Dokumentenaustausch, Dokumentenaustausch, Datendirektaustausch, Datenträgeraustausch, pers. Kontakt.
• Übermittlung von Fachinformationen	Konstruktionspläne	Original-Dokumentenaustausch, Dokumentenaustausch, Datendirektaustausch.
• Information über neue Produkte oder Änderungen	Angebotserweiterung	Original-Dokumentenaustausch, Dokumentenaustausch, Datendirektaustausch, Datenträgeraustausch.

Außendienstmitarbeiter/Fachabteilung

Anwendung	Beispiel	Kommunikationsart
• Weiterleitung auf-genommener Verträge	techn. Realisierung	Original-Dokumentenaustausch.
• Anforderung von Information i.w.S.	Konstuktionsdetails	Original-Dokumentenaustausch, Dokumentenaustausch, gespr. Wort, Datendirektaustausch, Datenträgeraustausch.
• Kurzfristige Klärung von Problemen	Abstimmung von Lieferterminen	gespr. Wort pers. Kontakt Dokumentenaustausch.

1.9.1.2 Die Kommunikation Außendienst-Kunde

Im Regelfall erfolgt der Informationsaustausch zwischen einem Kunden und einem Außendienstmitarbeiter im persönlichen Kontakt. Eine kurzfristige Klärung von Fragen und die Initiierung des Gespräches findet gemeinhin durch ein Telefongespräch oder durch Original-Dokumentenaustausch statt (Briefpost). Dieses gilt in "beiden Richtungen": Ob sich nun ein Außendienstmitarbeiter mit Angeboten an einen neuen (Werbung) oder alten Kunden (Bestandspflege) wendet, der Kunde zu klärende Fragen zu einer bestehenden Geschäftsbeziehung hat oder mit einem Unternehmen in solche treten möchte, in nahezu allen dieser Fälle wird die Verbindung über Telefon/Brief aufgebaut, meist mit dem Ziel, einen persönlichen Kontakt herzustellen oder um über einen Sachverhalt genauere Informationen zu erhalten; der Informationsbedarf kann dann durch die gleichen Medien gedeckt werden (z.B. klärendes Telefongespräch, Sendung von Unterlagen).

Im persönlichen Gespräch kann man nach dem Zweck unterscheiden zwischen Erstgespräch (nicht unbedingt die Anzahl der Kontakte umschreibend), das zum Ziel hat, eine Geschäftsverbindung aufzubauen, und Folgegesprächen, die der Aufrechterhaltung einer bereits existierenden Geschäftsverbindung dienen. Beispiel für Erstgespräche sind unterbreitete Angebote eines Versicherungsunternehmens; als Beispiel für Folgegespräche seien Diskussionen über Schadensfälle oder Anpassungen von bestehenden Verträgen an neue Gegebenheiten genannt.

Die Kommunikation in beiden Formen von Gesprächen kann sich dahingehend unterscheiden, daß die im Erstgespräch ausgetauschten Informationen allgemeiner (obwohl sie natürlich den Kunden und das Unternehmen betreffen) Natur sind, während die in Folgegesprächen zur Sprache kommenden Sachverhalte der Klärung bestimmter Situationen dienen und daher zielorientierter sein müssen.

Für den Außendienstmitarbeiter ist dies insofern von Bedeutung, daß er die zur Lösung des aktuellen Problemes notwendigen Informationen und Unterlagen genauer bestimmen und zielgerichtet einsetzen kann. Beim Erstgespräch ist er hingegen auf Vermutungen angewiesen, welche Situation er beim Kunden vorfindet. Dies führt dazu, daß er einen (wohl möglich hochredundanten) "Vorrat" an Informationen und Unterlagen mitführen muß, um auf unterschiedliche Probleme vorbereitet sein zu können. Neben dem zeitlichen Aufwand, den der Außendienstmitarbeiter hierzu betreiben muß kommt das Risiko hinzu, für manche Sachverhalte oder unvorhergesehene Situation als nicht kompetent zu erscheinen. Eine effiziente Außendienst-Unterstützung kann hier für die situationsadäquate Selektion notwendiger Unterlagen sorgen.

Die Ergebnisse der Kommunikation Außendienstmitarbeiter-Kunde werden mittels zweier Möglichkeiten festgehalten: zum einen in Besuchsberichten im weitesten Sinne (dies können vorgeschriebene Formulare sein, handschriftliche Notizen, Aufzeichnungen jeglicher Art, wie z.B. per Diktiergerät oder auch mündliche Berichte), zum anderen im Gedächtnis des Außendienstmitarbeiters. Diese zweite Art der Informationsspeicherung ist vom Unternehmen meist nicht völlig und beliebig einsehbar. Das Hintergrundwissen (über Kunden, Firmen) und dessen Verwertung stellt in einem hohem Maße das Kapital eines Außendienstmitarbeiters dar; bei einem Ausscheiden des Außendienstmitarbeiters aus seiner Firma geht dieser Teil von Informationen verloren, deren Reproduktion weitgehend unmöglich ist. Ein Außendienstunterstützungssystem sollte diesen Verlust an Daten und Wissen in einem möglichst geringen Umfang halten, ohne den Außendienstmitarbeiter mit einer hohen Rate an Eingaben in das System zu belasten. Diese gegensätzliche Zielsetzung wird noch durch die Tatsache erschwert, daß Außendienstmitarbeiter sich auch durch ihren "Arbeitsstil" unterscheiden, was eine Adaption eines Außendienstunterstützungssystems an verschiedene Mitarbeiter oder eine Standardisierung des Systems kompliziert.

1.9.1.3 Die Kommunikation Unternehmen-Kunde

Diese Art des Informationsaustausches ist bei Außendienst betreibenden Unternehmen auf ein geringes Maß beschränkt. Der Außendienst wird als räumlich mobiles Unternehmen verstanden, dessen Kompetenz (z.B. Vertragsgestaltung, Konditionen, Fachwissen) mit Branchen, Firmen und Unternehmensgröße variiert.

In der Richtung Unternehmen-Kunde lassen sich z.B. folgende Informationsaktivitäten identifizieren:

Generell die Werbung des Unternehmens - ob es sich um eine werbliche Darstellung des Unternehmens an sich handelt (Public Relations), um eine gezielte Information über die Produkte/Leistungen des Unternehmens oder um das Werben eines bestimmten Kunden (Akquisition) - geht in diesen Fällen die Kommunikation vom Unternehmen aus. Eine Ausnahme mag die Akquisition darstellen, die bei vielen Unternehmen auch vom Außendienst durchgeführt wird. Zu unterscheiden ist jedoch die Tiefe, mit welcher der Informationsaustausch durchgeführt wird, d.h. ab welcher Ebene die Gesprächsführung vom Unternehmen auf den Außendienst verlagert wird. So werben beispielsweise Versicherungsunternehmen in Printmedien mit ihren Leistungen und verweisen nach Kontaktaufnahme seitens des Kunden auf eine dem Wohnbezirk des Kunden zugeordnete regionale Vertretung, die dann ihrerseits einen Vertreter mit dem Besuch des Kundens beauftragt.

Der Informationsaustausch in Richtung Kunde-Unternehmen unterliegt den gleichen Voraussetzungen. Es ist jedoch denkbar, daß die generelle Kontaktaufnahme auch vom Kunden initiiert werden kann, z.B. kann ein Kunde Empfehlungen erhalten, bevor er sich zur Lösung seines Problemes an das Unternehmen direkt wendet. Reklamationen und Beschwerden sind ein weiteres Beispiel für vom Kunden ausgehende Kommunikation mit einem Unternehmen, wenn er den Außendienst, der für ihn den eigentlichen Verhandlungspartner darstellt, umgeht.

Die Kommunikation Unternehmen-Kunde verläuft vorwiegend unter der Nutzung von Original-Dokumentenaustausch, Dokumentenaustausch und gesprochenem Wort. Die Kommunikation über Bildschirmtext (z.B. Werbeseiten mit Bestellmöglichkeit) ist eine weitere Ausprägung der Kommunikationsbeziehung.

Ist der Kunde selbst eine Unternehmung, sind auch Formen der Kommunikation wie Datendirektaustausch über fest definierte Austauschformate (z.B. EDIFACT) möglich.

1.9.2 Dimensionen des Informationsaustausches

Neben der Art und Form des Informationsaustausches ist für die Modellierung des Kommunikationsverhaltens innerhalb eines AUDIUS das Mengengerüst der auszutauschenden Informationen von Interesse. Dieses Mengengerüst bezieht sich auf die Dimensionen Zeit (wie oft werden Informationen übertragen, wann müssen die Kommunikationsmittel verfügbar sein) und Volumen (wieviel Informationen werden ausgetauscht, Übertragungskosten).

Dieses Mengengerüst dient als Grundlage für Entscheidungen über die einzusetzenden Kommunikationsmedien (Postdienste, Telex, Telefax, Btx, Datex-P) und der von einem AUDIUS bereitzustellenden Kommunikationsdienste und -verbindungsmöglichkeiten. Kommunikationsdienste wären beispielsweise der Filetransfer oder der Datenabruf und Kommunikationsverbindungen beziehen sich auf die Adressierungsmöglichkeiten im Kommunikationsnetz wie etwa unicasting (exklusive Verbindung zwischen zwei Kommunikationspartnern), multicasting (ein Sender, mehrere Empfänger), broadcasting (alle angeschlossenen Teilnehmer werden von einem Sender angesprochen) oder der Nachrichtenaustausch über Mailboxen.

Ein solches Mengengerüst kann in der einfachsten Form wie in Abbildung 1.16 aufgestellt werden. Genaue Mengengerüste lassen sich jedoch nur über eine Detailanalyse des jeweiligen Einzelunternehmens aufstellen. Dabei müssen die einzubeziehenden Organisationseinheiten, deren individueller Informationsbedarf (siehe auch Kapitel III.1.6) vorher genau festgelegt werden, in ihren zeitlichen und volumenorientierten Dimensionen erfaßt bzw. abgeschätzt werden.

Inhalt	Sender	Empfänger	Medium	Zeit	Volumen
Kunden- und Vertrags- informationen					
Vertragsdaten	Zentrale	AD, Kunde	Brief, Datenträger	Anfrage	mittel
Vereinbarungen	Zentrale	AD, Kunde	Brief	Anfrage	
Schaden	Zentrale	AD, Kunde	Brief	Anfrage	
Inkassodaten	Zentrale	AD, Kunde	Brief, Datenträger	Anfrage	
Zahlungsstand	Zentrale	AD, Kunde	Brief, BTX	Anfrage	gering
Mahnungen	Zentrale	AD, Kunde	Brief	Anfrage	gering
Fachinformationen					
Angebots- sortiment	Zentrale	AD	Brief		umfangreich
Tarife				regelmäßig	umfangreich
wirtschaftliche Rahmendaten			Brief, BTX	regelmäßig	gering
Inflations- entwicklung		AD	Brief, BTX	regelmäßig	gering
Zins- entwicklung		AD	Brief, BTX	regelmäßig	gering
aktuelle Daten der Unternehmens- entwicklung	Zentrale	AD, GS			
Verkaufs- statistiken	Zentrale	AD, GS	Brief, persönlich	bei Bedarf	umfangreich
Bestands- entwicklung	Zentrale	AD, GS	Brief	regelmäßig	mittel
Versicherungs- marktdaten		AD, GS	Brief, BTX	regelmäßig	mittel
Arbeits- marktdaten		AD, GS	Brief, BTX	bei Bedarf	mittel

AD = Außendienst
GS = Geschäftstelle

Abb. 1. 16. Kommunikationsmengengerüst

2 Zielanalyse:
Außendienst im Dienstleistungsgewerbe

Die Planung der Entwicklung oder der Einführung eines AUDIUS ist eng verknüpft mit den Zielen, die das Unternehmen mit dem Einsatz eines solchen Systems verfolgt. Anstoß für die Einführung eines AUDIUS können dabei unternehmensinterne oder externe Probleme/Ideen, Rationalisierungsmöglichkeiten, der ungenügende Informationsfluß, Durchführung neuer, bisher noch nicht realisierbarer Aufgaben oder die Anpassungserfordernisse sein. Unternehmensziele werden auch durch sich wandelnde Umweltbedingungen (Wettbewerbssituation, Konkurrenten, neue Vertriebsformen) beeinflußt, die in Änderungen der Organisationsstruktur oder der Unternehmensstrategien resultieren können.

Für die Konzeption eines AUDIUS müssen die anvisierten Unternehmensziele entsprechend berücksichtigt werden. Die damit verbundenen Problemstellungen sind dann soweit zu konkretisieren, daß sie in eine Aufgabenstellung bzw. Anforderung an das zu entwickelnde System umgesetzt werden können. Diese Zielformulierung bildet die Grundlage für Einführung bzw. Entwicklungsentscheidungen über Realisierbarkeit, Alternativenauswahl und Kosten/Aufwand-Abschätzungen. Die genauen Anforderungen und Ziele liegen zu Beginn noch nicht eindeutig und vollständig vor, sondern entstehen erst während der Entwicklung.

Aus diesen Zielvorgaben können dann Vorschläge für Aktivitäten abgeleitet werden, die zur Zielerfüllung beitragen können. Bereits erkannte Probleme können dabei mit in den Entscheidungsprozeß einfließen. Desweiteren können Zielkonflikte aufgezeigt und durch Prioritätenregelungen bewertet werden. Im folgenden werden Unternehmensziele hinsichtlich der Außendienstunterstützung exemplarisch für die Problemfelder

- Effizienz und Produktivität
- Verwaltung
- Kundenservice und -beratung
- Informationsfluß und Kommunikation
- Integration
- Steuerung und Kontrolle

aufgeführt.

2.1 Effizienz und Produktivität

Ziel ist es, Außendienstaktivitäten in ihrer Effizienz und Produktivität zu verbessern. Eine Produktivitätserhöhung läßt sich durch eine Verbesserung des Kosten/Nutzen-Verhältnisses erzielen, die z.B. in der angewandten Zeit und Kosten für den Kundenbereich und der tatsächlich erzielten Verkaufsabschlüsse (Trefferquote). Für das Kosten/Nutzen-Verhältnis sind die Faktoren Reisezeiten, Beratungsintensität, Besuchsvorbereitung und Verkaufsgespräch, Besatzung und Häufigkeit zu berücksichtigen. Für diese Faktoren ist im einzelnen zu untersuchen, ob und inwieweit sie eine tatsächliche, unmittelbare Verbesserung von Kosten/Nutzen erbringen oder erst in einer bestimmten Kombination die gewünschten Ergebnisse erzielen. So kann es beispielsweise eintreten, daß sich Reisezeiten nur schwer reduzieren lassen (weil große Außendienstregionen existieren) und eine Optimierung von Reisezeiten nur durch eine Verkleinerung der Bereiche (—> Erhöhung des Personals) zu erreichen ist. Wichtig ist die Besuchsvorbereitung, um zum einen eine selektive Auswahl des Kundenpotentials zu ermöglichen und zum anderen unnötige Besuche zu vermeiden.

2.2 Verwaltung

Neben seinen eigentlichen Arbeiten in der Kundenakquisition und -beratung hat der Außendienstmitarbeiter noch Verwaltungstätigkeiten zu verrichten. Ziel ist, diesen Verwaltungsanteil zugunsten des aktiven Verkaufsanteils zu reduzieren. Rationalisierungspotentiale ergeben sich hier durch eine Vereinfachung und Reduktion von Routinetätigkeiten. Dazu zählt die regelmäßige Anfertigung von Besuchsberichten, die Antrags- und Formularerfassung, die Antragsbearbeitung, die Erstellung von Serienbriefen und Anschreiben oder die Reisekostenabrechnungen. Weiterhin ist auch die häufige Erstellung von individuellen Produktangeboten (inclusive Alternativ Einzel- und Alternativberechnungen) zu unterstützen. Grundsätzlich ist eine papier- und aktenarme Sachbearbeitung anzustreben.

2.3 Kundenservice und -beratung

Zentrales Ziel im Finanz und Dienstleistungssektor wird die Erhöhung der Qualität in der Kundenberatung sein. Die möglichst umfassende Kundenberatung und -betreuung aus einer Hand, eine flexible und individuelle Gestaltung der Versicherungsprodukte für die anvisierten Zielgruppen (Privatkunden, Großgewerbe) ist dabei vorrangiges Ziel. Der Außendienstmitarbeiter muß in die Lage versetzt werden, mit der geeigneten Unterstützung die geforderte individuelle Beratungsleistung erbringen zu können. Wesentliche Grundlage hierfür ist die Verfügbarkeit von Informationen. Sei es nun um sich auf ein Beratungsgespräch vorzubereiten oder sich während eines Kundengesprächs einen schnellen Überblick über die Kundensituation zu verschaffen, Vertragsinformationen nachzufragen und Vorschläge zum individuellen Versicherungsschutz geben zu können. Wichtig ist in diesem Zusammenhang auch die verständliche und angemessenen Präsentation des Versicherungsproduktes (Dauer, Beiträge, individuelle Beispielsrechnungen zum Vermögensablauf, komplexe Finanzierungsverläufe).

2.4 Informationsfluß und Kommunikation

Ein wesentliches Erfolgspotential liegt in einer effizienten Informationsverarbeitung. Neben dem eigentlichen Zeitgewinn in der Informationsverarbeitung durch den Einsatz von Informations- und Kommunikationstechniken sind vor allem durch eine systematischere Informationserfassung und -verarbeitung beträchtliche Rationalisierungsvorteile zu erzielen. Aufgabe ist es eine Verbesserung der Informationsverarbeitung zu erzielen hinsichtlich der

- Erfassung von Informationen,
- Verarbeitung von Informationen (Auswahl, Zugriff),
- Speicherung von Informationen und der
- Bereitstellung und Präsentation von Informationen.

Die Informationen dienen sowohl dem Außendienstmitarbeiter in seiner Aufgabenerfüllung, als auch dem Unternehmen in der Kontrolle, Steuerung und Planung.

Die räumliche Distanz zwischen Außendienst und Unternehmen erfordert einen intensiven Kommunikationsprozeß zwischen Außendienstmitarbeiter und Unternehmenszentrale. Dieser Kommunikationsprozeß ist für das Unternehmen ein entscheidender Anpassungsfaktor. Deshalb ist die Zielsetzung die Kommunikationsmöglichkeiten zwischen Außendienst und Unternehmen zu verbessern bzw. neue Kommunikationsmöglichkeiten zu schaffen, um den schnellen und verlustfreien Informationsaustausch zu garantieren. Diese Verbesserungsmöglichkeiten betreffen verschiedene Kommunikationsmerkmale (Kommunikationsverbindungen, Geschwindigkeit, Aktualität, Übertragungskosten, Funktionalität etc.) und beziehen sich auf die Kernbereiche der Kommunikation:

Kommunikation zwischen

Außendienst <——> Unternehmen (Zentrale, Außendienstunterstützende Fachabteilungen)

Außendienst <——> Außendienst

In den Anforderungen an den AUDIUS ist dann gemäß der Ziel- und Kostenvorgaben festzulegen, welche Kommunikationsmittel und Kommunikationsformen für den Datenaustausch eingesetzt werden sollen. Beispiele hierfür sind der Informationsaustausch über ein Modem, über einen Datenträger oder etwa in der Einrichtung einer Mailbox.

2.5 Integration

Im Versicherungsbereich wurden schon relativ früh DV-Systeme in den einzelnen Unternehmensbereichen eingesetzt. Diese historisch gewachsenen (oft sehr umfangreichen) Informations- und Kommunikationsinfrastrukturen müssen bei der Einführung eines AUDIUS entsprechend berücksichtigt und genutzt werden. Zum einen werden zentrale Dienste weiter benötigt und ausgebaut (Datenhaltung, Leistung) und zum anderen sollen neue dezentrale Dienste auf entsprechenden AUDIUS-Komponenten mit eingebunden werden. Ein Wildwuchs an Insellösungen im Hardware- und Softwarebereich ist zu vermeiden; ein einheitliches und durchgängiges Informationskonzept ist anzustreben. Die Schnittstellen zwischen Hostanwendungen und AUDIUS-Anwendungen müssen entsprechend konzipiert werden um hier einen untereinander kompatiblen Datenaustausch zwischen zentralen und dezentralen Diensten zu gewährleisten. Wichtig ist auch die Festlegung der Anwendungsdialoge, um auch hier eine Durchgängigkeit und einheitliche Bedienerführung und Systembedienung von zentralen (Host) oder dezentralen AUDIUS-Anwendungen zu gewährleisten.

2.6 Steuerung und Kontrolle

Durch die zunehmend komplizierter werdende Wettbewerbssituation auf den Finanzdienstleistungsmärkten entsteht ein wachsender Bedarf an möglichst umfassenden Steuerungsinformationen für den gezielten Außendiensteinsatz und Außendienstplanung. Die Einführung eines AUDIUS muß diesem Bedürfnis Rechnung tragen indem es eine bedarfsgerechte Selektion und Analyse von Markt- und Kundeninformationen ermöglicht, die über den Außendienst in das Unternehmen gelangen. Neben der eigentlichen Unterstützung von Außendienstaktivitäten liegt ein wesentliches Unternehmensziel in der Nutzung eines AUDIUS für die systematische Informationsversorgung der Unternehmensführung. Die Verfügbarkeit und Präsentation von allen aus der Sicht der Entscheidungsträger relevanten Informationen muß verbessert werden (siehe auch Kapitel III.1.4).

3 Schwachstellenanalyse: Außendienst im Dienstleistungsgewerbe

Die Schwachstellenanalyse dient der systematischen Erfassung der im Außendienst bereits identifizierten Probleme oder Mängel. Zusammen mit den in der Zielanalyse erstellten Vorgaben sind die Schwachstellen ein wichtiges Hilfsmittel zur Formulierung von Anforderungen an das einzusetzende bzw. zu entwickelnde AUDIUS.

Die Schwachstellen werden analog zu der in der Zielanalyse vorgenommenen Unterteilung für die jeweiligen Problemfelder im Außendienst aufgeführt.

3.1 Effizienz und Produktivität

Im Außendienst ist der Verkaufserfolg von spezifisch menschlichen Eigenschaften (Kompetenz, Vertrauen, Überzeugungskraft, Sympathie) geprägt und nicht primär von technisch perfekten Systemen. Ein Computer wird aus einem schwachen Verkäufer keinen guten machen, dennoch bieten Informationssysteme bereits gute Unterstützungsmöglichkeiten an, die Verkaufsaktivitäten effizienter und produktiver zu gestalten.

Viele Agenturen arbeiten mit selbstorganisierten Ablagesystemen. Die Verkäufer verwenden wertvolle Zeit nur für die Organisation und Dokumentation ihrer Unterlagen, Kunden- und Produktinformationen.

Der EDV-gestützte Zugriff auf Informationen wird teilweise durch Computeranwendungen von der Zentrale unterstützt. Daneben existiert eine Vielzahl von kleineren Applikationen auf Kleinrechnern in der Außendienststelle, die mit den Zentralanwendungen nicht kompatibel sind.

Durch die unsystematische Informationssammlung beim einzelnen Außendienstmitarbeiter werden potentielle Informationsmöglichkeiten nicht ausgenutzt. In der

Akquisition bedeutet dies, daß Kundenpotentiale nicht ausgeschöpft bzw. gar nicht erkannt werden. Es fehlen geeignete Hinweise hinsichtlich der Besuchspolitik, d.h. einer differenzierten Strategie der Kundenselektion und -betreuung. Wie schon bei der Verwaltung aufgeführt, läßt sich auch hier durch die nicht auswertungsgerechte Speicherung von Akquisitionsinformationen keine prioritätsgesteuerte Kunden- und Besuchsplanung durchführen.

3.2 Verwaltung

Durch die zunehmende Informationsfülle (neue und geänderte Tarife, Geschäftzuwachs, Dynamisierung der Verträge) sammeln sich zum Teil beträchtliche Papiermengen in Form von sehr vielen Einzelinformationen beim Außendienstmitarbeiter an. Die manuelle Archivierung und Verwaltung und letztendlich der Zugriff auf die Informationen ist sehr ineffizient.

Aufgrund der oft unsachgemäßen Aufbewahrung von Dokumenten und Schriftwechselkopien in herkömmlichen Karteien lassen sich wichtige Informationen nur mit großem Aufwand auffinden, auswerten und aufbereiten.

Nachteilig wirkt sich dies auf die Aktualität (Karteileichen) und Konsistenz des Informationsmaterials aus, das bei zunehmender Größe und Änderungshäufigkeit nur sehr schwerfällig zu handhaben ist. Dazu kommt das Formularunwesen; vor Ort fehlen den Außendienstmitarbeitern oft Informationen darüber, welche Formulare noch gültig sind oder welche Formulare überhaupt existieren.

Zu den regelmäßig anfallenden Tätigkeiten im Außendienst gehören die Erstellung persönlicher Aufzeichnungen über Kunden oder Mitbewerber. Teile dieser Aufzeichnungen (Änderungen von Kundendaten) müssen an die Zentrale übermittelt (Besuchsberichten) und nochmals erfaßt werden.

Bei der Erfassung wird festgestellt, daß Daten unvollständig, unkorrekt oder unleserlich sind. Die Korrektur der Daten erfordert zeitaufwendige Rückfragen zwischen Fachabteilungen und Außendienstmitarbeiter. Bei einer großen Außendienstorganisation müssen unter Umständen pro Monat meherere hundert Besuchsberichte gesichtet, geordnet und neu auf der EDV erfaßt werden.

Zur Verwaltung gehört auch die regelmäßige Durchführung von Werbeaktionen oder individuellen Mailingaktionen. Hier ist die manuelle Verwaltung von Adreßmaterial, Standardtexten und sonstigem Informationsmaterial zu aufwendig. Hier fehlt es noch an einer effizienten Unterstützung des Außendienstmitarbeiters in seiner routinebezogenen Sachbearbeitung.

3.3 Kundenservice und -beratung

Zur Besuchsvorbereitung müssern oft Informationen über Vertragssituation und -verlauf, Versicherungsumfang oder interessanten Angeboten umständlich zusammengesucht werden. Informationen sind zum Teil aktuell nur in der Zentrale verfügbar und der Außendienstmitarbeiter hat keinen direkten Zugriff auf wichtige Daten. Diese Informationen sind zudem nicht primär nach den Bedürfnissen des Außendienstmitarbeiters strukturiert. Die Besuchsvorbereitung wird damit zeitlich aufwen-

148

dig und ineffizient. Eine ähnliche Situation liegt in der Verkaufsvorbereitung vor. Hier müssen Prospekte, Broschüren, Besuchsankündigungen über persönliche Werbebriefe manuell zusammengestellt werden.

Zu einer erfolgreichen Besuchsplanung gehört eine effiziente Terminplanung und -verwaltung. Wichtige Termine im Außendienst (Kunden, Interessenten, Schäden, Ortstermine) werden manuell aus Verträgen und Notizen herausgesucht und kontrolliert. Es fehlt hier an systematischen Terminverwaltungsmöglichkeiten der wichtigen Anbahnungs- und Wiedervorlagetermine um im Bestandsgeschäft erfolgreich zu bleiben. Eine zielgruppenorientierte Kundenselektion, die Analyse der Beratungsleistung und Erfolgsaussichten, die Ermittlung der Gesamtbesuchszeiten pro Kunde oder die Bestimmung der individuellen Trefferquote anhand der vorhandenen Informationen (Anbahnungen und tatsächlich abgeschlossene Verträge) können vom Außendienstmitarbeiter nicht für die Besuchspolitik oder zusätzlicher Angebotsstrategien ausgewertet werden.

Während des Kundenkontaktes erbringt der Außendienstmitarbeiter über einen bestimmten Zeitraum eine intensive und individuelle Beratungsleistung. Im Kundengespräch muß der individuelle Versicherungsbedarf analysiert werden. Vorschläge zur Bedarfsdeckung und Altenativen lassen sich mit den vollständigen Informationen über Kundenverträge, Produkte, Preise, Konditionen, Tarife optimal erstellen.

Oft ist es dem Außendienstmitarbeiter nicht möglich (während des Gesprächsverlaufs) aktuelle Informationen über Vertragsdaten, Vertrags- oder Schadensverläufe oder Bestandsverflechtungen (wieviel Versicherungsverträge hat der Kunde bei der eigenen Gesellschaft abgeschlossen) abrufen zu können, Bedarfslücken werden nicht erkannt; eine gezielte akquisitorische Vorgehensweise ist somit nicht möglich.

Zu einem guten Kundenservice gehört auch die prompte Auskunftbereitschaft des Außendienstmitarbeiters gegenüber Kundenfragen. Während des direkten Verkaufgesprächs müssen oft kundenbezogene Einzel- und Alternativberechnungen mit entsprechenden Anpassungen durchgeführt werden. Durch fehlende Unterstützungsmöglichkeiten (Plausibilitätsüberprüfungen) werden Versicherungsverträge zusammengestellt, die nicht auf den spezifischen Kundenbedarf hin zugeschnitten sind, und letztendlich vom Kunden abgelehnt oder später storniert werden. Es fehlt ebenfalls am Einsatz geeigneter Möglichkeiten in der anschaulichen Erklärung und Präsentation des Versicherungsproduktes.

Die Erklärung des Versicherungsproduktes und die Gegenüberstellung von Alternativberechnungen wird mit Hilfe von unübersichtlichen Listen vorgenommen. Diese Listen enthalten Standardverläufe, die meist nicht dem individuellen Vertragsverlauf des Kunden entsprechen. Alternativen können wegen der zur Zeit komplexen Berechnungen nicht sofort durchgerechnet und gemeinsam mit dem Kunden diskutiert werden. Anstelle der reinen Listendarstellung bieten sich hier besonders graphische Gestaltungsmittel an, die die Verständlichkeit entscheidend verbessern können.

– Schadensbearbeitung (Schadensauskünfte, Regresse, Schadenzahlung)

Arbeitsabläufe in der Policierung und Regulierung von Klein- und Sofortschäden (sichtbarer Kundenservice) zwischen Außendienst und Schadensabteilung sind oft zu unkoordiniert und langwierig. So werden Schäden doppelt angelegt, was zu zusätzlichen Umbuchungen und Stornierungen führt. Der Adreßbestand von Sachverständigen, Krankenhäusern, Rechtsanwälten, Werkstätten ist nicht aktuell verfügbar.

3.4 Informationsfluß und Kommunikation

Unternehmen und Außendienst sind gleichermaßen auf einen gut funktionierenden Informationsaustausch angewiesen. Die schnelle Verfügbarkeit aktueller und umfassender Informationen ist für beide Seiten von essentieller Bedeutung.

Bezüglich der Informations- und Kommunikationsbeziehung zwischen Unternehmen und Außendienst lassen sich die folgenden Schwachstellen identifizieren.

– Informationserfassung

Informationen werden noch zu oft mehrfach an verschiedenen Stellen (Außendienst, Innnendienst) erfaßt. Dies führt neben der Doppelarbeit zu unkorrekten und nicht übereinstimmenden Datensätzen. Informationen werden im Außendienst nicht systematisch erfaßt. Sie liegen in mehr oder weniger unstrukturierter Form auf verschiedenen Informationsträgern (Notizzettel, Besuchsberichte, Skizzen) beim Außendienstmitarbeiter vor. Informationen werden auf unterschiedlichen Formularen erfaßt, die wieder ausgewertet, interpretiert und abgeglichen werden müssen.

– Informationsübertragung

Es existieren keine einheitlichen Schnittstellen (nicht kompatibel bezüglich Datenaustausch).

Der Transport von Informationen geschieht zum größten Teil über traditionelle Briefdienste (Postlaufzeiten zu lang, Zeiten der Briefkastenleerung ungünstig). Dadurch kommt es zu Verzögerungen in der Auftragsabwicklung. Besuchsberichte kommen oft erst lange nach der durchgeführten Arbeit in der Zentrale an. Die Durchlaufzeit (Entstehung der Informationen bis zur Verarbeitung) wird dadurch erhöht. Der Informationsaustausch erfolgt sehr häufig über den Zwischenträger Papier (aufwendig, kostenintensiv, Medienbruch).

– Informationsverfügbarkeit

Bestimmte Informationen (Produkt- und Vertragsdaten) sind beim Außendienst nicht aktuell und nur in eingeschränktem Umfang verfügbar. Aus der Sicht des Außendienstmitarbeiters ist die Möglichkeit des Zugriffs auf die vollständigen und stets aktualisierten Kunden- und Vertragsinformationen in der Zentrale auch außerhalb der Geschäftzeiten wünschenswert.

Bestimmte Informationen des Außendienstes (Kundendaten, Konkurrenzdaten) sind im Gegensatz dazu in der Zentrale nicht verfügbar (fehlender Zugriff auf wichtige Marktinformationen), weil sie entweder nicht erfaßt oder in den Außendienstberichten verstreut vorliegen.

– Informationsspeicherung

Die dezentrale Speicherung sehr vieler Einzelinformationen auf verschiedensten Datenträgern (Papier, Kartei, Broschüren, Disketten, Bändern) bedingt einen großen Verwaltungsaufwand. Eine fehlende Einheitlichkeit in der Datenkonzeption führt zu unkonsistenten und hochredundanten Datenbeständen.

Der wechselseitige Datenabgleich zwischen (sehr vielen) Außendienstmitarbeitern und den zentralen Bestandsdaten erfordert dadurch einen zu großen Zeitaufwand (hoher Änderungsaufwand).

– Informationsverarbeitung

. Es fehlen zweckorientierte Auswertungsmöglichkeiten zur Unterstützung der gezielten Informationsgewinnung.

Die vom Außendienst eingebrachten Marktinformationen werden nur unzureichend ausgewertet. Aus der Sicht der Unternehmensführung ist die Informationsverabeitung hinsichtlich einer gezielten und differenzierten Verdichtung von Kunden- und Marktinformationen noch unterentwickelt. So können Erfolgspotentiale nicht in dem ausreichenden Maße genutzt und in Strategien umgesetzt werden (siehe auch Kapitel III.1.4).

Aus der Sicht des Außendienstmitarbeiters fehlt es an geeigneter Unterstützung in seinen eigentlichen Akquisitions- und Betreuungsaufgaben. Dies betrifft weniger die Auswahl von Serviceprogrammen für Einzelanwendungen (davon sind auf dem Markt bereits eine Vielzahl für Textverarbeitung, Bestandsverwaltung, Finanzbuchhaltung verfügbar), als der bedarfsgerechte Einsatz einer integrierten Software, die ihn einerseits von Routinearbeiten entlastet und andererseits die Verkaufsaktivitäten unterstützt. Darüberhinaus gibt es meist keine einheitliche Systembetreuung in der Verwendung unterschiedlicher Serviceprogramme; außerdem kann der Außendienst oft nicht an den zentralen Anwendungen partizipieren und kann zusätzliche Informationsquellen in der Unternehmenszentrale nicht nutzen.

– Informationsbereitstellung und -aufbereitung

Ein häufig genannter Kritikpunkt an die Bereitstellung und Aufbereitung von Informationen ist die ungenügende Berücksichtigung des Endanwenderbedarfs. So sind die Darstellungen entweder zu umfangreich, enthalten unwichtige Details oder sind schlecht gegliedert und unübersichtlich. Die Systeme entsprechen zudem in ihrer Bedienung oft nicht dem, was man heute bereits auf PC-Systemen realisiert hat (moderne Benutzungsoberflächen).

Heutige Formen der graphisch interaktiven Diagrammaufbereitung und benutzerfreundliche Dialogformen werden noch nicht in ausreichendem Maße berücksichtigt, worunter auch die Akzeptanz eines solchen Systems entscheidend mitgeprägt wird.

3.5 Integration

In den Unternehmen der Versicherungswirtschaft sind bereits umfangreiche Datenverarbeitungsressourcen verfügbar. So findet man auf der zentralen EDV die wesentlichen Anwendungen für die einzelnen Versicherungsbereiche (Vertragsauskünfte, -änderungen, Leistungsbearbeitung, Vertragsauskunftssystem, Verwaltungssysteme, Schadensbearbeitung, mathematische und statistische Programme, Abrechnungssysteme, Inkasso) vor.

Die Systeme sind dabei stark zentral organisiert und besitzen historisch begründet noch einen relativ stark batchorientierten Verarbeitungscharakter. Für eine Integration des Außendienstes in den zentralen Informationsverabeitungskreislauf waren die Systeme anfänglich nicht konzipiert worden.

Erst in den letzten Jahren wurde mit der Leistungsfähigkeit dezentraler Computerressourcen zunehmend Intelligenz nach außen auf Mikrorechner verlagert. Heute lassen sich auf leistungsfähigen Personal Computern eine große Anzahl von (früher nur zentralen) Anwendungen ausführen.

Das Hauptproblem ist deshalb die Einbindung dieser dezentralen Konzepte (Informationsverarbeitung) in ein unternehmensweites Kommunikations- und Informationskonzept. Es fehlen hier geeignete Schnittstellen und festgelegte Datenformate für den Datenaustausch und die Kommunikation zwischen zentralen und dezentralen Rechnern.

Uneinheitliche und inkompatible Datenformate erzeugen Inkonsistenz und Redundanz in den Datenbeständen, die damit einen Bestandsabgleich und eine Bestandskontrolle praktisch unmöglich machen. Zudem verlangen viele dezentrale Einzelanwendungen unterschiedliche Hard- und Softwareausstattungen (Wildwuchs an Insellösungen).

3.6 Steuerung und Kontrolle

Für die Planung, Steuerung und Kontrolle gilt im wesentlichen das gleiche Problem wie bereits unter Informationsverfügbarkeit und Informationsverarbeitung aufgeführt.

Zusätzlich lassen sich noch folgende Ergänzungen anführen:

Durch den ungenügenden Informationsfluß zwischen Außendienst und Unternehmen können wichtige Analysen (von Marktsituationen, potentiellen Mitbewerbern) und damit auch die Planung in Entscheidungssituationen nur eingeschränkt durchgeführt werden. Zudem besteht eine ungenügende Tranzparenz über die Aktivitäten im Außendienst. Die vorhandenen Informationsmöglichkeiten im Außendienst werden nicht konsequent genutzt; Umsatzchancen werden nicht wahrgenommen.

Die fehlende Verfügbarkeit und Aktualität führt dazu, daß eine effiziente und aktuell orientierte Marktbearbeitung und -planung aufgrund fehlender und nicht aktualisierter Außendienstinformationen nicht möglich ist. Soll/Ist-Vergleiche werden erst verzögert erstellt und reflektieren nicht die augenblickliche Marktsituation. Als Steuerungselemente sind sie nur noch eingeschränkt verwendbar.

Das anzustrebende Ziel besteht daher nicht primär in einem "Mehr" an Informationen, sondern in einer systematischeren und qualitativ besseren Informationsbereitstellung hinsichtlich gezielter, zeitgerechter, abrufbarer und auf den jeweiligen Bedarf hin orientierter Informationen.

4 Anforderungsanalyse: Außendienst im Dienstleistungsgewerbe

In der Anforderungsanalyse werden die Anforderungen an das zu konzipierende AUDIUS zusammengefaßt. Diese Anforderungen sind Vorgaben, die bei der Entwicklung des Systemkonzepts berücksichtigt werden. Die bereits in den Kapiteln Ist-, Ziel- und Schwachstellenanalyse herausgearbeiteten Anwendungsgebiete, Unternehmensziele und Schwachstellen bilden eine wesentliche Grundlage für die Formulierung der Systemanforderungen. Aus diesen Systemanforderungen werden dann die funktionalen Leistungsmerkmale des AUDIUS definiert. In der anschließenden

Konzeptionsphase werden diese Leistungsmerkmale im Gesamtsystem bzw. in Systemkomponenten genauer spezifiert. Darüber hinaus lassen sich mit den formulierten Anforderungen Konflikte aufdecken und eine genaue Abschätzung des Aufwandvolumens treffen. Die Bewertung und Festlegung von Entwicklungsprioritäten muß das einzelne Unternehmen für sich entscheiden, da hier unternehmensspezifische, situationsbedingte Erfordernisse einen großen Einfluß auf Entwicklungsschwerpunkte haben können (z.B. erst Kommunikation verbessern, d.h. Kommunikationsfunktionalitäten aufbauen oder verstärkt angeben). Dazu gehören auch Entscheidungen darüber, inwieweit alle Anforderungen zu berücksichtigen sind, oder ob Kompromisse geschlossen werden müssen.

In der Ist-, Ziel- und Schwachstellenanalyse wurden Anforderungen an eine Außendienstunterstützung deutlich, die zum einen die Funktionalität eines AUDIUS betrafen (z.B. Besuchsberichtsauswertung, graphische Aufbereitung von Außendienstinformationen), die systemtechnische Probleme berührten (Kommunikationsmöglichkeiten über Btx, Einsatz von Laptops in der Kundenberatung) oder organisatorische Fragestellungen aufwarfen (Integration, Akzeptanz).

Im folgenden werden die Anforderungen an ein AUDIUS beschrieben. Die Anforderungen an das zu entwickelnde System werden den drei Bereichen

- funktionale,
- systemtechnische und
- organisatorische Anforderungen

zugeordnet.

4.1 Funktionale Anforderungen

Aus der Sicht der Unternehmenszentrale oder des Außendienstmitarbeiters ergeben sich bestimmte Anforderungen an die funktionalen Leistungsmerkmale eines AUDIUS. Diese betreffen Dienste und Funktionen, die ein AUDIUS bereitstellen muß, um zum einen den Außendienstmitarbeiter in seiner Aufgabenerfüllung zu unterstützen und zum anderen den Bedürfnissen des Unternehmens nach einer verbesserten und schnelleren Informationsversorgung Rechnung zu tragen.

Im Versicherungsbereich ergab eine Umfrage über die Anforderungen an eine Agentur-Datenverarbeitung die folgenden Resultate /SCHR-85/:

Maschinelle Bestandsauswertungen (Selektionen)	73 %
Alphabetische Bestandsübersicht	71 %
Vertrags-Bestandsdatei nach Alphabet	65 %
Termindatei	38 %
Interessendatei/Akquisitionsdatei	56 %
Textverarbeitung	60 %

Ferner:

- Textdatei mit individueller Ansprache sowie
- individuelles Briefschreiben in Schönschrift (Schreibmaschinenqualität)

Aus der Sicht des Außendienstmitarbeiters sind primär die Anforderungen von Interesse, die ihn in seinen Verwaltungstätigkeiten in der Kundenbetreuung und -beratung als auch in der Akquisition unterstützen. Der Schwerpunkt liegt dabei in der Unterstützung der Informationsbeschaffung (Auskunft) und der nach Akquisitionsaspekten gezielten Bestandsauswertungen.

Nachfolgend werden die funktionalen Anforderungen an eine Rechnerunterstützung im Außendienst des Versicherungssektors aufgeführt. Die Anforderungen werden in Form eines Katalogs zusammengestellt.

Ein AUDIUS muß nicht den kompletten unten aufgeführten Anforderungssatz erfüllen. Diese Anforderungen stellen eine Menge nicht notwendigerweise vollständiger Funktionalitäten dar, die für die Rechnerunterstützung im Außendienst zu berücksichtigen sind. Die Auswahl, Bewertung und Übernahme der Anforderungen für die Realisierung eines AUDIUS ist vom Anwendungsgebiet abhängig und vom einzelnen Unternehmen durchzuführen.

Als funktionale Anforderungen an ein AUDIUS ergeben sich

- eine systematische Informationsspeicherung von

  - Kundeninformationen,
  - Vertragsinformationen,
  - Produktinformationen,
  - Dokumenten und Texten,
  - allgemeinen Informationen,

  in einer Datenbank.

- flexibles Verwaltungssystem für die Bereiche

  - Auftragsprüfung,
  - Provisionierung,
  - Inkasso/Exkasso,
  - Bestandsverwaltung,
    - Erfassung von Neuzugängen,
    - Veränderung,
    - automatischer Bestandsabgleich und Änderungsdienst auf dezentralen und zentralen Datenbeständen.

- flexibles Auskunftssystem zur Informationsbereitstellung

  - Anzeigen von Kunden- und Vertragsdaten (evtl. mehrere Verträge),
  - Anzeigen individueller Daten (Name, Adresse, Vertragsart, Versicherungssumme, Beitrag, Guthaben),
  - allgemeine Daten (Rechnungsgrundlage, Leistungsverläufe),
  - Ausdruckmöglichkeiten für Termine, Kunden-Vertragsspiegel.

- System für gezielte Bestandsanalysen mit Selektierungsmöglichkeiten auf Adreßbestände

  - Standardselektionen (definierbar),

- Kundengruppen,
- potentielle Kunden.

- Zugriff auf Beratungs- und Serviceprogramme

  - Tarifberechnungen,
  - Finanzierungen,
  - Rentenberechnungen,
  - Bedarfs- und Versorgungsanalyse.

- Textbearbeitung

  - Standardbausteine für
    - Besuchsankündigungen,
    - Angebote,
    - Formatierung,
    - Serienbriefe,
  - mathematische Moduln
    - tarifabhängige Rechenmoduln,
    - feste und flexible Beitragszahlungen,
    - variable Rechnungsgrundlagen,
    - Berücksichtigung des Sparanteils.

- Terminverwaltung, Termindateien, Routenplanung

  - Kundenbesuche,
  - Ortstermine,
  - Schwebeüberwachung,
  - Versicherungsanbahnungen,
  - Terminüberprüfungen (Kollisionen),
  - individuelle Eintragungen (z.B. Grund für Terminabsagen),
  - Routendispositionen.

- Berichtswesen

  - einheitliche Bereichsberichtgestaltung (Formate),
  - strukturierte Erfassung (einheitliche Erfassungsmasken, Einsatz von Maskengeneratoren),
  - Möglichkeiten der automatischen Besuchsberichtsauswertung durch Vorgaben für einzutragende Daten und Texte (Mußfelder, Freitext).

- Angebotswesen

  - Erstellung von Angeboten,
  - Bereitstellung von Textbausteinen für Anschreiben (—> Textverarbeitung),
  - Berechnungsmöglichkeiten für Vertragsverläufe, Kalkulationen (—> Serviceprogramme),
  - Bereitstellung von Adreßinformationen (—> Adreß-Bestandsdaten),
  - systematische Auswertung hinsichtlich von Kunden und Marktinformationen.

- Kommunikationsmöglichkeiten mit Zentrale

  - Vertragsauskunft,
  - Übermittlung von Bestandsdaten (Online, Offline) und Bestandsabgleich,

- Übersichten tagesaktueller Produkte, Kunden Vertragsinformationen,
- Übermittlung von Auftragsdaten.

- Informationsübertragung

  - Reduktion der Durchlaufzeiten,
  - Verringerung der Transportzeiten,
  - Verringerung des Transportvolumens (Codierungen, Komprimierungen),
  - kostengünstiges Übertragungsmedium und -verfahren,
  - direkte Änderungen im Datenbestand z.B. für Adressenangaben, Vertragsänderungen.

- Informationsaufbereitung und Präsentation

  - bedarfs- und benutzergerechte Darstellungen,
  - differenzierte Verdichtungsmöglichkeiten,
  - adäquate Aufbereitung entscheidungsrelevanter Informationen,
  - Nutzung graphischer Darstellungen,
    - Auswahl mehrerer Darstellungstechniken,
    - interaktive Analysemöglichkeiten für
      - Soll/Ist Analysen,
      - Stärke/Schwächeprofile,
      - Portfoliodiagramme.

4.2 Systemtechnische Anforderungen

Hierunter werden Anforderungen zusammengefaßt, die die systemtechnischen Aspekte eines AUDIUS betreffen. Dies sind Anforderungen an die Gestaltung der Benutzerschnittstelle, an die Programm- und Datenschnittstellen oder die zu berücksichtigenden Datenformate. Systemtechnische Anforderungen resultieren dabei einerseits aus anwendungsspezifischen Anforderungen (etwa die Entscheidung über ein dezentrales versus zentrales Systemkonzept) und andererseits aus allgemeinen Anforderungen an ein zu konzipierendes DV-System.

Zentrale Komponente in einem AUDIUS ist die Benutzerschnittstelle. Die aufgabenangemessene und flexible Bedienbarkeit ist eine wesentliche Voraussetzung für den effektiven Einsatz und die Akzeptanz eines solchen Systems durch unterschiedliche Benutzergruppen (Anfänger, Experten). Die Benutzerfreundlichkeit (leichte Bedienbarkeit, einfache Erlernbarkeit) eines solchen Systems ist im wesentlichen durch folgende Grundprinzipien in der Dialoggestaltung gekennzeichnet /DIN-84/.

- Aufgabenangemessenheit

  Der Dialog soll die Erledigung der Arbeitsaufgabe des Benutzers unterstützen und ihn nicht durch Eigenschaften des Dialogsystems belasten (aufgabenorientierte Dialogschritte, aufgabenorientierte Ein-/Ausgabeformate).

- Selbsterklärungsfähigkeit

  Der Dialog soll unmittelbar verständlich sein oder auf Verlangen des Benutzers über den jeweiligen Dialogschritt Erklärungshilfen bereitstellen.

- Steuerbarkeit

Der Benutzer soll die Ablaufgeschwindigkeit, die Auswahl und Reihenfolge der
Arbeitsmittel oder Art und Umfang der Ein-/Ausgabe beeinflussen können. Der
Dialog soll an die individuelle Ablaufgeschwindigkeit anpaßbar sein.

- Erwartungskonformität

Der Dialog soll den Erwartungen des Benutzers entsprechen, die sie aus Erfahrung mit Arbeitsabläufen mitbringen und die während der Systembenutzung
gebildet werden (gleiche oder ähnliche Methoden für gleichartige oder ähnliche
Aufgaben, konsistente Funktionen, Kommandos, Statusanzeigen).

- Fehlerrobustheit

Dialoge sollen fehlerrobust sein, d.h. trotz erkennbarer fehlerhafter Eingabe soll
das beabsichtigte Arbeitsergebnis ohne oder nur mit minimalen Korrekturauf-
wand erreicht werden. Fehler müssen verständlich gemacht werden (Fehlermeldungen, Erklärungen) und dürfen nicht zu undefinierten Systemzuständen oder
-zusammenbrüchen führen.

Weitere wichtige Merkmale für die Gestaltung der Benutzerschnittstelle sind
dabei die einheitliche und durchgängige Bildschirmaufteilung, der Aufbau von Menüs
und Masken oder die Tastaturbelegungen (Konsistenz) sowie die Verständlichkeit der
einzelnen Dialogschritte und deren Ergebnisse (Transparenz).

Schnittstellen

Für einen kompatiblen Datenaustausch zwischen Außendienst und Unternehmenszentrale, zwischen einzelnen Agenturen oder Vermittlern und Versicherungszentrale
oder zwischen Einzelanwendungen (Textverarbeitung, Berichtswesen) untereinander
sind geeignete Schnittstellen zu schaffen bzw. bereits existierende Standardschnittstellen zu berücksichtigen. In den Unternehmenszentralen sind bereits EDV-Ressourcen
(meist Großrechenanlagen) verfügbar. Betriebssystem, Datenverwaltung und Dienstprogramme sind entsprechend systemspezifisch ausgelegt (beispielsweise UNIX,
VMS, MVS, BS2000 etc.). In Agenturen oder in Maklerbüros sind meist Mikrocomputer mit PC Betriebssystemen (MS-DOS, OS2, UNIX) anzutreffen. PC-Datenverwal-
tungen und eine Vielzahl unterschiedlicher Einzelprogramme (Kalkulationen, Textverarbeitung, Graphik) sind im Einsatz. Ein Datenaustausch zwischen diesen Systemen ist dabei nur über systemneutrale Schnittstellen zu realisieren.

Um einen wirtschaftlichen Datenaustausch zwischen Versicherungsunternehmen,
Maklern, Mehrfachagenten und Vermittlern zu ermöglichen, wurde vom Gesamtverband der deutschen Versicherungswirtschaft e.V. eine einheitliche Schnittstelle für
den Datenträgeraustausch definiert. Dieses Interface basiert auf einheitlichen Datensatzstrukturen und dient dem Austausch von Bestandsdaten und Inkassodaten in den
Bereichen Kraftfahrt-, Haftpflicht-, Lebens-, Unfall-, Sach-, Industrie- und Transport-
versicherungen /NN-85a/.

Kommunikation

Anforderungen an die Kommunikation betreffen den Informations- oder Datenaustausch zwischen Unternehmen und Außendienst. Aus der Sicht des Außendienstmitarbeiters müssen die von ihm benötigten Informationen stets aktuell verfügbar sein.
Diese Informationen können sich dabei im Unternehmen auf dem Zentralrechner

oder auf dezentralen Rechnern (z.B. PC in der Agentur) befinden. Der Zugriff auf die Informationen des Zentralrechners oder die Übermittlung von Kunden- oder Marktinformationen an die Zentrale kann dabei Online über die Postnetze erfolgen, beispielsweise mittels eines PC mit Btx-Anschluß oder über einen regelmäßigen Datenaustausch über Modem oder Akustikkoppler.

Voraussetzung dafür bildet der Einsatz von Kommunikationstechnologien. Je nach der anvisierten (anwendungsabhängigen) Konzeption reicht dafür der Einsatz von unintelligenten Datensichtstationen mit Btx-Anschluß für eine zentrale Lösung oder etwa der Einsatz von intelligenten dezentralen Computern (PC, Laptops) mit Modemanschluß. Generell läßt sich jedoch festhalten, daß je nach angestrebten Systemkonzept Standard-Kommunikationsschnittstellen für den Anschluß von Modems, Akustikkopplern, Btx-Decodern oder dem Filetransfer bereitzustellen sind.

Weitere Anforderungen betreffen die Verfügbarkeit und Möglichkeiten des Zugriffs auf den Zentralrechner. Dieser sollte unabhängig von den Geschäftszeiten und vom jeweiligen Aufenthaltsort des Außendienstmitarbeiters (Zuhause, beim Kunden), beispielsweise über flächendeckende Kommunikationsnetze der Deutschen Bundespost, geschehen können.

Außendienstgeräte

Bereits heute werden mobile Informationssysteme im Außendienst eingesetzt (Laptops, Handhelds). Diese Systeme sind für ein AUDIUS besonders interessant; denn in ihrer Leistungsfähigkeit (Geschwindigkeit, Speicherkapazitäten, Darstellungsmöglichkeiten) stehen sie den stationären PC's nur unwesentlich nach. Die Anforderungen an mobile PC's beziehen sich auf das geringe Gewicht, die Anschlußmöglichkeiten (Drucker, Kommunikationsschnittstellen), die Speicherkapazitäten (eingebaute Harddisk), die Bildschirmauflösung (Hercules, EGA, VGA) oder der netzunabhängige Betrieb über Akkumulatoren.

Desweiteren müssen sie robust gegenüber Transporterschütterungen oder Witterungseinflüssen sein. Von Herstellern wird bereits eine große Anzahl von portablen PC's angeboten, die die meisten dieser Anforderungen erfüllen. Hier gilt es, die geeignete Auswahl gemäß des Anwendungsgebietes zu treffen (z.B. ob Monochromdarstellungen ausreichend sind, oder ob Farbmöglichkeiten gewünscht werden, siehe auch Kapitel IV).

Datenhaltung

Im Versicherungsbereich existieren bei großen Versicherungsunternehmen immense Datenbestände (Größenordnungen von mehreren Millionen Verträgen). Dies erfordert bereits anspruchsvolle Datenspeicherungs- und Retrieval-Verfahren für multimediale Anwendungen (Dokumente, Daten, Korrespondenz). So werden bereits optische Speichermedien für die Aufbewahrung von eingescannten Vertragsdokumenten eingesetzt. Generell sind die Möglichkeiten des Zugriffs auf (möglicherweise verteilten) Datenbanken auch über Kommunikationsnetze bereitzustellen (Auskunftssystem, Bestandsabgleich).

Allgemeine Anforderungen betreffen die Offenheit einer AUDIUS-Architektur durch Verwendung genormter Schnittstellen (Anschlußmöglichkeiten von Peripherie) und Datenaustauschformate (EDIF, EDIFACT, ODA), die Verwendung von Standards (Graphikstandards) und Standardkomponenten (z.B. MS-DOS Betriebssystem, MS-DOS kompatible Rechner). Damit wird eine einfachere anwendungsspezifische Konfi-

guration und Anpassung des Systems an spezielle Anwendungen und Einsatzgebiete
als auch eine flexible Erweiterbarkeit des Gesamtsystems in Leistungs- und Kostenstufen unterstützt.

4.3 Organisatorische Anforderungen

Die organisatorischen Anforderungen betreffen die Systemintegration, Akzeptanz,
und Wirtschaftlichkeit des Systems.

Systemintegration

Ein AUDIUS muß sich in bereits bestehende DV-Strukturen einbinden lassen bzw.
diese so weit wie möglich nutzen können. Die Verwendbarkeit von existierenden
Informationsverarbeitungs- und Kommunikationsressourcen muß in einer unternehmensspezifischen DV-Analyse ermittelt und bewertet werden. Hierunter zählen auch
Entscheidungen über die Konzeption zentraler oder dezentraler Lösungsansätze bzw.
der Realisierung einer Mischform. Die Forderungen gehen in die Richtung einer
unternehmensweiten Gesamtkonzeption des Informations- und Kommunikationsflus-
ses mit einem AUDIUS als integralem Bestandteil.

Akzeptanz

Für die Planung, Entwicklung und Einführung eines AUDIUS ist die Akzeptanz des
Systems ein wesentlicher Erfolgsfaktor. Dabei sind die folgenden Akzeptanzfaktoren
miteinzubeziehen:

- technische Akzeptanzfaktoren

    - Systembedienung (Ein-/Ausgabemöglichkeiten über Tastatur, Maus, Mono-
      chrom- oder Farbbildschirm-Graphik)
    - Portabilität (Gewicht, Umfang der Einzelkomponenten, Laptop, Drucker,
      Akustikkoppler, Akkumulatoren)
    - Leistungsumfang (Speichermöglichkeiten, Anschlußmöglichkeiten, Geschwin-
      digkeit).

- psychologische Akzeptanzfaktoren

    - Einstellungen der Außendienstmitarbeiter gegenüber der neuen unbekannten
      Technik
    - Ängste vor einer größeren Kontrolle durch das Unternehmen oder erhöhter
      Transparenz der eigenen Arbeit
    - Kundenakzeptanz (z.B. Kunde lehnt die Erfassung von Informationen bei sich
      zuhause ab).

Wirtschaftlichkeit

Eng verbunden mit der Forderung nach Wirtschaftlichkeit eines AUDIUS sind typische Anforderungen an die Qualitätsmerkmale von Softwaresystemen. Darunter fallen
die Änderbarkeit, Anpassungsfähigkeit, Erweiterbarkeit, die Portabilität (Geräteunab-
hängigkeit) und die Verwendung bereits existierender Standards.

So ist aus Gründen der Wirtschaftlichkeit ein Stufenkonzept zu verfolgen, in dem
Funktionalitäten und Leistungsumfang schrittweise vergrößert werden können. Dies
setzt ein modulares Systemkonzept voraus, das sich lokal ändern, anpassen bzw. mit

weiteren Moduln erweitern läßt. Durch die Verwendung von Standardschnittstellen und -komponenten ist man weniger herstellerabhängig, und das System ist hinsichtlich der Erweiterung mit Komponenten, die ebenfalls Standards einhalten, offen.

IV Stand der Technik

In diesem Teil des Abschlußberichtes soll der Stand der Technik für die AUDIUS-Komponenten vorgestellt werden, die sich für die Realisierung des AUDIUS-Basissystems während der Erarbeitung der Problemanalyse als notwendig erwiesen haben.

Soweit eben möglich, soll hier nicht auf konkrete Implementierungen eingegangen werden, sondern es sollen die verschiedenen Systemkonzepte für die in einem AUDIUS benötigten informatiktechnischen Komponenten vorgestellt werden. Am Anfang dieser Präsentation soll die Hardware stehen, wobei der Schwerpunkt auf der lokalen Komponente eines AUDIUS liegt. Nach einem Abschnitt über Software-Elemente, die nicht nur zur Außendienstunterstützung benötigt werden, wie z.B. Betriebssysteme, Datenbanksysteme oder graphische Systeme, folgt schließlich nach einer Betrachtung der Kommunikationskomponente noch ein Abschnitt über die derzeit auf dem Markt erhältliche Software zur Außendienstunterstützung.

1 Hardware

1.1 Zentrale Komponente

Die zentrale Komponente eines AUDIUS wird durch den Großrechner in der Unternehmenszentrale repräsentiert. Bei der Organisation einer solchen Rechenanlage kann man zwischen

- herkömmlichen Hauptrechnern,
- Hauptrechnern mit Vor- bzw. Nachverarbeitungssystem und
- Rechnerverbundsystemen (Cluster)

unterscheiden.

1.1.1 Hauptrechner

Herkömmliche Hauptrechner sind leistungsfähige Datenverarbeitungssysteme, die alle an sie gerichteten Benutzeranforderungen zentral bearbeiten. Dafür sind sie mit einem universell einsetzbaren Prozessor, der unter einem Betriebssystem läuft, ausgerüstet. Darüber hinaus gibt es auch Mehrprozessorsysteme, die mehrere, nicht notwendigerweise identische, Prozessoren besitzen, was die Leistung des Systems erheblich steigert.

1.1.2 Hauptrechner mit Vor-/ Nachverarbeitungssystem

Besteht eine Datenverarbeitungsanlage aus mehreren Systemen und sind einzelne Teilsysteme nicht mehr universell einsetzbar, sondern spezialisiert, nehmen also Teilaufgaben wahr, so handelt es sich um Vor- bzw. Nachverarbeitungssysteme (front end/back end processing systems).

So enthält z.B. ein Hauptrechner die Anwendungsprogramme zusammen mit dem Betriebssystem, während spezielle Systemfunktionen wie die Datenbanksoftware in einen Nachrechner (back end processor) - vom Benutzer aus gesehen hinter dem Hauptrechner - ausgelagert sind, wo sie zusammen mit noch notwendigen Betriebssystemfunktionen laufen.

Entsprechend gibt es auch den Vorrechner (front end processor) zwischen Benutzer und Hauptrechner. Er entlastet den Hauptrechner durch Übernahme von Routinen z.B. zur Eingabedatenprüfung und -korrektur bzw. Ausgabedatenformatierung, meist im Dialogbetrieb, und schirmt so den Hauptrechner von benutzerorientierten Aufbereitungsarbeiten ab.

1.1.3 Rechnerverbundsystem

Eine Gruppe von gleichen oder verschiedenartigen Datenverarbeitungssystemen, die miteinander kommunizieren, bezeichnet man als Rechnerverbundsystem. Jedes System ist selbständig und unabhängig von den anderen Systemen operationsfähig und wird von einem eigenen Betriebssystem gesteuert.

Die Möglichkeit der Eingliederung von vormals isolierten Computersystemen in eine einheitliche Rechnerumgebung macht Daten und Systemressourcen wie spezielle Peripheriegeräte gemeinsam nutzbar. Die Kommunikation innerhalb eines solchen Rechnerverbundes basiert vorwiegend auf lokalen Netzen (LAN).

1.2 Verbindungskomponente

Die Verbindungskomponente in einem AUDIUS hat die Aufgabe, die lokale mit der zentralen Komponente zu verbinden. Dabei sind die Übertragungsmedien und die Geräte, die den Zugang zu diesen Medien gewährleisten, zu berücksichtigen.

1.2.1 Datenübertragungsgeräte

An der externen Schnittstelle eines Rechners (Datenendeinrichtung) liegen Signale in digitaler Form vor. Diese müssen über ein Übertragungsmedium gesandt werden, wobei eine Anpassung der Signale an die physikalischen Eigenschaften der Leitung notwendig wird. Für Übertragungen, die das öffentliche Fernsprechnetz nutzen, leisten dies Modem und Akustikkoppler.

1.2.1.1 Modem /ROSN-89/

Der übliche Austausch von Nachrichten über öffentliche Fernsprechleitungen (Telefonverkehr) wird im Frequenzbereich von 300 Hz bis 3400 Hz abgewickelt. Es handelt sich dabei um eine analoge Nachrichtenübertragung. Möchte man ebenfalls Dateninformationen über dieses herkömmliche Fernsprechnetz übertragen, so müssen die in der Datenendeinrichtung vorliegenden digitalen Signale in eine analoge Form umgesetzt werden. Die von einer Datenendeinrichtung kommenden digitalen Signale sind in Tonfrequenzsignale zur Datenübertragung über die Leitung umzusetzen (Modulation) bzw. ankommende Tonfrequenzsignale wieder in die digitale Form zurückzuwandeln (Demodulation). Die Datenübertragungseinrichtung muß somit als Modulator und Demodulator arbeiten. Eine derartige Datenübertragungseinrichtung für das öffentliche Fernsprechnetz wird daher als Modem bezeichnet.

Die einfachste Form der Modulation in Modems ist die Frequenzmodulation (FM). Sie kommt bei der Übertragungsart nach V.21 mit 300 Bit/s zum Einsatz. Dabei stellt die höhere Frequenz eine digitale "0" und die niedrige eine digitale "1" dar. Die Frequenz, mit der das analoge Signal die diskreten Zustände wechselt, ist als Schrittgeschwindigkeit bekannt und hat die Einheit "Baud". Für den Endbenutzer ist nur diese Übertragungsgeschwindigkeit interessant. Sie gibt an, wie viele Zeichen an Nutzinformation ein Modem tatsächlich übertragen kann. Im Falle einer asynchronen Übertragung sendet das Modem für jedes Byte zehn Bits (ein Start-, acht Daten- und ein Stopbit). Daher ist ein Modem mit beispielsweise 300 Bit/s in der Lage, 30 Bytes in der Sekunde zu übertragen. Aufgrund des eingeschränkten Frequenzbandes im Telefonnetz lassen sich die Modems mit Frequenzmodulation nur bis maximal 600 Bit/s betreiben.

Ein Verfahren, das die Übertragung beschleunigt, heißt Phasenmodulation (PM). Es arbeitet mit einer konstanten Trägerfrequenz pro Sendekanal, die sich allerdings in der Phase ändert und so moduliert wird. Jetzt bestimmen vier Phasenwinkel (0, 90, 180, 270 Grad bei V.22) die diskreten Zustände. Sie entsprechen aber nicht mehr einzelnen Bits, sondern kodieren Doppelbits (Dibits; 00, 01, 10, 11). V.22 ist in der Lage, mit der gleichen Schrittgeschwindigkeit (600 Baud) die doppelte Menge an Information zu übertragen. Bei einer Schrittgeschwindigkeit von 600 Baud ergibt sich eine Übertragungsrate von 1200 Bit/s (V.22).

Die quadratische Amplitudenmodulation (V.22bis) unterscheidet sogar zwischen 16 (2 ** 4) diskreten analogen Zuständen. Der zu sendende Datenstrom wird in Gruppen von vier aufeinander folgenden Bits (Quadbits) unterteilt. Die Schrittgeschwindigkeit bleibt nach wie vor bei 600 Baud, die Übertragungsrate beträgt 2400 Bit/s.

Modems mit 9600 Bit/s arbeiten nach V.29 und benutzen die von V.22 bis bekannte quadratische Amplitudenmodulation (QAM) mit 16 diskreten Zuständen. Um jedoch eine derartige hohe Transferrate zu realisieren, mußte zusätzlich die Schrittgeschwindigkeit von 600 Baud auf 2400 Baud erhöht werden. Diese Modems belegen jetzt die gesamte Frequenzbandbreite, überschreiten sie aber nicht. Der Aufbau von zwei getrennten Frequenzkanälen, wie man sie bei Vollduplex-Verbindungen benötigt, ist nicht mehr möglich. V.29 verwendet daher nur noch eine einzige Trägerfrequenz, die genau in der Mitte (1700 Hz) des Frequenzbandes jedes Telefonnetzes liegt. Das hat zur Folge, daß ein Modem entweder den Träger setzt und Daten senden kann - wofür es die gesamte Frequenzbandbreite braucht - oder es den Träger zurücknimmt und auf Empfang geht. Damit handelt es sich hier um eine reine Halbduplex-Betriebsart , in der nur gesendet oder empfangen wird, aber niemals beides gleichzeitig.

Die Halbduplex-Betriebsart an einer asynchronen Schnittstelle ist besonders im PC-Bereich ziemlich unbekannt, so daß ein reines Halbduplex-Modem von PC-Software kaum direkt unterstützt wird. Da die Modems über eigene "Intelligenz" und Puffer verfügen, können sie dem Endgerät einen Vollduplex-Betrieb (pseudo-vollduplex) vortäuschen. Die Pseudo-Vollduplex-Modems verhalten sich dem angeschlossenen Endgerät gegenüber stets vollduplex. Auf der Postseite jedoch arbeiten sie halbduplex.

In der Bundesrepublik ist derzeit der Betrieb von Modems ohne ZZF-Zulassung verboten. Die höchste Geschwindigkeit, die Postmodems zur Zeit im Telefonnetz bieten, beträgt 4800 Bit/s. Das Postmodem unterstützt hierfür lediglich die Betriebsart halbduplex, synchron, was seine Anwendung gerade im PC-Bereich erheblich einschränkt, denn die Standardkommunikationsschnittstelle eines PC wird vollduplex und asynchron betrieben. Um einen PC synchronfähig zu machen, ist zusätzliche Hard- und Software notwendig.

1.2.1.2 Akustikkoppler /HEIN-84/

Besonders für den mobilen Betrieb (transportable Rechnersysteme) eignet sich eine besondere Art von Modem, die ohne direkten Anschluß an das öffentliche Fernsprechnetz auskommt (kein Hardware-Eingriff) und somit der Forderung nach Portabilität entspricht. Bei derartigen Systemen erfolgt die Ankopplung an das Fernsprechnetz indirekt, indem der Handsprechapparat eines Fernsprechgeräts in eine spezielle Vorrichtung eingeklinkt und somit akustisch angekoppelt wird. Man bezeichnet diese Systeme deshalb als sogenannte Akustikkoppler.

Akustikkoppler stellen also eine transportable Modemalternative dar. Sie werden für Datenübertragungsraten von 300 Bit/s bis 2400 Bit/s angeboten und gestatten sowohl den Voll- wie den Halbduplexbetrieb. Am meisten verbreitet sind bisher Akustikkoppler für Übertragungsgeschwindigkeiten mit 1200 Baud. Sie ermöglichen auch eine weitgehend sichere Datenübertragung. Es ist prinzipiell möglich, ausgehend von dem üblichen Fernsprechhauptanschluß unter Verwendung eines Akustikkopplers jeden Teilnehmer im öffentlichen Datennetz zu erreichen. Auch wenn das entsprechende Rechnersystem somit selbst keinen Anschluß an das Datennetz besitzt, kann fallweise über einen Akustikkoppler weltweit jeder andere Teilnehmer für die Zwecke der Datenübertragung im Fernsprech- oder Datennetz angewählt werden.

1.2.2 Übertragungsmedien

Für die Datenübertragung stehen heute primär keine anderen Übertragungsmedien zur Verfügung als die im Fernsprechnetz für die Übertragung von Sprach-, Rundfunk- und Fernsehsignalen verwendeten. Die Übertragungsmedien unterscheiden sich wesentlich im nutzbaren Frequenzbereich und somit in ihren Übertragungsraten /BOCK-83/.

Telefonleitung

Die einfache Telefonleitung, die aus einem Leiter besteht, hat eine weite Verbreitung. Mit den zur Zeit eingesetzten Übertragungsverfahren sind Übertragungsraten von bis zu 9600 Bit/s möglich.

Verdrilltes Kupferkabel

Symmetrische, d.h. verdrillte Paare aus Kupferadern mit Isolation aus Papier oder Polyäthylen werden zu Kabeln mit 20 bis 2000 Paaren zusammengefaßt. Sie dienen zur

Übertragung analoger Sprachfrequenzsignale im Teilnehmeranschlußbereich und im Orts- und Bezirksnetz. Von Beginn der Anwendung der Pulscodemodulation an wurden vorhandene Kabel dieser Art auch für die Übertragung digitaler Signale benutzt. Dabei war das Ziel, die Kapazität der Kabel besser auszunutzen.

Koaxialkabel

Koaxialkabel bestehen aus Leiterpaaren, deren kennzeichnende Abmessungen der Außendurchmesser des Innenleiters und der Innendurchmesser des Außenleiters sind. Für die Übertragung werden die Koaxialpaare mit 2,6/9,5 mm und 1,2/4,4 mm in sehr großem Umfang verwendet. Sie sind auch für Digitalübertragung geeignet. Speziell für die Digitalübertragung wurde aus Gründen der Wirtschaftlichkeit ein dünnes Koaxialkabel mit den Durchmessern 0,7/2,9 mm entwickelt.

Lichtwellenleiter

Der Lichtwellenleiter ist zwar das jüngste Übertragungsmedium, aber für die Digitalübertragung - und damit überhaupt für die zukünftige Kommunikationstechnik - das aussichtsreichste. Sicherlich werden die Lichtwellenleiter in den Kabeln der zukünftigen Übertragungstechnik absolut dominierend sein - jedenfalls in neuzuverlegenden Kabeln; dies gilt sowohl für den Weitverkehr wie auch den Nahverkehr. Der Lichtwellenleiter ist eine Faser aus Quartzglas, über die Lichtstrahlen im Infrarotbereich übertragen werden.

Richtfunk

Das Übertragungsmedium des Richtfunks ist der freie Raum. Man unterscheidet den terrestrischen Richtfunk (direkte Funkverbindung zwischen zwei Stationen auf der Erde) und den Satellitenfunk.

Als Merkmal der Satellitenverbindungen muß die große Laufzeit (etwa 260 ms für den Weg Erde-Satellit-Erde) genannt werden. Sie kann die Verständigung beim Fernsprechen beeinträchtigen (erst recht, wenn zwei Satellitenstrecken in Reihe geschaltet werden) und ist bei Datendialogbetrieb störend.

Der Richtfunk (auch mit Satelliten) erlaubt es, Nachrichtenverbindungswege rasch einzurichten. Er ist ganz besonders dann von Nutzen, wenn Kabelübertragungssysteme noch nicht zur Verfügung stehen oder aus geographischen Gründen nicht in Frage kommen.

1.3 Lokale Komponente

1.3.1 Laptops

Knapp 10 Prozent der in Europa verkauften PCs sind nach Aussage eines japanischen Herstellers 1987 bereits Tragbare. Der Hersteller prognostiziert für 1990 bereits 35 Prozent /HÖFF-87/, das Marktforschungsunternehmen Diebold für Anfang der 90er Jahre immerhin 30% aller professionell genutzten PCs /NN-88c/. Tragbare PCs werden im Gegensatz zu den auf einem Schreibtisch (desk) zu betreibenden "Desktops" meist als "Laptops" (lap: amerikanisch Schoß) bezeichnet - wohl um anzudeuten, daß für ihren Betrieb nicht unbedingt ein Schreibtisch erforderlich ist. Außerdem werden die Begriffe "Portable" und, meist für die kleineren Geräte mit geringerem Leistungsumfang, "Hand-Held" benutzt.

Der Laptop-Markt befindet sich derzeit in einer Phase rasanter Entwicklung (100 MB-Festplatte, VGA-Graphik-Standard, um nur einige Punkte zu nennen). Um dennoch einen aktuellen Überblick über das derzeitige Angebot an Laptops zu erhalten, wurde vom Forschungszentrum Informatik an der Universität Karlsruhe (FZI) im September 1988 eine Anbieterbefragung durchgeführt. Dazu wurden an 33 Anbieter Fragebogen verschickt, wovon 17 beantwortet wurden. Zusätzlich wurden Angaben aus Verkaufsprospekten ausgewertet.

Da sich die Mehrzahl der Geräte in ihren Abmessungen kaum unterscheidet, ist ihr auffälligstes äußeres Merkmal das Gewicht. Es liegt bei den betrachteten Geräten im Bereich von unter 3 bis knapp 10 kg, wobei leistungsfähigere Geräte häufig auch ein größeres Gewicht aufweisen. Ein weiterer Faktor für das Gewicht ist die Art der Stromversorgung. Einige Geräte sind mit einem aufladbaren Akku ausgestattet, während andere nur direkt am Netz betrieben werden können. Die mit einer Aufladung erzielbaren Betriebszeiten reichen von einer halben bis zu sechs Stunden. Ein Hersteller gab sogar zwanzig Stunden Betriebszeit an. Diese Zeiten können bei Geräten mit abnehmbarem Akku dadurch ausgedehnt werden, daß man einen zweiten Akku verwendet. Neben dem Vorteil der Netzunabhängigkeit bringt der Akku aber auch den Nachteil eines höheren Gewichts des Laptops mit sich.

Die Unterschiede in der Leistungsfähigkeit spiegeln sich nicht nur im Gewicht, sondern naturgemäß vor allem auch im Preis wider. Die Skala der angegebenen Preise reicht von unter 2.000 DM bis zu fast 20.000 DM. Aufgrund dieser z.T. relativ hohen Preise ergibt sich bei der Konzeption eines AUDIUS das Problem, ökonomische gegen funktionale Anforderungen an ein solches System abzuwägen. Hierbei sind jedoch auch zukünftige Preisentwicklungen in die Überlegungen mit einzubeziehen.

Alle aufgeführten Geräte verwenden das Betriebssystem MS-DOS, einige lassen sich auch mit OS/2 betreiben. Als Prozessoren findet man am häufigsten die 80x86-Modelle, deren Taktfrequenz zwischen knapp 5 und 20 MHz liegt und bei einigen Geräten zwischen zwei Werten umschaltbar ist.

Die meisten Laptops besitzen zwei eingebaute Laufwerke und zwar sind dies in der Regel ein Festplattenlaufwerk, meist mit 20 oder 40 MB Kapazität, wobei es aber auch Modelle mit 10 oder 100 MB gibt, und ein 3,5"-Diskettenlaufwerk. Einige Geräte sind auch mit zwei 3,5"-Laufwerken ausgestattet, während bei anderen ein 5,25"-Diskettenlaufwerk eingebaut ist. Bei den Zugriffszeiten auf die Festplatten bestehen zwischen den einzelnen Geräten z.T. enorme Unterschiede. Zur Ergänzung der standardmäßig eingebauten Speichermöglichkeiten werden neben zusätzlichen Diskettenlaufwerken von einigen Herstellern auch Bandlaufwerke angeboten.

Während die meisten Geräte eine fest in das Gehäuse integrierte Tastatur haben, sind auch einige Geräte mit abnehmbarer Tastatur auf dem Markt. Dies hat z.B. den Vorteil, daß der AD-Mitarbeiter bei einer Präsentation auf dem Laptop den Bildschirm in optimalem Blickwinkel für den Kunden und die Tastatur in optimaler Stellung für sich selbst anordnen kann. Ein weiteres interessantes Konzept besteht darin, neben der Tastatur auch den Bildschirm nicht fest mit dem Rechner zu verbinden, um so die Möglichkeit zu bieten, bei Einsatz im Büro einen normalen Bildschirm (evtl. auch mit Farbfähigkeit) an das Gerät anzuschließen und bei Einsatz außer Haus ein LCD-Display mitzunehmen.

Die bei Laptops eingesetzten Displays lassen sich grob in drei Gruppen einteilen /NN-88b/.

- LCD (liquid cristal display): Flüssigkristalle ändern beim Anlegen einer Wechselspannung scheinbar ihre Farbe.
- Plasma-Display: Hier wird praktisch dieselbe Technik wie Leuchstofflampen benutzt: eine elekrische Spannung führt zur Ionisierung eines Gases, das dann leuchtet.
- EL (Elektrolumineszenz-Anzeige). Die Elektronen treffen genau wie bei den normalen Bildschirmen auf eine Leuchtschicht die dann gelbe (meistens) Lichtblitze aussendet.

Bei LCD-Displays werden verschiedene Techniken zur Kontrastverstärkung (Backlit, Supertwist etc.) eingesetzt, die in Abschnitt IV.1.6.1. näher beschrieben werden. Die meisten Geräte unterstützen Graphik-Standards und zwar neben Hercules in erster Linie CGA, aber auch EGA-Geräte gibt es schon in großer Zahl, während die Modelle mit VGA-Auflösung noch deutlich in der Minderheit sind.

Neben einigen Hand-Helds mit eingebautem Drucker, der aber kein DIN A4-Format verarbeiten kann, gibt es inzwischen auch einen Laptop, der anstatt einer Tastatur ein über einem LCD-Display angebrachtes transparentes Digitalisiertablett besitzt, auf dem man handschriftliche Eingaben machen kann /NN-88f/.

Als weiteres "Peripherie"-Gerät befindet sich seit kurzem ein Spezial-Autositz für den Gebrauch eines Laptops auf dem (US-)Markt. Optional ist über diesen Sitz das Gerät auch an das Bordnetz des Autos anschließbar /NN-88d/.

Die in der Befragung gewonnenen Einzelergebnisse sind in den Abbildungen 1.1 - 1.9 dargestellt.

Legende zu den Abbildungen 1.1 bis 1.9

1) parallel, seriell, Erweiterungseinheit und Monitoranschluß
2) MDA und CGA kompatibel
3) 102 Tasten, erw. AT-Tastatur (MFII), separate Funktionstasten und 10er-Block, Editier- und Cursortasten
4) Netz, Akku (für 8 Std.), Zigarettenanzünder
5) spezielle E/A-Steckposition 4" x 4", für Optionen von Data General oder selbst erstellte Anwendungen
6) Akku, ext. Netzteil, ext. Auto-Adapter
7) ext. Akku, ext. Netzteil, ext. Auto-Adapter
8) RGB-Karte, Starlan, Memory
9) Printer umschaltbar für ext. FDD, RGB
10) 85 Tasten Industriestandard-kompatibel
11) Akku, AC-Adapter, Netz, Adapter über Zigarettenanzünder
12) je nach Betriebsart 0,75 - 7 Std.
13) 4,6 MB auf der Hauptplatine
14) Centronics, Mouse, ext. Monitor und Laufwerk
15) optionaler Minitapestreamer
16) LCD double Supertwist backlight
17) VGA, EGA, CGA, MDA / Hercules
18) Kompakt-Tastatur oder MFII-Tastatur
19) optional über Steckkarten
20) über den freien Softwaremarkt verfügbar
21) ext. Laufwerk 1,2 MB oder 360 KB

22) 2 x 3,5" Disketten-Laufwerk (720KB) optional 20 MB Festplatte und ein 3,5" Diskettenlaufwerk (720 KB)

23) 84 Tasten + 10 prog. Funktionstasten

24) 77 Tasten + 10 Funktionstasten

25) ext. Keyboard 10-Tastatur, FDD, HDD, Mouse, Monitor

26) DM 5262,- bei 20 MB bzw. DM 6095,- bei 40 MB Festplatte

27) 5,25" 0,36 MB / 1,2 MB

28) 3 in der Station-Box

29) 1x V24, 1 x Centronics

30) LCD Supertwisted backlight

31) 83 Tasten (davon 12 Funktionstasten) + separater Cursorblock

32) siehe SW-Angebot für AT-kompatible PCs

33) 1 x ext. Monitor, 1 x ext. Diskettenlaufwerk

34) Arc Net LAN Interface

35) 88 Tasten, mit separatem 10-er Tastenblock

36) 2,5 Std. bei 10% Benutzung des LW und eingeschalteter Hindergrundbeleuchtung

37) über spezielle Software

38) in Zusammenarbeit mit Softwarehäusern

39) Standard Erweiterungen sind einsetzbar

40) 1 inkl. Expanded-Memory-System-Mode (EMS)

41) V24, ext. LW, ext. Erweiterungsbox, Keypad, ext. Bildschirm

42) ext. Erweiterungseinheit für 3 PC / XT Karten

43) numerisches Keypad, 102-er Tastatur; Tastatur abnehmbar

44) asynchrone, parallele und VGA-Schnittstelle

45) 5,25" LW (360 KB / 1,2 MB), 40 MB Bandlaufwerk

46) Compaq-VG-Backlit-Bildschirm

47) ext. Ziffernblock, ext. Tastatur, Desktop-Erweiterungseinheit, ext. Monitore

48) MS-DOS 3.3, MS-OS/2 1.0

49) 1 x ser. Kommunikationsschnittstelle, 1 x par. Druckerschnittstelle

50) 1 x RGB-Schnittstelle für Farbmonitor

51) 5,25" LW (360 KB), 40 MB Bandlaufwerk

52) Dual-Mode Plasma-Display

53) Text: 640 x 200, Grafik: 640 x 400; 640 x 200

54) 92 Tasten (DIN-Layout) mit LED-Anzeige, 12 prog. Funktionstasten, Ziffern- und Cursor-Block

55) MS-DOS 3.31, MS-OS/2

56) Disk Cache, COMPAQ Expanded Memory Manager

57) MS-DOS/BASIC 3.31 max. Größe einer log. Festplatte 512 MB

58) 32-Bit Memory-/Modem-Schnittstellen-Karte (erforderlich für Speichererweiterung > 2 MB), 1 oder 2 MB-RAM-Erweiterungskarte, 4 MB-RAM-Erweiterungskarte, 4 MB-RAM Erweiterungs-Modul (zum Aufstecken auf die 4 MB-RAM-Erweiterungskarte)

59) RGB monitor port DB-25 par. port

60) ext. LW 3,5" (1,44 MB), ext. LW 5,25" (360 KB)

61) ext. LW 3,5" (720 KB), ext. LW 5,25" (360 KB)

62) 320 x 200 / 640 x 200

63) IBM kompatible Tastenanordnung + 12 Funktionstasten separater Cursorsteuerung

64) IBM-kompatibler Cursorblock, 8 Funktionstasten

65) IBM-kompatibler Cursorblock 12 Funktionstasten

66) RGB, Composite Video, FDD, Erweiterungseinheit

67) RGB, FDD, Zehnertastatur, Erweiterungseinheit

68) 320 x 200 / 640 x 200

69) 320 x 200 / 640 x 200 / 640 x 400

70) IBM-kompatible Tastatur + Cursorblock + 10 Funktionstasten

71) 83 Tasten, abnehmbare Tastatur

	Hersteller	Amstrad	CMTE-FAST	CMTE-FAST	CMTE-FAST	CMTE-FAST	CMTE-FAST	Compaq	Compaq	Compaq	Compaq
	Modell	PPC 512	LA-10 XT	LA-10 AT	LA-10/20	Plasma LA-12/20	Plasma LA-12/40	SLT/286 Mod. 20	SLT/286 Mod. 40	Port.386 Mod. 40	Port.386 Mod. 100
Maße	B x H x T (cm)	45 x 10 x 23	34 x 7,9 x 38	34 x 7,9 x 38	34 x 7,9 x 38	34,5 x 8,5 x 39	34,5 x 8,5 x 39	34,2 x 10.5 x 21,5	34,2 x 10.5 x 21,5	40,6 x 24,8 x 19,8	40,6 x 24,8 x 19,8
	Gewicht (kg)	5,4	5,8	5,8	5,8	5,95	5,95	6,3	6,3	9,1	9,6
	Preis des Grundmodells (DM)	1699,-	2990,-	4990,-	8900,-	9600,-	10600,-			15000,-	19000,-
Architektur	CPU	8086	8088	80286	80286	80286	80286	80C286	80C286	80386	80386
	Co-Prozessor	8087	8087	80287	80287	80287	80287	opt. 80C287	opt. 80C287	opt. 80387	opt. 80387
	Taktfrequenz (MHz)	8	10	10	10	12	12	12	12	20	20
	Echtzeituhr	ja	ja	ja	ja	ja	ja	ja mit Kalender	ja mit Kalender	ja mit Kalender	ja mit Kalender
Hauptspeicher	RAM eingebaut (MByte)	0,5	0,64	0,64	0,64	2,6	2,6	0,64	0,64	1	1
	RAM optional (MByte)	0,64						3	3	9	9
	ROM	ja									
Steckplätze	Art		keine								
	Anzahl										
Schnittstellen	Kommunikation		ser., par.	ser., par.	ser., par.	ser., par.	ser., par.	44)	44)	49)	49)
	Sonstige	1)	Tastatur, Modem	Tastatur, Modem	Tastatur, Modem	Modem	Modem			50)	50)
Massenspeicher / Diskette	Anzahl	1 + 1 opt.	2	2	1	1	1	1	1	1	1
	Format (Zoll)	3,5	3,5	3,5	3,5	3,5	3,5	3,5	3,5	5,25	5,25
	Kapazität (MByte)	0,72	0,72	0,72	0,72	1,44	1,44	1,44	1,44	1,2	1,2
Festplatte	Anzahl	1			1	1	1	1	1	1	1
	Kapazität (MByte)	20			20	20	40	20	40	40	100
	Zugriffszeit (ms)	45			35	26	26	<29	<29	<30	<25
Sonstiges	Technik	3,5"						45)	45)	51)	51)
	Kapazität (MByte)							45)	45)	51)	51)
	Zugriffszeit (ms)							45)	45)	51)	51)
Displays	Typ (LCD, Plasma, ...)	LCD Supertwist	LCD Super. bagl.	LCD Super. bagl.	LCD Super. bagl.	Plasma	Plasma	46)	46)	52)	52)
	Größe (Zoll)	9						10	10	10	10
	verstellbar	ja	ja	ja				ja	ja	ja	ja
Auflösung	Text (Zeichen / Zeile)	80 x 25								53)	53)
	Graphik (Pixel x Pixel)	640 x 200	640 x 400	640 x 400	640 x 400	640 x 400	640 x 400	640 x 480	640 x 480	53)	53)
	Hinter-/Vordergr.farbe										
	Anzahl Graustufen		2	2	2	2	2	8	8		
	Graphikmodus	2)	CGA	CGA	CGA	MCGA	MCGA	VGA	VGA		

Abb. 1.1. Marktübersicht Laptops - Teil 1

	Hersteller	Amstrad	CMTE-FAST	CMTE-FAST	CMTE-FAST	CMTE-FAST	CMTE-FAST	Compaq	Compaq	Compaq	Compaq
	Modell	PPC 512	LA-10 XT	LA-10 AT	LA-10/20	Plasma LA-12/20	Plasma LA-12/40	SLT/286 Mod. 20	SLT/286 Mod. 40	Port.386 Mod. 40	Port.386 Mod. 100
Eingabemedien	Tastatur	3)	84 Tasten	84 Tasten	84 Tasten	84 Tasten	84 Tasten	71)	71)	54)	54)
	Maus		ja	ja	ja	ja	ja				
	Lichtgriffel						ja				
	Scanner		ja	ja	ja	ja	ja				
	Digitalisiertablett		ja	ja	ja	ja	ja				
	Sonstiges							47)	47)		
Stromversorgung	Art (Netz, Akku, ...)	4)	Akku	Akku	Akku	Netz	Netz	ext. Netz, Akku	ext. Netz, Akku	Netz	Netz
	Akku eingebaut		ja	ja	ja			ja	ja		
	Ladezeit (h)		12	12	12						
	Betriebsdauer (h)	>2	3,5	3,5	2,5			>3	>3		
	Warnanz. bei Spannungsverlust	ja	ja	ja	ja						
Kommunikationsmöglichkeiten	Modem		ja	ja	ja	ja	ja			1200 / 2400 baud	1200 / 2400 baud
	Akkustikkoppler		ja	ja	ja	ja	ja				
	Btx		ja	ja	ja	ja	ja				
	Telex		ja	ja	ja	ja	ja				
	Datex-L		ja	ja	ja	ja	ja				
	Datex-P		ja	ja	ja	ja	ja				
	Protokolle		ja	ja	ja	ja	ja				
	LAN-Anschluß		nein	nein	nein	nein	nein				
Softwareumgebung	Betriebssysteme	MS-DOS 3.3	MS-DOS 3.30	MS-DOS 3.30	MS-DOS 3.30	MS-DOS 3.30	MS-DOS 3.30	48)	48)	55)	55)
	System-Software									56)	56)
	Benutzungsoberflächen									WINDOWS/386	WINDOWS/386
	Programmiersprachen									57)	57)
Peripherie-Angebot	Massenspeicher										
	Speichererweiterungen							45)	45)	1 MB	1 MB
	Backup-Systeme										
	Schnittstellen										
	Karten							49)	49)	58)	58)
	Sonstiges									2-te ser. Komm. -Schnittstelle	2-te ser. Komm. -Schnittstelle

Abb. 1.2. Marktübersicht Laptops - Teil 2

		Data General	Data General	Epson	Goupil	Grid	Grid	HP	HP	Inter Quadram	Inter Quadram
Hersteller											
Modell		DG/ONE 2T LCD	DG/ONE 2T EL	PC - Portable	GOLF	GRiDCase 1530	Grid Lite	Portable Plus	Portable Vectra CS	SNAP	SPARK
Maße	B x H x T (cm)	30 x 8 x 37	30 x 8 x 37	34,5 x 7,9 x 31	33,5 x 6,7 x 37	38 x 5,8 x 29	28,5 x 7 x 33	33 x 7,6 x 25,4	35,3 x 8,9 x 41,8	33 x 8,2 x 32	33 x 8 x 32
	Gewicht (kg)	4,7	5,2	5,7	9,5	5,4	3,6	4,5	8,0	4,5 o. Akku	4,0 o. Akku
	Preis des Grundmodells (DM)	3460,-	5500,-		9990,-	k.A.	k.A.	k.A.	k.A		
Architektur	CPU	80C88	80C88	V 30	80286	80386	80C86	80C86	80C86	V 20	V 20
	Co-Prozessor	8087	8087	nein	80287 Sockel vorh.	opt. 80387				opt. 8087	opt. 8087 / 720191
	Taktfrequenz (MHz)	4,77 / 7,16	4,77 / 7,16	4,77 / 10	10	12,5	4,77	5,33	7,16	4,77 / 9,54	4,77 / 9,54
	Echtzeituhr	ja	ja	ja	ja					ja	ja
Haupt-speicher	RAM eingebaut (MByte)	0,512	0,512	0,64	0,64 (O-Waitstate)	2	0,64	0,512	0,64	0,64	0,64
	RAM optional (MByte)	2	2		13)	6	1 EMS	2	6	offen, je n. Karte	
	ROM			16 KB	64 KB	128 KB	1 MB	192 KB erw.3 MB		256 KB	256 KB
Steck-plätze	Art	5)	5)	Spezial	PC	256-KB ROM	für 8 ROMs	Stecksockel	Karten	kurz	
	Anzahl	2	2	2	2	2	8	12 + 2	4	1	
Schnitt-stellen	Kommunikation	RS232C, RS422	RS232C, RS422	RS232C	RS 232C	RS 232C, par.	1 x RGB-Video	RS 232C, HP-IL	seriell		Modemport
	Sonstige	parallele	parallele	9)	14)	59)		Video 82985AK	parallel		Centr., par.
Massenspeicher Diskette	Anzahl	1 + 1 optional	1 + 1 optional	2	1 + 1 optional	1	1	1	1	1	1 / 2
	Format (Zoll)	3,5	3,5	3,5	3,5	3,5	3,5	3,5	3,5	3,5	3,5
	Kapazität (MByte)	0,72	0,72	0,72	1,44	1,44	0,72	0,72	1,44	0,72	0,72
Fest-platte	Anzahl	1 optional	1 optional	1	1	1	opt. 1		1	22)	22)
	Kapazität (MByte)	20	20	20	40	40	10		20	22)	22)
	Zugriffszeit (ms)			78	25	k.A.				45	
Sonstiges	Technik	extern 5,25"	extern 5,25"		15)	60)	61)	RAM-Disk		ext. 5,25"	ext. 5,25"
	Kapazität (MByte)	0,36	0,36		40	60)	61)	bis zu 2,5			
	Zugriffszeit (ms)					60)	61)				
Displays	Typ (LCD, Plasma, ...)	LCD Supertwist	EL	LCD	16)	Plasma	LCD Supertwist	LCD	LCD Supertwist	LCD Supertwist	LCD Supertwist
	Größe (Zoll)	19 cm x 26 cm	12,5 cm x 19,5 cm		10	9,25	10	10	12	10	10
	verstellbar	ja	ja		ja				ja	ja	ja
Auflösung	Text (Zeichen / Zeile)	80 x 25	80 x 25	80 x 25	80 x 25		40 x 25 / 80 x 25	k.A.	k.A.	80 x 25	80 x 25
	Graphik (Pixel x Pixel)	640 x 250	640 x 200	640 x 200	640 x 480	640 x 400	62)	480 x 200	640 x 400	640 x 200	640 x 200
	Hinter-/Vordergr.farbe	gold/grün	schw./orange	je n. LCD / Monit.	16 aus 64						
	Anzahl Graustufen			8	16					4	4
	Graphikmodus	ja	ja	ja	17)	CGA, VGA			CGA-komp.	CGA	CGA

Abb. 1.3. Marktübersicht Laptops - Teil 3

Hersteller	Data General	Data General	Epson	Goupil	Grid	Grid	HP	HP	Inter Quadram	Inter Quadram
Modell	DG/ONE 2T LCD	DG/ONE 2T EL	PC - Portable	GOLF	GRiDCase 1530	Grid Lite	Portable Plus	Portable Vectra CS	SNAP	SPARK
Eingabemedien										
Tastatur	DIN 80 Tasten	DIN 80 Tasten	10)	18)		63)	64)	65)	23)	24)
Maus	optional	optional	über RS 232C	ja						
Lichtgriffel				19)						
Scanner			über RS 232C	19)						
Digitalisiertablett			über RS 232C	19)						
Sonstiges	Barcodeleser									
Stromversorgung										
Art (Netz, Akku, ...)	6)	7)	11)	Netz, opt. Akku	Akku	Akku	Akku	Akku	Netz, Akku	Netz, Akku
Akku eingebaut	ja	nein	ja	nein		ja	ja	ja	extern	ja
Ladezeit (b)	norm. 16/schnell 1		max. 12 Std.	je n. Batt.pack		12	10	10	14	14
Betriebsdauer (h)	1,5 - 4		12)	6		max . 4	20	10	2	6
Warnanz. bei Spannungsverlust	ja		ja						ja	ja
Kommunikationsmöglichkeiten										
Modem	USA ja			ja						ja
Akkustikkoppler			CX_21 gst.	ja						
Btx	ja			ja						
Telex				ja						
Datex-L				ja						
Datex-P				ja						
Protokolle				ja						
LAN-Anschluß	Starlan	Starlan		ja						
Softwareumgebung										
Betriebssysteme	MS-DOS 3.20	MS-DOS 3.20	MS-DOS 3.2	MS-DOS, OS / 2	MS-DOS 3.21		MS-DOS 2.11	MS-DOS 3.2	alle DOS Vers.	alle DOS Vers.
System-Software				20)						
Benutzungsoberflächen				20)						
Programmiersprachen			GW - Basic	20)			MS-BASIC			
Peripherie-Angebot										
Massenspeicher	5,25" (360KB)	5,25" (360KB)	20 MB HDD	21)						
Speichererweiterungen	0,5MB, 1MB, 2MB	0,5MB, 1MB, 2MB		2 / 4 MB						
Backup-Systeme				Minitapestreamer						
Schnittstellen				zus. u. Steckkarten						
Karten	8)	8)		GOUPil - NET						
Sonstiges	Tintendrucker mit Batt.-Betrieb	Tintendrucker mit Batt.-Betrieb		Monitore, Coprozessor, Mouse etc			trag. Drucker			

Abb. 1.4. Marktübersicht Laptops - Teil 4

172

	Hersteller	Kyocera	Mirado	Nixdorf	Olivetti	Rein Elektronik	Rein Elektronik	Rein Elektronik	Rein Elektronik	Rein Elektronik	Schneider
	Modell	V286P	LT3200	M15	M15	300 SLC	300 SLC MK2	420 SLC	450 SLC	560 SLC	
Maße	B x H x T (cm)	32 x 10,5 x 39	32 x 8,8 x 36	31 x 8,1 x 35,5	35 x 7 x 28	32 x 9,4 x 32	32,5 x 14,5 x 34	32,5 x 14,5 x 34	32,5 x 14,5 x 34	39 x 41 x 10	43 x 43 x 27
	Gewicht (kg)	7,9	6,7	6,7	5,6	6,4	6,7	6,7	6,7	6,7	5,5
	Preis des Grundmodells (DM)	7995,-	26)	6325,-	k.A.	k.A.	k.A.	k.A.	k.A.	k.A.	5998,-
Architektur	CPU	80286	80286	80286	80C88	80286	80286	80286	80286	80386	80286
	Co-Prozessor	80287	opt. 80287			80287	80287	80287	80287	80387	optional
	Taktfrequenz (MHz)	8 / 10	6 / 12	6 / 10	4,77	10	10	12,5	16	20	8
	Echtzeituhr	ja	ja	ja		ja	ja	ja	ja	ja	ja
Haupt-speicher	RAM eingebaut (MByte)	1	0,64	0,64	0,512	0,64	0,64	0,64	1	2	0,64
	RAM optional (MByte)	2	2	1		2	2	2	2	2 - 6	2,6
	ROM	64 KB		64 KB	16 KB	32 KB	32 KB		64 KB	32 KB	
Steck-plätze	Art	16 Bit kurz	Erw. - Slot	16 Bit		Erw. - Slot	Erw. - Slot	Erw. - Slot	Erw. - Slot		spezial
	Anzahl	1		28)		1	1	1			1
Schnitt-stellen	Kommunikation	ser., par.	RS 232, par.	29)	RS 232C, Centr.	2 x V24, 1 x par.	1 x V24, 1 x par.	1 x V24, 1 x par.	1 x V24, 1 x par.	1 x V24, 1 x par.	par., ser.
	Sonstige	25)	2		für ext. LW	33)	33)	33)	33)	33)	33)
Massenspeicher — Diskette	Anzahl	1	1 + 1 opt.	2	2	1	1	1	1	1	1
	Format (Zoll)	3,5	3,5	3,5	3,5	3,5	3,5	3,5	3,5	3,5	3,5
	Kapazität (MByte)	1,44	1,44	0,72	0,72	1,2	1,44	1,44	1,44	1,44	0,72
Fest-platte	Anzahl	1	1	1		1	1	1	1	1	1
	Kapazität (MByte)	30	20 / 40	20		20 / 40	20 / 40	40	40	20 / 40	20
	Zugriffszeit (ms)	65	35	78		< 67 / < 30	< 67 / < 30	< 30	< 30	< 67 / < 30	65
Sonstiges	Technik	ext. HDD	ext. 5,25"		ext. 5,25"						
	Kapazität (MByte)	30			368,6 KB						
	Zugriffszeit (ms)	65									
Displays	Typ (LCD, Plasma, ...)	Plasma	Plasma	30)	LCD	Plasma	Plasma	Plasma	Plasma	Plasma	Plasma
	Größe (Zoll)			12	10,5	10	10	10			9
	verstellbar	ja	ja	ja	ja						
Auflösung	Text (Zeichen / Zeile)	80 x 24	80 x 25	80 x 25	80 x 25	80	80	80	80	80	80 x 25
	Graphik (Pixel x Pixel)	640 x 400	640 x 400	640 x 200	640 x 200	640 x 400	640 x 400	640 x 400	640 x 400	640 x 480	640 x 400
	Hinter-/Vordergr.farbe										bernstein
	Anzahl Graustufen	5		4			2	4	4	16	
	Graphikmodus	MGC, CGA	CGA double scan	CGA		EGA / CGA	EGA/CGA/HER.	EGA/CGA/HER.	EGA/CGA/HER.	VGA/EGA/CGA/HER	CGA

Abb. 1.5. Marktübersicht Laptops - Teil 5

	Hersteller	Kyocera	Mirado	Nixdorf	Olivetti	Rein Elektronik	Rein Elektronik	Rein Elektronik	Rein Elektronik	Rein Elektronik	Schneider
	Modell	V286P	LT3200	M15	M15	300 SLC	300 SLC MK2	420 SLC	450 SLC	560 SLC	
Eingabemedien	Tastatur	86 Tasten	84 Tasten	31)	78 Tasten	ja	ja	ja	ja		83 Tasten
	Maus	Bus - Mouse	GM-6-Mouse	über V.24		ja	ja	ja	ja		ja
	Lichtgriffel										
	Scanner			über Station - Box							
	Digitalisiertablett			über Station - Box		ja	ja	ja	ja		
	Sonstiges	10 - Keyb.									
Stromversorgung	Art (Netz, Akku, ...)	Netzt. 82"	Netz	Netz, Akku	Netz, Akku	Netz	Netz	Netz	Netz	Netz	Netz
	Akku eingebaut			ja	ja						
	Ladezeit (h)			10	k.A.						
	Betriebsdauer (h)			0,5	6						
	Warnanz. bei Spannungsverlust			ja	ja						
Kommunikationsmöglichkeiten	Modem	RS 232		über Station - Box		ja	ja	ja	ja		RS 232
	Akkustikkoppler	RS 232		über V.24		ja	ja	ja	ja	ja	
	Btx	RS 232		ja		ja	ja	ja			
	Telex			über Btx							
	Datex-L	RS 232		ja							
	Datex-P	RS 232		ja							
	Protokolle										
	LAN-Anschluß	optional		ja		ja	ja	ja			
Softwareumgebung	Betriebssysteme	MS-DOS 3.3		MS-DOS 3.2	MS-DOS 3.2	MS-DOS 3.3	MS-DOS 3.3	MS-DOS 3.3	MS-DOS 3.3	MS-DOS 3.3	MS-DOS 3.31
	System-Software			32)							
	Benutzungsoberflächen	Windows 2.0		32)							
	Programmiersprachen	VBASICA		32)	GW BASIC						GW-BASIC
Peripherie-Angebot	Massenspeicher	30 MB HDD	27)								LW 3,5" (720KB)
	Speichererweiterungen	2 MB				2 MB	2 MB	2 MB	2 MB	2 - 6 MB	
	Backup-Systeme	ext. HDD									
	Schnittstellen	V24, Centronics									
	Karten					34)	34)	34)			
	Sonstiges										

Abb. 1.6. Marktübersicht Laptops - Teil 6

		Sharp	Sharp	Tandy	Toshiba	Toshiba	Toshiba	Toshiba	Toshiba	Toshiba	Toshiba
Hersteller		Sharp	Sharp	Tandy	Toshiba	Toshiba	Toshiba	Toshiba	Toshiba	Toshiba	Toshiba
Modell		PC -4502	PC - 4521	1400 LT	T1000	T1200	T1600	T3100	T3200	T5100	T5200
Maße	B x H x T (cm)	34,5 x 7,5 x 30,7	34,5 x 7,5 x 30,7	36,8 x 8,9 x 31,7	31 x 5,2 x 28	30,9 x 6,6 x 30,5	31,5 x 8,3 x 32,5	31,1 x 8 x 36	37 x 9,9 x 39,5	31,1 x 9,2 x 36	37,0 x 9,9 x 39,5
	Gewicht (kg)	5,1 o. Adapter	5,6 o. Adapter	6,2	2,9	5,5	4,7 o. Batt.	6,8	8,5	6,8	8,6
	Preis des Grundmodells (DM)	2368,-	3947,-		2480,-	5980,-	8980,-	6480,-	11480,-	13980,-	18980,-
Architektur	CPU	V40	V40	V20	80C86	80C86	80C286	80286	80286	80386	80386
	Co-Prozessor	nein	nein			80C87	80C287	k.A.	80287	80387	80387
	Taktfrequenz (MHz)	4,77 / 7,16	4,77 / 7,16	4,77 / 7,16	4,77	4,77 / 9,54	12	8	12	16	20
	Echtzeituhr	ja	ja	ja	ja	ja	ja	batt.gepuffert	ja	ja	ja
Hauptspeicher	RAM eingebaut (MByte)	0,512	0,512	0,768	0,512	1	1	0,64	1	2	2
	RAM optional (MByte)	1,6	1,6		1,2		5	2,6	4	4	8
	ROM			16				4			
Steckplätze	Art	Sharp eigen	Sharp eigen				Toshiba		8 Bit 16 Bit	Toshiba	8 Bit 16 Bit Tosh.
	Anzahl	1	1				1		1 1	1	1 1 1
Schnittstellen	Kommunikation	MODEM, V24	MODEM, V24	RS 232C	RS 232C, Centr.	RS 232C, Centr.	2	RS 232C, Centr.	1	1	2
	Sonstige	Centr., LW 5,25"	Centr., LW 5,25"		Composite Video	66)	1 x par., 1 x RGB	67)	1 x par., 1 x RGB	1 x par., 1 x RGB	1 x par., 1 x RGB
Massenspeicher Diskette	Anzahl	2	1	2	1	1	1	1	1	1	1
	Format (Zoll)	3,5	3,5	3,5	3,5	3,5	3,5	3,5	3,5	3,5	3,5
	Kapazität (MByte)	0,72	0,72	0,72	0,72	0,72	0,72 / 1,44	0,72	0,72 / 1,44	0,72 / 1,44	0,72 / 1,44
Festplatte	Anzahl		1			1	1	1	1	1	1
	Kapazität (MByte)		20			20	20	20	40	40	100
	Zugriffszeit (ms)		78				27		39	29	23
Sonstiges	Technik										
	Kapazität (MByte)										
	Zugriffszeit (ms)										
Displays	Typ (LCD, Plasma, ...)	30)	30)	30)	LCD Supertwist	LCD Supertwist	LCD	Plasma	Plasma	Plasma	Plasma
	Größe (Zoll)	10	10		k.A.	k.A.	k.A.	9,5	9,5	k.A.	
	verstellbar	ja	ja	ja	ja	ja	ja	ja	ja	ja	ja
Auflösung	Text (Zeichen / Zeile)	80 x 25	80 x 25	80 x 25	80 x 25	80 x 25	80 x 25	80 x 25	80 x 25	80 x 25	80 x 25
	Graphik (Pixel x Pixel)	640 x 200	640 x 200	640 x 200	68)	68)	640 x 400	69)	720 x 400	640 x 400	640 x 480
	Hinter-/Vordergr.farbe	blau / weiß	blau / weiß				16 / 16		16 / 16	16 / 16	16 / 16
	Anzahl Graustufen	-	-				16		4	4	16
	Graphikmodus						EGA		EGA / HERC	EGA	VGA

Abb. 1.7. Marktübersicht Laptops - Teil 7

		Sharp	Sharp	Tandy	Toshiba	Toshiba	Toshiba	Toshiba	Toshiba	Toshiba	Toshiba
Hersteller		Sharp	Sharp	Tandy	Toshiba	Toshiba	Toshiba	Toshiba	Toshiba	Toshiba	Toshiba
Modell		PC -4502	PC - 4521	1400 LT	T1000	T1200	T1600	T3100	T3200	T5100	T5200
Eingabemedien	Tastatur	35)	35)	76 Tasten	70)	70)	88 Tasten	70)	85 Tasten	82 Tasten	92 Tasten
	Maus						V.24		V.24	V.24	V.24
	Lichtgriffel										
	Scanner						ja		ja	ja	ja
	Digitalisiertablett						ja		ja	ja	ja
	Sonstiges										
Stromversorgung	Art (Netz, Akku, ...)	Netz, Akku	Netz, Akku	Akku	Akku	Akku	Akku	Netz	Netz	Netz	Netz
	Akku eingebaut	ja	ja	ja	ja	ja	ja				
	Ladezeit (h)	8	8		4	k.A.	2				
	Betriebsdauer (h)	36)	36)	4	4	6	1 - 5 h x 2				
	Warnanz. bei Spannungsverlust	ja	ja				ja				
Kommunikationsmöglichkeiten	Modem	ja	ja				ja		ja	ja	ja
	Akkustikkoppler	ja	ja				ja		ja	ja	ja
	Btx	37)	37)				ja		ja	ja	ja
	Telex						ja		ja	ja	ja
	Datex-L						ja		ja	ja	ja
	Datex-P						ja		ja	ja	ja
	Protokolle										
	LAN-Anschluß						ja		ja	ja	ja
Softwareumgebung	Betriebssysteme	MS-DOS 3.21	MS-DOS 3.21	MS-DOS 3.2	MS-DOS	MS-DOS 3.2	MS-DOS, OS-2	MS-DOS 3.2	MS-DOS, OS-2	MS-DOS, OS-2	MS-DOS, OS-2
	System-Software	set up Menü	set up Menü								
	Benutzungsoberflächen	nein	nein				Windows		Windows	Windows	Windows
	Programmiersprachen	GW-BASIC	GW-BASIC	GW-BASIC							
Peripherie-Angebot	Massenspeicher	nein	nein		LW (3,5" / 5,25")	LW 5,25"	39)	LW 5,25"	39)	39)	39)
	Speichererweiterungen	ja	ja				39)		39)	39)	39)
	Backup-Systeme	nein	nein				39)		39)	39)	39)
	Schnittstellen	nein	nein				39)		39)	39)	39)
	Karten	nein	nein				39)		39)	39)	39)
	Sonstiges					Erw.-Einheit 5 Steckplätze	39)	Erw.-Einheit 5 Steckplätze Farbgr. Adapter	39)	39)	39)

Abb. 1.8. Marktübersicht Laptops - Teil 8

	Hersteller	Wang	Zenith	Zenith	Zenith	Zenith	Zenith
	Modell	Laptop	S. P. Mod 2	S. P. Mod.20	S. P.286 Mod.20	S. P.286 Mod.40	S. P. 386 Mod.40
Maße	B x H x T (cm)	35 x 10 x 30	31 x 12,1 x 30,9	31 x 12,1 x 30,9	31 x 12,1 x 30,9	31 x 12,1 x 30,9	33,6 x 12 x 37,4
Maße	Gewicht (kg)	6,6	4,6	4,6	4,6	4,6	6,7
Maße	Preis des Grundmodells (DM)	3990,-	4380,-	6700,-	9900,-	11995,-	13995,-
Architektur	CPU	V30	80C88	80C88	80C286	80C286	80386
Architektur	Co-Prozessor	nein	8087	8087	80287	80287	80387
Architektur	Taktfrequenz (MHz)	8	4,77 / 8	4,77 / 8	6 / 12	6 / 12	6 / 12
Architektur	Echtzeituhr	ja	ja	ja	ja	ja	ja
Architektur — Hauptspeicher	RAM eingebaut (MByte)	0,512	0,64	0,64	40)	40)	2
Architektur — Hauptspeicher	RAM optional (MByte)	1	40)	40)	1	1	3
Architektur — Hauptspeicher	ROM	k.A.	64	64	64 / 128	64 / 128	64 / 128
Architektur — Steckplätze	Art	k.A.	PC / XT	PC / XT	PC / XT	PC / XT	PC / XT
Architektur — Steckplätze	Anzahl	2	3	3	3	3	3
Architektur — Schnittstellen	Kommunikation	3	RS 232C	RS 232C	RS 232C	RS 232C	RS 232C
Architektur — Schnittstellen	Sonstige	2	41)	41)	41)	41)	41)
Massenspeicher — Diskette	Anzahl	1	2	1	1	1	1
Massenspeicher — Diskette	Format (Zoll)	5,25 / 3,5	3,5	3,5	3,5	3,5	3,5
Massenspeicher — Diskette	Kapazität (MByte)	0,36MB / 0,72 MB	0,72	0,72	1,44	1,44	1,44
Massenspeicher — Festplatte	Anzahl	1		1	1	1	1
Massenspeicher — Festplatte	Kapazität (MByte)	10		20	20	40	40
Massenspeicher — Festplatte	Zugriffszeit (ms)	k.A.		76	28	28	28
Massenspeicher — Sonstiges	Technik						
Massenspeicher — Sonstiges	Kapazität (MByte)						
Massenspeicher — Sonstiges	Zugriffszeit (ms)						
Displays	Typ (LCD, Plasma, ...)	LCD	LCD	LCD	LCD	LCD	LCD
Displays	Größe (Zoll)	10	10,5	10,5	10,5	10,5	10,5
Displays	verstellbar	ja	ja	ja	ja	ja	ja
Displays — Auflösung	Text (Zeichen / Zeile)	80 x 25	80 x 25	80 x 25	80 x 25	80 x 25	80 x 25
Displays — Auflösung	Graphik (Pixel x Pixel)	640 x 200	640 x 200	640 x 200	640 x 400	640 x 400	640 x 400
Displays — Auflösung	Hinter-/Vordergr.farbe	k.A.	weiß; grau / blau	weiß; grau / blau	weiß; grau / blau	weiß; grau / blau	weiß / schwarz
Displays — Auflösung	Anzahl Graustufen	4	8	8	8	8	8
Displays	Graphikmodus	EGA - mono	CGA	CGA	CGA double scan	CGA double scan	CGA double scan

	Hersteller	Wang	Zenith	Zenith	Zenith	Zenith	Zenith
	Modell	Laptop	S. P. Mod.2	S. P. Mod.20	S. P.286 Mod.20	S. P.286 Mod.40	S. P. 386 Mod 40
Eingabemedien	Tastatur	ja	78 (XT)	78 (XT)	79 (AT)	79 (AT)	79 (AT)
Eingabemedien	Maus	ja	optional	optional	optional	optional	optional
Eingabemedien	Lichtgriffel	nein					
Eingabemedien	Scanner	ja					
Eingabemedien	Digitalisiertablett	nein					
Eingabemedien	Sonstiges		num. Keypad	num. Keypad	num. Keypad	num. Keypad	43)
Stromversorgung	Art (Netz, Akku, ...)	Netz, Akku	Netz, Akku	Netz, Akku	Netz, Akku	Netz, Akku	Netz, Akku
Stromversorgung	Akku eingebaut	ja	nein	nein	nein	nein	ja
Stromversorgung	Ladezeit (h)	4	12	12	12	12	2 - 3
Stromversorgung	Betriebsdauer (h)	4	4 - 5	4 - 5	4 - 5	4 - 5	4 - 5
Stromversorgung	Warnanz. bei Spannungsverlust	ja	ja	ja	ja	ja	ja
Kommunikationsmöglichkeiten	Modem	ja	ja	ja	ja	ja	ja
Kommunikationsmöglichkeiten	Akkustikkoppler	ja	ja	ja	ja	ja	ja
Kommunikationsmöglichkeiten	Btx	ja					
Kommunikationsmöglichkeiten	Telex	ja					
Kommunikationsmöglichkeiten	Datex-L	ja	ja	ja	ja	ja	ja
Kommunikationsmöglichkeiten	Datex-P	nein	ja	ja	ja	ja	ja
Kommunikationsmöglichkeiten	Protokolle	diverse					
Kommunikationsmöglichkeiten	LAN-Anschluß	ja	optional	optional	optional	optional	optional
Softwareumgebung	Betriebsysteme	MS-DOS	MS-DOS	MS-DOS	MS-DOS	MS-DOS	MS-DOS
Softwareumgebung	System-Software	Wang					
Softwareumgebung	Benutzungsoberflächen	MS-Windows	optional	optional	optional	optional	optional
Softwareumgebung	Programmiersprachen	diverse					
Peripherie-Angebot	Massenspeicher	opt. FD					
Peripherie-Angebot	Speichererweiterungen	512 KB	360 KB	360 KB	360 KB	360 KB	360 KB
Peripherie-Angebot	Backup-Systeme		1 MB	1 MB	1 MB	1 MB	1 MB
Peripherie-Angebot	Schnittstellen	diverse					
Peripherie-Angebot	Karten	diverse					
Peripherie-Angebot	Sonstiges		42)	42)	42)	42)	42)

Abb. 1.9. Marktübersicht Laptops - Teil 9 und 10

Entwicklungstendenzen

Am Ende des Fragebogens wurden die Anbieter gebeten, in ihrem Haus geplante Entwicklungstendenzen kurz zu skizzieren.

Hierbei zeigte sich im Bereich der Architektur ganz klar die Tendenz zum 80386-Prozessor, der evtl. durch einen 80387-Coprozessor unterstützt wird, wie dies bereits heute in den Spitzenmodellen der Fall ist. Hinsichtlich der Taktfrequenz wird ein Überschreiten der 20 MHz-Marke angestrebt. Um den Anforderungen an ein akzeptables Performance-Verhalten gerecht zu werden, sind ferner, auch im Hinblick auf zukünftige Anwendungen, eine sehr leistungsfähige 32-bit-CPU und ein großzügig bemessener Hauptspeicher geplant. Die genannten Werte für die Hauptspeichergröße reichen von 2 bis 16 MB. Im Speicherbereich werden größere Festplatten - die Zahlen reichen von 40 MB über die bereits heute vereinzelt erhältlichen 100 MB bis zu Werten über 300 MB - sowie der Einsatz von optischen Laufwerken angestrebt. Außerdem sollen die Steckplätze im AT-Format gestaltet werden.

Im Bereich der Betriebssysteme werden UNIX (bzw. XENIX), MS-DOS und OS/2 annähernd gleich häufig genannt, wobei einige Hersteller auch an eine Unterstützung aller drei Betriebssysteme denken. Hinsichtlich der zu unterstützenden Software-Umgebung wird die Tendenz zu einer graphischen Benutzungsoberfläche, Windows und/oder Presentation Manager, oder auch allgemein zum SAA-Konzept formuliert. Generell liegt den Herstellern sehr daran, daß die jeweils neueste Version wichtiger Software-Produkte (z.B. Betriebssysteme, Textverarbeitungsprogramme) auf ihren Rechnern läuft.

Zur Kommunikation wird neben einer Unterstützung sämtlicher Postdienste (z.B. durch Anpassung von Btx-Karten) und anderen Netzwerken (insbesondere Ethernet) angestrebt, die Geräte mit seriellen und parallelen Schnittstellen, Steckplätzen (z.B. für eine Modem-Karte) und speziell angepaßten Netzwerkkarten für den Anschluß an Großrechenanlagen auszurüsten. Dabei sollten die Schnittstellen kompatibel zu vorhandenen Standards (z.B. IBM) sein. Allgemein wird als Ziel auch die Einbindung in Kommunikationsnetze von Abteilungsrechnern über DFÜ formuliert.

Die Spanne der Angaben im Bereich Eingabemedien reicht von auswechselbaren Key-Caps über eine abnehmbare Tastatur, eine Maus bis zu Scanner, Lichtgriffel oder Magnetstreifenleser.

Bei den Bildschirmen tendieren einige Firmen zum Plasma-Display, während die meisten Hersteller LCD favorisieren, was wohl u.a. in deren geringerem Strombedarf und der daraus resultierenden Netzunabhängigkeit sowie der Farbfähigkeit seine Ursache hat. Interessant ist, daß auch Anbieter, die heute einige ihrer Geräte mit Plasma-Bildschirmen ausstatten, die Zukunft eher in LCD-Displays sehen. Für den LCD-Schirm selbst zeichnet sich neben einer Verbesserung der bereits angebotenen Techniken zur Kontrastverstärkung ein deutlicher Trend in Richtung Farbe ab. Der erste Laptop mit Farb-Display wird für die CeBIT 89 angekündigt. Darüber hinaus wird neben dem EGA-Graphik-Standard auch der VGA-Standard angestrebt, womit bereits heute einige wenige Laptops ausgerüstet sind. Als zukünftige weitere Ausgabemöglichkeit wird ein in den Laptop integrierter Drucker genannt.

1.3.2 Desktops

Unter dem Begriff Desktops sollen im folgenden alle Arbeitsplatzrechner im weitesten Sinne, nicht aber netzwerkfähige Workstations betrachtet werden. Damit umfaßt der Begriff im wesentlichen Personal Computer aller Ausprägung.

Entwicklungen im Bereich der Mikroprozessortechnik und der Technik externer Speicher ermöglichten zusammen mit dem Betriebssystem CP/M den Durchbruch von Personal Computern. Durch CP/M konnten zum ersten Mal Objektprogramme zwischen Computern unterschiedlicher Hersteller problemlos portiert und damit System- und Standardsoftware zu extrem niedrigen Preisen angeboten werden. Vorausgesetzt wurde dabei ein einheitlicher 8-Bit-Prozessor.

Inzwischen hat sich nicht nur ein einheitlicher Prozessor (16-bit), sondern auch einheitliche Hardware nach IBM-Standard durchgesetzt. Der Siegeszug des Personal Computers wurde fortgesetzt durch die Vergrößerung des Innenspeicherraums; Standardbetriebssystem wurde MS-DOS. Der Begriff PC hat sich für 8-bit Rechner und 16-bit Rechner durchgesetzt, während 32-bit Rechner zumeist als Workstation bezeichnet werden. Hier ist der Anschluß mehrerer Bildschirme an einen Rechner möglich, während PC's lediglich einen Arbeitsplatz beinhalten /MUSS-88/.

Die neueste Entwicklung des PC-Markt ist durch die Ankündigung von IBM gekennzeichnet, eine neue PC-Generation auf den Markt zu bringen. Ansonsten dominiert ein Preiskampf zwischen verschiedenen Herstellern, der die Gewinnspanne für den PC-Markt sehr niedrig hält. Der Massenartikel PC läßt kaum noch Wachstum zu, da der Markt weitgehend gesättigt ist und verschiedene Funktionalitäten durch den PC niemals realisiert werden können. Hier wird auch der neue IBM-Standard keine Änderung bewirken /CZ-87/.

Neben dem Preis ist das wichtigste Kriterium zur Bewertung von PC's der Leistungsumfang. Hier haben sich jedoch die einzelnen Fabrikate weitgehend angeglichen. Die Vorteile teurer Rechner sind gegenüber Billigkonkurrenz so minimal, daß sie kaum ausschlaggebend sein dürften. Nachstehend sollen die wichtigsten Bewertungskriterien aufgelistet werden:

- Prozessor (68000, 8088 oder 80x86),
- Hauptspeicherausbau (128 kbyte - 16 Mbyte),
- externe Massenspeicher (Diskettenlaufwerke, Festplattenkapazität),
- Schnittstellen und Prozeduren (V.24, Centronics etc.),
- Netzwerkfähigkeit (z.B. Ethernet),
- Preis der Standardkonfiguration (3000 DM - 15000 DM),
- Betriebssystem (MS-DOS, Apple, UNIX),
- sonstige Merkmale (Bildschirm, Tragbarkeit, Kompatibilität).

Für den Anwender sind die meisten auf dem Markt angebotenen Rechner technisch ausgereift; es mangelt jedoch häufig an Schulung und Service. Fast einheitlich wird der IBM-Standard mit den Intel-Prozessoren 8088 oder 80286 unter dem Betriebssystem MS-DOS verwendet. Lediglich der Apple Macintosh verwendet ein eigenes Betriebssystem mit einem Prozessor der 68000-Serie der Firma Motorola. Für einen PC mit 1 Mbyte Speicherausbau müssen in der Regel mehr als 8000 DM bezahlt werden.

1.4 Schnittstellen

Bei den Schnittstellen von Rechnern kann man grundsätzlich zwischen internen und externen Schnittstellen unterscheiden. Die internen Schnittstellen beschreiben die Erweiterungsmöglichkeiten, die sich innerhalb eines Rechners bieten, während die externen Schnittstellen sich auf den Anschluß von steckerkompatiblen Peripheriegeräten beziehen.

1.4.1 Interne Schnittstellen

Die interne Schnittstelle ist primär von der Architektur des eingesetzten Busses bestimmt. Als Bus werden die Steckerleisten (Slots oder Steckplätze) bezeichnet, in die bei einem Rechner Erweiterungskarten eingesetzt werden.

1.4.1.1 PC-Bus

Der Ur-PC, den IBM 1981 einführte, hatte eine Busbreite von acht Bit. Abgesehen von Apple und einigen kleineren Herstellern folgte die Mehrheit der PC-Anbieter dem von IBM eingeschlagenen Weg. In den Geräten arbeiteten wie in allen Nachfolgemodellen Mikroprozessoren der Serie Intel 80x oder dazu kompatible Prozessoren. Gleiche Prozessoren, dasselbe Betriebssystem (PC-/MS-DOS) und die 8-Bit-Steckplätze boten den Anreiz, für diese weit verbreitete Technik Tausende von Anwendungsprogrammen und Hunderte von verschiedenen Erweiterungskarten und Peripheriegeräten zu entwickeln. Daran änderte sich auch nichts, als IBM den Modellen PC und XT das Modell AT mit dem 16-Bit-Prozessor 80286 folgen ließ. Ihm diente als Datenbus der sogenannte AT-Bus, eine Weiterentwicklung der 8-Bit-Technik, die aber weiterhin in den ATs verwendet werden konnte.

Im April 1987 führte IBM seine neue PC-Serie PS/2 ein. Diese Modelle unterstützen auch den Intel-Mikroprozessor 80386. Sie operieren jedoch mit einem anderen Bus, dem sogenannten Micro Channel. Dieses Buskonzept, bei dem alle I/O-Einheiten nicht nur programmierbar sind, sondern selbständig und mit Eigenintelligenz ihren Tätigkeiten nachgehen, lehnt sich an der Architektur von IBMs Großrechnern an.

IBM hält sich mit technischen Einzelheiten allerdings noch sehr bedeckt. Klar ist aber bisher, daß herkömmliche PC-Karten nicht mehr eingesetzt werden können.

Die Clone-Hersteller sehen nun eine Chance, den Versuch von IBM abzublocken, mit dem Micro Channel einen neuen Standard zu etablieren, der die PC-Welt wieder stärker an IBM bindet. Unter Führung von Compaq wollen diese nun einen eigenen Bus einführen, die Extended Industry Standard Architecture (Eisa). Intel half bei der Entwicklung der Hardware, Microsoft war an der Software beteiligt. Eisa soll Kompatibilität zu den älteren Systemen und Offenheit für künftige Programme gewährleisten.

1.4.1.1 VME-BUS

Das VME-System ist im wesentlichen eine Sammlung von Busspezifikationen, mechanisch-elektrischen Aufbauspezifikationen und Regeln für deren Anwendung zur Verwirklichung eines leistungsfähigen Bussystems im oberen Mikroprozessorbereich.

Als gegen Ende der 70er Jahre die neue Generation der 16/32-Bit-Mikroprozessoren entstand, gab es für den effektiven Einsatz keine geeigneten Bussysteme. Für den

Einsatz in den notwendigen Entwicklungssystemen der 68000-Serie entstand zunächst der VERSA-Bus bei Motorola und dann als Weiterentwicklung der VME-Bus.

Die Spezifikation des VME-Bus war von Anfang an frei von Lizenzen, Gebühren und Copyright. Jeder Hersteller kann nach den Spezifikationen Platinen und Systeme herstellen, welche dann auch kompatibel zu denen anderer Hersteller sind. Es gibt also keinen Buseigentümer, der gelegentlich die Spezifikationen ändern könnte, um die Sekundärlieferanten zurückzudrängen.

Aufbauend auf den Erfahrungen mit früheren Bussystemen und beeinflußt durch die Mitarbeit in den Normungsgremien (z.B. bei dem "Futurebus") wurde ein Bus spezifiziert, der dem Stand der Technik entsprach, modular und entwicklungsfähig ist. Besonders wurde darauf geachtet, daß alle technischen Daten, die Einfluß auf die Kompatibilität und die Sicherheit der Datenübertragung haben, genauestens und eindeutig spezifiziert wurden.

Der VME-Bus ist ein "Backplane-Bus", hauptsächlich für den Aufbau von Systemen auf der Grundlage von 16-Bit- oder 32-Bit-Mikroprozessoren. Der parallele Bus erlaubt Einzel- und Blocktransfers auf einem maximal 32 Bit breiten Adressen- und Datenbus ohne "multiplexing". Das Übertragungsprotokoll ist asynchron mit Quittungsbetrieb.

1.4.1.3 Erweiterungskarten /GREL-87; STEF-87/

Für die Standardbussysteme gibt es eine Vielzahl von Erweiterungskarten. Solche Karten können beispielsweise mit Coprozessoren, die die Verarbeitungsgeschwindigkeit von Programmen beschleunigen, und Spezialprozessoren zum Anschluß von Rechnern an lokale Netze (Ethernet) oder Öffentliche Netze (Btx) bestückt sein. Von besonderem Interesse sind die PC-Graphikadapter, da diese in Verbindung mit entsprechenden Monitoren Graphikanwendungen unterstützen:

Monochrome Display Adapter (MDA)

Der MDA ist die (ursprüngliche) Standardkarte in jedem PC. Sie bedient einen TTL-Monitor und liefert einen Textbildschirm von (Standard) 80 Zeichen zu 25 Zeilen mit einer Zeichenmatrix von 14 x 9 Punkten. Wichtig für die Lesbarkeit des Textes an dieser großzügigen Matrix ist, daß sie viel Abstand zu Nachbarzeichen und -zeilen ermöglicht. Der MDA ist nicht graphikfähig.

Color Graphics Adapter (CGA)

Der CGA ist die Standardfarbgraphikkarte. Sie bietet zwei Graphikdarstellungsmodi: 320 x 200 Punkte mit 4 von 16 Farben oder 640 x 200 Punkte mit zwei von 16 Farben. Mit dem CGA kann auch Textdarstellung durchgeführt werden und er kann damit einen MDA "ersetzen". Man muß dabei allerdings zwei Nachteile in Kauf nehmen: Die Zeichenmatrix verringert sich auf 8 x 8 Punkte, was zum Beispiel zur Folge hat, daß ein Zeichen mit Unterlänge, das direkt über einem Großbuchstaben steht, unmittelbar an dieses Zeichen anstößt, was der Lesbarkeit sehr abträglich ist.

Passend zu den beiden Graphikmodi können entweder 25 Zeilen mit 40 oder 80 Zeichen dargestellt werden. Bei farbiger Textdarstellung kann jedes einzelne Zeichen in einer von 16 Farben dargestellt werden, der jeweils zum Zeichen gehörende Hintergrund in einer von acht Farben. Zusätzlich ist eine von 16 Farben für den unbeschriebenen Teil des Schirmes wählbar. Für Farbdarstellung erfordert der CGA einen

Standardfarbmonitor (mit quasi TTL-Anschluß), er kann aber auch mit einem EGA-Monitor kooperieren.

Monochrome Graphics Adapter (MGA)

Der MGA (Hercules-Karte) arbeitet auf dem üblichen PC-Monitor (TTL-Monitor) und eignet sich zur Darstellung hochauflösender Monochromgraphik mit 720 x 348 Punkten, wozu er mit mindestens 32KByte RAM ausgestattet sein muß. Textdarstellung ist in MDA-Qualität mit einer Zeichenmatrix von ebenfalls 14 x 9 Punkten möglich. Die Karte ist im MDA-Modus allerdings deutlich langsamer als eine pure MDA-Karte.

Advanced Graphics Adapter (AGA)

Der AGA kann als MDA, CGA oder MGA konfiguriert werden und bietet darüber hinaus auch die Möglichkeit einer 132spaltigen Textdarstellung, die zum Beispiel bei einer Terminalemulation zum Einsatz kommen kann. Auch einige Programme zur Tabellenkalkulation unterstützen diese Darstellung. Je nach Modus treibt der AGA einen TTL- oder einen Farbmonitor.

Enhanced Graphics Adapter (EGA)

Der EGA erlaubt eine Graphikauflösung von 640 x 350 Punkten bei gleichzeitiger Darstellung von 16 aus 64 möglichen Farben, wenn die Karten mit 256 KByte RAM ausgestattet sind. Die Textdarstellung in Farbe erreicht mit einer Zeichenmatrix von 14 x 8 Punkten nahezu die Qualität des MDA. Zum vollwertigen Betrieb des EGA, in dem man die Auflösung in Farbe auch wirklich nutzen kann, ist ein EGA-Monitor mit erhöhten Ablenkfrequenzen erforderlich. Die EGA-Karte kann auch einen CGA und einen MDA emulieren.

Multi Color Graphics Adapter (MCGA)

Der MCGA bildet den CGA-Modus nach. Das allerdings in einer Qualität, die mit 640 x 400 Bildpunkten (statt 640 x 200 beim echten CGA) bei 16 Farben im Textmodus noch über den EGA-Standard (640 x 350) hinausreicht. Interessant dabei ist, daß auch die Graphikmodi mit 200 Zeilen zwar jeweils nur die Manipulation der aufgeführten Anzahl Pixels zulassen, dennoch jede Zeile doppelt ausgegeben wird. Ein Beispiel: Bei der CGA-kompatiblen Graphik lassen sich zwar nur 640 x 200 Pixels einzeln setzen, aber da die übereinanderstehenden Punkte jeweils doppelt ausgegeben werden, hat das Bild auf dem Schirm 640 x 400 Bildpunkte.

Video Graphics Adapter (VGA)

Der VGA bietet die hohe Auflösung von 640 x 480 Punkten in 16 Farben aus einer Palette mit 262144 Farben. Bei Monochrombildschirmen erfolgt eine automatische Umsetzung dieser Farbtöne in 64 Graustufen. Der VGA unterstützt alle oben beschriebenen Graphikmodi (MDA, CGA, EGA und MCGA).

1.4.1.4 Laufwerkschnittstellen SCSI und ESDI

SCSI und ESDI sind zwei Kürzel, die im Zusammenhang mit Massenspeichern immer häufiger auftauchen. Der Begriff SCSI steht für "small computer system interface" und wurde definiert durch das ANSI-Komitee X3T9.2.

ESDI stand ursprünglich für "enhanced small disk interface" und wurde dann abgeändert zu "enhanced small device interface", da man neuerdings auch Magnetbandlaufwerke mit dieser Schnittstelle ausrüsten will. Im Gegensatz zu SCSI ist ESDI bislang kein offizieller Standard. Vielmehr geht die Definition dieser Schnittstelle auf eine Spezifikation des Festplattenherstellers Maxtor zurück und wird inzwischen von den meisten Anbietern von Laufwerken höherer Kapazität sowie Controller-Herstellern unterstützt.

ESDI arbeitet mit einer hohen Datentransferrate von 10 MBit/s sowie zusätzlicher Intelligenz auf der Laufwerksseite. Darüber hinaus erlauben Laufwerke die serielle Übertragung von Kommandos und Zustandsmeldungen, unter anderem auch zu Diagnose- und Fehlerbehandlungszwecken.

Im Gegensatz zu ESDI ist SCSI eine Schnittstelle, die wesentlich näher am Rechner liegt, andererseits beinhaltet dieser Standard ein beträchtliches Maß an Intelligenz. SCSI besitzt einige wesentliche Fähigkeiten, die es als universelle Systemschnittstelle für Personal Computer der gehobenen Leistungsklasse bis hin zu Mini-Computern geeignet erscheinen lassen. Einige Gründe dafür sind zum Beispiel:

- Flexible Architektur.
- Multiuser-Fähigkeit durch Bus-Arbitrierung.
- Unterstützung durch viele Hersteller.
- Unabhängigkeit von physikalischen Parametern durch logische Adressierung und somit Herstellerunabhängigkeit bei Peripheriegeräten.
- Verfügbarkeit verschiedener Peripheriegeräte wie etwa Festplatten, Druckern, optischen Platten oder auch Magnetbandlaufwerken mit integrierter SCSI-Schnittstelle in naher Zukunft.
- Hohe Datentransferraten sowie effiziente Ausnutzung der Hardware.

Diese Punkte zeigen, daß SCSI die Systementwicklung und -integration wesentlich einfacher, schneller und flexibler macht.

1.4.2 Externe Schnittstellen

Die externe Erweiterbarkeit beruht im wesentlichen auf der Kommunikationsfähigkeit über Peripherieschnittstellen. Hierbei unterscheidet man die seriellen und parallelen Schnittstellen sowie die Netzwerkfähigkeit.

1.4.2.1 Serielle Schnittstelle

Die serielle Datenübertragung setzt sich immer mehr durch. In diesem Modus werden die einzelnen Datenbits eines Datums ohne Lücke nacheinander auf einer einzigen Datenleitung übertragen. Die Wandlung von seriellen Daten in zur weiteren Verarbeitung geeignete parallele Daten erfolgt mittels eines Chips.

Erste Form der seriellen Datenübertragung ist die synchrone Datenübertragung. Hier wird immer eine Gruppe von Zeichen zu einem Block zusammengesetzt, übertragen und als Block am anderen Ende empfangen. Bei jedem Block werden zusätzlich zu den übertragenen Zeichen noch weitere hinzugefügt, die zur Erkennung des Blockanfanges oder zur Erkennung eines Übertragungsfehlers verwendet werden können. Synchrone Zeichenübertragung erfordert eine spezielles Übertragungsprotokoll, um den Datentransfer zu koordinieren. Dabei wird ein übertragener Block durch eine Reihe von Synchronisationszeichen, sogenannte SYNC-Zeichen, begonnen, welche dem Erkennen des Blockanfanges dienen. Der Empfänger muß diese SYNC-Zeichen herausfiltern und kann dann durch Mitzählen im Takt der Baud-Rate jedes einzelne Bit des übertragenen Blocks bestimmen.

Einfacher funktioniert die asynchrone Datenübertragung. Hier wird nur ein Zeichen auf einmal übertragen. Eingeleitet wird dieses normalerweise durch ein Startbit, gefolgt von in der Regel 7 oder 8 Datenbits. Dann kommen eventuell das Parity- (Prüf-)Bit und ein bis zwei Stopbits. Weil bei jedem Zeichen Start- und Stopbits angefügt werden, ist die asynchrone Datenübertragung weniger effizient als die synchrone. Eine Sendewiederholung im Fehlerfall gibt es normalerweise nicht. Da aber kein spezielles Protokoll benötigt wird, ist der Software- und Hardware-Aufwand erheblich geringer als bei einer synchronen Übertragung: Einzelzeichen werden effizienter übertragen. Aus diesem Grund wird die asynchrone Übertragungsart meist bei der Verbindung von Terminals, Druckern und anderen Peripheriegeräten verwendet, wenn die Fehlerhäufigkeit gering und die Fehlerauswirkung minimal ist - also z.B. bei Bildschirmterminals und kurzen Leitungslängen.

Zwei verschiedene asynchrone Übertragungsarten sind sehr gebräuchlich: 20 mA Current-Loop-Schnittstelle und die Spannungschnittstelle RS232C nach EIA, der Electrical Industry Association, bzw. V.24 nach CCITT, dem Comité Consultatif International Téléphonique et Télégraphique. Neuere Standards (Nachfolger) zur RS232C sind die RS422 und die RS423.

Bei der Current-Loop-Übertragung wird sowohl für das zu sendende, als auch für das zu empfangende Signal zwischen Sender und Empfänger jeweils über zwei Drähte ein geschlossener Stromkreislauf mit einer Stromstärke von etwa 20 mA aufgebaut. Fließender Strom kennzeichnet den Wert "Eins" für das übertragene Bit, kein fließender Strom bedeutet "Null". Beachten muß man, daß bei dieser Übertragung immer nur eines der beiden kommunizierenden Geräte den Strom in dieser Ringleitung treiben darf. Dieses ist der aktive Partner, der andere muß immer passiv sein.

Die Übertragung nach der EIA-Norm RS232, oft auch (besonders in Europa) V.24 genannt, funktioniert durch das Umschalten von Spannungspegeln. Eine negative Spannung bedeutet "Eins", eine positive "Null". Diese Schnittstelle ist die heute am weitesten verbreitete der seriell asynchronen Verbindungen. Allerdings, einen Nachteil gibt es auch bei dieser Schnittstelle: trotz Standardisierung hat fast jeder Gerätehersteller seine eigene Definition bezüglich der Belegung der Datenleitungen und verwendet andere oder weitere Steuerleitungen.

Ein Problem bei den meisten RS232-Schnittstellen ist die Datenflußsteuerung. Wenn beispielsweise ein Drucker mit 9600 Baud an einen Rechner angeschlossen ist, der aber nur 180 Zeichen pro Sekunde drucken kann, würde der Rechner bei 9600 Baud rund 1000 Zeichen pro Sekunde übertragen. Wenn der Drucker nun keinen sehr großen Pufferspeicher hat, läuft dieser über und es gehen Zeichen verloren. Der Drucker muß also das Senden des Rechners bremsen können. Dies kann sowohl über eine spezielle Steuerleitung vorgenommen werden, als auch dadurch, daß der Drucker ein spezielles Stopzeichen, normalerweise ein Control-S, überträgt. Wenn der Rechner wieder senden darf, wird dann ein Control-Q übertragen. Dieses Protokoll ist unter dem Stichwort XON/XOFF (Ctrl-Q/Ctrl-S) bekannt.

1.4.2.2 Parallele Schnittstellen

Bei der parallelen Schnittstelle erfolgt die Übertragung aller 8 oder 16 Datenbits gleichzeitig (parallel) über 8 oder 16 verschiedene Datenleitungen. Zusätzlich werden hierbei noch weitere Leitungen für eine Reihe verschiedener Steuersignale benötigt. Vorteile der parallelen Datenübertragung sind die hohe Geschwindigkeit und die einfachere Interface-Logik. Nachteile sind die hohen Leitungskosten und die dickeren Kabel. Auch ist eine Verbindung meistens auf kürzere Entfernungen beschränkt. Größere Entfernungen können nur mit speziellen Treiberbausteinen überbrückt werden. Da die Kosten für vieladrige Kabel und Stecker heute die Kosten der Umwandlung der Daten in serielle Form bei weitem übersteigen, kommt man immer mehr von der parallelen Übertragung ab.

Ein Beispiel sind die Verbindungskabel zwischen Bildschirmterminal und abnehmbarer Tastatur. Früher verwendete man dicke, vieladrige Kabel zur Parallelübertragung. Bei allen modernen Terminals findet man heute dünne Kabel, da die zweimalige seriell/parallel-Wandlung meistens billiger ist als die Mehrkosten für das dicke Kabel.

In der Praxis hat sich gezeigt, daß zum Anschluß von Druckern über ein sogenanntes Drucker-Interface eine Quasi-Standardschnittstelle, die sogenannte Centronics-Schnittstelle, eingeführt ist.

1.4.2.3 Netzwerkfähigkeit

Mit Hilfe von besonderen Hardware-Komponenten (Contoller, Transceiver) können Rechner an gängige Netzwerke angeschlossen werden und beherrschen somit die entsprechenden Netzwerkprotokolle (siehe Abschnitt IV.3.2.).

1.5 Eingabemedien

Wenn man mit einem Computer arbeiten möchte, benötigt man bestimmte Peripheriegeräte, um mit dem Rechner in den Dialog treten zu können.

1.5.1 Tastatur /HEIN-84/

Das geläufigste und meist verwendete Eingabegerät beim Dialog Mensch - Rechner ist unumstritten die alphanumerische Tastatur. Im allgemeinen umfaßt die Tastatur neben den Tasten für die verschiedenen Zeichen wie Ziffern und Buchstaben noch eine unterschiedliche Anzahl von typischen Funktionstasten. Diese Funktionstasten werden entweder in ihrer Wirkung fest vereinbart, oder es wird eine Festlegung mittels Software durchgeführt.

Es existiert eine Vielzahl von eingeführten Tastaturen mit oftmals unterschiedlicher Tastenbelegung. Um diesen Wirrwar etwas zu entflechten, wurde unter DIN 2137 eine Tastenbelegung für Schriftzeichen genormt. Diese DIN-Vorschrift besteht aus drei Teilen. Dies sind:

- DIN 2137, Teil 1: Festlegung der Schreibmaschinentastatur
- DIN 2137, Teil 2: Vereinbarung einer deutschen Tastatur für Dateneingabe
- DIN 2137, Teil 3: Internationale Tastatur für Dateneingabe.

Oftmals wird auch die Bezeichnung ASCII-Tastatur für die sogenannte "amerika-nische" Version einer Tastatur verwandt. Hierzu ist zu bemerken, daß der Begriff "ASCII-Tastatur" ausschließlich etwas über die Codierung der Zeichen aussagt. Bei diesen Tastaturen werden die Zeichen im ASCII-Code (vgl. DIN 66003) verschlüsselt. Dies ist jedoch bei einer Vielzahl von Tastaturen (ca. 95%) der Fall. Auch kennt man in der Praxis die Bezeichnung "QWERTY-Tastatur". Hierunter versteht man Tastatu-ren, die in der dritten Tastenreihe von unten mit der Buchstabenfolge QWERTY be-legt sind. Es handelt sich dabei um Tastaturen nach der DIN-Norm 2137, Teil 3.

Die DIN-Norm befaßt sich im wesentlichen nur mit der Tastaturbelegung alphanumerischer Zeichen. Bei der praktischen Arbeit mit den Systemen ist es jedoch in der Regel notwendig, diesen Grundzeichenvorrat um weitere wichtige Tasten zur Steuerung des Ablaufs zu erweitern. Diese sogenannten Steuertasten erzeugen - i.a. gemeinsam mit einer Buchstabentaste gedrückt - einen typischen Steuercode. Die gebräuchlichsten Steuertasten sind dabei die Tasten CONTROL und ESCAPE. So erzeugt z.B. die Steuertaste CONTROL den gemeinsam mit der Buchstabentaste gedrückten Steuercode für die Taste, im Regelfall die jeweilige ASCII-Codierung, wobei die höchstwertigen drei Bits ausmaskiert wurden. So steht beispielsweise für den Buchstaben A (ASCII-Codierung 41hex) der Steuercode 01hex. Die Steuertaste ESCAPE dient dagegen zur Initiierung vereinbarter Aufgaben.

Neben den oben genannten Steuertasten gibt es noch eine Anzahl von Sonder-tasten, die oft als sogenannte Sondertastaturen zusammengefaßt werden. Dabei han-delt es sich z.B. um den numerischen Tastenblock (Rechnertastatur) zur Zahlenein-gabe oder um einen Tastenblock zur Cursorsteuerung (Steuerung einer Eingabemar-kierung auf dem Bildschirm). Darüber hinaus zählen auch die oben genannten Funk-tionstasten zu diesen Sondertastaturen.

Tastaturen für Arbeitsplatzrechner sind bereits heute weitgehend vom eigent-lichen Rechner abgesetzt. Die Tastatureinheit ist in einem seperaten Gehäuse unter-gebracht. Ein Spiralkabel verbindet dann zumeist die Tastatur mit der Anschluß-schnittstelle am Gehäuse. Die vorstehend genannte Schnittstelle ist leider noch nicht genormt.Zur Positionierung und Auswahl von Objekten hat sich dieses Eingabegerät allerdings nicht bewährt, weil es zum Beispiel den menschlichen Handbewegungen nicht entspricht. Das heißt aber nicht, daß es ohne Tastatur geht, denn die alpha-numerische Tastatur ist für die Eingabe von Daten und Befehlen nach wie vor sehr wichtig. Daher haben auch die meisten Graphiksysteme zusätzlich eine Tastatur.

1.5.2 Lichtgriffel /WILL-86/

Ein Lichtgriffel (Lightpen) hat die Größe und Form eines dickeren Schreibstiftes, der durch ein flexibles Kabel mit dem Sichtgerät verbunden ist. Man kann ihn nur in Verbindung mit einem Bildschirm benutzen. Der Lichtgriffel hat an seiner "Schreib-spitze" eine Linse mit einem dahinterliegenden lichtsensitiven Element (Fotodiode).

Der Elektronenstrahl zur Ansteuerung der Phosphorbildpunkte auf dem Monitor beginnt seinen Lauf immer links oben und zeilenweise mit genau festgelegter Schreibgeschwindigkeit. Hält man den Lightpen gegen den Bildschirm, so wird der Elektronenstrahl irgendwann, während er ein Bild schreibt, auf die Fotodiode fallen und elektronisch einen Kontakt auslösen. Aus der Zeitdauer zwischen dem Schreib-beginn des Elektronenstrahls und seinem Eintreffen auf die Fotodiode des Lichtgrif-fels läßt sich die Lichtgriffelposition auf dem Monitor in xy-Koordinaten errechnen.

Bedingung für die Verwendung des Lichtgriffels ist, daß er auf die entsprechende Zeilen- und Bildwechselfrequenz des Systems abgestimmt ist und daß es sich um einen Rasterbildschirm, nicht um einen Vektorbildschirm, handelt.

Mit dem Lichtgriffel kann man bereits vorhandene Graphikobjekte auf dem Bildschirm auswählen oder bestimmte Positionen auf dem Bild festlegen. Damit der Rechner weiß, wann man sich wozu entschieden hat, gibt es eine kleine Drucktaste auf dem Stift. Durch kurzes Drücken identifiziert der Benutzer damit ein einzelnes Element auf dem Bildschirm für den Rechner.

Durch das relativ große "Blickfeld" des Lichtgriffels und die begrenzte Schärfe des Bildschirms ist die erzielbare Genauigkeit dieses Eingabegerätes gegenüber anderen sehr grob. Daher ist der Lichtgriffel für exaktes Arbeiten ungeeignet. Problematisch wird es nämlich, wenn man mit ihm zwischen mehreren dicht nebeneinanderliegenden Elementen unterscheiden muß.

Weitere Nachteile sind die schnelle Ermüdung des Armes und die Schwierigkeiten bei der Verfolgungstechnik. Das heißt, wenn man auf dem Bildschirm etwas zeichnen will, muß der Benutzer den Stift mit einer beinahe konstanten Geschwindigkeit bewegen, da sonst jede abrupte Bewegung dazu führt, daß der Stift den Kontakt mit dem Fadenkreuz (Cursor) verliert. Das Fadenkreuz muß in solch einem Fall wieder neu aufgenommen werden, indem man mit dem Stift an die Stelle auf dem Monitor zurückkehrt, an der man es verloren hat.

1.5.3 Tablett /ENCA-86/

Eines der wichtigsten graphischen Eingabegeräte ist das graphische Tablett. Der Benutzer kann mit ihm graphische Information in gewohnter Weise (wie bei Verwendung von Papier und Bleistift) zum Rechner übertragen.

Die Position eines Stiftes wird innerhalb einer rechteckigen Fläche zweihundert- bis fünfhundertmal pro Sekunde bestimmt. Damit ist sichergestellt, daß auch schnelle Bewegungen des Stiftes exakt erfaßt werden können. Die bei so hohen Meßraten anfallenden Datenmengen werden allerdings in den meisten Fällen gleich weiterverarbeitet, um eine Datenreduktion zu erreichen. Ein am häufigsten angewandtes Verfahren überprüft, ob sich ein neues Koordinatenpaar gegenüber dem zuletzt gemessenen um einen bestimmten Mindestbetrag verändert hat. Erst wenn das der Fall ist, wird dieses Wertepaar berücksichtigt.

Mit fallenden Hardwarekosten werden auch Online-Zeichenerkenner für diese Aufgabe attraktiv. Sie sind in der Lage, den Enstehungsvorgang eines Zeichens zur Optimierung des Erkennungsalgorithmus zu nutzen. Ihre Bedeutung liegt allerdings weit mehr in der Verbesserung der Mensch-Maschine-Kommunikation.Zur Bestimmung der Position eines Stiftes auf einem Tablett gibt es verschiedene Verfahren. Ein wichtiges Verfahren, das beim magnetostriktiven Tablett angewendet wird, soll kurz erläutert werden.

Digitalisierer mit magnetostriktiver Kopplung benutzen ferromagnetische Drähte als Signalträger, die unter dem Einfluß eines äußeren magnetischen Feldes ihre Form geringfügig verändern (Magnetostriktion, Joule-Effekt). Im Tablett ist ein Kreuzleitersystem aus Stahldrähten eingebettet.

Ein zur Richtung der Stahldrähte senkrecht angelegtes Magnetfeld, das durch Sendespulen am Rande des Tabletts hervorgerufen wird, erzeugt eine Längenänderung der Stahldrähte. Diese Längenänderung pflanzt sich als mechanische Spannungswelle mit einer Geschwindigkeit von ca. 5000 m/sec längs des Drahtes fort. Passiert die Welle die im Stift befindliche Empfängerspule, so erzeugt die mit der Welle verknüpfte Flußänderung einen Spannungsimpuls im Stift. Die Laufzeit der Welle ist proportional zum Abstand des Stifts von der Sendespule am Rande des Tabletts.

Da die Entfernung immer längs der Drähte gemessen wird, ist es nicht notwendig, daß die Drähte absolut parallel verlaufen. Ebensowenig müssen sie so dicht gespannt sein, wie dies aus der Auflösung des Gerätes zu schließen wäre. Es genügt vielmehr, sie in einem Abstand von 2 bis 3mm zu spannen, damit überall auf dem Tablett eine ausreichende Flußänderung gewährleistet ist. Diese Prinzip hat sich bezüglich Genauigkeit (0,01mm) und Robustheit im Betrieb sehr bewährt und wird deshalb z.Z. in den meisten Tabletts angewandt.

1.5.4 Positioniergerät /ENCA-86/

Positionierungsgeräte bedienen sich meist des Cursors, um dem Benutzer die Kontrolle über seine Aktionen zu gestatten (mitunter und meist nur als Genauigkeitsverbesserung kann eine Kontrolle mittels Zahlenausgaben auf dem Bildschirm erfolgen).

Es gibt drei verschiedene Methoden zur Cursorpositionierung: Die statisch absolute, die statisch relative und die dynamische Positionierung. Im ersten Fall liefert das Eingabegerät die Koordinaten des Punktes, der durch die Stellung des Eingabegerätes festgelegt wird, im zweiten Fall ein Koordinateninkrement entsprechend einer Stellungsänderung des Eingabegerätes und im dritten Fall dynamisch eine Folge von Punktkoordinaten für eine Bewegung des Cursors, deren Richtung und Geschwindigkeit durch die Stellung des Eingabegerätes gegeben ist.

Joystick

Der Joystick ist ein senkrecht stehender Hebel, der am unteren Ende kardanisch gelagert ist und von Federn in der Mitten-Ruhestellung gehalten wird. Da sich durch diese Lagerung sein oberes Ende nach links, rechts, vorn und hinten um wählbare Beträge bewegen läßt, ist er ein idealer "Steuerknüppel" für den Cursor. Die wichtigste Betriebsart ist dynamisch, jedoch läßt sich für sehr schnelle Positionierung unter Verzicht auf Genauigkeit auch die statisch absolute Betriebsart verwenden. Die Bewegung des Joysticks wird auf zwei Potentiometer, die der x- und y-Richtung entsprechen, übertragen und steht dann als Spannung für jede Koordinate zur Verfügung. Eine sehr einfache und billige Ausführung verwendet einen fest eingespannten Stab, an dem Dehnungsmeßstreifen angebracht sind.

Maus

Unter einer Maus versteht man ein handgroßes Gerät, das auf seiner Unterseite mit einer oder mehreren Kugeln versehen ist. Verschiebt man die Maus auf dem Arbeitstisch, so wird die Bewegung einer (oder zweier) Kugel(n) auf zwei Potentiometer oder Winkelcodierer übertragen, die zwei senkrecht zueinander stehenden Bewegungsrichtungen entsprechen. Die hieraus abgeleiteten elektrischen Signale werden üblicherweise zur Positionierung eines Cursors auf dem Bildschirm verwandt. Wegen der freien Beweglichkeit der Maus ist die statisch relative Methode die beste Betriebsart.

Rollkugel

Die Rollkugel kann als eine "auf dem Rücken liegende Maus" betrachtet werden. Das Gerät steht auf dem Tisch und der Benutzer bewegt die Kugel mit seiner Handfläche. Um eine ruhige Bewegung zu erreichen, ist die Masse der Kugel relativ hoch, was große und schnelle Positionsänderungen erschwert. Gegenüber der Maus sind bei der Rollkugel alle drei Betriebsarten sinnvoll. Im praktischen Gebrauch hat sich aber die Maus durchgesetzt.

Potentiometer

Potentiometer mit Analog-/Digital-Wandlung erlauben eine schnelle Eingabe genauer Zahlenwerte, wobei die Kontrolle wieder über eine Wertanzeige auf dem Bildschirm geschieht. Drehpotentiometer und Schiebepotentiometer werden gleichermaßen eingesetzt. Aus Benutzersicht eignen sich zur Eingabe von Winkelwerten besonders die Drehpotentiometer.

3D-Sensorkugel

Unter einer 3D-Sensorkugel versteht man eine elastisch gelagerte Kugel, die in allen 6 Freiheitsgraden des Raums (3 translatorische und 3 rotatorische) frei beweglich ist. Mit ihr lassen sich z.B. Bewegungen von Gelenken zur Untersuchung von Bewegungsabläufen oder zur Robotersimulation auf - für den mit ihrem Umgang Geübten - einfache Art steuern.

1.5.5 Scanner /WILL-86/

Der Begriff Scanner kommt aus dem Englischen und bedeutet Abtaster oder auch Bildzerleger. Bei diesem Eingabegerät handelt es sich um einen automatischen Digitalisierer. Die zweidimensionale Vorlage wird vom Scanner zeilenweise in Form eines Rasters abgetastet. Man unterscheidet zwischen Flachbett- und Trommelscannern.

In einem Flachbettscanner wird die Vorlage ähnlich wie bei einem Fotokopiergerät auf eine Glasplatte aufgelegt. Während des Scan-Vorgangs wird die Vorlage beleuchtet und mit einer CCD-Zeile (CCD = ladungsgekoppelte Halbleiter, Charge Coupled Device) abgetastet. Die Auflösung kann variiert werden und zwischen 75 dpi und 800 dpi liegen (dpi = dot per inch).

In der Druckindustrie und auch für sehr hochwertige Computer-Graphik-Anlagen bedient man sich eines allerdings wesentlich teureren Trommelscanners, der je nach Ausstattung auch in der Lage ist, deutlich höhere Auflösungen zu erreichen. Die Vorlage wird dabei in eine durchsichtige Röhre (Trommel) eingeführt, in der sich eine Lampe befindet. Vor der Trommel ist ein lichtelektrisches Element angeordnet, justiert auf einen winzigen Bildpunkt. Durch die Rotation der Trommel wird das Bild zeilenweise abgetastet. Und durch eine synchron dazu laufende Schraubenwelle wird das lichtelektrische Element an der Trommel vorbeigeführt, so daß die Vorlage auch über die gesamte Länge abgetastet wird.

Die Arbeit eines Scanners kann man in drei Stufen aufteilen:

- Bildpunkte erfassen,
- Umwandlung in digitale Werte und
- Abspeicherung der ermittelten Werte.

Durch das Vorliegen der einzelnen Bildpunktdaten in digitaler Form können anschließend Bildverbesserungsmaßnahmen durchgeführt werden. Die Werte können auch in ein Computer-Graphik-System eingelesen und anschließend z.B. verändert oder verfremdet werden.

1.5.6 Videokamera /WILL-86/

Wenn keine so hohe Auflösung, wie sie ein Scanner liefert, erforderlich ist, kann man als Bildabtaster auch Videokameras nehmen. Allerdings empfiehlt sich die Verwendung einer Spezial-Schwarzweiß-Videokamera mit ausgezeichneter Geometrie oder für den reinen Videobereich die Benutzung einer Drei-Röhren-Farbkamera. Die Vorlage, Zeichnungen, Bilder oder auch Dias im Durchlicht, werden direkt mit der Videokamera aufgenommen und die Bildinformation nach Analog/Digital-Wandlung in den Rechner eingelesen. Auch bei Farbvorlagen wählt man aus Qualitäts- und Kostengründen häufig eine Schwarzweißkamera und ermittelt durch Vorschalten von Filtern den roten, grünen und blauen Farbanteil hintereinander.

1.5.7 Touch Screen /WILL-86/

Berührungssensitive Bildschirme, sogenannte TSD-Geräte (Touch Sensitive Devices) oder auch Touch Screens genannt, sind Eingabegeräte, die direkt mit dem Finger bedient werden. Zu diesem Zweck befinden sich unten und auf einer Seite des Bildschirms Infrarotlicht abstrahlende Leuchtdioden und auf der Oberseite bzw. der anderen Seitenkante entsprechende Empfänger. Sie legen also eine Art unsichtbares Gitternetz über den Bildschirm. Führt man nun den Finger auf den Bildschirm, so unterbricht man je einen vertikalen und horizontalen Infrarotstrahl ähnlich wie bei einer Lichtschranke. Je nachdem, welche "Lichtschranke" gesperrt ist, kennzeichnet es ein bestimmtes Feld auf dem Bildschirm. Da die Eingabe mit einem Finger nur sehr grob vorgenommen werden kann, beschränkt sich der Einsatzbereich meist auf Anwendungen mit Menütechnik.

1.5.8 Sprache

Sprache ist die natürlichste Form der menschlichen Kommunikation. Bisher waren Maschinen und Computer nicht in der Lage, die menschliche Sprache zu "verstehen" und zur Kommunikation zu nutzen. Deshalb war der Mensch gezwungen, sich der Kommunikationsform der Maschinen anzupassen und nicht umgekehrt.

Generell können Spracherkennungssysteme klassifiziert werden als sprecherunabhängige oder sprecherabhängige Erkennungssysteme mit der Fähigkeit, Einzelwörter oder Wortketten zu verarbeiten.

Sprecherabhängige Systeme verlangen für das zu erkennende Vokabular einen oder mehrere "Trainingsläufe" des Sprechers. Hierbei spricht der Benutzer das Vokabular in das System, das davon Sprachmuster als Referenzen ablegt und diese in der späteren Anwendung zum Vergleich und zur Erkennung heranzieht. Sprecherabhängige Systeme verstehen damit nur die Person, die die Sprachmuster eingegeben hat. Allerdings können durch Abspeicherung mehrerer Musterproben oft verschiedene Benutzer ein System nutzen, wenn in diesem System die Musterproben entsprechend ausgetauscht und geladen werden.

Die Technik der sprecherabhängigen Erkennung von Einzelwörtern und Wortketten hat heute bereits einen Reifestand erreicht, der vielfältige Anwendungen ermöglicht. Eine Kapazität von 1000 Wortformen ist je nach System bereits möglich. Die Erkennungsrate ist bei den verschiedenen Produkten unterschiedlich. Der Umfang des Wortschatzes sowie die beim praktischen Einsatz vorzufindenden Störgeräusche beeinträchtigen die Erkennungsleistung erheblich.

Die sprecherunabhängige Einzelworterkennung wird vor allem dort eingesetzt, wo es einen großen Benutzerkrei gibt. Das Vokabular ist jedoch zur Zeit eng begrenzt (etwa 10 bis 50 Wörter), da mit steigenden Anforderungen an den erkennbaren Wortschatz eine erhebliche Kostensteigerung einhergeht. Hier ist noch wesentliche Forschungs- und Entwicklungsarbeit zu leisten, um kostengünstige und effiziente Systeme mit geeigneter Benutzungsoberfläche hervorzubringen.

1.6 Ausgabemedien

Um ein interaktives Arbeiten mit einem Rechner zu ermöglichen, benötigt dieser mindestens ein Ausgabegerät, welches die Systemreaktionen auf Benutzereingaben anzeigt.

1.6.1 Bildschirm /ENCA-86; HEIN-84; WILL-86/

Die zwischen dem Arbeitsplatzrechner und dem Anwender auszutauschende Information nimmt an Menge und Komplexität ständig zu. Dies erfordert ein Kommunikationsmittel, das

- eine schnelle Anzeige eines Zustands ermöglicht,
- die Darstellung großer Datenmengen auch in anschaulicher, z.B. in graphischer Form realisiert und somit
- den Dialog zwischen Mensch und System unterstützt.

Bildschirmgeräte erfüllen die oben genannten Forderungen in hervorragender Weise. Bildschirme zeichnen sich z.B. durch folgende Merkmale aus:

- Bildschirmgröße (Zeichen-/Zeilenzahl),
- Pufferspeicherkapazität,
- Zeichenvorrat des Generators,
- Alphanumerische und/oder graphische Datenausgabe und
- Helligkeitsstufen (normal, hell, blinkend).

Ein wesentliches Merkmal leistungsfähiger Bildschirmsysteme ist ihre Graphikfähigkeit. Besonders im Hinblick auf die Tatsache, daß Rechner für die Aufgabenstellung des Computer Aided Designs (CAD) zunehmend Verwendung finden, sollen hier kurz die verschiedenen Verfahren genannt werden.

Rasterbildschirm

Auf einem Rasterbildschirm wird ein Bild zeilenweise durch eine Vielzahl kleiner Punkte in verschiedenen Helligkeitsstufen erzeugt. Dazu wird der Elektronenstrahl mit konstanter Geschwindigkeit von links nach rechts und von oben nach unten über den Bildschirm geführt. Am Ende jeder Zeile wird der Strahl ausgetastet und an den Anfang der folgenden Zeile positioniert. Ob der Bildpunkt hell, dunkel oder in irgendeinem Helligkeitswert dazwischen liegt, ist abhängig vom Bildsignal, nicht vom Ablenksignal, das unabhängig davon immer gleich bleibt.

Diese Punkte decken in horizontalen und vertikalen Linien den ganzen Bildschirm ab. Dieses Linienmuster bezeichnet man als Raster. Für die Wiedergabe einer Linie müssen also bei einem Graphikprogramm alle Einzelpunkte in genau vorher festgelegter Reihenfolge auf ihren Helligkeitswert festgelegt werden. Dieses fest vorgegebene Raster hat den Nachteil, daß schräge Linien kantig mit Treppen und Absätzen erscheinen, da ja innerhalb des Rasters keine Zwischenwerte ansteuerbar sind. Je gröber das Raster desto stärker dieser sogenannte Alias-Fehler. Mit hochauflösenden Monitorröhren kann er aber aufgrund des feineren Rasters (wenn das Programm entsprechend ausgelegt ist) praktisch zum Verschwinden gebracht werden.

Bei Rasterfarbsichtgeräten wird das gleiche Raster benutzt wie bei monochromen Bildschirmgeräten. Da ein Bildelement aus Phosphorpunkten in den drei Grundfarben Rot, Grün und Blau besteht, enthält die Bildröhre drei Elektronenkanonen, jeweils eine für die drei Grundfarben. Für jedes Bildelement sind die entsprechenden Farbanteile genau definiert.

Vektorbildschirm

Bei den Vektorgeräten wird das Bild aus Linien aufgebaut. Flächen können bei diesem Verfahren nur durch dicht nebeneinander liegende Strecken erzeugt werden. Das Wesentliche gegenüber einem Rasterbildschirm ist, daß der Elektronenstrahl nicht in einer fest vorgegebenen Weise das Bildfeld der Bildröhre überstreicht, sondern so, wie das Programm es definiert.

Hauptbestandteil eines Vektorbildschirms ist der Vektorgenerator. Zur Linienerzeugung erhält er vom Rechner die Koordination der Anfangs- und Endpunkte, die dann in analoge Spannungen umgewandelt den Lauf des Elektronenstrahls steuern. Der Strahl wird so über die Phosporschicht auf dem Bildschirm geführt, daß die dadurch erzeugte Leuchtspur genau der Linie im Bild entspricht.

Plasmabildschirm

Die Bildschirmoberfläche des Plasmabildschirms ist flach und nicht gewölbt. Plasma ist ein leuchtendes Gasgemisch, das durch eine spezielle Gasentladungstechnik erzeugt wird. Die Vorteile eines solchen Bildschirms liegen in einer hohen Leuchtdichte, geringen Verzerrungen und Flimmerfreiheit. Das Neongas erzeugt ein orangefarbenes Licht. Ein Plasmabildschirm ist daher einfarbig. Er arbeitet auf Rasterformat und hat nur eine Leuchtintensität. Das gespeicherte Bild kann ebenfalls nicht selektiv gelöscht werden. Die Verwendung dieser Plasmabildschirme zeigt steigende Tendenz, und das Haupteinsatzgebiet sind portable PCs.

LCD-Bildschirm

Ein weiterer Bildschirm mit flacher Bildoberfläche ist der Flüssigkeitskristallbildschirm, kurz LCD (Liquid Crystals Display) genannt.
Durch zwei Glasplatten werden mehrere Schichten von organischen Verbindungen (Flüssigkeitskristallen) eingeschlossen. Sie weisen in einem bestimmten Temperaturbereich eine Übergangsphase auf zwischen der festen Kristallphase und der flüssigen Phase. Diese Kristalle sind in dieser Phase senkrecht angeordnet und in einem geordneten transparenten Zustand. Jedes Flüssigkeitskristall entspricht einem Bildpunkt.

Bei farbigen LCD-Anzeigen arbeitet man mit entsprechenden farbigen Flüssigkeitskristallen (Rot, Grün und Blau).

In der Dunkelheit kann man LCD-Anzeigen nicht lesen. Erst wenn Licht einfällt, wird die Anzeige sichtbar, da die Kristalle das Licht entsprechend reflektieren.

1.6.2 Drucker /HEIN-84/

Man unterscheidet grundsätzlich zwischen mechanischen und nichtmechanischen Druckverfahren.

Mechanische Druckverfahren

Typendrucker
Bei diesen Druckern gibt es als Typengerät das Typenrad, den Typenkorb und den Kugelkopf. Das Druckbild wird bei diesem Druckertyp Zeichen für Zeichen in einer Zeile nacheinander (seriell) erzeugt, wobei die Druckgeschwindigkeit auf 20 bis 100 Zeichen/s begrenzt ist.

Matrixdrucker
Matrixdrucker setzen die Zeichen punktweise aus Nadeln zusammen. Die Nadeln werden durch Tauchankersysteme je nach Zeichenbild angesprochen. Sie erzeugen ein deutliches Betriebsgeräusch und haben eine begrenzte Lebensdauer. Die maximale Druckgeschwindigkeit beträgt bis zu 900 Zeichen je Sekunde. Ein graphikfähiger Matrixdrucker beherrscht normalerweise Schnelldruck, Graphikdruck und "Schönschrift" (NLQ = Near Letter Quality).

Ketten- bzw. Trommeldrucker
Für diese Drucker hat sich auch der Begriff "Schnelldrucker" eingebürgert. Bei diesem Druckverfahren werden ganze Zeilen parallel gedruckt. Auf diese Weise können hohe Druckgeschwindigkeiten (bis 3000 Zeilen je Minute) erreicht werden.

Der Kettendrucker arbeitet mit einer umlaufenden Kette, die in eine auswechselbare Kassette eingebaut ist. Für jede Druckstelle einer Druckzeile existiert ein Anschlaghammer, der, elektronisch gesteuert, genau dann anschlägt, wenn die gewünschte Drucktype der Kette gerade die Druckstelle passiert ("fliegendes Abdruckverfahren").

Im Gegensatz zum Kettendrucker verwendet man beim Trommeldrucker statt der Typenkette eine rotierende Typentrommel. Während einer Umdrehung bietet sich in jeder Druckstelle jedes Zeichen des Vorrats einmal an, d.h. je Umdrehung kann eine ganze Zeile abgedruckt werden.

Nichtmechanische Druckverfahren

Thermische Verfahren
Bei diesem Druckverfahren wird wärmeempfindliches Papier durch Erwärmung mit kleinen Heizelementen punktweise geschwärzt. Das Verfahren zeichnet sich durch hohe Zuverlässigkeit, kleinste Abmessungen und geringste Systemkosten aus, läßt jedoch nur geringe Druckgeschwindigkeiten zu (20 Zeichen/s). Wegen der hohen Papierkosten ist dieses Verfahren zur Ausgabe größerer Datenmengen ungeeignet.

Tintenstrahlverfahren
Die Aufzeichnung alphanumerischer Schriftzeichen erfolgt bei diesem Verfahren durch elektrostatische Ablenkung eines Tintenstrahls. Bei einer Geschwindigkeit von

etwa 300 Zeichen je Sekunde läßt sich ein für Textverarbeitungssysteme gut geeignetes Schriftbild erzeugen.

Elektrostatische und elektromagnetische Drucktechniken
Diese Geräte arbeiten ähnlich wie die bekannten Bürokopierer, allerdings wird das Bild durch elektrische bzw. magnetische Felder und den entsprechenden Farbstoffen erzeugt. Als Beispiel für dieses Prinzip ist auch der sogenannte Laserdrucker zu nennen.

1.6.3 Plotter /HEIN-84; WILL-86/

Möchte man Ergebnisse, die in graphischer Form vorliegen, nicht nur kurzfristig am Bildschirm betrachten, sondern darüber hinaus dauerhaft dokumentieren, so müssen sogenannte Plotter eingesetzt werden. Es gibt nun unterschiedliche Alternativen für Plottersysteme.

Im wesentlichen unterscheidet man zwischen sogenannten Trommelplottern und Flachbettplottern. Diese beiden Plottertypen arbeiten in der Regel auf Vektorbasis. Das heißt, das Bild wird aus Strichen (Vektoren) aufgebaut. Unter Auflösung versteht man daher nicht die maximal darstellbare Bildpunktanzahl, sondern die minimal mögliche, das heißt kürzeste Bewegung des Stiftes. In jüngster Zeit wurde ergänzend hierzu der Begriff des Printerplotters eingeführt. Sie arbeiten alle nach dem Matrixverfahren (z.B. Matrixdrucker, Laserdrucker).

Beim Trommelplotter wird das Zeichenpapier entweder als "Endlosband" an einem beweglichen Zeichenkopf vorbeigeführt oder es ist direkt auf einer Trommel aufgespannt. Die Bewegungsrichtung des Zeichenpapiers ist somit eine Koordinate, die Richtung in der sich der Zeichenkopf bewegen kann, die andere Koordinate. Der wesentliche Vorteil dieses Plotterprinzips ist die unbegrenzte Zeichenlänge in einer Koordinatenrichtung. Es darf jedoch nicht vergessen werden, daß zum Transport des Zeichenpapiers zusätzliche Maßnahmen (Transportvorrichtung bzw. Aufspannmöglichkeit) zu ergreifen und zu realisieren sind.

Beim sogenannten Flachbettplotter dagegen wird der Zeichenkopf über eine ruhende Zeichenfläche (Zeichenpapier) bewegt. Hier ist die Zeichnungslänge in beiden Koordinaten begrenzt. Plotter können mit unterschiedlichen Stiftarten bestückt werden. Man bezeichnet sie auch als Pen-Plotter, weil sie den Schreibstift führen können wie eine menschliche Hand.

1.6.4 Sprache

Die Forschung auf dem Gebiet der digitalen Sprachverarbeitung hat in den letzten Jahren zu einer Vielzahl von Produkten geführt, die je nach technologischem Stand zwischen "Prototyp" und "ausgereiftem Produkt" zu klassifizieren sind. Sprachausgabesysteme bezeichnen digitale, vollelektronische Verarbeitungssysteme im Gegensatz zu analogen Geräten, wie zum Beispiel Tonbandgerät, Kassettenrecorder oder Plattenspieler.

Analoge Speicherung der Sprache mit "mechanischen" Elementen wird dabei durch digitale Signalspeicherung ersetzt, die eine größere Flexibilität, Kostenreduktion, schnelleren Zugriff und Zusammensetzung der Sprachelemente erlaubt. Je nach Anwendungsgebiet kann die auszugebende Sprache begrenzt sein, wie zum Beispiel

194

bei der Ausgabe von Zahlen oder Ansagetexten, oder praktisch unbegrenzt, wie bei "Text-in-Sprache"-Systemen.

Bei der Sprachwiedergabe wird durch einen menschlichen Sprecher das Vokabular vorher akustisch in das Verarbeitungssystem eingegeben und bildet damit den festen Wortschatz des Systems. Er kann aus Einzelwörtern, Sätzen oder Absätzen bestehen, die auf Massenspeichern (Disk, Floppy) oder in Speicher-ICs abgelegt sind.

Je nach Verarbeitungslogik des Systems können aus diesem Grundvorrat weitere Satz-/Wort-Kombinationen zusammengefügt werden, wobei diese Art der "Komposition" durch die Regeln der Verarbeitungslogik bestimmt wird. Der Umfang des Vokabulars ist durch die meist begrenzte Speicherkapazität der Systeme jedoch limitiert.

Die ausgegebene reproduzierte Sprache ist abhängig von den Digitalisierungsformen (Sprachcodierung). Je nach verwendetem Codierverfahren ist die erreichte Sprachqualität deutlich unterscheidbar von synthetisch aus Text erzeugter Sprachausgabe. Die Natürlichkeit der ausgegebenen Sprache ist ein wichtiger Faktor für den Einsatz und die Anwendung solcher Systeme.

1.7 Speichermedien

Bei den Speichermedien kann man zwischen den schnellen und den langsamen Hintergrundspeichern unterscheiden. Zu den schnellen Hintergrundspeichern zählt man die Speicherplatten, die auf magnetischen und optischen Aufzeichnungsverfahren basieren. Die langsamen Hintergrundspeicher umfassen die Floppy Disk (Diskette) und Magnetbandsysteme.

1.7.1 Magnetplatten

Magnetplattenspeicher gibt es in verschiedenen Ausführungen:

- Festplatte,
- Wechselplatte,
- Festplattenstapel und
- Wechselplattenstapel.

Die 1982 auf dem Markt vorgestellten Winchester-Drives (Festplattenlaufwerke) waren aufgrund ihrer Betriebssicherheit, Speicherkapazität und kurzen Zugriffszeit die erfolgreichste Entwicklung auf diesem Sektor. Hierbei handelt es sich um ein Magnetplattenlaufwerk mit fest eingebauter Platte (Hard Disk) bzw. Plattenstapel. Die Speicherplatte befindet sich in einem luftdicht abgeschlossenen Gehäuse, in dem ein Schreib-/Lesekopf auf einem Luftkissen über der Platte schwebt. Da die Reibung fehlt, kann die Magnetplatte mit hoher Geschwindigkeit rotieren, ohne daß der Schreib- /Lesekopf oder die Platte einem Verschleiß unterliegen.

Führende Hersteller von 8-Zoll-Festplatten realisieren Speicherkapazitäten von 1 GByte, und die nächste Generation mit 1,6 GByte ist schon in Vorbereitung. Die mittleren Zugriffszeiten betragen ca. 20 ms.

1.7.2 Optische Platten

Bei optischen Speichern (Optical Disk) muß man drei verschiedene Typen unterscheiden. Erster Typ ist der CD-ROM. Hier wird die Information bei der Herstellung der optischen Platte fest aufgebracht und kann dann beliebig oft gelesen werden. Dieses Medium ist zum Verteilen von Information gut geeignet, da die Reproduktionskosten für den Datenträger sehr gering sind.

Zweiter Typ ist WORM (Write Once, Read Multiple). Hier kann die Information dadurch auf die Platte geschrieben werden, daß ein Laser durch hohe Energiezufuhr die Oberfläche an bestimmten Stellen so verändert, daß sie später das Licht anders reflektiert. Dieser Vorgang ist bei diesem Typ nicht umkehrbar. Die Information kann also nur einmal an eine bestimmte Stelle geschrieben werden.

Dritter Typ sind die mehrfach beschreibbaren optischen Speicher. Hier existieren bisher (im Gegensatz zu den ersten beiden Typen, die man heute bereits problemlos kaufen kann) nur Labormuster und Programmankündigungen. Bis hier kommerziell verwendbare Produkte auf dem Markt sein werden, dürften wohl noch 1-2 Jahre vergehen. Diese Platten lassen sich dann wie normale Magnetplatten unter der üblichen Betriebssystemsoftware einsetzen. Allerdings ist durch die andere Technologie die Zugriffszeit erheblich höher. Man rechnet damit, daß Laufwerke im 5 GByte-Bereich etwa soviel kosten werden wie heute konventionelle Plattenlaufwerke im 300 MByte-Bereich.

1.7.3 Floppy Disks

Eine Floppy Disk (kurz Floppy oder Diskette genannt) ist eine flexible, je nach Modell einseitig oder beidseitig zu beschreibende mit einer Magnetschicht versehende Kunststoffplatte. Sie ist eine Sonderform der Magnetplatte und befindet sich festverschweißt in einer Kunststoffhülle, die auch beim Einstecken in das Floppy-Laufwerk nicht entfernt wird.

Es gibt Floppies in drei Standardgrößen: 8" (Standarddiskette), 5,25" (Minidiskette) und 3,5" (Mikrodiskette) Durchmesser. Ihre Speicherkapazität hängt nicht (mehr) von ihrer Größe ab, sondern ist in der Reihenfolge der Aufzählung in der geschichtlichen Entwicklung zu sehen. Vor allem sind es die Faktoren Spuranzahl und Schreibdichte, die maßgeblich für die Speicherkapazität sind. Von der Zugriffszeit her liegen die Floppy-Disk-Systeme zwischen Magnetplatte und dem Magnetband. Gegenüber dem Magnetband bietet die Floppy einen wahlfreien Zugriff.

1.7.4 Magnetbänder

Magnetbandsysteme haben Zugriffszeiten, die sich im Minutenbereich bewegen. Das Magnetband ist heute noch das überwiegend eingesetzte Speichermedium für Großcomputer. Da das Magnetband die geringsten Kosten pro Speicherkapazität aufweist, wird es auch in Zukunft für das Archivieren von Daten, die nicht im direkten Arbeitsprozeß benötigt werden, d.h. zur Datensicherung, eingesetzt werden.

Man kann zwischen ½ Zoll- und ¼ Zoll-Bandgeräten unterscheiden. Sowohl die ½ Zoll-Geräte, als auch die ¼ Zoll-Geräte lassen sich wiederum klassifizieren in sogenannter Standard Bandantriebe, Geräte nach dem Datenstromprinzip (streamer) und Systeme mit zusätzlicher Kassettentechnologie (cartridge).

Heutige Rechner verwenden oft das Verfahren der ¼ Zoll-Band-Kassettentechnologie mit Datenstromverarbeitung (Streamimg ¼ Zoll Tape-cartridge). Streaming ist eine Methode, bei der das komplette Band für die Datenaufzeichnung benützt wird. Spezielle Steuerinformationen und Start-/Stop Impulse entfallen. Diese Technologie zeichnet sich durch eine leicht handhabbare Kassette, schnellen Datentransfer, hohe Zuverlässigkeit und einen geringen Preis des Speichermediums aus. Derartige Streamer-Laufwerke ermöglichen die Datensicherung für Platten derzeit bis zu ca. 300 MByte.

Die neuesten Magnetbandsysteme setzten ein Aufzeichnungsverfahren ein, das als Speichermedium Video-8-Kassetten und DAT-Kassetten (Digital Audio Tape) verwendet. Diese Verfahren, das man als Schrägspuraufzeichnungsverfahren (Helical Scan Recording) bezeichnet, arbeitet nach einem ähnlichen Prinzip wie der Videorecorder.

Das Schrägspuraufzeichnungsverfahren unterscheidet sich von den konventionellen Aufzeichnungsmethoden, bei denen das Band relativ schnell an fest montierten Schreib-/Leseköpfen vorbeigeführt wird, dadurch, daß das Band langsam bewegt aber von schnell rotierenden Köpfen abgetastet wird. Die Anordnung der rotierenden Köpfe zum Band ergibt dabei die für dieses System typische diagonale Spuranordnung.

Die DAT-Kassette bietet eine Speicherkapazität von 1,2 GByte und die Video-Kassette von 2,3 GByte. Diese Datenträger sind besonders preiswert. Ein Magnetband kostet rund 0,30 DM pro MByte, Optische Platten liegen bei 0,90 DM pro MByte, Magnetbandkassetten liegen typisch zwischen 0,50 und 1,00 DM pro MByte. Dagegen kosten Kassetten für diese Subsysteme unter 0,05 DM pro MByte. Der Platzbedarf pro Megabyte ist weniger als ein Prozent verglichen mit Magnetbandspulen.

2 Software

2.1 Betriebssystem

Für den Einsatz eines AUDIUS muß das gesamte Spektrum der Rechnerklassen betrachtet werden, da zu jeder Zeit und an jedem Ort auf die zentralen Ressourcen zurückgegriffen werden muß. Nach ihrer Anlagenklasse werden Rechner unterteilt in:

- Mikro-Rechner,
- Workstations (z.B. SUN),
- Mini-Rechner (z.B. VAX),
- MDT (Mittlere Datentechnik),
- Großrechner (Mainframes).

Aus Vereinfachungsgründen soll hier nur zwischen Großrechner-Betriebssystemen und PC-Betriebssystemen unterschieden werden.

Die heute verfügbaren Betriebssysteme unterscheiden sich sehr stark in Bezug auf die von ihnen unterstützte Hardware, die Komplexität und die Art der von ihnen zu erledigenden Aufgaben, ihre Anpaßbarkeit an spezielle Anforderungen und die Verfügbarkeit von Programmiersprachen. So gibt es einerseits Systeme, die ein Benutzerprogramm nach dem anderen durchrechnen (DOS), während andere in der Lage sind,

Abb. 2.1. Kriterien zur Bewertung von Betriebssystemen

gleichzeitig eine Vielzahl von Programmen zu bearbeiten (OS/2) oder gleichzeitig eine große Anzahl von Benutzern interaktiv über Terminals zu bedienen (UNIX und Großrechner-Betriebssysteme).

Abbildung 2.1 zeigt Kriterien für die Bewertung von Betriebssystemen. Nach diesem Kriterienkatalog werden die einzelnen Betriebssysteme erläutert.

2.1.1 PC-Betriebssysteme

2.1.1.1 DOS /WITT-87/

DOS (MS-DOS von Microsoft bzw. PC-DOS von IBM) ist ein Standardbetriebssystem für PC's. Der Erfolg von DOS steht auf zwei Säulen:

- zum einen rüstete IBM die gesamte PC-Produktpalette mit einer DOS-Version aus (PC-DOS),
- zum anderen schrieben eine Vielzahl von Softwareentwicklern Programme für DOS.

Die Erwartung, daß IBM als weltweit größter Computerhersteller im PC-Geschäft erfolgreich sein und damit DOS eine weite Verbreitung finden würde, lockte die Softwarehäuser scharenweise an. So wurde DOS zum dominierenden Betriebssystem für PC's auf Basis der Mikroprozessorfamilie 8086 von Intel. Mit mehreren Millionen lizensierter Kopien im Umlauf hat DOS eine weitere Verbreitung gefunden als alle Konkurrenzbetriebssysteme (CP/M-86, Concurrent DOS, P-System, iRMX-86) zusammen.

Auch in der z.Z. vorliegenden Version 3.3 ist MS-DOS ein reines Single-user/Single-tasking-Betriebssystem. Das heißt nur ein Benutzer kann zu einem gegebenen Zeitpunkt am System arbeiten und dabei nur ein Programm ausführen. Dieser eine Benutzer hat alle Rechte zur Nutzung jedes Betriebsmittel des Rechners. Es sind keine Schutzmechanismen, die z.B. ein unberechtigtes Überschreiben einer Datei eines anderen Nutzers verhindern, vorhanden. MS-DOS-Prozesse können nur streng sequentiell abgearbeitet werden. Parallele asynchrone Prozesse sollen in der Version 5 in begrenztem Umfang möglich sein.

DOS ist auf allen 16 bit-Prozessoren implementierungsfähig. Der wesentliche Vorteil gegenüber dem veralteten CP/M liegt darin, daß der Systemkern auf die unteren Adressen des Hauptspeichers geladen wird. Damit ist bei einer Speichererweiterung keine Verschiebung des Kerns erforderlich, und Programme brauchen nur einmal gebunden werden.

Zwei Hauptmerkmale charakterisieren jedoch die beschränkte Leistungsfähigkeit von DOS:

- die verwaltbare RAM-Speicherkapazität ist auf maximal 640 kB limitiert und
- das System unterstützt kein Multitasking.

Die wichtigsten Eigenschaften von MS-DOS sind:

Einsatzart

- Arbeitsplatzrechner von geringer bis mittlerer Leistungsfähigkeit (Mikrorechner)
- kommerzieller und technischer Einsatz (viel Standard-Software für kleinere Problemlösungen)
- keine Echtzeitfähigkeit

Mächtigkeit

- Speicherbereich eingegrenzt auf 640 kByte Hauptspeicher und 33 MByte/Laufwerk
- keine Multiuser- und Multitasking-Fähigkeit
- viele Entwicklungswerkzeuge und Programmiersprachen
- sehr geringer Funktionsumfang

Kosten, Wirtschaftlichkeit

- Marktführer im Bereich der Mikrorechner, weltweit meistbenutzt
- geringe Anschaffungskosten
- Portabilität schlecht bis sehr schlecht

Sicherheit
- geringe Betriebssicherheit
- Betriebssystem stellt keinen Datenschutz zur Verfügung
- schlechte Benutzerfreundlichkeit

Konnektivität, Kompatibilität

- gute Kommunikationsfähigkeit nur durch Zusatzprogramme (Software zur Netzwerkfähigkeit, Filetransfer (ASCII), Anbindung an Modem, Kommunikation mit Host etc.)

2.1.1.2 OS/2 /KAUF-88/;

OS/2 ist das neue PC-Betriebssystem, das im Zusammenhang mit der IBM Personal-System/2-Familie angekündigt wurde. Es bietet dem Endbenutzer und Anwendungs-entwickler eine breite Palette neuer Möglichkeiten und nutzt die Möglichkeiten des Intel 80286 Mikroprozessors voll aus. Es unterstützt bis zu 16 MB Hauptspeicher, Festplatten größer 32 MB und Multitasking, um mehrere Anwendungen gleichzeitig bearbeiten zu können. OS/2 ist in großem Umfang aufwärts kompatibel zum Betriebssystem DOS:

- DOS Programme werden im Kompatibilitätsmodus unterstützt
- OS/2 Befehle und Systemprogramme entsprechen denen des Betriebssystem DOS 3.3
- beide Betriebssysteme können auf demselben System eingesetzt werden, jedoch nicht gleichzeitig
- die Programme und Befehle beider Betriebssysteme können auf dieselben Dateien zugreifen

Eine physikalische Festplatte mit mehr als 32 MB kann in mehrere logische Lauf-werke von jeweils 32 MB aufgeteilt werden.

OS/2 ist durch folgende Eigenschaften gekennzeichnet:

Einsatzart

- Arbeitsplatzrechner von geringer bis mittlerer Leistungsfähigkeit (Mikrorechner), Bedingung ist ein Hauptspeicher von 3 Mbyte
- Einsatzbereich kommerziell und technisch (in Entwicklung)

Mächtigkeit

- max. 16 MByte Hauptspeicher
- keine Multiuser, aber Multitasking-Fähigkeit
- z.Z. wenig Werkzeuge und Programmiersprachen, aber DOS-kompatibel
- Betriebssystem erweiterbar um graphische Benutzungsoberfläche, Dateiverwal-tung, Kommunikations- und Netzwerk-Handler
- verfügbare Software, abgesehen von DOS-Anwendungs-Software gering

Kosten, Wirtschaftlichkeit

- Wirtschaftlichkeit z.Z. gering, Betriebssystem wird sich aber durchsetzen
- Kosten hoch, da PC-Aufrüstung erforderlich
- Portabilität sehr schlecht

Sicherheit

- geringe Betriebssicherheit, da noch zahlreiche Fehler im Betriebssystem
- Betriebssystem stellt keinen Datenschutz zur Verfügung

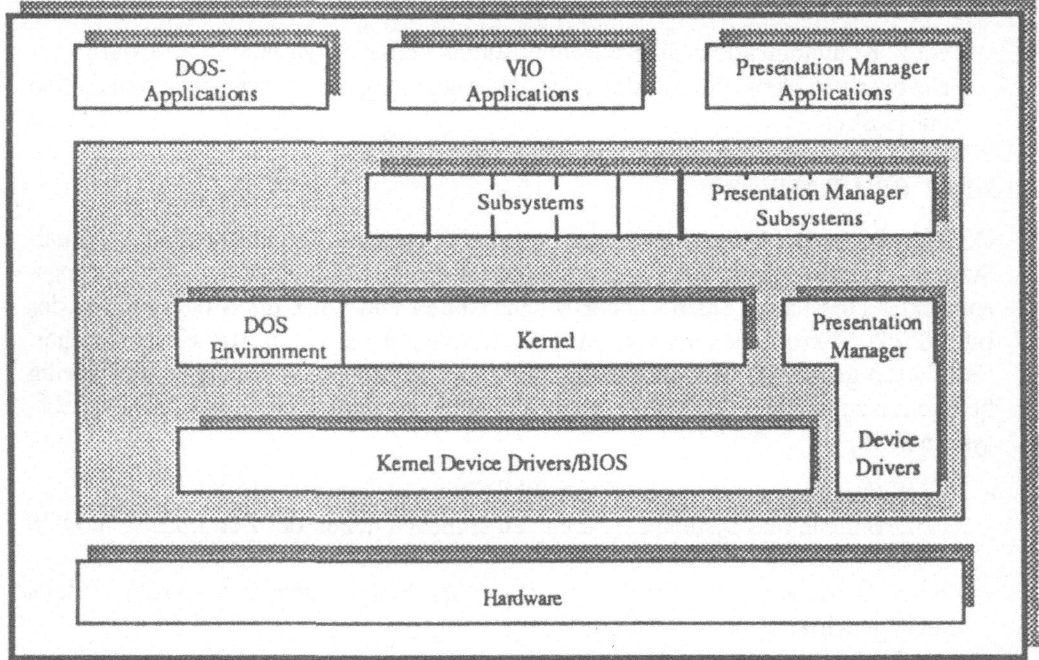

Abb. 2.2. Aufbau von OS/2

Konnektivität, Kompatibilität

- Portabilität sehr schlecht
- Kommunikationsfähigkeit zur Zeit schlechter als MS-DOS

Abbildung 2.2 zeigt den Aufbau von OS/2 nach /KAUF-88/.

2.1.1.3 UNIX /GULB-84; WITT-87/

UNIX entstand seit dem Jahr 1969 im universitären Bereich in Zusammenarbeit mit einer AT&T-Tochter. Es ist ein in der höheren Programmiersprache C erstelltes interaktives Multiuser-System für universelle Anwendungen. Auf Grund der Realisierung in C ist hier eine hohe Portabilität gegeben. UNIX unterstützt neben der Eigenschaft des Multiusers und Multitaskings insbesondere die Kommunikation zwischen den Prozessen und weist eine hierarchische Dateistruktur auf. Die Eigenschaft der hierarchischen Dateistruktur ermöglicht dabei unter anderem das Ein- und Ausgliedern von auswechselbaren Datenträgern. Es sei erwähnt, daß UNIX auch eine virtuelle Speicherverwaltung realisiert.

Für den Benutzer besonders angenehm ist die flexible Kommandosprache, die einen sehr guten Dialog zwischen Benutzer und System ermöglicht. Diese Kommandosprache wird bei UNIX auch als SHELL bezeichnet. Dabei sind die Befehle selbst einfach ausführbare Dateien in einem Dateiensystem. Das Programm SHELL

MERKMAL	MS-DOS 3.1	UNIX V.2
- Größe	40-60 KB	150-500 KB
- Prozesse	1	10-n
- Hintergrundbetrieb	nein	ja
- Adressraum	640 KB	nur Hardware
- Speicherschutz	nein	ja
- Kommandoprozeduren	ja	ja
- Dienstprogramme	20-40	mehr als 200
- Zugangskontrolle	nein	ja
- Daten-, Dateischutz	nein	ja
- Graphik	ja	ja
- Ein-, Ausgabeumlenkung	ja	ja
- Mehrplatzbetrieb	nein	ja
- Festplatte erforderlich	nein	ja

Abb. 2.3. Vergleich UNIX, DOS

ermöglicht die Ausführung dieser Dateien auf optimale Weise. SHELL unterstützt Befehlsbibliotheken, sequentielle Mehrfachausführung, Batch-Verarbeitung, Umleitung von Terminalein-/ausgaben, Kettung von Befehlen durch Pipes.

Darüber hinaus stellt UNIX zusätzliche Dienstprogramme bereit und unterstützt eine Anzahl Systementwicklungshilfsmittel sowie ein leistungsfähiges Textbearbeitungssystem. Selbst die Programmiersprache C ist Teil des UNIX Betriebssystems.

UNIX ist durch folgende Eigenschaften gekennzeichnet:

Einsatzart

- Anwendungsklassen sind Mikrorechner, Workstations und Minirechner. Im Großrechnerbereich hat sich UNIX (noch) nicht durchgesetzt.
- zentraler Einsatz
- keine Echtzeitfähigkeit
- hauptsächlich technischer Einsatz, im kommerziellen Bereich erst Anfänge

Mächtigkeit

- virtuelle Speicherverwaltung
- keine Speicherbegrenzungen wie bei DOS oder OS/2
- Multiuser und Multitasking-Fähigkeit
- Betriebssystemumfang und Funktionsumfang relativ hoch

Kosten, Wirtschaftlichkeit
- gute Verbreitung, mangelnde Normierung problematisch
- Preis günstig
- Portabilität sehr gut

Sicherheit

- Betriebssicherheit abhängig von Varianten, verbesserungsfähig
- Datenschutz und Datensicherheit: mittlere Qualität
- Bedienungssicherheit gering
- schlechte Benutzerfreundlichkeit, Software kann Abhilfe schaffen
- Benutzungsoberfläche ist die leistungsfähige Shell-Kommandosprache

Konnektivität, Kompatibilität

- einfaches und klares Konzept
- sehr gute Portabilität: Unix ist weitgehend in C geschrieben, zur Portierung bedarf es nur eines C-Compilers für die Zielmaschine und eines neuen Systemkerns

Problematisch ist nach wie vor, daß UNIX trotz vielfältiger Aktivitäten nicht einheitlich normiert ist. Zahlreiche Firmen bemühen sich in der X/OPEN-Gruppe um eine Normierung, allerdings ist IBM daran nicht beteiligt. Andererseits will IBM neben an-deren Herstellern, wie Digital Equipment, Nixdorf etc., in der OSF-Gruppe (Open System Foundation) die Idee der "Offenen Systeme" forcieren. Hier spielt UNIX eine zen-trale Rolle. Abbildung 2.3 vergleicht die Eigenschaften von UNIX und DOS.

2.1.2 Großrechner-Betriebssysteme

Im Bereich der Großrechner-Betriebssysteme verändert sich der Markt aus wirtschaftlichen Überlegungen nicht so schnell wie auf dem PC-Markt. Betriebssysteme, die an sich veraltet sind, sind zum Teil heute noch im Einsatz. Bekannte Betriebssytsme sind:

- BS2000 von Siemens,
- MVS von IBM und
- VMS von DEC.

Die verschiedenen Betriebssysteme unterscheiden sich nur wenig in ihren wesentlichen Eigenschaften und werden ständig verbessert und erweitert, um neuen Benutzeranforderungen gerecht zu werden.

Großrechner-Betriebssysteme sind durch folgende Eigenschaften charakterisiert:

Einsatzart

- Großrechner einer Rechnerfamilie mit sehr großer Leistungsfähigkeit
- kommerzieller und technischer Einsatz
- zentraler Rechenbetrieb (komfortabler Timesharing- und Batch-Betrieb)

Mächtigkeit

- Multiuser- und Multitasking-Fähigkeit
- virtuelle Speicherverwaltung
- sehr großer Funktionsumfang

Kosten, Wirtschaftlichkeit

- weltweiter Einsatz der Systeme
- keine Portabilität (Betriebssysteme sind auf die Hardware eines Herstellers zugeschnitten)
- Kosten sehr hoch

Sicherheit

- hohe Betriebssicherheit (ausgereifte Systeme)
- Systemunterstützung bei der Datensicherung
- Datenschutz vor unberechtigtem Zugriff

Konnektivität, Kompatibilität

- große Verfügbarkeit von Peripheriegeräten
- Rechner eines Herstellers können vernetzt werden (zum Teil können auch Fremdsysteme eingebunden werden)

2.2 Datenverwaltung

2.2.1 Datenbanktechnik

Ein Datenbanksystem ist eine Sammlung gespeicherter Daten zusammen mit ihrer Beschreibung (der Datenbank) und einem Hardware-/Software-System (dem Datenbankverwaltungssystem, DBVS; engl. data base management system, DBMS) zu ihrer verläßlichen und sicheren Handhabung, Änderung und Auffindung (Retrieval) /DITT-86/.

Eine Datenbank soll die interessierende Semantik einer Anwendung (die Miniwelt) so vollständig und genau wie möglich abbilden. Das in einem Datenbanksystem benutzte Datenmodell definiert ein Gerüst von Konzepten, durch das die Art und Weise, in der sich die Miniweltsemantik ausdrücken läßt, vorgegeben ist.

Heute gibt es weltweit knapp 3000 Datenbanken, aus denen Interessenten Informationen abrufen können, doch nur ca. 10% der hier getätigten Umsätze entfallen auf wissenschaftlich-technische Informationen /SCHU-88/. Nach anderen Quellen gab es 1987 allein in den USA 3369 öffentlich zugängliche Online-Datenbanken für Literaturrecherchen oder geschäftliche Studien /NN-87b/.

In Ländern wie den USA, Japan und den Ländern der EG kommt heute ein großer Teil des nationalen Wohlstands von der Schaffung, Verarbeitung und Verteilung von Wissen /IRVE-88/. 1980 kamen in den USA etwa 34% des Bruttosozialprodukts aus der "knowledge industry" (u.a. Ausbildung, Forschung und Entwicklung, Kommunikationsmedien, Informationsmaschinen und Informationsdienste) /RUBI-86/. Obgleich wir mit Information arbeiten, haben wir bei großen Mengen an Informationen, wie z.B. im Außendienst, oft Schwierigkeiten, sie erfolgreich einzusetzen, was Naisbett in die Worte faßt: "We are drowning in information but starved for knowledge." /NAIS-82/.

Für die Verwaltung solch großer Datenmengen eignet sich ein einheitliches Datenbanksystem wesentlich besser als die früher verwendeten separaten und unkoordinierten Dateien /HÄRD-85a/. Die Verwaltung muß nämlich so gestaltet

werden, daß die Daten bei Bedarf schnell und unkompliziert erreichbar sind, und dies
für ganz verschiedene Benutzer vom Sachbearbeiter, der immer gleichartige Tätigkeiten ausführt, wie z.B. der Mitarbeiter in der Fakturierung, der immer Rechnungen
(und Mahnungen) schreibt, (parametrischer Benutzer) bis zum oberen Management,
das nur einen gelegentlichen, aber unvorhersehbaren Informationsbedarf hat, der
dazu sehr verschiedenartige und in der Regel verdichtete Daten betrifft, wie z.B. die
Umsätze des Produkts X in den letzten zwölf Monaten aufgeschlüsselt nach Bundes-
ländern. Andererseits dürfen die gespeicherten Daten aber nicht jedermann zugänglich sein (Datenschutz), so ist es beispielsweise unerwünscht, daß die Konkurrenz
Einblick in die Angebotsdaten für einen potentiellen Auftrag erhält oder daß der
oben beschriebene Sachbearbeiter in der Fakturierung Zugriff auf die Gehaltsdaten
seines Wohnungsnachbarn hat, der zufällig in der gleichen Firma beschäftigt ist.

Zur Datenmanipulation sind die elementaren Datenbankoperationen Einfügen,
Ändern und Entfernen von Datensätzen (Tupeln einer Relation) definiert, welche sich
zu Transaktionen (geklammerte, nach außen atomar erscheinende Folge von elementaren Datenbankoperationen) verknüpfen lassen.

Bei Änderungsoperationen ist auf Datenintegrität zu achten, und zwar auf

- logische, d.h., daß z.B. die Abteilungszugehörigkeit des Mitarbeiters Maier an
  allen Stellen, an denen sie gespeichert ist (Kostenstellenplan, Telefonverzeichnis
  etc.), bei seiner Versetzung geändert wird.
- physische, d.h., daß bei einem Stromausfall oder Head-crash nicht plötzlich alle
  Daten verloren gehen oder daß Daten aufgrund von Seiteneffekten unkontrolliert
  überschrieben werden.

Daneben muß die Konsistenz der Daten gewährleistet sein, d.h. z.B., daß, wenn
die Daten eines im Zuge einer Expansion des Unternehmens eingestellten Mitarbeiters abgespeichert werden, auch gleichzeitig die Anzahl der Mitarbeiter insgesamt/in
der Abteilung um eins erhöht wird. In diesem Zusammenhang ist auch das Problem
der Redundanz zu betrachten, die z.B. dadurch entstehen kann, daß dieselben Daten
mehrfach, aber in unterschiedlichen Formaten abgespeichert werden (z.B. Wechsel

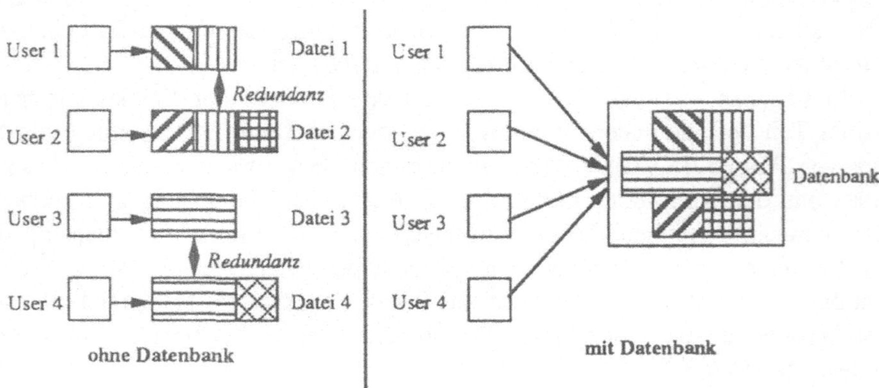

Abb. 2.4. Datenspeicherung mit und ohne Datenbank

kurse in der Fakturierungsabteilung mit 4 Nachkommastellen, in der Außendienstabteilung mit 2). Eine ganze Reihe von Integritäts- und Konsistenzproblemen (aber natürlich nicht alle!) lösen sich nämlich durch Redundanzfreiheit von selbst, beispielsweise erhält man ohne obige Redundanz immer dieselben DM-Beträge. Die hier geschilderte Problematik wird in Abb. 2.4 veranschaulicht.

Darüberhinaus sollten sich neue Anwendungen z.B. aufgrund erkannter Fehler oder Veränderungen im Unternehmen (neue Niederlassung, geänderte Produktpalette etc.) leicht in das Datenmodell integrieren lassen /TSIC-78/.

2.2.1.1 Record-orientierte Datenmodelle

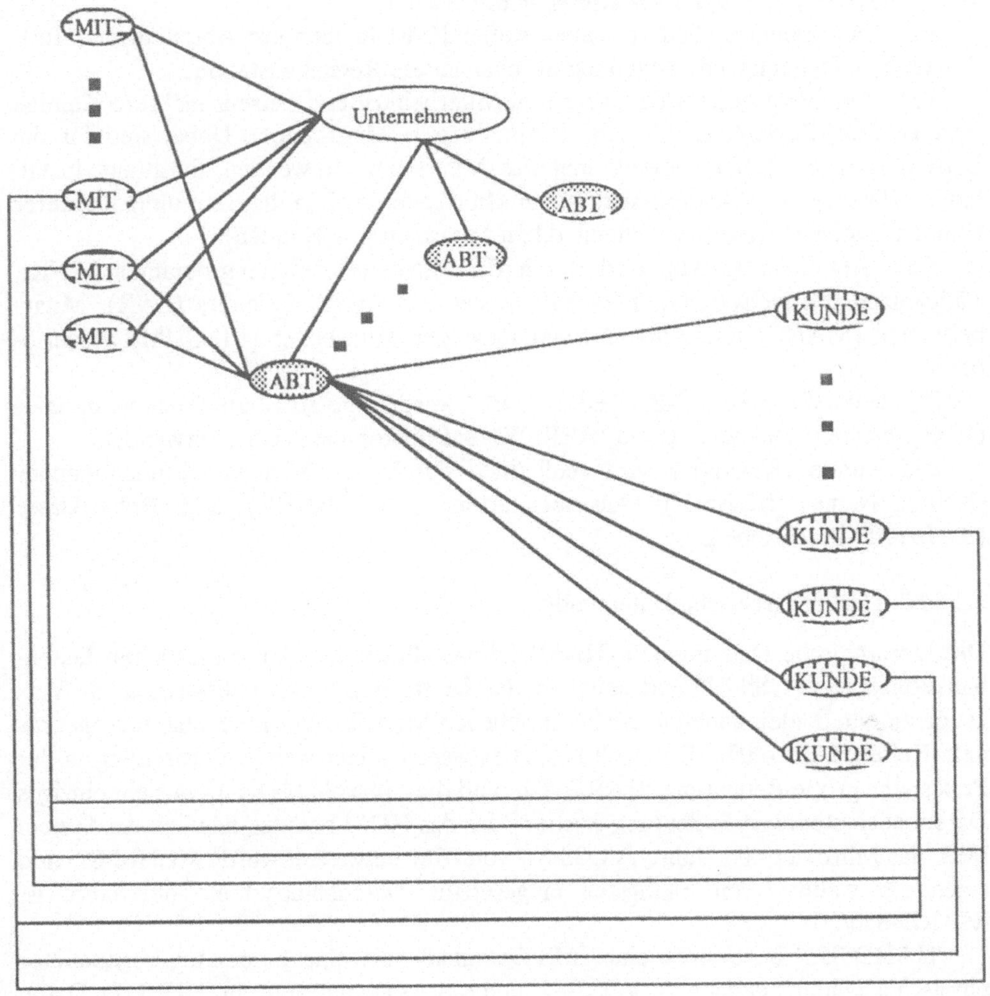

Abb. 2.5. Skizze der Struktur des Beispiels

Am Anfang der Darstellung stehen die record-orientierten Datenmodelle, da sie die ersten untersuchten Modelle waren und bis heute die einzigen sind, deren Implementierungen kommerzielle Bedeutung erlangt haben. Letzteres darf jedoch nicht als Abwertung anderer Ansätze mißverstanden werden, sondern hat seine Ursache wohl vor allem in der erst mit dem Entstehen neuer Anwendungen (CAD, CIM, Büroautomation etc.) zutage getretenen Notwendigkeit dieser anderen Ansätze.

In einem record-orientierten Datenmodell werden die abzubildenden Objekte der Miniwelt auf Records projiziert, die ähnlich den gleichnamigen Datentypen der Programmiersprachen Pascal und COBOL aufgebaut sind und jeweils bestimmte Eigenschaften (Attribute) der Objekte enthalten. Für die Anordnung dieser Records zu einer Datenbankstruktur haben sich drei grundsätzlich verschiedene Modelle herausgebildet, nämlich das hierarchische, das Netzwerk- und das relationale Datenmodell. Diese werden im folgenden mit ihren wesentlichen Eigenschaften vorgestellt. Zur ihrer Erläuterung wird stets dasselbe Beispiel verwandt, welches zunächst verbal und graphisch, Abb. 2.5, skizziert wird (der besseren Übersicht wegen sind nicht alle gezeichneten Knoten in die Struktur eingebunden).

Ein Unternehmen gliedert seinen Außendienst in mehrere Abteilungen ((1:n)-Beziehung). Dabei ist jede Abteilung für eine andere Region zuständig.

Jede Abteilung besteht aus mehreren Mitarbeitern und betreut mehrere Kunden (je eine (1:n)-Beziehung, d.h. z.B. 1 Abteilung, n Mitarbeiter). Dabei sind für die Betreuung eines Kunden jeweils mehrere Mitarbeiter notwendig (Beratung, Installation, Wartung etc.). Andererseits ist ein Mitarbeiter auch in die Betreuung mehrerer Kunden involviert ((n:m)-Beziehung, d.h. n Mitarbeiter, m Kunden).

Eine Abteilung (ABT) wird durch die Attribute Abteilungsnummer (ANR), Tätigkeitsregion (REGION), Personalnummer des Abteilungsleiters (LNR), Mitarbeiterzahl (MANZ) und Einkommenssumme der Mitarbeiter (EINSUM) beschrieben.

Zur Darstellung eines Mitarbeiters (MIT) werden die Attribute Personalnummer (PNR), Name (MNAME), Beruf (BERUF) und Einkommen (DM) verwendet.

Ein Kunde (KUNDE) wird schließlich durch die Attribute Kundennummer (KNR), Name (KNAME), Ansprechpartner (APARTNER) und Rabattklasse (RABATT) beschrieben.

2.2.1.1.1 Das hierarchische Datenmodell

Das hierarchische Datenmodell (HDM) ist das älteste der hier vorgestellten Datenbankkonzepte /VOSS-87/ und spielt in der heutigen Datenbankdiskussion im Vergleich zu den beiden nachfolgend beschriebenen Modellen nur noch eine untergeordnete Rolle /HÄRD-85b/. Dennoch besitzt es wegen seiner weiten Verbreitung in der Praxis eine große Bedeutung /HÄRD-85b/ und dies, obwohl bis heute nur ein einziges Datenbanksystem von Bedeutung existiert, das das HDM benutzt, nämlich das System IMS, das Mitte der 60er Jahre /VOSS-87/ von IBM entwickelt wurde /SCHM-87/ und eines der weltweit am häufigsten eingesetzten Datenbanksysteme überhaupt ist /HÄRD-85b/.

/HÄRD-85b/ bezeichnet eine IMS-Datenbank als eine Sammlung sogenannter physischer Datenbanken, was /VOSS-87/ in die Aussage faßt, daß im HDM die Daten als Wald (Ansammlung von Bäumen) gespeichert werden. Jeder Baum (vgl. Bild IV.2.6 und IV.2.7) besitzt genau eine Wurzel (in unserem Beispiel eine Abteilung) und (null, ein oder mehrere) Blätter, die von verschiedenen Datensatztypen sein können (im Beispiel Mitarbeiter und Kunden). Die Typen von Wurzel und Blättern müssen untereinander verschieden sein, Zyklen zwischen Datenobjekten sind also nicht darstellbar.

Der Benutzer kann sich nicht auf physische Datenbanken beziehen, sondern er bekommt logische Datenbanken (Sichten) zur Verfügung gestellt. Diese enthalten nur die vom jeweiligen Benutzer benötigten Datensatzteile einer Subhierarchie der Gesamtdatenbank, so erhält z.B. der mit der Gehaltszahlung befaßte Mitarbeiter in der Personalabteilung aus unserer Beispieldatenbank nur die Datensätze ABT und MIT, während der Mitarbeiter, der an alle Kunden einen Prospekt für ein neues Produkt versenden soll, die Datensätze ABT (ohne die Daten EINSUM), MIT (ohne die Daten DM) und KUNDE (ohne RABATTdaten) erhält. Dieses Sichtenkonzept ist unproblematisch, was das Aufsuchen und Einfügen von Daten anlangt; falls ein zu löschender Datensatz der logischen DB in der physischen noch Blätter hat, die in der logischen nicht enthalten sind, hat das Löschen dieses Datensatzes jedoch die unerwünschte Folge, daß Daten gelöscht werden, ohne daß der Benutzer dies bemerkt. Falls eine Benutzersicht von einem (Teil-)Baum zwar die Wurzel und ein Blatt, aber einen hierarchisch dazwischenliegenden Knoten nicht enthalten soll, ergeben sich Datenschutzprobleme, da sich in diesem Fall die Daten des dazwischenliegenden Knotens leicht aus den zur Realisierung der Sicht notwendigen Daten ermitteln lassen /HÄRD-85b/.

(1:n)-Beziehungen wie z.B. zwischen ABT und MIT werden durch die Baumstruktur unterstützt. Dagegen stellen (n:m)-Beziehungen wie z.B. zwischen MIT und KUNDE im hierarchischen Modell ein großes Problem dar. Sie lassen sich nämlich grundsätzlich nicht darstellen, sondern nur durch Einführung von Redundanzen bei der Abbildung der Daten oder durch spezielle, ursprünglich nicht im HDM vorgesehene Erweiterungen einzelner Implementierungen (schwerfällig) handhaben /HÄRD-85b, VOSS-87/. Wir wollen im folgenden drei Möglichkeiten zur Modellierung von

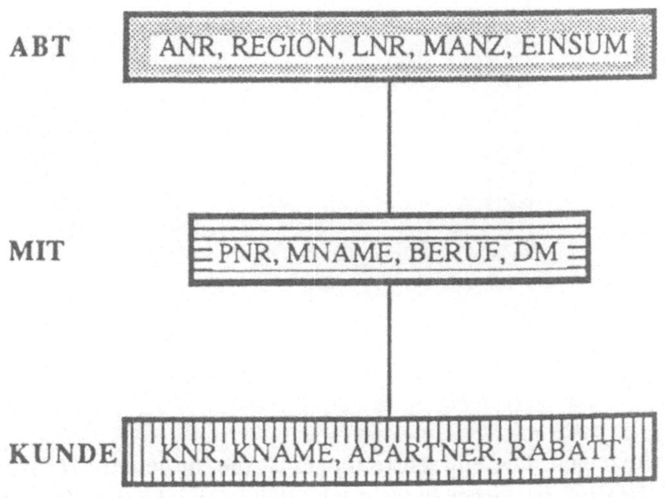

Abb. 2.6a. Darstellung der Struktur als hierarchische Datenbank mit Redundanzen

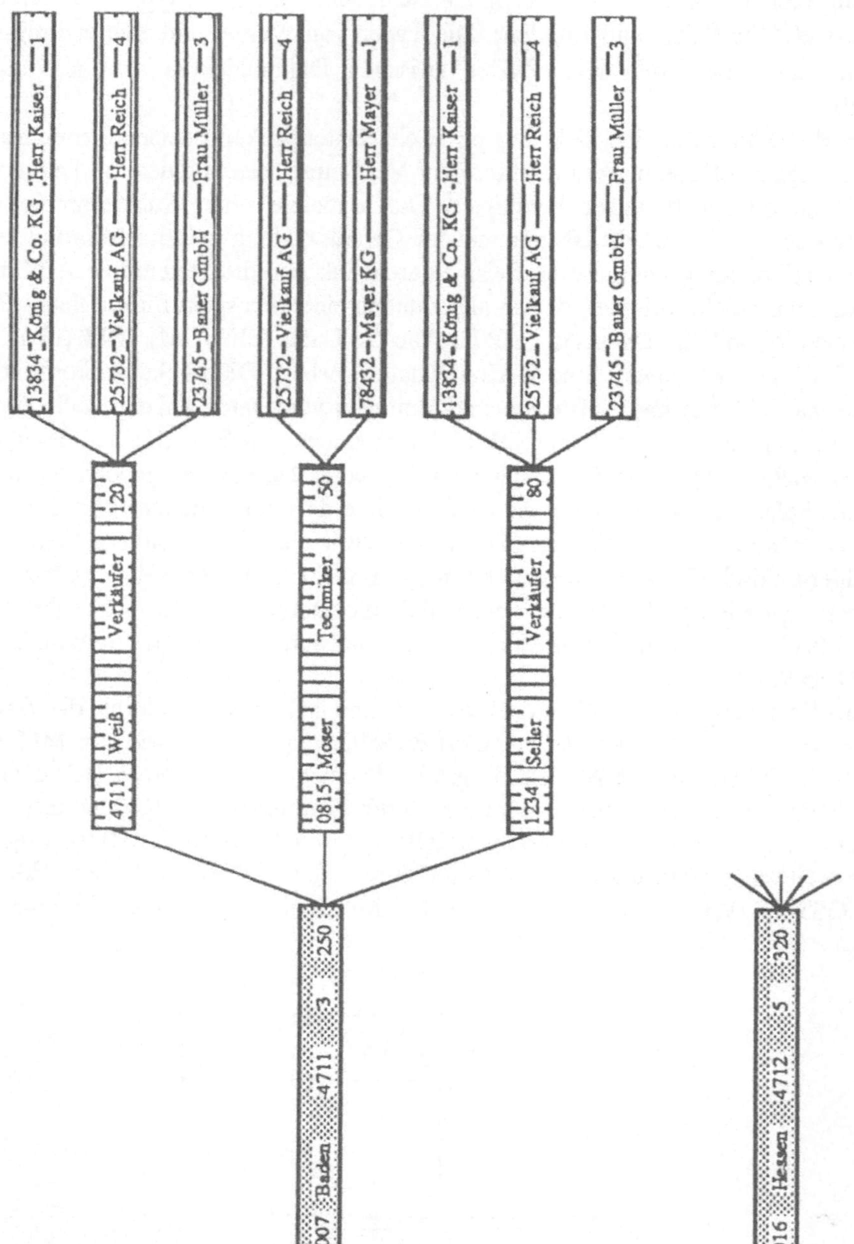

Abb. 2.6b. Darstellung der Realisierung als hierarchische Datenbank mit Redundanzen

(n:m)-Beziehungen aufzeigen. Die einfachste davon ist die, an jeden MITarbeiter die Datensätze aller KUNDEn, die dieser betreut, als Blätter anzuhängen (vgl. Abb. 2.6a und 2.6b). Von der Struktur her äquivalent wäre es, an jeden KUNDEn die Datensätze aller MITarbeiter, von denen er betreut wird, anzuhängen. Diese beiden Möglichkeiten der Umstrukturierung sind jedoch im allgemeinen in ihrer Performance unterschiedlich je nach Art der gestellten Abfrage. Da sich die Art der vorwiegend gestellten Abfrage im Laufe der Zeit aber oft wandelt, ergibt sich auch bei zur Entwurfszeit geeignet strukturierter Datenbank sehr schnell das Problem ungünstig modellierter Strukturen, weshalb IMS auch den Beinamen "Performance-Fresser" /RIME-88/ hat. Der Unterschied in der Zugriffszeit resultiert aus der im HDM notwendigen Asymmetrie bei der Formulierung logisch symmetrischer Anfragen wie z.B. "Welche Kunden betreut der Mitarbeiter 4711?" und "Welche Mitarbeiter betreuen den Kunden 23745?". Zur Vermeidung dieser Asymmetrie müßte man beide geschilderten Strukturen gleichzeitig realisieren, was jedoch die Redundanz nochmals stark erhöht. Um die Erhöhung der Redundanz zu umgehen, zugleich aber die unerwünschte Asymmetrie auszuschalten, werden im System IMS "virtuelle" Datensatztypen, d.h. Zeiger auf tatsächliche Speicherpositionen, eingeführt (vgl. Abb. 2.7a und 2.7b). Dadurch entstehen logische Datenbanken, die sich über mehrere physische Datenbanken erstrecken können /HÄRD-85b/. Wie man leicht sieht, ist auch diese Umstrukturierung nicht eindeutig. Man hätte auch an jeden KUNDE-Datensatz die zugehörigen realen MIT-KUNDE-Datensätze als Blätter anhängen können.

Die abgespeicherten Datensätze werden durch referentielle Selektoren identifiziert, d.h. es existiert eine Reihenfolge der gespeicherten Datenobjekte und darauf verweisende Zeiger, die entlang der definierten Reihenfolge bewegt werden können. Wegen der Baumstruktur und der (geeignet definierten) Operatoren auf einer Datenbank nach dem HDM läßt sich die Existenz referentieller Selektoren (fast) vollständig vor dem Benutzer verbergen /SCHM-87/.

Als Änderungsoperationen sind im HDM die elementaren Datenbankoperationen Einfügen, Ersetzen und Entfernen von Knoten (d.h. Datensätzen) definiert, wobei beim Entfernen eines Knotens der gesamte Teilbaum, dessen Wurzel der entfernte Knoten ist, ebenfalls entfernt wird. Hierdurch ergibt sich eine automatische Integritätskontrolle. Es läßt sich im HDM jedoch keine Integritätsbedingung formulieren, falls die Existenz eines Knotens von der Existenz eines Blattes abhängig ist /SCHM-87/.

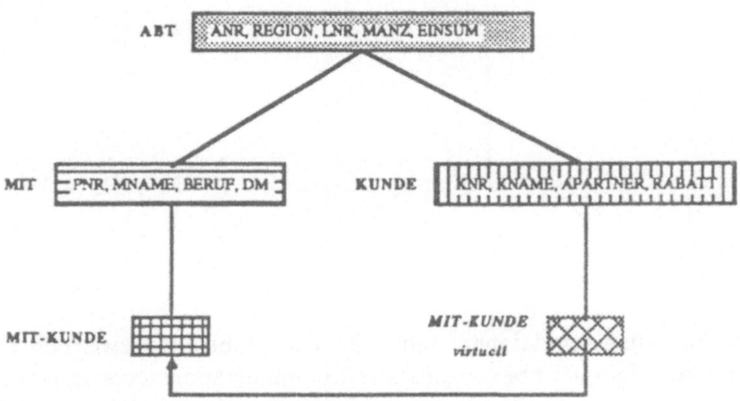

Abb. 2.7a. Darstellung der Struktur als hierarchische Datenbank ohne Redundanzen

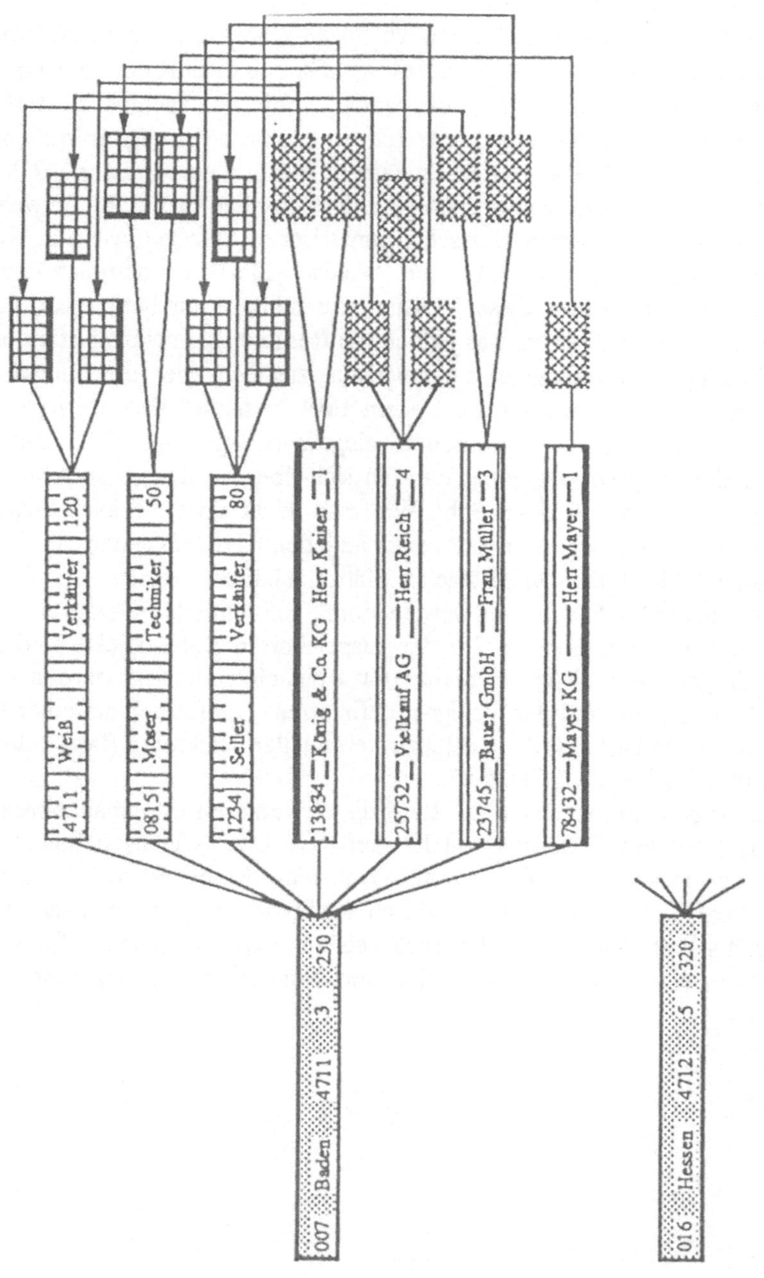

Abb. 2.7b. Darstellung der Realisierung als hierarchische Datenbank ohne Redundanzen

Bei den Änderungsoperationen findet die Kommunikation zwischen Datenbank und Anwendungsprogramm über sogenannte Kommunikationsrecords, Aktualitätszeiger und Statusanzeiger statt: In einem speziellen Speicherbereich, der sogenannten UWA (User Working Area), wird für jeden Datentyp der Datenbank ein Speicherplatz zur Verfügung gestellt, der Kommunikationsrecord. Durch bestimmte Datenbankbefehle wird ein Datensatz aus der Datenbank in den für seinen Typ bereitgestellten Kommunikationsrecord kopiert und der Aktualitätszeiger für diesen Typ auf den kopierten Datensatz in der Datenbank gerichtet. Der Statusanzeiger (logische Variable) gibt nach Suchoperationen an, ob die Suche erfolgreich war.

Als Erweiterung des HDM wird die Einführung mengenorientierter Schnittstellen diskutiert /FEHD-74/.

2.2.1.1.2 Das Netzwerkdatenmodell

Das Netzwerkdatenmodell (NDM) wurde etwa zeitgleich mit dem im folgenden Abschnitt vorgestellten relationalen Datenmodell entwickelt /SCHM-87/. Es ist syntaktisch stark von der Programmiersprache COBOL beeinflußt, da es ursprünglich im Zuge von Normierungsbemühungen für die Architektur von Datenbanksystemen von der DBTG (Data Base Task Group) des CODASYL-Komitees (COnference on DAta SYstems Languages) als Erweiterung von COBOL für Datenbankoperationen entwickelt wurde /HÄRD-85b/.

Attribute müssen im NDM, ebenso wie im HDM, nicht unbedingt einfach sein, sondern sie können auch ihrerseits eine Struktur aufweisen oder Wiederholungstypen im Sinne von COBOL sein; d.h. die Syntax zur Definition eines Datensatztyps ist ähnlich der Typvereinbarung eines Record-Typs in COBOL oder PASCAL /VOSS-87/. Im Gegensatz zum HDM, das sofort als fertiges Softwareprodukt erstellt wurde, ist das NDM zunächst als eine Sammlung von Konzepten zur Datenmodellierung entstanden, die möglichst viele Einzelanforderungen befriedigen sollte /SCHM-87/.

Ebenso wie im HDM haben wir auch im NDM zwei Arten von Strukturen: einerseits die Strukturierung einzelner Objekte, andererseits die Zuordnung einer variablen Anzahl von Datenobjekten einer Art zu einem Datenobjekt einer anderen Art. Objekte werden im NDM durch Records abgebildet, Beziehungen zwischen Objekten durch Mengen (Sets). Dabei besitzt eine Menge einen Recordtyp als "Owner" und einen oder mehrere als "Member(s)", d.h. im NDM lassen sich nur funktionale Beziehungen darstellen. Ein Recordtyp mit mehreren Members stellt allerdings kein klares und wichtiges Konzept dar und wurde auch im Netzwerkdatenbanksystem UDS von Siemens nicht vorgesehen /HÄRD-85b/. Für jeden Recordtyp lassen sich beliebig viele Suchschlüssel definieren. Durch die geschilderten Mengenbeziehungen werden (1:n)-Beziehungen unterstützt, während (n:m)-Beziehungen in eine (1:n)- und eine (1:m)-Beziehung aufgelöst werden müssen. Innerhalb jeder Mengenausprägung wird vom Owner-Record ein Zeiger auf den ersten Member-Record angelegt, die Members untereinander verzeigert (vollständig geordnete Liste) und vom letzten Member wieder ein Zeiger auf den Owner eingebaut.

Eine Recordausprägung kann im NDM in unterschiedlichen Mengen auftreten, auch in verschiedenen Funktionen (Owner/Member; vgl. MIT in Abb. 2.8). Owner- und Membertyp eines Mengentyps müssen jedoch verschiedene Recordtypen sein. Schließlich können im NDM, ebenso wie im HDM, auch Recordtypen ohne Attribute existieren. Ein bestimmter Owner-Record darf jedoch bzgl. jedes Mengentyps nur Owner höchstens einer Mengenausprägung sein; dasselbe gilt für einen bestimmten Member-Record.

Die abgespeicherten Daten werden ebenso wie im HDM durch referentielle Selektoren identifiziert. Die Kommunikation des Anwendungsprogramms mit der Datenbank wird ebenfalls wie im HDM mit Kommunikationsrecords, Aktualitäts- und

Statuszeigern (Currents) bewerkstelligt. Wegen der damit verbundenen Notwendigkeit der strukturabhängigen Navigation beim Aufsuchen und Ändern von Daten ist auch dem NDM ein hoher Grad an Prozeduralität und Komplexität in der DML (Data Manipulation Language) inhärent /HÄRD-85a/. Diese unnötige Komplexität der DML zum einen, die gleichzeitig eine Gefährdung der Integrität mit sich bringt, und der geringe Grad an Datenunabhängigkeit zum anderen bilden die beiden Hauptkategorien von Kritikpunkten am DBTG-Vorschlag /HÄRD-85b/.

Die DDL (Data Definition Language) bietet die Möglichkeit, verschiedene Hash-Verfahren zur gestreuten Speicherung von Datensätzen zu definieren. Der Benutzer kann nun in seinem Programm Einfluß auf die internen Speicherungsstrukturen nehmen, indem er angibt, ob die Daten gestreut nach einem der definierten Hash-Verfahren, indiziert oder direkt abgespeichert werden sollen. Ferner kann er verlangen, daß die Members einer Mengenausprägung in physischer Nachbarschaft zum zugehörigen Owner abgelegt werden. Je nach der Art der Abspeicherung ist die Reihenfolge der Sätze bei Aufsuchvorgängen darüberhinaus noch von der Einspeicherungsreihenfolge abhängig. Durch diese Vielfalt der Möglichkeiten wird zwar einerseits der Programmierer in die Lage versetzt, die Performance seines Programms zu beeinflussen, andererseits wird dadurch jedoch die Änderungsfreundlichkeit der Datenbank beträchtlich reduziert.

Da der Grad an Datenunabhängigkeit insbesondere wegen der geschilderten expliziten Abhängigkeit von den Zugriffspfaden und Speicherungsstrukturen an der Datenbankprogrammierschnittstelle gering ist, wurde heftige Kritik am DBTG-Konzept vorgetragen /ENGE-71/. /HÄRD-85b/ meint, daß der an sich positive Wert der Normierungsbemühungen rückblickend stark zu relativieren sei, da die Normvorschläge gemessen am technischen Wissen über Datenbanksysteme zu früh und zu unausgereift gemacht worden seien und da teilweise der Kenntnisstand der sechziger Jahre über Datenbanksysteme in den Sprachspezifikationen eingefroren worden sei.

Zur Erhaltung der Datenintegrität während Änderungsoperationen kann der Benutzer einen Record, den er bearbeitet für alle anderen Benutzer sperren und danach wieder freigeben. Er muß dies aber nicht tun, so daß sich Probleme hinsichtlich der Datenintegrität ergeben können. "Sichere" Methoden zur Sperrung von im Zugriff befindlichen Daten lassen sich nur auf größere Speicherbereiche (Areas) anwenden, was aber eine starke Beeinträchtigung der Zugriffsmöglichkeiten für konkurrierende Programme darstellt /HÄRD-85b/. Es lassen sich jedoch Wertebereiche für Attribute ähnlich wie in COBOL über eine PICTURE-Klausel definieren, die sich bei Änderungsoperationen überprüfen lassen, falls dies vom Benutzer gewünscht wird. Ferner läßt sich die im HDM stets vorhandene Integritätsbedingung einstellen, daß ein Member nur existieren kann, falls der zugehörige Owner vorhanden ist. Es läßt sich jedoch keine Integritätsbedingung formulieren, die eine (1:1)-Beziehung zwischen zwei Recordtypen erzwingt. Ferner ergeben sich bei Einführung eines neuen Mengentyps, bei dem ein bereits vorhandener Recordtyp Member ist, unter gewissen Umständen (mandatory automatic) in sämtlichen Benutzerprogrammen Änderungen. Das Current-Konzept wirft ferner Probleme hinsichtlich schwer zu überblickender Seiteneffekte auf, wobei es außerdem oft besser wäre, mehrere Currents einer bestimmten Sorte zur Verfügung zu haben /HÄRD-85b/. Durch die Mengenstruktur läßt sich essentielle Information ausdrücken (vgl. Abb. 2.8a), was bei Änderungen der Datenstruktur Konsistenzprobleme hervorrufen bzw. größere Änderungen in den

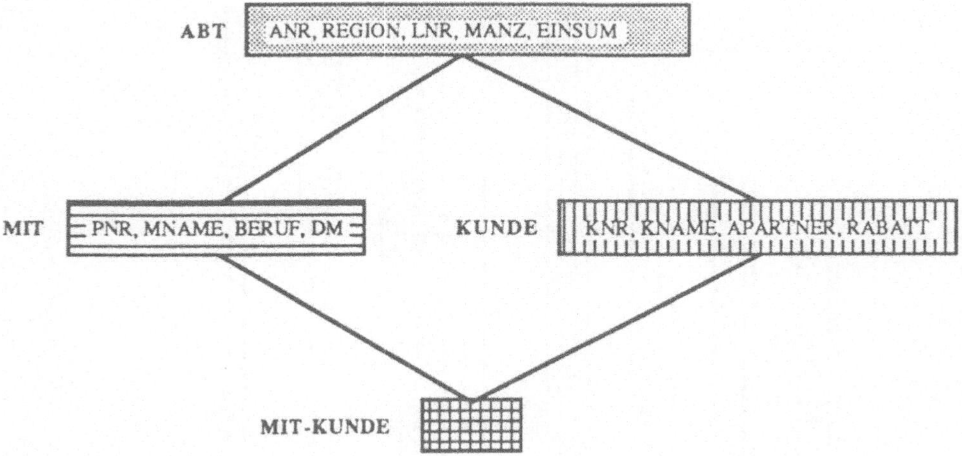

Abb. 2.8a. Darstellung der Struktur als Netzwerkdatenbank mit struktureller
Signifikanz

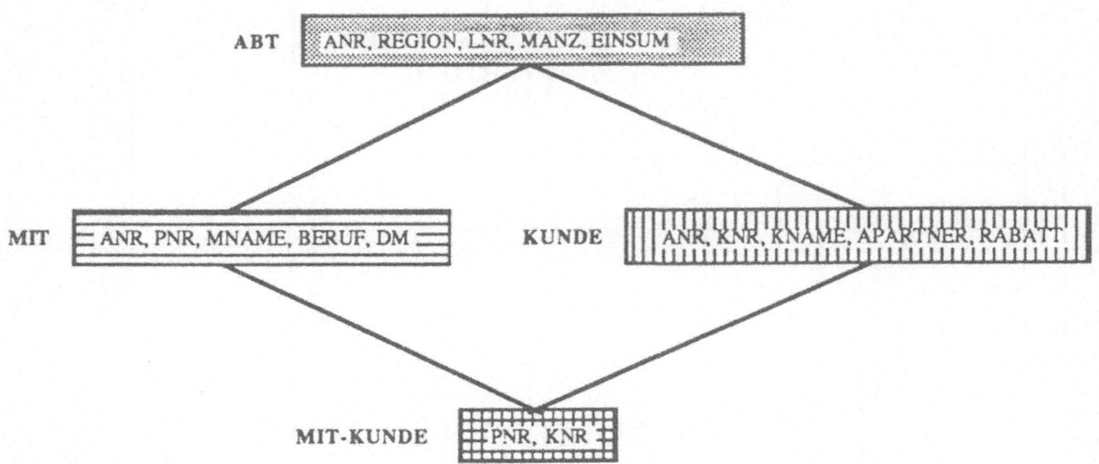

Abb. 2.8b. Darstellung der Struktur als Netzwerkdatenbank ohne strukturelle
Signifikanz

Anwendungsprogrammen verursachen kann (vgl. /HÄRD-85b/). Unser Beispiel haben
wir daher (auch) ohne strukturelle Signifikanz dargestellt (Abb. 2.8b und Abb. 2.9).

Als elementare Datenbankoperationen sind Datenänderung, Änderung der Zugehörigkeit zu einem Wurzelknoten, Einfügen und Löschen von Datensätzen vorgesehen.

Implementierungen von Netzwerkdatenbanken sind z.B. DMS 1100 von Univac,

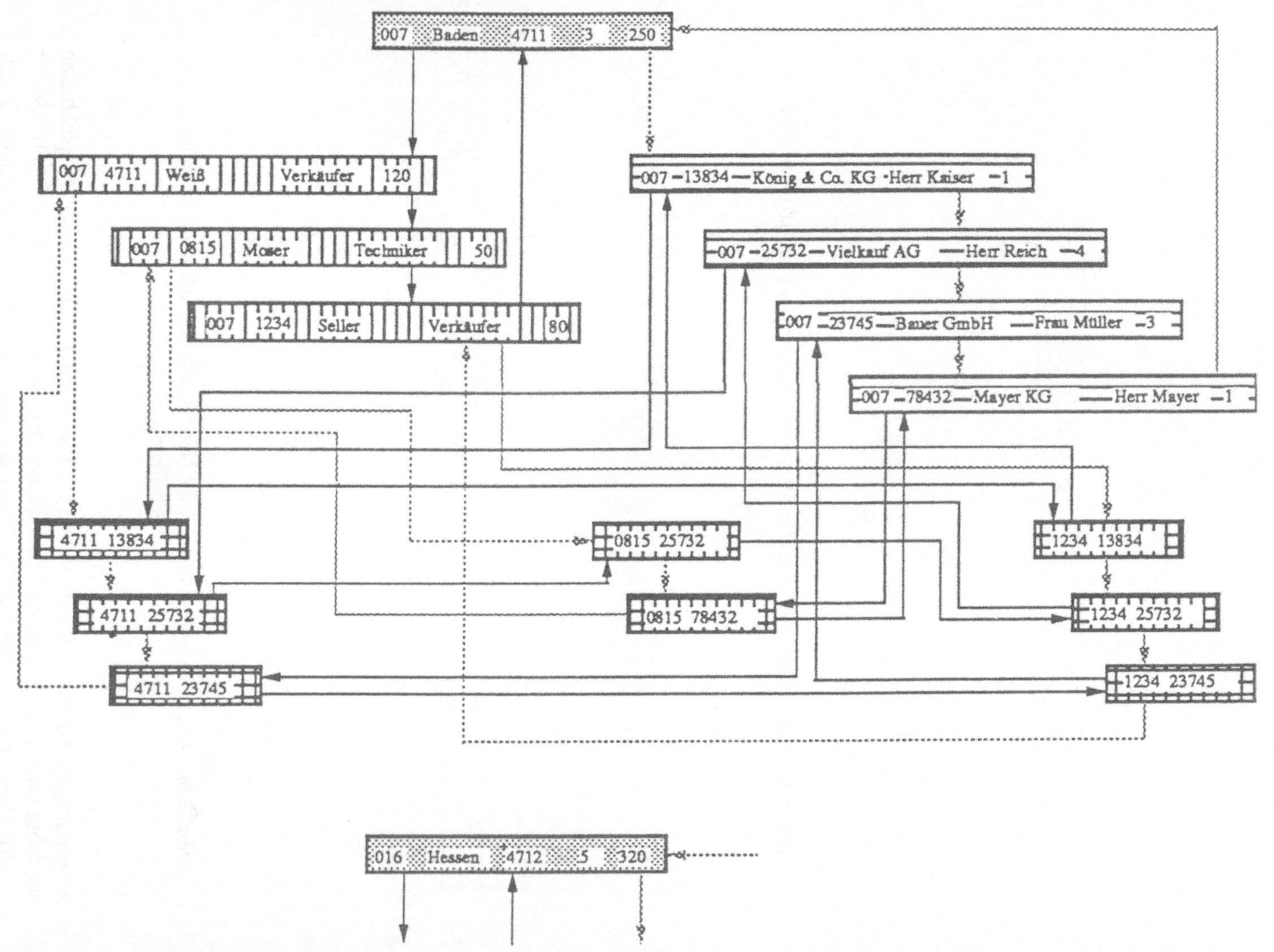

Abb. 2.9. Darstellung der Realisierung als Netzwerkdatenbank ohne strukturelle Signifikanz

EDMS von Xerox, IDMS von Cullinane, PHOLAS von Philips und das schon erwähnte UDS von Siemens. Letzteres weist mit der Trennung der Beschreibungssprache der Speicherungsstruktur (SSL; Storage Structure Language) von der Beschreibungssprache der Datenstruktur (DDL) einen wünschenswerten Ansatz zur Weiterentwicklung auf /HÄRD-85b/. Weitere Vorschläge zur Erweiterung des NDM findet man bei /MANO-82/ und /RIES-83/.

2.2.1.1.3 Das relationale Datenmodell

Sind in einem Datenmodell keine für den Benutzer sichtbaren Verweise vorhanden, ist die gesamte Information einheitlich durch Werte in Tabellen repräsentiert (vgl. Abb. 2.11) und sind Operationen zur Selektion, Projektion und Verbindung von Datensätzen definiert, so heißt das Datenmodell minimal relational. Wird außerdem noch eine automatische Kontrolle bestimmter Klassen von Integritätsbedingungen durchgeführt und sind bestimmte zusätzliche Operationen definiert, so heißt das Datenmodell voll relational. Datenbanken, die auf einem voll relationalen Datenmodell basieren, sind bisher kaum implementiert worden /SCHM-87/.

Im RDM, dessen Definition im wesentlichen das Werk von Codd /CODD-70/ ist, sind Attribute im Gegensatz zu HDM und NDM notwendig von einfacher Struktur, d.h. nicht ihrerseits wiederum Relationen, und die Basisarten, d.h. die Definitionsbereiche der Attribute, sind (in Grenzen) benutzerbestimmt, was auch heute noch nicht in allen relationalen Datenbanksystemen realisiert ist /SCHM-83, SCHM-87/. Als Erweiterung des RDM wird der Verzicht auf die Forderung nach einfacher Struktur diskutiert, was modelltechnisch interessant und implementationstechnisch machbar scheint /SCHM-87/. Eine Auflistung diskutierter Erweiterungen des RDM mit entsprechender Bibliographie findet man bei /STON-86/.

Eine Datenbank nach dem RDM ist eine Sammlung von Relationen, wobei jede Relation durch eine der oben erwähnten Tabellen dargestellt wird. Die Gesamtheit der Eintragungen in einer Zeile einer solchen Tabelle repräsentiert ein Objekt aus der Miniwelt. In den Spalten der Tabelle werden die Eigenschaften (Attribute) der Objekte angegeben. Um zu gewährleisten, daß jedes Objekt nur einmal in der Tabelle vorhanden ist, ist für jede Relation ein Schlüssel (Primärschlüssel) zu vereinbaren, wofür ein semantisch bedeutungsvoller Schlüsselkandidat gewählt werden sollte. Ein Attribut oder eine minimale Gruppe von Attributen wird Schlüsselkandidat genannt, wenn es (sie) die Eindeutigkeit der Tupeln innerhalb der Relation gewährleistet. Im Zusammenhang mit der Darstellung von (1:n)-Beziehungen ist der Begriff des Fremdschlüssels wesentlich. Dies ist ein(e) Attribut(gruppe) einer Relation, das (die) auf demselben Definitionsbereich wie der Primärschlüssel einer anderen Relation erklärt ist. Der Fremdschlüssel muß dabei natürlich in seiner Relation kein Schlüsselkandidat sein (und ist es in der Regel auch nicht).

Bei Datenbankoperationen müssen also folgende aus dem Schlüsselkonzept resultierende Integritätsbedingungen überprüft werden

- Definiertheit des Primärschlüssels,
- Eindeutigkeit des Primärschlüssels,
- Vorhandensein jedes definierten Attributwerts eines Fremdschlüssels als Attributwert des Primärschlüssels in der entsprechenden Relation.

Beim Entwurf einer Datenbank nach dem RDM spielen verschiedene Abhängig-

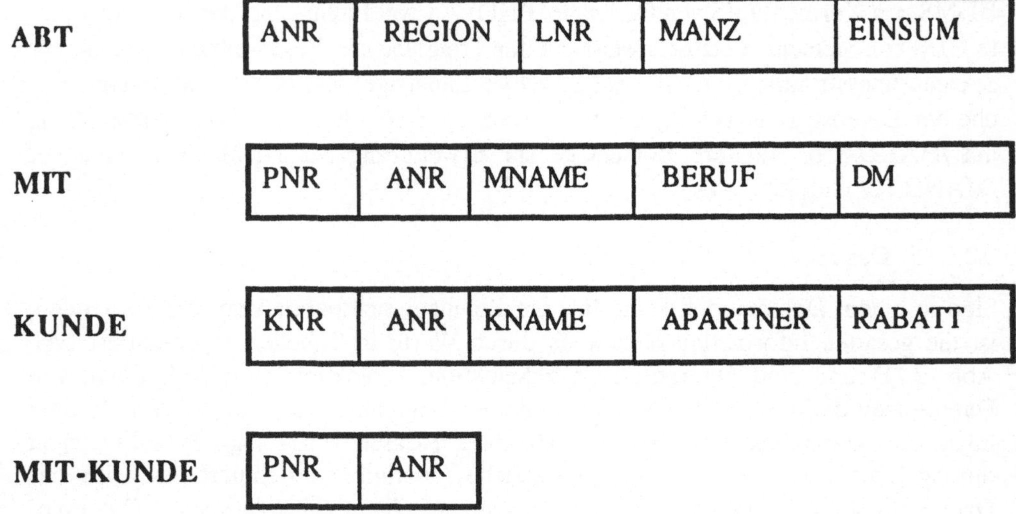

Abb. 2.10. Darstellung der Struktur als relationale Datenbank

keitsbegriffe und darüber erklärte Normalformen eine große Rolle. Dabei vermeidet die jeweils höhere Normalform einige Anomalien (unerwünschte Eigenschaften in Bezug auf elementare Datenbankoperationen) der nächstniedrigeren. Zur Normalisierung und Synthese von Relationen existieren Algorithmen, für die Ansätze zur Rechnerunterstützung vorliegen (siehe z.B. /VOSS-87/). Während das RDM, ebenso wie auch HDM und NDM, (1:n)-Beziehungen unterstützt, erwächst aus der mit der Auflösung von (n:m)-Beziehungen in (1:n)-Beziehungen verbundenen Mehrfach-abspeiche-rung gewisser Daten (z.B. der Datensätze MIT-KUNDE in Abb. 2.10) ein Integri-tätsproblem. Fügt man nämlich den Kunden 77961 in die Relation KUNDE (vgl. Abb. 2.11) ein, so wird dieser Kunde von keinem Mitarbeiter betreut.

Im Gegensatz zu den beiden oben beschriebenen Modellen erfolgt die Identifikation von Datensätzen im RDM stets mit Hilfe assoziativer Selektoren, d.h. es werden bei einer Anfrage immer alle Datensätze (Menge!) ausgegeben, die die gestellten Anforderungen erfüllen. So würde z.B. in Abb. 2.11 die Antwort auf die Frage nach den Namen aller Mitarbeiter, die zur Betreuung des Kunden Vielkauf benötigt werden, "Weiß, Moser, Seller" lauten, wobei, wie bei mathematischen Mengen üblich, die Reihenfolge unerheblich ist. Als Abfrageoperationen sind Selektion, Projektion und Kombination vorgesehen.

Bei der Datenbankanfrage stellt sich das Problem, wie unbekannte Werte zu behandeln sind, wobei der Ausdruck "unbekannt" verschiedene Dinge bezeichnen kann:

- erstens (kurz "unbekannt") kann für ein Attribut ein Wert definiert sein, der der Datenbank unbekannt ist,

ABT	ANR	REGION	LNR	MANZ	EINSUM
	007	Baden	4711	3	250
	016	Hessen	4712	5	320

MIT	PNR	ANR	MNAME	BERUF	DM
	4711	007	Weiß	Verkäufer	120
	0815	007	Moser	Techniker	50
	....	016	....	....	......
	1234	007	Seller	Verkäufer	80
	4712	016	....	....	.....
	......	016	....	....	.....

KUNDE	KNR	ANR	KNAME	APARTNER	RABATT
	13834	007	König & Co. KG	Herr Kaiser	1
	25732	007	Vielkauf AG	Herr Reich	4
	23745	007	Bauer GmbH	Frau Müller	3
	....	016	....	....	...
	78432	007	Mayer KG	Herr Mayer	1
	....	016	....	....	...

MIT-KUNDE	PNR	KNR
	4711	13834
	4711	25732
	0815	25732
	1234	25732
	4712	....
	1234	13834
	......	....
	4711	23745
	1234	23745
	0815	78432
	....	....

Abb. 2.11. Darstellung der Realisierung als relationale Datenbank

- zweitens (kurz "undefiniert") kann ein Attribut undefiniert sein (etwa das Datum der Eheschließung bei Ledigen),
- drittens (kurz "ungewiß") kann für ein Attribut unbekannt sein, ob es definiert ist und falls ja, welchen Wert es hat /KLOP-83/.

Zur Behandlung dieser Werte in logischen Ausdrücken sind zwei Ansätze vorhanden. Der eine führt eine dreiwertige Logik ein, die neben den Wahrheitswerten "wahr" und "falsch" noch den Wert "unbekannt" kennt. Der andere, der Weg der intuitionistischen Logik verzichtet, auf das tertium non datur, den Satz vom ausgeschlossenen Dritten, und verlangt statt dessen, daß die unbekannten Werte mittels definiter Verfahren berechnet werden können /WEDE-88/.

Bei der Repräsentation unbekannter Werte in der Datenbank ist zu beachten, daß diese nicht einheitlich durch "?" dargestellt werden dürfen, da sonst zwei unbekannte Werte als gleich angesehen werden, was in der Regel nicht beabsichtigt ist. Daher müssen diese sogenannten Nullwerte indiziert werden, damit sie als möglicherweise verschieden erkannt werden /VOSS-87/.

Zur Datenmanipulation sind die elementaren Datenbankoperationen Einfügen, Ändern und Entfernen von Datensätzen (Tupeln) einer Relation definiert. Darüberhinaus ist das Erzeugen einer neuen Relation durch Zuweisen von Attributen einer bereits bestehenden definiert, wobei die neue Relation unabhängig von der alten ist. Dies ist nicht zu verwechseln mit dem Erzeugen einer Sicht (View) auf die Daten, die ja ein dynamisches Fenster darstellt. Bei allen Änderungsoperationen ist auf die Datenintegrität zu achten, was sich ggf. durch Vereinbarung geeigneter Zusicherungen ("assertions") unterstützen läßt.

Der entscheidende Unterschied zum NDM besteht nach /SCHM-87/ darin, daß im RDM alle Ausprägungen eines Typs, etwa KUNDE, logisch zu einer einzigen Menge zusammengefaßt werden, d.h. es gibt genau eine Relation, die alle KUNDEndatensätze enthält, während sie im NDM je nach ihrer Beziehung zu einer der Ausprägungen des Typs ABT auf mehrere Mengen verteilt werden, d.h. es gibt für jede ABTeilung eine Menge, die alle von dieser ABTeilung betreute KUNDEn enthält.

Dagegen sieht /NIJS-75/ die beiden folgenden Hauptunterschiede zwischen NDM und RDM. Zum einen gibt es im NDM zwei verschiedene Möglichkeiten, ein Attribut darzustellen (explizit oder implizit über strukturelle Signifikanz bei einem Member-Record innerhalb eines Set-Konstrukts), wogegen dies im RDM nur auf genau eine Art möglich ist, nämlich explizit, und zum anderen gibt es im NDM zwar mehrere Möglichkeiten, Schlüssel zu definieren, ein Zwang zu ihrer Deklaration besteht jedoch im Gegensatz zum RDM nicht. Aus Integritätsgründen sollte jedoch für jeden Datensatztyp ein Schlüssel definiert werden.

Als Nachteil wird dem RDM oft eine wegen der nicht-prozeduralen Sprache inhärente Ineffizienz nachgesagt. Allerdings ist dafür die Performance eines Programms nicht vom Wissen und Können des Programmierers hinsichtlich optimaler Zugriffspfade abhängig. Andererseits weist jedoch das RDM eine ganze Reihe von Vorteilen auf:

- leichtes Verständnis durch Einfachheit der Datenstrukturen,
- strenge theoretische Grundlage,
- keine Aussagen über Realisierungen der Zugriffspfade an der Benutzerschnittstelle,

- hoher Grad an Datenunabhängigkeit,
- keine bevorzugte Zugriffs- und Auswertungsrichtung wegen der Symmetrie des Datenmodells /HÄRD-85a/.

Ferner eignet sich das relationale Modell auch besonders für den Einsatz in verteilten Datenbanken /CODD-83/, da

1. Relationale Datenbanken eine große Flexibilität hinsichtlich ihrer Zerlegung auf verschiedene Teile eines Computernetzes bieten, da Tabellen sowohl vertikal als auch horizontal auseinandergeschnitten und auch zusammengefügt werden können. Dies ist im HDM und NDM wegen der bestehenden Navigationspfade nicht im selben Maße der Fall.
2. Die relationalen Operatoren besitzen eine große Mächtigkeit, was das Wiederzusammenfügen dezentralisierter Information anlangt.

	HDM	NDM	RDM
Selektion	referentiell (navigierend)	referentiell (navigierend)	assoziativ (über Prädikate)
Kommunikationsrecords, Statuszeiger, Aktualitätsanzeiger	ja	ja	nein
Verarbeitung	satzorientiert	satzorientiert	mengenorientiert
zugelassene Änderungsoperationen	Einfügen von Knoten Ändern von Knoten Entfernen von Knoten samt allen Teilbäumen, deren Wurzel der entfernte Knoten ist	Einfügen von Knoten Ändern von Knoten Entfernen von Knoten samt allen Teilbäumen, deren Wurzel der entfernte Knoten ist	Einfügen von Datensätzen Ändern von Datensätzen Entfernen von Datensätzen
gewisse inhärente Integritätskontrolle	ja (Blätter nur mit Wurzel speicherbar)	läßt sich einstellen	ja (Wertebereiche)
Redundanz	hoch	niedrig	niedrig
Grad an Prozeduralität	hoch	hoch	niedrig
Datenabhängigkeit	hoch	hoch	niedrig
Zahl der Iterationen bei Retrievaloperationen	wenige	viele	viele
Komplexität der Operationen	relativ groß bei bestimmten Operationen (Härder)	relativ groß bei bestimmten Operationen	einfach (Härder)
Attribute	flach oder strukturiert	flach oder strukturiert	flach
Existenz von Recordtypen ohne Attribute (strukturelle Signifikanz)	ja	ja	nein
Effizienz			durch nichtprozedurale Sprache inhärente Ineffizienz, aber nicht von Wissen und Können des Programmierers abhängig (Härder)
Verständlichkeit für DV-Laien			gut (Härder)
theoretische Grundlage			streng (Härder)

Abb. 2.12. Vergleich der record-orientierten Datenmodellkonzepte /VOSS-87; SCHM-87; HÄRD-85a; HÄRD-85b/

3. Die präzisen hohen Manipulationssprachen relationaler Systeme vereinfachen die Übermittlung von Daten und ermöglichen es einem Knoten, den Gehalt einer Transaktion zu analysieren und die Anfrage rasch in lokal bearbeitbare Teile zu zerlegen.

Eine Implementierung eines relationalen Datenbanksystems stellt beispielsweise SQL von IBM dar. Eine weitere interessante Variante bieten graphik-orientierte Anfragesprachen wie z.B. QBE (query by example). Hier hat der Benutzer die Möglichkeit, seine Anfragen an das System nicht rein verbal zu formalisieren, sondern er zeichnet (rechnerunterstützt) unvollständige Relationendiagramme auf den Bildschirm, in die er die die Ergebnistupeln qualifizierenden Merkmale einträgt. Ein Vergleich bestehender Implementierungen des RDM findet man bei /SCHM-83/.

2.2.1.1.4 Vergleich der Record-orientierten Konzepte

Zum Abschluß der Betrachtungen über record-orientierte Datenmodelle sollen die wesentlichen Unterschiede zwischen den einzelnen Modellen noch tabellarisch zusammengestellt werden, Abb. 2.12.

2.2.1.2 Das objektorientierte Datenmodell

In den herkömmlichen Datenmodellen (HDM, NDM und RDM) läßt sich die Miniweltsemantik nicht eineindeutig auf die Datenbanksemantik abbilden, d.h. es gilt nicht, daß einem Objekt der Miniwelt stets genau ein Objekt der Datenwelt entspricht. Dies spielt für traditionelle Büro- und Verwaltungsdatenbanken keine Rolle, da die dort zu behandelnden Gegenstände relativ einfach sind, d.h. es sind jeweils nur wenige Eigenschaften von ihnen (z.B. Name, Geburtsdatum, Gehalt) für die betrachtete Anwendung relevant, weshalb sie durch die genannten record-orientierten Datenmodelle hinreichend gut behandelt werden können. Dies änderte sich jedoch mit dem Aufkommen neuer Anwendungen wie CAD, Büroautomation oder wissensbasierte Systeme. Die in diesen Bereichen abzubildenden Objekte zeigen eine sehr komplexe innere Struktur und umfassen oft sehr viele anwendungsrelevante (möglicherweise wiederum strukturierte) Eigenschaften. Werden record-orientierte Datenmodelle für diese Anwendungen benutzt, so ist ein Objekt der Miniwelt in mehrere Datenbankrecords aufzuspalten, was in einem unschönen Datenbankentwurf und komplizierten Retrieval-Operationen resultiert. Um diese Schwierigkeiten zu beseitigen, entstand das Konzept objektorientierter Datenbanken. Diese sind dadurch charakterisiert, daß ein Objekt aus der Miniwelt durch genau ein Objekt der Datenbank repräsentiert wird. Genauer lassen sich verschiedene Stufen von Objektorientierung unterscheiden, die Abb. 2.13 zeigt /DITT-86b/.

In einem *strukturell* objektorientierten Datenmodell lassen sich Datenstrukturen zur Darstellung beliebig komplexer Objekte definieren.

In einem *operational* objektorientierten Datenmodell sind Operatoren definierbar, die auf einfache Datenelemente (z.B. unstrukturierte Attributwerte, einfache Records etc.) angewandt werden können, so daß diese Typen von außen nur mit Hilfe dieser Operatoren manipuliert werden können (abstrakte Datentypen).

Das *verhaltensmäßig (behavioral)* objektorientierte Datenmodell vereinigt die beiden oben skizzierten Zugänge. Hier können auch für die definierten komplexen Datenstrukturen nur die speziell dafür definierten Operatoren angewandt werden

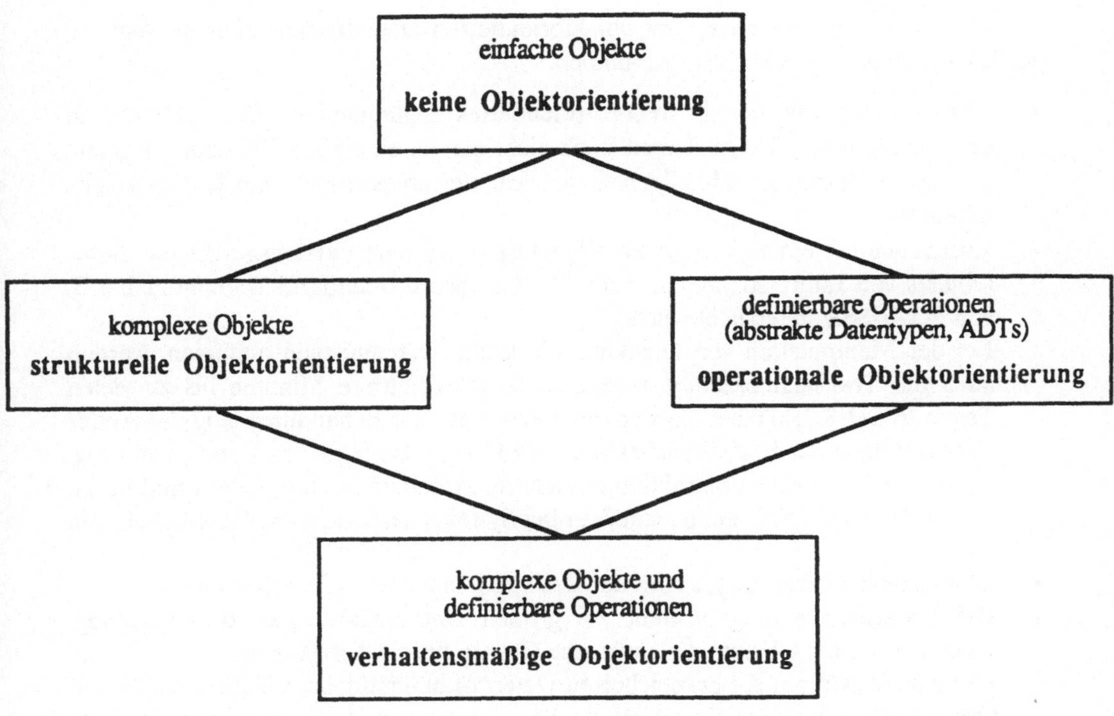

Abb. 2.13. Überblick über die Stufen der Objektorientierung

/DITT-86b/. Zahlreiche andere Autoren (siehe z.B. /BANE-87/) grenzen den Begriff der Objektorientierung sogar auf das verhaltensmäßig objektorientierte Modell ein.

Für den Entwurf objektorientierter Datenbanken werden hauptsächlich zwei Möglichkeiten diskutiert, nämlich

- die Neukonstruktion einer objektorientierten Datenbank von Grund auf und
- das Aufsetzen auf einer relationalen Schnittstelle.

Außerdem wird darüber debattiert, ob objektorientierte Datenbanktechnologie besser durch Anpassung konventioneller Datenbanktechnologie oder durch Weiterentwicklung objektorientierter Programmiersprachen zu entwickeln ist. Vermutlich dürften aber Erfahrungen aus beiden Welten benötigt werden /DITT-86b/.

Objektorientierte Datenbanksysteme sind bisher noch nicht sehr weit verbreitet. Eine große Zahl strukturell objektorientierter Systeme wird derzeit vorwiegend an Forschungseinrichtungen entwickelt und getestet. Eine geringe Zahl operational objektorientierter (vorwiegend an Smalltalk ausgerichteter) Systeme wird bereits auf dem Markt angeboten. Es gibt auch schon einige verhaltensmäßig objektorientierte Systeme, aber die meisten von diesen befinden sich noch in einem sehr frühen Stadium der Entwicklung. Als Beispiele für existierende objektorientierte Datenbanksysteme seien die strukturell objektorientierten Systeme XSQL, die INGRES-Weiterentwicklung POSTGRES oder NF^2-basierte Zugänge wie z.B. AIM genannt. POSTGRES ist sogar auch operational objektorientiert /DITT-86b/.

Einige im Zusammenhang mit objektorientierten Datenbanken wichtige Aspekte stellt Dittrich in folgender Liste zusammen.

- Ebensowenig wie es ein record-orientiertes Datenmodell gibt, gibt es ein objektorientiertes. Es ist derzeit noch nicht einmal eine klare Tendenz zu einem oder einer kleinen Anzahl allgemein anerkannter objektorientierter Datenmodelle erkennbar.
- Zusammen mit einem komplexen Objekt ist häufig eine Versionsgeschichte dieses Objekts von Interesse, wie sie auch für das record-orientierte Datenmodell z.B. von /KLOP-83/ untersucht wurde.
- Bei der Manipulation von Objekten, die große Datenmengen umfassen, werden auch die Transaktionszeiten wesentlich länger (mehrere Minuten bis zu vielen Tagen /FISH-87/). Daher werden neue Konzepte zur Behandlung lang dauernder Transaktionen benötigt. Dazu verwenden z.B. Fishman et al. das Konzept von sog. "savepoints", die eine Transaktion in mehrere Abschnitte untergliedern und bis zu denen der korrekte Datenbankaufbau bei Systemausfall stets wieder möglich sein muß.
- Schutzmechanismen müssen auf der Basis von Objekten definierbar sein.
- Die Datenarchivierung gewinnt bei großen Datensammlungen an Bedeutung. Auch hier bilden Objekte die natürliche Grenze für die Tätigkeiten.
- Um den Zugriff auf die gespeicherten Daten zu unterstützen, sollten spezielle auf Objekte zugeschnittene Zugriffspfade, Speicherungsstrukturen und Hauptspeicher zur Verfügung gestellt werden.
- Geeignete Entwurfsmethoden und Implementierungswerkzeuge für objektorientierte Datenbanken sind noch nicht verfügbar und müssen entwickelt werden /DITT-86c/.

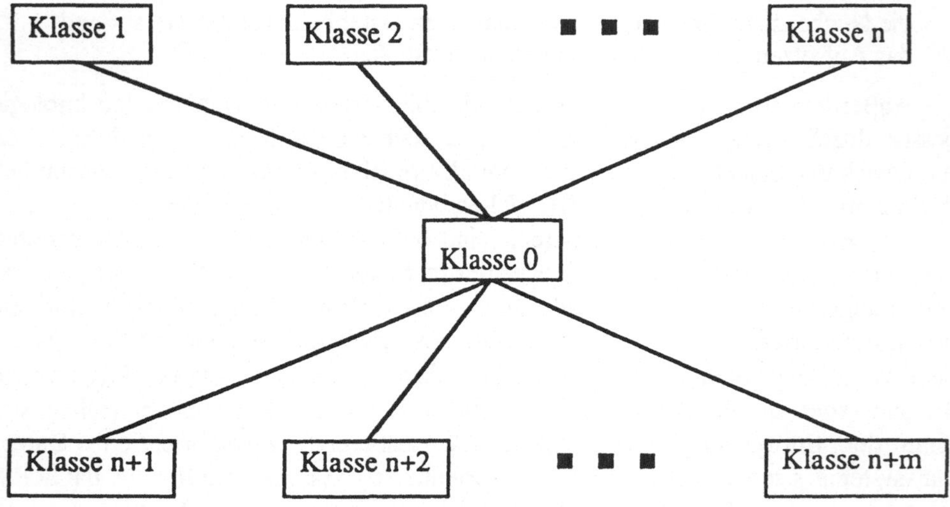

Abb. 2.14. Klassenstruktur

Im ODM werden ähnliche Objekte zu Klassen (Typen) zusammengefaßt. Für Klassen von Objekten werden Operationen, Eigenschaften, Bedingungen ("constraints") etc. definiert. Klassen können Subklassen haben, die alle Operationen, Eigenschaften, Bedingungen etc. übernehmen und für die noch zusätzliche Operationen, Eigenschaften, Bedingungen etc. definiert sein können. So könnte z.B. für einen Außendienstmitarbeiter neben den für jeden Mitarbeiter spezifizierten Eigenschaften die Eigenschaft "eingesetztes_Laptop-Modell" und "Laptop-Alter" abzuspeichern sein. Jede Klasse von Objekten kann jeweils mehrere Sub- und Superklassen haben (Netzwerkstruktur; vgl. Klasse 0 in Abb. 2.14).

Ein Objekt (z.B. der Klasse Produkt) kann andere Objekte derselben Klasse enthalten, z.B. kann ein Objekt der Klasse "elektronische_Schaltung" aus mehreren anderen Objekten derselben Klasse "elektronische_Schaltung" bestehen.

Im folgenden werden stellvertretend für die zahlreichen weiteren existierenden Ansätze einige prototypische Systeme kurz vorgestellt.

Das an der University of Texas entwickelte verhaltensmäßig objektorientierte prototypische System ORION bietet die Möglichkeit, für eine Objektklasse (z.B. die Klasse "Verkäufer") sog. Shared-value-Variable und Default-value-Variable zu definieren. Shared-value-Variable sind solche, die für alle Ausprägungen der Klasse (z.B. für jeden Verkäufer) denselben festen Wert haben (z.B. "AUDIUS_Benutzer = true"), während Default-value-Variable zwar für alle Ausprägungen der Klasse mit demselben Wert initialisiert werden; dieser kann aber durch explizite Zuweisung überschrieben werden (z.B. könnte "Verkaufserfolg" mit "durchschnittlich" initialisiert werden, später aber bei bestimmten Ausprägungen des Objekts "Verkäufer" durch "gut" oder "schlecht" überschrieben werden). Ferner besteht in ORION die Möglichkeit der Vererbung, d.h. falls z.B. im Datenmodell jeder Verkäufer ein Mitarbeiter ist und für die Klasse Mitarbeiter eine Variable "Gehalt" definiert ist, so ist "Gehalt" auch für die Klasse Verkäufer definiert. Da jede Klasse mehrere Superklassen haben kann, können durch dieses Konzept Konflikte entstehen, für deren Lösung die Autoren verschiedene Wege aufzeigen. Objekte kommunizieren über Nachrichten ("messages") miteinander. Zur Änderung einer bestehenden Datenbank sind in ORION die folgenden Operationen definiert:

- Ändern des Inhalts einer Klasse
- Einfügen, Ändern, Löschen einer Ausprägung
- Ändern einer Methode, d.h. einer für die Klasse definierten komplexen Operation
- Ändern der Klassenhierarchie
- Einfügen, Ändern, Löschen einer Klasse.

Ferner kann aus Einzelobjekten im Rahmen einer IS-PART-OF-Beziehung rekursiv ein zusammengesetztes Objekt gebildet werden /BANE-87/.

Das Iris-Datenmodell setzt (gegenwärtig) auf einem relationalen Speicherungssubsystem auf. Derzeit werden zwei interaktive buchstabenorientierte Schnittstellen unterstützt, nämlich OSQL (Object SQL), eine objektorientierte Erweiterung von SQL, und Inspector, eine LISP-Erweiterung. Letztere ist als Vorläufer einer graphischen Schnittstelle zu sehen. Das System erlaubt es dem Benutzer, den Standarddatenbankoperationen eigene Datenbankoperationen hinzuzufügen, die in einer traditionellen Programmiersprache wie z.B. C geschrieben sind. OSQL verzichtet auf die Referenzierung von Objekten durch Schlüssel, und verwendet statt dessen direkte

Verweise auf Objekte. Interface-Variablen können bei Erzeugung und Retrieval von Objekten an diese gebunden werden. Unter den Erweiterungen, die derzeit für das System Iris erwogen werden, befinden sich Unterstützung für lange Transaktionen, erweiterbare Typen und multimediale Objekte. Für letzteres soll Vektor- und Rastergraphik, unstrukturierter Text und Sprache durch spezielle Speicherungs- und Retrieval-Lösungen unterstützt werden. Dabei werden multimediale Daten nicht notwendig auf demselben Speichermedium sein wie konventionelle Daten, noch werden sie auf dieselbe Art bearbeitet /FISH-87/.

Bei Lyngbaek und Kent (/LYNG-86/) findet man neben einer kurzen Beschreibung der Syntax von Iris auch folgenden Vorschlag zur Vorgehensweise beim Entwurf einer Datenbank nach dem Iris-Datenmodell:

- Definition der Objekttypen der Anwendung
- Definition der Typstruktur
- Definition der Prädikatfunktionen, die die grundsätzlichen Beziehungen zwischen Objekten ausdrücken
- Definition der anderen Funktionen, die zum Ausdruck von Objekteigenschaften benutzt werden sollen
- Definition der Art, in der die Funktionen berechnet werden sollen:
  - Abspeicherung sämtlicher Funktionswerte in Tabellen
  - Ableitung der Funktionen von anderen gespeicherten, abgeleiteten oder eingebauten Funktionen
- Definition der anwendungsorientierten Operationen mit Hilfe der Funktionen und anderer Operationen
- Definition der Dateneinkapselungs- und -schutzmoduln.

Im in der Entwicklung begriffenen System ENCORE (Extensible and Natural Common Object REsource; /ZDON-86/), von dem bereits ein Prototyp implementiert ist /HORN-87/, ist ein Typ eine Spezifikation einer Menge von Operationen, einer Menge von Eigenschaften und einer Menge von Bedingungen ("constraints"), die die Ausprägungen des Typs erfüllen müssen. Der Datenbankentwerfer hat verschiedene Möglichkeiten, die logische Speicherungsstruktur der Objekte zu beeinflussen. Ferner gibt es verschiedene Sperrmechanismen ("lock modes"), die unterschiedliche lesende und schreibende Zugriffsmöglichkeiten für andere Benutzer während der Sperrung gestatten. Der Sperrende kann ein Flag setzen, um während der Sperrung bei Zugriffsversuchen bestimmter Art (Lesen, Ändern, Löschen) anderer Benutzer benachrichtigt zu werden. Die Autoren von ENCORE beabsichtigen u.a., ihr System für verteilte Datenbankanwendungen und Parallelprozessormaschinen auszubauen /HORN-87/.

Die Struktur des Systems CACTIS (Colorado ACTive Semantics data model), von dem 1986 ein volles DBMS kurz vor der Fertigstellung stand, ist ein attributierter Graph, dessen Knoten die Objekte sind. Es benutzt zur Durchführung von Änderungsvorgängen eine besondere Strategie, die auf der Unterscheidung zwischen abgeleiteten und intrinsischen Attributen beruht und die selbst bei Worst-case-Annahme die Performance gegenüber herkömmlicher Vorgehensweise verbessert. Ändert sich der Wert eines Attributs eines Objekts, so werden nicht sofort in beliebiger Reihenfolge alle davon abgeleiteten Attribute berechnet, was beim Arbeiten mit zahlreichen sog. Triggern in komplexen Modellen Probleme aufwerfen kann, da verschiedene Aufrufreihenfolgen unterschiedliche Ergebnisse liefern können, während bei fester Aufrufreihenfolge zahlreiche unnötige Berechnungen durchgeführt werden. Statt dessen werden in einem ersten Durchgang die abgeleiteten Attribute nur als "veraltet" markiert, während in einem zweiten Durchgang dann alle "wichtigen" (d.h. entweder mit einer Bedingung ("constraint") versehenen oder für eine gestellte Abfrage benötigten) Attribute geändert werden und die Markierung "veraltet" von ihnen entfernt wird. Dabei wird die Reihenfolge so festgelegt, daß ein Attribut immer erst dann geändert wird, wenn alle für seine Berechnung benötigten Attribute den aktuellen Wert besitzen (d.h. nicht mehr als "veraltet" markiert) sind. Das System gestattet es, Transaktionen in kleinere Batches ("transaction fragments") aufzuspalten, d.h. "savepoints" zu setzen /HUDS-86/.

2.2.1.3 Das multimediale Datenmodell

Während bei den bisher vorgestellten Datenmodellen der modellhafte Charakter v.a. dadurch zum Ausdruck kommt, daß in ihnen für formatierte Daten bestimmte logische Darstellungen vorgesehen sind, ist das multimediale Datenmodell ein Modell für die Verwaltung auch unformatierter Daten, wie z.B. Texte, Sprache (Ton) und Bilder (digitalisierte Bilder und komplexe vektorgraphische Zeichnungen), wie dies insbesondere für zahlreiche neue Anwendungen gefordert wird. Prototypische multimediale Systeme zeichnen sich daher auch nicht unbedingt durch ein neues Konzept der Datenhaltung aus, sondern primär durch Integration und Vervollkommnung insbesondere der Retrieval-Möglichkeiten bestehender Teilsysteme (z.B. das in /IRVE-88/ beschriebene System).

Nach Meinung von Christodoulakis et al. wird Sprache ein sehr wichtiges Kommunikationsmedium mit dem Computer der Zukunft darstellen, ja sie wird sogar schriftliche Dokumente von der ersten Stelle der Kommunikationsmedien verdrängen und juristische Signifikanz erlangen. Irven et al. erwarten, daß diese neuen Informationsdienste von und für Unternehmen entwickelt werden, die nicht nur Bedarf an vertraulichen Informationen (z.B. Spielraum für Preisnachlässe, Auslastungsdaten) haben, sondern ebenso den sofortigen Zugriff auf öffentliche Informationen (z.B. Wechselkurse, Rohstoffpreise, Fahrpläne) benötigen, die weitgestreut auf verschiedenen Datenbanken abgelegt sind. Während reine Textdaten bereits über ISDN mit vernünftigen Geschwindigkeiten transferiert und seitenweise angezeigt werden können, werden für Bilder und Sprache Breitbandnetze, sehr schnelle Benutzerstationen und (unten beschriebene) geeignete Techniken zum Überfliegen (Browsing) der Informationen benötigt. Für spezielle Anwendungen kann es ferner sinnvoll sein, statische Information lokal zu speichern und sie bei Abruf mit dynamischer Information aus einem Netzwerk zu verbinden. Von großer Bedeutung für die Erfüllung dieser Anforderungen sind die jüngsten Fortschritte in der Informatiktechnologie /IRVE-88, CHRI-86/ bei

- *Benutzerterminals*:
  - Workstation-Hersteller haben hochauflösende (1200 x 900 Pixels und mehr) bitgesteuerte Bildschirme und Rechner mit leistungsfähigen 32 Bit-Prozessoren und großem Hauptspeicher zur Verfügung gestellt, die bald in der Lage sein werden, die hohen Verarbeitungsanforderungen unformatierter Daten an die CPU zu erfüllen. Durch Fortschritte bei der Entwicklung von ASICs

(Application-Specific Integrated Circuits) nähern sich PCs von der Leistung her zunehmend Workstations, bleiben aber des (niedrigeren) Preises wegen für eine andere Benutzerklasse attraktiv.

- *Speichertechnologie*:

  - Die CD-ROM-Technologie liefert riesige billige Speicher, die gleichzeitig digitalisierte Bilder, digitalisierte Sprache und Text auf einer einzigen Platte speichern können.

- *Kommunikationstechnik*:

  - Breitband-ISDN (Broad-band Integrated Services Digital Network; BISDN) liefert schnelle, sehr zuverlässige Übertragungsmöglichkeiten, deren intelligente Knoten z.B. Benutzeranfragen auf die richtigen Datenbanken leiten und in deren Anfragesprache übersetzen werden (Gateway-Funktion).

- *Software*:

  - Die künstliche Intelligenz eröffnet neue Anwendungen wie Expertensysteme und Spracherkennung.
  - Zukünftige Terminals bieten Möglichkeiten schnellerer Formatumwandlungen wie z.B. von der Bitmap-Darstellung eines Bildes in die konventionelle Darstellung.
  - Es werden Navigationshilfen für Retrieval-Funktionen geschaffen.

Im Umgang mit in riesigen Datenbanken abgespeicherten unstrukturierten Daten ergeben sich sehr bedeutende Probleme hinsichtlich des Auffindens der gewünschten Information in der Menge der lose strukturierten und weitgehend unzusammenhängenden Information und deren effektiver Sichtung. In dieser Umgebung ist es für den Benutzer nicht einfach, genau zu spezifizieren, was er sehen möchte und was nicht. Der Prozeß der Identifikation der relevanten signifikanten Information und der Absorption dieser Information ist langsam und schwierig. Sehr mächtige Hilfsmittel zur Darstellung und zum Überfliegen (Browsing) werden benötigt, um die Kommunikationsbandbreite zwischen Benutzer und Maschine zu erhöhen. Nach einer These von Christodoulakis et al. wird daher der Datendarstellungsmanager ("data presentation manager") eine sehr wichtige Komponente sein, die zur Erhöhung der Kommunikationsbandbreite zwischen Benutzer und Maschine in zukünftigen multimedialen Datenbanksystemen beitragen wird. /CHRI-86/

Irven et al. machen bei einer typischen Informationsanfrage drei Phasen aus:

- die Anfragephase ("query stage"), in der der Benutzer eine Anfrage an das System richtet, die i.a. zu viele Daten zurückliefert,
- die Auswahlphase ("browsing stage"), in der der Benutzer die in der Anfragephase gewonnene Information überliest und endgültig auswählt, und
- die Auswertungsphase ("follow-up stage"), in der der Benutzer die Informationen verarbeitet /IRVE-88/.

Im folgenden werden einige derzeit untersuchte multimediale Datenbanksysteme skizziert. An der University of Waterloo in Ontario wird das multimediale System MINOS entwickelt. Dessen Informationseinheit ist ein Multimedialobjekt ("multimedia object"), das aus Attributen, einem Objekt Textteil (Sammlung von Textsegmenten), einem Objekt Sprachteil (Sammlung von Sprachsegmenten) und einem Objekt

Bildteil (Sammlung von Bildern) zusammengesetzt sein kann. Jedem Multimedialobjekt wird ein Objektbezeichner zugeordnet. Multimedialobjekte können mit anderen Multimedialobjekten in Beziehung stehen. Ein Multimedialobjekt kann sich in zwei Zuständen befinden, einem Editierzustand, in dem Änderungen erlaubt sind, und einem Archivzustand, in dem dies nicht der Fall ist. In MINOS wird insbesondere Wert auf effektive multimediale Informationsdarstellung und Browsing gelegt. Text und Sprache sind von Natur aus beide eindimensional und sollten daher mit denselben Browsingmöglichkeiten versehen werden, während Bilder zweidimensional sind und deshalb andere Browsing-Primitives erfordern. Bilder lassen sich übereinanderlegen, d.h. der Benutzer kann Bilder ähnlich den Folien bei einem Tageslichtprojektor übereinanderlegen, wofür sog. Transparency-Sets (Folien-Stapel) definiert werden können. Mit dieser Technik lassen sich zum Beispiel über eine Straßenkarte verschiedene Folien zur Anzeige aller Niederlassungen der Firma X oder aller Großkunden legen. Browsing über eine Struktur von Multimedialobjekten findet entlang der zwischen diesen definierten Beziehungen statt. Im Archivzustand bestehen die Objekte aus dem Objektbeschreiber zusammen mit dem Kompositionsfile, welches die Verkettung mehrerer Datenfiles ist, die jeweils einen bestimmten Teil des Multimedialobjekts (Textteile, Bilder etc.) enthalten. Die Multimedialobjekte im Editierzustand werden durch eine Menge von Files dargestellt, die aus einem Synthesefile, einem Objektbeschreiber, einem Kompositionsfile, einem Datenverzeichnisfile und der Menge der Datenfiles bestehen. Die Autoren stellen sich die Globalarchitektur von MINOS als ein Multimedialobjekt-Server-System und einer Anzahl durch Links hoher Kapazität vernetzter Workstations vor. Das System arbeitet mit einer navigierenden Schnittstelle /CHRI-86/.

Irven et al. haben ein Testsystem für multimediale Informationsdienste geschaffen, indem sie primär derzeit erhältliche High-end-Komponenten unter der Annahme, daß diese in den nächsten fünf bis zehn Jahren zu einem akzeptablen Preis erhältlich sein werden, zusammengesetzt haben. Das BISDN wird durch ein Hochgeschwindigkeitsnetzwerk simuliert, die Hardware besteht aus SUN-Workstations, einer Symbolics-LISP-Maschine, modifizierten IBM-Systemen und Peripheriegeräten. Auf der Basis dieses Testsystems wurden mehrere Prototypen mit verschiedenen Ansätzen für das Browsing untersucht:

- Prototyp 1 benutzt visuelles Material,
- Prototyp 2 benutzt ein graphisches Display zur Darstellung der Beziehungen zwischen den Informationseinheiten und
- Prototyp 3 selektiert Daten über eine allgemeine Anfragesprache /IRVE-88/.

Adiba und Bui Quang führen verschiedene Möglichkeiten für die Versionskontrolle ein, die auch nebeneinander bestehen können:

- die Erstellung periodischer Versionen (z.B. jeden Monat),
- die Verantwortung über die Erstellung einer neuen Version bei einer Änderung liegt beim Benutzer und
- Persistenz, d.h. die Zahl der jeweils gespeicherten Versionen (alle oder nur die letzten n) kann vom Benutzer festgelegt werden.

Dabei muß nicht für alle Objekte eine Geschichte definiert sein und auch für ein festes Objekt muß nicht für jede Komponente eine Geschichte definiert sein /ADIB-86/.

Woelk et al. gehen den Weg von einem objektorientierten Modell mit Klassen von Objekten, für die Eigenschaften, Operationen und Vererbungsmechanismen definiert sind, hin zu einem multimedialen Modell, welches die folgenden Anforderungen erfüllen soll.

1. Verschiedene Objekte können bzgl. einer IS-PART-OF-Beziehung aggregiert werden, für die auch eine Ordnung definiert werden kann.
2. Ferner besteht eine Generalisierungshierarchie, bzgl. der Eigenschaften vererbt werden.
3. Es lassen sich nicht nur strukturelle und auf den Wertebereich bezogene Nebenbedingungen ("constraints") definieren, sondern auch bestimmte Worte oder sonstige Datenteile automatisch in jeder Ausprägung einer Klasse einfügen (Schemata, Masken).
4. Für die Objektklassen können spezifische Operationen definiert werden.
5. Das System enthält Regeln, die es gestatten, gewissen Nebenbedingungen aufgrund eines Feedback des Benutzers an dessen Vorstellungen anzupassen.
6. Prinzipiell kann jeder Knoten mit jedem anderen Knoten in Beziehung stehen.
7. Das System erlaubt dynamische Modifikationen von Schemata.
8. Es existiert eine Abbildung eines Datenobjekts auf die physischen Datentypen.
9. Die Datenbank liefert Möglichkeiten der Versionskontrolle.
10. Es müssen Möglichkeiten der Kontrolle des parallelen Zugriffs mehrerer Benutzer auf dieselben Daten zur Verfügung gestellt werden.
11. Die Datenelemente umfassen sehr viele Bytes (z.B. ein Standbild in Bitmap-Darstellung 4 MBytes, eine Minute Sprache 480 kBytes), so daß geeignete Puffer zur Verfügung gestellt werden müssen, um Zugriffszeiten bei Anfragen der Bauart: "Gehe 15 Sekunden zurück!" zu minimieren.
12. Es lassen sich sowohl statische als auch dynamische Sichten (Views) definieren.
13. Es besteht die Möglichkeit, für mehrere Objekte gemeinsame Subobjekte ("shared data") zu definieren.
14. Möglichkeiten des assoziativen Zugriffs sind vorzusehen.
15. Es sind geeignete Recovery-Möglichkeiten zu schaffen - und zwar sowohl Sekundärspeicher-Recovery (z.B. bei Head-crash), als auch Transaktions-Recovery.

Die Anforderungen 1 - 8 werden von objektorientierten Datenmodellen erfüllt, 12 - 15 durch Anpassung existenter Datenbanktechnologie, 9 - 11 durch Hinzufügung neuer Funktionen, die für objektorientierte wie traditionelle Datenbanksysteme gleichermaßen wertvoll sind.

Woelk et al. führen das Konzept der "token objects" ein. Ein token object kann unabhängig gespeichert werden und in viele Aggregationshierarchien eingebunden werden, um so ein Aggregationsnetz zu kreieren. Methoden werden als getrennte Objekte behandelt, die an mehrere token objects angebunden werden können, die aber nicht zu Klassen gehören. Gemeinsame Objekte können sowohl statisch als auch dynamisch mit den zugehörigen Einzelobjekten verbunden werden. Im ersten Fall sind Änderungen am gemeinsamen Objekt aus der Sicht des Einzelobjekts nicht sichtbar, während diese im zweiten Fall sichtbar sind. Der Zugriff auf Objekte kann auf verschiedene Arten erfolgen:

- über die Klassenzugehörigkeit,
- über die Aggregationshierarchie (z.B. "Finde die Bestelleradresse auf Bestellformular Nr. 0815),
- über die Verallgemeinerungshierarchie (z.B. "Finde alle Formulare" liefert "Bestellformular, Rechnungsformular etc.),
- über benutzerdefinierte Beziehungen,
- über eine Kombination der o.g. Zugriffsmethoden,
- durch Browsing.

Als wesentliche Anforderungstypen an ein multimediales Datenbanksystem identifizieren Woelk et al. die Möglichkeit einer sehr natürlichen und erweiterungsfähigen Definition des Schemas zur Komposition zusammengesetzter Dokumente sowie die Forderung nach Aufteilung und Manipulation zusammengesetzter multimedialer Dokumente /WOEL-86/.

2.2.2 Methodenbanktechnik

Die in einer Datenbank gespeicherten Daten werden i.a. gemäß bestimmter Modelle (z.B. Kostenrechnungsmodelle, statistische Modelle etc.) verarbeitet. Diese Modelle setzen sich ihrerseits aus Methoden zusammen. Eine Methode ist ein Modul, der eine genau zu definierende Leistung erbringt und der innerhalb eines oder mehrerer Fachgebiete klassifizierbar ist. Er stellt eine Grundeinheit dar, von der es sich lohnt, sie als Werkzeug präsent zu haben, um hiermit und im Verbund mit anderen Methoden komplexere Software-Konstrukte sicher aufbauen zu können /HAUE-80/. Ein Modell ist ein aus Methoden, die in einer bestimmten Reihenfolge anzuwenden sind, zusammengesetzter Komplex. Dabei können gewisse Methoden durch andere substituiert werden. So kann z.B. ein Verfahren zur numerischen Lösung eines Anfangswertproblems - mit Auswirkungen auf das Fehler- und Laufzeitverhalten - durch ein anderes ersetzt werden. Hinsichtlich der Terminologie gibt es auch andere Auffassungen; so bezeichnen einige Autoren (siehe z.B. /HAUE-80/) das, was wir unter dem Begriff Modell verstehen wollen, als Methode und unsere Methoden als Bausteine.

Die Verwaltung der Methoden und der aus ihnen komponierten Modelle geschieht zweckmäßigerweise mit Hilfe eines Methodenbanksystems. Ein Methodenbanksystem ist eine erweiterbare Sammlung von Programmbausteinen (Methodenbank) zusammen mit einer Komponente zur Kopplung mit beliebigen Datenbeständen sowie einem Steuersystem, das die Anpassung an verschiedene Anwendungsbereiche und den benutzernahen Gebrauch aller Systemteile ohne tiefergehende DV-Kenntnisse gestattet /DITT-79/. Dementsprechend sollte ein Methodenbanksystem über eine Benutzungsoberfläche mit umfangreichen Hilfen zu ihrer anwendungsbezogenen Nutzung verfügen /HAUN-87/. Der Einsatz eines Methodenbanksystems im Vertrieb wurde bereits 1979 von Dittrich et al. vorgeschlagen /DITT-79/.

Während vor ca. zehn Jahren an mehreren Stellen in Deutschland auf dem Gebiet der Methodenbanksysteme geforscht wurde, sind in den letzten Jahren aus informatiktechnischer Sicht keine wesentlichen Aktivitäten auf diesem Gebiet bekannt.

Einige Autoren sammeln ferner noch die Modelle in einer von der Methodenbank separaten Modellbank, die von einem eigenen Modellbanksystem verwaltet wird, das über das Methodenbanksystem auf die Methoden zugreift. Die Einführung eines

230

Modellbanksystems gewährleistet nach Meinung jener Autoren eine leichte und einheitliche Handhabung der Modelle. Die Vorteile dieser Vorgehensweise sind neben der Benutzerfreundlichkeit in der Möglichkeit begründet, auf einfache Weise neue Modelle einzuführen, alternative Modelle für die gleiche Aufgabe einzusetzen und zu vergleichen und dazu Daten- und Methodenverwaltung zu standardisieren /HÄRD-85a/. Härder räumt jedoch andererseits ein, daß es sich nicht immer lohnt, Methode und Modell zu trennen. In eine ähnliche Richtung geht eine Aussage von Puhl speziell für Methodenbanken im Rechnungswesen, wo das Problem der Auswahl der richtigen Methode für geringfügig erachtet wird, da die Anzahl unterschiedlicher Methoden im Rechnungswesen relativ beschränkt ist und es sich bei den Benutzern in der Regel um Kostenrechnungsfachleute handelt /PUHL-83/.

In einem Methodenbanksystem werden verschiedene Sprachebenen unterschieden. So betrachten die Entwickler des KARAMBA (KArlsruher RAhmensystem für MethodenBAnken) folgende Ebenen (vgl. Abb. 2.15).

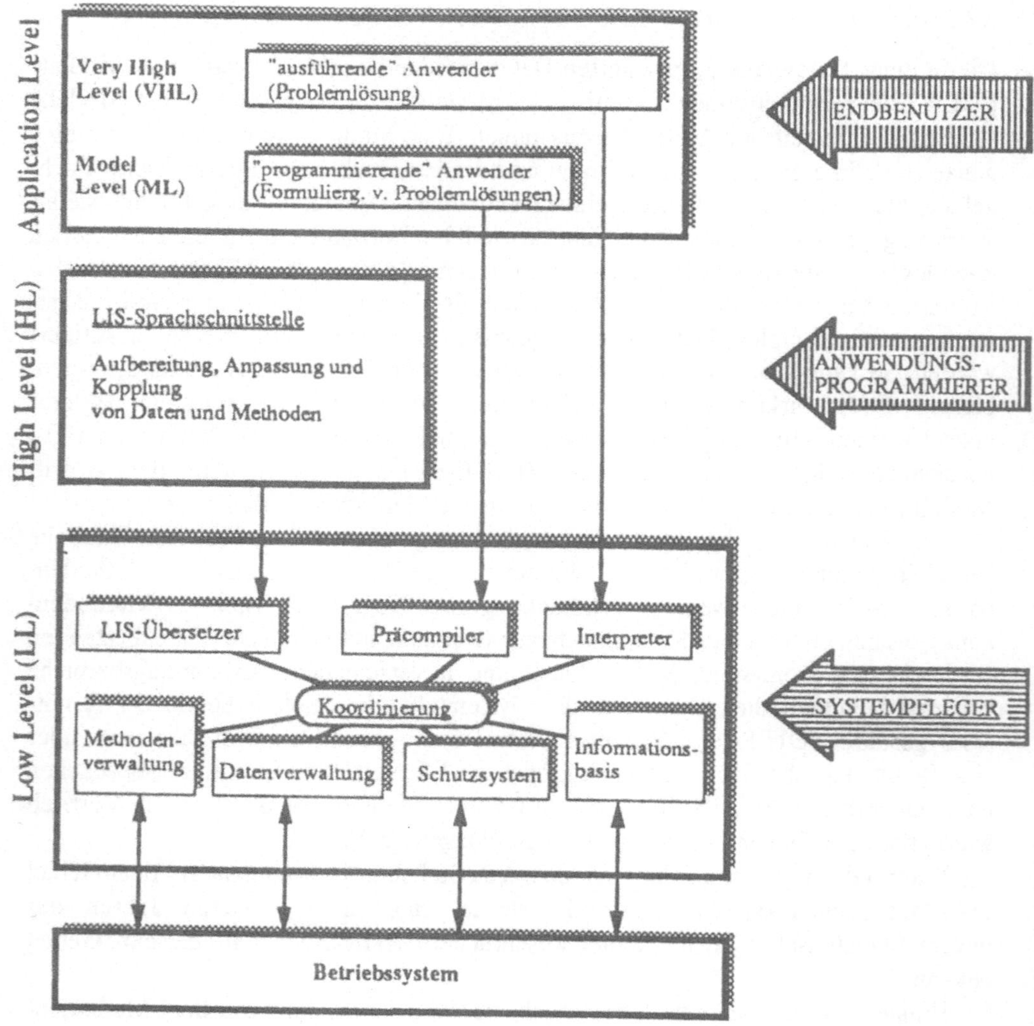

Abb. 2.15. Sprachebenen im KARAMBA

- VHL-Ebene (Very High Level) für (möglicherweise) EDV-ungeschulte Anwender
- ML-Ebene (Model Level) für fachorientierte Modellkonstrukteure (Anwendungsfachleute)
- HL-Ebene (High Level) für geschulte Programmierer, die die Anpassung des Systems an die jeweils benötigten Fachgebiete vornehmen
- LL-Ebene (Low Level) für Systempfleger, Methoden- und Datenlieferanten

Eine ähnliche Benutzerklasseneinteilung nimmt auch /HAUE-80/ vor, wobei er den einzelnen Sprachebenen mehr funktionale Namen gibt (Kommandosprache, Verknüpfungssprache, Editiersprache etc.). Mit Hilfe dieser Ebenenklassifikation formuliert nun /DITT-77/ die Definitionen der Begriffe Modell und Methode exakt.

Ein Modell ist ein auf der ML-Ebene erstelltes Programm, das auf der VHL-Ebene als elementarer Systembestandteil, also als unteilbarer Grundbaustein mit eindeutig zugeordnetem Symbol auftritt. Eine Methode ist ein anwendungsneutrales Programm, das der LL-Ebene "von außen" zugeliefert wird und in der HL-Ebene als Grundbaustein auftritt. Entsprechend der auf der HL-Ebene benutzten Systemimplementierungssprache LIS unterscheidet /MANZ-79/ ferner interne und externe Methoden. Interne Methoden sind die in LIS geschriebenen, externe sind ursprünglich nicht in LIS geschrieben, sondern werden über eine LIS-Prozedur aufgerufen, deren Rumpf lediglich Parameterübergabefunktionen und den Aufruf der internen Methode enthält.

Ein Methodenbanksystem besteht nach /DITT-79/ und /MANZ-79/ aus

- der *Methodenverwaltung* zur gemeinsamen Verwaltung gespeicherter Programmbausteine (Werkzeuge für DV-Spezialisten), der sogenannten Methodenbasis, die im Gegensatz zu den übrigen Komponenten (den Verwaltungsfunktionen, die Bestandteil des Grundsystems sind) für verschiedene Anwendungen unterschiedlich ausfällt,
- der *Datenverwaltung*, die Möglichkeiten zum Anschluß beliebiger Datenbestände (Datenbanken) über ein Datenverwaltungssystem vorsieht,
- der *Ablaufsteuerung* zum Identifizieren und Laden von Methoden entsprechend der vorliegenden Benutzeranweisungen, zum Parametrisieren von Methoden, zur Beschaffung externer Daten u.ä.,
- dem *Auskunftssystem* zur Erklärung von System-Bedienkommandos und den an der Benutzerschnittstelle verfügbaren Operationen und
- dem *Schutzsystem* zur Kontrolle der Weiterverarbeitung von Datenmengen.

Dagegen gliedert /HAUE-80/ ein Methodenbanksystem nach mehr formalen Gesichtspunkten in zwei Komplexe, nämlich in ein System von Dateien bestehend aus

- einer oder mehreren Bibliotheken der Bausteine,
- einer oder mehreren Bibliotheken der Dienstroutinen,
- einer Beschreibungsdatei der Bausteine,
- einer Datei mit Systemtexten (z.B. Fehlertexte) und Steuerdaten,
- einer Verwaltungsdatei,
- einer Arbeitsdatei,
- einer Protokoll-Datei,
- einer Editierungs-Datei und
- "öffentlichen" Dateien, d.h. solchen, auf die von mehreren Benutzern aus über die

Methodenbank zugegriffen werden kann, die aber unabhängig von der Methodenbank existieren,

und ein System von Softwarekomponenten bestehend aus

- einem Syntaxprüfer einer Kommandosprache,
- einem Syntaxprüfer einer Baustein-Verknüpfungssprache,
- einem Methodeninterpreter und Aktivierer von Bausteinen,
- einem Paket elementarer Service-Funktionen,
- einem bibliothekarischen Auskunftssystem über die Elemente einer Methodenbank und
- diversen Subsystemen zur Erbringung gewisser Spezialleistungen.

Auf folgenden Teilgebieten ist nach /MERT-84/ in einem Methodenbanksystem eine Benutzerunterstützung zu realisieren

- Dokumentation und Beschreibung der Methoden,
- selektives Angebot von Methoden,
- ggf. automatische Methodenauswahl,
- Warnung vor der Benutzung einer (falschen) Methode,
- Verknüpfung von ausgewählten Methoden zu Modellen,
- Versorgung der Methoden und Modelle mit Parametern und Daten,
- Erklärung von Fachbegriffen im Zusammenhang mit den Methoden,
- Hilfen zur Interpretation der Ergebnisse und
- methodenbezogener Datenschutz.

Zu den einzelnen Methoden muß eine die folgenden Teile umfassende Dokumentation erarbeitet werden /HAUE-80/.

- Daten zur Programmadministration (Name, Erstelldatum, letztes Änderungsdatum, Entwicklungspersonal, Zweck des Bausteins, Kurzfassung der Arbeitsweise, Programmiersprache etc.)
- Verknüpfungstechnik (Beschreibung der Parameter, aufgerufene Unterprogramme, sonstige Extern-Bezüge (z.B. COMMON) etc.)
- Programmiertechnik (Einhaltung von Standards, Fehlerbehandlung, Rechengenauigkeit, Portabilität etc.)
- Qualitätsnachweise (Dokumentation von Testläufen, ggf. Korrektheitsbeweis)
- Dokumentation (ausführliche Funktionsbeschreibung mit Verweis auf theoretische Grundlagen und Benutzungsbeispiel)

Ähnlich wie in einem Datenbanksystem lassen sich in einem Methodenbanksystem für unterschiedliche Benutzer(gruppen) unterschiedliche Sichten definieren, d.h. Benutzer haben je nach ihren Aufgaben und Kenntnissen Zugriff auf einen Ausschnitt der gespeicherten Methoden.

Die Benutzerschicht eines Methodenbanksystems ist üblicherweise "methodenorientiert" aufgebaut, d.h. der Benutzer wählt computerunterstützt aus einem Inhaltsverzeichnis die passenden Verfahren aus. Wenn eine einzige Methode nicht zur Lösung seiner Problemstellung ausreicht, muß er mehrere hintereinander anwenden. Dabei treten allerdings Schwierigkeiten auf.

- Zum einen fehlen in der Regel Hinweise, durch welche Methodenkombination ein komplexes Problem am besten gelöst werden kann. Dies ist wegen der Vielzahl möglicher Problemstellungen auch kaum in befriedigender Weise zu realisieren.
- Zum anderen gibt es Probleme, wenn die Ergebnisse der ersten Methode nicht automatisch in der Form vorliegen, die für Eingabedaten der danach aufgerufenen Methode vorausgesetzt wird.

Um diese beiden Probleme zu umgehen, ist das System REMBA (**RE**chnungs-wesen-**M**ethoden**BA**nk) "problemlösungsorientiert" aufgebaut, d.h. die Methoden sind so gruppiert, daß dem Benutzer mit dem Aufruf eines Moduls möglichst alle zur Bearbeitung seiner Problemstellung notwendigen Arbeitsschritte in einem einzigen menügesteuerten Programm zur Verfügung stehen. Innerhalb eines Moduls weist das System von sich aus auf günstige Bearbeitungssequenzen hin. Solchen Benutzungskomfort erkauft man allerdings mit zwei anderen Nachteilen:

- Zunächst sind nur solche Methodenketten unterstützt, die bei der Systementwicklung vorgeplant wurden. Die völlig freie Methodenkombination ist mit diesem Aufbauprinzip nicht realisierbar.
- Außerdem ist es nicht zu vermeiden, daß einige Methoden mehrfach (in verschiedenen Moduln) programmiert werden, was dem Methodenbankgedanken zumindest teilweise widerspricht /HAUN-87/.

Die bisher im betriebswirtschaftlichen Bereich existierenden Methodenbanken lassen sich grob in zwei Klassen einteilen. Die erste geht von einer mehr oder weniger großen Anwendungsneutralität der Methodenbank aus. Derartige Methodenbanken betonen daher die formalen Aspekte "flexibel einsetzbar, änderungsfreundlich und fehlerfrei (weil ausgetestet)". Ziel des Methodenbankeinsatzes ist vor allem die Ersparnis von Programmier- und Testzeiten bei der Bearbeitung von Planungs- und Entscheidungsproblemen (vgl. /ESPR-74/). Zu dieser Gruppe gehören allgemein einsetzbare Methodenbanksysteme wie METHAPLAN (Siemens) und AS (IBM) sowie sogenannte Methodenbankrahmensysteme (z.B. KARAMBA /DITT-79/), die zunächst gar keine Methodensammlung enthalten. Die andere Klasse stellt die Unterstützung der Benutzer bei der Anwendung fertiger Methoden (meistens aus dem Bereich der mathematischen Statistik einschließlich Prognoserechnung) in den Vordergrund. DV-unkundige und teilweise auch mit den statistischen Methoden nicht vollständig vertraute Anwender sollen in die Lage versetzt werden, die in ihrer Situation und gegebenenfalls auf ihr Datenmuster passende Methode mit Unterstützung des Computers aus dem Methodenpool herauszufinden und richtig einzusetzen (z.B. bei MADAS /MERT-77/, SAMBA /MERT-79/ oder PROMETHEUS /ECKA-81/). Die Methoden dieser Systeme ermöglichen jede für sich die vollständige Bearbeitung einer abgegrenzten Teilaufgabe aus dem jeweiligen Fachgebiet. Ein wesentliches Merkmal von Methodenbanksystemen der zweiten Gruppe ist die Unterstützung der Benutzer bei der Methodenanwendung. Zwischen den beiden Zielen Flexibilität und Benutzerunterstützung einer Methodenbank besteht ein deutlicher Zielkonflikt /BODE-81/ /HAUN-87/.

2.3 Benutzungsoberfläche

Die Benutzungsoberfläche ist zwischen dem menschlichen Benutzer und einem Anwendungsprogramm angesiedelt. Zum Anwendungsprogramm hin gibt es die Programmierschnittstelle, zum Benutzer die Benutzerschnittstelle (User Interface), die festlegt, was der Benutzer wahrnimmt. Sie ist charakterisiert durch die Definition

- aller Eingaben eines Benutzers an eine Maschine,
- aller Ausgaben einer Maschine an einen Benutzer,
- der Reihenfolge dieser Ein- und Ausgaben.

An der Dialogschnittstelle der Benutzerschnittstelle gibt es eine Reihe von Dialogformen

- Frage und Antwort: Das System stellt Fragen, die der Benutzer beantwortet. Diese Dialogform impliziert die wenigsten Bedienfehler und ist für wiederkehrende Datenerfassungstätigkeiten mit gelegentlichen Benutzern geeignet.
- Masken: Das System präsentiert Formulare, die der Benutzer ausfüllt.
- Menüs: Das System bietet verschiedene Alternativen an, von denen der Benutzer eine auswählt. Es gibt Pop-up- (Einblend-), Drop-down- (Klapp-) und Pull-down- (Zieh-) Menüs.
- Funktionstasten: Der Benutzer bezeichnet eine Funktion per Tastendruck und gibt optionale Parameter ein.
- Kommandosprache: Der Benutzer gibt dem System Kommandos, in dem er eine festgelegte Sprache benutzt.
- Query Language: Das System beantwortet vom Benutzer gestellte Fragen. Diese Technik ist nur für Information Retrieval sinnvoll.
- Natürliche Sprache: Der Dialog zwischen System und Benutzer wird in natürlicher Sprache geführt.
- Interaktive Graphik: Der Benutzer kommuniziert mit dem System durch Manipulation graphischer Objekte in Bildern.

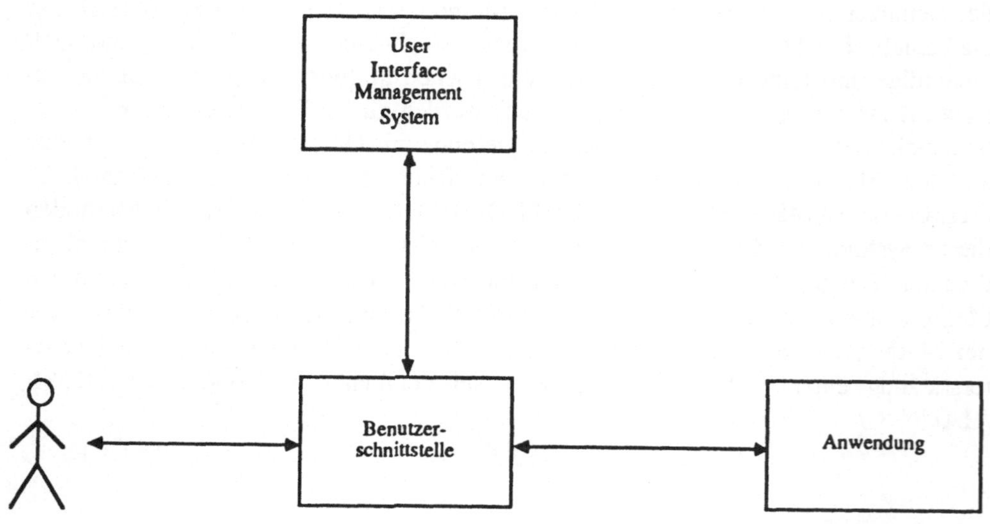

Abb. 2.16. User Interface Management System /ASTH-87/

Diese Dialogformen können durch Techniken unterstützt werden wie

- direkte Manipulation: Hierbei sind zu bearbeitende Objekte und Aktionsmöglichkeiten sichtbar. Der Bildschirminhalt stellt metaphorisch die Erwartungen des Benutzers über das Systemverhalten dar. Eine Manipulation der Darstellung bewirkt eine unmittelbare Wirkung, das veränderte Bild repräsentiert dann den neuen Zustand des Systems. Die Aktionen sind schnell, inkrementell und umkehrbar.
- Windows (Fenster): Das sind rechteckige Bereiche des Bildschirms, in denen ein bestimmter Kontext dargestellt und bearbeitet werden kann (virtuelles Terminalkonzept). Window Manager sind Systeme zur Verwaltung solcher Windows. Es gibt zwei unterschiedliche Ausprägungen:
  - überlappende (overlapping) Windows und
  - geteilter (tiling) Bildschirm.

Ein User Interface Management System steuert die Benutzerschnittstelle (Abb. 2.16).

2.3.1 Window Manager

Durch in den letzten Jahren verfügbar gewordene leistungsfähige Workstations (PC's) ist der Einsatz von effektiven Window Managern möglich geworden, mit denen die traditionelle Zuordnung eines Prozesses zu einem Bildschirm zugunsten der Nachbildung einer gewohnten Schreibtischoberfläche (desktop) aufgegeben werden konnte. Dieses Konzept kommt der herkömmlichen parallelen Arbeitsweise an einem Schreibtisch entgegen, wo aus verschiedenen Informationsquellen neue Ergebnisse entstehen. Dieses Modell ist aber durch die Verwendung von Bildschirmen (stark begrenzte Fläche, kein ebener Arbeitstisch) und die trotz aller Bemühungen in der Sache begründete umständliche Handhabbarkeit von Fenstern nur annähernd mit dem Vorbild menschlicher Arbeitsweise vergleichbar. Es steigert aber trotzdem die Produktivität eines Benutzers.

Folgende Funktionalität ist für einen Window Manager charakteristisch:

- Die Darstellung verschiedener Kontexte und der Wechsel zwischen ihnen geschieht mit der Hilfe eines Multiple-Window-Konzeptes. Jedes Fenster stellt dabei einen Kontext dar, der nicht notwendigerweise von anderen Kontexten unabhängig sein muß.
- Die Eingabe bezieht sich immer auf ein ausgezeichnetes, vorher ausgewähltes Fenster (listener).
- Dem Benutzer stehen fensterbezogene Operationen wie Vergrößern, Verkleinern, Verschieben und Schließen zur Verfügung. Das Öffnen von Fenstern geschieht implizit durch Starten eine Prozesses.
- Funktionen können durch unterschiedliche Menütechniken aufgerufen werden.
- Sachverhalte werden durch Piktogramme (Icons) symbolisiert dargestellt.
- Nach dem Prinzip der direkten Manipulation bewirkt eine Änderung auf dem Bildschirm eine unmittelbare Reaktion darauf.

Ein Window Manager ist zwischen einem Anwendungsprogramm und elementarer logischer Ein-/Ausgabe an die Geräte zu finden (Abb. 2.17). Er leistet die Verwaltung sich eventuell überlappender Bildschirmbereiche, die Verteilung von Eingabeereignissen auf diese Bereiche, Ausgaben in verdeckte Bereiche sowie die Restaurierung von Fenstern.

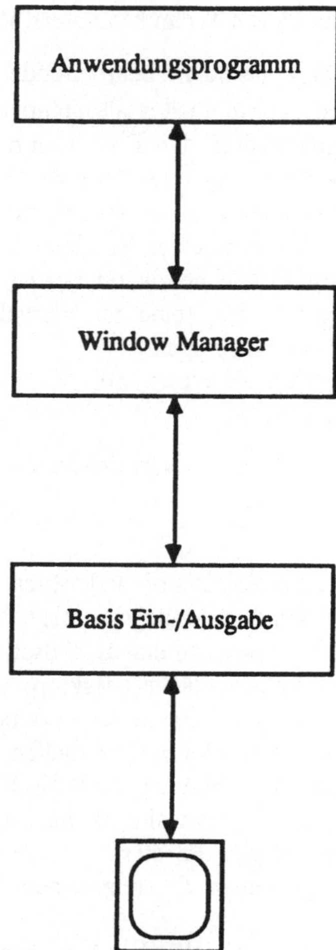

Abb. 2.17. Allgemeine Struktur

Darstellung einiger Window Manager
Drei existierende Window Manager - GEM, MS-Windows, X-Window - werden unter
den Gesichtspunkten

- Generelles Konzept
- User-Interface-Techniken
- Programmierschnittstelle

genauer beschrieben /HÜBN-87/.

GEM

Hersteller: Digital Research

Hardware-/Software-Umgebung: IBM-PC, Maus

Generelles Konzept:

* überlappende Windows
* Menüzeilen am oberen Bildschirmrand
* eingeschränkte Mehrprozeßfähigkeit durch "Desk-Accessories", die durch Systemmenü aufrufbar sind
* Auswahl des "Listener Window" durch anklicken
* Icons als Funktionssymbole

User-Interface-Techniken:

* Pull-Down-Menüs
* Window kann im Randbereich enthalten:
  - Titelzeile (Bereich zum Verschieben des Windows)
  - Size-Box, Full-Box, Close-Box (Vergrößern, Verkleinern und Schließen)
  - Scrollbars (Verschieben des Window-Inhaltes)

* Buttons
* editierbare Textfelder
* Dialog-Boxes (können Buttons, Textfelder, usw. enthalten)
* Alert-Boxes (Fehlermeldungen, Warnungen)
* File-Selector-Boxes (interaktive Dateiauswahl)
* Icons (innerhalb oder außerhalb von Windows)

Programmierschnittstelle:

* Es gibt zwei Teile:
  - GEM-VDI: Graphische Ausgabe
  - GEM-AES: User Interface (Window, Events, etc.)

* Graphikausgabe mit VDI:
  - in Gerätekoordinaten (nicht in Windowkoordinaten)
  - sehr vollständiger Funktionssatz
  - verschiedene Text-Fonts
  - Ausgabetreiber für Plotter möglich
  - kein automatisches Klippen an überlappenden Windows

MS-Window

Hersteller: Microsoft

Hardware-/Software-Umgebung: IBM-PC, Festplatte, Maus

Generelles Konzept:

* überlappende Windows
* mehrere Prozesse gleichzeitig
* Icon-Bereich am unteren Bildrand

- Auswahl des "Listener Windows" durch anklicken

User-Interface-Techniken:

- Window kann im Randbereich enthalten:
  - Titelzeile mit System-Menü-Box und Size-Box
  - Menüzeile (Pull-Down-Menüs)
  - Scrollbars

- Dialog-Boxes (Pop-up)
- Icons stehen für aktive Window-Prozesse, minimale Ausgabefläche ohne Rahmen-attribute, jedoch volle Ausgabemöglichkeiten.

Programmierschnittstelle:

- Es gibt zwei Teile:
  - Window-Funktion
  - GDI-Graphikausgabe

- Graphikausgabe:
  - in Windowkoordinaten
  - umfangreicher Funktionssatz

- Vorbereiten von Strukturen (Menüs, Dialog-Boxes etc.) durch textuelle Beschreibung und "Ressource-Compiler" (erzeugt Bindemodul)

X-Windows

Hersteller: M.I.T., DEC

Hardware-/Software-Umgebung: UNIX

Generelles Konzept:

- Überlappende Windows
- Zentraler Server-Prozeß, UNIX-Interprozeßkommunikation für Requests und Events, Windowverwaltung, Graphik- und Textausgabe
- Window Manager getrennt von Server
- Verschiedene User Interfaces realisierbar
- Window-Prozesse sind netzwerkweit möglich, display-unabhängig

User-Interface-Techniken:
Das User Interface wird bestimmt

- durch Libraries, die die Basisfunktionen des X-Servers zur Windowverwaltung, Ausgabe und Eingabe ausnutzen. Libraries liegen im Adreßraum des Anwendungsprozesses.
- durch den verwendeten Window Manager, z.B. gibt es beim UWM (Ultrix Window Manager) einstellbare Reaktionen auf Maustasten und benutzerkonfigurierbare Menüs.
- durch verschiedene Anwendungsprozesse.

Programmierschnittstelle:

- hierarchische Windowstruktur bietet viele Gestaltungsmöglichkeiten
- Eingabe-Events werden an das zuoberst liegende Window geschickt, hierzu "transparente Windows" möglich
- sequentielle Programmstruktur (Events werden nacheinander verarbeitet)
- Graphikfunktionen: Linien und Splines, Flächen, Rasteroperationen, Text mit verschiedenen Fonts

2.4 Graphische Basissysteme

Als graphische Basissysteme sind besonders die bereits international genormten und die in der Standardisierungsphase befindlichen graphischen Systeme interessant. Der Einsatz von Standards in der graphischen Datenverarbeitung erlaubt es, von den Graphikpaketen einzelner Anbieter unabhängig zu bleiben.

2.4.1 GKS

Das Graphische Kernsystem (GKS) ist der erste internationale Standard, der eine Schnittstelle zwischen Anwenderprogramm und graphischem System definiert (Anwenderschnittstelle) /ISO-85, DIN-85/.

Es stellt die grundlegenden Fähigkeiten zur Erzeugung computergenerierter zweidimensionaler graphischer Darstellungen zur Verfügung. GKS unterstützt die interaktive graphische Datenverarbeitung durch Funktionen zur Dialogsteuerung und zur Werteingabe durch einen Bediener, zur Bildstrukturierung und zur Manipulation von Teilbildern.

Es stellt Funktionen zur Erzeugung graphischer Darstellungen unabhängig von einer bestimmten Anwendung bereit. Über die Anwenderschnittstelle greift ein Anwenderprogramm auf die GKS-Funktionen zu (siehe Abb. 2.18). Das GKS stellt seine Fähigkeiten darüberhinaus unabhängig von den verwendeten graphischen Geräten bereit. Graphische Ein- und Ausgabegeräte bilden im GKS einen graphischen Arbeitsplatz, der über die Arbeitsplatzschnittstelle mit dem Kernsystem verbunden ist. GKS bildet Funktionen an der Anwenderschnittstelle auf die Fähigkeiten der verschiedenen graphischen Arbeitsplätze ab. Die Umsetzung der geräteunabhängigen Form, die an die Bedürfnisse der einzelnen Arbeitsplätze angepaßt ist, wird durch Arbeitsplatztreiber vorgenommen.

Die GKS-Funktionen gehören zu den Teilbereichen Darstellungselemente, Attribute, graphische Arbeitsplätze, Transformationen, Bildstruktur, graphische Eingabe, Bilddatei und Erfrage-Funktionen. Fehlerbedingungen werden durch eine Fehlerbehandlung abgehandelt. Die Beschreibung der GKS-Funktionen enthält den Funktionsnamen, die Namen, die Anzahl, den Datentyp und die Bedeutung der Parameter, die Wirkung der Funktionen und eine Liste erwarteter möglicher Fehlerbedingungen. Die Wirkung einer GKS-Funktion kann die Änderung der graphischen Darstellung auf der Darstellungsfläche eines graphischen Arbeitsplatzes sein, die Rückgabe von Werten an das Anwenderprogramm oder eine Änderung des GKS-Zustandes oder eine Kombination hiervon.

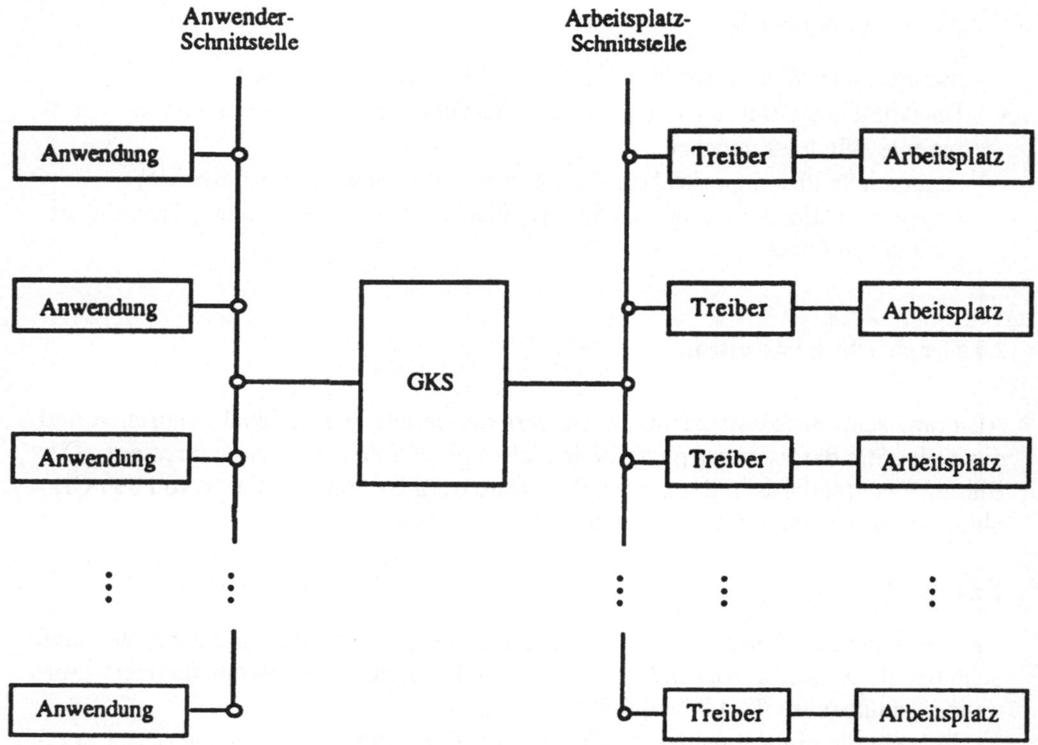

Abb. 2.18. Anwender- und Geräteschnittstelle

GKS bietet:

- **Graphische Ausgabe:** Es gibt sechs verschiedene Darstellungselemente:
  - Polyline (Linienzug)
  - Polymarker (Marke)
  - Text
  - Fill Area (Füllgebiet)
  - Cell Array (Pixelmatrix)
  - Generalized Drawing Primitive (geräteabhängige Darstellungselemente, z.B. Kreis)

    Diese können durch geometrische Attribute, die Form oder Größe beeinflussen, und nichtgeometrische Attribute, die nur das Aussehen bestimmen und entweder direkt oder in Tabellen spezifiziert sind, beeinflußt sowie zur Identifikation mit einer Kennzeichnung versehen werden.

- **Koordinatensysteme:** Im Anwendungsprogramm kann ein Bild aus Bildteilen in mehreren Weltkoordinatensystemen zusammengesetzt werden, die dann in ein einziges normalisiertes Koordinatensystem durch die Normalisierungstransformation überführt werden. Die Gerätetransformation bildet schließlich die normalisierten Koordinaten in die Gerätekoordinaten ab.

- **Segmente**: Mehrere Darstellungselemente können unter einem Namen zu einem Segment zusammengefaßt werden, das dann transformiert, sichtbar oder unsichtbar, hervorgehoben, priorisiert, ansprechbar oder nicht ansprechbar, gelöscht, umbenannt oder eingefügt werden kann. Segmente können am Arbeitsplatz oder arbeitsplatzunabhängig gespeichert werden.

- **Graphische Eingabe**: In GKS gibt es sechs logische Eingabeklassen, die logische Eingabewerte zurückliefern:
  - Locator: Position in Weltkoordinaten, Nummer einer Normalisierungstransformation
  - Stroke: Folge von Positionen in Weltkoordinaten, Nummer einer Normalisierungstransformation
  - Valuator: reelle Zahl
  - Choice: Auswahl einer Alternative aus einer Anzahl von Möglichkeiten
  - Pick: Status, Segmentname, Pickerkennzeichnung
  - String: Zeichenfolge

  Diese Eingabeklassen können in drei verschiedenen Modi betrieben werden:
  - Request: Es wird ein logischer Eingabewert angefordert und gewartet, bis der Bediener die Eingabe vorgenommen oder abgebrochen hat.
  - Sample: Es wird, ohne abzuwarten, der logische Eingabewert abgefragt.
  - Event: Asynchrone Eingabe: Der logische Eingabewert wird aus einer Warteschlange abgeholt, in der er abgelegt wurde.

- **Metafile**: Der Metafile dient zur Langzeitspeicherung, dem Austausch und Transport von Informationen.

- **Erfragefunktionen**: Mit Hilfe dieser Funktionen kann man aktuelle Zustände oder Wertbelegungen von GKS erfahren.

Damit nicht jede Realisierung des GKS den vollen Funktionsumfang enthalten muß, sind die Funktionen des GKS nach wachsenden Anforderungen in Leistungsstufen gegliedert, die ein weites Spektrum von Anwendungen und Geräten abdecken. Sie ist als Matrix von jeweils drei Leistungsstufen für Ausgabe, Segmentierung und Eingabe aufgebaut. Während die niedrigste Stufe ca. 90 Funktionen enthält (davon ca. 40 Erfragefunktionen), umfaßt die höchste Leistungsstufe ca. 180 Funktionen (davon 75 Erfragefunktionen).

Die GKS-Norm definiert den Kern eines graphischen Systems unabhängig von einer Programmiersprache. Zur Anwendung des Graphischen Kernsystems muß dieser Kern in die jeweils gewünschte Programmiersprache (wie in eine Schale) eingebettet werden, wobei die Konventionen dieser Programmiersprachen beachtet werden müssen. Sprachschalen für viele höhere Programmiersprachen, wie FORTRAN, PASCAL, C und ADA, wurden bereits definiert. Anwendungsabhängige Schichten können auf einer Sprachschale aufbauen (z.B. eine Anwendungsschicht für Präsentationsgraphik).

2.4.2 GKS-3D

GKS-3D definiert die Erweiterung des zweidimensionalen GKS in den dreidimensionalen Raum /ISO-87a/. Bei dieser Erweiterung werden folgende Ziele verfolgt:

- Die Beziehungen zwischen GKS und GKS-3D sollen genau definiert und implementierungsunabhängig sein.
- Das Format und die Parameter der GKS-Funktionen sollen unverändert erhalten bleiben.
- Zusätzliche Fähigkeiten sollen nur der Unterstützung der 3D-Funktionen dienen.

Auf diese Weise wird Aufwärtskompatibilität sichergestellt, so daß GKS-Programme ohne Änderung auch in einer GKS-3D-Umgebung ablauffähig sind und das gleiche Ergebnis liefern. Die 3D-Erweiterung umfaßt dementsprechend:

- die Definition und die Ausgabe von dreidimensionalen graphischen Darstellungselementen,
- einen Mechanismus zur Kontrolle der Sichttransformation (viewing transformation) und zugehöriger Parameter,
- einen Mechanismus zur Kontrolle des Erscheinungsbilds der Darstellungselemente. (Dies beinhaltet auch die wahlweise Unterstützung der Beseitigung von verdeckten Kanten und Flächen [Hidden Line, Hidden Surface Removal = HLHS], schließt aber Beleuchtungseffekte [Lichtquellen, Schatten usw.] aus.),
- 3D-Eingabegeräte sowie
- ebene Darstellungselemente, die durch 3D-Koordinaten beschrieben werden.

2.4.3 PHIGS

PHIGS (Programmer's Hierarchical Interactive Graphics System) definiert eine Schnittstelle zwischen Anwendungsprogramm und einem 3D-orientierten graphischen System /ISO-87b/. Es besitzt einen Großteil der Fähigkeiten, die auch GKS besitzt. Der wesentliche Unterschied liegt in der Möglichkeit zur Strukturierung der geometrischen Ausgabe, die es erlaubt, hierarchische Datenstrukturen aufzubauen. Mit der zur Zeit aktuellen Erweiterung von PHIGS zu PHIGS + sollen neue Fähigkeiten, wie die Unterstützung von Beleuchtungsmodellen und zusätzliche Ausgabefunktionen für Kurven und Flächen verfügbar gemacht werden.

2.4.4 CGI

Die Zielsetzung des Computer Graphics Interface (CGI) /ISO-88/ ist es, in geräteunabhängiger Weise die Gerätefunktionalität zu beschreiben und darauf aufbauend den Transfer graphischer Informationen zu und von dem Gerät, zu definieren. Die Gerätevielfalt, die das CGI zu unterstützen vermag, reicht von recht einfachen graphischen Ein- bzw. Ausgabegeräten bis hin zu graphischen Arbeitsplätzen.

Die Funktionen von CGI gruppieren sich wie folgt:

- Kontrollfunktionen,
- graphische Ausgabeprimitive,
- Attributfunktionen,
- Segmentfunktionen,
- Eingabefunktionen und
- Rasterfunktionen.

Weiterhin sind einzelne Funktionen definiert, mit denen besondere, nicht einheitliche Gerätefähigkeiten angesteuert werden können, z.B.: Escape Funktion, Externe

Funktionen etc. Bislang ist lediglich der Funktionsumfang des CGI festgelegt.

Sprachanbindungen definieren für unterschiedliche Programmiersprachen (z.B. FORTRAN, C), wie die CGI-Funktionen über Unterprogrammaufrufe/Prozeduraufrufe angesprochen und deren Parameter auf Datentypen der jeweiligen Sprache abgebildet werden.

Die CGI-Funktionen lassen sich in Gruppen oder Teilmengen (sog. constituency profiles) anordnen, die alleine bzw. kombiniert miteinander, die verschiedenen Leistungsstufen des GKS unterstützen bzw. darüber hinausgehen.

Jeder Teilmenge ist eine feste Anzahl von Funktionen zugeordnet und es werden sogenannte Minimalanforderungen (sog. foundation profiles) definiert, die eine CGI-Implementation zu unterstützen hat, sobald die betreffende Teilmenge realisiert ist.

2.5 Präsentationssysteme

Ziel der Präsentationsgraphik ist es, die Daten und Zusammenhänge in eine visuelle Darstellungsform zu bringen, in der die zu vermittelnden Informationen anschaulich und übersichtlich dargestellt werden.

Grundlagen der Diagrammgestaltung

Die ersten Überlegungen bei der Erzeugung einer Präsentations-Graphik gelten den grundsätzlichen Elementen und Formen der Diagrammgestaltung. Zu den Grundlagen in der Diagrammgestaltung zählen:

- Typ oder Kategorie (z.B. 2D oder 3D)
- Graphische Elemente (z.B. Kreis, Rechteck, Linie etc.) und Bestandteile
- Beschriftungen
- Layout (Positionierung, Größe, Gruppierung, Hochformat, Querformat)
- Farbe

Steht nach der Wahl eines geeigneten Typs der grobe Aufbau einer Präsentationsgraphik fest, sind weitere Faktoren für die Gestaltung von Bedeutung:

- Koordinatensystem/Achsen
- Überschriften
- Titel
- Beschriftungen (Label)
- Fußnote
- Legende
- Text
- Rahmen
- Gitter
- Hintergrund/Vordergrund
- Muster/Raster
- Symbole

Den betriebswirtschaftlichen Anwendungsbereich der graphischen Datenverarbeitung bezeichnet man auch öfters als Business Graphics (Geschäftsgraphik) oder auch

Charts stellen Business-Graphiken der ersten Generation dar. Sie sind mittlerweile sehr verbreitet. Auch im PC-Bereich stehen längst eine Reihe unterschiedlicher Software-Produkte in dieser Richtung zur Verfügung.

Präsentationssysteme bezeichnen nicht nur reine Darstellungsverfahren, sondern darüberhinausgehende Möglichkeiten der Auswahl und Kombination von verschiedenen Darstellungsformen sowie der direkten graphischen Interaktion mit den Präsentationsgraphiken.

Für die Klassifikation von Präsentationsfunktionalitäten wurde deshalb die folgende Unterteilung gewählt:

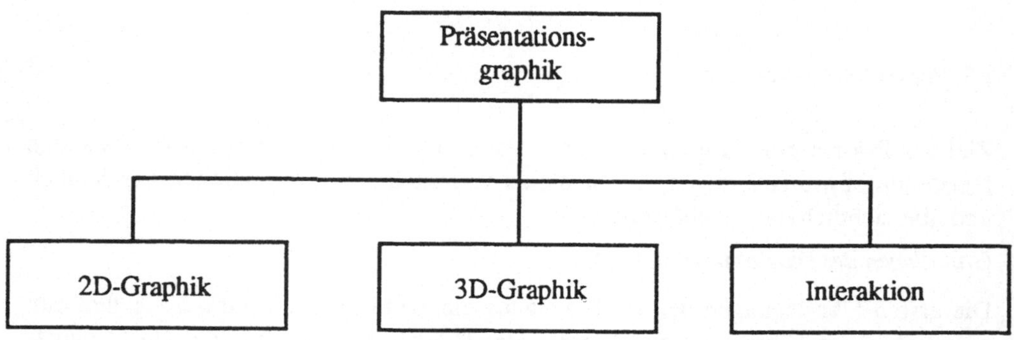

Abb. 2.19. Klassifikation von Präsentationsfunktionalitäten

Es folgt eine nähere Beschreibung der aus der Graphik ersichtlichen Differenzierung im Einzelnen:

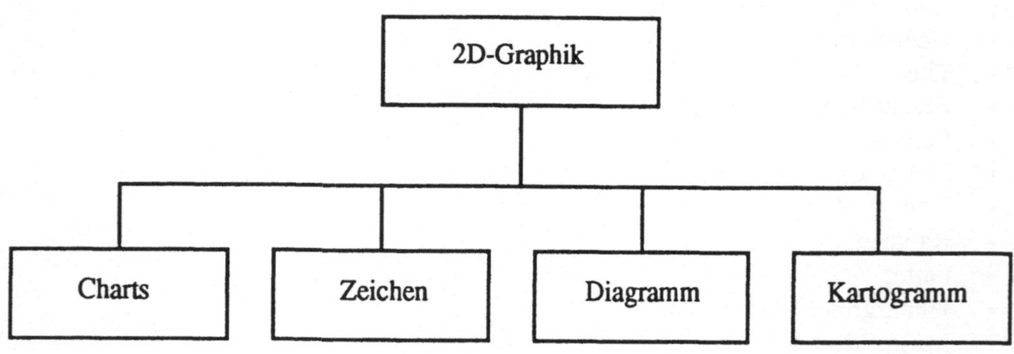

Abb. 2.20. 2D-Graphiken

2.5.1 2D-Graphiken

2.5.1.1 Charts

Unter Charts werden die folgenden Diagrammtypen zusammengefaßt:

- Balkendiagramm
- Linien-, Flächendiagramm
- Kreisdiagramm

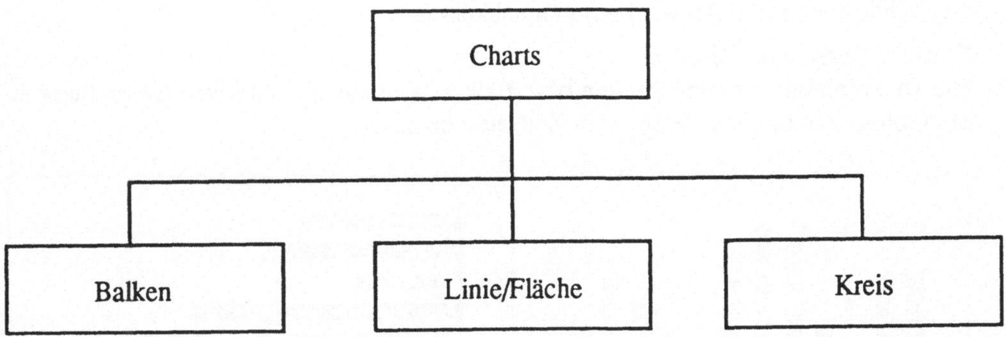

Abb. 2.21. Diagrammtypen unter Charts

Balkendiagrammme

Für die graphische Darstellung quantitativer oder zeitlich korrelierter Daten werden häufig Balkendiagramme eingesetzt. Man unterscheidet in horizontale und vertikale Balkendiagramme, je nachdem, wie die Anordnung im Diagramm vorgenommen wird.

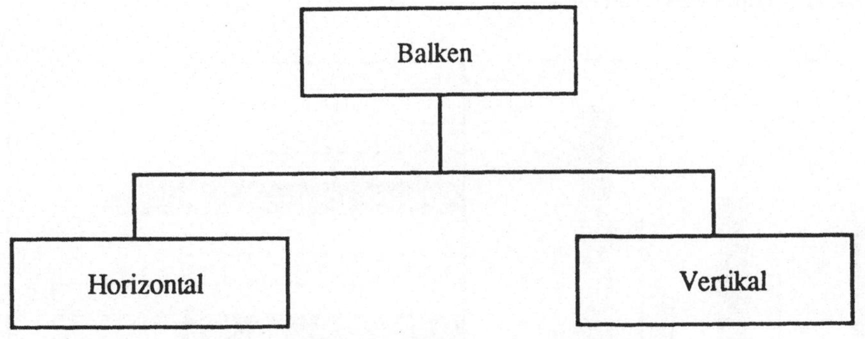

Abb. 2.22. Balkendiagramme

- Eine Spalte
- Zwei oder mehr Spalten
- Gestapelt

- Einzelne Balken
- Zwei oder mehr Balken
- Gestapelt

- Gesplittet
- 100 Prozent
- Hintereinandergestellt
- Bereich
- Histogramm

- Gesplittet
- 100 Prozent
- Gegenübergestellt
- Gleitend

Beschreibung

Man verwendet die horizontale Balkendiagrammdarstellung, wenn die parallel zur X-Achse gelegenen Beschriftungen sehr lang sind und horizontal gelesen werden müssen. Für jeden der aufgeführten Diagrammtypen erfolgt eine kurze Beschreibung der Auswahlkriterien und Anwendungsmöglichkeiten.

Einzelne Spalten bzw. Balken:
Die Diagrammart einzelne Spalten bzw. Balken wird zur quantitativen Darstellung eines Objektes über einen definierten Zeitraum benutzt.

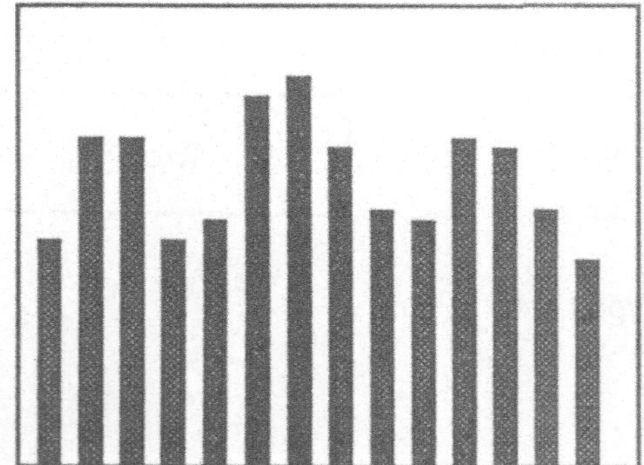

Abb. 2.23. Einzelne Spalten bzw. Balken

Zwei oder mehr Spalten bzw. Balken:

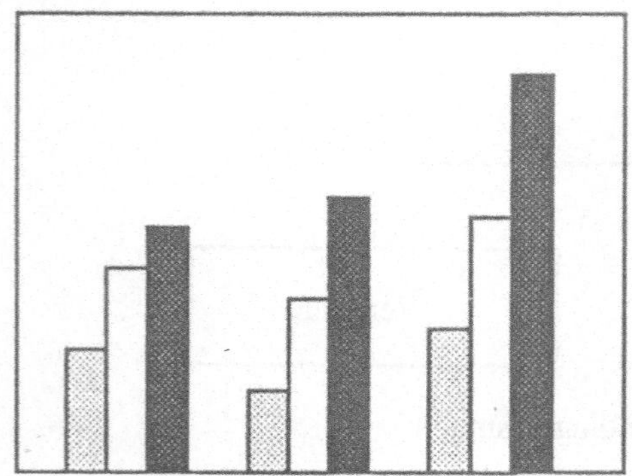
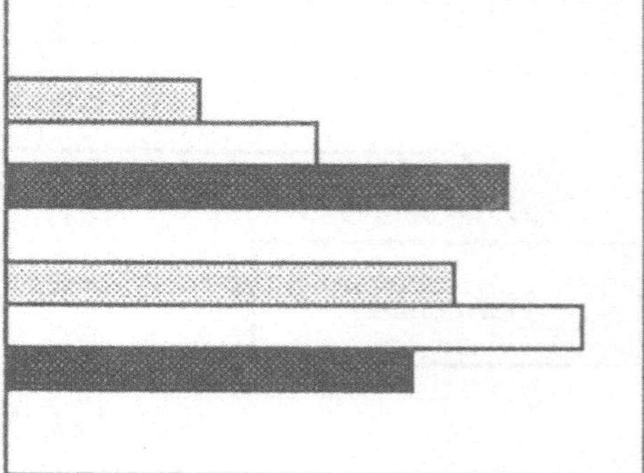

Abb. 2.24. Zwei oder mehr Spalten bzw. Balken

Die Diagrammart zwei oder mehr Spalten bzw. Balken wird bei der quantitativen Gegenüberstellung einer Gruppe von Objekten über einen definierten Zeitraum benutzt.

Gestapelte Balken:
Gestapelte Balkendiagramme sind Überlagerungen einzelner kleinerer Balken zu einem größeren Balken und repräsentieren die Summe der Daten in einer Rubrik. Sie sind zur Darstellung eines Teils im Verhältnis zum gesamten Objekt geeignet.

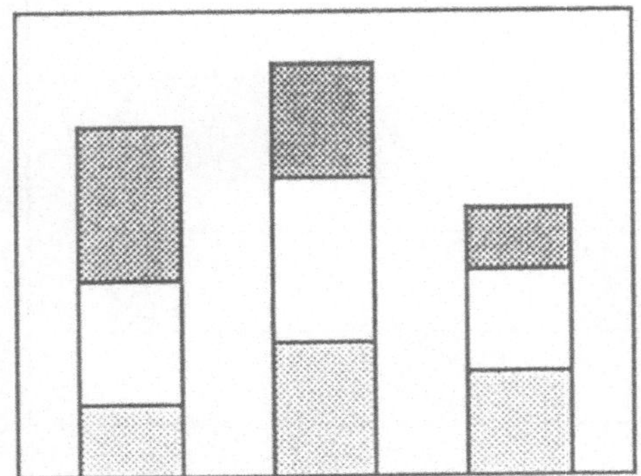
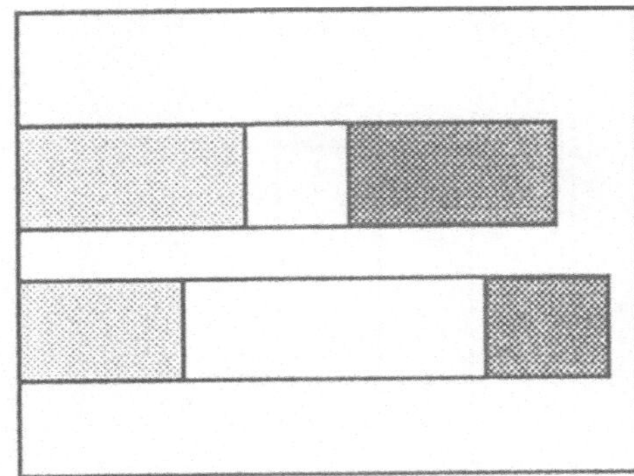

Abb. 2.25. Gestapelte Balken

Gesplittete Balken:
Gesplittete Balkendiagramme sind eine quantitative Darstellung von Daten in Bezug zu einer Trennungslinie, die die gesamten Daten in zwei Bereiche teilt und dort jeweils Unterscheidungen über die Größe der Balken trifft. In der Praxis ist das häufig eine Aufteilung in positiven und negativen Wertebereich, in der die Trennungslinie die Nullinie repräsentiert.

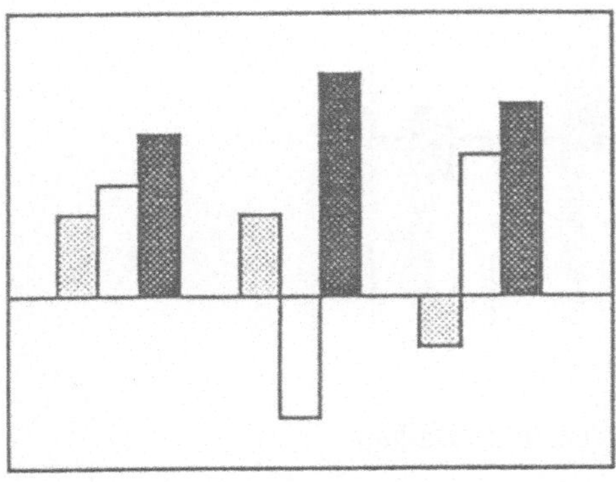
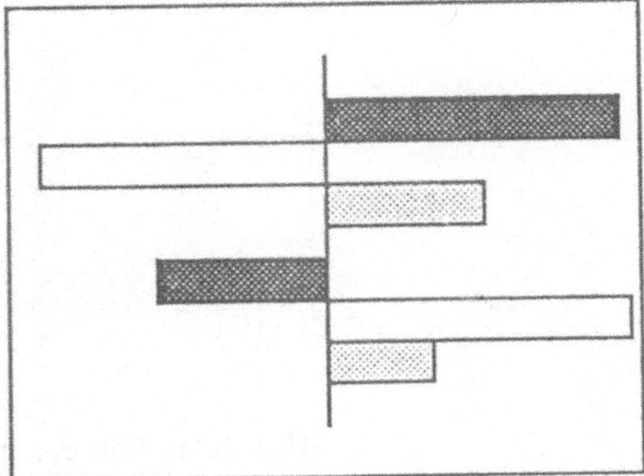

Abb. 2.26. Gesplittete Balken

100 Prozent Balken:

Ein 100%-Balkendiagramm überlagert Balken wie ein gestapeltes Balkendiagramm. Der Unterschied besteht darin, daß die einzelnen Daten der Y-Achse entsprechend ihres prozentualen Anteils dargestellt werden. Ein 100%-Balkendiagramm eignet sich besonders dazu, den relativen Unterschied zwischen verschiedenen Werten darzustellen.

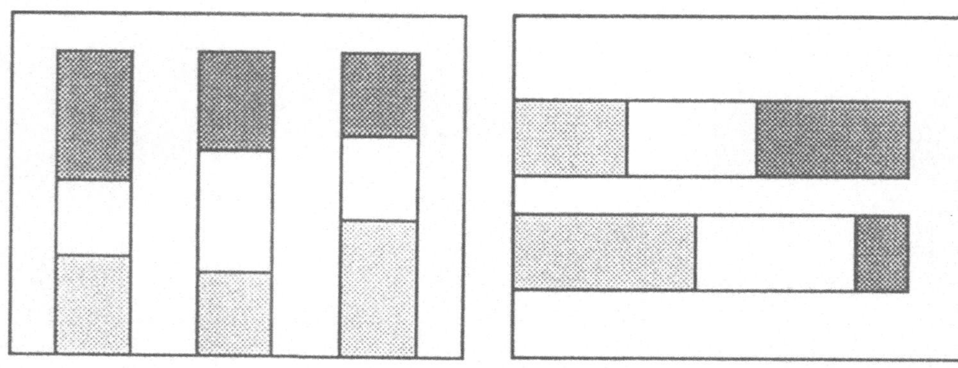

Abb. 2.27. 100 Prozent Balken

Hintereinandergestellte Balken:

Eine Variation der Diagrammart mehrere Balken oder Spalten ist die Hintereinanderanordnung von mehreren Balken in Gruppen. Der Effekt besteht in der optischen Hervorhebung des vorderen Balkens, der dann besonders hervorgehoben wird.

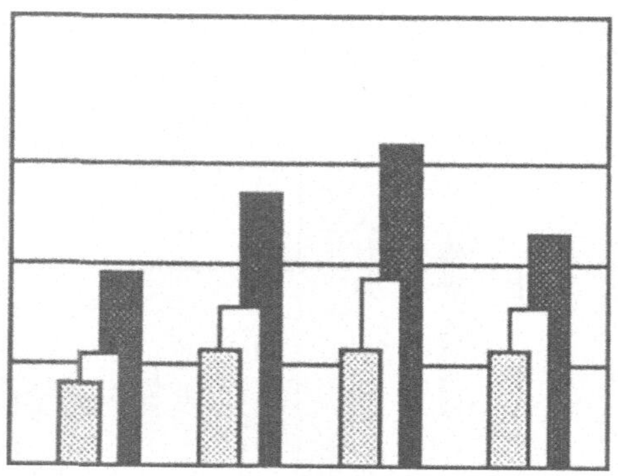

Abb. 2.28. Hintereinandergestellte Balken

Bereichsbalken:

Das Bereichsbalkendiagramm zeigt periodisch einen quantitativen Bereich, in dem sich Datenwerte zu einer bestimmten Größe (z.B Zeit) bewegen. Das sind dann in der Praxis häufig Minima und Maxima zu einem bestimmten Zeitpunkt.

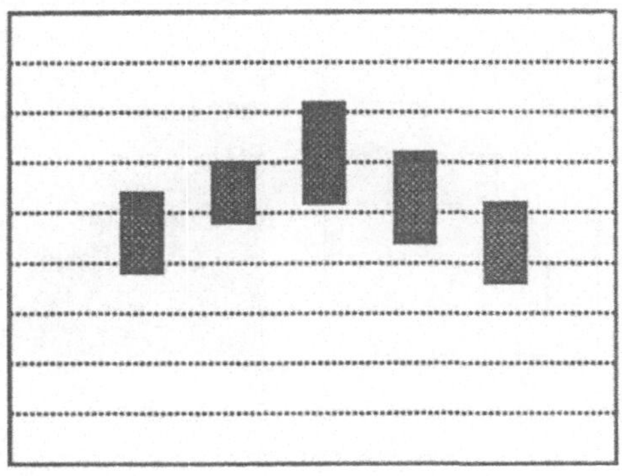

Abb. 2.29. Bereichsbalken

Histogramm:
Das Histogramm ist dem Bereichsbalkendiagramm ähnlich und unterscheidet sich
durch durchgezogene und nebeneinanderliegende Spalten. Dabei bestimmt der jeweilige Datenwert die Höhe der Spalte.

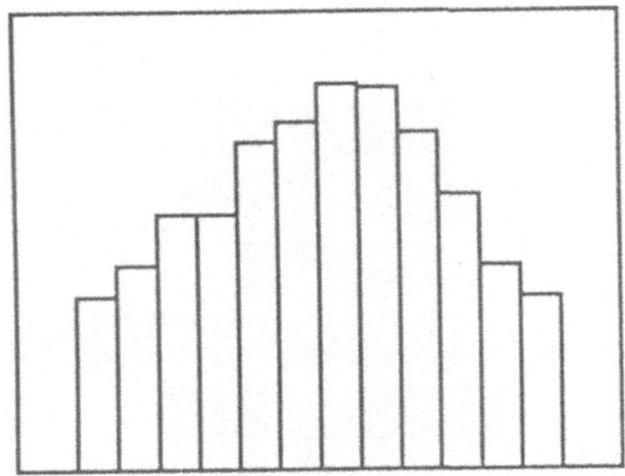

Abb. 2.30. Histogramm

Gegenübergestellte Balken:
Das gegenübergestellte Balkendiagramm teilt durch eine vertikale Trennungslinie in
zwei Bereiche. Diese Diagrammart eignet sich besonders zur Gegenüberstellung zweier Objekte, an denen man die Unterschiede der Entwicklungen über eine bestimmte
Größe (z.B. Zeit) darstellen möchte.

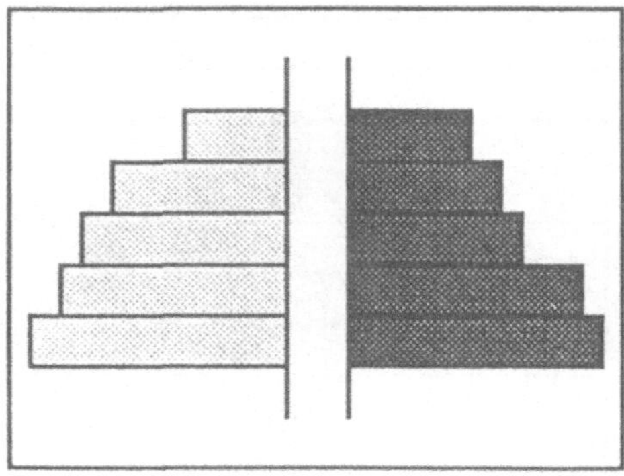

Abb. 2.31. Gegenübergestellte Balken

Gleitende Balken:
Das gleitende Balkendiagramm ist eine Abwandlung des gegenübergestellten Balkendiagramms, da hier die einzelnen Balken nicht untereinander verbunden, sondern räumlich getrennt sind. Daher eignet sich diese Darstellungsart auch zur Darstelllung mehrerer Objekte, deren Datenwerte in bestimmten Bereichen liegen.

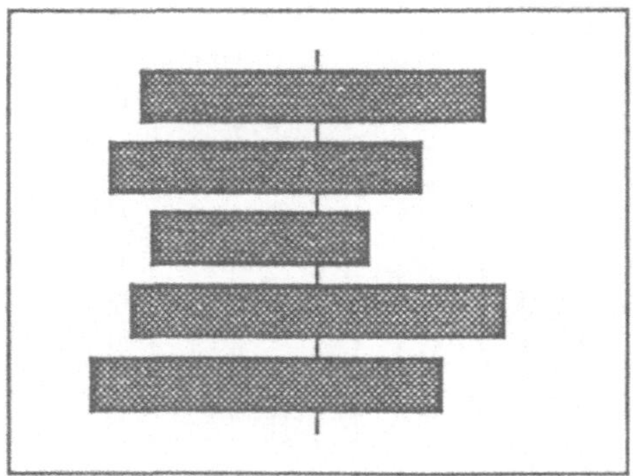

Abb. 2.32. Gleitende Balken

Liniendiagramme

In einem Liniendiagramm wird jede Datenreihe als eine Reihe von Punkten aufgezeigt, die durch eine Linie verbunden sind. Liniendiagrammme eignen sich besonders zur Darstellung von Entwicklungen in chronologischer Reihenfolge. Eine weitere Möglichkeit der Anwendung ist der Vergleich von Informationen, die über einen Zeitraum geordnet vorliegen.

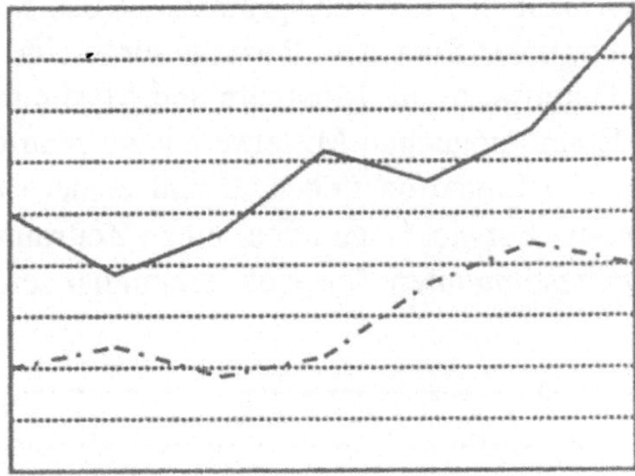

Abb. 2.33. Liniendiagramme

Eine Modifikation des Liniendiagramms ist das Flächendiagramm. Es enthält ebenso eine oder mehrere Linien, die jedoch bis zur X-Achse mit einer Fläche ausgefüllt ist. Dadurch entsteht ein mengenmäßiger Eindruck, für den sich dieser Diagrammtyp besonders eignet. Enthält ein Flächendiagramm mehr als eine Linie, so sind alle Flächen zwischen den einzelnen Kurven ausgefüllt.

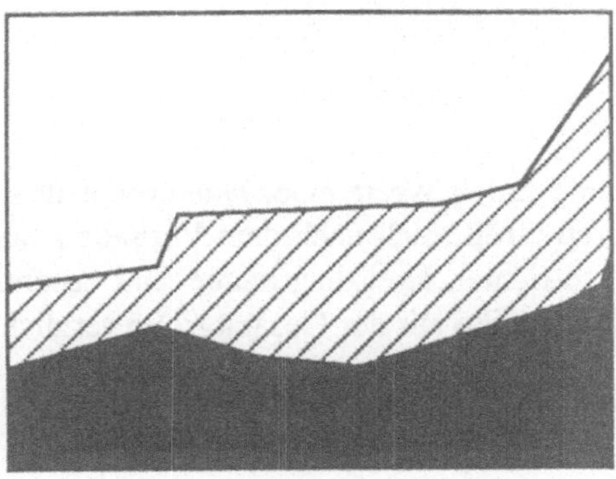

Abb. 2.34. Flächendiagramme

Zur graphischen Darstellung auch komplizierter Datenreihen in Form von Linien- bzw. Flächendiagrammen wird zusätzlich die Integration folgender mathematischer Verfahren notwendig:

- Lineare Regression
- Approximation
- Interpolation (Polynom, Spline, Bezier)
- Stufenfunktion
- Trend

Eine weitere Möglichkeit des Liniendiagramms ist das Spannweiten-Diagramm. Hier werden keine Datenpunkte über eine Periode durch eine Linie verbunden, sondern zeitlich getrennte Datenwerte mit Minimum und Maximum in seperaten vertikalen Linien dargestellt. Einen möglichen Mittelwert kann man einfach durch Markierung in einer der vertikalen Linien darstellen. Damit eignet sich diese Darstellungsform für Anwendungen, die Entwicklungen über einen Zeitraum darstellen und deren Abweichungen zu einem bestimmmten Zeitpunkt erkennbar sein sollen.

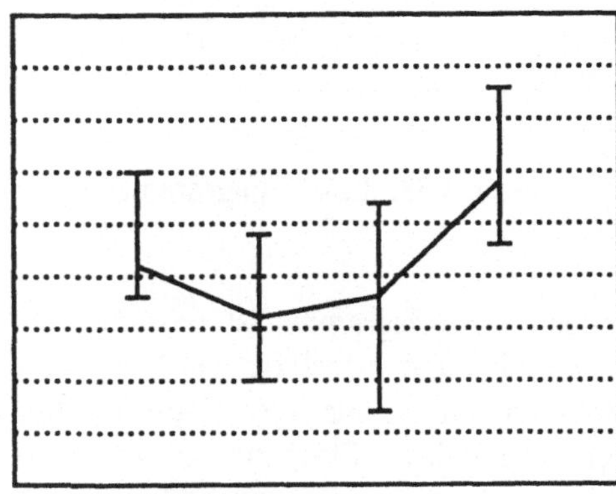

Abb. 2.35. Spannweiten-Diagramm

Kreisdiagramme

In einem Kreisdiagramm werden Werte einer Datenreihe als seperate Segmente eines Kreises dargestellt, deren Größe sich nach dem Verhältnis eines Datenwertes zu der Summe aller Datenwerte richtet. Kreisdiagramme sind besonders zweckmäßig, wenn einzelne Werte einer Datenreihe mit der Gesamtgröße verglichen werden sollen.

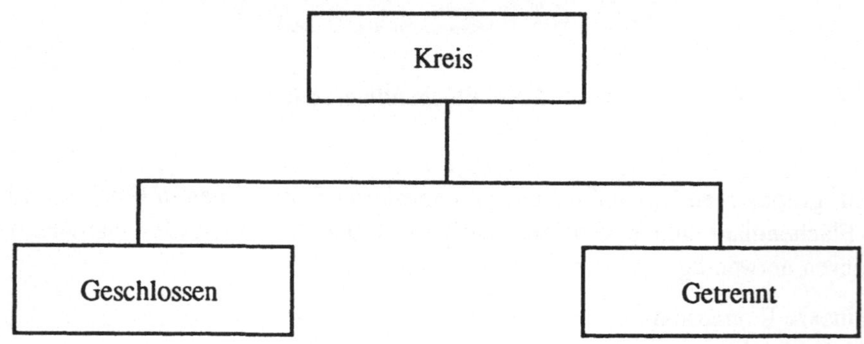

Abb. 2.36. Kreisdiagramme

Geschlossenes Kreisdiagramm:
Das geschlossene Kreisdiagramm eignet sich zur vergleichenden Darstellung einzelner Datenwerte im Verhältnis zum Ganzen, ohne einen Datenwert besonders hervorzuheben. Durch die Verwendung von zwei und mehr Kreisdiagrammen in einem Schaubild lassen sich Entwicklungen über einen Zeitraum darstellen.

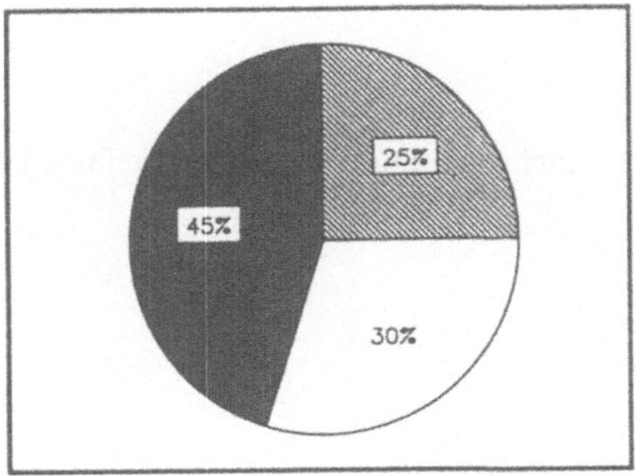

Abb. 2.37. Geschlossenes Kreisdiagramm

Getrenntes Kreisdiagramm:
Getrennte Kreisdiagramme sind dadurch gekennzeichnet, daß ein einzelnes, mehrere oder alle Kreissegmente vom Mittelpunkt des Kreises weggerückt sind. Die Anwendungsmöglichkeiten sind wie bei den geschlossenen Kreisdiagrammmen. Durch die exponierte Position einzelner Kreissegmente lassen sich bestimmte Werte der Datenreihe besonders hervorheben.

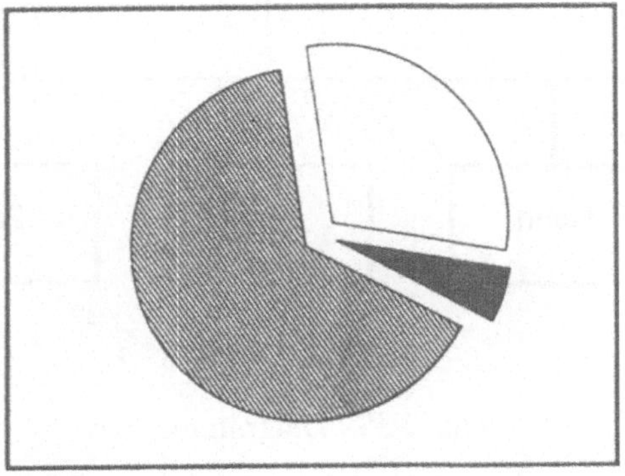

Abb. 2.38. Getrenntes Kreisdiagramm

254

2.5.1.2 Zeichen

Zeichen kommen praktisch in jeder Präsentationsgraphik vor. Ihre Funktion liegt in der Beschriftung von Graphiken in:

- Überschriften
- Achsenbezeichnungen
- Legenden
- Untertiteln
- Datenbeschriftung
- Fußnoten

Die Darstellung von Zeichen ist durch folgende Attribute bestimmt:

- Zeichensatz
- Textfont
- Größe
- Höhe
- Farbe
- Schreibrichtung
- Zeichen- und Zeilenabstand
- Ausrichtung
- Qualität

2.5.1.3 Diagramm

Bestimmte Darstellungen von organisatorischen Strukturen, hierarchischen oder zeitlichen Abhängigkeiten können über reine Balken- oder Kreisdiagramme nicht dargestellt werden. Für diese Darstellungen eignen sich die folgenden Diagrammtypen.

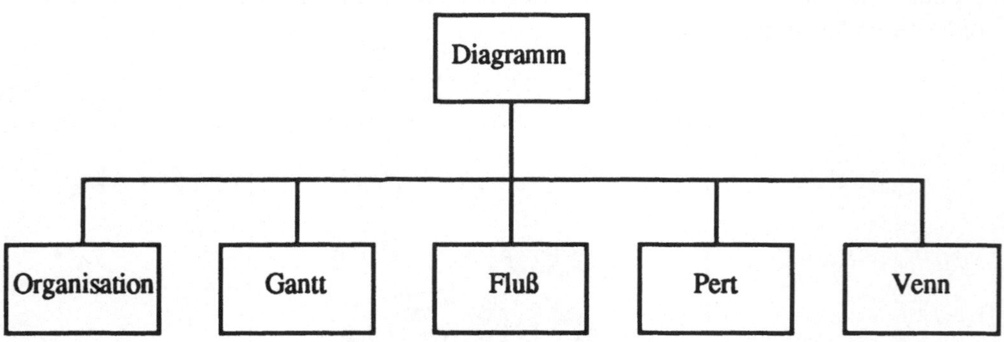

Abb. 2.39. Diagrammtypen

Organisationsdiagramme

Ein Organisationsdiagramm ist ein schematisches Diagramm zur Darstellung von hierarchischen Strukturen und Abhängigkeiten einer Organisation in Form eines Baumes. Mit dieser graphischen Baumstruktur können hierarchische Abhängigkeiten übersichtlich dargestellt werden (Gliederung in Haupt-, Neben- und Unterabteilungen eines Unternehmens etc.). Die Darstellungsform ist eine baumähnliche Struktur bestehend aus einzelnen Symbolen (Rechteck, Kreis). Verbindung der einzelnen Symbole der hierarchischen Gliederung wird durch horizontale und vertikale Linien hergestellt. Je nach Verwendung und Sinnzusammenhang können die Symbole und Linien durch Farbe, Muster, Schattenwahl unterschiedlich gestaltet werden.

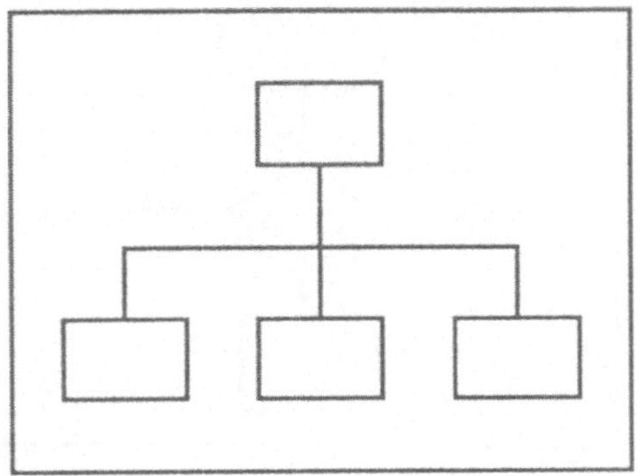

Abb. 2.40. Organisationsdiagramme

Gantt-Diagramme

Das Gantt-Diagramm kann als Instrument zur graphischen Darstellung für das Zeit- und Projekt-Management genutzt werden. Zur Unterstützung der Planung, Steuerung und Kontrolle von Projekten können einzelne Phasen, Aktivitäten und Ergebniszeitpunkte in Form eines Balkendiagramms dargestellt werden. Damit lassen sich dann zum Beispiel Anfang und Ende einzelner Projektphasen und Überschneidungen einzelner Komponentenaktivitäten bzw. Projektphasen übersichtlich darstellen. Zur Unterstützung der Anschaulichkeit kann man ebenfalls Symbole aus einer Bibliothek verwenden.

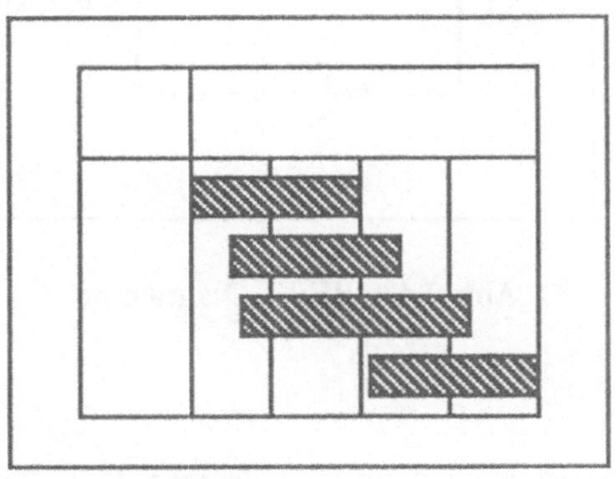

Abb. 2.41. Gantt-Diagramme

256

Flußdiagramme

Das Flußdiagramm eignet sich für die Darstellung von Kontroll-, Daten- oder Programmabläufen, in dem eine Reihe von Schritten oder Operationen sequentiell nacheinander ausgeführt werden. Neben dem Prinzip der Sequenz läßt sich auch das Prinzip der Selektion (Raute) darstellen. Damit wird auch die Darstellung des Prinzips der Iteration möglich.

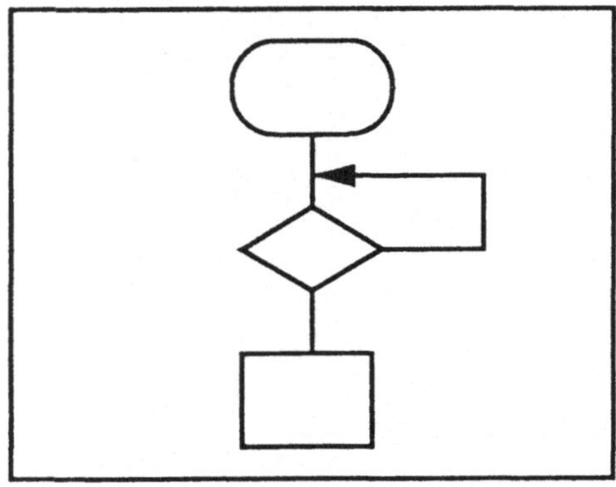

Abb. 2.42. Flußdiagramme

PERT-Diagramme

Das PERT-Diagramm wird häufig im Projektmanagement für die Darstellung des Projektablaufes verwendet. Dabei werden die einzelnen Aktivitäten als Rechtecke in Form eines Netzplanes dargestellt. Über die Verbindung der verschiedenen Aktivitäten durch Pfeile werden Reihenfolge und Abhängigkeiten definiert.

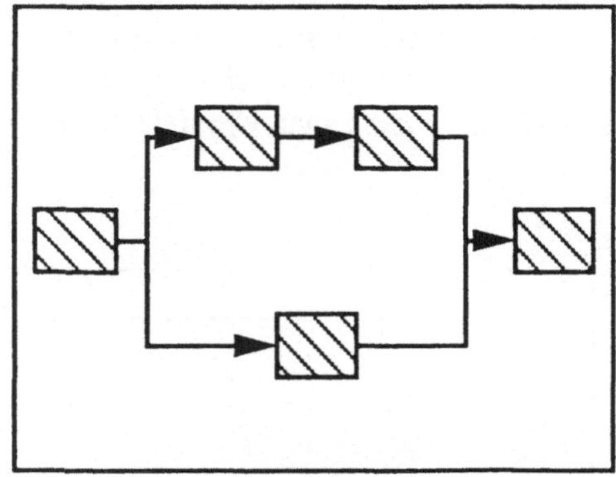

Abb. 2.43. PERT-Diagramme

VENN-Diagramme

Das VENN-Diagramm ist auch unter dem Namen Mengendiagramm bekannt. Es dient daher der Darstellung mehrerer Mengen in Bezug auf ihre Größe und ihrer Gemeinsamkeiten bzw. Unterschiede. Damit lassen sich besonders anschaulich Gemeinsamkeiten über Vereinigung und Unterschiede über Schnittbildung darstellen.

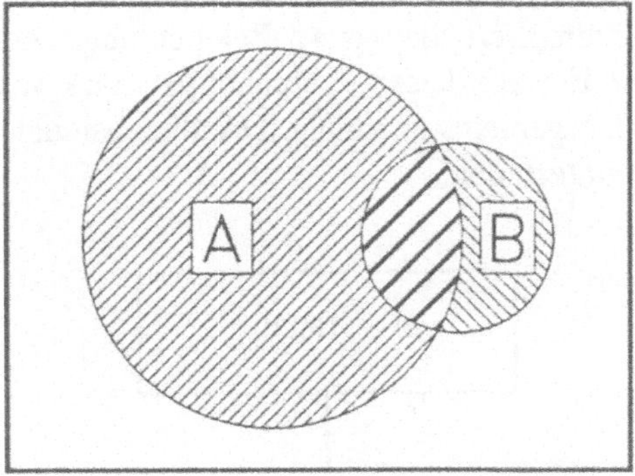

Abb. 2.44. VENN-Diagramme

2.5.1.4 Kartogramme

Kartogramme dienen der Darstellung von geographischen Sachverhalten (Landkarten, Gebiets- und Regionendarstellungen). Die Diagramme können dabei auf reinen 2D Informationen basieren (Ländergrenzen, politische, wirtschaftliche Gruppierung) oder aus 3D-Repräsentationen gewonnen werden (Kartenprojektionen). Bei den Kartenprojektionen werden hauptsächlich die Projektionsarten Mercator, Lambert, Hammer und Bonne verwendet.

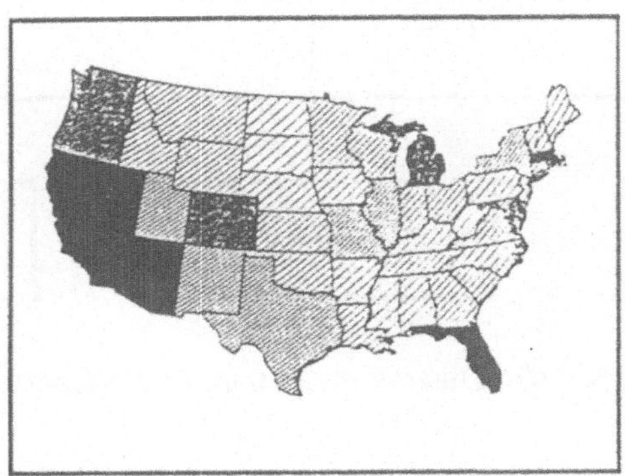

Abb. 2.45. Kartogramme

2.5.2 *3D-Graphiken*

Generell werden bei der graphischen Darstellung in 3 Dimensionen Methoden und Verfahren der Computergraphik eingesetzt. Dazu zählen Transformationen, Projektionen, Wahl des Blickpunktes und der Blickrichtung oder der Einsatz komplexer Verfahren wie Verdeckungsberechnungen, Beleuchtungsmodelle, Texturen (Ray Tracing, Radiosity). Der Einsatz dieser Techniken ist stark von den Anforderungen des jeweiligen Anwendungsgebietes abhängig. Dreidimensionale Präsentationsgraphiken lassen sich wie folgt unterteilen:

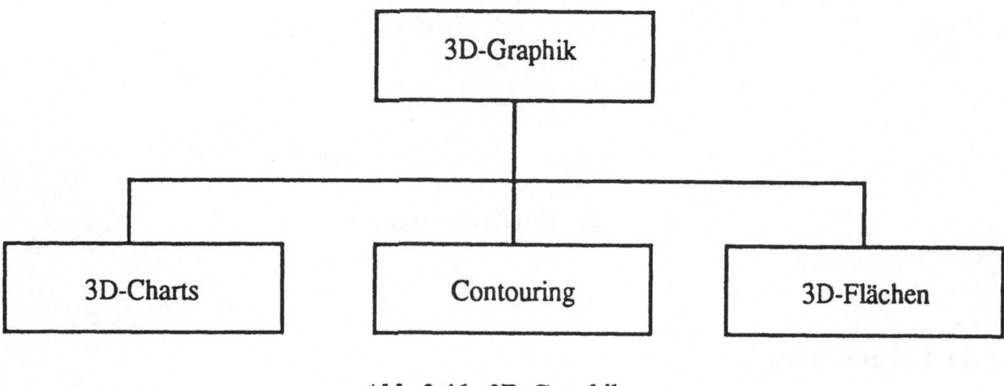

Abb. 2.46. 3D-Graphiken

Die gewählte Differenzierung kann man wie folgt näher beschreiben:

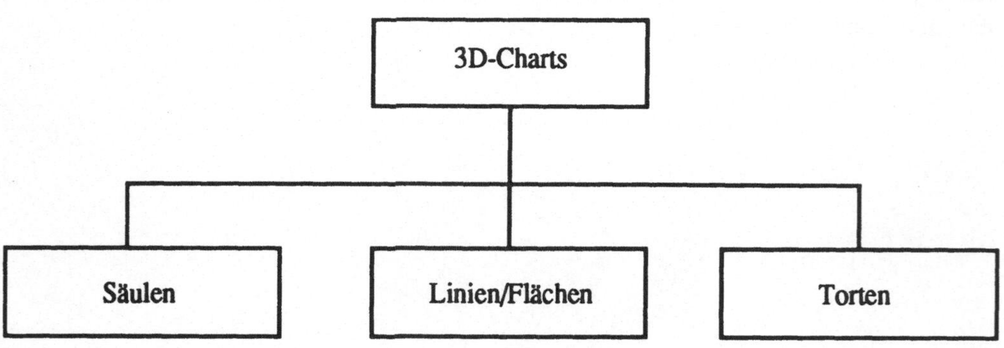

Abb. 2.47. Diagrammtypen unter 3D-Charts

2.5.2.1 3D-Charts

Säulen

Generell lassen sich für die folgenden Diagrammtypen Säulen, Linien/Flächen und Torten (dreidimensionale Kreise) die gleichen Zusammenhänge wie unter ihren zweidimensionalen Pendanten darstellen. Mit der Hinzunahme einer weiteren Dimension können in einem Schaubild zusätzliche Kontexte verdeutlicht werden, zum Beispiel die gleichzeitige Darstellung von Stückzahlen mehrerer Produkttypen über einen beliebigen Zeitraum. Die 3D-Säulendiagramme werden noch einmal untergliedert in:

- Einzelne Säulen
- Gestapelte Säulen

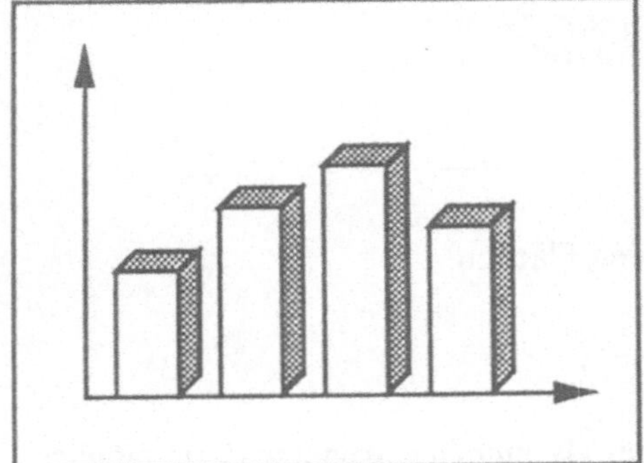
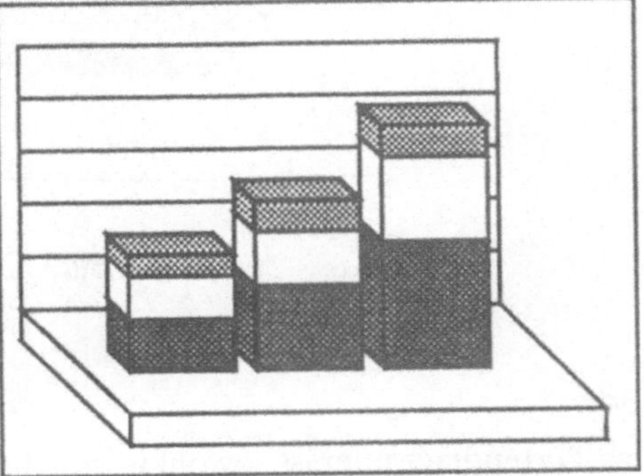

Abb. 2.48. Einzelne/gestapelte Säulen

- 100 Prozent Säulen
- Säulenhistogramme

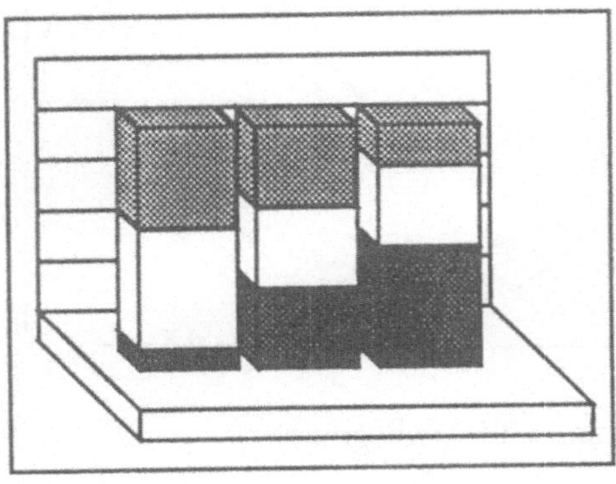
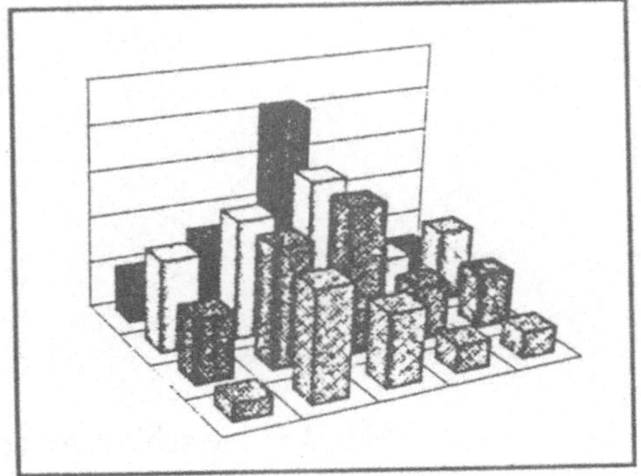

Abb. 2.49. 100 Prozent Säulen/Säulenhistogramme

Linie/Fläche

Für die dreidimensionale Linien-/Flächendarstellung gilt das unter 2.5.1.1 gesagte.

260

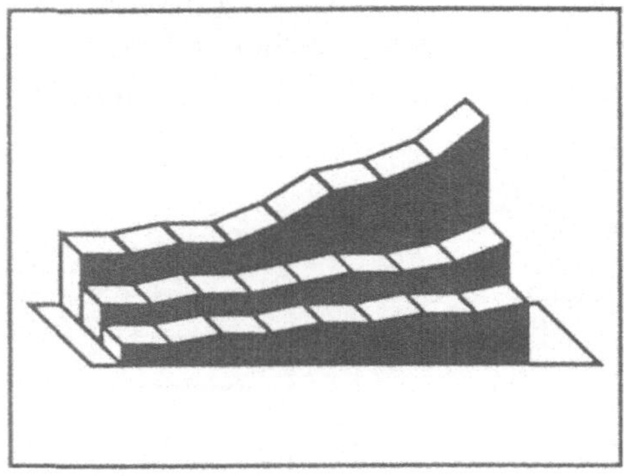

Abb. 2.50. 3D-Linien/Flächen

Torte

Das Tortendiagramm ist sowohl in geschlossener als auch in getrennter Form möglich. Der einzige Unterschied zum geschlossenen und getrennten Kreisdiagramm der zweidimensionalen Charts liegt in der räumlich erscheinenden Darstellung, die durch die Erzeugung von Schatten noch verstärkt werden kann. Auch für die 3D-Tortendarstellung gilt das unter 2.5.1.1 gesagte.

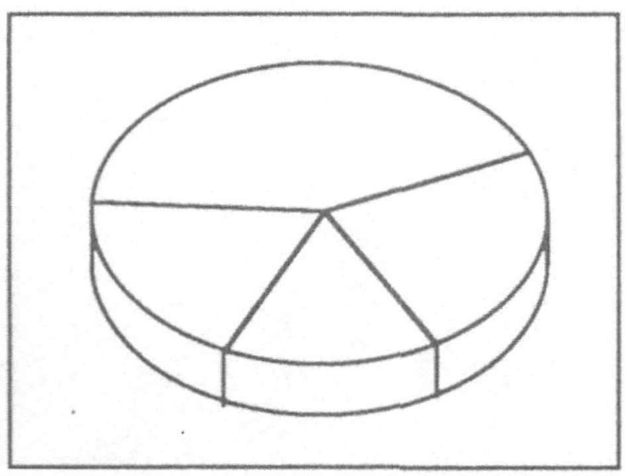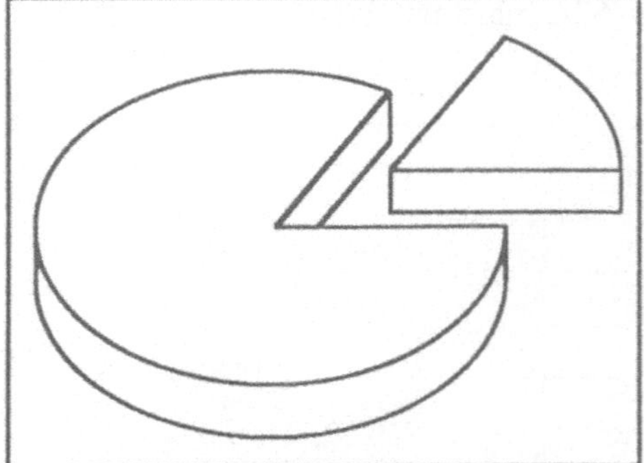

Abb. 2.51. geschlossenes/getrenntes Tortendiagramm

2.5.2.2 Contouring

Mit Contouringverfahren können aus 3D-Oberflächendarstellungen zweidimensionale Kontur-Darstellungen erzeugt werden. Dazu werden Schnittebenen in der Oberflächendarstellung definiert. Für jede der Schnittebenen wird dann das Konturdiagramm aus den Schnittkurven und der Oberfläche erzeugt (Beispiele: Isoliniendarstellung für Höhen, Temperaturen, Drücke).

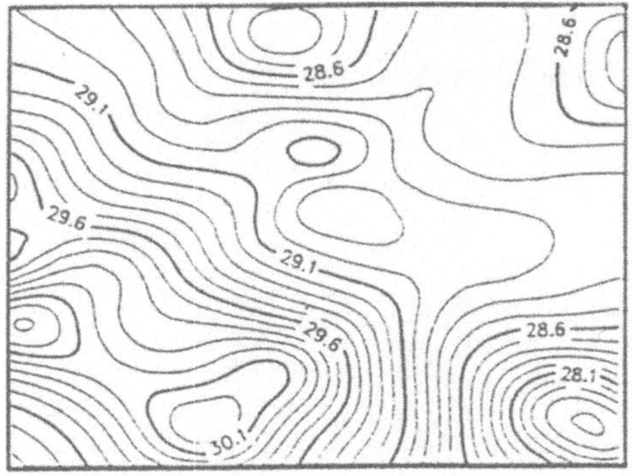

2.5.1.3 3D-Flächen

Im technisch wissenschaftlichen Bereich werden häufig dreidimensionale Flächendiagramme eingesetzt. Die Flächen bestehen aus einzelnen Flächenelementen (patches), die durch verschiedene mathematische Verfahren (Approximation, Interpolation) erzeugt werden.

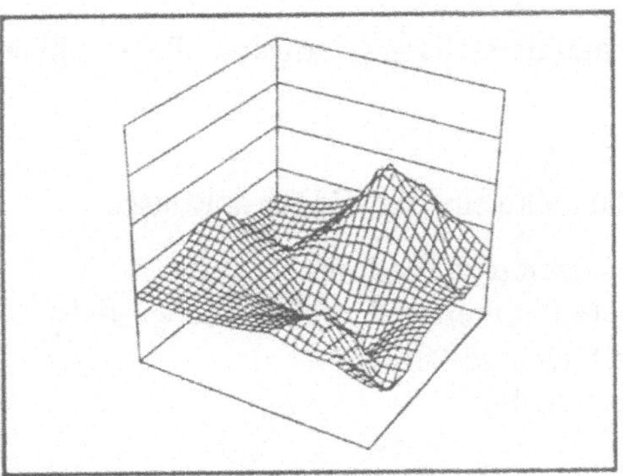

Abb. 2.53. 3D-Fläche

2.5.3 Interaktionsmöglichkeiten bei Präsentationssystemen

Heutige Präsentationssysteme erlauben zur Zeit neben den fest definierten Darstellungsgraphiken verschiedene Formen der Manipulation der erstellten Diagramme. Dazu zählen Möglichkeiten, mit Fonteditoren eigene Zeichensätze zu generieren, Diagramme in ihrer Größe zu manipulieren oder etwa den Betrachtungswinkel auf dreidimensionale Diagramme zu verändern. Je nach Anwendungsgebiet besitzen heute Präsentationssysteme Subsets folgender Interaktionsmöglichkeiten.

2.5.3.1 Graphik-Editor

Erzeugung von graphischen Basisdarstellungen

- Punkt
- Linien
- Text
- Rechteck
- Kreis/Ellipse
- Piktogramme
- Flächen

Manipulation der Diagramme

- Auswahl eines oder mehrerer Objekte
- Kopieren
- Bewegen
- Löschen
- Freies Zeichnen
- Änderung der Größe
- Rotation
- Ausfüllen mit verschiedenen Mustern
- Farbwahl mit der Möglichkeit von Farbübergängen und der Mischung von Farben
- Wahl des Blickwinkels
- Wahl der Skalierung einzelner Koordinatenachsen (linear, logarithmisch, selbst-definiert)
- Wahl der Koordinatendarstellung (Kartesisch, Polar, Sphärisch)

2.5.2.2 Der Text-Editor

Folgende Funktionalität sollte ein Text-Editor aufweisen:

- Wahl von Zeichensätzen und Textfonts
- Wahl des Texttyps (z.B. unterstrichen, fett, hochgestellt)
- Möglichkeiten der Layoutgestaltung
- Einstellung der Textattribute:

  - Größe
  - Höhe
  - Farbe
  - Schreibrichtung
  - Zeichenabstand
  - Ausrichtung
  - Qualität

2.5.2.3 Eingabemöglichkeiten

- Tastatur
- Maus
- Tablett
- Scanner
- Digitalisierer

- Kompatibilität zu anderen Software-Produkten
- Schnittstellen zu Datenbankprodukten

2.5.2.4 Ausgabemöglichkeiten

- Wahl des Ausgabeformats
- Wahl der Auflösung
- Farbeinstellungen
- Schnittstellen Standardperipherie

  - Drucker (Laser, Nadel, Tinte)
  - Plotter
  - Diabelichter
  - Videorecorder
  - Bildschirmstandards (Hercules, EGA, CGA, VGA, etc.)

Einige Präsentationssysteme bieten auch die zeitliche Hintereinanderstellung einzelner Graphiken in einer Slide Show oder die Verwaltung umfangreicher Symbolbibliotheken an, die in die Präsentationsgraphiken integriert werden können.

Die am Markt angebotenen Präsentationssysteme besitzen aber zur Zeit noch folgende Schwachstellen /Kunz-84/:

- Starke Anwendungsorientiertheit
  Das System ist hinsichtlich der zu verarbeitenden Daten als auch hinsichtlich der Darstellung auf einen bestimmten Anwendungsbereich zugeschnitten.

- Feste Zuordnung zwischen Daten und Darstellung
  Die Daten sind in Klassen eingeteilt, wobei jeder Klasse eine bestimmte Form der Darstellung von vornherein zugeordnet ist.

- Mangelhafte Interaktionsfähigkeiten
  Es gibt keine Möglichkeiten, Daten mithilfe eines graphischen Dialoges einzugeben oder die Darstellung zu verändern.

- Mangelhafte Portabilität
  Das System ist zu stark auf eine bestimmte Hardware (z.B. spezielle Ausgabegeräte) zugeschnitten oder benutzt betriebssystemspezifische Graphik-Schnittstellen.

Im letzten Abschnitt dieses Kapitels folgt eine Übersicht und eine kurze Beschreibung von Präsentations- oder Graphiksystemen, die auf dem Markt angeboten werden. Durch die hohe Innovationsgeschwindigkeit in diesem Marktsektor erhebt die folgende Zusammenstellung keinen Anspruch auf Vollständigkeit und ist daher nur auf die zur Zeit der Erstellung bekannten und häufig verwendeten Software-Produkte beschränkt:

AUTUMN 5.0

Das Präsentationsgraphik-Paket AUTUMN 5.0 wird von Zenographics Inc. hergestellt. Es handelt sich um eine Abwandlung des Präsentations-Graphik-Systems MIRAGE und ist durch eine einfache Bedienung gekennzeichnet. Dabei stehen 120 Chart-Beispiele zur Verfügung, auf die man den Grafik-Editor EGO anwenden kann. Dieser erzeugt eine objektorientierte Vektorgraphik mit freier Illustrationsmöglichkeit in 256 Farben und stellt Funktionen zur Vergrößerung, Verkleinerung, Darstellung von Farbverläufen und Anfügen von Charts und Symbolen zur Verfügung.

BOEING GRAPH

Das Präsentationsgraphik-Paket BOEING GRAPH wird von Three-D-Graphics hergestellt. Boeing Graph verwaltet eine 3D-Datenbasis zur Erstellung der Graphiken. Es ist möglich, die mit 3D-Editierfunktionen erstellten Diagramme zu manipulieren. Dazu zählen: Bewegung, Vergrößerung, Verkleinerung, Farbwahl und stufenlose Rotation. Die angebotenen Beschriftungsmöglichkeiten sind vielseitig. Alle graphischen Objekte werden als Geometriedaten verwaltet, somit werden durch 3D-Operationen Graphiken und Beschriftungen transformiert, d.h. Darstellungen und Beschriftungen passen zueinander. Es existiert eine Vielzahl von vordefinierten 2D- (16 Möglichkeiten) und 3D-(52 Möglichkeiten)-Graphiktypen wie Balken-, Linien- und Kreisdiagramm. Boeing Graph bedient man ausschließlich mit Hilfe der Funktions- und Cursortasten, die Mauseingabe wird nicht unterstützt. Die Bedienung erfolgt durch Button-Menüs über Funktions- und Cursortasten, in der Tasten mehrfach belegt sind.

Der Graphikteil ist vom Data Manager Teil (übernimmt Aufgaben für Eingabe, Übernahme, Editieren und Speichern) deutlich getrennt. Es werden Eingabedateien von LOTUS, MULTIPLAN und dBASE III akzeptiert. Als Ausgabegeräte sind verschiedene Drucker, Plotter und Belichter vorgesehen.

CA-DISSPLA

Das Graphik-Paket DISSPLA wird von der Computer Associates GmbH hergestellt. Es enthält graphische Funktionen zur Erstellung von 2D- und echten 3D-Graphiken jeglicher Art. Als Einsatzbereich sind technisch-wissenschaftliche und kommerzielle Anwendungen vorgesehen. Die graphischen Basisdarstellungen reichen von Kreisdiagrammen über Isolinien und Karten in 16 Projektionen bis hin zur dreidimensionalen Darstellung mit der Simulation von maximal vier Lichtquellen. Für die einzelnen Objekte stehen beliebige Farben zur Verfügung. Die Ausgabe von Graphiken kann auf mehr als 300 verschiedenen Ausgabegeräten erfolgen.

CONCORDE

Das Businessgraphik-Paket CONCORDE wird von der VCN Inc. hergestellt. Es ermöglicht dem Anwender in kurzer Zeit qualitativ hochwertige, professionelle Geschäftsgraphiken zu erzeugen. Dabei sind 10 Graphiken als Basis vordefiniert. Als Einsatzbereich sind Meetings, Dia-Shows, Seminare, Händler-Infos und Vorträge vorgesehen.

HARVARD GRAPHICS

Das Präsentationsgraphik-Paket HARVARD GRAPHICS wird von Software Publish hergestellt. Es bietet die Möglichkeiten der Kombination von Businessgraphik und freiem Zeichnen an. Dabei existieren vordefinierte graphische Basisdarstellungen für Balken-, Linien-, Flächen- und Kreisdiagramme mit Darstellungsvarianten wie Schatten und 3D-Effekt. Die Datenbasis der Graphikdaten ist zweidimensional. Harvard Graphics bietet die Möglichkeit der Bildschirmpräsentation durch eine integrierte Slide-Show-Funktion, die es erlaubt, verschiedene Grafiken in einer Dia-Show hintereinander ablaufen zu lassen. Die Steuerung des Programms erfolgt über Bildschirmmenüs durch Eingabemöglichkeiten wie Maus, Pfeiltasten und Anfangsbuchstaben bzw. Zahlen. Harvard Graphics bietet an jeder Stelle im Dialog für die gerade aktivierte Funktion ein zugehöriges On-Line-Help an. Es können Dateien im Format ASCII, LOTUS und SYMPHONY eingelesen werden. Außerdem existiert eine umfangreiche Symbol-Bibliothek, aus der man sich in jede Graphik beliebig viele Symbole kopieren kann. Harvard Graphics bietet über Utilities die Möglichkeit an, mit fremden Systemen erzeugte Bildschirminhalte als Hintergrund für eigene Graphiken zu verwenden oder eine Slide Show zu gestalten. Für die Ausgabe der Graphiken stehen diverse Treiber zur Verfügung (Plotter, Drucker, Belichter).

HP GALLERY COLLECTION

Das Businessgraphik-Paket HP GALLERY COLLECTION wird von der Hewlett Packard GmbH angeboten. Es besteht aus den Teilen Charting Gallery und Drawing Gallery. Mit Charting Gallery können die bekannten Geschäftsgraphiken in 2D erstellt werden. Drawing Gallery liest die mit Charting Gallery erzeugten Graphiken ein und stellt Funktionen zur optischen Aufbereitung zur Verfügung. Außerdem können die Diagramme aus einer Bibliothek von ca. 3 000 Symbolen und Piktogrammen ergänzt werden. Die Integration von Text in Graphik oder Graphik in Text für die Erstellung von Präsentationen ist einfach zu bedienen und stellt vielseitige Möglichkeiten zur Verfügung. Die Ausgabe kann über Plotter, Laser-, Tintenstrahl- oder Matrixdrucker erfolgen.

MIRAGE 5.0

Die Präsentationsgraphik MIRAGE 5.0 wird von Zenographics Inc. hergestellt. Es ist in die 3 Moduln CHART, DBM und EGO unterteilt. Das Modul CHART (Business-Graphik) stellt 20 verschiedene Chart-Formate zur Verfügung, die vom Benutzer beliebig angepaßt und gestaltet werden können. Es besteht die Möglichkeit der Automatisierung. Das Modul DBM (Daten-Bank-Manager) ist verantwortlich für den Import und die Verwaltung von ASCII-Dateien und liest LOTUS WKS-Files. Das Modul EGO (Graphik-Editor) erzeugt eine objektorientierte Vektorgraphik mit der Möglichkeit zur Erzeugung freier Illustrationen. Neben der Wahl unter 256 Farben stehen dabei Funktionen wie Farbverläufe, Vergrößern, Verkleinern und Anfügen von Charts und Symbolen aus der Bibliothek zur Verfügung.

MS CHART 3.0

Das Präsentationsgraphik-Paket MS CHART wird von der Microsoft GmbH angeboten. Es stellt dem Benutzer 45 verschiedene Standarddiagramme zu Verfügung. Es können gleichzeitig bis zu 16 Graphiken am Bildschirm dargestellt werden. Außerdem stehen eine Reihe von Funktionen zur Veränderung der Graphik und zur Bearbeitung der Daten (z. B. statistische) zur Verfügung. Es ist kompatibel zu allen Microsoft Produkten und kann auch Daten von dBASE und ASCII-Dateien übernehmen. Zum Einstieg eignet sich das mitgelieferte Lernprogramm.

PICTURE PERFECT

Das Geschäftsgraphik-Programm PICTURE PERFECT wird von Softline hergestellt. Es können Linien-, Balken- und Kreisdiagramme zwei- und dreidimensional dargestellt werden. Mehrere Diagramme lassen sich auf einer Bildschirmseite plazieren. Eine Bibliothek enthält hunderte von professionell entworfenen Graphiken und fast 50

Schriftarten. Die Graphiken können auf Nadeldrucker, Plotter, Farbdia und Film-Recorder ausgegeben werden.

PV-WAVE

Das Graphik-Paket PV-WAVE wird von Precision Visuals International hergestellt. Es ist zur Darstellung und Bearbeitung von Objekten, 2D- und 3D-Graphiken und zur Simulation von Animation vorgesehen. Zu diesem Zweck ist eine eigene Programmiersprache integriert worden. Dieses Programm ist für den Einsatz im Bereich der technischen und naturwissenschaftlichen Visualisierung konzipiert worden. Die Ein- und Ausgabe kann über Files erfolgen.

2.6 Expertensysteme

Expertensysteme verwenden menschliches Wissen zur Lösung von Problemen, die ursprünglich menschliche Intelligenz erfordern. Während in konventionellen Computerprogramme Wissen implizit im Programmtext dargestellt ist, sammeln Expertensysteme dieses Wissen in einer Wissensbasis, mit deren Hilfe sie spezifische Probleme bearbeiten. /HARM-86/ weist jedoch darauf hin, daß die heutigen Wissenssysteme auf engumgrenzte Aufgaben beschränkt und nicht in der Lage sind, über ein größeres Fachgebiet allgemeinere Schlüsse zu ziehen. Ferner sind sie auch nicht lernfähig und deshalb darauf beschränkt, die spezifischen Fakten und heuristischen Regeln anzuwenden, die ihnen ein menschlicher Experte "beigebracht" hat. Um Probleme zu lösen, benötigt ein maschineller Problemlöser das Wissen, das auch ein menschlicher Problemlöser über das betreffende Gebiet haben muß. Im Gegensatz zu konventionellen Rechneranwendungen arbeiten die meisten Expertensysteme in Bereichen, die keine optimalen oder "korrekten" Lösungen zulassen. In solchen Fällen sollte der Problemlöser die Qualität der Antwort abwägen gegen den damit verbundenen Aufwand /HARO-87/.

Weitere wichtige Unterschiede zwischen einem Expertensystem und einem konventionellen Programm sind /HARM-86/:

- Die Wissensbank eines Expertensystems ist lesbar und leicht modifizierbar.
- Die Grundstruktur der konventionellen Programme besteht in der Anwendung von Algorithmen, während Wissenssysteme sich mehr auf eine heuristische Struktur stützen.

Expertensysteme, auch wissensbasierte Systeme genannt, finden heute Anwendung auf Gebieten wie medizinische Diagnose, nahezu allen betrieblichen Aufgabenbereichen (insbesondere Konfiguration (z.B. von Computeranlagen), Hard- und Software für CAD-Installationen), Kundenberatung, Mitarbeiterschulung (speziell auch für Außendienstmitarbeiter), Projektierung, Produktdesign, Vertriebslogistik, Diagnose und Reparatur von technischen Anlagen, Finanzierung und Unternehmensführung (z.B. Ableitung kompakter Führungsinformationen aus Massendaten, Entscheidungsunterstützung), Unterstützung bei der Anwendung von Computern (z.B. Programmierung von NC-Maschinen und Robotern), VLSI-Design, Interpretation chemischer Daten und Strukturbestimmung chemischer Verbindungen,

Sprach- und Bilderkennung, Exploration von Bodenschätzen sowie militärische Planung /HARO-87; MERT-87; NEBE-87; NN-88e/.

Generell erscheint der Einsatz von Expertensystemen dort sinnvoll, wo Experten in einem eng begrenzten Gebiet über komplexes Wissen verfügen, keine ausgearbeiteten Algorithmen vorliegen und keine vollständigen Theorien existieren oder es praktisch nicht möglich ist, alle theoretisch denkbaren Fälle durch Algorithmen in vernünftiger Zeit abzuarbeiten. Da die Strukturierung und die Implementierung des Expertenwissens arbeitsintensiv ist, lohnt sich der Aufwand für die Erstellung eines Expertensystems nur, wenn dasselbe Wissen über einen längeren Zeitraum ständig von sehr vielen Personen benötigt wird. Mit dem Einsatz von Expertensystemen werden die Ziele

- Fehlervermeidung bei komplexen Routineaufgaben,
- raschere Verarbeitung von Spezialistenwissen,
- raschere Fehlerdiagnose,
- vollständigere und konsistentere Durchführung von Planungsaufgaben

verbunden /NEBE-87/.

Der Einsatz von Expertensystemen insbesondere in den betrieblichen Funktionsbereichen wird von /MERT-87/ betrachtet. Er identifiziert die folgenden potentiellen Nutzeffekte ihres Einsatzes.

- Die Akzeptanz anderer Verfahren (z.B. in der Produktion) wird dadurch gefördert, daß das Expertensystem eine Erklärungskomponente bereitstellt, die auch dem relativen Laien den Zugang erleichtert.
- Die Berücksichtigung von mehr Alternativen wird ermöglicht.
- Durch Arbeitsvereinigung (Ein Mitarbeiter kann mit einem Expertensystem auch Aufgaben erledigen, die vorher von einem anderen bearbeitet werden mußten.) ergibt sich insbesondere im Außendienst ein Rationalisierungspotential, aber auch zufriedenere weil schneller bediente Kunden.
- Die Durchlauf- und Reaktionszeiten lassen sich verkürzen.
- Produkte können besser auf die individuellen Bedürfnisse von Kunden zugeschnitten werden (siehe auch Abschnitt IV.2.6.1.1.).
- Ein Expertensystem beherrscht eine größere Komplexität als ein Mensch.
- Durch den Einsatz eines Expertensystems lassen sich bestimmte Entscheidungen normieren und Arbeiten rationalisieren.
- Durch automatische Fehlerdiagnose ergibt sich eine größere Sicherheit, Vollständigkeit, Fehlerfreiheit bei technischen Anlagen (siehe auch Abschnitt IV.2.6.1.2.).
- Produkte (z.B. Diagnosegeräte) werden durch eingebaute Expertensysteme besser, was einen Wettbewerbsvorteil bedeutet.
- Wissen bleibt auch nach Ausscheiden eines Mitarbeiters erhalten (Wissenssicherung).
- Das Wissen des jeweils besten Mitarbeiters kann allen zugänglich gemacht werden, ohne daß jedes Mal eine Kontaktaufnahme erforderlich ist (Wissensmultiplikation).
- Auch weniger qualifizierte Benutzer arbeiten erfolgreich.
- Der Aufwand für Personalschulung kann gesenkt werden.

Nach /MERT-87/ müssen Expertensysteme so gebaut werden, daß sie erstens in gewachsene integrierte DV-Lösungen eingebettet und zweitens an vielen Arbeitsplätzen angeboten werden können. Dies bedeutet, daß das System mit preiswerter Standardhardware und möglichst mit vorhandenen Betriebs- und Programmiersystemen auskommen sollte. Ferner müssen die ausführlichen Dialoge vereinfacht werden, da sie den Benutzer schnell ermüden und damit eine Akzeptanzbarriere darstellen.

Retti et al. unterscheiden bei einem Expertensystem die Komponenten

- Wissensbasis,
- Inferenzkomponente,
- Erklärungskomponente,
- Wissenserwerbskomponente und
- Dialogkomponente.

Die Wissensbasis enthält das Faktenwissen über das Fachgebiet und sollte in bezug auf Modifikationen des Wissens flexibel sein. Die Erklärungskomponente dient zur Erläuterung, weshalb eine bestimmte Frage gestellt wird bzw. wie der genannte Schluß ermittelt wurde. Sie hilft aber auch dem Experten, der einen Fehler im System lokalisieren will. Über die Wissenserwerbskomponente gibt der Experte sein Wissen in das Expertensystem ein. Hierbei ist insbesondere der Forderung nach Konsistenz des gesammelten Wissens Rechnung zu tragen. Die Dialog- (oder auch Interviewer-) komponente kann ihre Eingaben nicht nur im Dialog mit einem menschlichen Benutzer erhalten, sondern auch automatisch erhobene Meßdaten einlesen. Findet ein Benutzerdialog statt, heißt das System interaktiv, sonst eingebettet. Bei interaktiven Systemen muß die Dialogführung nach den Erfordernissen des Endbenutzers eingerichtet werden. Abbildung 2.54 zeigt die Grundarchitektur eines Expertensystems /PUPP-88; RETT-86/.

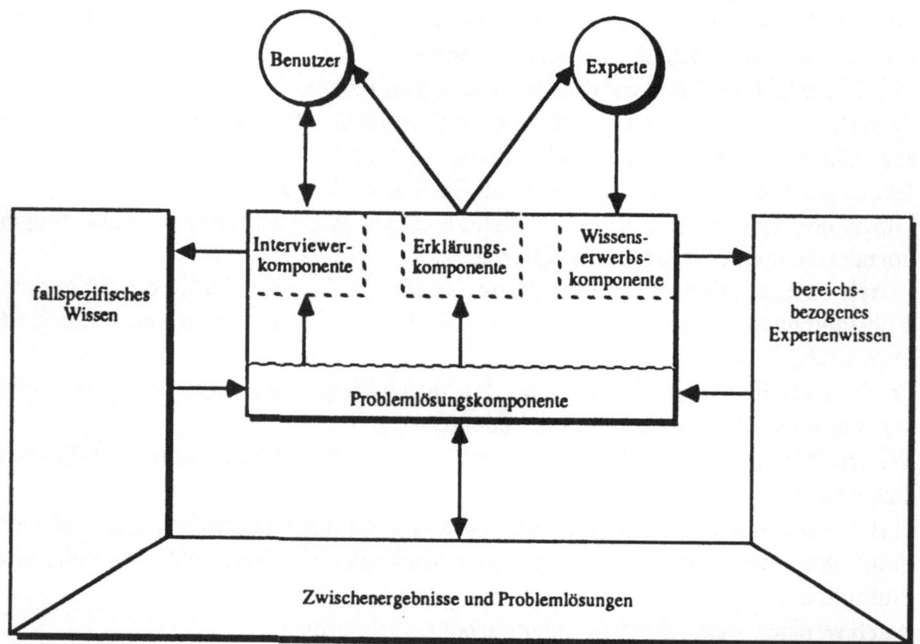

Abb. 2.54. Allgemeine Architektur eines Expertensystems /PUPP-88/

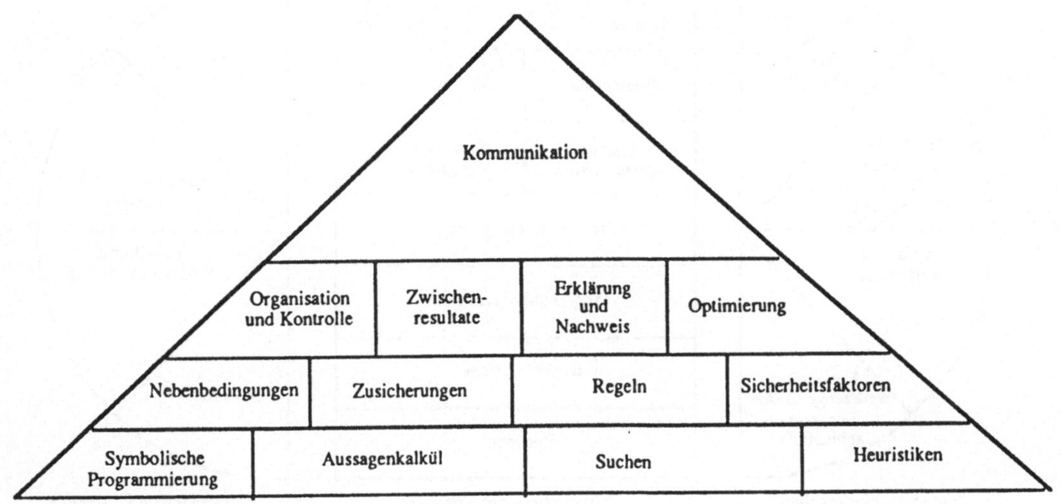

Abb. 2.55. Aufbau eines Expertensystems /HARO-87/

Dagegen stellt /HARO-87/ ein Expertensystem in Form eines 4-Schichten-Modells dar (vgl. Abb. 2.55). Die Techniken auf der untersten Schicht werden für nahezu alle Anwendungen benötigt. Ein Beispiel für eine Nebenbedingung (constraint) wäre: "Zwei verschiedene physikalische Objekte können nicht gleichzeitig den gleichen Platz einnehmen.". Eine Zusicherung (Faktum) ist etwa: "Mitarbeiter Maier ist Maschinenschlosser." Regeln stellen deklaratives oder imperatives Wissen dar. Eine imperative Regel besitzt die Form: "Wenn A und B, dann gilt C." Eine deklarative Regel dagegen wäre: "Wenn C gilt, dann könnte A und B der Fall sein." Konfidenzfaktoren geben die Wahrscheinlichkeit an, mit der die Konklusion einer bestimmten Regel zutrifft, falls ihre Prämissen erfüllt sind. Organisation und Kontrolle finden gemäß dem Designprinzip des Systems (z.B. Backward-Reasoning; s.u.) statt. Die Optimierungstechniken sorgen dafür, daß die Problemlösung mit möglichst wenig Benutzereingaben auskommt. Die Kommunikationskomponente eines Expertensystems tauscht Nachrichten mit Knowledge-Engineers (EDV-Fachleute für den Entwurf von Expertensystemen), Experten, Konsumenten, Datenbanken und anderen Computersystemen aus. Die Kommunikation mit Knowledge-Engineers geschieht über einen Struktureditor, der die einfache Modifikation der Wissenbasis gestattet. Mit Experten findet die Kommunikation über Beispieldialoge statt. Diese verdeutlichen dem Experten die Art und Weise, in der das System seine Schlüsse durchführt und zeigen ihm auf, wo die Wissensbasis verändert werden muß. Mit Anwendern könnte die Kommunikation über eine der natürlichen Sprache nachempfundene Schnittstelle stattfinden /HARO-87/. Abbildung 2.56 zeigt ein Expertensystem im Kontext seiner Umgebung.

Für den Entwurf eines Expertensystems, bei dem die Art und die Komplexität des Problems und die Mächtigkeit und Form des heuristischen Wissens zu seiner Lösung in Betracht gezogen werden muß, schlägt Hayes-Roth folgende Vorgehensweise vor

1. Wissen sammeln,
2. Wissen strukturieren,
3. Wissensbasis und Inferenzmaschine erstellen,
4. Wissensbasis und Inferenzmaschine verfeinern.

Abb. 2.56. Einbindung eines Expertensystems in seine EDV-Umgebung/HARO-87/

Da Expertensysteme beim ersten Testlauf normalerweise relativ schlecht arbeiten, weil weder vergleichbare Implementierungen vorhanden sind noch die Anforderungen in allen Einzelpunkten scharf umrissen sind, wird der letzte Schritt solange fortgesetzt bis das System zufriedenstellend arbeitet. Daher sollte beim Entwurf die Methode des Rapid Prototyping eingesetzt werden. Dies bedeutet, man baut zunächst einen Prototypen, der die wesentlichen Funktionen des Systems ausführt, aber einen wesentlich geringeren Entwicklungsaufwand benötigt. Vor der eigentlichen Implementierung wird dann anhand dieses Prototypen die Funktionsweise des Systems untersucht /HARO-87; NEBE-87/.

Nach der Erstellung der ersten wissensbasierten Systeme, die ad hoc programmiert wurden, begann man, Expertensystem-Hüllen (Shells) zu entwickeln. Diese integrieren auf der Basis eines Formalismus für die Repräsentation von Wissen verschiedene Komponenten wie Inferenzmaschine, Editoren und Strukturierungshilfen. Die Benutzerschnittstelle reicht dabei von einfachen Terminal-Schnittstellen bis hin zu komfortablen Graphik-Schnittstellen mit Fenstertechnik und Maus. Einen Überblick über existierende Werkzeuge zur Entwicklung von Expertensystemen gibt /HARM-86/. Da Expertensystem-Anwendungen in erster Linie Symbolverarbeitung betreiben, wurden hierfür Sprachen wie LISP und PROLOG entwickelt, die sich besser dafür eignen als auf numerische Verarbeitung ausgelegte Sprachen wie FORTRAN und PASCAL /HARM-86/. Ein Expertensystem-Werkzeug ist mehr als Software. Es liefert zugleich auch die Art und Weise, in der das Expertensystem arbeitet (z.B. regelbasiert, unter Verwendung von Backward-Reasoning, monoton und unter Verwendung von einfacher line-of-reasoning-Architektur; s.u.). Aufgrund dieser Eigenschaft liefert ein Expertensystem-Entwicklungs-Werkzeug nur bei der Darstellung bestimmter Arten von Wissen ein gutes Ergebnis /BERT-87; HARO-87/.

Alle diese Werkzeuge unterstützen jedoch nur die Eingabe von bereits formalisiertem Wissen eines Sachbereichs. Die Erfahrungen beim Aufbau wissensbasierter Systeme zeigen jedoch, daß der Hauptaufwand bei der Erstellung von Wissensbasen in der Akquisition des gewünschten Wissens liegt. Untersuchungen zur Reduktion des Aufwands zur Erstellung der Wissensbasis wurde bisher mit drei Ansätzen durchgeführt:

- Schaffung von benutzerfreundlichen Schnittstellen zu einer bestehenden Expertensystem-Hülle,
- Erstellung von Wissens-Extraktionssystemen, die - ausgehend von einem generalisierten Modell einer Wissensbasis - aus Antworten auf an den Benutzer gestellte Fragen die Wissensbasis generieren, sowie
- Einsatz von maschinellen Lernverfahren, die Teile einer Wissensbasis erzeugen oder bestehende Teile verfeinern.

Das bei /BERT-87/ beschriebene System BLIP (Berlin Learning-by-Induction Program) ist als Werkzeug konzipiert, das gleichermaßen die manuelle wie auch die automatische Akquisition eines Sachgebiet-Modells erlaubt. Beide Akquisitionsarten benutzen dabei den gleichen Repräsentationsformalismus und die gleichen Wissensquellen und sind vollständig integriert. BLIP soll dem Benutzer den interaktiven und inkrementellen Aufbau eines möglicherweise unvollständigen oder auch in Zwischenphasen inkonsistenten Modells für ein Sachgebiet erlauben. Akquisition und Verifikation greifen zyklisch ineinander. Somit können z.B. auch Widersprüche von BLIP als Wissensquelle genutzt werden. Die geplanten Lernverfahren stützen sich auf Metawissen, das unabhängig vom Sachgebiet vom Knowledge Engineer zur Verfügung gestellt wird. Damit ist ein modellgesteuertes Lernen von sachgebietsbezogenen Regeln aus Fakten möglich. /BERT-87/

/TROS-86/ unterscheidet drei Methoden der Wissensrepräsentation in der AI-Forschung. Dies sind die deklarative, in der Wissen als eine Menge von Fakten angesehen wird, die prozedurale, bei der die Wissensbasis aus einer Menge von Prozeduren (in einer Programmiersprache) besteht, und die Frame-Repräsentation, die eine Synthese der beiden anderen darstellt. /HARM-86/ unterteilt nach etwas anderen Kriterien und erhält fünf Verfahren der Wissensrepräsentation, nämlich die Darstellung durch

- semantische Netze,
- Objekt-Attribut-Wert-Tripel,
- Regeln,
- Frames und
- logische Systeme.

Ein semantisches Netz ist eine Sammlung von Knoten (Objekte und Deskriptoren), die durch Kanten (Glieder; z.B. ist-ein oder hat-ein) verbunden sind. Ihre Vorteile sind ihre Flexibilität und die Vererbungsstrukturen (ein Knoten ererbt die Charakteristika seiner übergeordneten Knoten). Letzteres hat jedoch auch den Nachteil, daß Ausnahmen nur äußerst schwer zu modellieren sind. Objekt-Attribut-Wert-Tripel sind spezielle semantische Netze, die nur die Relationen ist-ein und hat-ein zulassen. Ungewisse Objekt-Attribut-Wert-Tripel können durch einen Konfidenzfaktor modifiziert werden. Hierfür existieren verschiedene Bewertungsschemata.

Frames (Rahmen, z.B. Mitarbeiter) besitzen Slots (Fächer, z.B. Name), die Werte (z.B. Meier) aufnehmen können. Sie können neben den oben beschriebenen deklarativen Repräsentationen auch prozedurale Repräsentationen (z.B. Lebensalter = aktuelles Jahr - Geburtsjahr) beinhalten.

Eine Regel hat die Bauart "Wenn Prämisse erfüllt, dann gilt Konklusion." Hierbei kann sowohl die Prämisse als auch die Konklusion aus mehreren durch logische Operatoren verbundenen Aussagen bestehen. Auch Regeln können mit Konfidenzfaktoren versehen werden. /WINS-84/ führt an, daß nach Ansicht einiger Forscher auch das menschliche Problemlösungsverhalten regelbasiert abläuft.

/PUPP-87/ unterscheidet folgende Kontrollstrategien:

- Forward-Reasoning: Untersuchung der Folgerungen aus den Eingabedaten (bei Diagnosesystemen: Schließen von eingegebenen Symptomen auf Ursachen des Fehlers),
- Backward-Reasoning: Überprüfen von Hypothesen anhand der Eingabedaten; eignet sich ebenso wie Forward-Reasoning ideal für strenge Hierarchien,
- Establish-Refine: Zunächst Backward-Reasoning, dann Verfeinerung durch Bestätigung eines Nachfolgers und
- Hypothesize-and-Test: Generierung von Verdachtshypothesen durch Forward-Reasoning und deren Bestätigung durch Backward-Reasoning.

Falls bei einem regelbasierten System an einer bestimmten Stelle des Dialogs mit dem Benutzer mehrere Regeln angewandt werden können, so wird nach einer bestimmten Strategie eine ausgewählt. Hierbei unterscheidet man zunächst die Depth-First- bzw. Breadth-First-Strategie. Während /HARM-86/ meint, daß die Breadth-First-Suche, die zunächst einen groben Überblick über das Problem gibt, in der Regel effizienter sei als die Depth-First-Suche, die gleich ins Detail geht, empfiehlt /NEBE-87/ bei einem abgegrenzten Suchraum die Depth-First-Suche, um möglichst schnell zu einem Ergebnis zu gelangen. Mit der Breadth-First-Strategie ist dagegen eher ein Herantasten an eine Lösung zu realisieren. Im allgemeinen wird eine Mischung aus beiden Strategien verwendet. /NEBE-87/ stellt weitere - eher heuristische - Auswahlkriterien zusammen, die ebenfalls angewendet werden können.

- Wähle die Regel, die die derzeit am höchsten bewertete Hypothese am stärksten beeinflußt.
- Wähle die Regel, bei der die Ermittlung der benötigten Fakten am wenigsten aufwendig ist.
- Wähle die Regel, deren Fakten am wenigsten riskant zu ermitteln sind.
- Wähle die Regel, durch die der Suchraum am stärksten eingeschränkt werden kann.
- Wähle die Regel, von der schon die meisten Bedingungen bekannt sind.
- Wähle die Regel, die zu einem akzeptablen Frageverhalten dem Benutzer gegenüber führt.

Die verschiedenen Techniken zum Schließen in einem Expertensystem charakterisiert Puppe grob anhand folgender Kriterien:

- statistische, fallvergleichende, assoziative oder kausale Bewertungsart,
- kategorische oder probabilistische Bewertung,
- monotone oder nicht monotone Ableitung ($A => B \parallel -C$; aus A folgt B außer wenn C gilt) sowie
- Strukturierung der Diagnosen.

Assoziative Systeme basieren auf dem Erfahrungswissen von Experten statt auf statistisch ausgewerteten Daten. Sie sind deshalb weniger gut validierbar. Nähere Einzelheiten über assoziative Systeme findet man im Abschnitt IV.2.6.1.2 /PUPP-87/.

Die Anwendung der nicht-monotonen Ableitung ist dann sinnvoll, wenn einmal gefällte Entscheidungen unter gewissen Bedingungen auch wieder revidiert werden müssen. Dann müssen auch alle auf dieser Entscheidung basierenden Schlüsse wieder rückgängig gemacht werden, was in der Regel sehr kompliziert ist /HARM-86/.

Wie weit gestreut die gegenwärtigen Forschungsthemen im Bereich Expertensysteme sind, wird an den Themen deutlich, zu denen Papiere zum 2. European Knowledge Acquisition Workshop 1988 eingereicht wurden. Diese sind /LINS-88/

- Transfer und Modellierung von Expertisen, sowohl mit Papier und Bleistift als auch mit Rechnerunterstützung,
- Wissensakquisitionstechniken und -systeme,
- Probleme der Validierung erworbenen Wissens,
- lernende Systeme,
- Wissenserwerb aus Texten,
- Integration verschiedener Akquisitionstechniken zu einem System,
- Verwaltung von Wissen,
- Vergleich zwischen der Entwicklung wissensbasierter Systeme und der Entwicklung von Datenbanken (insbesondere Integration von Expertensystemen in Datenbanken bzw. umgekehrt /PUPP-88/).

Daneben erachtet /PUPP-88/ noch Forschungen auf den Gebieten

- Codierung von Allgemeinwissen in symbolischer Form und
- subsymbolische Informationsverarbeitung mit massiv-parallelverarbeitenden Rechnern

als hochinteressant, da hier im Falle des Erfolgs Grenzen der Wissensverarbeitung verschoben werden würden, die von vielen für prinzipiell gehalten werden.

2.6.1 Expertensysteme im Vertrieb

Expertensysteme können in nahezu allen betrieblichen Aufgabenbereichen eingesetzt werden. Zwei Schwerpunkte ihres gegenwärtigen Einsatzes im Vertrieb bilden Konfigurations- und Diagnosesysteme, die in den folgenden Abschnitte näher betrachtet werden sollen. Daneben forscht z.B. /MERT-87/ an einem Expertensystem zur strategischen Produktplanung (STRATEX), das anhand einer Reihe von Ist-Daten und Eingaben über erwartete zukünftige Entwicklungen Marktstrategien vorschlägt.

Neben den Erfolgen zitiert Mertens auch Mißerfolge beim Einsatz von Expertensystemen. So wurde etwa der Einsatz eines solchen Systems bei einer Unternehmensberatung abgebrochen, weil das System informatiktechnisch sehr detailliert geworden war, aber dabei den betriebswirtschaftlichen Notwendigkeiten nicht mehr ausreichend Rechnung trug. Ein anderes Projekt in der Finanzbuchhaltung scheiterte an dem erforderlichen hohen Pflegeaufwand /MERT-87/.

Zur Unterstützung von Teilfunktionen des Vertriebs versprechen insbesondere die in den beiden folgenden Abschnitten beschriebenen Konfigurations- und Instandhaltungssysteme großen Erfolg.

2.6.1.1 Konfigurationssysteme

Mertens, der Konfigurationssysteme als das gegenwärtige Haupteinsatzgebiet von Expertensystemen im Vertrieb ansieht, identifiziert mit ihrem Einsatz primär zwei Ziele, nämlich

- Erhöhung der technischen Richtigkeit von Angeboten und
- Reduktion der Durchlaufzeit bis zur Abgabe eines Angebots.

Wird der Außendienstmitarbeiter durch den Einsatz von Konfiguratoren in die Lage versetzt, unmittelbar nach Verhandlungen im Hause des Kunden das Angebot zu erstellen, ohne - wie es bei stark erklärungsbedürftigen und variantenreichen Erzeugnissen in der Regel der Fall ist - Entwicklungspersonal, Konstrukteure usw. einzuschalten, so darf man sich erhebliche Arbeitsvereinigung versprechen. Allerdings ergibt sich auch ein Akzeptanzproblem beim Kunden durch die monotonen Dialoge, die das Expertensystem fordert. Da diese vom Kunden abgelehnt werden, ging ein Anwender dazu über, das Expertensystem nicht direkt beim Kunden auf einem Laptop einzusetzen, sondern im Kundengespräch ein Formular auszufüllen, das erst im Herstellerbetrieb zur Dateneingabe benutzt wird /MERT-87/.

Da an ein AUDIUS u.a. die Anforderung gestellt wird, die Doppelerfassung von Daten zu vermeiden, ergibt sich hier die Notwendigkeit, nach geeigneten Methoden zu suchen, die den Dialog mit dem Expertensystem weniger monoton gestalten, sondern mehr dem Dialog mit einem menschlichen Gesprächspartner angleichen.

Die folgenden charakteristischen Merkmale sind nach /NEUM-87/ für Schwierigkeiten bei der Konfigurierung von Anlagen verantwortlich:

- großer Lösungsraum,
- Backtracking (Entscheidungen stellen sich im Laufe der Konfiguration als falsch heraus und müssen revidiert werden),
- hierarchisches Vorgehen und
- umfangreiches Konstruktionswissen.

Als Beispiel für die Wirksamkeit von Konfigurationssystemen führt Nebendahl XCON an, das von der Firma DEC zur Konfigurierung von VAX-Computer-Systemen entwickelt wurde. XCON untersucht, ob die vom Kunden bestellten Teile sinnvoll zusammengesetzt werden können und ob die spezifizierten Systemteile kompatibel und vollständig sind. XCON, dessen Ausgabe sehr detailliert erfolgt, ist besser und schneller als die damit bisher beschäftigten Personen /NEBE-87/.

Neumann et al. entwickeln im Rahmen eines Verbundprojekts eine Expertensystemshell zur Planung und Konfigurierung (PLAKON). Hierbei wird im Gegensatz zu anderen Expertensystemen das Expertenwissen intern vorwiegend in Form einer Begriffshierarchie mit Spezialisierungs- und Zerlegungsbeziehungen repräsentiert, mit der die Suche nach sinnvollen Konfigurationen effektiv gesteuert werden kann /NEUM-87/.

Als Motivation für das Projekt nennen die Autoren

- Das Konfigurieren technischer Systeme aus vorgegebenen Komponenten spielt in der industriellen Fertigung eine zunehmende Rolle. Expertensysteme können kostengünstigere und qualitativ bessere Lösungen ermöglichen.
- Kostengünstige Produktion erfordert in zunehmendem Maße Koordinierung und

Planung vieler Teilprozesse. Der Trend zu integrierten, computerbasierten Lösungen ist deutlich (CIM). Expertensysteme für Planungsprobleme können dabei eine wichtige Rolle spielen.

- Die Entwicklung von Expertensystemen erfolgt bisher in der Regel mit Hilfe allgemeiner Expertensystemwerkzeuge, die nicht auf die jeweilige Aufgabenklasse zugeschnitten sind. Durch ein spezialisiertes Werkzeug können entsprechende Expertensysteme schneller und mit weniger Risiko entwickelt werden.

- Die bisher entwickelten Expertensystem-Lösungen für Planungs- und Konfigurierungsprobleme sowie die Analyse des Problembereichs lassen erkennen, daß ein gemeinsamer, auf diese Aufgabenklasse spezialisierter Expertensystemkern von Nutzen sein kann.

Die Projektpartner untersuchen parallel zur Entwicklung der Shell seine mögliche Anwendung bei der

- Projektierung von Multi-Mikrocomputersystemen für Automatisierungssysteme in der Anlagentechnik,
- Konfigurierung von Bildverarbeitungssystemen für den industriellen Einsatz,
- Konfigurierung automatischer Systeme der industriellen Röntgenprüfung,
- Konfigurierung automatischer Systeme der chemischen Analyse,
- Planung mechanischer Bearbeitungs- und Fertigungsprozesse, z.B. Generierung von Arbeitsplänen in der mechanischen Teilefertigung, sowie
- Konfigurierung von elektrotechnischen Aggregaten aus Standardkomponenten.

PLAKON, das sich 1987 in der Implementierungsphase befand, wird in CommonLISP auf MicroVAX und SICOMP WS 30 implementiert. Es wird jedoch angestrebt, letzten Endes direkt in CommonLISP zu codieren. Ferner dient die Probeimplementierung als Mittel zur endgültigen Spezifikation /NEUM-87/.

Der entscheidende Träger von Konstruktionswissen im System PLAKON ist die angebotene (zunächst leere) Begriffshierarchie. Sie besteht aus objektorientierten Schemata mit Attributfeldern zur Aufnahme von Eigenschaften und mehrstelligen Beziehungen. Vordefiniert sind IS-A- und PART-OF-Beziehungen. Konkrete Objekte werden mit INSTANCE-Beziehungen an Objektklassen angeschlossen. Zur Berechnung und Propagierung von Nebenbedingungen enthält PLAKON ein Constraint-Netz. Constraints werden in der Begriffshierarchie als Constraint-Klassen definiert und werden zusammen mit den zugehörigen Objekten instanziiert. Wird das Constraint-Netz aktiviert, so werden alle aktuellen Werte in die zugehörigen Constraints eingespeist und die daraus resultierenden Wertebeschränkungen berechnet. Ein Konfigurationsprozeß besteht nach Ansicht von Neumann et al. aus der schrittweisen Festlegung von Attributwerten, IS-A-Spezialisierungen und PART-OF-Zerlegungen entsprechend der Begriffshierarchie (mit Nebenbedingungen) sowie der Aufgabenstellung, die mit den Konzepten der Begriffshierarchie ausgedrückt wird /NEUM-87/.

Ebenfalls schon seit längerer Zeit wird die Konfiguration von Hardware- und Software-Komponenten für CAD-Installationen und Systeme zur Programmierung von NC-Maschinen und Robotern bearbeitet. Eine gegenwärtige Forschungsaktivität auf diesem Gebiet betrifft Korrekturen und Verbesserungen der graphischen Grundwerkzeuge, vor allem im Bereich der Benutzerführung und der Verbesserung der Wissenspräsentation im graphisch-interaktiven Dialog /NN-88e/.

2.6.1.2 Expertensysteme bei der Instandhaltung

Neben der Konfiguration technischer Systeme stellt Wartung und Diagnose ein Hauptanwendungsgebiet gegenwärtiger Expertensysteme dar, auf dem bereits gute Erfolge erzielt wurden /BULL-87; MERT-87; RETT-87/. Ein solches System, ARTEX (Automated Router Test EXpert system), wurde von Retti et al. nach eigenen Aussagen unter Verwendung einfachster KI-Methodik (primär Regelinterpreter mit Rückwärtsverkettung) erstellt. Die Autoren verfolgen mit ihrem System die Ziele

- Unterstützung einer systematischen Vorgehensweise bei der Fehlersuche auf Baugruppenebene,
- Minimierung der Benutzerinteraktionen,
- Auslösung durch den Benutzer oder durch das System selbst,
- keine negativen Auswirkungen auf den Betrieb des technischen Systems,
- Steigerung der Systemverfügbarkeit durch Senkung der Zeit, die im Mittel bis zur Reparatur vergeht, sowie
- Verbesserung der Systemqualität durch Soll-Ist-Vergleich und Verbesserungshinweise auf der Basis akkumulierter Fehlerinformation.

/PUPP-87/ identifiziert folgende Anforderungen an die Funktionalitäten eines Diagnosesystems

- Diagnosebewertung mit unsicherem und unvollständigem Wissen,
- Plausibilitätskontrolle der Eingabedaten,
- Erkennen von Mehrfachdiagnosen,
- adäquate Behandlung von Widersprüchen,
- kosteneffektive Symptomerhebung sowie
- Auswertung von Folgesitzungen.

Als weiteres wichtiges Ziel formuliert /PUPP-87/ die Bereitstellung geeigneter Werkzeuge, mit deren Hilfe es dem Experten ermöglicht wird, die Strukturierung, Formalisierung und das Testen seines Wissens relativ selbständig mit nur wenig Hilfe eines Programmierers durchzuführen, was die Entwicklung komplexer Systeme beträchtlich beschleunigen kann.

Zur Erfüllung seiner Aufgaben muß ein diagnostisches Expertensystem zunächst

- quantitatives in qualitatives Wissen umsetzen (z.B. produzierte Teile zu ungleichmäßig $\equiv$ Längenunterschiede > 10 mm),
- arithmetische Berechnungen durchführen (z.B. Jahresbetriebszeit $\equiv$ Zahl der Betriebsstunden dividiert durch Alter der Maschine) sowie
- Einzelbeobachtungen zu lokalen Symptomtypen, die noch nicht den Stellenwert einer globalen Diagnose haben, zusammenfassen.

Mertens sowie Skuppin und Weber /MERT-87; SKUP-87/ berichten vom Einsatz von Expertensystemen zur Fehlerdiagnose bei zwei großen Automobilherstellern zur Fehlerdiagnose an Kfz-Motoren, sowie bei zwei Elektrokonzernen zur Produktion von Turbinenschaufeln bzw. zum Auffinden von Fehlern in der Leiterplattenproduktion. Die Fehlerdiagnose im Kraftfahrzeugbereich, für die Skuppin und Weber das Diagnosesystem PROMOTEX (PROlog MOTor EXpert system) entwickeln, ist dadurch gekennzeichnet, daß eine große Typen- und Aggregatevielfalt als Antwort auf die Anforderungen des Marktes herrscht. Dadurch wird auch der Diagnoseprozeß erheblich komplexer und der Aufwand für die Ermittlung der Ursachen auftretender Störungen steigt an. Durch Diagnosesysteme sollen folgende Nutzeffekte /MERT-87; SKUP-87/ erzielt werden.

- Das Service-Personal soll von Routinearbeiten dadurch entlastet werden, daß übliche Fehler so weit wie möglich automatisch eingegrenzt werden.
- Das Spezialwissen der Kundendienstexperten soll möglichst breit verfügbar gemacht werden, so daß auch selten auftretende Fehler gezielt erkannt werden können (Wissensmultiplikation).
- Fehldiagnosen sollen möglichst vermieden werden; diese entstehen häufig durch Übermittlungsfehler und unvollständige Daten.

Dementsprechend muß ein Expertensystem zur Diagnose

- schnell und kostengünstig den Fehler eingrenzen,
- eine Vielzahl unterschiedlicher Informationen erfassen, auswerten und sinnvoll untereinander verknüpfen (insbesondere hier bieten sich wissensbasierte Systeme wegen ihrer Inferenzfähigkeit geradezu an),
- die einzelnen Diagnoseschritte und die Ergebnisse dem Benutzer erklären sowie
- es dem Programmierer erleichtern, das sich schnell ändernde anwendungs- bezogene Wissen anzupassen.

Zur Erlangung der benötigten Informationen sind Schnittstellen zu Prüfgeräten, aber auch zu vorhandenen Datenbanken vorzusehen /SKUP-87/. Während /MERT-87/ einen Nutzeffekt durch eine mit der Einführung eines Expertensystems zur Diagnose einhergehende Reduktion des Schulungsaufwands bei Produkt- bzw. Produktionsprozeßänderungen sieht, befürchtet /SKUP-87/ zusätzlichen Aufwand nicht nur durch notwendige Mitarbeiterschulung für den Umgang mit dem System, besonders in der Anfangsphase, sondern auch durch zentrale Pflege und Weiterentwicklung der Programme und der zugrundeliegenden Daten, Entwicklung eines leistungsfähigen Softwareprodukts sowie Investitionen für die Hardware-Ausstattung.

Das System PROMOTEX geht bei der Diagnose in folgenden Schritten vor /SKUP-87/:

1. Erwägung von Fehlern infolge mangelnder Wartung und Pflege des Fahrzeugs.
2. Berücksichtigung sämtlicher bekannter typ- und aggregatspezifischer Erfahrungen.
3. Anwendung der standardisierten, vom Hersteller vorgegebenen Fehlersuchverfahren.
4. Falls bisher erfolglos, Überprüfung sehr seltener Fehlerursachen.

Bullinger et al., die das Expertensystem-Tool ID.EST zur Fehlerdiagnose bei technischen Anlagen verwenden, verfolgen mit ihrem Ansatz das Ziel, Inspektions- und Wartungsarbeiten auf ausfallträchtige Bauteile zu konzentrieren und die Zugänglichkeit zu diesen durch konstruktive Veränderungen zu erleichtern. Daneben wird durch ein solches System aber auch die Produktionsplanung und -steuerung verbessert, indem die ausgewerteten Diagnoseergebnisse in die Überlegungen mit einbezogen werden. Insbesondere bei CNC-gesteuerten Maschinen sind gute Grundvoraussetzungen zum Einsatz eines Expertensystems gegeben, nämlich

- eine umfangreiche Sensorik zur Erfassung des Maschinenzustands,

- ein Bildschirm mit Softkey-Leiste als Benutzerschnittstelle sowie
- Rechnerhardware, auf der die Expertensystem-Software lauffähig ist/BULL-87/.

Trotz der umfangreichen Maschinensensorik werden jedoch noch Eingaben im Dialog benötigt. Da die Benutzungsoberfläche sehr wesentlich für die Akzeptanz eines Computersystems ist, muß ihrer Gestaltung besondere Aufmerksamkeit gewidmet werden. So muß der Schwierigkeitsgrad der Benutzerfragen an die Möglichkeiten des Benutzers angepaßt werden, da diese z.B. bei Maschinenbediener und Werkstattechniker unterschiedlich sind. Während der Diagnose sind z.T. auch Arbeiten (z.B. Überprüfen einer Kupplung) an der defekten Maschine erforderlich /BULL-87; SKUP-87/.

Skuppin nennt im einzelnen folgende Anforderungen an die Benutzungsoberfläche eines Expertensystems /SKUP-87/

- einfacher Programmstart,
- Markieren einer vorgeschlagenen Antwort,
- Ausgabe des aktuellen Faktenstandes,
- Anfordern von Zusatzinformationen (z.B. Reparaturanleitung),
- Beenden des Programms mit und ohne Retten an jedem Haltepunkt,
- Abfangen von Falscheingaben mit Korrekturmöglichkeit im nächsten Schritt,
- Anlegen einer Protokolldatei als Sicherung bei unvorhergesehenem Abbruch bzw. zur Fehlersuche,
- jederzeitige Möglichkeit, eine Erklärung anzufordern,
- Möglichkeit für den Benutzer, im Dialog eigene Initiative zu ergreifen durch Eingabe von zusätzlichen, nicht vom System angeforderten Informationen oder durch Aufstellen eigener Verdachtsmomente, sowie
- Antwortzeiten unter 5 Sekunden.

Beim Schließen in Diagnosesystemen ergibt sich das Problem, daß in der Maschinendiagnose leider meist keine strengen Hierarchien erzielt werden können, für die sich Forward- und Backward-Reasoning ideal eignen. Meist werden zwei Einteilungsschemata verwendet: nach defekten Bauteilen bzw. -gruppen sowie nach Funktionsausfällen /PUPP-87/.

Die bereits im Abschnitt "Expertensysteme" angesprochenen assoziativen Systeme können jedoch alle Aspekte des diagnostischen Problemlösens behandeln. Bei der assoziativen Diagnostik gibt es zwei grundsätzlich verschiedene Wissenserwerbsmethoden:

1. **Diagnoseorientierte Methode.** Auf die Erfassung und hierarchische Strukturierung der Diagnosen, die das System erkennen soll, folgen Profile, d.h. Aufstellung aller Symptome, die für oder gegen eine Diagnose sprechen. Diese Symptominterpretationen werden zu erfragbaren Symptomen aufgelöst, die Symptome in Fragen und Fragegruppen zusammengefaßt und die hierarchischen Abhängigkeiten zwischen den Fragen hinzugefügt. Diese Methode hat den Vorteil der schnellen Prototyperstellung, jedoch den Nachteil der Änderungsfeindlichkeit.

2. **Symptomorientierte Methode.** Hierfür benötigt man bereits einen verhältnismäßig guten Überblick über das Anwendungsgebiet. Sodann werden alle Symptome, von denen bekannt ist, daß sie wichtig werden, systematisch erfaßt und strukturiert.

Bei beiden Vorgehensweisen ist für ein lauffähiges System noch zusätzliches Wissen notwendig: Die Bewertung der Diagnosen erfordert eine Gewichtung der Symptome in den Diagnoseprofilen, die Festlegung von Ausnahmen, die Berücksichtigung der Prädisposition und die Bestimmung der Differentialdiagnosen; darüberhinaus muß Wissen zur Vorgehensweise bei der Symptomerfassung und zur Therapie ergänzt werden /PUPP-87/.

Modellbasierte Diagnostik-Systeme verwenden zwei Arten von Modellen:

- *pathophysiologische Modelle* (Modelle, die das Fehlverhalten eines Systems darstellen und Symptome den Diagnosen explizit zuordnen, aber die Zusammenhänge wesentlich genauer modellieren) und
- *funktionale Modelle* (Modelle, die vom normalen Funktionieren des zu diagnostizierenden Systems ausgehen und Diagnosen als Veränderung des Modells auffassen, die zu den beobachteten Symptomen führen).

Funktionale Modelle sind typisch für den technischen Bereich /PUPP-87/.

Da all die verschiedenen Modellansätze je ihre Stärken und Schwächen haben, schlägt /PUPP-87/ vor, Systeme, die verschiedene Modelle benutzen, zu integrieren und diese je nach geplanter Anwendung einzusetzen, um so die Leistungsfähigkeit des Gesamtsystems zu steigern.

Das bereits erwähnte System ARTEX verknüpft Modelle über Diagnose und Anlagenaufbau. Das Anlagemodell stellt dem Diagnosesystem das statische und dynamische Wissen über ein individuelles System zur Verfügung und ist objektorientiert aufgebaut. Durch diese Konstruktion wird die Flexibilität gegenüber einer rein regelbasierten Realisierung erhöht. Werden während einer Diagnose weitere Fehler manifest, so ist ARTEX jedoch nicht immer in der Lage, die richtigen Schlüsse zu ziehen /RETT-87/.

Abschließend soll noch ein weiteres, im Projekt KRITIC untersuchtes Konzept betrachtet werden. Das Projekt befaßt sich mit einem Expertensystem, das u.a. zur Fehlerdiagnose und Auslastungsoptimierung im Bereich von Fernmeldeübermittlungsanlagen eingesetzt werden kann. In KRITIC wird einerseits das Blackboard-Konzept untersucht, implementiert und seine möglichen konzeptuellen Erweiterungsmöglichkeiten eruiert. Andererseits beschäftigt man sich mit einem neuen Ansatz, dem "cell/tissue-Ansatz". Bei diesem Vorgehen wird ein Problemlösungsprozeß mit Hilfe einer dreistufigen Hierarchie beschrieben. Die oberste Ebene, "tissue" genannt, gibt die globale Strategie der Problemlösung an. Sie gibt die Kontrolle an die ihr untergeordneten Schichten weiter. Die mittlere Ebene ("cell") übernimmt die Organisation der einzelnen Lösungsschritte, die aber hier noch nicht im einzelnen beschrieben oder gar implementiert sind. Erst auf der untersten, der "task-Ebene" werden die auszuführenden Aufgaben im Einzelnen definiert. Ein komplexes Problem wird aufgeteilt in hierarchische Teilprobleme, die sich in drei Ebenen beschreiben lassen, wodurch ein "cell/tissue-Cluster" entsteht. Es werden auch hier Backtracking-Verfahren eingesetzt. Im Projekt KRITIC soll kein "Shell" oder "Tool" im landläufigen Sinne erstellt werden, sondern eine Entwicklungsumgebung für wissensbasierte Systeme. Diese soll flexibler sein, indem sie dem Anwender verschiedene Problemlösungsparadigmen zur Verfügung stellt, die durch graphische Werkzeuge unterstützt und durch einen übergeordneten Kontrollmechanismus im Sinne eines Betriebssystems zusammengehalten werden /ARLA-87/.

3 Kommunikation

Kommunikation im Bereich des Außendienstes beinhaltet in jedem Fall, unabhängig von der Nutzung eines AUDIUS verschiedene Formen:

- Fernsprechen,
- Datenfernverarbeitung und
- Dokumentenverarbeitung (Erstellen und Austausch von Text, Daten, Graphik und Video-Signalen, d.h. Mixed-Mode-Dokumente)

Im folgenden soll zuerst kurz auf die Notwendigkeiten für technische Einrichtungen zur Kommunikation bei oben vorgestelltem Kommunikationsprofil eingegangen werden, um anschließend die Grundlagen der Datenfernverarbeitung bereitzustellen und auf die Kommunikations-Software selbst einzugehen.

Die Verbindungskomponente des Außendienstunterstützungssystems hat die Aufgabe, die Kommunikation zwischen dem Außendienstmitarbeiter und einem von ihm gewählten Kommunikationspartner (zentraler Rechner, zentraler Gesprächspartner, weiterer Außendienstmitarbeiter etc.) zu ermöglichen. Dazu sind neben der rein physikalischen Verbindung auch geeignete Protokolle für eine ordnungsgemäße Abwicklung der Kommunikation notwendig.

Für die Kommunikation über weite Entfernungen in einem Netzverbund (WAN, Wide Area Network) kommen zur Zeit nur öffentliche Netze und Dienste in Frage, da nur diese eine ausreichende Infrastruktur bieten. Deshalb soll u.a. in diesem Kapitel eine Diskussion der öffentlichen Kommunikationsmedien erfolgen. Eine Festlegung auf eines der vorgestellten öffentlichen Medien für die Kommunikation im Außendiensteinsatz ist aufgrund der jeweiligen Vor- und Nachteile nicht zu befürworten, es sollten vielmehr auf lokaler und zentraler Seite geeignete Schnittstellen für verschiedene Medien zur Verfügung gestellt werden, um, je nach Art und Umfang der Daten, die geeignete Übertragungsform auswählen zu können.

Zusätzlich zu den WAN-Anschlüssen muß u.U. je nach Anwendungsfall die Möglichkeit vorgesehen werden, sich an LANs (Local Area Networks) anzukoppeln (z.B. für die Meßwertaufnahme, Fehlerdiagnose oder für Aufgaben, die der Außendienstmitarbeiter bei seinen Stammhausbesuchen zu erledigen hat). Dafür sind jedoch die vor Ort angetroffenen Spezifikationen maßgeblich, die das LAN fordert (z.B. Ethernet, Token Ring etc.). Eine Öffnung der LAN-Anbieter in Richtung OSI ist zu verzeichnen und sollte entsprechende Berücksichtigung finden.

Für die Verbindungsmoduln sind von den Partnern auf beiden Seiten der Kommunikationsverbindung geeignete Anschlüsse vorzusehen, die die Schnittstelle zum lokalen bzw. zentralen Rechner, aber ebenfalls zum Außendienstmitarbeiter selbst gewährleisten. Zusätzlich kann der Einsatz spezieller Software notwendig werden (z.B. für höhere OSI-Dienste).

Unter den Kriterien zur Auswahl des geeigneten Kommunikationsmediums kann man zwischen Verbreitung, Kosten und Leistungen der Medien unterscheiden. Bestimmte Anforderungen werden durch die jeweilige Anwendung geprägt, so daß keine generelle Klassifizierung möglich ist.

Nur durch internationale Normungsbemühungen ist eine schrankenlose Kommunikation zwischen Teilnehmern im In- und Ausland denkbar.

Zukünftige Normierungsarbeit kann die wachsende Verbreitung eines Dienstes, aber auch den Verzicht auf bestimmte Dienste zur Folge haben. Auch die von jedem Land festgelegten Kosten für die Inanspruchnahme eines Dienstes haben Einfluß auf die Verbreitung. Weiterhin ist der Übergang von einem Netz zu anderen Netzen (bzw. zwischen Diensten) zu beachten. Ist zum Beispiel ein Übergang zum Fernsprechnetz möglich, wird sofort eine riesige Teilnehmeranzahl angesprochen.

3.1 Kommunikations-Software

Das Kommunikationsmodul hat die Aufgabe, eine Software-Schnittstelle bereitzustellen, über die alle zu übermittelnden Daten zwischen dem Außendienstmitarbeiter und dem von ihm gewünschten Kommunikationspartner, sei es nun zur Außendienstzentrale selber, zu einem weiteren Außendienstmitarbeiter oder zu einem mit ihm in Kontakt stehenden Unternehmen, sicher und über große Entfernungen übermittelt werden können.

Dieser Schnittstellenmodul muß sich dabei natürlich danach richten, welche Kommunikationsmedien für eine Übertragung angeboten (verwendet) werden, vgl. Abschnitt IV.3.4.

Die allgemeinen Anforderungen an ein solches Modul sind, unabhängig von AUDIUS:

- die Kommunikation muß vollständig innerhalb des Moduls gesichert sein,
- die Daten müssen auch über große Entfernungen übertragbar sein,
- in speziellen Anwendungen müssen juristisch anerkannte Übertragungsformen unterstützt werden (z.B. Telex bei Verträgen),
- in speziellen Anwendungen können gewisse Anforderungen an die maximale Übertragungszeit auftreten.

Alle Leistungen, die dem Benutzer eines Rechnernetzes im Zusammenhang mit der Übertragung von Daten bereitgestellt werden, werden durch diese Kommunikations-Software realisiert. Höhere Leistungen, z.B. die Übertragung einer Datei auf einen entfernten Rechner, ziehen weitere für den Benutzer nicht sichtbare Systemfunktionen nach sich. Diese bilden zusammen die Rechnernetzdienste.

Zu beachtende internationale Normen sind hier:

- ISO 7498 ISO/OSI Referenzmodell
- ISO 8824 ASN.1 (Abstract Syntax Notation One)

Die Gliederung der Rechnernetzdienste zeigt auf, wie naheliegend eine hierarchische Strukturierung der Kommunikationssoftware nach dem ISO/OSI-7-Schichten-Modell ist.

Einzelheiten über das Zusammenspiel der 7 Schichten sind der Literatur zu entnehmen, hier erfolgt lediglich eine Übersicht der Schichten, Abb. 3.1.

Stellvertretend für andere Kommunikationssysteme erfolgt eine Kurzvorstellung der Kommunikations-Software von DECNET. Diese beinhaltet

- Task-to-Task-Communication (zwei Programme, die auf demselben oder auf verschiedenen Rechnern laufen, können Nachrichten über sogenannte "Logical Links" austauschen),
- Remote File Access (abgesetzter Dateizugriff für Benutzer und Programme),

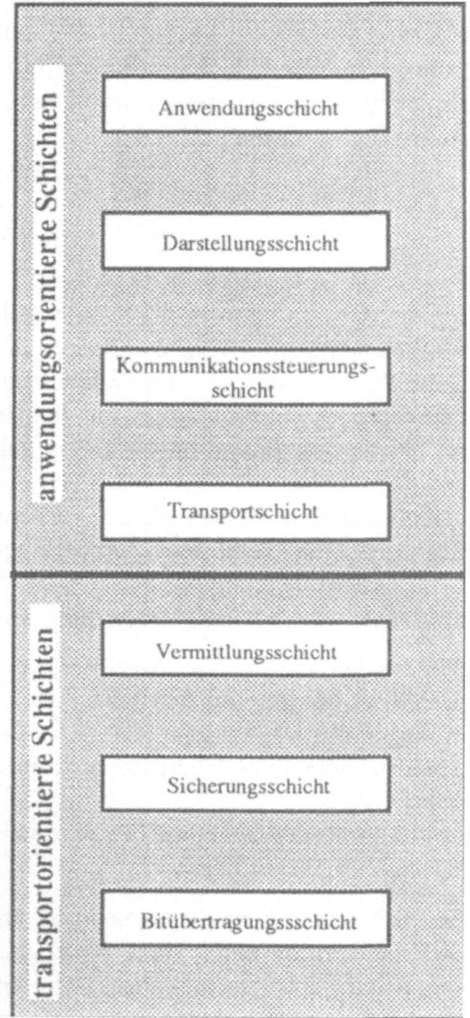

In der Schicht 7 werden die System- und Anwendungssteuerungen durchgeführt.

In der Schicht 6 werden der Anwendungsschicht Dienste zur Verfügung gestellt, die auf der Interpretation ausgetauschter Daten beruhen. Es erfolgen Transformationen zwischen rechnerspezifischen Darstellungen.

Anwenderprozesse und die von ihnen ausgehenden Aufträge an die Darstellungsschicht werden einzelnen Sitzungen zugeordnet. Die Verwaltung einer Sitzung übernimmt Schicht 5.

Die Schicht 4 errichtet, steuert und beendet die von einer Endstelle zur anderen führenden Transportverbindungen.

In der Schicht 3 wird festgelegt, wie eine Netzverbindung zwischen den Endsystemen aufgebaut wird.

Aus der ungesicherten Übertragung in Schicht 1 wird mit Hilfe der Schicht 2 eine gesicherte Übertragung erreicht.

Die Bitübertragungsschicht stellt die ungesicherte Übertragung einer Information auf der Übertragungsstrecke bereit.

Abb. 3.1. Das Schichtenmodell für die offene Kommunikation/KRÜG-86; KRÜG-84/

- Terminal-to-Terminal-Communication (zwei Terminal-Benutzer können miteinander kommunizieren),
- Remote Terminal Facilities (Ein Terminal kann mit einem anderen Rechner des Mehrrechnersystems logisch verbunden werden. Alle Kommandos, die der Benutzer dann eingibt, werden auf dem abgesetzten Rechner ausgeführt und die Quittungen erscheinen auf seinem Bildschirm.),
- Network Management Facilities,
- Down-Line Loading (Betriebssystem und Programme können auf einem Host-Rechner gehalten und auf Anfrage zum Satellitenrechner geladen werden.),

- Loopback Testing (Testmöglichkeit zur Überprüfung der Funktionsfähigkeit der physikalischen Leitungen).

Diese Dienste werden mit Hilfe von Software-Moduln, die jeweils in einer Schicht angesiedelt sind, realisiert. Solche Software-Moduln können sein

- User programs,
- Network Management Routines,
- Remote File Access Routines,
- Session Control Moduln,
- NSP Moduln,
- Routing Moduln (Netzwerkfunktion, die den Weg für eine zu transportierende Dateneinheit bestimmt, wird als Routing bezeichnet)
- DDCMP-Modul,
- X.25 -Modul,
- Ethernet-Modul,
- Line A-, B-, C-, D-, E-Controller.

Auf Einzelheiten kann in diesem Bericht aus Platzgründen nicht näher eingegangen werden, siehe entsprechende Literatur /KRÜG-86; DEC-80/.

Ferner müssen zur Kommunikation je nach Anwendung des Außendienstunterstützungssystems unter Umständen folgende Mechanismen und Dienste bereitgestellt werden:

- Mechanismen zur Unterstützung verteilter Anwendungen,
- Mechanismen zur Datenkompression vor der Datenübertragung oder -speicherung,
- Mechanismen zur Datenverteilung,
- Mechanismen zur Gewährleistung der Datensicherheit,
- Mechanismen zum Downloading neuester Programmversionen und Datensätze,
- Electronic Mail und
- Electronic Conferencing.

3.2 Netzwerke

3.2.1 *Local Area Networks (LANs)*

Unter einem Local Area Network ist ein Datenkommunikationssystem zu verstehen, das die Kommunikation zwischen mehreren unabhängigen Geräten ermöglicht. Als Endgeräte kommen hierbei

- DV-Anlagen,
- Terminals,
- PCs,
- Arbeitsplatzsysteme,
- Datenerfassungsgeräte,
- File-Server,
- Print-Server und

- andere kommunikationsfähige Endgeräte

in Frage /HÖRI-83/.

Ein wesentliches Merkmal eines Local Area Network ist die Beschränkung seiner Ausdehnung auf geographisch beschränkte Gebiete - z.B. ein Unternehmensgelände, ein Bürogebäude oder ein Campus -, wobei sich das Local Area Network meist im Besitz und Gebrauch einer einzelnen Organisation befindet. Desweiteren sind die meisten LANs in der Ausdehnung durch den technischen Aufbau begrenzt. Typisch ist eine maximale Ausdehnung von einigen 100 m bis zu wenigen km, wobei in Sonderfällen auch Entfernungen von 20 km und mehr möglich sind. Die Ankopplung eines LAN an andere LANs oder WANs geschieht mit Hilfe von Verbindungsgliedern. Die Verbindungsglieder zwischen Netzen mit gleicher Struktur werden "Bridges", die zwischen solchen mit ungleicher Struktur "Gateways" genannt. Ein Gateway setzt auf der siebten Schicht des ISO-OSI-Referenzmodells auf und führt Protokollkonvertierungen durch, während eine Bridge auf der zweiten Schicht des Modells aufsetzt. Ein Local Area Network besitzt einen Kommunikationskanal mittlerer oder hoher Datenrate, welcher sich durch eine niedrige Fehlerrate auszeichnet /GREM-86; HÖRI-83/.

Local Area Networks können anhand von technischen Merkmalen wie

- Ausdehnung,
- Anzahl der Anschlußpunkte,
- Netzwerktopologien (s.u.),
- Übertragungsmedien,
- Bandbreite sowie
- Vermittlungs- und Zugangsverfahren (s.u.)

klassifiziert werden /HÖRI-83/.

Netzwerk-Topologien

Unter "Topologie" ist die Art der Verbindung zwischen den Netzstationen zu verstehen. Die wesentlichen Grundformen im LAN-Bereich sind die Stern-, die Bus- sowie die Ringstruktur. Desweiteren treten Kombinationen dieser Grundformen auf. Die Topologie steht in direktem Bezug sowohl zur Leistungsfähigkeit, als auch zur Erweiterbarkeit sowie zur Ausfallsicherheit eines Netzes /GREM-86/.

In Sternsystemen kommunizieren alle angeschlossenen Stationen über eine gemeinsame Zentralstation, über die sämtliche Übertragungen laufen. Der Vorteil der Sternstruktur ist in ihrer leichten Erweiterbarkeit sowie dem Umstand zu sehen, daß durch den Ausfall einer Nebenstation das übrige Netz keine Beeinträchtigung erfährt. Nachteilig ist allerdings, daß die Leistungsfähigkeit durch die Zentralstation bestimmt wird.

In Bussystemen erfolgt die Kommunikation über eine gemeinsame Leitung, den Bus, an den alle Stationen angeschlossen sind. Vorteilhaft ist auch hier das einfache Anschließen und Entfernen einzelner Stationen durch ihre passive Ankopplung. Ebenso wie in Sternsystemen hat hier also der Ausfall einer Station keine weiteren Auswirkungen auf das Gesamtsystem. Allerdings führt der Ausfall des Busses zum Totalausfall des Netzes. Einen Spezialfall der Busstruktur stellt die Baumstruktur dar.

In Ringsystemen besitzt jede Station genau einen Vorgänger und einen Nachfolger, wobei die Stationen einen Ring bilden. Die Kommunikation findet meist unidirektional statt. Der Ring ist aus getrennten Abschnitten zwischen den Stationen aufgebaut. Die Nachricht wird der Reihe nach von Station zu Station geschickt, wobei die jeweilige Station entscheidet, ob die Nachricht vom Ring zu nehmen ist oder ob sie weiterzuleiten ist. Entscheidend ist hierbei, daß die Nachricht bei der Weitergabe regeneriert wird. Im Gegensatz zu den beiden oben beschriebenen Strukturen führt hier der Ausfall einer Station zum Gesamtausfall des Rings.

Zugangsverfahren

Auf dem Übertragungsmedium kann zu einem Zeitpunkt immer nur eine Informationsübertragung stattfinden. Daher ist der Zugang zu regeln. Die Zugangsverfahren der lokalen Netze, in denen meist alle Teilnehmer gleichberechtigt sind, lassen sich im wesentlichen in Verfahren mit kollisionsfreiem Zugang und Verfahren mit Kollisionsmöglichkeit gliedern.

CSMA/CD (Carrier Sense Multiple Access with Collision Detection) ist ein *kollisionsbehaftetes* Verfahren, bei dem jede sendewillige Station das Netz abhört. Stellt die Station fest, daß das Netz frei ist, so sendet sie und hört gleichzeitig das Netz auf eventuell stattfindende Kollisionen ab. Im Kollisionsfall wiederholt der Sender den oben beschriebenen Vorgang nach einer zufälligen Zeitdauer (Time-out). Die zufällige Wahl des Time-out ist notwendig um zu verhindern, daß dieselbe Kollision nochmals auftritt.

Ein Verfahren, das einen *kollisionsfreien* Zugang realisiert, ist das Token-Verfahren. Ein Token ist ein Bitmuster, welches auf einem logischen Ring von Station zu Station zirkuliert. Will eine Station senden, so muß sie auf ein freies Token warten. Nachdem sie ein freies Token in ein belegtes geändert hat, kann sie anschließend ihre Nachrichten übertragen. Jede Station kontrolliert die ankommenden Nachrichten, wobei sie eine nicht für sie bestimmte Nachricht weitersendet. Andernfalls kopiert der Empfänger die Nachricht und sendet das mit einer Quitting versehene Original zurück. Der Sender nimmt anschließend die eigene Nachricht wieder vom Netz und erzeugt ein freies Token /GREM-86/.

Exemplarisch wird im folgenden das Ethernet kurz beschrieben. Im Ethernet werden die Endgeräte über ein Koaxialkabel verbunden, wobei mit einem Hochgeschwindigkeits-Koaxialkabel Geschwindigkeit von 10 Mbit/s erreicht werden. Eine Verbindung mit anderen Systemen oder Netzen ist möglich über entsprechende Gateways oder Routers (Verbindungsglieder zwischen LANs auf Schicht 3 des ISO-OSI-Referenzmodells). Das Ethernet-Kabel hat eine maximale Länge von 500 m. Reichen 500 m nicht aus, so werden die einzelnen Koaxialkabel - mit einer Länge von je 500 m - mit Hilfe von sogenannten Repeatern (Verstärker) verbunden. Jedes dieser Segmente wird mit einem Terminator abgeschlossen, der die Nachrichten am Busende vernichtet. Dies ist notwendig um Reflexionen zu vermeiden.

3.2.2 Wide Area Networks (WANs)

Ein Wide Area Network ist in seiner geographischen Ausdehnung nicht beschränkt. Betrachtet man die heute existierenden Wide Area Networks, so ist festzustellen, daß sie noch nicht nach den ISO/OSI-Empfehlungen strukturiert sind. Diese Rechnerverbundsysteme bauen oft auf den Postdiensten ihre eigenen Netzwerkarchitekturen auf, welche meist herstellerspezifisch sind /KRÜG-84/.

Eines der ersten modernen Weitverkehrs-Rechnernetze mit sehr vielen heterogenen Rechnern ist das ARPANET (Advanced Research Project Agency = ARPA). Im ARPANET wird eine Nachricht in verschiedene Pakete - sogenannte Datagramme - unterteilt, die sich ihren Weg durch das Netz unabhängig voneinander mit Hilfe einer dezentralen Wegwahl (distributed routing) suchen /KRÜG-84/.

Das DFN (Deutsches Forschungsnetz) ist ein Modell eines Rechnernetzes der Zukunft. Auf der Basis der DATEL-Dienste der Deutschen Bundespost, insbesondere des Datex-P Dienstes, soll das DFN voll auf den ISO/OSI- bzw. CCITT-Protokollen aufbauen. Hierdurch soll die herstellerunabhängige Zugänglichkeit ereicht werden /KRÜG-84/.

Über verschiedene WANs besteht ein Zugang zu anderen WANs, so z.B. von dem hauptsächlich in den USA verbreiteten CSnet (Computer Science Network) über einen CSnet-Host zu ARPANET, BITNET, JANET (England), USEnet oder von EARN zu BITNET. EARN, ein von der Firma IBM für einige europäische Hochschulen und Forschungseinrichtungen kostenlos eingerichtetes Netz, ist ein Store-and-forward-Netzwerk, das über Standleitungen betrieben wird, wobei Satellitenverbindungen in die USA existieren. In einem Store-and-forward-Netzwerk werden die Datenpakete in den Netzknoten zwischengespeichert und zeitversetzt weitergeleitet /KRÜG-84/.

3.3 Verfahren

3.3.1 Datensicherheit, Kryptographie

Drei Grundprobleme kennzeichnen die Verwendung von AUDIUS für ein Unternehmen:

– Eine täuschungssichere Partnererkennung und beweissichere Identifizierung des Anwenders bzw. desjenigen, der auf Daten oder Systemressourcen zugreift, muß gewährleistet werden können.
– Die Verschlüsselung sensitiver (unternehmensinterner, produktdefinierender) Daten vor der Übertragung über Kommunikationsmedien muß möglich sein.
– Daten, wie beispielsweise Texte, Zeichnungen, Bilder etc. müssen komplett gegen nicht nachweisbare Veränderungen geschützt werden.

Zur Erbringung dieser Leistungsmerkmale sind geeignete Methoden zu verwenden, die die Grundfunktionen

– Signieren und Authentifizieren
– Chiffrieren und Dechiffrieren

ohne Benutzereingriff in entsprechenden Kryptographie-Moduln der Basis-Software bereitstellen, ohne das Datenvolumen in unvertretbarem Ausmaß zu erhöhen.

Datenkommunikation in einem AUDIUS ist unterschiedlichen Gefährdungen ausgesetzt, gegen die Maßnahmen ergriffen werden müssen. Die Gefährdungen beruhen auf Interessen von Unbefugten, etwas über die gesendeten bzw. empfangenen Daten bzw. etwas über das Verhalten von Sender und Empfänger zu erfahren, sei es aus Neugier oder aus betriebswirtschaftlichen Interessen, z.B. Information über das Produkt, das gerade neu entwickelt wird /RULA-87/.

Im folgenden soll auf die Gefahren und später auf Dienste eingegangen werden, die ein Kommunikationssystem bereitstellt, um eine vertrauliche Kommunikation zu ermöglichen. Man unterscheidet aktive und passive Angriffe. Passive Angriffe sind solche, die weder den Betrieb des Kommunikationssystems noch die übermittelten Nachrichten ändern; andernfalls handelt es sich um aktive Angriffe. Dazu gehören

- Wiederholung oder Verzögerung einer Information, z.B. mehrfache Aufforderung zur Überweisung eines Geldbetrags,
- Einfügen und Löschen bestimmter Daten,
- Sabotage des Kommunikationssystems,
- Modifikation der Daten,
- Vortäuschen einer falschen Identität und
- Leugnen einer Kommunikationsbeziehung.

Bei den passiven Angriffen unterscheidet man Abhören der Verkehrsdaten (Kommunikationspartner) und Abhören der Inhalte der übermittelten Nachrichten.

Um diesen Gefährdungen zu begegnen, sind je nach dem Grad der Gefährdung unterschiedliche Maßnahmen zu ergreifen. Diese sollten modular in Form von Diensten implementiert werden, damit sie beliebig untereinander kombiniert werden können. Diese Sicherheitsdienste sind auf Schicht 2 des ISO/OSI-Referenzmodells (Sicherungsschicht) anzusiedeln. Es werden folgende Sicherheitsdienste unterschieden:

- Gewährleistung der Vertraulichkeit der Daten,
- Verhinderung einer Verkehrsflußanalyse,
- Gewährleistung der Datenunversehrtheit,
- Authentizitätsüberprüfung des Kommunikationspartners,
- Zugangskontrolle,
- Sendernachweis und
- Empfängernachweis.

Die aufgezählten Sicherheitsdienste lassen sich mit unterschiedlichen Werkzeugen erreichen. Im folgenden soll lediglich auf

- Gewährleistung der Vertraulichkeit der Daten,
- Verhinderung einer Verkehrsflußanalyse und
- Authentizitätsüberprüfung des Kommunikationspartners

eingegangen werden. Die Literatur (z.B. /RULA-87/) gibt Auskunft darüber, wie weitere Sicherheitsdienste erbracht werden können.

Übertragene Informationen bestehen technisch aus den transportierten Nutzdaten (Text, Bild, Ton) und den Vermittlungsdaten (Adressen, Zeit, ...).

Die daraus zu gewinnenden Daten kann man inhaltlich weiter einteilen in

- Inhaltsdaten, d.h. der Inhalt ist vertraulich,
- Interessendaten, d.h. Informationen über das Interesse des Teilnehmers an Nachrichten, deren Inhalt nicht vertraulich ist (z.B. Auskünfte über Fernsehgewohnheiten des Teilnehmers), und
- Verkehrsdaten, z.B. wann der Teilnehmer wie lange mit wem kommuniziert /PFIT-88/.

Diese Auflistung zeigt, daß innerhalb von Kommunikationsnetzen, insbesondere innerhalb von öffentlichen Netzen, die Vertraulichkeit von Daten in vielerlei Hinsicht gefährdet ist. Die wirksamste Maßnahme, die ergriffen werden kann, ist die Verschlüsselung von Daten. Im folgenden wird auf verschiedene Methoden der Verschlüsselung eingegangen, bevor dann Aussagen über die Wirksamkeit dieser Methoden gemacht werden.

3.3.1.1 Verfahren zur Authentizitätsüberprüfung

Im Rahmen vergrößerter Kommunikationsmöglichkeiten durch Zunahme der Standardisierung etc., wächst das Bedürfnis nach Identifikation und Authentizitätsprüfung, d.h. Teilnehmer A will die Sicherheit haben, daß er mit dem gewünschten Teilnehmer B verbunden ist, Teilnehmer B will die Sicherheit haben, daß Teilnehmer A ihn angewählt hat.

Prinzipiell unterschiedliche Verfahren hierfür sind

– Passwort-Methoden und
– kryptographische Methoden.

Besonders von Interesse ist die zweite Methode; die Teilnehmer-Kennung wird verschlüsselt übertragen, je nach Protokoll erfolgt die Überprüfung ein- oder zweiseitig.

Bei Passwörtern sind die Schwierigkeiten mit der Geheimhaltung und Qualität (z.B. Vorname des Ehepartners, eines Kindes) von Passwörtern nicht zu verhindern, so daß diese Methode den Bedürfnissen eines Kommunikationssystems nicht gerecht wird. Inwieweit eine Authentizitätsüberprüfung überhaupt benötigt wird, hängt von der Anwendung ab.

3.3.1.2 Verschlüsselungsstrategien

Für den Einsatz eines Verschlüsselungssystems zum Schutze der Kommunikation stehen zwei Strategien zur Verfügung, die beide sinnvoll sind, aber leider nicht sämtliche Probleme lösen /PFIT-88/, nämlich

– Verbindungsverschlüsselung und
– Ende-zu-Ende-Verschlüsselung.

Die erste Strategie besteht darin, alle Daten jeweils zwischen zwei benachbarten Netzknoten zu verschlüsseln. Der Nachteil dieses Verfahrens ist offensichtlich: In den Vermittlungsknoten liegen sämtliche Daten unverschlüsselt vor.

Die zweite Strategie beinhaltet eine Verschlüsselung der Daten zwischen den Teilnehmerstationen. Dies hat den Nachteil, daß nur Nutzdaten, nicht aber Verkehrsdaten und Interessendaten geschützt sind. In /PFIT-88/ wird deshalb die Forderung erhoben, die Verkehrsdaten vor dem Betreiber der Vermittlungseinrichtungen zu schützen und zusätzlich zum Schutz der Inhaltsdaten eine Ende-zu-Ende Verschlüsselung für sensitive Daten (z.B. personenbezogene Daten, Geschäftsgeheimnisse) vorzunehmen. Um Verkehrsdaten zu schützen, kann man Schutzmaßnahmen außerhalb und innerhalb des Netzes ergreifen. In diesem Zusammenhang soll hierauf nicht näher eingegangen werden, besonders im Bereich öffentlicher Netze (die ja auch von einem AUDIUS benutzt werden) bleibt die Problematik zu beachten. Fertige Produkte existieren noch nicht /PFIT-88/.

3.3.1.3 Verschlüsselungsverfahren

Es werden grundsätzlich zwei Typen von Verschlüsselungsverfahren unterschieden:

– private key oder symmetrische Verfahren, Verfahren mit geheimen Schlüsseln.
– public key oder asymmetrische Verfahren, Verfahren mit öffentlichen Schlüsseln .

Beim ersten Typ (Abb. 3.2) wird nur ein Schlüssel sowohl für die Ver- als auch für die Entschlüsselung verwendet. Dieser Schlüssel muß zwischen den Kommunikationsteilnehmern zuvor über ein sicheres Medium (z.B. Boten) ausgetauscht werden. Das wohl einfachste denkbare Verfahren für Textdaten bestünde nun darin, zu dem rechnerinternen Code eines jeden Zeichens eine konstante Zahl hinzuzuaddieren und bei der Entschlüsselung wieder zu subtrahieren. Dadurch ist der Text zwar während der Übermittlung nicht lesbar, jedoch hat diese Art der Verschlüsselung den gravierenden Nachteil, daß der Schlüssel aufgrund der unterschiedlichen Buchstabenhäufigkeit sehr leicht geknackt werden kann. Da so auch nur Text verschlüsselbar ist, während in einem AUDIUS auch andersartige Daten zu übertragen sind, ist nach besseren Verschlüsselungsmethoden zu suchen. Beispielhaft für Private-Key-Kryptosysteme wird das DES-Verfahren in Abschnitt IV.3.3.1.3.1. beschrieben. Dieses Verfahren bietet trotz der Einfachheit seiner Implementierung eine ausreichende Sicherheit, so daß es auch zwischen Banken zur Verschlüsselung des Zahlungsverkehrs angewandt wird.

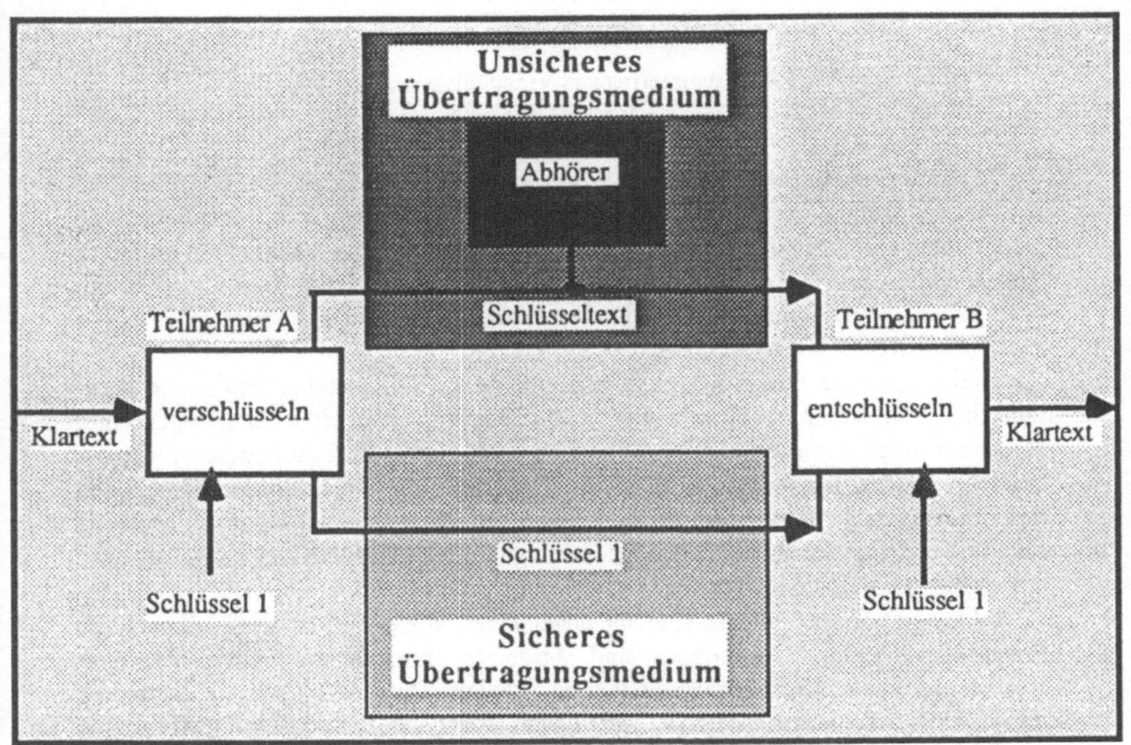

Abb. 3.2. Symmetrisches Verschlüsselungsverfahren

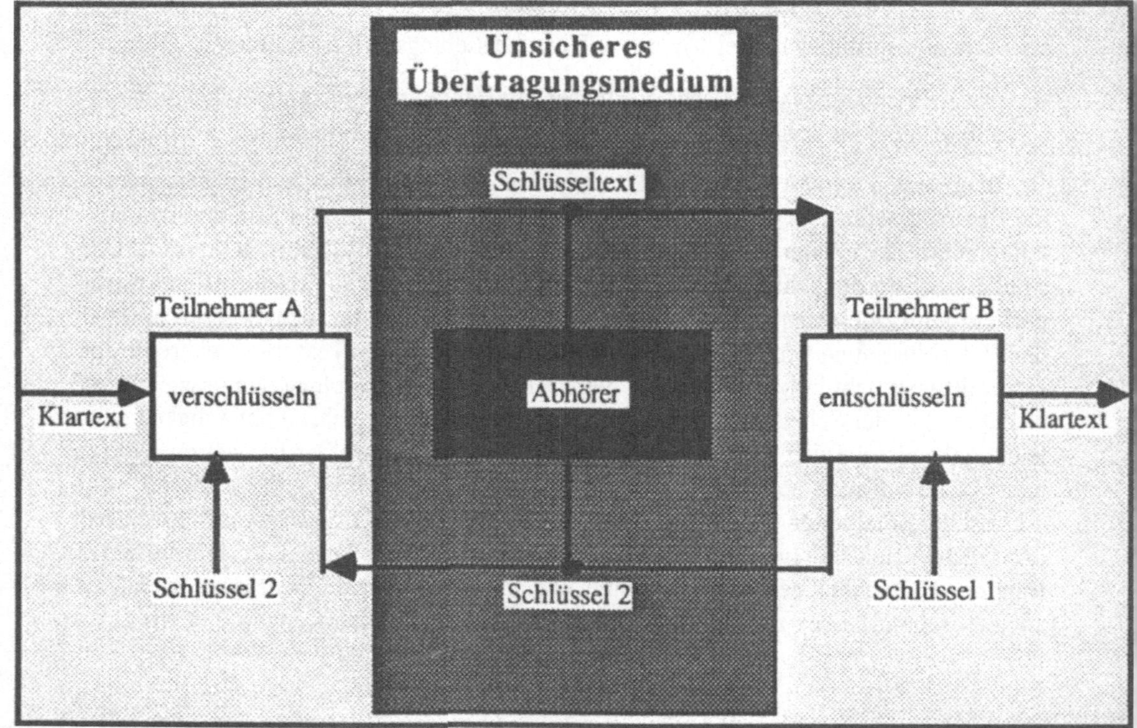

Abb. 3.3. Asymmetrisches Verschlüsselungsverfahren

Beim zweiten Verfahren (Abb. 3.3) werden zwei verschiedene Schlüssel verwendet, der eine zum Verschlüsseln, der andere zum Entschlüsseln. Jeder Empfänger von Nachrichten gibt (öffentlich) einen Schlüssel bekannt, mit dem Nachrichten an ihn zu verschlüsseln sind. Den (davon verschiedenen) Schlüssel zum Entschlüsseln der Nachrichten kennt jedoch nur er. Derartige Verfahren wurden erstmals 1976 von /DIFF-76/ vorgeschlagen /HORS-85/.

Einige spezielle Public-Key-Kryptosysteme (Abb. 3.4) bieten überdies die Möglichkeit durch Kombination von Ver- und Entschlüsselung dem Empfänger einer Nachricht unter Beibehaltung der Abhörsicherheit einwandfrei zu beweisen, wer der Sender war ("digitale Unterschrift"). Das Verfahren funktioniert immer dann, wenn das Ergebnis dasselbe ist - egal ob man zuerst den Verschlüssel (den zum Verschlüsseln verwendeten Schlüssel) und dann den zugehörigen Entschlüssel anwendet oder umgekehrt /HORS-85; RULA-87/.

Public-Key-Kryptosysteme sind im allgemeinen komplizierter zu handhaben als Private-Key-Systeme. Außerdem sind bisherige Implementierungen derartiger Systeme mit einer Übertragungsrate von nur wenigen Dutzend bit/s relativ ineffizient /SERP-85/. In Kapitel IV.3.3.1.3.2. wird exemplarisch für Public-Key-Kryptosysteme das RSA-Verfahren vorgestellt.

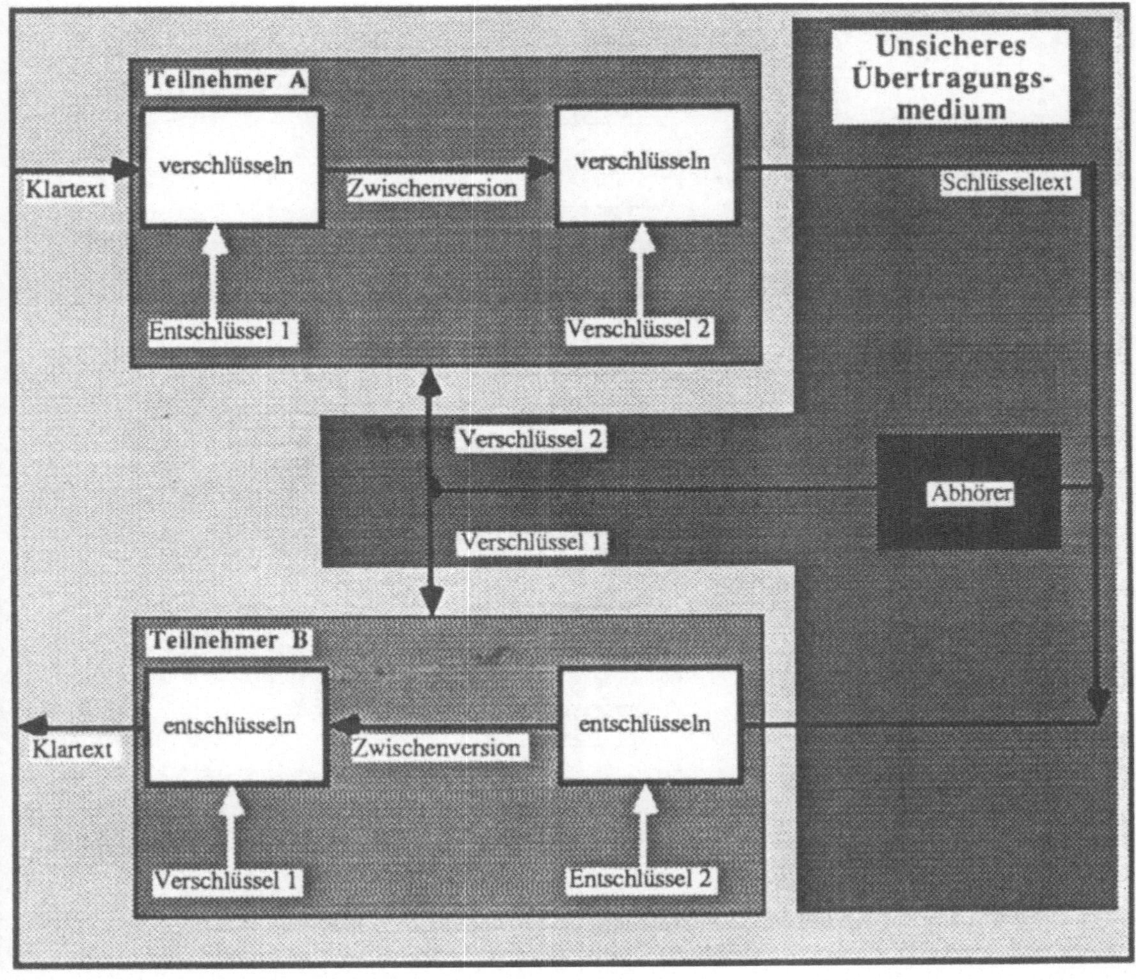

Abb. 3.4. Asymmetrisches Verschlüsselungsverfahren mit digitaler Unterschrift

Um den Vorteil der höheren Übertragungssicherheit von Public-Key-Systemen mit dem Vorteil der wesentlich höheren Übertragungsraten von Private-Key-Systemen zu vereinigen, schlagen /SERP-85/ vor, die Kommunikationsverbindung mithilfe eines Public-Key-Systems aufzubauen, einen nach dem Public-Key-System verschlüsselten geheimen Schlüssel zu übergeben und danach die Kommunikation mit einem Private-Key-System durchzuführen.

3.3.1.3.1 DES-Verfahren

Das DES-Verfahren (Data Encryption Standard) gehört zur Gruppe der Produkt-Verschlüsselungsverfahren. Bei diesen werden Elementarverschlüsselungen mit verschiedenen kryptographischen Eigenschaften verknüpft.

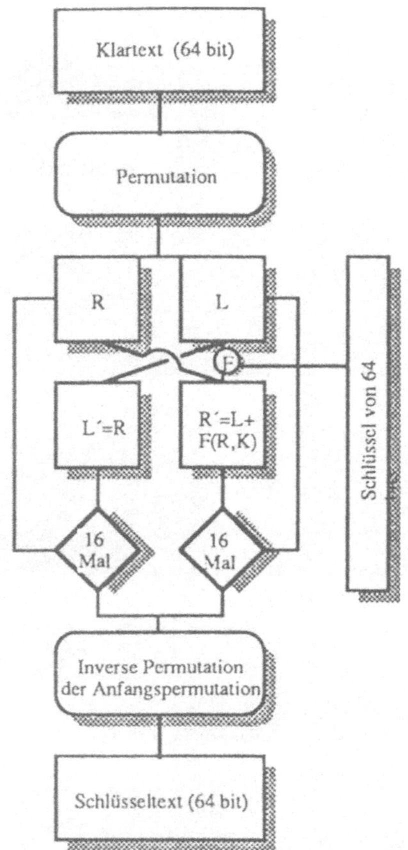

Abb. 3.5. Prinzipieller Aufbau des DES-Verfahrens

Es wird bei DES jeweils ein Block des Textes (64 bit) unter Verwendung eines Schlüssels von 64 bit Länge (56 bit + 8 bit Partität) in 64 bit Schlüsseltext umgesetzt. Die Blockverschlüsselung setzt sich aus verschiedenen Schritten zusammen, Abb. 3.5.

Im ersten Schritt wird eine vom Schlüssel unabhängige Permutation des Klartextes vorgenommen. Daraufhin folgen 16 Iterationsschritte, bei denen jeweils die rechte Hälfte des teilweise verschlüsselten Textes einer Stufe zur linken Hälfte der nächsten Stufe wird.

Die linke Hälfte verknüpft man durch bitweise logische Antivalenz (XOR; eXclusive OR) mit dem Ergebnis einer aus einer Permutation und einer nichtlinearen Substitution zusammengesetzten Funktion, die von der rechten Hälfte und von einem 48 bit langen Schlüssel abhängt. Dieser Schlüssel wird für jeden Iterationsschritt durch eine gesonderte Auswahlfunktion aus den 64 bit des Gesamtschlüssels berechnet. Das Ergebnis der Antivalenz bildet die rechte Hälfte der Eingabe für die nächste Stufe.

Nach der 16. Iteration werden die linke und die rechte Hälfte wieder vertauscht, die schlüsselabhängige Funktion wird dann nicht mehr angewendet. Im letzten Schritt wendet man die zum ersten Schritt inverse Permutation auf die 64 bit an.

Mit diesem Verfahren erzielte /ASSM-88/ auf einem Macintosh II Geschwindigkeiten bis zu 280 kbit/s, wobei die Erzielung einer höheren Geschwindigkeit mit einem hohen Hauptspeicherbedarf verbunden ist.

Verschiedene Betriebsarten

DES kann - je nach gewünschter Anwendung - in verschiedenen Betriebsarten eingesetzt werden. Man unterscheidet:

- ECB (Electronic Code Book Mode; Elektronisches Codebuch),
- CBC (Cipher Block Chaining Mode; Blockverkettung des Schlüsseltextes),
- CFB (Cipher FeedBack Mode; Schlüsseltextrückführung) und
- OFB (Output FeedBack Mode; Rückführung des DES-Outputs),

die alle bereits genormt sind /HORS-85; DINI-87/. Der Unterschied zwischen den einzelnen Betriebsarten betrifft die Art der Anwendung.

Bei der ECB-Betriebsart wird jeweils ein 64-bit Klartextblock in einen 64-bit-Geheimtextblock verschlüsselt, andere Blöcke werden nicht beeinflußt. Auch wenn das Verfahren schnell ist, ist es doch für ein AUDIUS ungeeignet, da es einen gravierenden Nachteil hat: Gleiche Muster in Klartextblöcken haben auch gleiche Muster in Geheimtextblöcken zur Folge. Außerdem können an einem im ECB-Modus verschlüsselten Text leicht Änderungen vorgenommen werden, ohne daß der Empfänger der Nachricht die Manipulation bemerkt.

Bei CBC wird der Nachteil der ECB-Betriebsart vermieden. Hier wird zu Beginn ein Zwischenspeicher mit einem 64-bit-Startwert initialisiert, der als C0 interpretiert wird. Nun wird jeweils Cn-1 zu pn addiert und die gesamte Summe verschlüsselt. Bei der Entschlüsselung muß Cn entschlüsselt werden und danach Cn-1 addiert werden.

Die beiden anderen oben aufgeführten Modi dienen vorwiegend der Übertragung von Nachrichten, die zeichenweise sofort nach ihrer Entstehung zu übertragen sind. Sie sind hier lediglich der Vollständigkeit halber aufgeführt; für die gewünschte Anwendung sind sie nicht geeignet. Näheres hierzu findet man bei /ASSM-88/. Dort ist das DES-Verfahren beispielhaft in Pascal und Assembler implementiert. Eine Portierung auf andere Rechner und Programmiersprachen ist möglich und wurde von /MÜHL-89/ für den Prozessor 80286 durchgeführt.

Falls man bei Anwendung eines DES-Verfahrens jeder potentiellen Kommunikationsverbindung einen eigenen Schlüssel zuordnet und diesen gelegentlich ändert, so läßt sich bei Bekanntwerden eines Schlüssels der Schaden auf einfache Weise gering halten. Schickt man die Änderungsmitteilung mit dem alten Schlüssel verschlüsselt über die Datenleitung, so erhält ein Abhörer, der in den Besitz eines Schlüssels gekommen ist, alle neuen Schlüssel ebenfalls. Daher wäre es wünschenswert, daß die Nachricht einer Schlüsseländerung durch einen Boten überbracht bzw. dem Außendienstmitarbeiter bei einem Besuch in der Zentrale übergeben wird. Da die Schlüssel bei ihrer Anwendung nicht auf dem Bildschirm erscheinen sollen und der Außendienstmitarbeiter außerdem sein Gedächtnis nicht mit der Kenntnis Dutzender von Schlüsseln belasten soll, müssen alle für einen Außendienstmitarbeiter relevanten Schlüssel in einer Datei gespeichert sein, die für Dritte unzugänglich ist (z.B. auf einer Diskette, die der AD-Mitarbeiter stets bei sich trägt, oder auf einer scheckkartenähnlichen Magnetkarte). Für besonders sensible Datenleitungen wäre es auch denkbar, daß der Schlüssel nach jeder erfolgreichen Datenübertragung in einer bestimmten mit dem Schlüssel festgelegten Art und Weise manipuliert wird. Dadurch läßt sich einwandfrei überprüfen, ob nicht zwischenzeitlich ein Unbefugter das System (z.B. durch Herausfiltern einer Nachricht) gestört hat.

3.3.1.3.2 RSA-Verfahren

Das RSA-Verfahren ist das erste realisierte Public-Key-Verfahren. Es wurde 1978 am MIT Laboratory for Computer Science von Roland Rivest, Adi Shamir und Leonard Adleman entwickelt. Da das Verfahren selbst, insbesondere aber auch der Beweis, daß es sich hierbei tatsächlich um ein Public-Key-Kryptosystem handelt, einige Mathematik erfordert, sei es hier nur kurz skizziert. Der an Details oder an der Erzeugung von Unterschriften interessierte Leser sei auf /HORS-85/ und die dort zitierte Literatur verwiesen.

Das Verfahren erfordert /HORS-85/

- zwei voneinander verschiedene Primzahlen p und q und deren Produkt n = pq (um eine ausreichende Sicherheit zu gewährleisten, sollte sowohl p als auch q mehr als 100 Stellen haben und gewisse andere Anforderungen erfüllen),
- zwei Zahlen e und d mit $0 \leq e, d \leq n-1$ und ed = 1 (mod pq),
- die Nachricht m der Länge $0 \leq m \leq n-1$; ist die Nachricht zu groß, d.h. $m \geq n$, so muß sie in Blöcke geeigneter Länge unterteilt werden.

Die benötigten Schlüssel sind

- zum Verschlüsseln: e und n; beide öffentlich,
- zum Entschlüsseln: d und n; d geheim.

Die Chiffrierfunktionen sind

- zum Verschlüsseln:E: [0, n-1] --> [0, n-1] mit E(x) = x ** e (mod n),
- zum Entschlüsseln:D: [0, n-1] --> [0, n-1] mit D(x) = x ** d (mod n).

Die Komplexität des Verfahrens beginnt bereits damit, daß Primzahlen p und q, die den genannten Anforderungen genügen, sehr schwer zu finden sind. Nähere Betrachtungen hierzu würden jedoch den Rahmen der vorliegenden Arbeit sprengen.

3.3.1.4 Sicherheit in öffentlichen Netzen

3.3.1.4.1 Fernsprechnetz /PFIT-88; KREU-88/

Niedrige Datenraten und allgemein öffentlicher Zugang erleichtern den Angriff. Datenmanipulationen, Abhören mit Modem oder Akustikkoppler bereiten keine Schwierigkeiten. Btx oder Mailboxen bieten zusätzliche Schwachpunkte.

Bei der Weiterentwicklung der Sprecher- und später auch der Sprachentwicklung kann das Telefonnetz innerhalb weniger Jahre zu einer automatischen Überwachung von Inhaltsdaten vieler Teilnehmer mißbraucht werden. Die Verkehrsdaten von Teilnehmern sind beobachtbar; der Teilnehmer eines analogen Anschlusses kann sich nur schwer gegen Abhören schützen, da die üblichen Schutzmaßnahmen eine Digitalübertragung voraussetzen /PFIT-88/. Auch hier muß der Teilnehmer durch eine Verschlüsselung dafür sorgen, daß die Folgen eines Angriffs zu keinen schlimmen Konsequenzen führen.

3.3.1.4.2 Telexnetz /KREU-88/

Die niedrige Datenrate verbunden mit einem einfachen Protokoll erleichtert einen Angriff. Eine Möglichkeit der Abhilfe ist das Voranstellen einer Kennung vor die eigentliche Nachricht.

3.3.1.4.3 Datex-L und Datex-P /KREU-88/

Hohe Übertragungsraten und die Bildung von Benutzerklassen und optionaler Teilnehmerkennung erschwert den Angriff bei Datex-L. Bei Datex-P sorgt die Paketvermittlung für große Sicherheit innerhalb des Netzes. Verkehrsdaten und Inhaltsdaten sind dort geschützt, am Netzzugang gibt es Probleme. PAD-Einrichtungen vom Telefonnetz aus bergen alle Gefahren in sich wie das Telefonnetz. Die Gefahr ist größer als im Telefonnetz, da Datex-P potentiellen Angreifern mit seinen Möglichkeiten viel mehr Informationen liefern kann.

3.3.1.4.4 ISDN /PFIT-88; KREU-88/

Hauptkennzeichen des in Kapitel IV.3.4.1.9. näher beschriebenen ISDN ist die Dienstintegration, d.h. es gibt nur ein Netz für sämtliche Dienste. Damit wird eine Fülle von Daten in einem Netz angesammelt, die für eine Vielzahl von Leuten von Interesse ist. Integration bis zu ausländischen Netzen ermöglicht es z.B. auch ausländischen Geheimdiensten auf inländische Daten zuzugreifen.

Ein weiteres Kennzeichen von ISDN ist die Übertragung von digitalen Werten. Sie können durch ISDN leichter übertragen, leichter verarbeitet, insbesondere vermittelt, allerdings auch leichter verschlüsselt werden.

Die Post bietet keine Sicherheitsdienste an, so daß der Schutz auf private Einrichtungen beschränkt bleiben muß. Der Teilnehmer muß seine Daten verschlüsseln, da sie im öffentlichen Netz abgehört werden können.

3.3.1.5 Einbindung der Sicherheitsdienste in das ISO-OSI-Referenzmodell

Die oben vorgestellten Sicherheitsdienste (Vertraulichkeit der Daten, Authentizitätsüberprüfung) beziehen sich jeweils auf eine Schicht im Rahmen des ISO-OSI-7 Schichten-Modells. Es ist die Instanz einer Schicht, die authentisiert wird, und bei der Gewährleistung von Daten-Vertraulichkeit handelt es sich um Daten einer Schicht. Wie für jeden anderen Dienst gilt für einen Sicherheitdienst auch, daß jede Schicht N der nächsthöheren Schicht den Dienst anbietet und daß die nächsthöhere Schicht, die sich des Dienstes bedienen will, die geforderte Dienstgüte in Form von Parametern angibt. In Abhängigkeit von der Art der Dienste (verbindungsorientiert, verbindungslos) steht der Zeitpunkt, an dem die Sicherheitsdienste angefordert werden.

Die entscheidende Frage ist nun, in welcher Schicht welche Sicherheitsdienste sinnvoll sind und mit Hilfe welcher Werkzeuge diese Dienste erbracht werden können. Nicht vorgeschrieben ist die spezielle Technologie der Werkzeuge, z.B. welche Hash-Funktion tatsächlich zu nehmen ist.

Die Auswahl der kryptographischen Technologie und anderer Parameter, die die

Norm	Beschreibung
ISO-Entwurf DIS 9160	Verschlüsselung auf Verbindungen mit V.24, X.20, X.21
ANSI Standard Schicht 1	Verschlüsselung nach DES für V.24, R-232-C
ANSI Standard Schicht 2	nach DES
ISO 8348 = X.213	Sicherheitsdienste in der Vermittlungsschicht
in Planung Entwurf auf Basis von ISO 8073	Schicht 4
Anwendungen X.400, ISO DIS 8571	innerhalb der Anwendungen sind auch Sicherheitsfunktionen realisiert

Abb. 3.6. Bestehende und geplante Normen zur Gewährleistung der Datensicherheit

Sicherheitsfunktion steuern, hängen von den Sicherheitsanforderungen, z.B. dem gewünschten Durchsatz ab. Da diese Anforderungen anwendungsabhängig sind, empfiehlt es sich für Sicherheits-Protokolle auch mehrere Realisierungen zu schaffen, aus der dann je nach Anwendungsfall die am besten geeignete gewählt werden kann.

Für jede Schicht kann man also sinnvolle Sicherheitsdienste mit zugehörigen Mechanismen definieren und außerdem den Stand der Normung und das Verhältnis der Sicherheitsdienste zu bestehenden ISO-Normen aufführen. Da die Normung auf diesem Gebiet jedoch nicht weit fortgeschritten ist und dies auch in nächster Zukunft nicht zu erwarten ist, muß man sich an Erfahrungs- und Verbreitungswerten orientieren /RULA-87/. Abbildung 3.6 gibt einen Überblick über bestehende bzw. geplante Normen, vgl. Abschnitt über Kommunikations-SW.

3.3.1.6 Zusammenfassung

In einem AUDIUS findet multimediale Kommunikation unterschiedlicher Art statt:

- Übertragung von Textdokumenten,
- Übertragung von Graphik,
- Übertragung von Daten,
- Übertragung von Sprache und
- Übertragung von Video-Bildern (Standbilder, Bewegtbilder).

Abhängig von der Art der Verwendung haben diese verschiedenen Kommunikationsformen eine unterschiedliche Sensitivität. Man unterscheidet z.B. Daten folgender Verwendung:

- AD-Steuerungsinformation,
- Information über das Umfeld, z. B. Marktinformation und

- Auftrags-, Angebotsformulare.

Eine Analyse der unterschiedlichen anfallenden Daten ist anwendungsfallabhängig notwendig, um genaue Aussagen über ihre Sensitivität zu machen, d.h. inwieweit eine Verschlüsselung notwendig ist.

Die Verschlüsselung ist zeitaufwendig, so daß nur ein Extrakt verschlüsselt werden kann, ohne daß massive Zeitverluste auftreten. Dieser Zeitverlust ist abhängig von Hardware, Betriebssystem und Implementierung, so daß keine allgemeinen Aussagen bezüglich Verlustzeit gemacht werden können /PFIT-88/.

Benötigt werden jeweils ein Modul für die Verschlüsselung beim Eintritt in das Kommunikationssystem, und ein Modul für die Entschlüsselung beim Austritt aus dem Kommunikationssystem /RULA-87/. Forschungsvorhaben beschäftigen sich zwar mit weiteren Sicherheitsdiensten, z.B. Authentizitätsüberprüfung, es stehen jedoch noch keine fertigen Systeme dem Markt zur Verfügung.

Für die Implementierung bietet sich das blockorientierte DES-Verfahren an, das eine genügende Sicherheit bei relativ geringem Implementierungsaufwand bietet /ASSM-88/. Es kann dabei auch auf fertige IC-Bausteine zurückgegriffen werden (max. 15 Mbit/s), die auf dem Markt angeboten werden, jedoch reicht auch eine Software-Implementierung für AUDIUS-Anforderungen an die Übertragungszeit aus; erst bei Einführung von ISDN mit 2 x 64 kbit/s können sich vom Benutzer wahrnehmbare Verzögerungen ergeben. Die Verwendung anderer Verschlüsselungsverfahren, z.B. asymmetrischer Verfahren, kommt zur Zeit nicht in Frage, da die Zeitverluste bei einer Kommunikation massiv wären /HORS-85; ASSM-88/.

3.3.2 Datenkompression

Zielsetzung der Datenkomprimierung ist es, semantikerhaltend vor einer Übertragung oder Speicherung von Daten deren Volumen auf ein Minimum zu reduzieren, um den Kommunikationsaufwand bzw. Speicherbedarf zu verringern. Auf der Senderseite wird die Komprimierung vorgenommen; auf der Empfängerseite muß ein Modul zur Dekomprimierung existieren.

Hier sollen verschiedene Methoden und Mechanismen zur Datenkomprimierung vorgestellt werden. Die geeignete Methode ist im Einzelfall in Abhängigkeit von den zu übertragenden Daten zu wählen. Im günstigsten Fall können Datenvolumina um 75 - 80% reduziert werden. Diesem Nutzen steht der Aufwand für Komprimierung und Dekomprimierung gegenüber.

In Informationseinheiten existieren Redundanzen, d.h. Datenbestände, die bei der Übertragung weggelassen werden können. Sie haben den Grund in vorher festgelegten Codes, Datenfeldern und Datensätzen. Komprimierung verfolgt den Zweck, diese Redundanzen zu beseitigen. Man unterscheidet

- horizontale,
- vertikale,
- logische und
- hardwarebedingte

Redundanzen.

Horizontale Redundanzen beschränken sich auf ein Datenfeld, während bei der vertikalen Betrachtungsweise auch mehrere gleichartige Datenfelder, Datensätze oder

Datenbereiche verbunden betrachtet werden. Bei logischen Redundanzen ist es neben Kenntnissen über das Datenmaterial zusätzlich erforderlich, auch Kenntnisse über Algorithmen zur Rekonstruktion von Daten zu haben. Allgemeine Verfahren zur Erkennung logischer Redundanzen sind nicht bekannt. Zur Gewährleistung fehlerfreier Übertragungen werden z.B. Fehlerkorrekturbits erzeugt. Sie zählen zur Gruppe der hardwarebedingten Redundanzen, auf die der Benutzer allerdings keinen Einfluß hat.

Komprimierungsverfahren

Nachfolgend sollen einige maschinenunabhängige Komprimierungsverfahren dargestellt werden. Die Verfahren lassen sich analog der oben dargestellten Systematik von Redundanzarten einordnen in

- logische Komprimierungsverfahren,
- horizontale oder eindimensionale Verfahren und
- vertikale oder zweidimensionale Verfahren.

    Zur Diskussion der horizontalen Verfahren wie

- Feste Code-Längen (Bit Mapping, Half-Byte-Packing, Lauf-Längen-Verfahren)
- Variable binäre Code sowie vertikale Verfahren

sowie der vertikalen Verfahren sind ausführliche mathematische Betrachtungen notwendig, auf die hier aus Platzgründen nicht näher eingegangen werden soll. Der interessierte Leser sei auf die Literatur verwiesen (z.B. /KAST-86; KÜST-88/).

Logische Verfahren

Im Gebrauch sind folgende Verfahren:

- Felder mit fester Länge
- Wiederholung von Feldern
- Begrenzter Wertebereich
- Differenz-Methode
- Verschlüsselung von Werten
- Berechnung von Werten

1. Felder mit fester Länge
   Häufig sind Felder in Datenstrukturen auf die maximale Größe ausgelegt, d.h. viele ungenutzte Stellen müssen mit Leerzeichen oder Nullen ausgefüllt werden. Aus der Kenntnis über die Länge einer Information kann dem eigentlichen Feld ein Längenfeld vorangestellt werden und dann mit variabler Feldlänge weitergearbeitet werden.

2. Wiederholung von Feldern
   Es ist häufig notwendig, eine variable Anzahl von Werten mit gleicher Struktur zu speichern. Dabei ist meist nicht bekannt, wie häufig solche Werte abgespeichert werden müssen. Durch die Einführung eines Parameters kann vermieden werden, den Datensatz auf die maximale Anzahl von Werten auszulegen.

3. Begrenzter Wertebereich
   In der üblichen Darstellung benötigt die Speicherung z.B. eines Datums 8 Zeichen (dd.mm.yy). In einer kompakten Darstellung genügen 2 Zeichen.

4. Differenz-Methode
   In vielen Anwendungen müssen numerisch aufsteigende Zahlenwerte abgespei-

chert werden, so z.B. die Uhrzeit bei Meßwerterfassungen. Zur Einsparung von Speicherplatz kann darauf verzichtet werden, jedes Mal die vollständige Uhrzeit abzuspeichern. Es reicht aus, einmal den Anfangswert und danach die Zeitdifferenz zu registrieren.

5. Verschlüsselung von Werten
   Werden in einem Datensatz Inhalte aus vorher festgelegten Ausdrücken (z.B. Programmbefehle) verwendet, können diese anstatt der Abspeicherung in Klartext in komprimierter Form dargestellt werden.

6. Berechnung von Werten
   Diverse Informationen stehen in einem direkten Zusammenhang zu anderen Werten. Falls für die Zusammenhänge zwischen den einzelnen Werten eindeutige Regeln vorhanden sind, genügt es, nur die elementaren Informationen abzuspeichern. Die übrigen Werte können jedes Mal neu berechnet werden.

3.3.3 Dokumentenaustausch /KRÖN-88/

Für verschiedene AUDIUS-Anwendungen spielen Dokumente eine große Rolle. Auftragsformulare, Lieferscheine, Besuchsberichte etc. müssen bearbeitet und übertragen werden. Sowohl Kunden als auch AD-Mitarbeiter, Innendienst und andere Unternehmensbereiche haben mit den gleichen Dokumenten zu tun, die sie je nach ihrer Aufgabe bearbeiten. In der Regel geschieht der Austausch von Dokumenten direkt, d.h. ein Überbringer (z.B. die Post) übernimmt den Transport von einem Bearbeiter zum anderen. Eine weitere Möglichkeit ergibt sich durch die Weiterentwicklung der Kommunikationstechnik: der indirekte elektronische Austausch von Dokumenten.

Die heutigen Editoren und Textverarbeitungssysteme werden den Anforderungen an Dokumentverarbeitung und -übertragung nicht gerecht. Nach /SCHI-87a/ sind folgende Faktoren dafür verantwortlich:

- Editier- und Formatierfunktionalität sind strikt getrennt. Der Benutzer verwendet unterschiedliche Befehle für Editierfunktionen (bildschirmorientiert) und für Formatierfunktionen.

- Benutzer werden bei der Bearbeitung von logischen Komponenten nicht unterstützt. Logische Komponenten sind z.B. Kapitel, Absätze, Überschriften, Fußnoten oder Abbildungen. Der Benutzer nimmt implizit eine Umformung nach bildschirmorientierten Komponenten (Zeile, Seite etc.) vor.

- Der Dokumentenaustausch zwischen verschiedenen Systemen ist mit herkömmlichen Editoren nicht möglich. Zwar können Systeme mit Hilfe des ISO/OSI-Modells miteinander kommunizieren, ihre Textverarbeitungskomponenten können jedoch nicht sinnvoll miteinander kooperieren.

Es gibt allerdings bereits heute Textverarbeitungssysteme (z.B. Word oder TEX), die die in den beiden ersten Punkten genannten Schwachstellen nicht mehr oder zumindest nur noch in eingeschränkter Form aufweisen. Weitere Abhilfe schaffen soll gemäß /SCHI-87a/ eine neue Generation von Editoren, die alle genannten Problembereiche vermeidet. Sie sind gekennzeichnet durch:

- die Möglichkeit der Bearbeitung von logischen Komponenten, die dem Benutzer eine Strukturierung seiner Dokumente leichter macht. Dokumente können übertragen und zeitlich versetzt weiterverarbeitet werden.

- die Integration von Editier- und Formatierkomponenten, so daß eine Textveränderung sich sofort auf das Layout auswirkt. Der Benutzer sieht sofort das Layout des Dokuments und kann es bewerten ("What you see is what you get"; WYSIWYG).

- die Verwendung von internationalen Normen im Bereich des Document-Managements, so daß auch Dokumente zwischen Systemen verschiedener Hersteller ausgetauscht werden können. Auf internationale Normen wird im weiteren Verlauf dieses Berichts näher eingegangen.

Die Dokumentenverarbeitung und -übertragung kann integriert werden in Konzepte für die Bürokommunikation. Dort existieren zur Zeit lediglich Konzepte und Prototypen. Ein Konzept ist in /NN-87a/ erläutert. Wissensbasierte Systeme können die Identifikation und Klassifikation von Dokumenten unterstützen /KREP-87/.

In diesem Bericht werden nachfolgend internationale Normen im Bereich des Document Management beschrieben. Danach folgt eine Einführung in das gebräuchlichste Normenmodell ODA/ODIF.

3.3.3.1 Normen im Bereich des Document Management /KRÖN-88/

Die Vorstellung früherer Jahre vom papierlosen Büro wird, wenn Überhaupt, nur sehr langsam Realität. Woran es oftmals fehlt, sind, wie bereits oben bemerkt, international akzeptierte Standards und Normen. Computersysteme sind unverträglich zueinander, weil sie sich technisch "nicht verstehen". Dokumente, die mit einem PC oder EDV-Terminal erstellt bzw. bearbeitet wurden, können nicht auf einem zweiten System anderen Typs weiterverarbeitet werden. Hierzu müssen die Texte, Zahlen oder Zeichnungen ein zweites Mal erfaßt werden, bevor die Weiterverarbeitung beginnen kann. Diese als Medienbruch bezeichnete Doppelerfassung bringt Zeitverlust und birgt zusätzliche Fehlerquellen. Ein Überblick über genormte Austauschformate für Dokumente ist in /KRÖN-88/ zu finden.

Die computergestützte Behandlung von Dokumenten umfaßt die Funktionen der Bearbeitung, d.h. editieren, formatieren, die Übertragung von Bildschirm zu Bildschirm sowie die Archivierung.

Sollen Dokumente zwischen verschiedenen Systemen elektronisch ausgetauscht werden, müssen "Spielregeln" gelten, nach denen z.B. ein Formular, erstellt auf System

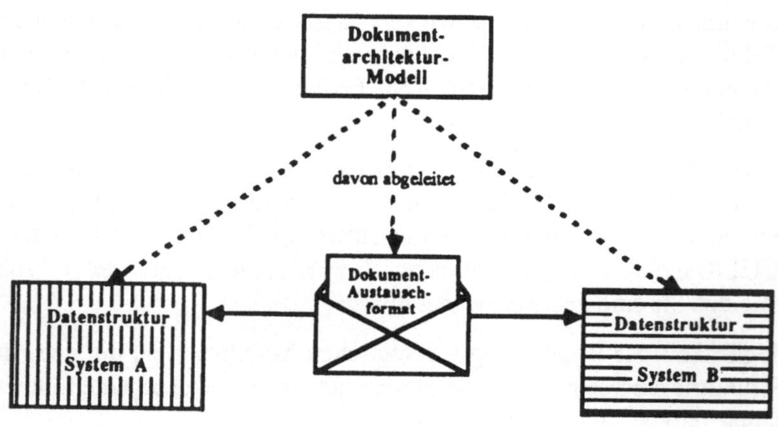

Abb. 3.7. Bedeutung des Dokumentarchitektur-Modells

A, nach der Übertragung am System B formatgerecht auf dem Bildschirm erscheint und weiterbearbeitet werden kann (vgl. Abb. 3.7).

Diese Spielregeln sind als "logische Struktur" und "Layout-Struktur" des Dokumentes definiert. Die logische Struktur beschreibt die Einteilung eines Dokumentes in Kapitel oder Absätze, die Form des Inhaltsverzeichnisses u.ä. Sie kann auch Fußnoten oder Numerierungen definieren. Die Layout-Struktur beschreibt dagegen die Seiteneinteilung und die Anordnung des Textrahmens auf den Seiten (z.B. Kopf- und Fußzeile) auf einem Ausgabemedium (z.B. Bildschirm oder Drucker).

Arbeiten zwei unterschiedliche Systeme mit jeweils eigener Textsoftware, so ist zunächst eine Umsetzung aus dem systemspezifischen Format in ein gemeinsames Austauschformat erforderlich. Nur dieses Austauschformat wird zur Empfängerstation übertragen.

Konversionen sollen im Idealfall ohne Informationsverluste möglich sein. Also eine Umsatzstatistik soll, vom PC der Außenstelle geschickt, originalgetreu am Bildschirm einer Zentralanlage abgebildet werden. Das Modell einer allgemein akzeptierten Dokumentenarchitektur, erleichtert den Austauschprozeß zwischen unterschiedlichen Systemen.

Um einen solchen elektronischen Austausch zu ermöglichen sind verschiedene Normierungsbemühungen im Gange. Abbildung 3.8 listet einige internationale Normen im Bereich des Document Managements auf. Man unterscheidet hier Normen über die Verarbeitung und Übertragung von Dokumenten sowie Normen, die einzelne Dokumente (z.B. Geschäftsbrief) beschreiben. Dokumentenmodelle für die Verarbeitung und Übertragung von Dokumenten verwenden drei verschiedene Arten von Inhaltsinformationen /SCHI-87a/

Norm	Beschreibung
ISO 8879 (SGML)	Standard Generalized Markup Language
ISO DIS 8613	Dokumentarchitektur, Inhaltsarchitektur Austauschformate
ISO 646, ISO DIS 2022.2, ISO/DIS 6937, ISO/DIS 8859, ISO 7942, ISO DP 8632	Normen für Inhaltsarchitekturen
ISO/DP 9070	Austauschformate für SGML
DIN 4991 DIN 4992 DIN 4993 DIN 4994 DIN 676	Lieferantenverkehr: Rechnung Lieferantenverkehr: Bestellung Lieferantenverkehr: Bestellungsannahme Lieferantenverkehr: Lieferschein Geschäftsbrief

Abb. 3.8. Normen im Bereich des Document-Managements

- zeichenorientierte Informationen: Folge von codierten Zeichen aus einem bestimmten Zeichenvorrat,
- faksimile-orientierte Informationen: Rasterbild, d.h. eine zweidimensionale Anordnung von Punkten, sowie
- geometrie-orientierte Informationen: Mengen von geometrischen Figuren.

Die einzelnen Normierungsgremien beschäftigen sich mit Dokumentenarchitekturen, Inhaltsarchitekturen und Austauschformaten.

Inhaltsarchitekturen beschreiben die Möglichkeiten, verschiedene Inhalte und ihre Darstellung und Repräsentation zu behandeln, während sich Austauschformate auf die Übertragung von Dokumenten innerhalb offener Systeme beziehen.

Dokumentenarchitekturen stellen Werkzeuge bereit, mit denen Anwendungen die von ihnen bearbeiteten Dokumenten strukturieren und diese Dokumente austauschen können. Man unterscheidet hier SGML und ODA, die beide von der ISO genormt werden. Der Unterschied bezieht sich auf die Mächtigkeit der Architektur. In SGML ist lediglich eine Syntax zur Dokumentenbeschreibung festgelegt, keine Semantik. Diese muß der Anwender selbst definieren. Dieser Aspekt macht das Modell für Büroanwendungen und damit auch für ein AUDIUS weniger geeignet. Es soll aber dennoch kurz vorgestellt werden, bevor nach einer Skizzierung von EDIFACT das ODA/ODIF-Modell, das für Erweiterungen offen ist /KRÖN-88/, ausführlich betrachtet wird.

3.3.3.1.1 SGML

Einige Organisationen benutzen zum Austausch von Dokumenten SGML (Standardized General Markup Language) /ISO-86b/. SGML ist eine Notation, die es erlaubt, hierarchische Strukturen in einem Dokument zu markieren. So gesehen, könnten also auch die zwei Strukturen des ODA-Modells durch SGML ausgedrückt werden. SGML erlaubt es, auch markierte Objekte mit Attributen zu versehen.

Der Hauptunterschied zu ODA/ODIF besteht darin, daß in SGML die Attributmenge und die Semantik der Attribute sowie Objekttypen und deren Bedeutung im Layoutprozeß nicht festgelegt sind. Die damit ausdrückbare Information kann also mit SGML nicht übertragen werden, d.h. mit SGML kann nicht erreicht werden, daß die automatische Layout-Erzeugung beim Empfänger gleich abläuft wie beim Absender. Ferner kennt SGML keine genormten Verwaltungsattribute, die bei ODA/ODIF im Profile enthalten sind. SGML hat seinen Anwendungsbereich deshalb in geschlossenen Anwendungsgruppen. Dadurch ist SGML weniger für die Büroumgebung geeignet, wird und wurde jedoch erfolgreich eingesetzt z.B. in der Druckindustrie.

3.3.3.1.2 EDIFACT

EDIFACT (Electronic Data Interchange for Administration, Commerce and Transport) erlaubt den Austausch von Geschäftsvorgängen zwischen DV-Systemen unterschiedlicher Hersteller und ist hard- und software-neutral, d.h. jeder kann EDIFACT in Verbindung mit der offenen Kommunikation (OSI) mit seinem externen Partner nutzen. EDIFACT unterstützt im Datenaustausch alle Funktionen von Wirtschaft und Verwaltung und fördert international den Abbau von Handelshemmnissen durch seine weltweite Akzeptanz.

Die EDIFACT-Regeln für den elektronischen Datenaustausch, die die Kommunikation "jeder mit jedem" ermöglichen, basieren wie eine Sprache auf dem zu verwendenden Zeichensatz, dem Wortschatz (Datenelemente) und der Grammatik (Syntax) /HERM-88/.

Der Wortschatz, der für den elektronischen Datenaustausch angewendet wird, ist im Handbuch der Handelsdatenelemente (Trade Data Elements Directory - TDED) Entwurf DIN ISO 7372 dargestellt. Der Zeichensatz und die Syntax werden in den EDIFACT genannten Normentwürfen ISO/DIS 9735 und DIN 16556 beschrieben.

Ausgehend von den Datenelementen, der Syntax und den Richtlinien für die Entwicklung von Nachrichtentypen werden weltweit anwendbare einheitliche Nachrichtentypen geschaffen. Die EDIFACT-Syntax enthält Regeln, nach denen unabhängig von angewendeter Hard- und Software die zwischen den Kommunikationspartnern ausgetauschten Nachrichten einheitlich, also für alle Beteiligten gut verständlich, strukturiert werden können.Die EDIFACT-Syntax bietet dem Anwender die Möglichkeit, Übertragungsdateien so zu reduzieren, daß nur die tatsächlich benötigten Inhalte übertragen werden. Die Datensätze (Segmente) und Datenfelder (Datenelemente) sind in ihrer Länge variabel. Ihr Inhalt muß, im Gegensatz zu Datensätzen fester Länge, nicht mit Leerzeichen oder Nullen aufgefüllt werden. Das führt zu deutlichen Einsparungen in der Datenübermittlung.

Die EDIFACT-Syntax ist bereits die Basis für verschiedene europäische Projekte des elektronischen Datenaustauschs, u.a. im ODETTE-Projekt (Datenaustausch in der Automobilindustrie), in COST 306 (Transportdatenaustausch), in der Chemie-Industrie (CEFIC) und der Elektronik- und Computer-Industrie (EDIFICE).

3.3.3.1.3 Das ODA/ODIF-Modell /KRÖN-88/

Von dem bereits erwähnten ODA-(Office Document Architecture)-Modell, das, wie der Name sagt, beschreibt, wie ein Dokument aufgebaut ist, ist eine Familie von Dokumentenaustauschformaten (ODIF = Office Document Interchange Format) ableitbar. ODA/ODIF wird in internationalen Normungsgremien diskutiert und weiterentwickelt und wurde von der ISO im April 1986 als ISO/DIS 8613 (Draft International Standard) verabschiedet /ISO-86a/. Beide Normen sollen in den folgenden Abschnitten kurz beschrieben werden.

ODA
Die beiden herausragenden Merkmale von ODA sind:

- Jedes Dokument wird in logischer und in Layout-Sicht betrachtet.
- Jedes Dokument ist ein Exemplar einer Dokumentenklasse.

Der Inhalt eines Dokuments ist zweifach strukturiert: in eine logische und eine Layout-Struktur. Strukturen werden bei ODA hierarchisch dargestellt. Jedes Objekt (z.B. ein Kapitel) kann verschiedene Eigenschaften haben (Größe, Ausrichtung, Dimension etc.) und mit anderen Objekten eine Relation eingehen (auch nicht-hierarchische Relationen). Die Inhaltsinformation wird auf Strukturobjekte der untersten Stufe abgebildet (basic objects).

Jedes logische oder Layout-Objekt ist ein Exemplar einer Objektklasse, die definiert sein muß. Das gesamte Dokument kann wiederum als Objekt aufgefaßt werden. Es gehört somit auch zu einer Objektklasse, hier auch Dokumentenklasse genannt. Für den Aufbau der logischen Struktur existieren bei ODA folgende Typen:

- Document Logical Root: oberste Stufe der logischen Struktur,
- Basic Logical Root: unterste Stufe der logischen Struktur, Blatt, das Inhaltsportio

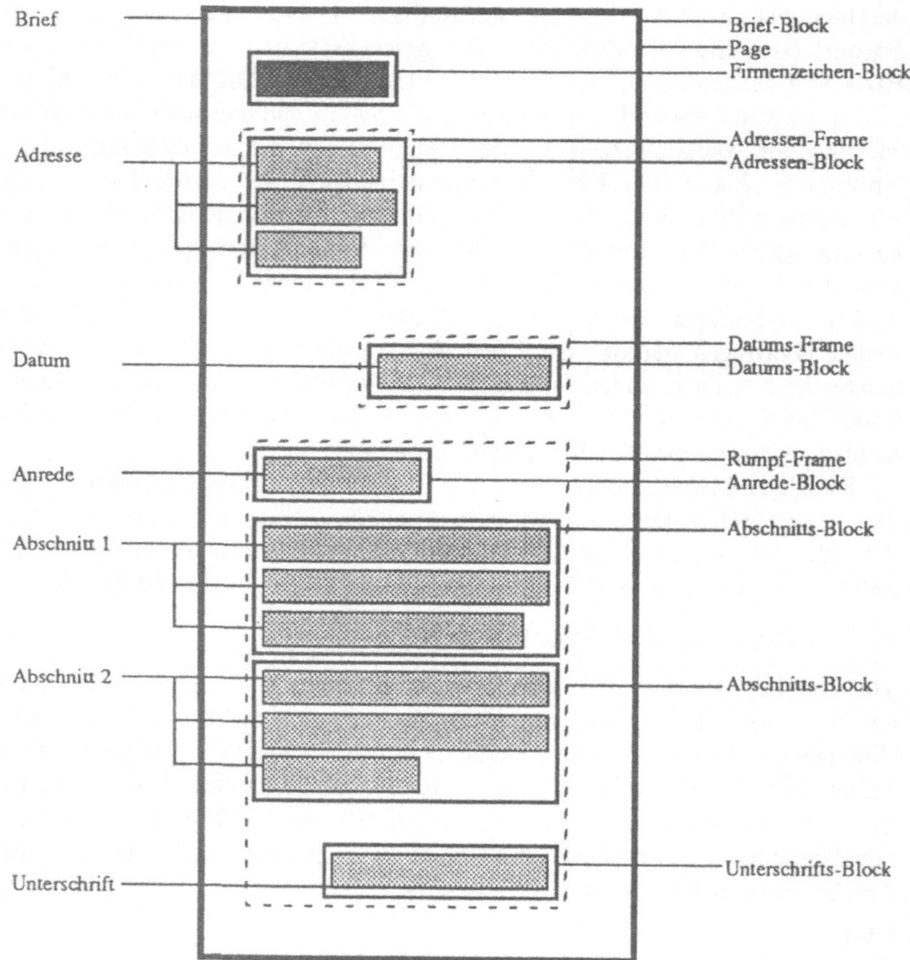

Abb. 3.9. Logische und Layout-Struktur eines Dokuments

nen eines Dokuments (Text, Bild etc.) enthält, sowie
- Composite Logical Root: Hierarchieebenen zwischen Document Logical Roots und Basic Logical Roots.

Analog gibt es bei der Layout-Struktur

- Document Layout Root,
- Page Set (Gruppe von Seiten),
- Page,
- Frame (Bereich innerhalb einer Seite, in der der Inhalt formatiert werden kann) sowie
- Block (enthält nur Daten einer Art: nur Text oder nur Graphik).

Abbildung 3.9 zeigt nach /KRÖN-88/ für ein Beispieldokument, wie die Layout-Struktur und die logische Struktur bei ODA beschrieben werden.

In bezug auf den Inhalt sind z.Z. eine Character Content Architecture, eine Geometric Graphics Content Architecture und eine Raster Graphics Content Architecture bei ODA definiert. Ergänzungen sind möglich. Der näher an diesen Architekturen interessierte Leser sei auf /HORA-85/ verwiesen.

Ein Dokument ist in einer Dokumentenklasse enthalten. Diese wird in einer sogenannten Document Class Description spezifiziert. Die beiden Komponenten Generic Logical Structure und Generic Layout Structure setzen das Dokument aus Objekten nach bestimmten Regeln zusammen. Der Style legt fest, wie Inhalt und zulässige logische Struktur auf eine zulässige Layoutstruktur der Dokumentenklasse abzubilden sind. Ein Beispiel für eine Dokumentenklassendefinition findet man bei /KRÖN-88/; nähere Einzelheiten auch bei /HORA-85/.

Bei der Generierung eines Dokuments unterscheidet man

- den Editierprozeß,
- den Layoutprozeß
- und den Darstellungsprozeß.

Während des Editierprozesses werden Inhalt und logische Struktur bearbeitet. Beim Layoutprozeß wird eine Layoutstruktur erzeugt und dann der Inhalt in Blöcke formatiert. Der Darstellungsprozeß erzeugt anhand von Layoutstruktur und formatiertem Inhalt das sichtbare Dokument. Abbildung 3.10 zeigt die Bearbeitung eines Dokuments nach /KRÖN-88/.

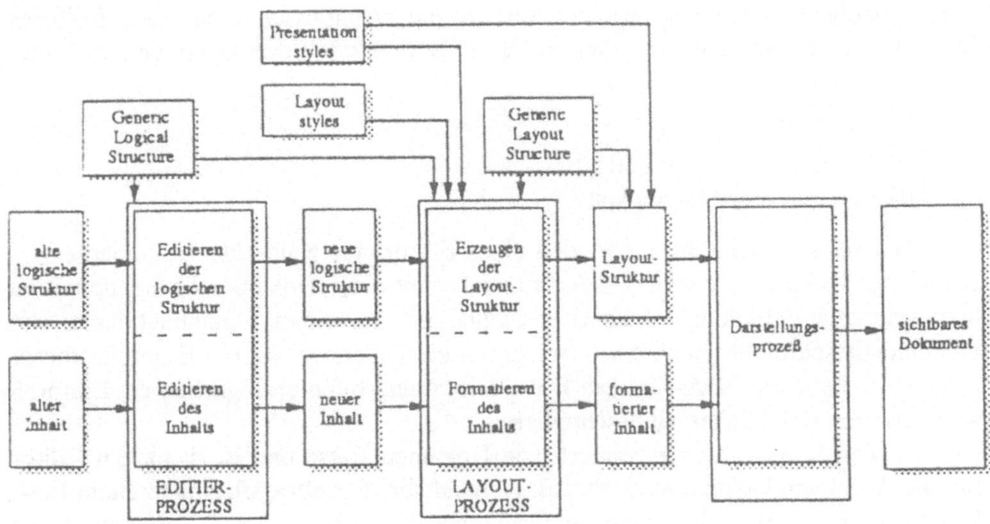

Abb. 3.10. Bearbeitung eines Dokuments

ODIF

Dokumente sollen zwischen offenen (= gemeinsame Normen verwendenden) Systemen ausgetauscht werden können. Dazu bedarf es eines gemeinsamen Austauschformats, auf das systemspezifische Formate abgebildet werden können. ODIF ist ein solches Austauschformat.

Das Austauschformat ist eine festgelegte Abfolge (Bitstrom) des Definitionsteils des Dokuments nach ODA. Es existieren mehrere derartige Austauschformate, je nach der Mächtigkeit von Sender und Empfänger bzw. nach dem Zweck der Übertragung. Das mächtigste ODIF-Format überträgt sämtliche ODA-Informationen. Ansonsten wird nur ein Teil übertragen. Die Mächtigkeit von ODIF-Austauschformaten kann nach drei Kriterien eingeteilt werden:

- Content Architecture,
- Form der Übertragung und
- Document Architecture Levels.

Wie oben erwähnt, sind verschiedene Inhaltsarchitekturen (Content Architectures) wählbar. Im einfachsten Austauschformat ist nur eine einzige erlaubt. Die Form der Übertragung kann formatiert oder weiterverarbeitbar sein. Beispiele für formatierte Übertragungen sind Teletex oder Telex. Bei unformatierter Form muß der Benutzer vor dem Reproduzieren ein Layout des Dokuments erzeugen. Document Architecture Levels oder auch Dokumentsuperklassen geben an, inwieweit das Dokument für weniger mächtige Editoren vereinfacht werden kann. Ein einfacher Editor benötigt weniger Information und verkürzt somit die Übertragungszeit.

Exkurs: Der Einsatz von Editoren nach dem ODA/ODIF-Modell

Normen für einzelne Dokumente müssen bei der Erstellung von Dokumenten für unterschiedliche Anwender beachtet werden und beeinflussen somit auch Editoren für Dokumente. Man unterscheidet im ODA/ODIF-Modell drei Gruppen von Editoren:

- Top-Level-ODA-Editor,
- Low-Level-ODA-Editor und
- Editoren mittlerer Mächtigkeit.

ODA selbst beschreibt ein Modell eines Editors für gemischte Dokumente verschiedener Dokumentklassen. ODA zusammen mit einer Dokumentklassendefinition beschreibt die Funktionalität eines speziellen Editors dieser Dokumentklasse. Die Dokumentbeschreibung schließlich beschreibt ein Dokument als ein Exemplar dieser Dokumentklasse im ODA-Kontext. Diese Hierarchiestufen ermöglichen es, Editoren verschiedener Mächtigkeit zu beschreiben.

Der Top-Level-Editor akzeptiert jede Dokumentklasse und ist damit ein Editor für alle Arten von Dokumenten wie z.B. Geschäftsbrief, Auftragsformular. Beim Low-Level-Editor ist eine Dokumentklasse fest vorgegeben, z.B. Teletex-Dokumente. Es ist einsichtig, daß hier die Implementierung des Editors einfacher ist und daß die Information für die Dokumentklasse nicht jedes Mal mitübertragen werden muß. Bei Editoren mittlerer Mächtigkeit ist ein Teil der Attribute für die Dokumentklasse vorher festgelegt, bzw. Wertebereiche für Attribute sind von vornherein eingeschränkt (z.B. ist der linke und rechte Rand für ein Dokument festgelegt).

Wie gezeigt sind also unzählig viele verschiedene ODIF-Austauschformate vorstellbar. In Normierungen sollen Familien von Austauschformaten festgelegt werden /KRÖN-88; HORA-86/:

1. Niveau. Funktionale Kompatibilität mit Teletex.
2. Niveau. Eine feste Dokumentklasse, alle Layout-Möglichkeiten sind gegeben.
3. Niveau. Teilweise Attributfestlegung von Dokumentklassen und unterschiedliche Inhaltsarchitekturen.
4. Niveau. Vollständige ODA-Möglichkeiten.

Die Dokumentenarchitektur kann für unkomfortable Editoren vereinfacht werden; das Dokument kann in weiterbearbeitbarer und/oder formatierter Form (Formatted Form, Processable Form und Formatted Processable Form) übertragen werden und schließlich spielen die verschiedenen Content Architectures eine Rolle für die Mächtigkeit des Austauschformats.

Eine wichtige Anwendungsfrage ist, inwieweit das Modell ODA/ODIF zur Übertragung von Dokumenten existierender Textsysteme, die nach ISO/OSI genormt sind, verwendet werden kann.

Der Standard ISO DIS 8571 FTAM (File, Transfer, Access and Management) ist innerhalb der Anwendungsschicht des ISO/OSI-Referenzmodells für die Übertragung von Dateien und damit auch von Dokumenten zuständig. In /BESC-87/ ist untersucht worden, inwieweit FTAM und ODA miteinander zusammenarbeiten können. Die Untersuchung ergibt, daß eine Zusammenarbeit grundsätzlich möglich ist. Voraussetzung ist lediglich, daß die Dokumente existierender Textsysteme in ODA dargestellt werden können.

Prototypen für ODA/ODIF sind im Rahmen der ESPRIT-Projekte HERODE und PODA realisiert. Es ist dort ein Top-Level-ODA Editor und ein Editor für Dokumentklassendefinitionen implementiert.

In der Implementierung ISOTEXT /SCHI-87a/ kann der Benutzer die gewünschte Dokumentklasse von vornherein festlegen; daraufhin ist der Editor nur für diese Dokumentklasse verwendbar. Verschiedene Content Architecure können editiert werden.

3.4 Kommunikationsdienste

Datenfernverarbeitung beinhaltet Datenübertragungen über größere Entfernungen entweder innerhalb eines Privatgeländes oder, was der häufigere Fall ist, mit Hilfe von postalischen Einrichtungen. Man unterscheidet:

- Telefonnetz und
- öffentliche Datennetze.

Sie alle werden benötigt, um eine Kommunikation im öffentlichen Bereich durchzuführen. Dabei kommunizieren Rechner, Terminals oder andere Peripheriegeräte unterschiedlicher Bauart miteinander. Diese sind logisch durch ein Kommunikationssubsystem miteinander verkoppelt. Es besteht aus denjenigen Komponenten, die die Datenübertragung zwischen einzelnen Rechnern ermöglichen, wie Übertragungskanäle, Vermittlungsrechner etc.

Bei Nutzung eines Kommunikationsdienstes werden Gebühren seitens des Kommunikationsanbieters erhoben. Für die benötigten Geräte sind in der Regel einmalige Gebühren (privat), bzw. monatliche Gebühren und eine einmalige Anschlußgebühr (Post) zu zahlen. Monatlich muß eine bestimmte Grundgebühr bezahlt werden, die unabhängig von der tatsächlichen Nutzung des Dienstes ist. Davon abhängig sind die Übertragungsgebühren, die sich je nach Dienst auf die Dauer der Datenübertragung oder auf das Volumen der übertragenen Daten beziehen. Zusätzliche Gebühren für Sonderfunktionen und Sondergeräte erschweren den Kostenvergleich.

Es folgt eine Beschreibung und Bewertung der derzeit verfügbaren, öffentlichen Dienste.

3.4.1 Postdienste

3.4.1.1 DATEX-Netz /DBP-85; KRÜG-84; NN-88a; SCHI-87/

Das DATEX-Netz wurde speziell auf die Erfordernisse der Datenkommunikation abgestimmt. Man unterscheidet nach der jeweiligen Vermittlungsform und Technik DATEX-P und DATEX-L.

3.4.1.1.1 DATEX-P

DATEX-P ist die Realisierung eines paketvermittelnden Netzes auf X.25 Basis der Deutschen Bundespost. Die zu übermittelnden Daten werden an eine Vermittlungsstelle gesendet, dort kurzzeitig zwischengespeichert und dann, evtl. über weitere Vermittlungsstellen, an die Zieladresse weitergeleitet. Die Paketvermittlung ist dadurch gekennzeichnet, daß die zu übermittelnden Daten in Pakete zerlegt werden, die mit Steuerinformation versehen werden und dann dem Netz zur weiteren Vermittlung zugeführt werden, um schließlich in der Empfangsstation wieder zusammengesetzt zu werden.

Der DATEX-P-Dienst bietet aufgrund der Zwischenspeicherung im Netz auch die Möglichkeit von Verbindungen zwischen Anschlüssen verschiedener Übertragungsgeschwindigkeit. Grundlage bietet der Basisdienst DATEX-P10H (X.25). Zusätzliche Dienste haben durch eine PAD-Anpassungseinrichtung Zugang:

- für zeichenorientierte asynchrone Geräte nach X.28, DATEX-P20,
- für synchrone Geräte DATEX-P32, DATEX-P42.

Gute Zukunftsaussichten, ein genormtes Protokoll, das Kommunikation zwischen unterschiedlichen Datenendeinrichtungen ermöglicht, und die PAD-Funktion zeichnen den DATEX-P-Dienst aus. Zufriedenstellende Übertragungsgeschwindigkeiten, Fehlersicherheiten und große Auslandsverbreitung sind weitere vorteilhafte Eigenschaften, wie auch die Möglichkeit der Mehrfachnutzung von Übertragungswegen, die sich auf die Gebührenermittlung auswirkt. Die Gebühren richten sich nur noch nach dem Datenvolumen und nicht nach der Übertragungsdauer.

3.4.1.1.2 DATEX-L

Das DATEX-L-Netz zeichnet sich durch einen sehr schnellen Verbindungsaufbau zwischen Datenvermittlungsstellen (kleiner als 1 s im Gegensatz zu 14 s beim Fernsprechnetz) aus. Zwischen den beiden Datenstationen, die Information austauschen, wird eine ständige Leitungsverbindung hergestellt. Sie besteht unabhängig davon, ob Information ausgetauscht wird oder nicht.

Der Informationsaustausch kann in verschiedenen Geschwindigkeitsstufen erfolgen, entscheidend ist die Art der Datenverarbeitungsanlagen, die verbunden werden (Benutzerklassen gemäß X.1) sowie die zu übertragende Datenmenge.

Im DATEX-L-Netz sind nur Verbindungen zwischen Anschlüssen gleicher Übertragungsgeschwindigkeit möglich. Für die Kommunikation zwischen zwei Datenendeinrichtungen ist ein Protokoll erforderlich, zum Beispiel das nach ISO/OSI strukturierte 7-Schichten-Protokoll des Teletex-Dienstes in der Benutzerklasse DATEX-L2400.

Die Wählverbindungen sind grundsätzlich duplexfähig in beiden Richtungen. Über die Schnittstelle nach X.20, X.21 ist automatische Wahl bei allen Übertragungsgeschwindigkeiten möglich. Mit der Multiplex-Schnittstelle X.22 (DATEX-L 2400, 4800, 9600) kann eine Datenendeinrichtung über eine physikalische Anschlußleitung bis zu 20 getrennte Verbindungen betreiben.

Geringe Übertragungszeiten, sehr geringe Bitfehlerwahrscheinlichkeit, aber eine international eingeschränkte Verbreitung beeinträchtigen die Zukunftsaussichten von DATEX-L. Leistungen, wie automatische Wahl, Direktruf, Gebührenübernahme bei ankommendem Ruf werden angeboten.

3.4.1.2 Fernsprechnetz /DBP-85; KRÜG-84; NN-88a/

Datenübertragung über das Fernsprechnetz eignet sich besonders zur Übertragung kleiner Datenmengen. Neben dem konventionellen Telefondienst, bei dem ein Anruf, der vom Anrufenden vollständig bezahlt werden muß, stets an einen durch die Rufnummer festgelegten Apparat geht, bietet die Deutsche Bundespost noch eine Reihe weiterer Dienste an, die sich für eine Anwendung im Außendienst anbieten.

Hier ist zum einen der Service 130 zu nennen, bei dem der Anrufer zum Nahtarif über beliebige Entfernungen telefonieren kann, wobei der Rest der Gesprächsgebühren vom Angerufenen übernommen wird. Dies kann z.B. dann von Vorteil sein, wenn der Außendienstmitarbeiter vom Kunden aus telefonieren bzw. Daten übertragen muß. Ferner besteht die Möglichkeit der Anrufweiterleitung (GEDAN) zu einem anderen Telefonanschluß, eine Erweiterung des Service 130. Der Einsatz dieses Dienstes bietet sich beispielsweise an, um den Außendienstmitarbeiter stets über eine einheitliche Rufnummer erreichbar zu machen. Als weitere Erweiterung des konventionellen Telefons ist die Möglichkeit der Sprachspeicherung (voice mail) zu erwähnen. Einzelheiten über diese Dienste findet man z.B. bei /GRIE-89/ und in der dort genannten Literatur.

Das benötigte Modem kann von der Post oder auch von Privatanbietern erworben werden. Hohe Anforderungen seitens der Deutschen Bundespost hinsichtlich Qualität und Störsicherheit der Modems haben jedoch ihren Preis (1000,-- DM in Deutschland im Gegensatz zu 50,-- DM in den USA).

Auslandsdatenverkehr ist nicht immer möglich, mangelnde Normung und unterschiedliche Techniken können Schwierigkeiten bereiten.

Im Hinblick auf Datenübertragung von jeder Telefonzelle oder von jedem Hotel aus bietet sich für mobile Teilnehmer gerade der Akustikkoppler an. Er wird einfach an den Telefonhörer angeschlossen. Wie der Name Akustikkoppler sagt, werden die Binärwerte durch analoge Tonfrequenzen übertragen. Es gibt auf dem Markt entsprechende Terminals mit Drucker, in denen ein Akustikkoppler eingebaut ist. Mit solch einer mobilen Datenstation kann ein Außendienstmitarbeiter mit dem zentralen Rechner Kontakt aufnehmen.

Lange Übertragungszeiten und technische Probleme kennzeichnen noch die Situation. Akustikkoppler werden ausschließlich privat vertrieben.

3.4.1.3 Teletex /DBP-85; KRÜG-84; NN-88a; PATT-88; SCHI-87/

Bei Teletex sind Datenendeinrichtungen mit Verarbeitungs- und Speichermöglichkeiten miteinander verknüpft. Auf diese Weise können Texte auf einfache Weise ausgebessert und verändert werden, da sie im Speicher gehalten werden. Neben der Editierkomponente besitzt das Teletex-Endgerät einen Kommunikationsteil, der mit großer Übertragungssicherheit, einem umfangreichen Zeichenvorrat und schneller Übertragungsgeschwindigkeit eine Übertragung mit hohem Komfort ermöglicht.

Teletex empfiehlt sich bei überwiegender Kommunikation mit deutschen Partnern, bei umfangreichen Texten und viel Verkehr, bzw. bei hohen Textanforderungen. Falls Graphiken übertragen werden sollen, die vom Empfänger weiterverarbeitet werden, kommt nur Teletex in Frage, genauso bei rechtsformellen Nachrichten.

Teletex ist einer der ersten international vom CCITT standardisierten modernen Fernmeldedienste. Dadurch ist eine Kompatibilität zwischen verschiedenen Teletexgeräten in jedem Fall gewährleistet.

Zum ersten Mal ist das ISO/OSI-7-Schichten-Protokoll vollständig angewandt, der Dienst ist im Bereich der Deutschen Bundespost unter Nutzung von DATEX-L2400 realisiert.

Beurteilt man die Zukunftsaussichten, so kommt man zu positiven Bewertungen, auch wenn die bisherige Verbreitung sehr schleppend vorangeht, was vor allem eine Kostenfrage ist, übersteigt doch die Leistung die des zielmäßig ähnlich gelagerten Telex-Dienstes um ein Vielfaches.

3.4.1.4 Telebox /KRÜG-84; PATT-88; SCHI-87/

Während Telex und Teletex schriftliche Textnachrichten zwischen Teilnehmern über fest installierte Datenendeinrichtungen auszutauschen gestatten, liegt Telebox die Idee eines personenbezogenen, elektronischen Briefkastens zugrunde. Dieser an zentraler Stelle installierte Briefkasten kann von jedem beliebigen Ort aus angewählt werden. Zum Dialog ist eine asynchrone Datenendeinrichtung (DEE) notwendig, die entweder an eines der Fernmeldewählnetze angeschlossen ist oder mit einem Akustikkoppler über einen beliebigen Telefonanschluß betrieben werden kann (portable Terminals für die Aktentasche).

Die Geräte benötigen eine Zulassung für das betreffende Netz, an das sie angeschaltet sind, jedoch keine zusätzliche Zulassung für Telebox. Die typische Ausstattung für eine fest angeschlossene Station wird ein Bildschirmgerät sein, das über Modem an das Telefon- oder DATEX-P-Netz angeschlossen ist und direkt auf dem Schreibtisch eines Managers oder Sachbearbeiters steht. Will sich der Benutzer an das System anschalten, wählt er die Rufnummer des Systems, stellt sich mit seiner Boxadresse vor und gibt sein Password ein.

Die Vorteile sind also die Mobilität durch ständige Erreichbarkeit (gerade für den Außendienst), die Möglichkeit der übersichtlichen Ordnung der Mitteilung, Editier-

und Formatierfunktion, sowie die Möglichkeit des Schreibens von Informationen für alle Benutzer, Rundschreiben etc.

Das Problem der Standardisierung ist noch nicht gelöst. Neben dem öffentlichen Message Handling System existieren zahlreiche firmeninterne elektronische Briefkastensysteme, die jedoch nicht an Telex oder Teletex angeschlossen werden können und damit keine zufriedenstellende Kommunikation ermöglichen. Angestrebt wird ein internationaler Verbund gemäß X.400, er ist jedoch noch nicht erreicht. Somit bleibt die Ungewißheit der Durchsetzung von Telebox, die in jedem Land abhängig von den Gebühren und Systemen, sonstigen Textdiensten ist. Viel mehr Spielraum haben private Message Handling Systems, die an öffentliche Netze angeschlossen werden können (vgl. Kapitel IV.3.4.2.1.).

Die Kosten für den Telebox-Dienst sind ungünstig, gerade bei einer großen Anzahl von Briefen steigen sie überproportional.

3.4.1.5 Telefax /DBP-85; KRÜG-84; SCHI-87/

Grundfunktion ist die ungeänderte Übertragung einer Schwarzweißvorlage mit beliebigen, textualen, handschriftlichen und strichgraphischen Informationsdarstellungen in beliebiger Mischung zum Empfänger und ihre Ausgabe auf Papier. Vorteil dieses Fernkopierens ist die volle Flexibilität bei der Informationsdarstellung, die sofortige unmittelbare Übertragung von Originaldokumenten, eine leichte Bedienbarkeit, und die geringe Übertragungsfehlerrate. Das Abtastverfahren verzögert die Übertragung; eine zeichencodierte Übertragung von Texten, wie bei Teletex und lediglich eine Übertragung der graphischen Teile in Punktauflösung wäre sinnvoller.

Zur Nutzung des Dienstes wird ein zugelassener Fernkopierer, eine Anschalteinrichtung und ein Telefonanschluß benötigt. Ist das Gerät nicht gesteckt, kann das Telefon normal benutzt werden. Erlaubt sind Fernkopierer der Gruppen 2 und 3 (Kompatibilität zwischen den Gruppen), die sich durch verschiedene Geschwindigkeit und unterschiedliche Auflösungen unterscheiden.

Mit Telefax in Verbindung stehen 600 öffentliche Fernkopierer in Postämtern, mit denen der Telebriefdienst abgewickelt werden kann. Von diesen öffentlichen Telefaxstellen können auch Teilnehmer in anderen Ländern erreicht werden. Die ersten portablen Telefax-Geräte sind bereits vom FTZ zugelassen.

Wie bei vielen anderen Diensten wird sich die Leistungsfähigkeit und Verbreitung mit der Digitalisierung des Fernsprechnetzes extrem erhöhen. Die bereits verabschiedete Norm der Fernkopierergruppe 4 kann dann durchgesetzt werden.

3.4.1.6 Direktruf /DBP-85/

Das Direktrufnetz ist ein starres Netz zur Übertragung von digitalen Informationen, das zwei Datenendeinrichtungen ständig miteinander verbindet. Für die Verbindung werden Leitungen des Fernsprechnetzes verwendet. Die zugehörigen Anschlüsse heissen "Hauptanschlüsse für Direktruf" (HfD). Sie bieten sich dann an, wenn feste Datenverkehrsbeziehungen mit hohem Datenaufkommen bestehen.

3.4.1.7 Telex /DBP-85; PATT-88; SCHI-87/

Der Telex-Dienst bietet den Teilnehmern die Möglichkeit, Fernschreibverkehr mit Selbstwählverbindungen im öffentlichen Telexnetz abzuwickeln. Telex ist nach wie vor z.T. die einzige zuverlässige Nachrichtenverbindung mit fernen Ländern durch Textdialog.

Standard ist das internationale Telegraphenalphabet Nr.2, die Übertragungsgeschwindigkeit ist mit 50 bit/s sehr langsam. Einschränkend wirken sich auch der begrenzte Zeichenvorrat und die hohen Verkehrsgebühren aus.

Systemkomponenten sind der eigentliche Fernschreiber, das Fernschaltgerät (Anpassung an die Vermittlung), das Vermittlungssystem und das Übertragungssystem. Das Fernschaltgerät ist in elektronischen Fernschreibern enthalten.

3.4.1.8 Bildschirmtext /KRÜG-84; NN-88a; PATT-88; SCHI-87/

Das Prinzip von Bildschirmtext (Btx) basiert auf der Kopplung eines Fernsehgerätes (Monitors) mit einem Computer (Btx-Zentrale), die über das Fernmeldenetz miteinander verbunden sind.

Der Btx-Anwender kann Seiten von Anbietern abrufen, er kann Zugang zu privaten Datenbanken und Computersystemen haben und außerdem bestimmte Dienstleistungen in Anspruch nehmen. Hauptanwendungen sind neben reinen Informationsdiensten Reisebuchungen, Reservierungen, Kontoführung und Versicherungen. Auch in Außendienstsystemen findet Btx z.T. bereits Anwendung (vgl. Kapitel IV.4.).

Für den Außendienstbereich besonders interessant dürfte die Einrichtung von geschlossenen Benutzergruppen sein, die ein internes Informations- und Kommunikationssystem durch Btx aufbauen (Zugang durch Schlüsselwort). Es ist möglich, Mitteilungen an andere Teilnehmer zu senden und zu empfangen. Der entsprechende elektronische Briefkasten ist rund um die Uhr abrufbar.

Um den Btx-Dienst in Anspruch zu nehmen, bedarf es einer Btx-Anschlußbox, sowie eines Btx-Decoders für den Fernseher. Die Btx-Anschlußbox ermöglicht, daß die Datensignale aus dem Btx-Computer über die Fernsprechleitung übertragen werden können. Der Btx-Decoder entschlüsselt den Datenstrom, so daß auf dem Bildschirm des Fernsehgeräts die Btx-Seite als Graphik und Buchstabenfolge in den richtigen Farben entsteht.

Versucht man, Btx zu bewerten, dann stellt man fest, daß der Dienst weit kostengünstiger ist, als die meisten anderen (Subventionen). Die Verbreitung hinkt gegenüber den gesetzten Erwartungen zurück, nicht zuletzt weil der private Verbraucher den Dienst bisher nicht angenommen hat. Sehr viele Firmen in Deutschland sind jedoch Teilnehmer. Ein großes Manko ist die nicht mögliche Kommunikation mit Teilnehmern bzw. Anbietern im Ausland. Lediglich eine Verbindung mit den entsprechenden niederländischen und französischen Diensten ist in Aussicht.

Langsame Übertragungszeiten (Fernsprechnetz) und Unflexibilität bzw. Immobilität dürften die Hauptnachteile sein, für reine Textkommunikation ist dieser Dienst nicht geschaffen.

3.4.1.9 ISDN /KRÜG-84; NN-87a; NN-88a/

Das ISDN (Integrated Services Digital Network) beruht auf der konsequenten Verbindung von digitaler Übertragungs- und Vermittlungstechnik bis hin zum einzelnen Teilnehmeranschluß. Ausgangspunkt waren neue Entwicklungen im Bereich der Mikroelektronik, Digitaltechnik und Informatik. Bis 1993 plant die Deutsche Bundespost die flächendeckende Einführung von ISDN. Über eine international genormte

Schnittstelle, die Telekommunikationssteckdose, können bis zu 8 unterschiedliche Endgeräte (zum Beispiel Telefon, Bildschirmtelefon, Telefax, Teletex, Telex, Bildschirmtext, Datex) angeschlossen werden. Es ist eine Weiterentwicklung zum Breitband-ISDN vorgesehen. Breitband-ISDN zeichnet sich im wesentlichen durch höhere Datenübertragungsraten aus, wie sie z.B. für Bewegtbilder in Fernsehqualität notwendig sind.

Alle Dienste laufen über einen ISDN-Anschluß, d.h. über eine einzige Rufnummer, wobei unterschiedliche Endgeräte gleichzeitig betrieben werden können. Der Anschluß der Datenendeinrichtungen erfolgt entweder direkt oder mit Hilfe verschiedener Terminal-Adaptoren über die einheitliche Schnittstelle. So können beispielsweise parallel zu einem Telefongespräch Schriftvorlagen übertragen werden. Bisher war für jeden Dienst ein separater Teilnehmeranschluß mit individueller Rufnummer und jeweiliger Gebühr erforderlich. Zu den Grundmerkmalen von ISDN zählen die einheitliche digitale Übertragungs- und Vermittlungstechnik für alle Dienste, d.h. daß sowohl Sprache, als auch Daten, Text und Bilder digital übermittelt werden. Alle Kommunikationsdienste werden über ein gemeinsames Netz übertragen und verfügen über die gleichen Dienstmerkmale. Unter dem Begriff "Dienstmerkmale" werden hierbei Eigenschaften subsummiert wie

- dienstabhängiges Durchschalten zu den Endgeräten,
- Geräte- und Dienstewechsel während der Verbindung,
- Anzeige der eigenen Rufnummer beim Angerufenen (bereits beim Klingeln),
- Durchwahl bis zu den Datenendgeräten,
- dienstspezifische Anrufumleitung,
- Anrufweiterschaltung (nach einer bestimmten Zeit),
- Gebühreninformation,
- semipermanente Verbindung,
- geschlossene Benutzergruppen,
- Anschlußsperren,
- Fangschaltung.

Die ISDN-Tarife entsprechen in Höhe und Struktur den heutigen Fernsprechtarifen wobei sie dienstunabhängig sind.

Als Universalanschlüsse werden angeboten:

- Basisanschlüsse mit 2 Basiskanälen zu je 64 kbit/s und einem Kanal für die Zeichengabe (Steuerkanal)
- Primärmultiplexanschlüsse mit 30 Basiskanälen zu je 64 kbit/s und einem Kanal für die Zeichengabe

vgl. auch Abb. 3.11 /ROHL-88/.

Im Zuge der Einführung von ISDN sollen sich die Netze der Deutschen Bundespost in der in Abb. 3.12 gezeigten Weise entwickeln. Abb. 3.13 gibt einen zeitlichen Überblick über die geplante Einrichtung von ISDN-fähigen Orts- und Fernvermittlungsstellen in der Bundesrepublik Deutschland. So sollen bis zum Jahr 1990 in 126 Städten ISDN-fähige Orts- und Fernvermittlungsstellen eingerichtet sein.

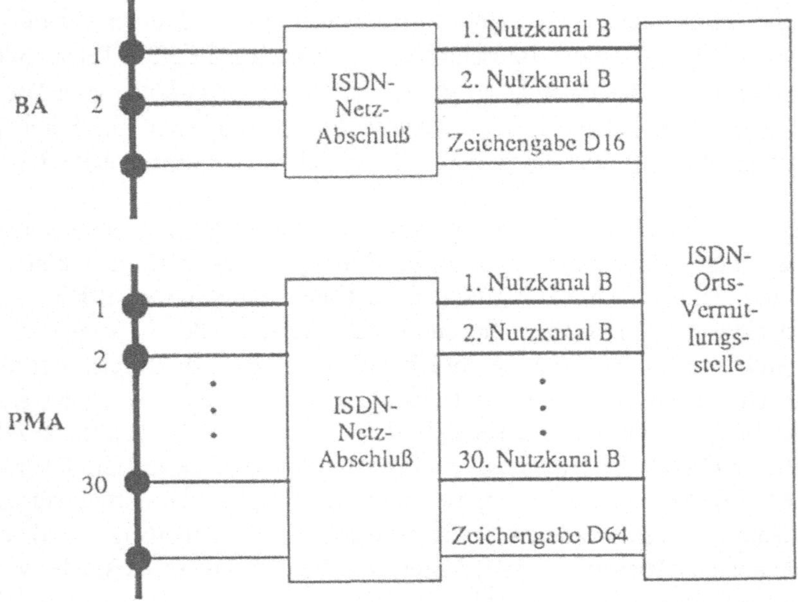

BA = Basisanschluß
PMA = Primärmultiplexanschluß

Abb. 3.11. ISDN-Universalanschlüsse /STAD-86/

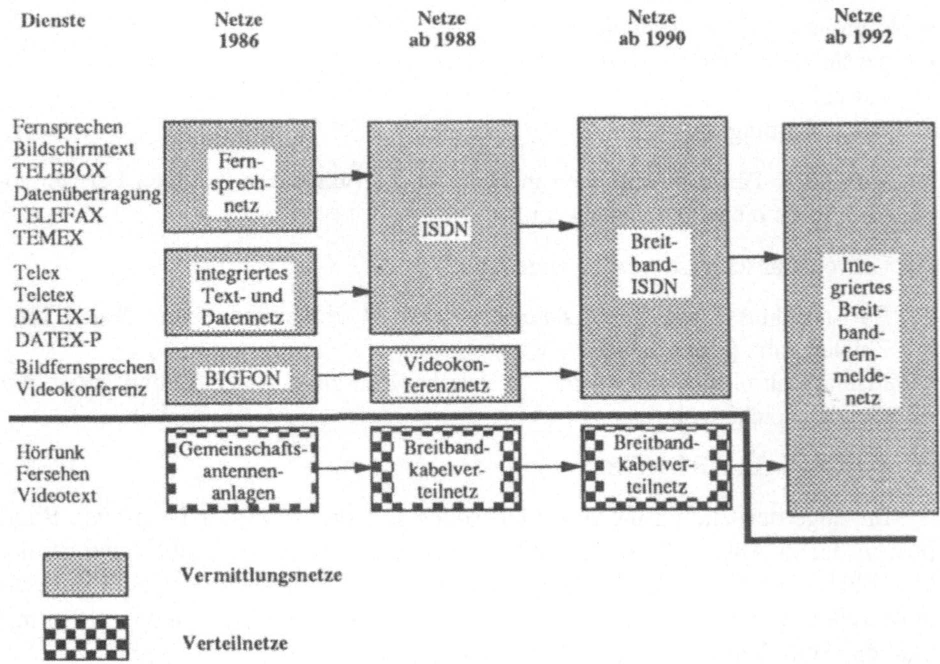

Abb. 3.12. Geplante Entwicklung der Netze der Deutschen Bundespost /PFIT-88/

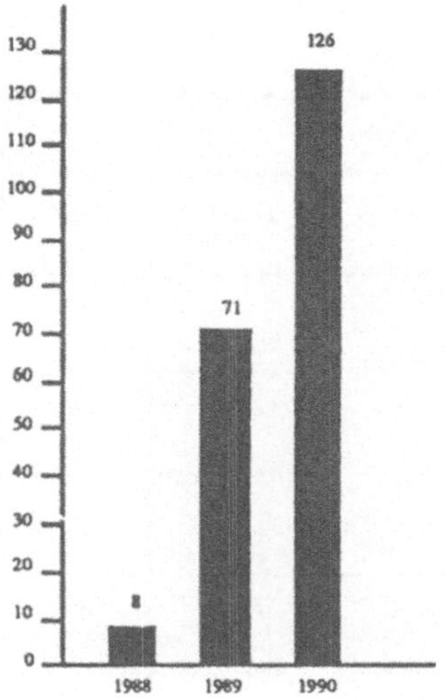

Abb. 3.13. Geplante Einrichtung von ISDN-fähigen Orts-und Fernvermittlungsstellen in der Bundesrepublik Deutschland /ROHL-88/

An der Akzeptanz von ISDN ist nicht zu zweifeln, da eine internationale Standardisierung durch das CCITT weltweit bereits weitgehend erreicht ist, und da ISDN sämtliche Dienste erheblich kostengünstiger als bisher anbietet und das Leistungsangebot groß ist.

3.4.1.10 Vergleich der Datenfernübertragungsdienste

Leistung	Telefax	Teletex	Telebox	Telex	Btx	FSN (Modem, Akustikkoppl.)	Datex-P	Datex-L
Übertrag.-geschw.	3 Min. bzw. 1 Min.	10 s / Seite	300-48000 bit/	5 Min./ Seite	75 bit/s -> 1200 bit/s <-	10-40 Z./s =200-4800 bit/s	300-9600 bit/s	300-64 k bit /s
Zeichensatz	unabh.	309 Zeichen	95 Zeichen	56 Zeichen	92+64 graph. Z.			
Format bzw. Üb.verfahren	DIN A 4 (nur SW)	DIN A 4, DIN A 4 L	nicht festgelegt	endlos, 69 Z./Z.	bildschirmorientiert 80 x 25 bzw. 40 x 16			
Dialogfähigkeit	ja	nein	nein	ja	ja	ja	ja	ja
Fehlersicherheit		$\cdot 9 \over 10$		$\cdot 5 \over 10$		$\cdot 5 \over 10$	$\cdot 9 \over 10$	$\cdot 5 \over 10$
Geräte	Telefon, Anschl., Fernkop.	Teletexfähiges Endgerät	Telefon + DEE	Fernschreiber	Btx-Terminal+ Fernseher	Modem,DEE Telefonanschluß	DÜE(Post) +DEE(paketfähig)	DÜE + DEE
Netz	FSN	IDN (Teletex)	FSN	Telex-Netz(IDN)	FSN	FSN	IDN (Datex-P)	IDN (D.-L)
Zeichensatznorm		T.61	ISO 7 bit Code	ITA 2	CEPT-Norm			

Abb. 3.14. Vergleich der öffentlichen Kommunikationsmedien bzgl. Leistung

Verbreitung	Telefax	Teletex	Telebox	Telex	Btx	FSN	Datex-P	Datex-L
Anzahl TN Inland Ausland	84000 1,8 Mio.	17600 26000	250	170000 1,6 Mio.	75600		13917	17596
Verbindungen zu Ländern	ja	14	8	206	0	ja, u.U. techn. Probleme	48	7 (USA,S, A,N,Dk, Can,Fin)
Verkehr (Verb./Tag)		93800		960000	54700			
davon Ausland		31 %		31 %	0 %			
Übergang zu anderen Diensten	nein	Telex, Btx gepl.	FSN, Datex-L,-P	Teletex	Telex, FSN	Datex-L, Datex-P,...	Datex-L, FSN	Datex-P
Normen (int.) -Protokolle -Endgeräte	ISO-Norm für digitale Netze	Kern ISO-konform, Impl. frei	ISO-Entwurf keine Eindeutigkeit	ja	nein	begrenzt ja	ja	ja
Anzahl Hersteller, Produkte	zahlreich	240 kompatibel	inkompat. Anbieter	383	150	35 (Modem)		
Konklusion	gute verbreitet	genormt, wenig TN	wenig verbreitet	weit verbreitet	nur D	viele TN	sehr gut verbreitet	begrenzt verbreitet

Abb. 3.15. Vergleich der öffentlichen Kommunikationsmedien bzgl. Verbreitung

Kosten	Telefax	Teletex	Telebox	Telex	Btx	ISDN	(2400 b/s) Datex-P.L	Modem
Anschluß-kosten		200 DM	300 bzw. 1200 bit/s 65 DM	200 DM	65 DM	130 DM	200 DM	65 DM
monatliche Grundgebühr	5,40 DM	180 DM	95 DM bzw. 160 DM	80 DM	8 DM	74 DM (pauschal)	250 DM bzw. 220 DM	27 DM
Verkehrsgebühren abhängig von	Datenmenge	Datenmenge	Datenmenge	Datenmenge	Dauer	Dauer	Datenmenge bzw. Dauer	Dauer
Übertragungsgebühren	138 DM (100 Seiten Fernverkehr)	60 DM (100 Seiten Fernverkehr)	1000 DM bzw. 175 DM (s.o.)	520 DM (100 Seiten Fernverkehr)	30 Min.: 1 DM	23 DM: Ttx 18,40 Btx 23 DM Tfx (100 Seiten Fernverkehr)	1,13 DM/ Mio Segmente = (1 Segment =64 Zeichen) bzw. 30 Min.: 90 DM	

Verwendete Abkürzungen:

IDN:	Integriertes Datennetz	FSN:	Fernsprechnetz
DEE:	Datenendeinrichtung	DÜE:	Datenübertragungseinrichtung

Abb. 3.16. Vergleich der öffentlichen Kommunikationsmedien bzgl. Kosten

Einen Vergleich der verschiedenen Datenfernübertragungsdienste bzgl. ihrer Leistung, ihrer Verbreitung und ihrer Kosten ist den Tabellen (Abb. 3.14 bis 3.16) zu entnehmen.

3.4.2 Andere Dienste

Nach den Postdiensten sollen nun die anderen Datenübertragungsdienste kurz vorgestellt werden.

3.4.2.1 Electronic Mail

Sowohl lokal als auch zentral sind in einem AUDIUS Mailboxen vorzusehen, die als Puffer für nicht dringende Mitteilungen dienen. Diese Mailboxen müssen die Fähigkeit besitzen, alle gewünschten Mitteilungsformen (Text, Bild, Sprache etc.) zwischenspeichern und in der gleichen Form weiterleiten zu können. Zur Realisierung derartiger Mailboxen ist ein MHS (Message Handling System) erforderlich. Ein solches MHS stellt ein elektronisches Kommunikationsverbundsystem dar. Als Synonyma für "Message Handling System" werden auch Begriffe wie elektronisches Mitteilungssystem, Electronic Message System, Electronic Mail, Mailboxsystem und Computer Based Message System verwendet. Ein solches System unterstützt den Austausch von textorientierten Nachrichten zwischen Benutzern, die sich an räumlich weit auseinanderliegenden Orten befinden können. Hierbei muß der Sender den Aufenthaltsort des Empfängers nicht notwendigerweise kennen; es genügt die Kenntnis der Mailboxadresse. Dazu wird den Kommunikationspartnern, die über sehr große räumliche Distanzen verteilt sein können, ein adressierbarer Speicherbereich - ein sogenannter elektronischer Briefkasten (Mailbox) - zugeteilt. Dieser ist durch ein Password geschützt. Der Benutzer kann nun unabhängig von Ort und Zeit die Mitteilungen in seinem Briefkasten abrufen /CHRI-88/.

Um MHS möglichst herstellerunabhängig einsetzen zu können, sind Standardisierungsbemühungen im Gange. Abbildung 3.17 zeigt die CCITT-Empfehlungen der X.400-Serie.

Nach /KRÜG-84/ wird dieses Modell folgendermaßen beschrieben:

- Der Benutzer kann eine Person oder ein Rechenprozeß sein. Dieser Benutzer kann Nachrichten empfangen oder versenden.
- Der UA (User Agent; Benutzeragent) unterstützt den Benutzer bei der Erstellung und dem Versand seiner Mitteilungen. Der Agent erhält vom Benutzer einen Auftrag, der zusätzlich zu der eigentlichen Mitteilung den Namen und die Adresse des Empfängers sowie weitere Parameter enthält. Außerdem gibt die UA dem Benutzer auf Verlangen vom MTS erhaltene Nachrichten weiter.
- Das MTS (Message Transfer System; Nachrichtenübermittlungssystem) hat die Aufgabe, von den Benutzeragenten erhaltene Nachrichten zu vermitteln und den Empfänger-UAs auszuliefern.
- Der MTA (Message Transfer Agent; Nachrichtenübermittlungsagent) erbringt, im Verbund mit den anderen MTAs, den Nachrichtenübermittlungsdienst. Die MTAs erhalten die Nachrichten von den UAs oder den anderen MTAs und vermitteln sie an die Empfänger oder an andere MTAs, wobei sie die Nachrichten bis zur Bestätigung durch den empfangenden Agenten speichern.

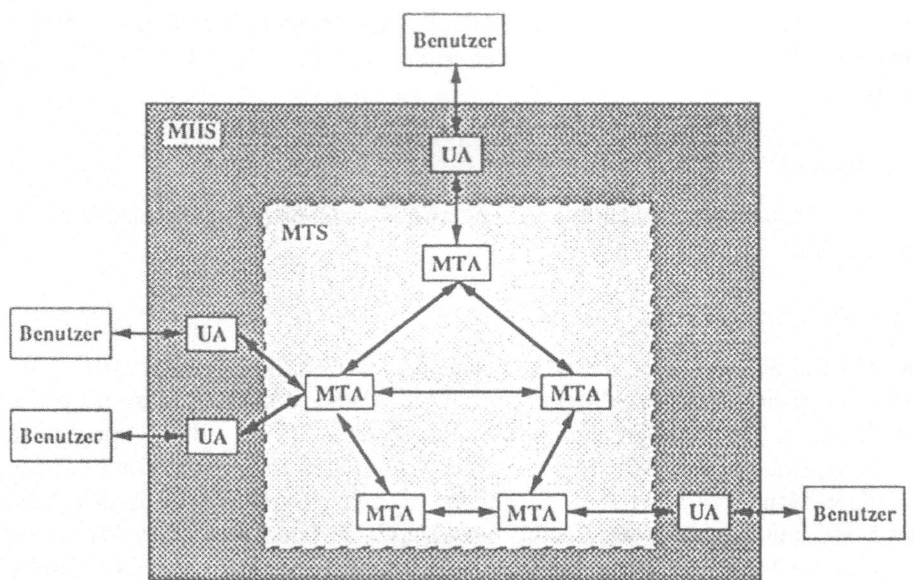

Abb. 3.17. Modell des CCITT-Nachrichtensystems (CCITT X.400) /KRÜG-84/

In einem MHS können neben den Basisdiensten wie Transformation der Codierung eines Dokuments oder Anfügen von Absende- und Auslieferungszeit der Nachricht noch zusätzliche Funktionen realisiert sein. Hierzu gehören automatische Nachrichtenumleitung, Verbergen der Verteilerlisten vor den Empfängern, Auslieferung in einem bestimmten Zeitraum, Rundschreiben mit Verteilern, Absenden von Testnachrichten und Rückliefern einer Empfangsbestätigung /KRÜG-84/.

Lokale Funktionen wie die Archivierung und das Retrieval von Nachrichten in Datenbanken, der Aufbau von Editoren etc. wird im MHS nicht festgelegt /KRÜG-84/.

Im Zusammenhang mit Electronic Mail sind auch die sog. File-Server von Interesse. Ein File-Server ist eine virtuelle Maschine, der Dateien (Files) enthält, auf die jeder Berechtigte über Electronic Mail zugreifen kann.

/CHRI-88/ untersuchte mit Hilfe einer an die Anbieter von extern betriebenen Message Handling Systemen gerichteten Fragebogenaktion solche Systeme, ihre Leistungsmerkmale und Gebühren. Im folgenden werden die Ergebnisse dieser Anfang 1987 durchgeführten Untersuchung vorgestellt. Von 11 versandten Fragebögen lagen 10 zur Auswertung vor.

Abbildung 3.18 zeigt einen Überblick über die ausgewerteten Systeme. Die wichtigsten Ergebnisse der Untersuchung seien im folgenden kurz dargestellt /CHRI-88/.

– Alle Systeme verwenden Netze der Deutschen Bundespost. Drei Anbieter benutzen darüberhinaus eigene Netze.

– Als öffentliche Systeme werden fünf der MHS angeboten, wobei in allen Fällen auch die Möglichkeit der Anwendung in geschlossenen Benutzergruppen besteht. In acht Systemen besteht die Möglichkeit der Vergabe verschiedener Berechtigun

Anbieter	angeboten seit	Zugriff auch über eigene Netze	Standort der Rechner	Anzahl der Benutzer
Betex-Mail	1986	nein	Frankfurt	1 Gruppe
Com. Box	1985	nein	Berlin	300
Decates	1984	nein	Ober-Ramstadt	200
Deutsche Mailbox	1985	nein	Hamburg	1 000
Mailbox Btx SWD	1985	nein	Stuttgart	k. A.
Mailbox I. P. Sharp	1971	ja	Canada	1 000
Ontyme	1980	ja	Frankreich, USA	30 000
Quik-Comm	1982	ja	Niederlande, USA	200 000
RMI-Net Aachen	1985	nein	Aachen	200
Telebox	1985	nein	Mannheim	450

Abb. 3.18. Öffentliche Mailbox-Systeme /CHRI-88/

gen an die Benutzer einer geschlossenen Benutzergruppe - etwa Leseberechtigung ohne Schreibberechtigung für ein Schwarzes Brett.
- Zusätzliche Funktionen wie z.B. Datenbankabfrage, die nicht unmittelbar zum Message Handling gehören, sind bei einigen Systemen möglich.
- Bei acht MHS besteht die Möglichkeit, am Telexverkehr teilzunehmen, wobei fünf Systeme zusätzlich noch mit anderen MHS in Verbindung treten können.
- Branchenspezifische Zielgruppen waren nicht auszumachen.
- Über den Btx-Dienst kann man im Moment nur auf drei MHS zugreifen. Bei zwei weiteren Anbietern ist diese Möglichkeit in Vorbereitung.

Abbildung 3.19 gibt einen Überblick über die Fixgebühren. Dem Nutzer fallen neben den Gerätekosten die Nutzungsgebühr an den Serviceanbieter sowie die Datenübertragungsgebühren der Deutschen Bundespost an. Ein direkter Gebührenvergleich zwischen den einzelnen Anbietern ist nicht ohne weiteres möglich, da die Gebührenstrukturen sowie zahlreiche Sonderkonditionen und Rabatte sehr differenziert sind. Für jeden Anwendungsfall ist ein Gebührenvergleich getrennt durchzuführen.

Unter den fixen Nutzungsgebühren werden die einmalige Einrichtungs- sowie die regelmäßigen Grundgebühren subsummiert. Sie werden entweder gruppen- oder boxbezogen tarifiert. Die variablen Nutzungsgebühren umfassen die Versand-, Sessions- und Speichergebühren.

Anbieter	Einmalige Einrichtungsgebühr	in DM	Monatliche Grundgebühr	in DM
Betex-Mail	□	8 000 + 2 000	□	350
Com. Box	-	-	◨	+ 80 + 4 / Box
Decates	-	1 Box 100	■	50 / 12
Deutsche Mailbox	◨	-	□	1 Box 40
Mailbox Btx SWD	□	k. A.	◨	k. A.
Mailbox I. P. Sharp	-	-	-	-
Ontyme	-	-	□	500
Quik-Comm	-	-	■	2,80 DM / Box
RMI-Net Aachen	◨	20 + 10 / Box	◨	10 + 10 / Box
Telebox	□	65	◨	1. Box 40

-	=	entfällt
□	=	gruppenbezogene Fixgebühren
■	=	boxbezogene Fixgebühren
◨	=	Kombination aus gruppen- und boxbezogenen Fixgebühren

Abb. 3.19. Fixgebühren der öffentlichen Mailbox-Systeme /CHRI-88/

3.4.2.2 Electronic Conferencing

In den meisten deutschen Veröffentlichungen wird statt des Begriffs Electronic Conferencing der Begriff Videokonferenz oder Telekonferenz verwendet. Gemeint ist meistens eine Kommunikationsform, bei der verschiedene Teilnehmer (Gesprächspartner) z.B. über eine digitale Übertragung in Bild und Ton miteinander verbunden werden. Es ist dabei erst einmal von geringer Bedeutung, ob Standbilder oder Bewegtbilder übertragen werden, oder ob auf ein Bild ganz verzichtet werden kann. Kennzeichnend ist, daß sich die Teilnehmer an verschiedenen geographischen Orten befinden (nicht nur innerhalb einer Firma).

Ein Videokonferenzteilnehmer benötigt zur Teilnahme an dem Kommunikationsdienst Videokonferenzeinrichtungen (Videokamera, Monitor, Audioeinrichtungen etc.). In Deutschland stellt die Deutsche Bundespost die Übertragungswege und die

Einrichtungen zur Analog-Digital-Umsetzung (Teilnehmeranschlußeinheit; TAE) zur Verfügung. Während heute lediglich zwei Teilnehmer miteinander kommunizieren können, sind sogenannte Mehrpunktverbindungen (mehr als zwei Teilnehmer) erst in der Entwicklung begriffen.

In diesem Bericht soll im wesentlichen auf Funktionsumfang und Angebot von Videokonferenzeinrichtungen von verschiedenen Anbietern (Zweipunkt-Verbindungen) eingegangen werden. Außerden sollen zukünftige Entwicklungen und Erweiterungen (Mehrpunkt-Verbindungen) analysiert werden.

Zweipunkt-Verbindungen

Eine Zweipunkt-Verbindung ermöglicht die Ton- und Bewegtbildkommunikation von zwei Teilnehmern in einer Videokonferenz. Die deutsche Bundespost bietet dazu einen Videokonferenzdienst an. Verbindungen zum Ausland sind möglich (Großbritannien, USA, Frankreich, Japan etc.)

Für die Einrichtung des Anschlusses verlangt die Post einmalig 12000 DM bzw. 200 DM monatlich bei einer Mindestüberlassungszeit von fünf Jahren. Die monatliche Grundgebühr beträgt 1500 DM. Die Verkehrsgebühren sind abhängig von der Entfernung. Eine Stunde Videokonferenz zwischen Hamburg und München kostet z.B. 600 DM (Hamburg - New York 1500 DM).

Der Teilnehmer benötigt ein oder zwei Personenkameras und eine Kamera zur Dokumentenaufnahme. Mit einer Kamera können mehrere Personen in einem Raum übertragen werden. Des weiteren wird ein Monitor benötigt, der das ankommende Bild darstellt. Für die Tonübertragung werden ein Lautsprecher und ein Mikrofon benötigt. Hinzu kommen Bedienelemente und Zusatzeinrichtungen /LAUR-88/.

Mehrpunkt-Verbindungen

Es gibt verschiedene Möglichkeiten zur Realisierung von Mehrpunktverbindungen (Konferenz mit Teilnehmern, die sich in mehr als 2 Orten befinden). /MÜHL-89a/ zählt folgende Varianten auf:

- Tonkonferenz,
- Standbildkonferenz,
- Einzelbildkonferenz "Broadcast" sowie
- Mehrfachbildkonferenz.

Technische Voraussetzungen zur Durchführung von Mehrpunkt-Konferenzsystemen sind Endgeräte bei den Konferenzteilnehmern und Vermittlungseinrichtungen zur Schaltung der Verbindungen. In ISDN (bzw. Breitband-ISDN) werden solche Verbindungen möglich sein.

Anwendungsgebiete von solchen Konferenzen sind die Befragung von Experten sowie Arbeitsplatzkonferenzen (d.h. die Teilnehmer verbleiben an ihrem Arbeitsplatz). Es werden Kosten für Anfahrtswege und Zeit gespart. Arbeitsplatzkonferenzen ermöglichen außerdem den Teilnehmern schnellen Zugriff auf Zusatzinformationen, z.B. in Aktenordnern oder im persönlichen Computer an ihrem Arbeitsplatz.

In einer Untersuchung im Heinrich-Hertz-Institut wurde ermittelt, inwieweit ein Bedarf für Standbild-, Bewegtbild- bzw. reine Tonkonferenzen besteht und inwieweit in diesem Zusammenhang ISDN genutzt werden kann.

Tonkonferenz

Es werden Tonverbindungen so geschaltet, daß sämtliche Teilnehmer sich gegenseitig hören können. Diese Variante bildet die Grundlage für die Tonkomponente aller weiteren Varianten.

Standbildkonferenz

Zusätzlich zum Ton werden Standbilder in Fernsehbildqualität mit einer Auffrischzeit von 2 s übertragen. Jeder Teilnehmer sieht die Standbilder sämtlicher anderer Teilnehmer.

Einzelbildkonferenz "Broadcast"

Alle Teilnehmer empfangen dasselbe Bewegtbild einer Station. Die Bildauswahl können alle Teilnehmer manuell und gleichberechtigt vornehmen.

Einzelbildkonferenz autonom

An jede Teilnehmerstation kann das Bewegtbild einer anderen Station übertragen werden. Die Auswahl des auf dem Monitor darzustellenden Bilds kann in jeder Station autonom vorgenommen werden, d.h. die Bildauswahl an anderen Stationen wird nicht beeinflußt.

Mehrfachbildkonferenz

Eine kontinuierliche Darstellung sämtlicher Konferenzteilnehmer ist auf jeder Station möglich durch Split-Screen-Darstellung (Aufteilung des Monitors).

Die Untersuchung des Heinrich-Hertz-Instituts kommt zu dem Ergebnis, daß die Akzeptanz von Mehrpunkt-Konferenzsystemen allgemein hoch einzustufen ist. In den meisten Fällen wird jedoch durch reine Tonkonferenzen der gleiche Erfolg erreicht wie durch Bewegtbild-Konferenzen. Zwar steht in vielen Situationen auch die Übertragung von Dokumenteninformation im Mittelpunkt des Interesses; sie kann jedoch auch durch Telefax vorgenommen werden. Bewegtbild-Konferenzen haben vor allem Vorteile in Bezug auf Kriterien wie "Übertragbarkeit nonverbaler Signale", "soziale Präsenz" und "Interessantheit". Die Vorteile müssen allerdings durch höhere Kosten erkauft werden. Auf die technische Realisierung soll hier nicht näher eingegangen werden, da zur Zweipunktkonferenz kein grundsätzlicher Unterschied besteht /MÜHL-89/.

4 Systeme in der Außendienstunterstützung

Wie bereits mehrfach erwähnt, gibt es schon heute erste Außendienstunterstützungssysteme, d.h. Systeme, die einen Teil der in dem hier beschriebenen AUDIUS vorzusehenden Funktionalitäten abdecken. Einige dieser Systeme sollen im folgenden exemplarisch vorgestellt werden.

Die Informationen wurden auf verschiedenen Wegen gewonnen. Neben Kontakten z.B. über den projektbegleitenden Arbeitskreis AUDIUS traten Informationen aus der Fachpresse (VDI-Nachrichten, byte, Computerwoche etc.). Außerdem führte /BECK-89/ im Rahmen einer Studienarbeit eine Untersuchung zum Stand der Technik bei der Software zur Außendienstunterstützung durch, deren Ergebnisse für den vorliegenden Bericht verwendet wurden. Für diese Untersuchung wurden, ausgehend von einer Sichtung der Kataloge zu den Messen Systems 88 (München) und CeBit 88 (Hannover) sowie des Katalogs zum Portables Congress 88 (Düsseldorf), einige Unternehmen um Zusendung von Broschüren, Katalogen und sonstigen Leistungsbeschreibungen der von ihnen angebotenen Software zur Außendienstunterstützung gebeten. Die Beschreibung eines weiteren Systems, VAS-2, wurde schließlich /MÜWA-89/ entnommen.

Eine repräsentative oder gar erschöpfende Bestandsuntersuchung erscheint jedoch nicht zuletzt deshalb schwierig, weil die heutigen Systeme oft Eigenentwicklungen der sie einsetzenden Unternehmen sind und diese an einer Vermarktung oder Weitergabe von Informationen über ihre Systeme nicht interessiert sind. Gründe hierfür dürften hauptsächlich sein:

- Beibehaltung des Wettbewerbsvorsprungs und des Imagevorsprungs beim Kunden,

System	Anbieter
ADIA	WWK-Versicherung
ADITO	bjs-software GmbH
ASS	DIDAS GmbH
CAF/AIS	CAF GmbH
HC-EASY	Hanse Consult GmbH
INCAS	INA Werk Schaeffler KG
I.V.M.S.	System-Plan GmbH
KIS	CISS GmbH
KIVIS	Mannesmann Kienzle GmbH
MAP	iBS GmbH
MARVIS	itk GmbH
MEGA	CAS-Software GmbH und PTV Planungsbüro Transport und Verkehr GmbH
M-I-A-S	IBB
NAIS, NAIS-M	Nixdorf Computer AG
ON-CAS	Otter Online Software GmbH
PC+EAS	pc aussendienstsysteme
PLUS•EINS	ACOS GmbH
SALLY	CAS-Software GmbH
VADIS	IBM Deutschland GmbH
VERTRIEBSmanager	Kiefer & Veittinger
VIAS	Lutronic Software GmbH
Visuelle Kommunikation	Polaroid GmbH

Abb. 4.1. Die vorgestellten Systeme und ihre Anbieter

- fehlende organisatorische Voraussetzungen für eine Plazierung des eigenen Produktes im Markt sowie
- unzureichende Kenntnisse über Chancen im Marktsegment der Außendienst-unterstützungssysteme.

Bei den im folgenden beschriebenen Systemen handelt es sich sowohl um Systeme, die bereits mehrere Funktionalitäten eines Außendienstunterstützungssystems abdecken, als auch um solche, die für einen speziellen Aufgabenbereich des Außen-dien-stes (z.B. Tourenplanung) entwickelt wurden, als auch um solche Systeme, die sich nicht nur zur Außendienstunterstützung sondern auch für einen Einsatz in anderen Bereichen eignen. Hierzu gehören u.a. Systeme zur Projektplanung (z.B. PLUS•EINS; vgl. Kapitel IV.4.17), zur Erstellung von Business-Graphiken (z.B. Harvard Graphics; vgl. Kapitel IV.2.5) sowie zu deren Umsetzung auf andere Medien wie beispielsweise Dias oder Overhead-Folien (z.B. Systeme von Polaroid; Kapitel IV.4.23).

Die vorgestellten Systeme sind in Abb. 4.1 in alphabetischer Reihenfolge aufgelistet.

4.1 ADIA

Hersteller:	WWK Versicherungen, München System wird nicht vermarktet
Einsatzbereich:	Versicherungsgewerbe

Funktionalität
ADIA ist ein Außendienst-Informations- und Auftragssystem, das dem Außendienst folgende Anwendungsmöglichkeiten und -vorteile bietet:

Online im Btx-Rechnerverbund

- Vollständige Übersicht über die tagesaktuellen Verträge eines Kunden (Leben und Sach, Inkasso, Schäden und Leistung). Alle Aggregatzustände des Bestands werden angezeigt (auch Antragsschwebe und Historie).
- Führungsinformationen (Produktionsübersichten, Kosten) für die Geschäftsstellenleitung.
- Tagesaktuelle Programmstände, mit denen u.a. sämtliche Tarifberechnungen (Leben, Kfz) im Rahmen des Angebotswesens (einschließlich individueller Beispielrechnungen und Aktionsanstöße) möglich sind.
- Einheitliche Anwendung: Alle Entwicklungen für den Außendienst wirken zugleich auch für die Zentrale und umgekehrt. Aufgrund des 80-stelligen Btx sind die Anwendungsoberflächen auf allen Ebenen im Unternehmen identisch.
- Einfache Handhabung: Menüsteuerung, keine redundante Datenspeicherung, kein Aufwand für Datensicherung, Help-Funktionen usw.
- Zugriffsschutz auf die Vertrags- und Akquisedaten mit vertraglicher Absicherung
- Relativ geringer Betreuungs- und Wartungsaufwand für Außendienst und DV mit einem breit gefächert vorhandenen Anwendungs-Know-How (Außendienst, Fachabteilungen, DV)

Offline

Leistungsfähiger Gerätestandard mit einem breiten Marktangebot zusätzlicher Serviceprogramme (z.B. Textverarbeitung, Notizbuch, Rentenberechnung/-schätzung, Baufinanzierung, Versorgungsanalyse).

Online im öffentlichen Btx-Dienst

Agenten partizipieren am Informationsangebot und -service der Versicherungen und Banken. Ferner sind Marktvergleiche, Telefonbuch u.v.a. verfügbar.

HW/SW-Voraussetzung

Lokale Komponente: PC (IBM-PC-kompatibel) unter DOS, Datex-P-/Btx-fähig, MD-Btx-80-T-Software

Zentrale Komponente: Siemens 7.5xx, Siemens VR9688, Transdata PDN/X.25-Port, Siemens-VTX, MD-Btx-80-Z-Software

4.2 ADITO

Hersteller: bjs-software-GmbH
Vertrieb: DIDAS   Digital Data Computer GmbH, München

Einsatzbereich: Außendienst, Vertriebsleitung und Marketing

Funktionalität

ADITO versteht sich als ein Werkzeug für die effiziente Planung, Durchführung und Auswertung von Vertriebs- und Marketingaktivitäten.

Das System ist sowohl auf Laptops, als auch auf stationären Geräten z.B. in einer Verkaufsniederlassung einsetzbar.

Als Leitmotiv für die Entwicklung dieses Außendienstunterstützungssystems stand die "Information auf einen Blick", verwirklicht durch eine elektronische Karteikarte, deren Benutzungsoberfläche herkömmliche Karteikarten abbildet (vgl. Abb. 4.2).

ADITO eignet sich nicht nur zur Unterstützung des Außendienstes, sondern z.B. auch

– zur Mitglieder-, Personal- und Objektverwaltung und
– zu Preisvergleichen zwischen verschiedenen Lieferanten.

Der Leistungsumfang von ADITO beinhaltet im wesentlichen:

• Stammdatenpflege

Text- und Tabellenspeicher erlauben u.a. die Erweiterung der zur Verfügung stehenden Stammdatenfelder (z.B. Kunden, Produkte, Wettbewerber) um beliebig viele selbstdefinierte Felder (z.B. unbegrenzt viele Ansprechpartner pro Karteikarte in T + T-Speichern (s.u.) inkl. aller gewünschten Zusatzinformationen wie Anrede, Durchwahl, Funktion, Entscheidungsbefugnis usw.) mit sequentieller Zugriffsmöglichkeit.

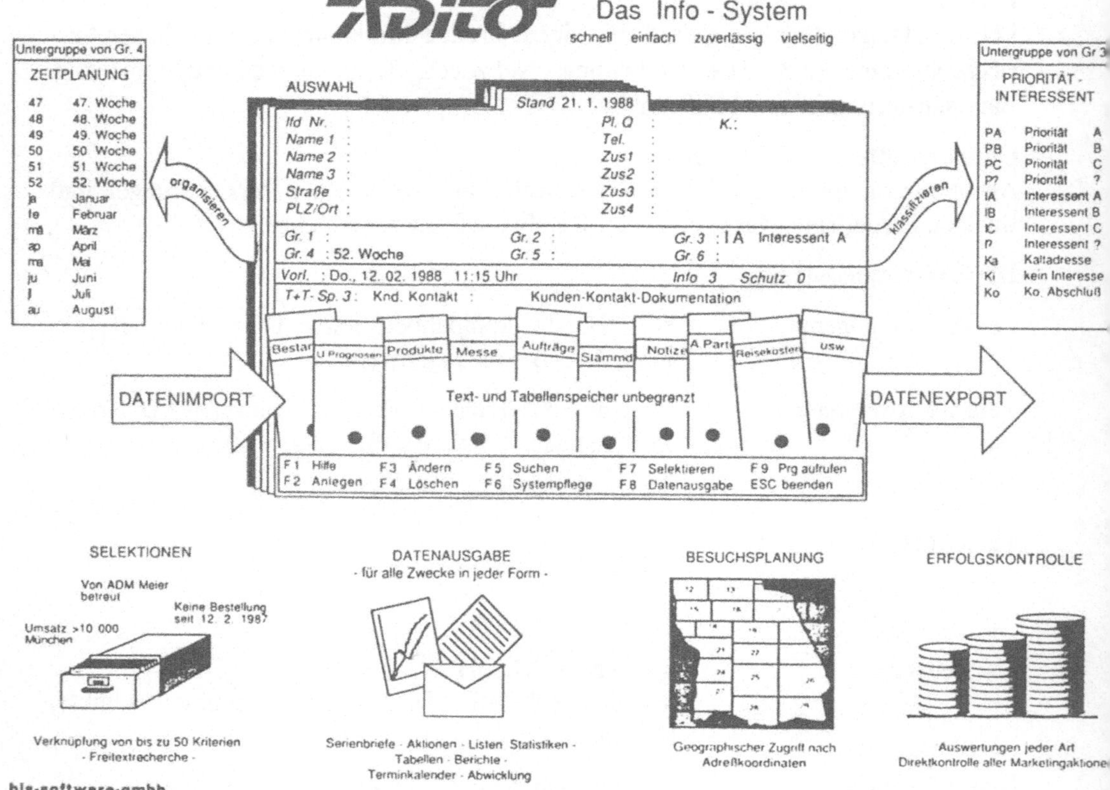

Abb. 4.2. Aufbau von ADITO

- **Klassifikation der Daten**

  Jede Karteikarte kann gleichzeitig in bis zu 6 selbstdefinierten Obergruppen eingeordnet bzw. abgelegt werden. Solche Obergruppen können z.B. Branche, Kundenpriorität, Aktivitäten, Besuchszeitplanung, Potential sein.

- **Terminplanung**

  Neben einer Zeitplanung (Woche/Monat/Jahr) enthält das System die Möglichkeit eines Terminkalender-Ausdrucks mit Kurznotiz zu jedem Termin.

- **Besuchsplanung**

  - Stammdaten-integrierte Erfassung und Auswertung von Adreßkoordinaten
  - effektiver geographischer Zugriff auf den Kundenpool unabhängig von der PLZ
  - freier Einbezug von Stadtplänen und Landkarten
  - entsprechende Besuchskriterien können zu Selektionsprofilen zusammengefaßt, wiederverwendet und überarbeitet werden

- Suchen und Direktzugriff
    - Falls der verwendete Suchbegriff nicht genau trifft besteht die Möglichkeit des schnellen Zugriffs auf die Karteikarte, deren Begriff/Wert dem Suchbegriff am nächsten kommt.
    - Matchcodesuche, wenn nur Namens- oder Zahlenfragmente bekannt sind.

- T + T-Speicher (Text- und Tabellenspeicher)
    - frei definierbare und an anwenderspezifische Aufgabenstellungen anpaßbare Karteikartenerweiterung für Texte und Tabellen
    - pro Karteikarte 10 zusätzliche T + T-Speicher ohne Kapazitätsbegrenzung mit unbegrenzter Zeilenanzahl (Zeilenlänge 78 Zeichen)
    - Der momentan wichtigste T + T-Speicher einer Karteikarte wird auf Wunsch sofort mit den Stammdaten angezeigt.
    - Eine eingebaute Freitextrecherche erlaubt den Zugriff auf alle T + T-Daten, z.B. als Kriterium für die Selektion von Karteikarten.
    - Daten der T + T-Speicher können zeilenweise mit genauer Zeichenposition, aber auch über die Feldposition von selbstdefinierten Tabellen angesprochen werden.
    - Der gesamte Datenbestand der 10 T + T-Speicher kann in Serienbriefen verwendet werden.

- Verbuchen
    - Verbuchen aller betrieblichen Bewegungen und Aktivitäten wie Marketing-aktionen, Angebote, Auftragsbestätigungen, Lieferscheine, Rechnungsaus- und Zahlungseingänge
    - Abrechnung von periodisch zu ermittelnden Größen wie Monats- und Jahres-umsätze, Vertreterabrechnungen, Provisionen, Reisekosten

- Auswertungen und Erfolgskontrolle
    - Als Werkzeuge stehen dabei u.a. die Funktionen "Selektieren", "Serienbrief", "Listengenerator", "Verbuchen" und verschiedene Rechenoperationen zur Verfügung.
    - Werbeaktionen können auf allen einbezogenen Karteikarten mit Datum, Titel und anderen Informationen vermerkt und über diese Daten ausgewertet werden.
    - Der Erfolg von Marketingaktionen läßt sich durch Verknüpfung mit Daten über die Entwicklung von Umsätzen, Bestellgrößen usw. innerhalb frei wählbarer Zeiträume feststellen.
    - Über die Verknüpfung dieser Daten mit der Kunden-Kontakt-Dokumentation (z.B. Besuche) kann die Effektivität des Außendienstes ermittelt werden.
    - Vergleiche, wie z.B. von Absatzstrukturen (geographisch, personenbezogen usw.) werden ermöglicht.

- Textverarbeitung
    - Mehrzweckfunktion zur Ausgabe aller Karteikartendaten in beliebiger Form und Auswahl (inkl. Daten aus T + T-Speichern)
    - Übernahme frei ausgewählter Feld- oder T + T-Speicherinhalte in einen Serienbrief

- Vermischen (Merging) des gesamten Datenbestandes im Serienbrief. ADITO liest Textvorlagen aus allen ASCII-fähigen Textprogrammen
- Rechenoperationen während der Erstellung der einzelnen Serienbrief-operationen
- vorhandene Formulare und Erfassungsbögen sind weiterverwendbar
- Brieferstellung (Angebote, Aufträge, Bestätigungen, Lieferscheine, Rechnungen usw.)

• Listengenerator vorbereitete Fertigformate zur gezielten Ausgabe von Karteikarten-Daten in Standardlisten (Telefon-Verzeichnisse, Namenslisten u.ä.)

• Datenim- und -export

  - Datenaustausch mit allen externen ASCII-fähigen Fremdprogrammen (Datenbanken, Graphik, Textverarbeitung usw.), mit Hosts und anderen ADITO-Systemen unter Verwendung von Akustikkopplern oder Modems und damit Möglichkeit der Entwicklung eines integrierten Controlling
  - Auslagern nicht mehr benötigter Teile einer Kartei durch einfaches Überspielen tagesaktueller Besuchsresultate, Bestellungen und ähnlicher Daten auf ein ADITO-Heimatsystem oder an andere Programme
  - Analoges Updaten von Datenbeständen durch Übernahme andernorts gesammelter Daten (Aufträge, zentral abgestimmte Routenplanung, tägliches Einspielen neuer Kundendaten)
  - Dezentrale Datenerfassung beim Einsatz mehrerer unabhängiger ADITO-Programmsysteme (z.B. auf Laptops) zur Außendienstabwicklung

4.3 Außendienst-Service-System (ASS)

Hersteller: DIDAS Digital Data Computer GmbH, München

Einsatzbereich: Außendienst, Vertriebsleitung, Marketing

Funktionalität

Die DIDAS GmbH ist Anbieter einer Komplettlösung für den Außendienst. Sie vertreibt sowohl die dazu entsprechende Software als auch die notwendige Hardware. Zudem bietet sie das von der bjs-software-GmbH entwickelte Außendienstunterstützungssystem ADITO (siehe Kapitel IV.4.2) an.

Die Entwicklung des Außendienst-Service-Systems zielte auf

• eine Verbesserung der Informationssituation und Aussagefähigkeit der Außendienstmitarbeiter durch:

  - Systemverfügbarkeit "rund um die Uhr",
  - selbständigen Zugriff auf aktuelle Informationen sowie
  - Direktzugriff während der Besuchsvorbereitung und des Kundenbesuchs.

• eine Verbesserung der Kommunikation zwischen:

  - dem Außendienstmitarbeiter und der Verkaufsniederlassung sowie
  - dem Außendienstmitarbeiter und der Unternehmenszentrale. Hierbei wird von der DIDAS wegen der niedrigen Kosten und der relativen Unkompliziert-

heit des Übertragungsweges Btx als Medium für die Datenfernübertragung favorisiert. DIDAS verwirklicht mit Btx derzeit eine Datenübertragungsrate von 1.200 Baud, die in naher Zukunft auf 2.400 Baud gesteigert werden soll.

- eine Beschleunigung der Auftragsdurchlaufzeit durch die Datenerfassung direkt durch den Außendienstmitarbeiter.
- eine Verbesserung der Beratungsqualität des Außendienstes durch Steigerung der Kompetenz der Außendienstmitarbeiter.
- die Sicherstellung der Ausbaumöglichkeiten des Anwendungssystems.

Der Leistungsumfang des Außendienst-Service-Systems gliedert sich wie folgt:

- Terminplanung
- Textverarbeitung
- Auftragsbearbeitung
  Das Modul zur Auftragsbearbeitung ermöglicht u.a.

  - die direkte Auftragserfassung durch den Außendienstmitarbeiter und sofortige Abgabe einer Auftragsbestätigung an den Kunden. Dies setzt eine "Just-in-time"- Bearbeitung der Auftragsdaten in der Zentrale voraus,
  - die Abfrage der Lagerverfügbarkeit bestimmter Artikel sowie
  - die Anzeige aktueller Auftragsrückstände.

- Außendienststeuerung und -kontrolle
  Hierzu gehören u.a.

  - ein vollständiger und aktueller Überblick über alle Kundenkontakte sowie
  - Statistiken.

- Informationsaustausch (Mailbox-System)
  - Versand von Außendienstinformation wie Besuchsberichte, Verkaufsförderungsanträge, Anforderungen von Werbematerial etc.
  - Produktschulung (Informationen über Artikelsortiment, Preise und technische Beratung)

Die DIDAS GmbH bietet auch bereits erste Systeme zur Spracheingabe an. So können z.B. kurze Notizen diktiert und Untersuchungsbefunde über Schadensfälle dokumentiert werden. Der Außendienstmitarbeiter spart so Zeit und kann mit seinen Händen andere Tätigkeiten (z.B. Prüftätigkeiten) verrichten.

HW/SW-Voraussetzung
Das System wird einschließlich der benötigten Hardware vertrieben. Zu dieser gehören Toshiba Laptops T 1200, T 3100/20, T 3200, wahlweise mit Expansionsbox, Tintenstrahldrucker, Akustikkoppler für die Datenfernübertragung bei Nutzung des Mediums Btx, Display für die Großbild-Projektion über Overhead-Projektor, Barcodelesestift, Elektronikbox mit kompletter Verkabelung und zentralem Ein- und Ausschalter.

4.4 CAF/AIS

Hersteller: CAF Systemhaus für Anwendungsprogrammierung GmbH, Gilching

Einsatzbereich: Versicherungsgewerbe

Funktionalität

Der Schwerpunkt der Anwendung umfaßt die Tätigkeit des Versicherungsagenten bis hin zu den Anforderungen großer Maklergesellschaften. Das Grundsystem enthält

- Bestandsverwaltung,
- integrierte Textverarbeitung,
- Gesellschafts- und Mitarbeiterverwaltung,
- Terminbearbeitung,
- Funktionen der elektronischen Korrespondenzablage und -verfolgung,
- Informationsauswertung,
- selektive Bestandsanpassung,
- Adressänderungsdienst und
- frei definierbare Suchabfragen der deutschsprachigen NQL (Natural Query Language).

Außerdem gibt es Schnittstellen zu anderen Textverarbeitungsprogrammen. Die Angebotsbearbeitung kann im Datenaustausch mit Produkten des Herstellers wie Baufinanzierung, Praxisfinanzierung oder Niederlassungsanalyse und auch mit Angebotsprogrammen unterschiedlicher Versicherungsgesellschaften kommunizieren.

HW/SW-Voraussetzung

PC (IBM-PC-kompatibel) unter DOS und Rechner von DEC, IBM, NCR, Siemens, u.a. unter entsprechendem Betriebssystem

4.5 HC-EASY

Hersteller: Hanse-Consult GmbH, Hamburg

Einsatzbereich: Außendienst, Vertriebsleitung und Marketing

Funktionalität

Das System setzt sich aus den HC-Standard-Softwarebausteinen für

- Vertriebsinformation,
- Auftragsbearbeitung,
- Zusatzfunktionen und
- Btx-Dialoganwendungen

zusammen. Diese Teilsysteme sind so aufgebaut, daß sie unabhängig voneinander lauffähig sind und beliebig kombiniert werden können. Sie werden daher getrennt beschrieben.

HC-Vertriebsinformation

- Vertriebssteuerung

  - Besuchsplanung
    Hervorzuheben sind hier die Möglichkeiten zur Steuerung und Überwachung der Besuchsaktivitäten. Hierzu gehören

    - die Möglichkeit, aufgrund eines vorgegebenen Besuchsdatums alle relevanten Kunden eines Außendienstmitarbeiters anzuzeigen. Die Selektion erfolgt unter Berücksichtigung des letzten Besuchsdatums, der kundenspezifischen Besuchsfrequenz und einer Karenz- bzw. Vorwarnzeit, die bei den Stammdaten festgelegt werden.
    - die Markierung von Kunden, die nicht in der festgelegten Zeit besucht wurden.
    - die Unterstützung der Besuchsvorbereitung durch die Anzeige wichtiger Daten über den Kunden.
    - eine Optimierung von Besuchsfahrten über Postleitzahlgebiete.

  - Besuchsberichte
    Zu jedem Kunden wird grundsätzlich eine Seite für die schnelle Erfassung von Besuchsberichten angezeigt. Zentral festgelegte Standardbesuchsarten können durch Ankreuzen in den Bericht übernommen werden. Textbausteine, die die Besuchsarten beschreiben, werden zentral gepflegt und können über eine Help-Funktion angezeigt werden. Die Besuchsberichte können durch Ausfüllen von Formularseiten als formatierte Berichte oder in Freitext mit Folgeseiten erstellt werden. Überfällige Berichte werden angezeigt. Die Berichte werden auch direkt zur Reisekostenerfassung verwendet.

  - Stammdatenpflege
  - Listen und Auswertungen
    wie z.B.
    - überfällige Kundenbesuche,
    - Besuchsberichte

- Aktionsinformation

  - Aktionserfassung
    Aktionsinformationen bestehen aus Kopfdaten (z.B. Bestellung oder Angebot) und Artikelpositionen.
  - Aktionsanzeige
    Mit diesem Programm werden selektiv Informationen über Aktionen mit den wichtigsten Stammdaten angezeigt.

- Angebotsinformation

  - Angebotskalkulation
    Dem Anwender wird ein Angebots-Kalkulationsschema mit firmeninternen Bezeichnungen der einzelnen Stufen angeboten. Kundenindividuelle Begriffe können damit festgelegt und abgespeichert werden.

Auftragsbearbeitung

- Auftragserfassung und -änderung

  - Anzeige der Eingabedaten mit hinzugefügten Stammdaten zwecks visueller Überprüfung vor der Abspeicherung
  - Auftragsverfolgung
    Anzeige genauer Informationen über den Zustand von Bestellungen und Lieferungen sowie wichtiger kundenbezogener Daten. Offene Bestellungen, d.h. Rückstände werden gleichfalls dargestellt.

HC-Zusatzfunktionen

- Lagerbestandsanzeige

  Dem Außendienst wird die Möglichkeit gegeben, sich die aktuelle Bestandssituation anzeigen zu lassen. Die Bestände werden vom System getrennt nach Firmenzeichen und Lagerorten verwaltet.

- Verwaltung von Leihgestellungen

  - Erfassen und Anzeigen von Leihgestellungen, deren Rücknahmen, Verlängerungen und Verkauf
  - Übersicht der verliehenen und der verfügbaren Gegenstände

Btx-Dialoganwendungen

Hierbei handelt es sich um ein System zur elektronischen Übermittlung und Archivierung der im Außendienst anfallenden bzw. für diesen bestimmten Nachrichten, Rundschreiben und Formulare. Dieses wird durch den Einsatz des Systems BETEX/-MAIL der Firma VICORP-IDO realisiert.

Inhouse-System und Anwender im Außendienst bilden im Btx-Rechnerverbund eine geschlossene Benutzergruppe, so daß nur autorisierte Btx-Teilnehmer Zugang zu den Programmen und Informationen finden.

Um keiner zusätzlichen Belastung vorhandener DV-Abläufe im Host-Bereich zu unterliegen, favorisiert die Firma HANSE-CONSULT die Realisierung ihres Systems mittels eines Vorschaltrechners.

Durch die Anwendung der Software "Desk Manager" von Hewlett-Packard kann eine Anbindung des Außendienstes an eine vorhandene oder geplante innerbetriebliche Kommunikation erfolgen. Jeder Mitarbeiter kann auf diese Weise Nachrichten, Texte oder Dateien an andere Mitarbeiter schicken, die in einem Netzwerk zusammengeschlossen sind.

Der Außendienstmitarbeiter kann damit auch über die in der Zentrale vorhandenen Datenübertragungseinrichtungen wie Telex oder Teletex verfügen und so mit Kunden oder Lieferanten kommunizieren.

HW/SW-Voraussetzung

BETEX/3000 (Standardsoftware der VICORP-IDO) bildet die Systemsoftware zur Steuerung von Btx-Dialogen für alle Anlagen des Typs Hewlett-Packard/3000.

4.6 INCAS

Hersteller: INA Werk Schaeffler KG, Herzogenaurach
(System ist noch in der Entwicklung)

Einsatzbereich: Technischer Außendienst

Funktionalität
INCAS will die marktorientierte Unternehmensführung sowie die kundenorientierte Vertriebssteuerung verstärkt zum Einsatz bringen.

Einzelmoduln von INCAS, die sich in den unterschiedlichsten Realisierungsphasen befinden, sind Softwareentwicklungen für:

- die Anfrage- und Angebotsanalyse,
- die Besuchs- und Reklamationsberichtserfassung und -analyse,
- die Marktdatenerfassung,
- die Kundenprojekterfassung sowie
- den Aufbau einer Know-How Datenbank.

Anfrage- und Angebotsanalyse
Dieses Modul bietet die Problemlösung für all die Anwender, die im Rahmen einer ganzheitlichen Sachbearbeitung ihre Angebotsbearbeitung ausweiten und gleichzeitig schneller, sicherer und flexibler abwickeln wollen.

Das dialogorientierte Programm ist weitgehend tabellengesteuert und somit individuell anpaßbar. Das System verfügt über Schnittstellen zum internen Pricing- und zu Angebotsdatenbanken, sowie zu einem Textverarbeitungsprogramm als auch zu Teletex und kann daher als integrierte oder autonome Problemlösung eingesetzt werden. Die Auswahl der einzelnen Funktionen erfolgt durch Menüs, die für den Benutzer zusätzlich durch Bildschirmhinweise unterstützt sind.

Bereichs- und Reklamationsberichtserfassung und -analyse
Die menügeführte Software ermöglicht die Erfassung von Besuchs- und Reklamationsberichten. Durch die Einbindung von sogenannten "Mußfeldern" wird gewährleistet, daß wichtige Informationen, die zur Weiterbearbeitung in der Zentrale unbedingt benötigt werden, auch von den einzelnen Außendienstmitarbeitern erfaßt werden. Bei der Eingabe in bestimmten Feldern werden die Anwender durch Hilfetexte und bei Bedarf mit im Hintergrund hinterlegten Schlüsseln unterstützt.

Marktdatenerfassung
Dieses Modul unterstützt die Bereitstellung von Daten für das Portfolio Management. Dabei fällt dem Außendienst die Schlüsselrolle zu, durch eine genaue und eingehende Analyse des Kunden die für die Vertriebssteuerung notwendigen Daten zur Verfügung zu stellen. Der Vorteil für den Außen- wie auch Innendienst liegt in der einfachen Klassifizier- und Vergleichbarkeit der Kunden untereinander sowie dem zielgerichteten Ausrichten der Aktivitäten auf die einzelnen Kundentypen.

Kundenprojekterfassung und Aufbau einer Know-How Datenbank
Mit der Erfassung und Speicherung von Kundenprojekten wie auch mit dem Aufbau

einer Know-How Datenbank sollen eventuelle Parallel- oder auch Mehrfachentwicklungen vermieden werden. Innerhalb einer Know-How Datenbank sollen Anwendungsbeschreibungen branchen-, produktgruppen- und produktbezogen erfaßt und jederzeit abrufbar zur Verfügung gestellt werden.

HW/SW-Voraussetzung
PC (IBM-PC-kompatibel) unter DOS, dBASE III, Clipper

4.7 I.V.M.S.

Hersteller: System-Plan GmbH, München

Einsatzbereich: Außendienst, Vertriebsleitung und Marketing

Funktionalität
Das Funktionsprinzip von I.V.M.S. (Integriertes Vertriebssteuerungs- und Marketing-System) beruht darauf, daß in einer Datenbank, deren Aufbau den Anforderungen des Anwenders angepaßt wird, alle notwendigen Daten verwaltet werden. Das System ermöglicht die Auswertung und Analyse von Daten sowie die Darstellung der Ergebnisse. Um dies zu erreichen, wurden geeignete und leistungsfähige Standard-Programme eingesetzt, die über eine gemeinsame Benutzeroberfläche funktional so mit der Datenbank verknüpft sind, daß ein menügesteuerter und freier Zugriff auf einzelne Funktionen dieser Standard-Programme möglich wurde.

Für eine "schnelle und kostengünstige" Datenübermittlung zwischen Vertriebszentrale und Außendienst stehen geeignete Programme für die üblichen Medien (Btx, Datex, Teletex) zur Verfügung.

Die unter dem Kürzel I.V.M.S. integrierten Standard-Programme sind Entwicklungen von Fremdfirmen und lassen sich wie folgt gliedern.

- Textverarbeitung unter MS-Word

- Tabellenkalkulation unter MS-Multiplan

- Graphik unterMS-Chart

- Projektsteuerung unter MS-Project
    - graphische Darstellung von Netzplänen,
    - automatische Berechnung von kritischen Pfaden,
    - Soll- und Ist-Vergleiche,
    - Ermittlung von Betriebsmittelkosten und Betriebsmittelauslastung
    - etc.

- Portfolioanalyse unter Uniport
  Präsentation von Daten wie z.B.

    - Produkt- und Marktanalysen,
    - Wettbewerbsanalysen,
    - Stärken- und Schwächenanalysen

  in Portfoliodarstellung

- Kartengraphik unter Map und Easymap
  Darstellung von Kartengraphiken und gebietsrelevanten Daten wie z.B.

  - Marktpotentialen
  - Umsätze oder Kunden pro Verkaufsgebiet

- Management-Informations-System unter TZ-Info
  Darstellung von periodischen Plan- und Ist-Zahlen sowie die Erstellung von Abweichungsanalysen z.B. für

  - Umsatz,
  - Deckungsbeitrag,
  - Produktivität,
  - Auslastung

- Kommunikations-Programme unter MS-Access und SysCom
  Datenkommunikation zwischen Vertriebszentrale und Außendienst

Durch die Auswahl und Kombination von geeigneten Programmen erhält man Moduln für folgende Funktionalitäten:

- Stammdatenverwaltung

- Vertriebsaktivitäten

  - Besuchsplanung
  - Besuchsergebnisse
  - Mailingaktionen
  - Angebotsbearbeitung
  - Projektverfolgung und -abwicklung
  - Messen und Ausstellungen
  - Einladungen
  - Schulungen

- Terminplanung

  - Tages-, Wochen-, Monats-, Jahrestermine

- Auswertungen und Statistiken

  - Listen und Tabellen
  - Graphische Darstellungen
  - Balken-, Linien-, Kreisgraphiken
  - Kartengraphiken
  - Portfolio-Darstellungen

- Kommunikationsprogramme

  für Telefon, Btx, Teletex und Datex P/L

Eine Ergänzung des Systems durch Moduln mit besonderer anwendungsspezifischer Funktionalität ist nach Anforderung des Anwenders möglich.

4.8 Kunden-Informations-System (KIS)

Hersteller: CISS GmbH, Bonn

Einsatzbereich: Vertrieb und Marketing

Funktionalität

KIS ist ein Kunden-Informations-System für den Vertriebs- und Marketingmitarbeiter.
Es unterstützt die nachstehenden Funktionen.

- Stammdatenverwaltung

  Verwaltung der Stammdaten in einer Datenbank mit verschiedenen Filter- und
  Sortiermöglichkeiten sowie der Möglichkeit der Übernahme der Daten in andere
  KIS-Moduln z.B. zur Erstellung von Übersichten oder zur statistischen Aufbe-
  reitung

- Terminverwaltung

  Anzeige aktueller Termine, Übersicht über die Tagesaufgaben, Protokollierung
  der Tagesaktivitäten

- Textverarbeitung

  Unterstützung bei der Erstellung verschiedener Texte wie Angebote, Rechnungen,
  Lieferscheine, Mahnungen, Aufwands- und Planungsübersichten, Adressaufkle-
  ber, Statistiken verschiedener Art durch vorformulierte Textbausteine und
  Serienbrieffunktion

- Auftragsbearbeitung   (optional)

  Erfassen neuer Aufträge, Planen, Ändern von Aufträgen sowie Kostenplanung

  KIS läßt sich auch zur Außendienststeuerung einsetzen, indem die Außendienstmitarbeiter an den Verkaufsleiter Disketten mit Daten über ihre aktuellen Aktivitäten
  versenden. Diese Daten sollten für eine Einschätzung der Vertriebssituation im
  Außendienst durch den Verkaufsleiter relevante Informationen enthalten wie z.B.

- unternommene Telefon-Akquisitionen,
- angesprochene Branchen,
- durch den Außendienstmitarbeiter vereinbarte und wahrgenommene Termine,
- Resonanz von Präsentationen.

HW/SW-Voraussetzung

IBM PC XT, AT oder Kompatible, Betriebssystem PC-DOS oder MS-DOS. Das
System wird auch von Sharp zusammen mit seinem Laptop PC 4502 angeboten.

4.9 Vertriebs-Informations-System (KIVIS)

Hersteller: Mannesmann Kienzle GmbH, Villingen-Schwenningen

Einsatzbereich: Außendienst, Vertriebsleitung und Marketing

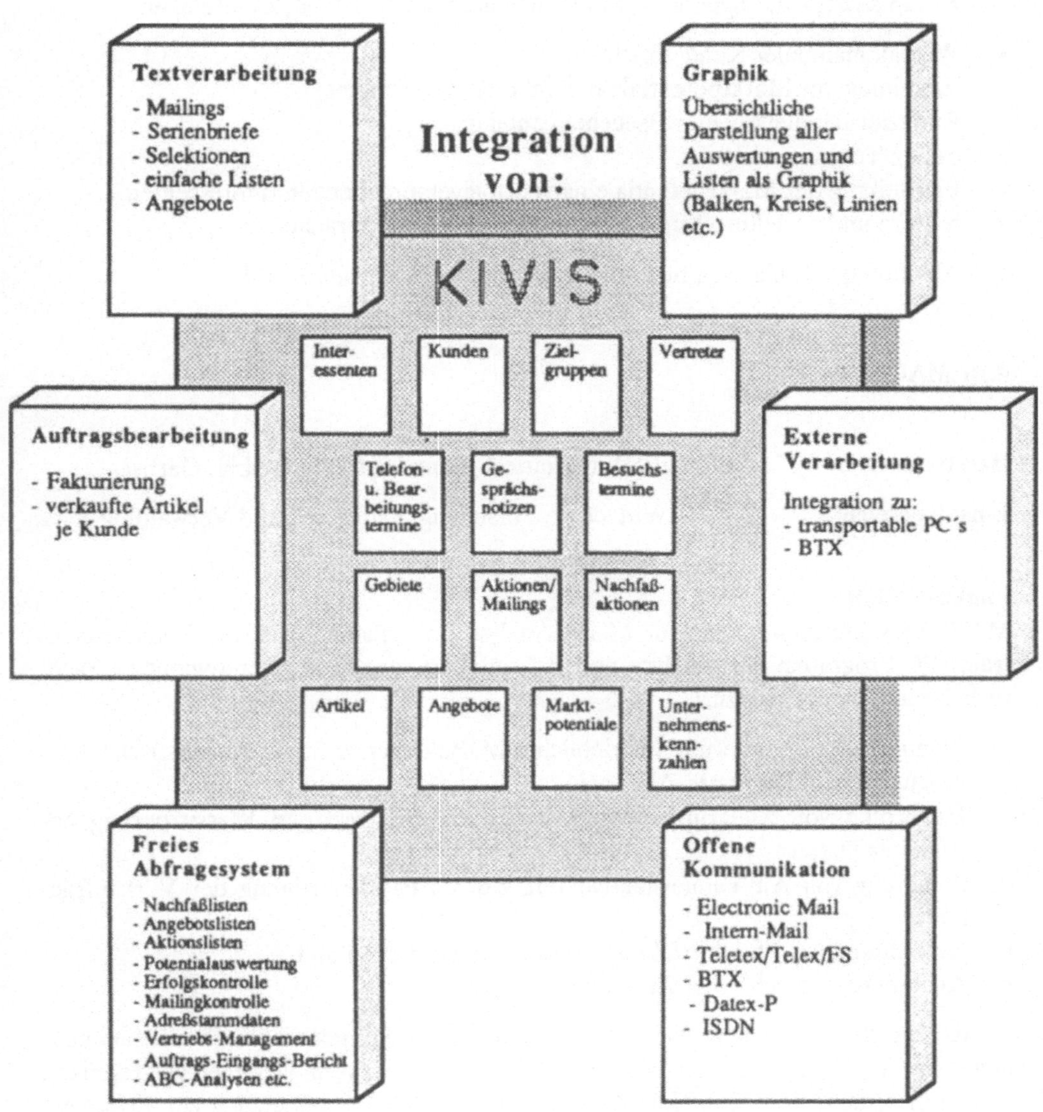

Abb. 4.3. Funktionalitäten von KIVIS

Funktionalität

KIVIS versteht sich als ein Instrument zur zielorientierten Führung sowie zur Erfolgskontrolle des Außendienstes zielt auf eine Effizienzsteigerung der Vertriebssteuerung im Unternehmen.

Die Außendienstmitarbeiter können mittels transportabler PCs (Laptops), über verschiedene Netze, z.B. Datex-P-Netz oder Btx mit der Unternehmenszentrale kommunizieren.

KIVIS strebt u.a. folgende Verbesserungen in der Kundenbearbeitung an:

- Wegfall manueller Kundenkarteien,
- Einteilung der Marktpotentiale in konkrete Zielgruppen,
- Reduzierung ineffizienter Besuche/Kontakte,
- exakte Terminverfolgung,
- Beurteilung der Marktpotentiale nach erfolgversprechenden Interessenten,
- bessere und gezieltere Kunden- und Interessentenansprache.

Abbildung 4.3 zeigt den funktionalen Zusammenhang von KIVIS.

4.10 MAP

Hersteller: iBS Integrierte Business Systeme GmbH, Garbsen

Einsatzbereich: Wirtschaft, Forschung, Pädagogik und Verwaltung

Funktionalität

MAP (Präsentations-System für Markt-Analyse und -Planung) ist ein branchenneutrales PC-Programm zur Analyse und Präsentation verschiedenster regionaler Sachverhalte und eignet sich zur:

- Planung und Optimierung vertrieblicher Maßnahmen z. B. durch statistische Auswertungen von Response-Aktionen,
- Bewertung von Zielgruppenpotentialen durch Analyse und Klassifizierung bestimmter Daten,
- Steuerung von Außendienstaktivitäten, z.B. durch Neuordnung der Verkaufsgebiete,
- Gewichtung von Standortfaktoren und Einzugsgebieten und
- Analyse soziographischer Zusammenhänge.

Regionalinformationen, die in Tabellen vorliegen und geographische Zusammenhänge nicht erkennen lassen, werden durch MAP in Form von Gebietsgraphiken anschaulich dargestellt. Ein Edit-Programm schafft die Voraussetzung zur Erfassung individueller Kartenstrukturen. Grundsätzlich ist jede Gebietsstruktur jeden Maßstabs darstellbar.

Eine Ausgabe der Kartenstrukturen kann - geeignete Endgeräte vorausgesetzt - auf Papier, Folie und Dia erfolgen.

HW/SW-Voraussetzung

MAP Professional unterstützt gegenwärtig die nachstehend aufgeführten Geräte und kann darüber hinaus mit entsprechend kompatibler Hardware arbeiten.

- IBM PC, PC XT, PC AT
- AT&T 6300, 6300 PLUS
- COMPAQ, COMPAQ PLUS, COMPAQ Deskpro, COMPAQ 286, COMPAQ Portable
- andere kompatible Computer, die dem Industriestandard entsprechen

Hauptspeicherbedarf: 512 KB

Plattenspeicherbedarf: für Programmdateien ca. 2 MB, für zusätzliche Grenzdateien (Karten) je nach Umfang ca. 100 KB - 3 MB

Ferner werden zahlreiche Graphik-Adapter, Stift-Plotter und Graphik-Drucker unterstützt.

4.11 MARVIS

Hersteller: itk GmbH, Darmstadt

Einsatzbereich: Außendienstunterstützung allgemein

Funktionalität

MARVIS ist ein Marketing- und Vertriebs-Informationssystem zur strategischen Marketingplanung und Vertriebssteuerung. Es beinhaltet korrespondierende, eng miteinander verbundene Analyse- und Aktionsebenen, welche Information und Kommunikation sowie Planung und Kontrolle im Marketing-Mix ermöglichen. Alle Bestandteile des Systems sind modular aufgebaut und miteinander verbunden, so daß für jedes Unternehmen die geeigneten Bausteine ausgewählt und konfiguriert werden können. MARVIS besteht aus folgenden Komponenten:

- zentrale Vertriebsdatenbank DATABASE
- Außendienstsystem MARVIS-AD
- Datentransfermodul ITK/TRANS
- Verbindung zur zentralen EDV HOSTTRANS
- Schnittstelle zum Warenwirtschaftssystem HOSTCOM.

Zentrale Vertriebsdatenbank DATABASE

Das Kernstück von MARVIS ist die zentrale Vertriebsdatenbank. Entscheidend ist der Aufbau der Firmen- und Kundendaten nach Status (Zielgruppe, Wertigkeit und Priorität), nach klassifizierenden und beschreibenden Merkmalen wie Zugehörigkeit (Konzern/Verband), Zielbereich (Abteilung/Standort) und Ansprechpartner (Anwender/Entscheider). Darüber hinaus sind Bewegungsdaten für Kontakte, Kontaktergebnisse, Firmenprofile, Vorgänge, Umsätze und Wettbewerbsdaten verfügbar. Dieser Aufbau ermöglicht beliebige Recherchen nach unterschiedlichen Kriterien.

Außendienstsystem MARVIS-AD

Der Außendienstmitarbeiter besitzt eine aktuelle Kopie der Datenbank, bezogen auf sein Vertriebsgebiet, auf seinem Laptop. Dies bedeutet Datentransparenz für Innen- und Außendienst. Entsprechende Funktionen wie Firmensuche, Kurzerfassung, Besuchsvorbereitung, Besuchsberichte, Termin/Jahresplaner werden vom System unterstützt. Die Auswahl der einzelnen Funktionen erfolgt durch Menüs.

Datentransfermodul ITK/TRANS

Die Online-Anbindung an die zentrale Vertriebsdatenbank DATABASE erfolgt über ITK/TRANS. Dieses Modul überträgt automatisch die lokalen Änderungen wie Berichte, Termine, Schreibaufträge usw. zur zentralen DATABASE. Änderungen aus der Zentrale wie Umsätze, Bestand, Aktionen werden auf dem gleichen Weg wieder zurück übertragen.

Die Datenübertragung erfolgt in der Regel über Btx, wobei die beiden folgenden Möglichkeiten zur Verfügung stehen.

1) Btx ITK/TRANS setzt die zu übertragenden Informationen in Bildschirmtext-Seiten um. Diese werden zur Btx-Zentrale übertragen und dort zwischengespeichert. Auf der Gegenseite übernimmt ITK/TRANS wieder diese Daten aus der Btx-Zentrale und führt einen Update der entsprechenden Datenbank durch.

2) Btx-Rechnerverbund ITK/TRANS überträgt die Daten direkt ohne Zwischenlagerung in der Btx-Zentrale über Btx-Rechnerverbund in die entsprechende DATA-BASE der Zentrale bzw. des Außendienstmitarbeiters.

ITK/TRANS ermöglicht weiterhin den Btx-Dialog. Somit stehen dem Außendienst alle Möglichkeiten des Btx-Dienstes offen und damit auch das Versenden und Empfangen von Telex-Mitteilungen.

Verbindung zur zentralen EDV HOSTTRANS
Die Anbindung an die zentrale EDV erfolgt über die Komponente HOSTTRANS auf der Basis der 3270-Emulation (IBM SNA Welt) bzw. der 9750 Emulation (Siemens).

Schnittstelle zum Warenwirtschaftssystem HOSTCOM
HOSTCOM ist ein individuelles Kommunikationsprogramm auf der zentralen EDV. Es steuert die Datenübertragung zwischen der zentralen Vertriebsdatenbank DATABASE und dem Warenwirtschaftssystem. Zur Zeit ist die Anbindung an das Warenwirtschaftssystem INVES (Auftragsverwaltung, Fakturierung, Lager und Bestellwesen) für IBM Systeme/38 und Olympic realisiert.

HW/SW-Voraussetzung
PC (IBM-PC-kompatibel) unter DOS, Btx-Decoder, Datenbank INFORMIX

4.12 MEGA

Hersteller: CAS-Software GmbH, Karlsruhe
          PTV Planungsbüro Transport und Verkehr GmbH, Karlsruhe

Funktionalität
MEGA ermöglicht die graphische Aufbereitung und Darstellung von kartographischen Daten und zwar maßstabsgerecht und in beliebiger Vergrößerung.

Zudem enthält dieses Programm Optimierungs- und Planungsmoduln für eine Vielzahl von Anwendungen.

Eingesetzt als graphisches Planungssystem erlaubt es den Einsatz bei :

– Routenrechnung/Planung von Transporten,
– Tourenplanung,
– Frachtrechnung,
– Entwicklung und Umsetzung von Logistikstrategien,
– Marketing-Planung und
– Entsorgungsplanung.

Die Basis von MEGA bilden Orts- und Straßendatenbanken, die durch eine graphische Gestaltungsunterstützung (z.B. Grenzen von PLZ-Bereichen) ergänzt werden. Das System selbst besteht aus einem Grundmodul, mit

- einer ca. 37.000 Orte in der Bundesrepublik Deutschland enthaltende Ortsdatei,
- Zusatzdaten wie Koordinaten, Gemeindetarifbereiche, Ortsgröße, Einwohnerklasse,
- dem Straßennetz der Bundesrepublik Deutschland mit allen Hauptstraßen; Längenangaben, Straßenklassen und Zusatzinformationen (z.B. Fähre gesperrt für LKW)

sowie aus anwendungsspezifischen Erweiterungsmoduln. Ähnliche Systeme werden von denselben Anbietern auch für die Niederlande und Österreich angeboten. Im Funktionsumfang dieser Moduln sind u.a. die folgenden Punkte enthalten.

- Routenrechnung

    - Vorgabe von Geschwindigkeiten je Straßentyp,
    - Vorgabe von Zielfunktionen für die günstigste Route,
    - Alternativroutensuche

- Tourenplanung

    - Definition von Kunden und zugeordneten Aufträgen,
    - manuelle Zuordnung von Kunden zu Touren,
    - Berechnung von Zeitplänen und Tourlängen,
    - Optimierung der Anfahrreihenfolge

- Fahrzeugeinsatzplanung

    - Definition von Aufträgen (von/nach) und Fahrzeugstandorten,
    - Zuordnung von Aufträgen zu Fahrzeugen

- Marketing-Planung

    - Vorhaltung demographischer, Markt- und Infrastrukturdaten,
    - Definition und Darstellung von Absatzgebieten, Marktanteilen usw.
    - hierarchische Definition von Datengruppen (z.B. Außendienstgebiete)

- Logistik-Strategien

    - Definition von Depots, Kunden und Lieferanten,
    - Definition von Kostenfunktionen für die Berechnung von Transportkosten,
    - Definition von Kostenfunktionen für die Berechnung von Depotkosten,
    - Optimierung der Zuordnung von Kunden und Lieferanten zu Depots,
    - Graphische Darstellung der Zuordnungen und Liefermengen

- Frachtrechnung

    - Definition von Kunden und zugeordneten Aufträgen,
    - Reichskraftwagentarif (RKT)-Rechnung und Kraftverkehrsordnung (KVO)-Optimierung,
    - Güternahverkehrs-Tarif (GNT)-Rechnung und GNT-Optimierung,
    - Kombinierte RKT/GNT-Rechnung und
    - Darstellung und Ausgabe von GNT-Nahbereichen.

HW/SW-Voraussetzung
MEGA läuft auf einem IBM AT oder jedem dazu kompatiblen MS-DOS-Rechner.
Empfohlen wird ein farbiger Monitor mit EGA- oder VGA-Auflösung und eine
Maus. Das Programmsystem benötigt mindestens 4 MB freien Speicher auf der Fest-
platte.

4.13 M-I-A-S

Hersteller: IBB, Karlsruhe

Einsatzbereich: Außendienst, Vertriebsleitung und Marketing

Funktionalität
Das im folgenden dargestellte Außendienstunterstützungssystem ist Bestandteil des
Marketing-Informations- und Analysesystems der Firma IBB.
   Die wichtigsten Funktionen dieses Außendienstunterstützungssystems sind:

– Stammdatenverwaltung,

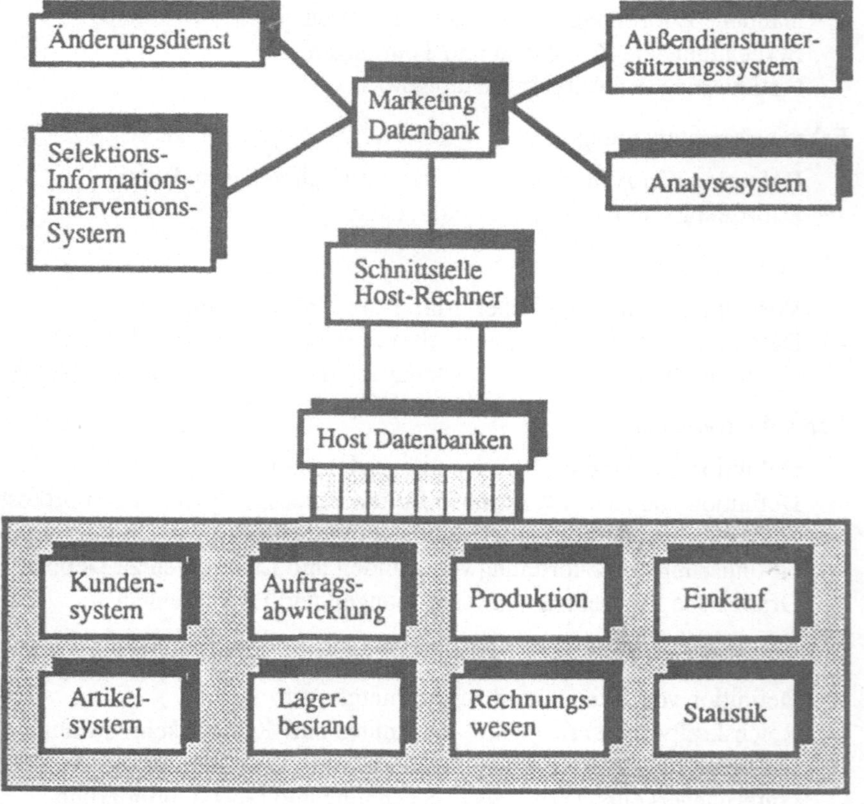

Abb. 4.4. Aufbau des Systems M-I-A-S

- Terminplanungs- und Wiedervorlagesystem,
- Auftragserfassung vor Ort,
- Erstellung von Besuchsberichten,
- Erstellung von Reisekostenabrechnungen,
- Durchführung von ad-hoc-Analysen mit dem in M-I-A-S integrierten Analyse-System auf dem Außendienst-PC,
- Änderungsdienst (Aktualisierung der vertriebsrelevanten Stammdaten) von und zum Hostrechner,
- Übertragung von Steuerungsimpulsen und Abweichungsinformationen per Akustik-koppler vom M-I-A-S-Rechner an das Außendienst-Terminal und
- Abruf von Verkaufsstatistiken.

Eine Erweiterung dieses Außendienstunterstützungssystems kann durch eine Integration spezifischer Funktionen, wie z.B.

- Verkaufshilfen (elektronische Verkaufshandbücher),
- Textverarbeitung,
- Tourenplanung,
- Direktabfragen von verkaufsrelevanten Informationen (z.B. Aktionspreise, Lieferstatus etc.) beim Hostrechner

vorgenommen werden.

4.14 NAIS, NAIS-M

Hersteller: Nixdorf Computer AG, Paderborn

Einsatzbereich: Versicherungsgewerbe

Funktionalität

NAIS ist das Nixdorf Außendienst-Informationssystem und NAIS-M das Nixdorf Assekuranz-Informationssystem für Versicherungsmakler. Beide Systeme sind ähnlich aufgebaut, unterscheiden sich aber in ihrem Funktionsumfang. Im folgenden wird das mächtigere System NAIS-M vorgestellt.

Das Leistungsspektrum von NAIS-M unterstützt den gesamten Tätigkeitsbereich des Versicherungsmaklers und Mehrfachagenten, von der Akquise über die Verwaltung bis hin zur Buchhaltung.
Es besteht aus folgenden Moduln:

- Stammdatenverwaltung,
- Kunden- und Vertragsverwaltung,
- Versicherungsbuchhaltung,
- Finanzbuchhaltung,
- Transport,
- Terminverwaltung,
- Selektion und
- Textverarbeitung.

Stammdatenverwaltung

Die Stammdatenverwaltung umfaßt die Verwaltung der unterschiedlichen Personengruppen. Innerhalb dieses Moduls werden die Daten der Versicherer, Assekuradeure und Mitarbeiter verwaltet. Diese Daten müssen nur einmal in das System eingegeben werden. Sie werden dann im weiteren Programmablauf automatisch zur Verarbeitung herangezogen. Die Mitarbeiterverwaltung ermöglicht eine optimale Mitarbeitersteuerung.

Kunden- und Vertragsverwaltung

Hier werden die Kundendaten, die Versicherungsverträge und die jeweils angefallenen Schäden bearbeitet und verwaltet. Dabei bietet NAIS-M drei verschiedene Einstiegsbereiche (Kunde/Interessent, Vertrag und Schaden) mit mehreren Suchbegriffen.

Der Aufbau der Versicherungsverträge entspricht den von der Kommission des Gesamtverbandes der deutschen Versicherungswirtschaft e.V. empfohlenen Standardsätzen. Ein Vertrag unterteilt sich dabei in allgemeine und artenspezifische Vertragsdaten. Der spartenspezifische Teil steht zur Zeit für folgende Sparten zur Verfügung: Kraft, Unfall, Haft, Glas, Kranken, Leben, Verbundene Gebäude, Verbundene Hausrat.

Versicherungsbuchhaltung

In der Versicherungsbuchaltung werden alle Buchungsvorgänge abgewickelt, die im Versicherungsgeschäft des Maklers und Mehrfachagenten anfallen. Inkasso und Abrechnung werden in diesem Bereich durchgeführt. Bei dem Modul Inkasso überprüft das Programm "Fälligkeitsprüfung" automatisch den Vertragsbestand und ermittelt die in einem Monat fälligen Verträge. Eine Bankdiskette erlaubt den beleglosen Zahlungsverkehr. Als Auswertungen können die verschiedenen Kontoauszüge oder Saldenlisten ausgedruckt werden. Darüber hinaus enthält die Versicherungsbuchhaltung eine Versicherer- und Untervermittlerabrechnung.

Finanzbuchhaltung

Die Finanzbuchhaltung ist eine reine Sachkontenbuchhaltung. Sie kann bei Bedarf mit einer Währungsbuchhaltung, Scheckdruck und der Anzeige von Verkehrszahlen und Buchungen am Bildschirm erweitert werden.

Transport

Dieses Modul unterstützt das Transportgeschäft der Börsenmakler und Assekuradeure an den Versicherungsbörsen in Hamburg und Bremen. In der erweiterten Version werden die Besonderheiten von Warentransport und Kasko berücksichtigt.

Terminverwaltung

Neben einzelnen Terminen werden auch Sammeltermine von Aktionen und die Wiedervorlage überwacht.

Selektion

Die Selektion unterstützt die gezielte Ansprache der Versicherungspotentiale durch den Außendienst. Mit Hilfe der Selektion lassen sich alle denkbaren Kriterien für die Informationsauswahl frei bestimmen. Die Ergebnisse können direkt in der Textverarbeitung verarbeitet werden.

Textverarbeitung
Die Textverarbeitung umfaßt umfangreiche Textverarbeitungsfunktionen. Alle in NAIS-M gespeicherten Daten können in Serienbriefe, Rechnungen oder individuelle Korrespondenzen einbezogen werden.

HW/SW-Voraussetzung
PC (IBM-PC-kompatibel) unter DOS, Nixdorf-Systemfamilie 8860 unter DIPOS oder Nixdorf-Systemfamilie Targon unter UNIX

4.15 ON-CAS

Hersteller: OTTER ONLINE Software GmbH, Mülheim a.d. Ruhr

Einsatzbereich: Außendienst in Industrie und Handel

Funktionalität
OTTER-ONLINE ist die Software-Tochter der Schuhfabriken Otterbeck GmbH & Co. Das System ON-CAS (Online-Computer Aided Selling) wurde ursprünglich für das eigene Unternehmen entwickelt. Ausgerüstet mit seinen Erfahrungen des Anwenders ging die Firma mit ihrem System auf den Markt.

Mit ON-CAS werden folgende grundlegende Ziele verfolgt:

– Aufbau einer umfassenden Informationssammlung für den Außendienstmitarbeiter
– EDV-Unterstützung des Außendienstes bei der Produktpräsentation, Beratung und Angebotserstellung
– Erhöhung der Wirtschaftlichkeit des Außendienstes
– Ermöglichung einer Just-in-Time-Produktion in Verbindung mit CIM, d.h. durch eine schnelle Übermittlung, Auswertung und Vermeidung der Doppelerfassung von Auftragsdaten werden die Unternehmensbereiche Einkauf, Materialwirtschaft und Fertigungsplanung früher aktiv.

Das Grundsystem besteht aus folgenden Funktionen:

• Artikel-/Sortimentsverwaltung

• Kundenverwaltung

  Pflege der herkömmlichen Kundenkartei mit allen wichtigen Informationen zu einzelnen Kunden wie z.B. Besuchszeiten, Besuchshäufigkeit etc. Neben strukturierten Informationen können in einem angeschlossenen Textbereich auch unstrukturierte untergebracht werden.

• Kundeninformationen

  – Alternativangebote unterbreiten
  – den verfügbaren Artikelbestand abrufen
  – Preise und Konditionen ermitteln
  – Information des Kunden über Liefertermine, auf dem Versandweg befindliche Artikel, aktuelle Angebote, Zahlungstermine usw.

- Auftragerfassung

  Bei der Auftragsverwaltung kann der Zugriff auf einzelne Aufträge alternativ über die Kundennummer oder Match-Code erfolgen.

- Auftragsüberwachung

  Darstellung aller Informationen zu den bestehenden Aufträgen aus einem variablen, zurückliegenden Zeitraum.

- Berichtswesen

  Informationen in unstrukturierter Textform sowie vorstrukturierter Tages- oder Kundenbericht

- Verkaufsstatistik

  Erzeugung von Umsatz- und Kundenumsatzstatistiken sowie Zusammenstellung von Lieferdaten, unbezahlten Rechnungen etc.

- Datenfernübertragung

  Die Außendienstmitarbeiter übermitteln Berichte, Aufträge und andere Marktinformationen. Im Gegenzug erhalten sie alle wichtigen Aktualisierungen, die während des Tages in der Zentrale vorgenommen worden sind.

  Die Außendienstmitarbeiter kommunizieren mit ihrem Laptop mit einem In-house-PC oder einem dem Zentralrechner vorgeschalteten Host-Rechner. Zur Datenfernübertragung werden Postdienste genutzt.

HW/SW-Voraussetzung

ON-CAS wird zusammen mit der benötigten Hardware vertrieben und umfaßt neben der Software: Laptop Toshiba T 1200 mit 640 KB RAM-Speicher, Diskettenlaufwerk mit 720 KB und Festplatte mit 20 MB, ein Diconix Inkjet Printer Model 150 und ein Akustikkoppler zur Datenfernübertragung.

4.16 Expertenaußendienstsystem PC + EAS

Hersteller: pc aussendienstsysteme, Neuhausen a.d.F.

Einsatzbereich: Außendienst, Vertriebsleitung und Marketing

Funktionalität

PC + EAS ist ein branchenunabhängiges Anwenderpaket zur Steuerung von Marketing und Besuchsaktivitäten sowohl für den Außendienst als auch für den Innendienst. Es wird als Basisversion, die durch einen Expertenteil erweitert werden kann, vertrieben.

Die Vertriebsplanung erfolgt alternativ kundenumsatzorientiert, projektorientiert oder geräteorientiert.

Vorgesehen ist die Ausstattung der Außendienstmitarbeiter mit einem Laptop und/oder die Installation von PCs in den Verkaufsniederlassungen.

Der Leistungsumfang des Systems umfaßt die:

- Datenhaltung

Hier handelt es sich im wesentlichen um Kunden-, Umsatz- und Finanzdaten.

- Besuchsberichte

Es werden alle relevanten Informationen über den Besuchsverlauf wie z. B. Kontaktart, besprochene Themen, Chancen eines Kaufabschlusses, neu vereinbarte Besuchstermine sowie sonstige Notizen erfaßt. Dies geschieht weitmöglichst in Kürzeln, um den Zeitaufwand für die Eingabe zu minimieren. Die Kürzel werden bei Installation des Systems festgelegt.

Der Informationsaustausch zwischen Außendienst und Innendienst geschieht automatisch. Dabei sind im Besuchsbericht für jeden Empfänger bestimmte Datenfelder vorgesehen.

- Terminplanung

Das System überwacht einmal vereinbarte Besuchstermine. Es stellt für jede Woche einen Besuchsplan für alle Kunden und Interessenten zusammen. Der Besuchsplan umfaßt neben dem Datum alle wichtigen Informationen wie z.B. die Adresse des Kunden, Telefon, Name von Kontaktpersonen, Konditionen, Umsatzdaten, Ergebnis der letzten drei Besuche, Notizblock etc.

Mit einer entsprechenden Druckausgabe der Besuchspläne erhält der Außendienstmitarbeiter ein Hilfsmittel für die Kundenbearbeitung, wenn bei dem Kunden ein Laptop, z.B. wegen fehlender Akzeptanz, nicht eingesetzt werden kann.

- Textverarbeitung

Es besteht die Möglichkeit, Serienbriefe für Mailing-Aktionen zu erstellen. Dieser Dienst wird durch einige Filterfunktionen auf der angeschlossenen Datenbank unterstützt.

- Datenaustausch

Ein Datenaustausch mit dem im Unternehmen installierten Host- oder Zentralrechner wird gewährleistet. Die Informationsübertragung wird per Telefon, Datex-P oder Btx abgewickelt.

- Expertenteil

Erwartungswerte wie Umsatz, Potentialanteil, Ziele etc. sind nach ausgewählten Regeln in Textform am Rechner einzugeben. Diese Regeln (ca. 10 - 20) müssen für ein spezifisches System vom Anwender in Zusammenarbeit mit dem Anbieter festgelegt und später ggf. modifiziert werden.

Das Expertensystem analysiert die Kundendaten und warnt vor der Gefahr negativen Kundenverhaltens. Auf der Basis der festgelegten Beurteilungskriterien schlägt das System einen Kundenbesuch mit der entsprechenden Begründung (z.B. Umsatz zu niedrig und A-Kunde und großes Potential) vor.

- Statistiken

Mit Hilfe verschiedener Statistiken hat die Verkaufsleitung die Möglichkeit, die Effizienz von einzelnen Kundenbesuchen statistisch zu erfassen. Eine Auswertung der gesamten Außendienstaktivitäten und eine Ermittlung der Schwachstellen bietet die Chance, durch geeignete Maßnahmen die Effizienz des Außendienstes zu steigern.

4.17 PLUS·EINS

Hersteller:	ACOS, Algorithmen, Computer & Systeme GmbH, Hannover
Einsatzbereich:	Steuerung von Groß- und Kleinprojekten

Funktionalität

PLUS·EINS (planning utilities system.1) ist ein dialogorientiertes Programmsystem auf der Basis der Netzplantechnik zur Planung, Überwachung und Steuerung von Projekten und Arbeitsabläufen, was im technischen Vertrieb z.B. bei der Baustellenmontage vor Ort auftritt.

Um eine wirklichkeitsnahe Erfassung der Projekte zu gewährleisten, arbeitet das Netzplanmodell im PLUS·EINS-System mit einer Erweiterung des Vorgangsknotennetzes (Metra-Potential-Methode; MPM).

Im PLUS·EINS-System lassen sich Projekte unter drei verschiedenen Gesichtspunkten bearbeiten, nämlich

- der Netzstruktur (logischer Aspekt) bestehend aus Vorgängen und kausalen Abhängigkeiten,
- der Kapazität unter Berücksichtigung von Einsatzmitteln und kapazitiven Abhängigkeiten,
- den Kosten unter Berücksichtigung der verfügbaren Etats und finanziellen Abhängigkeiten.

PLUS·EINS stellt dem Planer alle relevanten Informationen wie Termine, Zeitspielräume, Einsätze und Auslastungen, Kapitalbedarf etc. zur Verfügung. Soll-Ist-Vergleiche vervollständigen die Planung.

Eine darüber hinausgehende Anwendung findet PLUS·EINS in der Multiprojektplanung, bei der alle anstehenden Projekte Berücksichtigung finden.

Bei der **Terminplanung** werden die Termine der einzelnen Aktivitäten und die Zeitreserven ermittelt und analysiert.

Das **Berichtswesen** in PLUS·EINS gestattet über sogenannte Memofelder zu den einzelnen Vorgängen und Projekten zusätzlich zu den eingegebenen oder berechneten Daten wie Terminen, Kapazitäten, Kosten etc. die Verwaltung weiterer Informationen.

Planungsresultate können in Form von Tabellen und Farbgraphiken, Diagrammen wie Projektstrukturplänen, Balkenplänen, Auslastungs- und Kostenkurven, Netzplänen u.a.m. dargestellt werden. Business-Graphiken sind in Vorbereitung.

HW/SW-Voraussetzung

- PC unter MS-DOS,
- Mehrplatzsysteme unter UNIX, SINIX und XENIX,
- VAX unter VMS,
- WANG VS,
- PRIME unter Primos und
- IBM unter CMS und MVS.

4.18 SALLY

Hersteller: CAS-Software GmbH, Karlsruhe

Einsatzbereich: Kundenbetreuer und Manager

Funktionalität

Sally besteht aus einem Basismodul und branchenspezifischen Erweiterungsmoduln. Das Basismodul umfaßt unter einer integrierten Oberfläche:

- Datenbank

    - Erfassung, Änderung und Retrieval von Daten
    - Möglichkeit komplexer Anfragen und Auswertungen
    - Erzeugung von Standardberichten
    - Berechnung von Statistiken über Datenfelder
    - Erstellung von Adreßetiketten

- Terminverwaltung

    - Monatsübersicht, Stundenplan
    - Planung und Verwaltung einmaliger und periodischer Termine
    - Auffinden freier Termine
    - Führung einer Prioritätsliste anstehender Aktivitäten
    - Ausdruck von Terminreporten

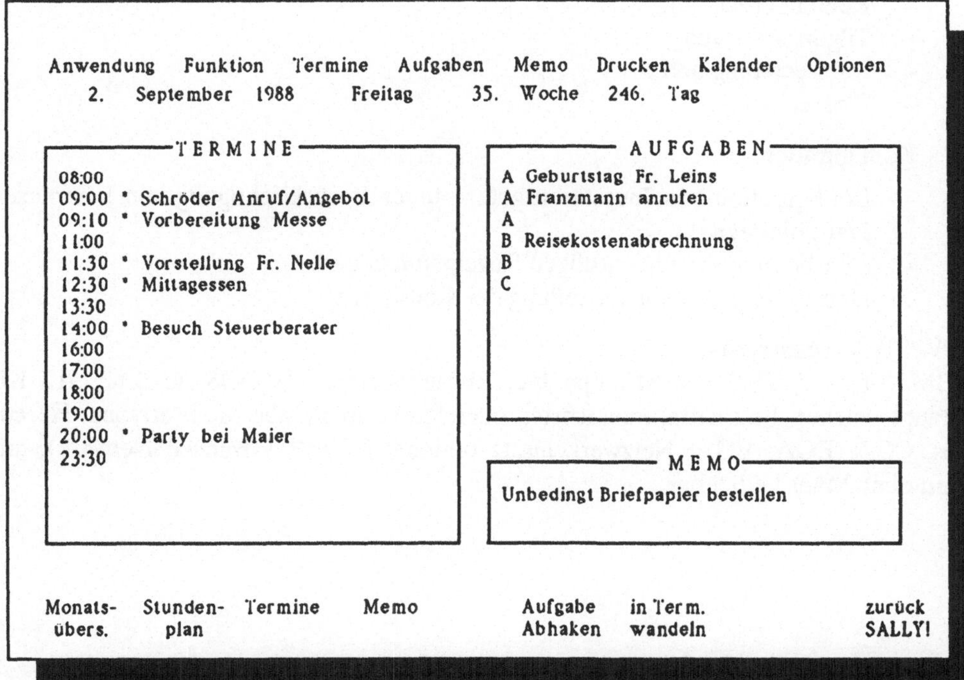

Abb. 4.5. Auszug aus der CAS-Terminverwaltung

- Textverarbeitung

  - Briefe schreiben.
  - Erfassung individuell veränderbarer Serienbriefe und deren Ausduck mit frei wählbaren Kundenadressen, die direkt aus der Datenbank übernommen werden können
  - Standardreports wie z.B. Terminbestätigungen, Angebote, Rechnungen, Auftragsbestätigungen, Besuchsberichten
  - automatische, an der Terminverwaltung orientierte Pflege und Erweiterung der Kundenhistorie.

Als branchenspezifische Erweiterungsmoduln sind erhältlich:

- Auftragserfassung

  - Artikeldatenbank,
  - Zuordnung Kunde/Artikel und
  - Preisberechnung inkl. MWSt, Skonto und (gestaffeltem) Rabatt.

- Kalkulation

  - statistische, technisch-wissenschaftliche und frei programmierbare Funktionen

- Reisekostenabrechnung

  - Erfassung von km und Reisezeit und
  - automatische Erstellung der Reisekostenabrechnung.

- Finanzmathematische Berechnungen

  - Finanzierungsalternativen,
  - Rentenberechnung,
  - Tilgungsrechnung,
  - Kursrechnung und
  - Zinsrechnung.

- Konfiguration

  - Konfiguration von Investitionsgütern unter Berücksichtigung von komplexen Plausibilitäten,
  - Abarbeitung von mehrstufigen Regelbäumen und
  - Überprüfung und Sicherstellung der Konsistenz.

HW/SW-Voraussetzung
IBM XT, AT, PS/2 oder Kompatible; Betriebssystem MS-DOS ab 2.11; 512 KB Hauptspeicher; Festplatte; monochrom oder Farbgraphik; alle Monitortypen: Hercules, CGA, EGA, VGA; Netzwerkeinsatz optional (Novell Advanced Netware); mit und ohne Maus bedienbar.

4.19 VADIS

Hersteller: IBM Deutschland GmbH, Stuttgart

Einsatzbereich: Versicherungsgewerbe

Funktionalität

VADIS ist ein Vertriebs- und Außendienst-Informationssystem für das Versicherungsgewerbe. Es ist unabhängig von einem zentralen Rechenzentrum einsetzbar. Hierbei kann die Programm- und Datenaktualisierung seitens der Zentrale über Disketten erfolgen. Ein Online-Anschluß über die unterschiedlichen Übertragungswege (Btx, Datex-P, etc.) für File-Transfer und 3270-Emulation kann in das Anwendungssystem eingebunden werden.

Die von den zentralen Datenbanken bereitgestellten Kunden- und Vertragsdaten sind Bestandskopien, die dezentral nicht verändert werden können. Der Satzaufbau entspricht den vom Gesamtverband der deutschen Versicherungswirtschaft e.V. verabschiedeten Datensatzstrukturen. Mit Ausnahme weniger "Muß-Felder" kann die Versicherungsgesellschaft bestimmen, welche Datenfelder gefüllt werden. Dabei werden leere Datenfelder zur Verringerung des Speicherbedarfs komprimiert.

VADIS besteht aus den folgenden Moduln:

- Kunden- und Vertragsverwaltung,
- Bestandsselektion,
- Terminverwaltung,
- Textbe- und -verarbeitung und
- Servicefunktionen.

Kunden- und Vertragsverwaltung

Dieser Bereich beinhaltet alle Arbeitsgänge zur Verwaltung des Kunden- und Vertragsbestandes des Außendienstes:

- Anzeige von Kunden-/Vertragsdaten (auch gebündelte Verträge),
- Erfassen und Ändern von Interessentendaten,
- Verwalten von Akquisedaten zu allen Kunden und Interessenten,
- Erfassen und Ändern von Fremdvertragsdaten zu allen Kunden und Interessenten,
- Sammelanzeige mehrerer (zusammengehöriger) Kunden,
- Ausdruck kompletter Kunden- und Vertragsspiegel,
- manuelle Zusammenlegung.

Folgende Versicherungssparten sind verfügbar: Bauspar, Familie, Geschäft, Glas, Haftpflicht, Kraftfahrt, Kranken, Leben, Moped, Rechtsschutz, Sach, Unfall, Verbundene Gebäude, Verbundene Hausrat, Verkehrs-Service, Sammel-Sparte. Zusätzliche Sparten lassen sich über die Sammelsparte darstellen.

Beim Verzweigen aus der Kunden- und Vertragsverwaltung in die Terminverwaltung oder die Textverarbeitung werden die Kunden-/Interessenten-Daten automatisch übernommen.

Bestandsselektion

Mit der Bestandsselektion können alle gespeicherten Datenfelder, d.h. die von den

Versicherungsgesellschaften bereitgestellten Kunden- und Vertragsdaten incl. der zusätzlichen dezentral erfaßten Interessenten-, Fremdvertrags- und Akquisedaten, nach beliebigen Kriterien gezielt durchsucht werden. Die Suchkriterien können dabei beliebig miteinander verknüpft werden.

Die selektierten Daten können auf verschiedene Arten weiterverarbeitet werden. Standardmäßig ist ein Anschluß an die Textverarbeitung zur Serienbriefschreibung vorgesehen. Weiterhin können sortierte tabellarische Berichte erstellt werden.

Terminverwaltung

Das Terminüberwachungs- und Planungssystem stellt folgende Funktionen bereit: Die komplette maschinelle Terminüberwachung erinnert automatisch an wichtige Termine, vermeidet Terminüberschneidungen und stellt auf Anfrage verschiedene Übersichten zur Auswahl (kunden- und sachbearbeiterorientiert, Tages- und Gesamtübersicht, eingeschränkt nach Prioritäten, Zeitraum, usw.). Die Terminverwaltung ist in der Lage, Termine von beliebig vielen Mitarbeitern gleichzeitig zu führen und eine Terminhistorie zu erstellen.

Textbe- und -verarbeitung

Die Textverarbeitung umfaßt umfangreiche Textverarbeitungsfunktionen. Ein Anschluß zur Serienbriefschreibung an zuvor selektierte Kunden ist ebenso standardmäßig vorgesehen wie die Individualbriefschreibung an Kunden oder Interessenten mit automatischer Datenübernahme aus der Bestandsverwaltung. Einzelne Absätze lassen sich als eigene Textbausteine verwalten und können über die Bausteinverarbeitung individuell zu Texten zusammengestellt werden. Eine eingebaute Rechenfunktion unterstützt zusätzlich die Erstellung von Angeboten. Mittels Formulardefinitionen kann der Ausdruck unabhängig von der Texterstellung an das zu verwendende Brieflayout individuell angepaßt werden.

Servicefunktionen

Neben oben genannten Funktionen bietet VADIS noch eine Reihe von Servicefunktionen:

- Maschineller Änderungsdienst

  Übernahme der von der Zentrale bereitgestellten Änderungen der Kunden- und Vertragsdaten.

- Maschinelle Kundenzusammenlegung

  Durch die zentral angelieferten Daten entstandene Bestandsdoubletten können durch maschinellen Bestandsabgleich und Zusammenlegung dokumentiert und bereinigt werden.

- Datensicherung

  Diese Funktion unterstützt menügesteuert die Sicherung und das Zurückladen aller in der VADIS Datenbank gespeicherten Daten.

- Variable Menüsteuerung

  Die Steuerung der Anwendungsmenüs erlaubt es, beliebige Anwendungen über entsprechend zu definierende Menüs in das System einzubinden, oder die bestehenden Menüs auf spezielle Anforderungen abzuändern.

- Zugriffsschutzsystem

In der Menüsteuerung werden je Benutzer Berechtigungen für alle im System verfügbaren Anwendungen festgelegt. Das Zugriffsschutzsystem stellt dem Benutzer nach Eingabe seiner Kennung und seines Passwortes über die variable Menüsteuerung nur die Anwendungen zur Verfügung, für die eine Berechtigung vorliegt.

HW/SW-Voraussetzung
PC (IBM-PC-kompatibel) unter DOS

4.20 VAS-2

Hersteller: Neutrasoft Software-Entwicklungs- und -Vertriebs-Gesellschaft für Datentechnik mbH

Einsatzbereich: Holz- und Baustoffhandel

Funktionalität
VAS-2 (Verkaufs- und Abrechnungssystem für den Holz- und Baustoffhandel) bezieht sich auf die Bereiche

- Verkaufsinformationssystem,
- Auftragsabwicklung und
- Lagerwirtschaft.

Die wichtigsten Programmmoduln sollen im folgenden kurz beschrieben werden.

Die **Stammdatenverwaltung** hat die Aufgabe, die Wartung der verschiedenen Stammdaten wie etwa Kunden- und Artikeldaten im Dialog durchzuführen. Kundenstammdaten bestehen u.a. aus Lieferanschriften und Objekten (Baustellen). Bei Artikeln ist ein besonderes Augenmerk auf die Preispflege und Sonderkonditionen gerichtet.

Das **Verkaufsinformationssystem** steht im Mittelpunkt von VAS-2. Mit ihm können Aufträge erfaßt und auf Wunsch als Angebot, Auftragsbestätigung, Arbeitsauftrag, Lieferschein, Sofortrechnung und Barverkauf gedruckt werden. Der Benutzer des Programms kann außerdem u.a. Termine und Notizen pflegen, Baustellen beauskunften sowie Artikel und Preisspiegel sich anzeigen lassen.

Darüber hinaus bietet das Programm die Möglichkeit, eine Reihe von Statistiken zu ermitteln und abzurufen wie z.B. Kunden-Artikel-, Vertreter- und Bezirksstatistiken.

HW/SW-Voraussetzung
einsetzbar auf PCs unter MS-DOS sowie auf bestimmten Philips-Anlagen

4.21 VERTRIEBSmanager

Hersteller: Kiefer & Veittinger Unternehmungsberatung EDV, Mannheim

Einsatzbereich: Außendienst, Vertriebsleitung, Marketing z.B. in der Markenartikel- und Chemiebranche sowie im Maschinenbau

Funktionalität

VERTRIEBSmanager ist ein modular aufgebautes System, dessen Bestandteile je nach Anforderungen zu einer Gesamtlösung verbunden werden. Grundsätzlich existieren unterschiedliche Lösungen für den Konsumgüter- und den Investitionsgüterbereich.

Ein Einsatz des Systems VERTRIEBSmanager kann sowohl als reines Analyseinstrument in der Vertriebsleitung als auch als umfassende Lösung mit Datenerfassung im Außendienst realisiert werden.

VERTRIEBSmanager ermöglicht der Vertriebsleitung die Durchführung verschiedener Analysen wie z.B.

- Kundenanalyse,
- mehrstufige Deckungsbeitragsanalysen,
- Wettbewerberanalyse und
- Besuchsergebnisanalyse.

Unterstützt werden die Auswertungssysteme durch

- einen Reportgenerator,
- Einbindung eines Tabellenkalkulationsprogramms (z.B. Lotus 1-2-3, Multiplan),
- graphische Darstellung und
- Einbindung von Textverarbeitungsprogrammen (z.B. MS-Word, Herztext).

In das System VERTRIEBSmanager können folgende Moduln eingebunden werden.

- Kundeninformation

    - Kunden-, Interessenten-, Händler- und Ansprechpartnerdatei
    - kundenbezogene Umsatzstatistik
    - Konditionsvereinbarungen mit Kunden
    - Bestellübersichten
    - Liste offener Posten

- Kundendienst

    - Geräteinstallationen
    - Leasing- und Wartungsverträge
    - Serviceaktivitäten
    - Leasingberechnung

- Aufträge

    - Auftragserfassung

- schnelle Auftragsübermittlung

- Produkte/Preise

  - aktuelle elektronische Preisliste
  - Lieferfähigkeitsliste
  - Produktübersicht mit Verkaufsargumenten

- Angebote

  - Angebotserstellung
  - Angebotsverfolgung
  - Kalkulation

- Aktivitäten/Termine

  - Terminplanung
  - Projekte
  - Aktivitäten

- Besuche/Berichte

  - Besuchsplanung
  - Besuchsberichte
  - Spesenabrechnung
  - Reklamationsberichte
  - Marktforschungsformulare

- Aktionen

  - Mailings an Kundengruppen und Funktionsträger
  - Einladungen
  - Follow-Up Messekontakte
  - Telefonaktionen

- Kommunikation

  - elektronische Post (Mailbox)
  - Rundschreibendienst
  - Textverarbeitung
  - Werbemittelanforderung

HW/SW-Voraussetzung
IBM-kompatibler PC; Schnittstellen zu anderen PC-Programmen und Host-Rechnern

4.22 VIAS

Hersteller: Lutronik Software GmbH, Wesel

Einsatzbereich: Versicherungsgewerbe

Funktionalität
VIAS ist ein Versicherungs-, Informations- und Abrechnungssystem für Maklerbüros.
Es ist aus den folgenden Einzelkomponenten aufgebaut:

- Textverarbeitung,
- Terminverwaltung,
- Formulargenerator,
- Abrechnung,
- Bestandsselektion,
- Angebots- und Akquisitionsstrukturen,
- Statistiken und
- Vertragsanalyse.

Jede dieser Komponenten funktioniert eigenständig und kann durch ein übergeordnetes Menüsystem zielgerichtet mit anderen verknüpft werden.

Zentrum ist die Datenbank, die SQL-fähig ist. Obwohl versicherungsgesellschaftenunabhängig aufgebaut, erlaubt sie problemlos die automatische Datenübernahme und Verwaltung unzähliger Gesellschaften. Grundlage für die Datenübernahme ist die individuelle Datenmaske des Maklers. Aus dem Datenpool erstellt VIAS die geforderten Dateien in Listen- oder Brieform oder als Statistik. Das System unterstützt die Abrechnung mit Kunden und Gesellschaften, die Provisions- und Untervertreterkontrolle sowie die Überwachung von Fremdverträgen.

Die gesamte Bedienerführung ist menügesteuert. Das Programm ist mehrplatzfähig und bietet die Möglichkeit zur Anbindung an Btx. Als Besonderheit dieses Systems ist anzumerken, daß der Hersteller Systempflege und -wartung per Ferndiagnose über das Postnetz anbietet.

HW/SW-Voraussetzung
PC (IBM-PC-kompatibel) unter DOS

4.23 Visuelle Kommunikation

Hersteller: Polaroid GmbH, Offenbach/M.

Einsatzbereich: Industrie, Handel, Werbung, Forschung, Medizin etc.

Funktionalität
Die Polaroid GmbH, tätig auf dem Gebiet der "Visuellen Kommunikation", liefert Hardware-Produkte und Filme die eine präsentationsgerechte Aufbereitung computererzeugter Daten z.B. zur Erstellung von Verkaufshilfen in Anlehnung an Broschüren, Leistungsbeschreibungen etc. ermöglichen.

Der Leistungsumfang des Polaroid-Systems beinhaltet:

- Polaroid 35mm-Sofort-Dia-System

  - Farb-Hochkontrast-Diafilm für Reproduktionen von farbigen Vorlagen, Mikrophotographien und Computergraphiken.
  - Schwarz-Weiß- und Blau-Hochkontrast-Diafilm für Reproduktionen von Strichzeichnungen und Textvorlagen (Ergebnis bei letzterem: weiße Schrift auf blauem Grund)

- Polaroid   Sofo/rt-Overheadfolien

  Bei einer Entwicklungszeit von 4 Minuten lassen sich mit Kameras mit einem

Packrückteil für das Format 8,6 x 10,8 cm Overheadfolien im Format 9 x 11 cm herstellen, die durch einen geeigneten Adapter auf DIN A 4 projiziert werden können.

- Polaroid 35mm Express-Software in Verbindung mit dem Polaroid PalettePlus Computerbildrecorder

  ermöglicht die Übertragung und Erzeugung von Business-Graphiken auf Dias, Overheadfolien und Papierbildern

Diese Systeme ermöglichen u.a.

- – die Aktualisierung von Präsentationen bis zur "letzten Minute",
- – die visuelle Dokumentation eingetretener Anlagenschäden und
- – die Erstellung von aktuellem Informationsmaterial, abhebend auf das individuelle Informationsbedürfnis des Kunden.

HW/SW-Voraussetzung für die Express-Software
IBM PC/XT/AT oder kompatible Computer einschließlich AT&T PC 6300 und 6300 Plus; Betriebssystem DOS 2.0; zwei doppelseitige Diskettenlaufwerke oder ein doppelseitiges Diskettenlaufwerk und Festplatte; Monochromgraphikkarte; Hauptspeicher 240 - 405 kB je nach Graphikadapter.

V Konzeption der Systemarchitektur

In der Anwendungsanalyse wurden, beispielhaft für den Technischen Vertrieb und im Dienstleistungsbereich für die Versicherungen, das Problemfeld Außendienstunterstützung aufgezeigt und analysiert. Die in der Problemanalyse beschriebenen Anforderungen an die Außendienstunterstützung in Unternehmen resultieren in Anforderungen an ein Außendienstunterstützungssystem und dessen funktionale Einzelkomponenten. Diese Anforderungen müssen in einem nächsten Schritt, im Entwurf der AUDIUS-Systemarchitektur einfließen. Im Entwurfsprozeß wird das zu entwickelnde System in die wesentlichen Systemkomponenten zerlegt, logisch und hierarchisch strukturiert und der Funktions- und Leistungsumfang (des Systems und seiner Einzelkomponenten) festgelegt. Darüber hinaus werden die Schnittstellen zum Benutzer und zwischen den einzelnen Systemkomponenten definiert.

In dem hier aufgeführten Konzept einer AUDIUS-Architektur werden die wichtigsten Systemkomponenten dargestellt und ihre logische und hierarchische Beziehung innerhalb des Gesamtsystems aufgezeigt. Dieser Entwurf, mit einem ersten Grobkonzept als Resultat, soll hier in einer relativ niedrigen Detaillierungsstufe dargestellt werden. Dies liegt in der Tatsache begründet, einen für die verschiedenen Anwendungsfelder gemeinsamen Systemansatz zu finden, der dem sehr weiten Anwendungsspektrum der Außendienstunterstützung in den verschiedenen Industriebranchen gerecht wird. Die anwendungsspezifisch notwendigen Verfeinerungen des Systemkonzepts und Systementwurfs sind Gegenstand der Realisierungsphase eines solchen Außendienstunterstützungssystems.

Das im folgenden vorgestellte Grobkonzept ist deshalb als Vorstufe des eigentlichen Systementwurfs zu betrachten. Ausgehend von dem gewählten Systemansatz, sind in der Entwurfs- und Realisierungsphase entsprechende Detaillierungsstufen des Systems, seiner Einzelkomponenten, deren Funktionalitäten und Schnittstellen zu spezifizieren. Die Entwurfs- und Realisierungsphase haben die schrittweise Verfeinerung des gewählten Systemmodells zur Aufgabe. Mit geeigneten Spezifikationsmethoden sind in der Entwurfsphase die Einzelkomponenten des Systems in ihrem funktionalen Umfang explizit zu beschreiben, als auch die Schnittstellen zwischen diesen Komponenten genauestens festzulegen. Dies stellt von der Leistungsbeschreibung her der fachliche und DV-technische Feinentwurf dar. Dieser Feinentwurf ist die Grundlage der sich anschließenden Implementierungsphase des Gesamtsystems bzw. eines Prototypen als erste Testversion.

Für den Systementwurf sind generelle Entwurfsprinzipien zu beachten, die sich auf die Gesamtarchitektur eines solchen Systems und der darin verwendeten Einzelkomponenten beziehen. Weiterhin sind Anforderungen zu berücksichtigen die sich aufgrund unternehmensspezifischer Bedürfnisse und Rahmenbedingungen ergeben. Darunter fallen Aspekte der Verwendung von bereits vorhandenen bzw. entwickelten Standards für einzelne Systemkomponenten und Schnittstellen, als auch betriebswirtschaftliche Forderungen nach einer Gesamtwirtschaftlichkeit des Systems und nicht zuletzt die Forderung nach Integration in die bereits im Unternehmen bestehende DV-Infrastruktur.

Um das breite Spektrum der verschiedenen Anwendungsfelder im Technischen und Nichttechnischen Außendienst abzudecken, wurde der Ansatz gewählt, zunächst eine anwendungsneutrale Basisarchitektur zu spezifizieren, die sich dann je nach Bedarf flexibel und modular für spezielle Anwendungen konfigurieren läßt. Innerhalb dieser Basisarchitektur sind dann entsprechend dem Anwendungsgebiet geeignete Systemdienste und -funktionen bereitzustellen, die für diesen Anwendungsbereich den eigentlichen Kern der Aufgabenunterstützung im Außendienst bilden.

Zur Erstellung eines ersten, logischen Systemkonzeptes und einer entsprechenden Systemarchitektur müssen einige allgemeine Anforderungen für den Entwurfsprozeß berücksichtigt werden. Dazu zählen: funktionale, systemtechnische und organisatorische Anforderungen.

Die funktionalen Anforderungen betreffen die Dienste und Funktionen, die dem Außendienstmitarbeiter zur Erfüllung seiner Aufgaben zur Verfügung stehen müssen. Solche Dienste können beispielsweise die Erstellung, Bearbeitung und Auswertung von Außendienstberichten in einem vollständigen Außendienstberichtssystem sein oder etwa Funktionen zur graphischen Aufbereitung von Außendienst- oder Produktinformationen.

Neben diesen funktionalen Anforderungen existieren Anforderungen, die die systemtechnische Sicht betreffen. Ein AUDIUS stellt ein verteiltes System dar, in dem ein oder mehrere lokale Systeme mit einem zentralen System kommunizieren. Es muß den Außendienst vor Ort unterstützen durch die Möglichkeit des Einsatzes lokaler Systeme und den Zugriff auf Dienste, die man im Unternehmen in der Regel nur auf einem zentralen System vorfindet. Der Zugriff auf diese Dienste muß durch Kommunikationsmöglichkeiten zwischen lokalen und zentralen Systemen sichergestellt werden. Das Gesamtsystem muß darüber hinaus den Anforderungen an die Verfügbarkeit gerecht werden (Zugriff auf Dienste zu beliebigen Zeiten im 24 Stunden Betrieb).

Aufgrund der anvisierten unterschiedlichen Einsatzbereiche muß das System auf der einen Seite eine neutrale Basisarchitektur aufweisen, die applikationsunabhängige Dienste bereitstellt; dies sind beispielsweise Dienste zur multimedialen Datenhaltung, Kommunikation oder Benutzer-Dialogschnittstellen. Zum anderen muß das System anwendungsspezifisch konfigurierbar sein und damit die Möglichkeit zur Anpassung an spezielle Anwendungen und Einsatzgebiete im Außendienst bieten.

Anwendungsspezifische Konfigurierbarkeit bedeutet, daß das System sich neben den Grunddiensten Betriebssystem, Möglichkeiten der Datenhaltung und der graphischen Darstellung mit zusätzlichen anwendungsspezifischen Hard- oder Softwaremoduln aufrüsten läßt. Dies entspricht dem Prinzip eines Werkzeugkoffers, in dem sich neben den Grundwerkzeugen, die für nahezu alle Anwendungen benötigt werden, zusätzlich Werkzeuge für spezielle Aufgaben befinden. Ein Beispiel aus dem Nichttechnischen Außendienst wäre die Konfigurierung eines Laptops mit Softwaremoduln zur Angebotskalkulation und Finanzierungsberechnung, wenn der Außendienstmitarbeiter diese für seinen Kundenbesuch voraussichtlich benötigt. Werden für einen anderen Kundenbesuch Kommunikationsdienste erforderlich, so läßt sich das System mit entsprechenden Kommunikationstreibern konfigurieren. Die Konfiguration sollte dabei möglichst automatisch, beispielsweise über bestimmte Setup-Kommandoprozeduren, erfolgen.

Dies führt zu einer modular aufgebauten AUDIUS-Architektur, die sich aus Basisdiensten und anwendungsorientierten Spezialdiensten zusammensetzt. Ein modular aufgebautes System erfüllt die Anforderungen an Flexibilität, Adaptierbarkeit und Erweiterbarkeit und unterstützt den Aspekt eines nach Leistungs- und Kostenstufen orientierten Familienkonzeptes, in dem Funktionalität und Leistung stufenweise hinzuaddiert werden können.

Wie die Abbildung 1 zeigt, kann dabei das Basissystem bei verschiedenen AUDIUS-Ausprägungen von unterschiedlichen Elementen aus der Gesamtheit der Basisdienste gebildet werden. Hinzu kommt noch das aus den für das jeweilige AUDIUS relevanten Spezialdiensten bestehende Spezialsystem.

Eine weitere Anforderung ist die Verwendung von Standards für die Systemkomponenten. Dies betrifft die Bereiche des Einsatzes von Betriebssystemen, Kom-

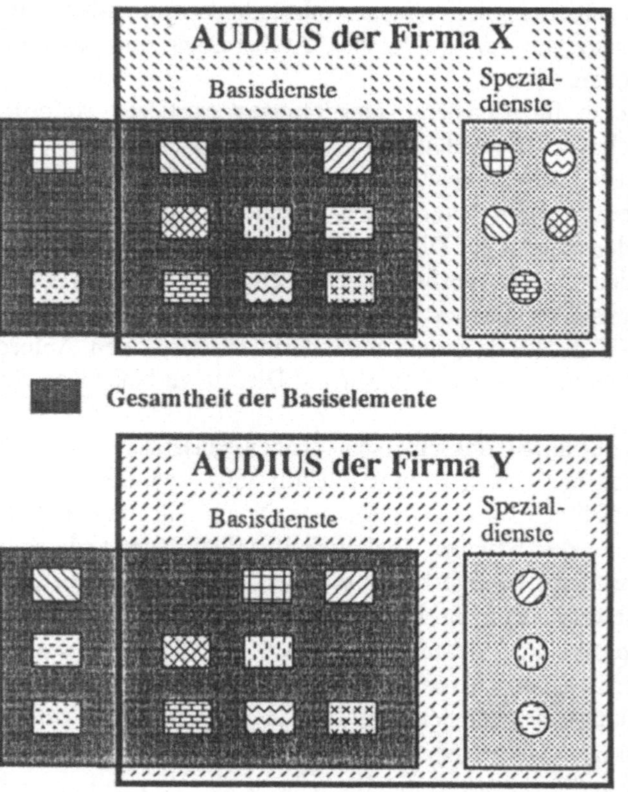

Abb. 1. Modularität von AUDIUS

munikationsschnittstellen, Datenverwaltung oder graphischen Werkzeugen. Darüber hinaus wird durch die Verwendung von Standards ein offenes System konzipiert. Die Vorteile eines offenen Systems liegen in der flexibleren Möglichkeit, eigene Komponenten oder Dienste in das System einzubinden und bereits auf dem Markt verfügbare Hard- und Software mit entsprechenden Standardschnittstellen integrieren zu können. Des weiteren bedeutet die Verwendung von Standards einen höheren Grad an Herstellerunabhängigkeit.

Die Anforderungen an die Schnittstelle zwischen Mensch und System betreffen deren benutzerfreundliche Gestaltung durch den Einsatz moderner Dialogschnittstellen (Window-Systeme, Menüeingabe, graphische Interaktionstechniken) unter Beachtung ergonomischer Erkenntnisse. Dies ist von zentraler Bedeutung für die Akzeptanz eines solchen Systems.

Die organisatorischen Anforderungen betreffen die Systemintegration, die Akzeptanz und die Wirtschaftlichkeit des Systems. Für die Systemintegration in bereits im Unternehmen existierende DV-Strukturen ist eine sorgfältige Unternehmensanalyse

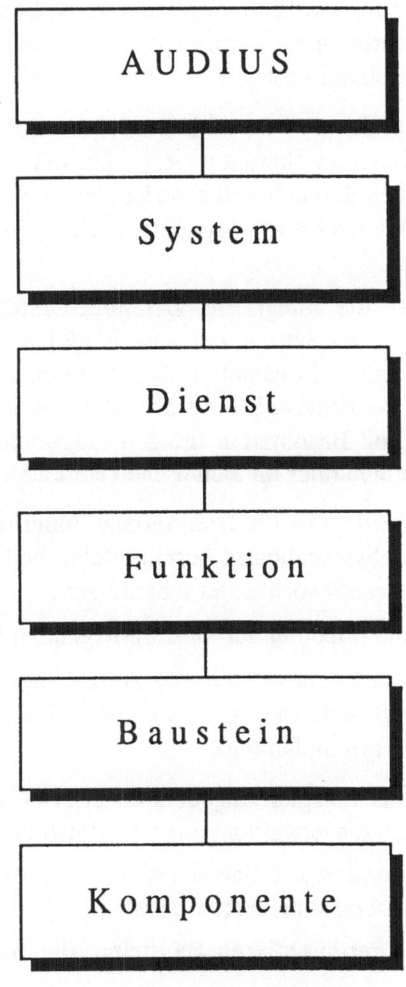

Abb. 2. Logisches AUDIUS-Modell

Voraussetzung. Dies beinhaltet auch die Berücksichtigung verschiedener Faktoren der Akzeptanz wie technische Akzeptanzprobleme (Systembedienung, Handling, Ergonomie, Ausstattung, Technikeinsatz) und psychologische Akzeptanzprobleme (Kontrollaspekte, Aufwandsaspekte) auf der Seite der Systembenutzer und Kunden.

Bei der Erstellung eines für die verschiedenen Aufgabenfelder im Außendienst gemeinsamen Systemkonzeptes wurde ein logisches Systemmodell für ein AUDIUS entwickelt, welches aus sechs übereinander liegenden Schichten besteht (Abb. 2).

Die im folgenden Abschnitt eingeführten Namen und Begriffe werden im gleichen Sinnzusammenhang für alle weiteren Textstellen einheitlich weiterverwendet. Die einzelnen Schichten lassen sich folgendermaßen gegeneinander abgrenzen:

Die oberste Ebene repräsentiert das AUDIUS in seiner Gesamtheit.

AUDIUS: Ein AUDIUS ist ein Rechnersystem (Hard- und Software), das den Außendienst in den unternehmensweiten Informationsfluß integriert. Dies bedeutet zum einen, daß das AUDIUS den Mitarbeiter im Außendienst jederzeit und an jedem Ort bei seiner Aufgabenerfüllung durch die Bereitstellung geeigneter Dienste und aktueller Informationen unterstützt. Zum anderen dient ein AUDIUS als Instrumentarium zur systematischen Informationsgewinnung im Außendienst und zur optimalen Versorgung anderer Unternehmensbereiche mit Informationen des Außendienstes. Ein AUDIUS besteht aus einem Basissystem und (optional) einem Spezialsystem.

Die nächste Ebene entspricht der Systemebene und ermöglicht hier die Trennung in einen Teil, der das Basissystem charakterisiert (d.h. der Kernfunktionalität, die für jede Anwendung im ausgewählten Bereich vorhanden sein muß) und einem Spezialsystem, welches die Funktionalität repräsentiert, die nur für bestimmte Spezialanforderungen erforderlich sind.

System: Ein System ist die integrierte Zusammenfassung eines oder mehrerer Dienste. Insbesondere ist jedes System, das ausschließlich aus Basisdiensten besteht, ein Basissystem. Es gibt also nicht genau ein Basissystem, sondern es können je nach anwendungsspezifischen Anforderungen verschiedene Ausprägungen eines solchen Systems existieren (Beispiel: Basissystem für den Außendienst im Versicherungsbereich, im Konsumgüterbereich oder im technischen Bereich).

Der Systemebene untergeordnet ist die Dienstebene. Innerhalb des Basissystems werden beispielsweise gewisse Systemdienste bereitgestellt, die für ein bestimmtes Aufgabengebiet (z.B. Angebotswesen) vorhanden sein müssen.

Die Dienste setzen auf Funktionen in der darunterliegenden Schicht auf.

Dienst: Ein Dienst unterstützt ein elementares Aufgabengebiet innerhalb der Unternehmenseinheiten. Er setzt sich zusammen aus einer oder mehreren Funktion(en) (Beispiel: Berichtswesen, Terminplanung).

Funktionen können für das Beispiel Angebotswesen etwa die integrierte Dokumentenerstellung, die Kundendatenverwaltung oder die Portfolioanalyse sein.

Funktion: Eine Funktion unterstützt eine abgeschlossene Arbeits- oder Tätigkeitseinheit. Sie setzt sich aus einem oder mehreren Baustein(en) zusammen.

Die nächst tiefere Ebene repräsentieren Bausteine, die von Funktionen verwendet werden.

Baustein: Ein Baustein ist die kleinste logische Einheit, aus der sich das Gesamtmodell aufbaut. Bausteine setzen sich aus einer oder mehreren Komponente(n) zusammen (Beispiel: Textverarbeitung, Datenfernübertragungsmechanismen).

So benötigt die Dokumentenerstellung Möglichkeiten der Textbearbeitung und Formularerstellung. Die Textverarbeitung ist damit als ein Baustein der Dokumentenerstellung anzusehen.

Der Schritt auf die darunterliegende Schicht führt zu den Komponenten. Komponenten sind real existierende Hard- und Software-Produkte. Dies entspricht für das obige Beispiel der Verwendung eines bestimmten Textverarbeitungsprogramms oder eines bestimmten Dokumenteneditors.

Komponente: Eine Komponente ist ein Produkt aus dem Bereich der Informations- und Kommunikationstechnik. Diese Produkte werden als Basistechnologien angesehen und sind in einem AUDIUS einsetzbar (Beispiel: Hardware: Kleinrechner, Zentralrechner; Software: Windowmanager, Datenbank, Editor).

Dieser Schichtübergang ist auch die Abbildung des logischen Systemkonzeptes auf die Funktionalität verfügbarer Hard- und Software-Produkte und stellt damit die Schnittstelle zwischen Systemmodell und der Realität dar.

Zielsetzung war, ein hierarchisches Schichtenmodell zu definieren, um die unterschiedlichen Anforderungen zu berücksichtigen und die daraus resultierenden Funktionalitäten innerhalb des Systems gegeneinander abzugrenzen. Damit wird eine Identifizierung und Strukturierung der spezifischen und allgemeinen Aufgabengebiete und der dafür einzusetzenden Hard- und Softwareressourcen erleichtert.

Die unteren 5 Schichten dieses Modells lassen sich in Basiselemente und Spezialelemente unterscheiden. Basiselemente sind dadurch gekennzeichnet, daß sie in (fast) allen Unternehmen vorkommen oder doch zumindest bei (fast) allen Unternehmen

- einer bestimmten Branche,
- mit einer bestimmten Unternehmensorganisation oder
- mit einer bestimmten Unternehmensgröße

auftreten. Sie erhalten daher das Präfix "Basis" (Basiskomponente, Basisfunktion, ...). Spezialelemente werden dadurch charakterisiert, daß sie nur in einem oder sehr wenigen spezifischen Applikationen Verwendung finden. Deshalb werden sie durch das Präfix "Spezial" (Spezialkomponente, Spezialfunktion, ...) bezeichnet.

Abbildung 3 zeigt das Zusammenspiel der einzelnen Elemente aller Schichten eines AUDIUS, wobei die Pfeile die hierarchischen Abhängigkeiten widerspiegeln.

Ein AUDIUS umfaßt ein mächtiges Basissystem und, wenn dies notwendig ist, ein Spezialsystem, das anwendungsspezifische Dienste zur Verfügung stellt. Beide Systeme umfassen ausschließlich die zu ihnen korrespondierenden Dienste. Alle unter der Dienstschicht angesiedelten Basiselemente greifen nur auf Basiselemente der ihnen untergeordneten Schicht zu. Für Spezialelemente gilt dies analog. Als Ausnahme hierzu dürfen Spezialelemente auch auf Basiselemente der untergeordneten Schicht zugreifen. (Basiselemente referenzieren nur Basiselemente. Spezialelemente referenzieren Basiselemente und Spezialelemente). Grundsätzlich ist es erlaubt, daß die Elemente unterhalb der Dienstschicht von mehr als einem Element aus der übergeordneten Schicht verwendet werden.

Das entwickelte Systemkonzept soll anhand von zwei Beispielen exemplarisch

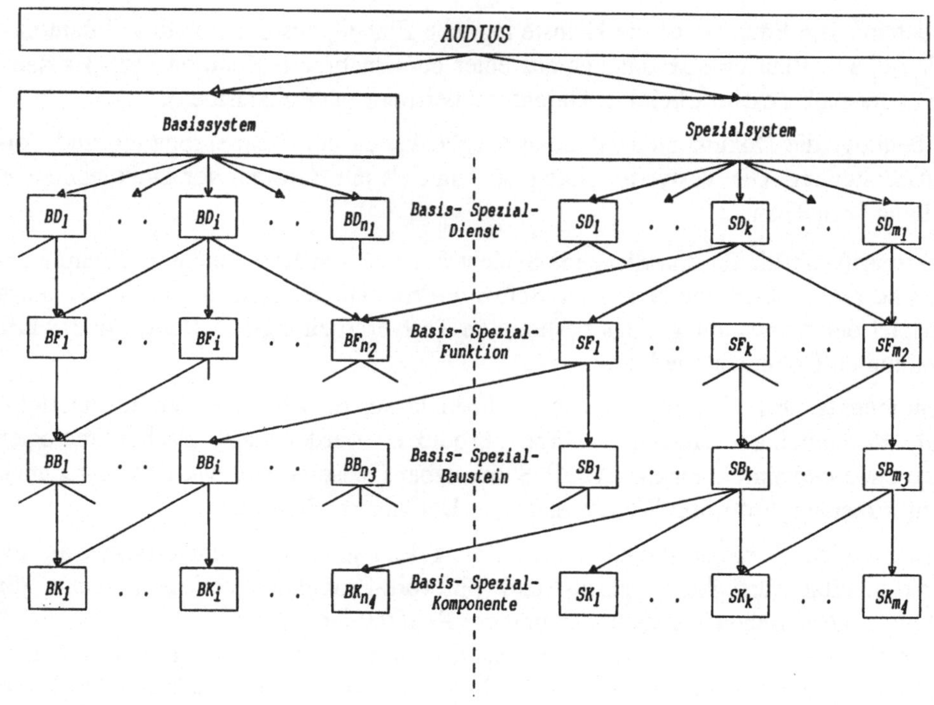

Abb. 3. Hierarchisches AUDIUS-Modell

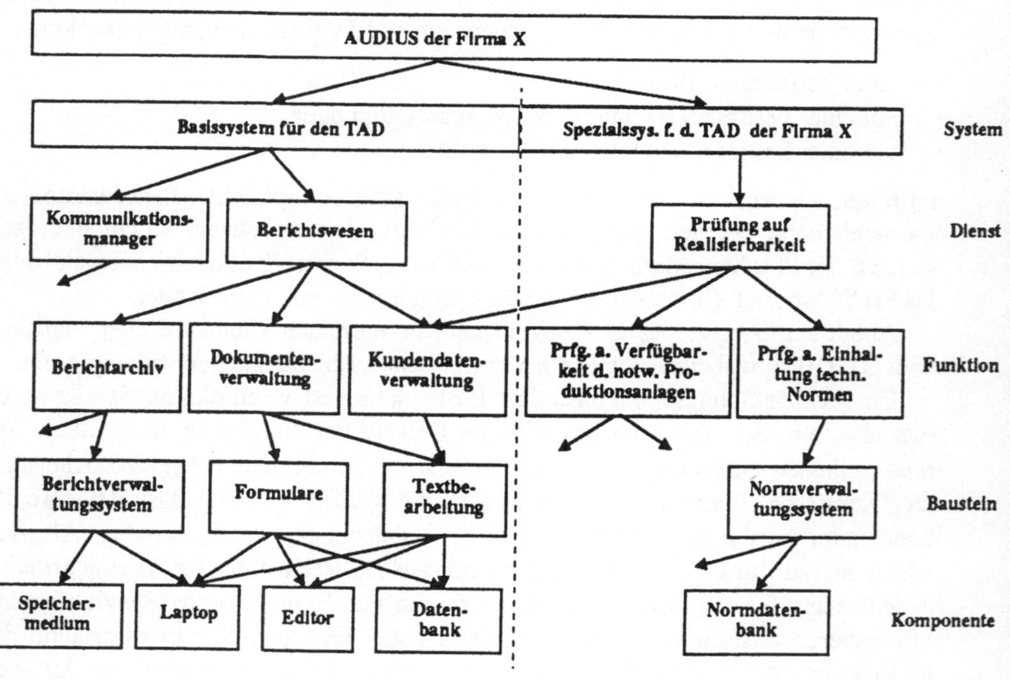

Abb. 4 Beispiel im Technischen Außendienst

erläutert werden. Das erste Beispiel beschreibt das Systemmodell für das Anwendungsgebiet Technischer Außendienst, das zweite Beispiel beschreibt das Modell am Einsatz in der Entscheidungsunterstützung.

Das dort skizzierte AUDIUS der Firma X besitzt ein Basissystem für den Technischen Außendienst. Während das Basissystem die Basisdienste Berichtswesen und Kommunikationsmanager umfaßt, enthält das Spezialsystem nur den Spezialdienst Prüfung auf Realisierbarkeit. Das Berichtswesen benötigt die Basisfunktionen Berichtarchiv (z.B. Komprimierung und Speicherung von Berichten), Dokumentenverwaltung (z.B. Erstellung von Besuchsberichten, die Text und Graphik enthalten) und Kundendatenverwaltung. Die Spezialfunktionen Prüfung auf Verfügbarkeit der notwendigen Produktionsanlagen und Prüfung auf Einhaltung technischer Normen unterstützen zusammen mit der Basisfunktion Kundendatenverwaltung den Spezialdienst Prüfung auf Realisierbarkeit.

Unter den Bausteinen tritt besonders der Basisbaustein Textbearbeitung hervor, der gemeinsam von den Basisfunktionen Dokumentenverwaltung und Kundendatenverwaltung verwendet wird. Alle Bausteine setzen auf den Basiskomponenten (hier: Speichermedium, Laptop, Editor und Datenbank) auf und stellen die Schnittstelle des Systems zu seiner Umgebung dar.

Als weiteres Beispiel soll der Einsatz von Graphik im Bereich der Unternehmensführung dienen (siehe Abb. 5).
Das Aufgabengebiet ist dabei im Marketingbereich angesiedelt. Es soll eine Absatz- und Umsatzanalyse durchgeführt werden. Neben verschiedenen Analyseverfahren wie

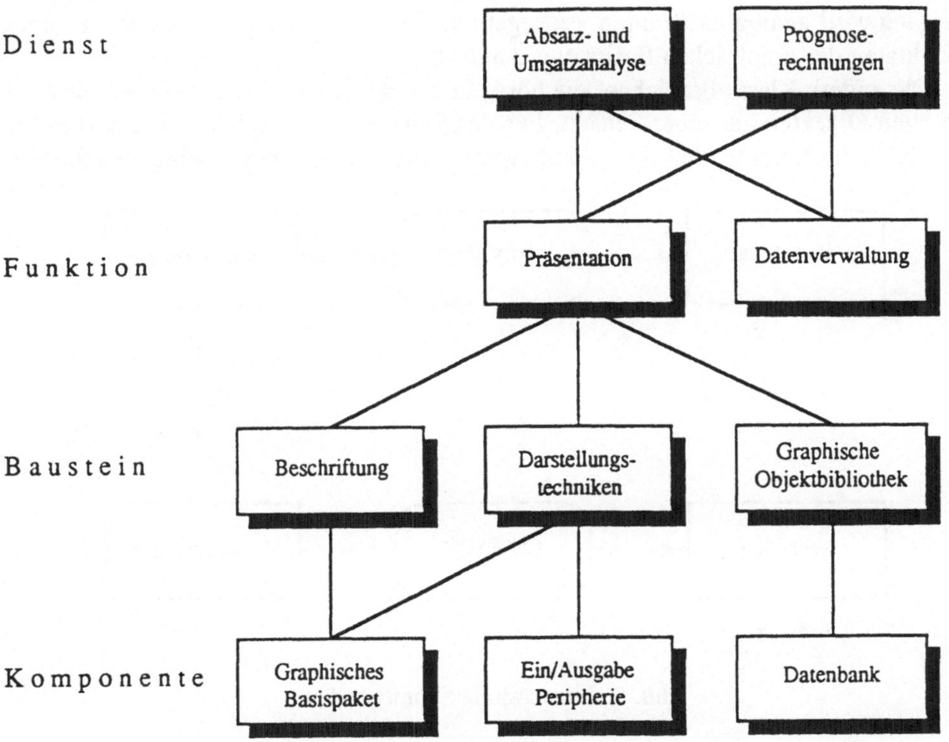

Abb. 5. Beispiel in der Unternehmensführung

Prognose, Soll-/Ist-Abweichungen wird die Absatz- und Umsatzanalyse als ein Systemdienst angeboten. Dieser Dienst benötigt dabei Funktionen zur Präsentation (in diesem Beispiel der graphischen Darstellung) von dem zu untersuchenden Datenmaterial. Die graphische Darstellung erfordert graphische Basisfunktionalitäten zur Erzeugung von Diagrammbeschriftungen, Darstellungsform (Balken, Linien) oder die Verwendung von graphischen Objekten (Firmenlogo, Produktpiktogramme) in dem Schaubild. Diese Bausteine werden dann abgebildet auf die Basistechnologien. Die Graphikerzeugung wird beispielsweise mit einem graphischen Basispaket reali-siert; die Ausgabe erfolgt auf einem Bildschirm oder Drucker, und die Daten der graphischen Objekte werden aus einer Objektbibliothek entnommen.

Aus dem hierarchischen Systemmodell werden die wesentlichen Strukturierungsmerkmale des Systementwurfs deutlich: Die hierarchische Anordnung von Ebenen unterschiedlicher Funktionalität und Detaillierungsstufen und das Prinzip der Modularisierung.

1 Schnittstellen

Innerhalb des Systemmodells sind zwei Klassen von Schnittstellen zu berücksichtigen. Die erste Klasse bezeichnet die vertikalen Schnittstellen im System. Im zweiten Beispiel ist dies der Zugriff der Präsentationsfunktion auf den Baustein Diagrammtechniken. In der Ebene der Präsentation kann dies bedeuten, daß nach einem Dialog mit dem Benutzer eine spezielle graphische Diagrammtechnik ausgewählt wird und über einen Prozeduraufruf von dem Baustein Diagrammtechniken realisiert wird. Dieser Vorgang wird analog nach unten weitergeführt, indem der Diagrammbaustein Funktionalitäten des graphischen Basissystems aufruft (Linien-, Flächenfüllen etc.).

Die andere Klasse bezeichnet die horizontalen Schnittstellen, die Kommunikation zwischen Objekten aus einer Schicht. Für das Beispiel der Graphik bedeutet dies für die Ebene der Dienste, daß der Dienst Absatz- und Umsatzanalyse seine berechneten

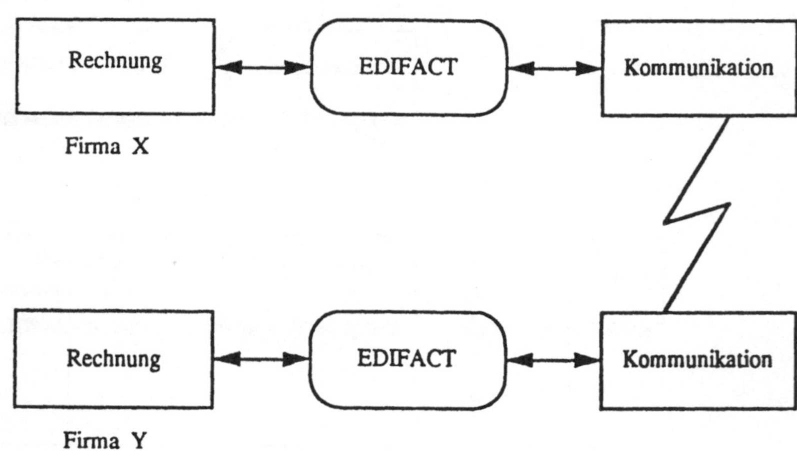

Abb. 6. Horizontale Schnittstellen

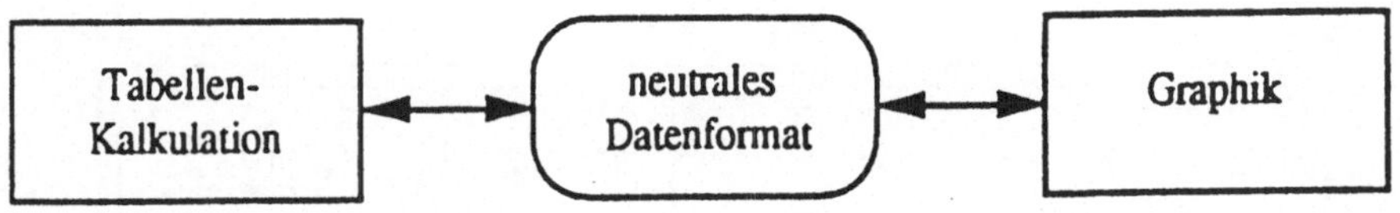

Abb. 7. Horizontale Schnittstellen

Datenwerte (z.B. historische Umsatzverläufe) in einem geeigneten Format erstellt, das vom Dienst Prognose interpretiert und weiterverarbeitet werden kann.

Die horizontalen Schnittstellen sind insbesondere dann von Bedeutung, wenn es um den Datenaustausch einzelner, voneinander unabhängiger, Programme geht. So kann beispielsweise über ein neutrales Datenformat der Austausch von Daten zwischen zwei auf der gleichen Ebene angesiedelten Diensten gleicher Funktionalität erfolgen, die aber durch unterschiedliche Programme realisiert sind.

Beispiel: In der Unternehmenszentrale wird auf der zentralen EDV ein anderes Programm zur Erstellung von Rechnungen eingesetzt als in der Geschäftsstelle auf einem PC, der Austausch geschieht elektronisch über das Standardformat in EDIFACT (Abb. 6).

Horizontale Schnittstellen können auch innerhalb eines AUDIUS erforderlich sein. Ein Beispiel ist der Datenaustausch zwischen zwei Programmen unterschiedlicher Funktionalität, die zur gleichen logischen Ebene gehören (siehe Abb. 7).

Aus diesen Beispielen werden noch einmal die Vorteile der Verwendung von Standards deutlich. So sollten Standardschnittstellen überall dort verwendet werden, wo immer dies möglich erscheint. Die Archivierung und der Austausch von neutralen Datenformaten kann dabei automatisiert über spezielle Pre- und Postprozessoren erfolgen.

2 Architektur

Berücksichtigt man die Anforderungen an eine anwendungsneutrale Basisarchitektur, an die Modularität, die Konfigurierbarkeit auf spezifische Anwendungsbereiche, so ergibt sich das folgende Architekturmodell für ein AUDIUS (Abb. 8).

In diesem Modell finden sich die wichtigsten Systemkomponenten und Systemstrukturen wieder. Es handelt sich um ein verteiltes System; in der Abbildung durch eine dezentrale und eine zentrale AUDIUS-Komponente dargestellt.

Die Kommunikation zwischen beiden Komponenten kann über lokale Netzwerke (LAN) oder über globale öffentliche Netzwerke stattfinden. Innerhalb des Systems übernimmt der Kommunikationsmanager die Steuerung und Abwicklung des Kommunikationsvorganges (Verbindungsaufnahme, Übertragung, eventuelle Codierungen zum Datenschutz und zur Fehlerkorrektur, Verbindungsabbau).

Dort sind auch die Schnittstellen zu den existierenden Kommunikationseinrichtungen (z.B. Modem, Akustikkoppler, BTX, Datex-P) bereitzustellen. Das Daten-

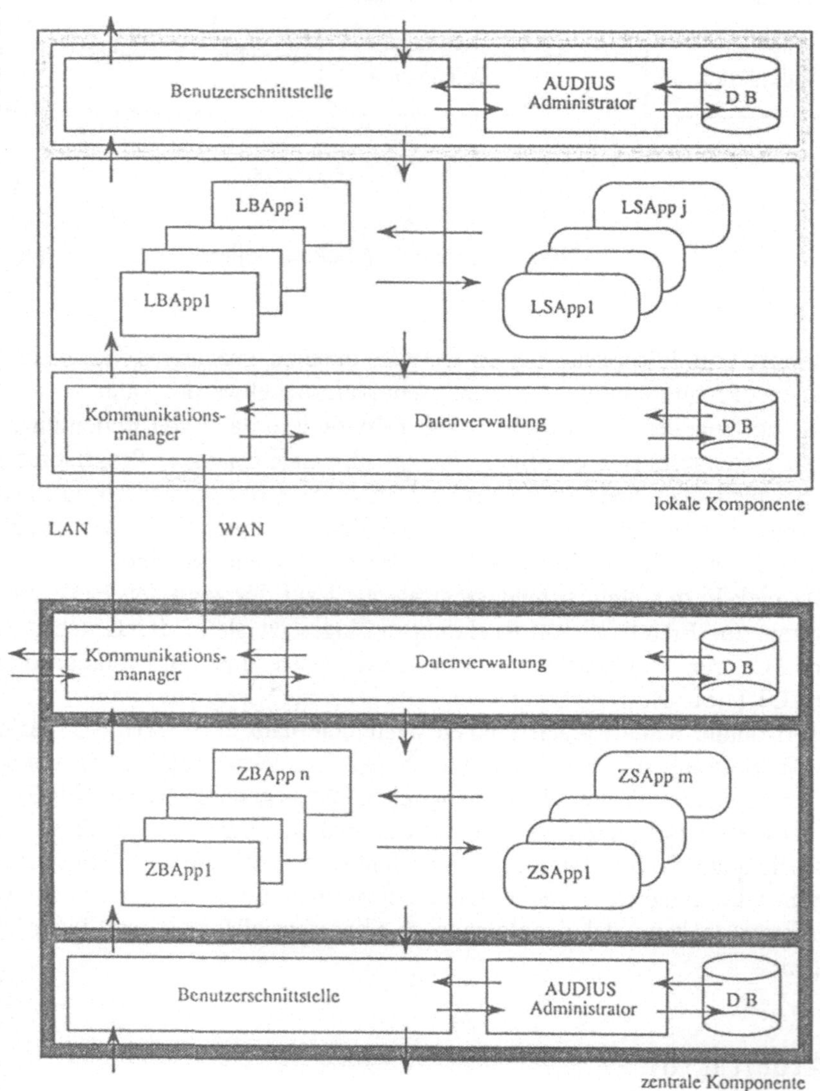

Abb. 8. AUDIUS-Architektur

verwaltungssystem stellt den Anwendungen die Funktionalität von Datenspeicherung und Retrieval zur Verfügung.

Innerhalb des AUDIUS-Systemmodells werden die Funktionalitäten der basis- und anwendungsorientierten Spezialanwendungen festgelegt.

Je nach Anwendungsgebiet und Installation in einem Unternehmen im Technischen oder Nichttechnischen Außendienst ergeben sich hier die spezifischen Ausprägungen eines AUDIUS (siehe Beispiele zum hierarchischen Schichtenmodell).

Dabei ist zu unterscheiden zwischen den lokalen Basisapplikationen (LBApp), lokalen Spezialapplikationen (LSApp), die auf der lokalen Komponente eingesetzt werden und den zentralen Basis- und Spezialapplikationen (ZBApp, ZSApp), die auf dem Zentralrechner ablaufen. Diese müssen nicht voneinander verschieden sein (sinnvollerweise wird z.B. sowohl in der Zentrale, als auch an den Außendienststationen das gleiche Textverarbeitungssystem eingesetzt). Diese anzustrebende Einheitlichkeit ist aber aufgrund historisch begründeter DV-Entwicklung von Großrechnern (Batch-Charakter) in den Unternehmen und heute verfügbaren benutzerorientierten und anwendungsfreundlichen PC-Systemen nicht immer zu erreichen. Beispiele sind die Unterschiede in der Datenverwaltung von Datenbanksystemen und den Graphikfähigkeiten zwischen Großrechnern (Hosts) und Personal Computern. Auch hier wird wieder die Relevanz horizontaler Schnittstellen deutlich, indem zum Beispiel ein Bestandsabgleich zwischen einer PC-Datenbank und Hostdatenbank realisiert werden muß.

Die Schnittstelle zwischen dem menschlichen Benutzer und den Systemanwendungen wird durch die Komponente Benutzer-Schnittstelle wiedergegeben. Für die Benutzer-Schnittstelle sind ergonomische Anforderungen, wie bereits unter III.4.2 erwähnt, zu berücksichtigen. Für die einheitliche Systembedienung sind hier moderne Dialogtechniken (Fenster, Menüs) einzusetzen, die die Bedienbarkeit und Erlernbarkeit erleichtern und die Integration von Anwendungen unterstützen. Andernfalls muß der Außendienstmitarbeiter beim Einsatz von Programmen den jeweiligen Dialog aller Einzelanwendungen beherrschen. Dies kann z.B. bedeuten, daß in einer Anwendung eine bestimmte Funktionstaste zum Beenden des Programms benutzt wird, während in einer anderen Anwendung die gleiche Taste zum Löschen von Dateien dient. Die Benutzerschnittstelle muß eine einheitliche Systembedienung gewährleisten. Dies kann mit heute bereits verfügbaren graphischen Benutzungsoberflächen erzielt werden.

Die Komponente AUDIUS-Administrator ist als Kontrolleinheit zu verstehen. In dieser Einheit befinden sich die Informationen über die augenblickliche Systemfunktionalität, d.h. welche Hard- und Softwareressourcen sind in der aktuellen Systemkonfiguration verfügbar, welche Dienste sind lokal bzw. welche Dienste sind nur zentral verfügbar. Mit Hilfe einer Konfigurationsbibliothek lassen sich voreingestellte Konfigurationen automatisiert durchführen. In dieser Komponente lassen sich Mechanismen zur Zugangskontrolle und Berechtigungsverfahren einbinden, die nach vorgegebenen Benutzergruppen und Benutzerrechten den Zugriff auf die Systemanwendungen und -daten verwalten.

Die aus der zentralen Komponente austretenden Pfeile symbolisieren die mögliche Verbindung mit anderen DV-Einheiten in Unternehmen, bzw. kennzeichnen die Abgrenzung des AUDIUS von den übrigen im gleichen System vorhandenen EDV-Anwendungen.

Jedes AUDIUS enthält neben gemeinsamen Basisapplikationen noch zusätzliche anwendungsgebietorientierte Spezialapplikationen. So benötigt der Versicherungsaußendienst andere Werkzeuge als der Technische Außendienst. Es gibt allerdings branchenunabhängige Standardwerkzeuge wie Textverarbeitung und Terminverwaltung, die man zu den Basisapplikationen zählen muß.

3 Zusammenfassung

Im dargestellten Grobkonzept einer AUDIUS-Architektur wurden die wichtigsten Systemkomponenten deutlich, die in einer anwendungsneutralen Basisarchitektur enthalten sein müssen.

Dies sind die Benutzerschnittstelle, die Kommunikationskomponente und die Komponente zur Datenverwaltung.

Die in der Architektur einzubettenden Applikationen muß das einzelne Unternehmen für sich aus den eigenen spezifischen Anforderungen an den gewünschten Leistungs- und Funktionsumfang ableiten. Teile dieser Anforderungen wurden für die beiden Anwendungsfelder Technischer Vertrieb und Außendienst im Versicherungsbereich bereits in den vorigen Kapiteln zur Problemanalyse beschrieben. Im Kapitel Stand der Technik wurden auch die verfügbaren Basistechnologien zusammengestellt, die für einen AUDIUS-Einsatz interessant bzw. notwendig erscheinen.

Der nächste Schritt ist der DV-technische Feinentwurf. Mit geeigneten Spezifikationsmitteln sind die für die Realisierung als notwendig erachteten Einzelkomponenten in ihrer Funktionalität, Leistung und Schnittstellen festzulegen. Der Feinentwurf, die Implementierung (eines Prototypen oder des Gesamtsystems) und die Verifikation sind Gegenstand einer Realisierungsphase der hier vorgestellten AUDIUS-Architektur.

VI Systemeinführung

1 Motivation

Da es Außendienstunterstützungssysteme der in diesem Bericht beschriebenen
Komplexität bisher nicht gibt und da die vorhandenen Teilsysteme bisher nur eine
geringe Verbreitung finden konnten, liegen sowohl im Bereich der Investitionsgüterindustrie als auch des Dienstleistungsgewerbes kaum Erfahrungen mit dem Einsatz,
insbesondere aber der Einführung solcher Systeme vor. Andererseits ist aber der Ein-
satzerfolg eines AUDIUS stark von der Akzeptanz der späteren Anwender, der
Außendienstmitarbeiter, abhängig. Im besonderen müssen sich in den Prioritäten der
Einführungsstrategien nachfolgende Zusammenhänge wiederspiegeln: Die Erfüllung
der wirtschaftlichen, personellen und organisatorischen Voraussetzungen unter besonderer Beachtung der finanziellen und personellen Ressourcen. Die Einführungsstrategie wird folglich in einen an diesen Kriterien orientierten Stufenplan einmünden.
Dieser Plan muß an der richtigen Stelle ansetzen, die Integration in die wettbewerbs-
wirksame Richtung forcieren und Stufen vorsehen, die, jede für sich genommen, wirtschaftlich sind, um die Risiken zu minimieren. Nur eine solche Vorgehensweise - verbunden mit einer gründlichen Systemvorbereitung - wird die AUDIUS einführenden
Unternehmen vor einem ungezügelten "Wildwuchs" des AUDIUS sowie einem unübersichtlichen Anwachsen der Informationsflut bewahren, vgl. hierzu auch /NEIP-81/
und /NEIP-85/.

2 Wirtschaftlichkeitsanalyse und Controlling

Die erfolgreiche Realisierung des AUDIUS-Konzeptes beruht selbstverständlich auf
betriebswirtschaftlichen Voraussetzungen, wie einer sorgfältigen Investitionsrechnung
sowie einem wirksamen Controlling, um Risiken abschätzen und so den wirtschaftlichen Erfolg steuern und sichern zu können. Investitionsrechnungen müssen zunächst
den angestrebten Endzustand bewerten, dann die einzelnen Ausbaustufen auf ihre
ökonomische Eignung prüfen. Jede einzelne Stufe sollte für sich genommen
wirtschaftlich sein.

Ausgangspunkt für eine Wirtschaftlichkeitsrechnung ist die Anzahl der für einen
produktiven AUDIUS-Einsatz vorgesehenen Systeme. Entscheidungsgrundlage dafür
sind der Umfang der operationalen und administrativen Vorgänge im Außendienst

und die Anzahl der zu bearbeitenden Fachgebiete. Die Investitionskosten lassen sich unter Einschluß von Schulung und Einsatzvorbereitung berechnen. Davon ausgehend können unter Berücksichtigung von Abschreibung, Verzinsung und Wartung sowie von Lohn- und Betriebskosten bei einer geschätzten jährlichen Nutzungsdauer, die Stundenkosten für jedes System ermittelt werden.

Dem strategischen Controlling der wichtigsten Planannahmen muß während der AUDIUS-Einführung ein Schwergewicht beigemessen werden. Es hat die Aufgabe zu beobachten, ob die in der Unternehmensstrategie für die AUDIUS-Einführung explizit gesetzten Prämissen noch mit der tatsächlichen Entwicklung übereinstimmen.

Genauso wie die strategische muß auch die operative Umsetzung des AUDIUS-Konzeptes gesteuert und überwacht werden. Zunächst müssen im Einführungsstufenplan an bestimmten Meilensteinen Entscheidungstermine festgelegt werden, an denen die jeweils nächsten Schritte für einen überschaubaren Zeitraum verabschiedet werden. Innerhalb der Entscheidungszeiträume geht es dann um den laufenden Vergleich zwischen den geplanten und den realisierten Werten; siehe hierzu auch das folgende Kapitel.

3 Einführungsstrategie

Basierend auf den bekannten Einführungsstrategien der Bürokommunikation /BULL-84/ und der CAx-Anwendungen soll im folgenden eine Vorgehensweise für die Einführung eines AUDIUS entwickelt werden.

Zur durchgängigen Nutzung aller vom Außendienst erarbeiteten Informationen müssen die Informationswege in den AUDIUS einführenden Unternehmen so aufbereitet sein, daß Informationen, die in mehreren Funktionsbereichen benötigt werden, von der erzeugenden Stelle automatisch den angrenzenden betrieblichen Nutzungsbereichen zufließen. Auch die inner- und außerbetriebliche Ausgangssituation des Unternehmens, insbesondere seiner Kunden, spielt eine Rolle. Das alles bedingt jedoch möglicherweise eine Änderung der bestehenden Organisationsform der Unternehmung. So muß die Aufbau- und Ablauforganisation in den Firmen geprüft und gegebenenfalls geändert werden. Wichtige Aspekte sind hierbei die Aufgabenart, der Aufgabenumfang und die Bereiche des geplanten AUDIUS-Einsatzes. Insbesondere ist die Frage zu beantworten, welches Endziel eines AUDIUS-Einsatzes in dem Unternehmen im Rahmen der Unternehmensstrategie angestrebt wird und welchen wirtschaftlichen und wettbewerbsorientierten Kriterien die Systemeinführung genügen muß.

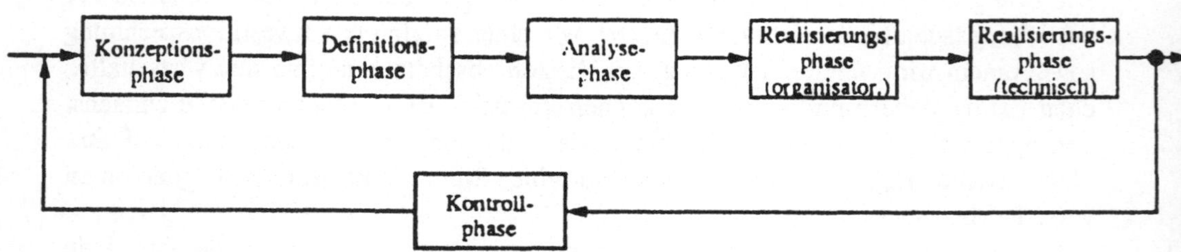

Abb. 1. Phasenplan der AUDIUS-Einführung

Die Einführung eines AUDIUS gliedert sich in die in Abbildung 1 dargestellten Phasen, wobei während der Konzeptions-, Definitions- und Analysephase das AUDIUS-Konzept erarbeitet wird und in den beiden Realisierungsphasen die Einführung und eben auch die Realisierung von AUDIUS erarbeitet wird.

Die Einführung eines AUDIUS wird in der Regel während der Konzeptionsphase (vgl. Abb. 1) durch verschiedene Initiatoren angeregt. Dies können externe Initiatoren sein, beispielsweise die technische Entwicklung, der Unternehmenserfolg etc. oder interne Initiatoren, wie z.B. das innerbetriebliche Vorschlagswesen. Während der Definitionsphase werden die Ziele für die AUDIUS-Einführung identifiziert, z.B. rationelle Arbeitsabläufe, eine optimale technische Ausrüstung, eine optimale personelle Besetzung, eine hohe Arbeitszufriedenheit. In der Analysephase werden beispielsweise Strukturanalysen, Analysen der Aufbau- und Ablauforganisation sowie Wertanalysen durchgeführt. Während der organisatorischen Realisierungsphase wird die Einführung des AUDIUS in den betrieblichen Ablauf vorbereitet. Es werden Arbeitsstrukturierungen mit einer Neuverteilung der Arbeit, der Definition neuer Arbeitsinhalte sowie der Spezifikation des Arbeitsplatzes durchgeführt. Während der technischen Realisierungsphase wird die technische Einführung des Systems vorbereitet. Die Systemeinführung wird abgeschlossen durch eine Kontrollphase, die u.U. neue Denkanstöße für die Konzeptionsphase liefert /BULL-84/.

In Abbildung 2 ist dieser Phasenplan nochmals in etwas anderer Form dargestellt worden. Es wird nahezu nur zwischen einer Konzeptionsphase und einer Realisierungphase unterschieden, wobei der Konzeptionsphase eine Phase der Vorbereitung und eine Phase der Schwachstellenanalyse vorgeschaltet wird. Auf die Darstellung der Phase der technischen Realisierung wird verzichtet. Die Kontrollphase wird der Phase der Realisierung zugeordnet.

Bei der Erarbeitung des AUDIUS-Konzeptes sollten die unternehmensspezifischen Anforderungen an das AUDIUS eingehend geprüft und auf notwendige, wesentliche Daten und Abläufe begrenzt werden. Dies erfordert zunächst eine Analyse der bestehenden und der in Zukunft notwendigen Funktionen durch die Anwender des AUDIUS, und zwar ohne Rücksicht auf die derzeitigen technischen Möglichkeiten.

Die Planung und Realisierung eines AUDIUS-Konzeptes ist nur in einem Team möglich, in dem unternehmensübergreifendes Wissen, auch aus Technik, Schulung und Organisation, verfügbar ist. So werden hohe Anforderungen an alle Mitarbeiter, insbesondere an Führungskräfte und Organisatoren, gestellt. Führungskräfte müssen die Fähigkeit besitzen, in Gesamtsystemen zu denken; sie sollten Informations- und Koordinationsnotwendigkeiten erfassen und erfüllen können. Das oder die Teams sollten zwischen 3 und 7 Personen umfassen.

Die Entwicklung eines AUDIUS-Konzeptes erfordert je nach Größe des Unternehmens, bzw. der Außendienstmannschaft, zwischen einem halben und einem Jahr. Sie teilt sich grob in zwei Phasen, vgl. Abb. 3:

1. Phase: Erhebung des Ist-Zustandes mit Schwachstellenanalyse
2. Phase: Erarbeitung eines AUDIUS-Sollkonzeptes

Zur Durchführung der Ist-Analyse wird ein Projektteam gebildet, das aus Spezialisten der wichtigsten Bereiche zusammengesetzt ist. Um der Bedeutung von AUDIUS gerecht zu werden, wird ein Lenkungsausschuß aus den Leitern der von der

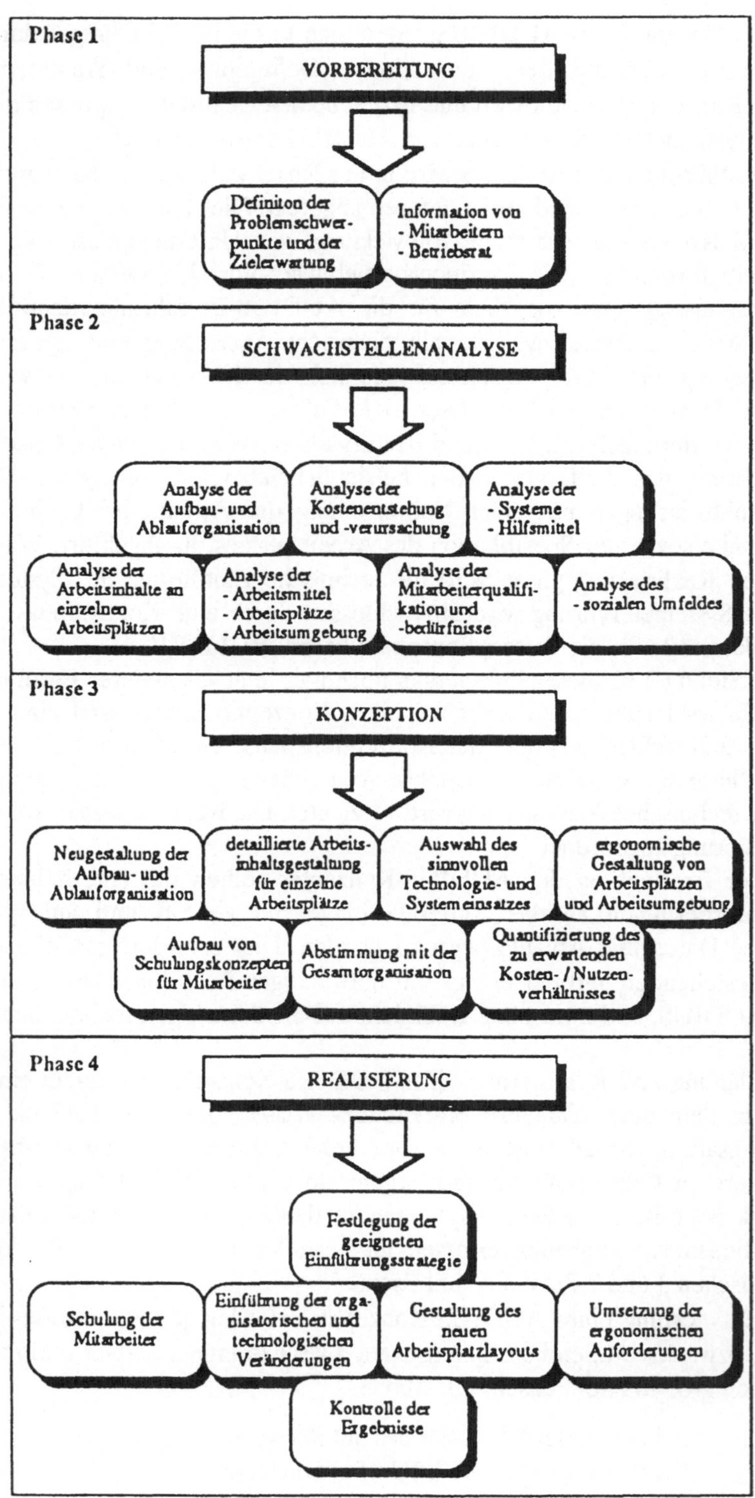

Abb. 2. Gesamtkonzept der AUDIUS-Einführung, siehe auch /BULL-84/

AUDIUS-Einführung betroffenen Unternehmensbereiche ins Leben gerufen. Die Ist-Analyse umfaßt nicht nur die Analyse der bestehenden EDV-Systeme, sondern auch die Analyse der manuellen Bearbeitungsfolgen, um gerade Schnittstellen sowie EDV-technische oder organisatorische Brüche innerhalb des Ablaufs zusammengehöriger Vorgangsketten festzustellen.

Die Abläufe werden durch vorstrukturierte Interviews erfaßt und in graphisch orientierten Auswertungsverfahren (Vorgangskettendiagrammen) dokumentiert. Die Ergebnisse werden in einer Präsentation der Unternehmensleitung vorgestellt. Dabei wird die Darstellung insbesondere auf organisatorische und informatiktechnische Brüche ausgerichtet. Hier wird dann deutlich, an welchen Stellen der Vorgangsbearbeitung wesentliche Brüche entstehen, die bei einer konsequenten AUDIUS-Nutzung vermieden werden können und den Bearbeitungszeitraum reduzieren lassen. Gleichzeitig werden bei der Präsentation die Schwachstellen der gegenwärtigen Systeme aufgezeigt und damit die wesentlichen Entwicklungsprioritäten für das Sollkonzept festgelegt.

Im Rahmen der zweiten Phase, also der Entwicklung des Sollkonzeptes, werden Arbeitsgruppen für die zu behandelnden wesentlichen Gebiete aus den Unternehmen gebildet. Damit fächert sich die Projektorganisation auf. Während der Arbeit werden für die betroffenen betrieblichen Funktionsbereiche neue Abläufe erarbeitet, die die Schwachstellen der alten Abläufe vermeiden. Anschließend werden unternehmensspezifische, funktionsorientierte Teilkonzepte für AUDIUS entwickelt. Hier ist insbesondere auf geeignete Schnittstellen zu den DV-Systemen anderer Unternehmensbereiche zu achten. In einem letzten Schritt werden die Arbeitsergebnisse aus den Arbeitskreisen zu einem Gesamtkonzept zusammengeführt.

Anhand der Anforderungsprofile können für konkret anstehende Probleme bereits Auswahlprozesse für Standard-Software festgelegt werden. Mit den organisatorischen Abläufen ist auch der Anforderungskatalog für eine zukünftige Hardware-Architektur, insbesondere auch ihr Dezentralisierungsgrad weitgehend bestimmt.

Zusammen mit der AUDIUS-Konzeption bzw. direkt im Anschluß an diese Arbeit wird eine Vorgehensweise für die Einführung des Systems erarbeitet. Dieses auf die qualitativen und quantitativen Kapazitäten des EDV-Bereichs und der Fachabteilungen abgestimmte Einführungskonzept legt u.a. auch Prioritäten und Reihenfolge konkreter Systementwicklungen fest.

Für die Einführung des AUDIUS ist ein AUDIUS-Koordinator zu benennen. Der AUDIUS-Koordinator hat für den erfolgreichen Einsatz des AUDIUS eine Schlüsselrolle inne. Er soll möglichst frühzeitig in der Planungsgruppe tätig und der technischen Leitung des Betriebes direkt untergeordnet werden. Es ist zu wünschen, daß der Koordinator bereits eine mehrjährige Datenverarbeitungserfahrung besitzt und mit der Anwenderproblematik des Außendienstes gut vertraut ist. Die wichtigsten Aufgaben des AUDIUS-Koordinators sind:

- ständige Anwenderberatung,
- Aufgabenverteilung, Terminplanung und -überwachung,
- Planung und Organisation der Schulungsmaßnahmen,
- Gewährleistung der Kommunikation zwischen verschiedenen Anwendern sowie zwischen Anwendern und Datenverarbeitungsspezialisten,
- Planung und Koordination der Weiterentwicklung des Systems sowie
- Einführung von Richtlinien für den Betrieb des Systems.

Zur Anpassung und Erweiterung des AUDIUS-Basissystems sind Anwendungs-programmierer erforderlich. Es ist sinnvoll, daß die Anwendungsprogrammierer eine mehrjährige Programmiererfahrung in einer höheren Programmiersprache und Einblick in die Anwenderproblematik haben.

Falls allgemeine technisch-wissenschaftliche Programme in einer höheren Programmiersprache entwickelt werden müssen, kann außerdem die Mitarbeit eines technischen Programmierers erforderlich sein.

Für die Betreuung des Rechenzentrums soll ein Systemoperator zuständig sein. Dazu ist ein Mitarbeiter mit einer mehrjährigen Erfahrung in Datenverarbeitung und Betriebssystemen erwünscht. Dieser soll ebenfalls die Anwender in datenverarbeitungsspezifischen Problemen beraten. Außerdem soll der Operator für die Datensicherung und -archivierung, für die Wartung der Hardware, für die Implementierung neuer Programme sowie für die Kopplung neuer Geräte und Programme verantwortlich sein. Für die Erstellung und Anpassung von Grundsoftware zum Betrieb der Rechneranlage kann ein Systemprogrammierer erforderlich sein. Seine Erfahrungen müssen sich besonders auf das Betriebssystem und die Arbeitsweise der Hardware erstrecken. Weiterhin muß er neben den höheren Programmiersprachen auch die Assembler-Sprache beherrschen.

Die Einführungsstrategie für ein AUDIUS läßt sich wie folgt beschreiben:

- Vorauswahl von Systemkomponenten,
- Diskussion mit Herstellern und Tests,
- Endauswahl,
- Konfiguration und Realisierung des AUDIUS,
- Demos,
- Systementscheidung,
- Beschaffung,
- Einsatzvorbereitung nach Anwendungsgebieten getrennt,
- Training von Systembetreuern und Anwendern,
- Inbetriebnahme,
- Piloteinsatz,
- Bewertung und Abnahme sowie
- produktiver Einsatz.

Der Aufwand für die Konfiguration und Realisierung des AUDIUS sowie der Einsatzvorbereitung ist trotz einer weitgehend modularen Konzeption des Gesamtsystems, die auf der Verwendung von Standards beruht, nicht zu unterschätzen. In der Unternehmenszentrale wird noch über einige Jahre eine heterogene DV-Welt vorherrschen. Weiterhin unterscheidet sich jedes Unternehmen seitens seiner Organisationsstruktur, seines Produktspektrums, seiner Unternehmenspolitik etc. von dem anderen. Aus diesen Gründen sind grundsätzliche unternehmensspezifische Anpassungsarbeiten vor der Einführung eines AUDIUS notwendig, beispielsweise sind die entsprechenden Schnittstellen zu Datenbeständen zu realisieren.

Da für den kurzfristigen Einsatz der neuen Technologie AUDIUS in den Unternehmen kaum Fachkräfte verfügbar sein dürften, muß festgelegt werden, welche Mitarbeiter im Umgang mit der neuen Technologie in welcher Form zu schulen sind. Analog zu den Erfahrungen bei der Einführung von CAD/CAM-Systemen (vgl. /EVER-85/) wird eine Altersbeschränkung für potentielle AUDIUS-Anwender nicht gesehen, da gerade der ältere Mitarbeiter in der Lage ist, seine Erfahrungen und Kenntnisse mit den Fähigkeiten des AUDIUS-Systems zu verbinden, so daß er schnell zu einem für ihn selbst befriedigenden und für das Unternehmen wirtschaftlichen Einsatz des Systems kommen kann.

Bei der Schulung der Mitarbeiter handelt es sich nicht um einen einmaligen Prozeß für die Pilotanwendung, sondern auch während der produktiven Nutzung des Systems muß die Ausbildung fortgesetzt werden. Die Schulung kann im eigenen Unternehmen durch erfahrene Fachkräfte, bei dem Systemhersteller bzw. Anbieter oder bei Firmen, Instituten oder Verbänden erfolgen. Als Vorgehensweise für die Mitarbeiterschulung wird vorgeschlagen:

1. Zunächst werden die Grundlagen der Datenverarbeitung vermittelt. Dies fördert die Akzeptanz beim Anwender, da er über die spezifischen Anwendungsfunktionen hinaus allgemeines DV-Wissen erwirbt. Dadurch wird er in die Lage versetzt, zu beurteilen, wie und warum das AUDIUS in einer bestimmten Situation auf eine bestimmte Art und Weise reagiert.

2. In einem weiteren Schulungsschritt werden dann die grundlegenden Charakteristika der AUDIUS zugrunde liegenden Hard- und Software vorgestellt, wobei zunächst nur auf die für den Anwender notwendigen Funktionen eingegangen wird.

3. Anschließend folgt eine Trainingsphase mit dem Ziel, die Anwendungskommandos so zu vertiefen, daß ein Nachlesen in Handbüchern bzw. dem evtl. vorhandenen "Help-Menü" nicht mehr notwendig ist.

4. In einem Aufbaukursus werden AUDIUS-typische Fähigkeiten gelehrt, für die es keine Entsprechung mehr in der manuellen Handhabung der anwendungsspezifischen Arbeitstechniken gibt. Insbesondere werden in diesem Kursus die Auswirkungen der Qualität der eigenen Arbeit auf die funktional benachbarten Unternehmensbereiche vorgestellt. Die Informationswege werden beschrieben, die Notwendigkeit der Informationsbereitstellung für bestimmte Unternehmensbereiche wird aufgezeigt, insbesondere werden dem Mitarbeiter aber die Vorteile der Nutzung des AUDIUS für seine eigene Arbeit geschildert. Es wird ihm erklärt, wie er das System noch wirtschaftlicher nutzen kann. AUDIUS erfordert vom Anwender ein neues Gefühl für Datensicherheit. Dieses Gefühl ist dem Anwender nahe zu bringen.

5. Im Anschluß an den Aufbaukursus beginnt die Selbstausbildung (Training on the Job).

Für die Gruppengröße und Terminierung der Schulungsveranstaltung macht /RICH-88/ folgende Vorschläge:

*   2 Instruktoren aus dem Vertriebsinnendienst, die nach der Schulung zur Beantwortung entstehender Fragen immer erreichbar sein sollen,
*   Schulung in Gruppen von 8 - 10 Außendienstmitarbeitern,
*   Schulungsdauer 2 Tage (am besten Donnerstag, Freitag).

Vor der Einführung eines AUDIUS müssen die im Rahmen der Umstellung durchzuführenden Aktivitäten geplant werden. Hierzu gehören die Anpassung von Datenbeständen ebenso wie die Formulierung geeigneter Textbausteine oder die Festlegung von Zuständigkeiten.

Zur Einführung des AUDIUS gehört ebenfalls die Entwicklung einer Teststrategie, der Test für die Hard- und Software. Zum Test gehört auch das Beobachten der Auslastung des Systems, die Ermittlung des Datendurchsatzes, des Antwortverhaltens, die Datensicherheit und die schnelle Fehlerbehebung. Nach erfolgreichen Tests sollte für eine begrenzte Zeit, während des Piloteinsatzes, ein Parallelbetrieb gefahren werden, bevor in den Produktivbetrieb übergegangen wird. Nach der Installation des Pilotsystems und nach dem Abnahmetest kann mit der Nutzung des Systems begonnen werden. Am Anfang des Systemeinsatzes sollte eine sechs- bis zwölfmonatige Pilotphase vorgesehen werden, deren wichtigste Ziele sind:

- Verifikation der getroffenen Entscheidung,
- Ermittlung der erreichbaren Produktivitätsfaktoren bei der Bearbeitung verschiedener Aufgabenklassen,
- Beurteilung des Betriebsverhaltens und des Benutzerkomforts,
- Ermittlung der erfolgversprechenden Anwendungsbereiche sowie
- Ermittlung und mögliche Beseitigung der Systemfehler.

Zur Testgruppenauswahl schlägt /RICH-88/ vor:

1. geschlossene Teilnehmergruppe aus 8 - 10 Teilnehmern (incl. Führungskraft)
2. Abbildung der AD-Organisation,
3. gemischte Altersstruktur,
4. Querschnitt über die Kundenstruktur,
5. regionale Netzqualitäten,
6. gruppendynamischer Prozeß.

Am Ende der Pilotphase kann das festgelegte Einführungskonzept anhand der gewonnenen Erfahrungen überarbeitet werden.

Mit dem Produktivbetrieb sollte erst dann begonnen werden, wenn alle vorhergehenden Stufen erfolgreich abgeschlossen wurden und ein fehlerfreies Abwickeln der Fachaufgaben im Rahmen des gesamten Unternehmens erwartet werden kann.

Während des Betriebs des AUDIUS muß insbesondere auch die technische Weiterentwicklung des Systems und seiner Komponenten beachtet werden, geplante Erweiterungen sind durchzuführen, die Realisierung weiterer Stufenkonzepte muß geplant und der Anwender fachkundig beraten werden. Zu den Aufgaben während des Produktivbetriebs gehören auch die Festlegung von Betriebszeiten, die Durchführung von Hard- und Software-Änderungen, die Schulung der Anwender und die Verantwortung für den störungsfreien Betrieb. Der Abschluß von Wartungs- und Servicevereinbarungen sollte geprüft werden. Die fixen und variablen Kosten müssen ermittelt und genau beobachtet werden, alle Maßnahmen zur Erhöhung der Wirtschaftlichkeit sollten umgesetzt werden, damit keine überraschenden Nachfolgelasten entstehen. Besonderes Augenmerk ist auch auf die Wartungsleistungen, die Reparaturen und die Störmeldungen zu legen. Der Betrieb der Systeme muß so konzipiert werden, daß eine höchstmögliche Betriebssicherheit gegeben ist. Das bedeutet, daß ein Notplan vorhanden sein muß, der bei Störungen die weiteren Maßnahmen festlegt. Auch ein Alarmplan sollte aufgestellt werden, der bei einem Zusammenbruch die Aufrechterhaltung des Geschäftsbetriebes oder der Fachaufgaben ermöglicht. Auftretende Hard- und Softwarefehler müssen innerhalb kürzester Zeit ermittelt, analysiert und behoben werden. Das systematische Ermitteln der Ursachen erhöht die Sicherheit des Betriebs.

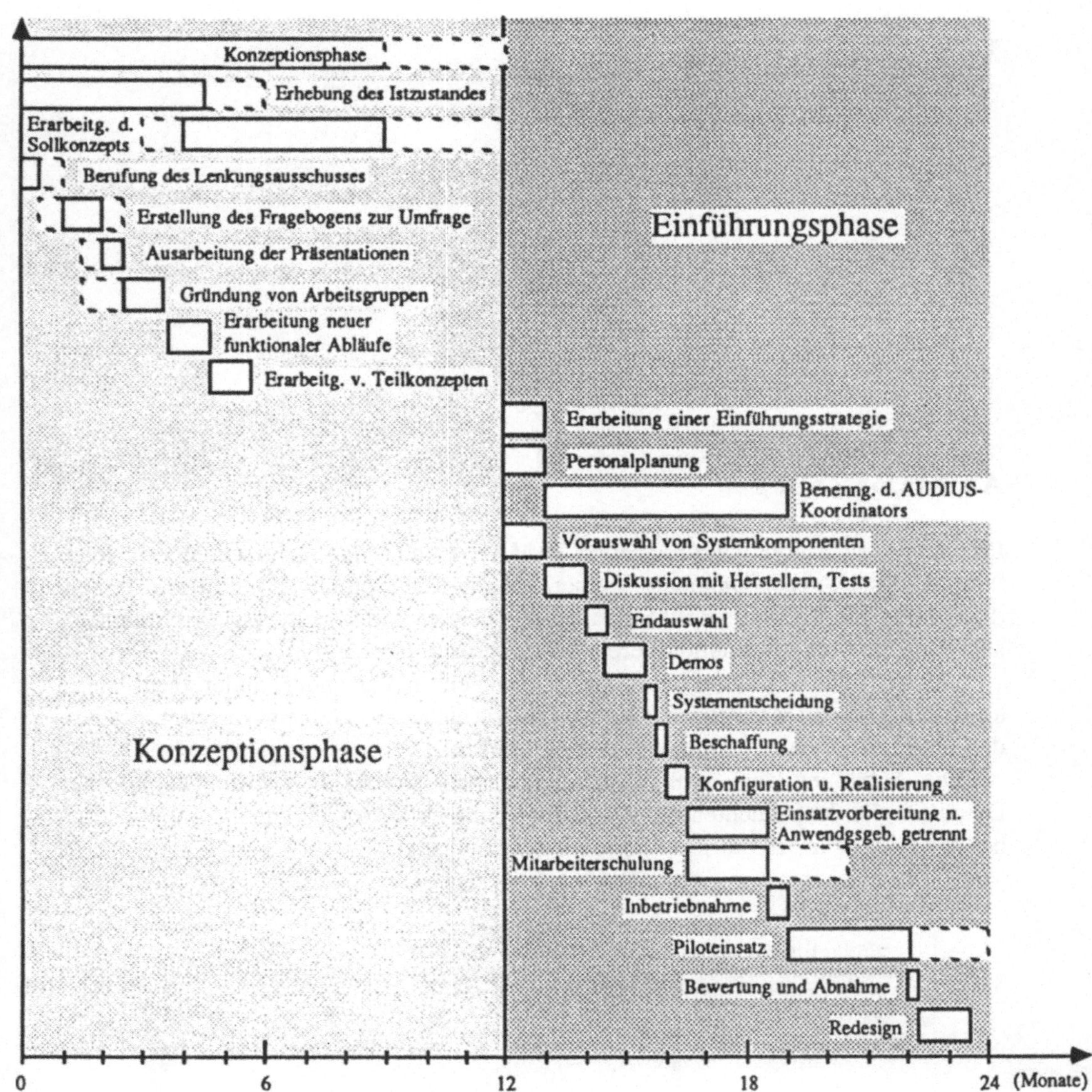

Abb. 3. Vorgehensweise bei der Einführung von AUDIUS

VII Definitionen

Absatzforschung

Die American Marketing Association (AMA) definiert Absatzforschung wie folgt: "Systematische Suche, Sammlung, Aufbereitung und Interpretation von Informationen, die sich auf alle Probleme des Marketings von Gütern und Dienstleistungen beziehen", also den gesamten Informationsbereitstellungsprozeß /BERE-79/.

Absatz- oder Marketingforschung ist einerseits umfassender, andererseits enger als der Begriff der Marktforschung. Die Unterschiede und Gemeinsamkeiten der beiden Tätigkeitsbereiche werden aus Abb. 1 deutlich.

Die Abbildung zeigt, daß Marketingforschung sowohl die Gewinnung externer Daten mit den Instrumenten der Absatzforschung als auch die Sammlung und Verarbeitung unternehmensinterner Informationen beinhaltet.

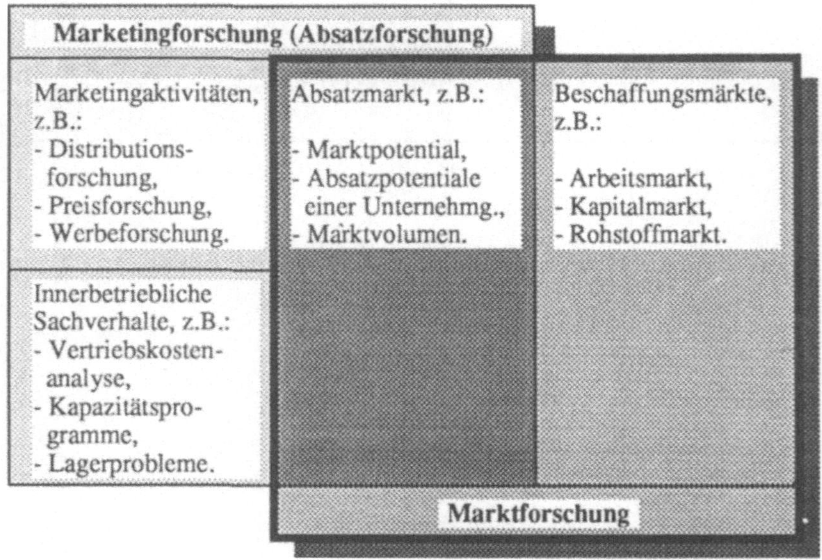

Abb. 1. Abgrenzung zwischen Marketingforschung und Marktforschung/MEFF-77/

Die Frage nach den Aufgaben der Marketingforschung ist identisch mit der Frage nach dem Output bzw. Informationsprogramm. Letzteres dient wiederum als Input für Entscheidungen des Marketingmanagements. Generell trägt die Marketingforschung zur Herstellung eines Informations-Feedbacks zwischen Markt und Unternehmung bei. Sie ist dazu bestimmt, ungenaue Schätzungen, Wagnisse und Arbeits- sowie Zeitvergeudung in der ganzen Marketingarbeit auszuschalten. Aufgaben der Marketingforschung sind /MEFF-77/:

- Sie sorgt dafür, daß Chancen und Risiken frühzeitig erkannt und berechenbar gemacht werden.
- Sie wirkt im willensbildenden Prozeß als Intelligenzverstärker, d.h. sie unterstützt die Arbeit der Unternehmensführung.
- Sie trägt in der Phase der Entscheidungsfindung zur Präzisierung und Objektivierung der Sachverhalte bei.
- Sie fördert das Verständnis bei der Zielvorgabe und die Lernprozesse in der Unternehmung.

Absatzpolitik

Unter Absatzpolitik soll Entwicklung (Definition), Abwägung (Vergleich), Auswahl (Entscheidung) und Durchsetzung der auf den Absatzmarkt gerichteten Handlungs- und Entscheidungsalternativen (Absatzprogramme) verstanden werden. Unter Ausschöpfung des durch unternehmensinterne und -externe Beschränkungen markierten Handlungsspielraumes ist das absatzpolitische Instrumentarium zielgerichtet, d.h. in optimaler Weise, einzusetzen.

Für eine betriebswirtschaftliche Absatzpolitik ist es notwendig, detaillierte Abgrenzungen absatzpolitischer Aktionsparameter vorzunehmen. Zu diesem Zweck soll hier die Gesamtheit marktbeeinflussender Variablen in die vier Teilbereiche Produktmix, Distributionsmix, Kontrahierungsmix und Kommunikationsmix zusammengefaßt werden.

Das Produktmix umfaßt alle Entscheidungstatbestände, welche sich auf die Gestaltung der Absatzleistungen beziehen. Diese sind die Gesamtheit der Güter und Dienste, die den Kunden angeboten werden.

Das Distributionsmix bezieht sich auf alle Entscheidungen, die im Zusammenhang mit dem Weg eines Produktes zum Endkäufer stehen. Sie umfaßt sowohl die Wahl der Absatzkanäle als auch die physische Distribution der Produkte.

Das Kontrahierungsmix umfaßt die Gesamtheit vertraglicher Vereinbarungen über das Leistungsangebot, also die Transaktionsbedingungen. Es sind Entscheidungen über die Preis- und Rabattpolitik, die Lieferungs- und Zahlungsbedingungen sowie die Kreditpolitik zu fällen.

Das Kommunikationsmix beschäftigt sich mit der bewußten Gestaltung der auf den Absatzmarkt gerichteten Informationen einer Unternehmung zum Zwecke einer Verhaltenssteuerung aktueller und potentieller Käufer. Persönlicher Verkauf, Absatzwerbung, Verkaufsförderung und Öffentlichkeitsarbeit dienen der systematischen Käuferbeeinflussung /MEFF-77/.

- Der *persönliche Verkauf* bezeichnet die direkte Kommunikation der Verkaufsorgane des Herstellers (Außendienstmitarbeiter, Reisende) mit Kunden und berührt damit zugleich distributionspolitische Entscheidungen. Wichtige Freiheitsgrade sind z.B. die Besuchszeit, -dauer und -häufigkeit. Die direkte persönliche Kommunikation stellt sich als das wirksamste, aber zugleich kostspieligste Instrument der Kommunikationspolitik dar.

- Die *Absatzwerbung* umfaßt die absatzpolitischen Zwecken dienende, absichtliche und zwangfreie Kundenbeeinflussung mit Hilfe spezieller (Massen-) Kommunikationsmittel. Entscheidungsvariablen sind die Aufstellung des Werbeetats, dessen zeitliche und sachliche Aufteilung auf die Werbeobjekte, Werbemittel und Werbeträger (Streumedien). Besondere Bedeutung erlangt dabei die kreative Seite der Werbemittelgestaltung.

- *Verkaufsförderung (Sales Promotion)* beinhaltet jene primär kommunikativen Maßnahmen, die der Unterstützung und Erhöhung der Schlagkraft der eigenen Absatzorgane, der Marketingtätigkeit der Absatzmittler und der Unterstützung der Verwender bei der Beschaffung und Benutzung der Produkte dienen (z.B. Händlerschulung, Warenpräsentation und Werbung am Verkaufsort).

- Die *Öffentlichkeitsarbeit (Public Relations)* bezeichnet die planmäßig zu gestaltenden Beziehungen zwischen der Betriebswirtschaft und der nach Gruppen gegliederten Öffentlichkeit (z.B. Kunden, Geldgeber, Staat) mit dem Ziel, öffentliches Vertrauen und Verständnis zu gewinnen. Sie stellt durch ihre akquisitorische Wirkung auf die Gruppe der Kunden ein absatzpolitisches Instrument dar.

Controlling

Marketingcontrolling ist die systematische, kritische und unvoreingenommene Prüfung und Beurteilung der grundlegenden Ziele und der Politik des Marketing sowie der Organisationen, Methoden und Arbeitskräfte, mit denen die Entscheidungen verwirklicht und die Ziele realisiert werden sollen /STER-69/.

Durch das Marketingcontrolling wird eine Rückkopplung im Prozeß des Marketing und gegebenenfalls eine Anpassung des Marketingmix erreicht. Es hat prognostische und diagnostische Funktionen zu erfüllen. Seine Bedeutung ergibt sich einerseits aus der dynamischen Entwicklung der Umweltveränderungen: ursprünglich fixierte Planungsprämissen können bei der Verwirklichung von Marketingplänen bereits überholt sein. Andererseits bedingen Größe und Wachstum der Unternehmungen Controllingprobleme.

Es sind sowohl die Entscheidungen selbst als auch deren Ausführung zu überprüfen. Abweichungen vom Plansoll - verursacht durch Dispositions- oder Realisationsfehler - zeigen "Störungen" des Systems. Sie lösen als Revisionsentscheidungen Anpassungsmaßnahmen, d.h. neue Entscheidungsprozesse, aus. Abbildung 2 zeigt den Prozeß der Marketingkontrolle.

Der Controllingprozeß ist als ein kontinuierlicher Vorgang anzusehen. Nur bei fortgesetzter Kontrolle der Marktgegebenheiten und der Marketingarbeit besitzt die

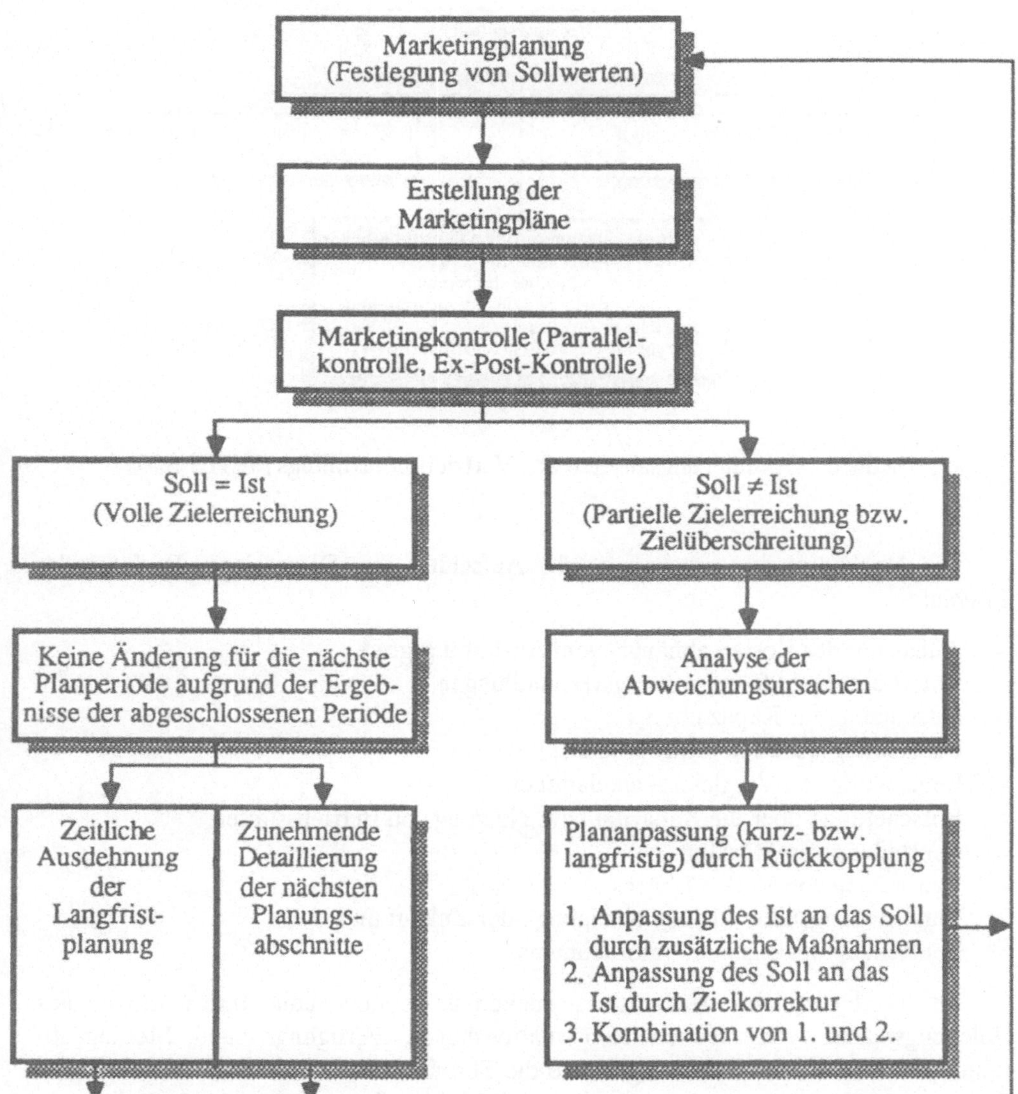

Abb. 2. Prozeß der Marketingkontrolle /BIDL-73/

Unternehmung die Möglichkeit, Abweichungen unmittelbar nach ihrem Auftreten zu erkennen und das Marketingsystem in die gewünschte Richtung zu steuern /MEFF-77/.

Das Controlling stellt umfangreiche Kennziffern zur Verfügung. Somit können sich Optimierungsmaßnahmen im Vertrieb auf eine Vielzahl von Kriterien beziehen, Abb. 3.

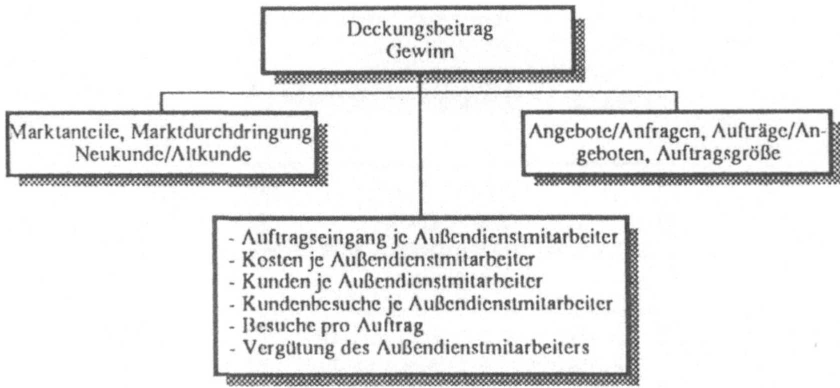

Abb. 3. Optimierungsansätze des Vertriebscontrollings /SCHN-86/

Die Deckungsbeitragsrechnung gibt Aufschluß zur Diskussion z.B. folgender Fragen:

– Aufzeigen der Kosten abhängig vom Auslastungsgrad,
– Entscheidungshilfe bei Auftragsverhandlungen,
– Ausnutzung für Kapazitäten,
– Beurteilung des Produktprogramms,
– Beurteilung von Vergleichskalkulationen,
– Entscheidung über die Kapazität bzw. Nutzung von Betriebsstätten,
– Beurteilung von Märkten,
– Beurteilung von Verkaufsbüros,
– Entscheidungshilfe für Eigenfertigung oder Zukauf und
– Beurteilung des eigenen Unternehmens.

Zur Festlegung von Ausführungsterminen ist es notwendig, Informationen aus Belegungsplänen von eigenen Konstruktionsbüros, Fertigungs- und Montageabteilungen zu erhalten. Hinzuzufügen sind die Termine von Zulieferern. Im einfachsten Fall werden diese Informationen im Angebotsbereich listenmäßig oder in Balkenterminplänen festgehalten /MAGS-85/.

Distributionskonzept/Vertriebswege

Die wichtigsten Funktionen in der Distribution sind Auftragsbearbeitung, Fern- und Nahtransport, Kommissionierung, Zwischenlagerung, Verpackung und Verteilung. Ein ganz wesentliches Element ist dabei die Raumüberwindung, d.h. der Transport. Hier bestehen Wechselwirkungen zu den anderen logistischen Funktionen, insbesondere zur Lagerwirtschaft. Da die Lagerkosten in den letzten Jahren vor allem aufgrund des Handlingaufwands stärker gestiegen sind als die Transportkosten, gilt auch in der Distribution die Tendenz der Bestandsreduzierung bzw. einer bestandslosen Distribution. Dies führt entweder zu einer Konzentration der Lagerhaltung auf eine oder zwei Stufen (Zentrallagersystem), oder aber insbesondere bei Auftragsfertigung zu Direktliefersystemen unter Umgehung jeglicher Lagerstufen. /STAB-86/

Zur Gestaltung optimaler Distributionssysteme ist eine umfassende Schnittstellenanalyse im internen und externen Bereich eines Unternehmens notwendig. Hier müssen quantitativ und qualitativ alle Anforderungen an das Distributionssystem dargestellt und bewertet werden, wobei wir interne und externe Schnittstellen unterscheiden. Interne Schnittstellen bestehen z.B. zwischen Auftragsbearbeitung und Produktion oder Versand; externe Schnittstellen zwischen Hersteller, Frachtführer, Spediteur und Empfänger. Erst dann, wenn der quantitative und qualitative Schnittstellenbedarf in physischer und informationstechnischer Hinsicht erfaßt und bewertet worden ist, können alternative Abläufe geplant werden.

Das Distributionskonzept umfaßt einerseits die Distributionswege sowie deren Institutionen und andererseits die Logistik mit den Teilbereichen Lieferbereitschaft, Lieferzeit, Ersatzteildienst sowie den Transport. Die möglichen Distributionswege (vgl. Abb. 4) sind im Bereich der Investitionsgüterindustrie sehr vielfältig. Häufig sind verschiedene Distributionswege im gleichen Unternehmen anzutreffen, denn das Produkt und der jeweilige Absatzmarkt bestimmen den optimalen Distributionsweg /HELD-82/.

Die Art des Vertriebswegs kann unter Berücksichtigung der Charakteristika des Produkts, wie Verwendung, technischer Kompliziertheitsgrad oder Erklärungsbedürftigkeit festgelegt werden. Aber auch die Menge und die regionale Streuung der Produkte im Markt sind als Entscheidungsparameter heranzuziehen. Generell hat ein Unternehmen zu entscheiden welcher der Vertriebswege

- direkt,
- indirekt oder
- zweigleisig

gewählt wird /SEBE-88/.

Ein eigener Außendienst bietet hinsichtlich der Steuerung und Kontrolle gegen-

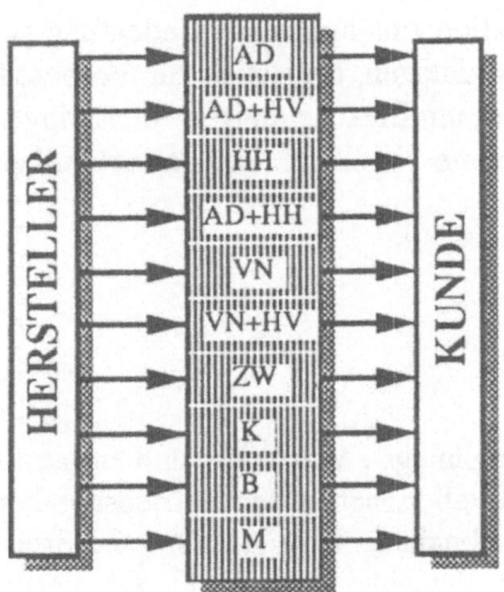

Abb. 4. Vertriebswege für Investitionsgüter /HELD-82/

über dem Handelsvertreter und dem Handelshaus Vorteile, beispielsweise die Möglichkeit der konzentrierten Schulung und damit der höheren Beratungspotenz. Dies ist insbesondere bei beratungsintensiven Produkten von großer Wichtigkeit. Besuchsfrequenzen können unabhängig und flexibel vom Unternehmen selbst festgelegt werden. Bei entsprechender Marktgröße ist das Operieren mit einem eigenen Außendienst vorzuziehen.

Die Aspekte der Logistik Lieferbereitschaft, Lieferzeit und in zunehmendem Maße auch Ersatzteildienst sind für die Investitionsgüterindustrie wichtige Elemente zur Erarbeitung von Präferenzen.

Dokumentation

Dokumente haben, wie aus den Ausführungen in Kapitel II.1.2.2.2. hervorgeht, i.d.R. einen bleibenden Charakter. Das zu einem Auftrag gehörende Dokumentationspaket wird oder soll mit dem Auftrag definiert und für die individuellen Belange festgelegt sein.

Bei der Erstellung jeder Dokumentation ist auf die Brauchbarkeit, die Eindeutigkeit, den Umfang (Anzahl der Elemente) und die Vollständigkeit der Unterlagen zu achten. Es ist Aufgabe der Projektführung bereits beim Aufbau der Projektorganisation zu fragen:

- Welche Aufgaben sind von der Dokumentation zu erfüllen?
- Wo liegen die Grenzen?
- Welche Hilfsquellen stehen zur Verfügung?
- Welche Komponenten gehören dazu?
- Wie werden Dokumente und Informationen gehandhabt?

Als Grundlage dienen Dokumentationsspezifikationen, z.B. vorgegeben durch TÜV und sonstige Abnahmeinstitutionen. Bei Aufträgen im Anlagenbau ist die Dokumentation in der Vorprojektphase, während der Auftragsabwicklung und nach Auftragserledigung die Basis jeder Kontrolle. Durch die gestiegenen technisch komplexen Anforderungen hat die Dokumentation zunehmend an Bedeutung gewonnen. Ihr Zweck ist es, als Grundlage von Verhandlungen, aber auch zur Vorbereitung von Entscheidungen zu dienen (manchmal sogar, um Entscheidungen zu erzwingen).

Mit dem Kunden werden die Dokumente abgeklärt, die als verbindlich gelten. Dazu gehören

- Aktennotizen,
- Fernschreiben,
- Besprechungsniederschriften und
- Projekt- und Baustellentagebücher.

Besondere Bedeutung kommt den Bedienungs-, Wartungs- und Instandhaltungsbzw. Reparaturvorschriften zu. Diese beschreiben, neben den Betriebsregelungen, die notwendigen Meß- und Prüfmittel, Inbetriebnahme- bzw. Anfahr- und Stillsetzungsvorschriften und beinhalten Angaben über Verschleißteilwechsel, Schmierungen der Anlagen sowie Angaben über den jährlichen Verbrauch an Ersatzteilen /BUMA-86/.

Es existiert eine verständliche Neugier seitens des Kunden in Bezug auf detaillierte Angaben wie zum Beispiel Legierungen, Maßtoleranzen etc. Die Entscheidung, inwieweit solche Angaben in der Dokumentation bzw. den Schulungsunterlagen gemacht werden, muß von Fall zu Fall getroffen werden. Die Schulungsunterlagen sollen dem Kunden nicht die Möglichkeit bieten, Ersatzteile selbst nachzubauen oder nachbauen zu lassen. Dies führt in der Regel zu schlechten Imitationen mit allen negativen Konsequenzen für das Werkstück selbst und den guten Ruf des Maschinenlieferanten /KOHN-86/.

Inbetriebnahme

Unter Inbetriebnahme versteht man das stufenweise Anfahren einer Produktionsanlage nach Abschluß der Montage mit dem Ziel, diese dem Kunden betriebsbereit zu übergeben. Sie ist das technische Kernstück und der Höhepunkt im Laufe einer Auftragsabwicklung /SÜRT-86/.

Inspektion

Die Inspektion trifft Maßnahmen zur Feststellung und Beurteilung des Ist-Zustandes von technischen Mitteln eines Systems.

Instandhaltung

DIN 31051 definiert Instandhaltung als Maßnahme zur Bewahrung des Soll-Zustandes sowie zur Feststellung und Beurteilung des Ist-Zustandes von technischen Mitteln eines Systems /VDI-84/.

Instandsetzung

Instandsetzung bezeichnet Maßnahmen zur Wiederherstellung des Soll-Zustandes von technischen Mitteln eines Systems /KORI-88/.

Innovationsplanung

Innovationen werden einerseits von der naturwissenschaftlichen oder technischen Forschung angeregt; ein Phänomen wird beherrscht und kann gezielt technisch reproduziert werden (Technology Push). Zum anderen kommen Innovationen dadurch zustande, daß Abnehmer oder Endverbraucher Probleme artikulieren, die dann von Unternehmen aufgegriffen und durch neue Produkte gelöst werden (Technology Pull). Die Informationssituation und die Informationsbeschaffung ist für Technology-Pull-Produkte und Technology-Push-Produkte unterschiedlich.

High-Tech-Produkte gehen überwiegend vom Technology-Push aus. Die Bedarfserfassung kann hier nicht Ausgangspunkt der Innovationsplanung sein. Andererseits stehen gerade Technology-Push-Produkte in hohem Maße unter dem Risiko, daß sie am aktuellen Bedarf und den spezifischen Marktanforderungen vorbeientwickelt werden. Wie geht man vor?

Folgende Schritte haben sich hier bewährt /GESC-86/:

- Beschreibung der Technologie in allgemeiner Form ohne Spezifizierung auf bestimmte Anwendungsfelder; insbesondere Vorstellung der Funktionen, die die neue Technologie leistet,
- Zusammenstellung der grundsätzlichen Vor- und Nachteile,
- breite, kreative Suche nach Anwendungsfeldern,
- Abschätzung der Anwendungspotentiale auf der Grundlage von Expertengesprächen,
- Konzepterarbeitung für wenige erfolgversprechende Anwendungsfelder,
- Konzeptpräsentation und Testgespräche mit potentiellen Anwendern sowie
- Konzeptüberarbeitung.

Für eine effizientere Informationsbeschaffung während der Neuproduktplanung werden heute i.d.R. folgende Prinzipien beachtet:

- Der Planungsprozeß wird von vornherein in Stufen gegliedert: Nach jeder Stufe werden Auswahl- oder Konkretisierungsentscheidungen gefällt. Beispielsweise nacheinander: Suchfelder, Marktsegmente, Produktidee, Produktkonzepte.
- Die Informationsbeschaffung wird jeweils nur in dem Umfang betrieben, der für die nächste Entscheidung erforderlich ist. Vertiefungen werden immer erst nach einer positiven Entscheidung für einen Vorschlag vorgenommen.
- Die Informationsbeschaffung orientiert sich an vorher festgelegten Kriterien.
- Bei der Ideenauswahl werden zunächst die Kriterien angelegt, die sich aus Randbedingungen (Muß-Kriterien) und strategischen Leitlinien ableiten. Sie können in der Regel ohne Informationsbeschaffung geprüft werden. Kriterien, deren Prüfung neue Informationsbeschaffung erfordern, werden anschließend nacheinander entsprechend dem zunehmenden Beschaffungsaufwand angewendet; die aufwendigsten werden also am Ende des Auswahlprozesses betrachtet. Dies sind in der Regel Kriterien über Marktpotential und spezifische Bedarfsstrukturen; andererseits liegen dann nur noch wenige Ideen vor, für die diese aufwendige Informationsbeschaffung vorzunehmen ist.
- Für die Informationsbeschaffung jeder Stufe im Planungsprozeß wird pro Idee bzw. Vorschlag ein bestimmter Aufwand (z.B. zwei Manntage Recherchieraufwand pro Idee) vorgesehen. So wird die Informationsbeschaffung überschaubar und planbar; der Tendenz zum Recherchieren ins Uferlose wird ein Riegel vorgeschoben. Kann in diesem Aufwandsrahmen eine ausreichende Informationsbasis nicht erzielt werden, so ist dies der Entscheidungsinstanz vorzutragen: Man kann dann im Einzelfall das Aufwandsbudget aufstocken oder andere Informationsquellen (Hinzuziehung von Experten oder Kauf einer Studie) nutzen /GESC-86/.

Kundendienst

Gegenstand des Kundendienstes sind Leistungen zum Ausgleich fehlender Bedingungen für die Verwendung und Nutzung der Produkte durch Kunden. Dabei handelt es sich um Nebenleistungen (Sach- oder Dienstleistung) zur Förderung des Verkaufs der Produkte als Hauptleistung. Insbesondere bei technisch komplizierten Produkten können für deren Einsatz und zur Erhaltung der Gebrauchsfähigkeit Montage, Ingangsetzung, Inspektion und Reparatur einschließlich Ersatzteildienst erforderlich werden. Bei derartigen Leistungen, welche vom Kunden nicht selbst übernommen werden, handelt es sich um den Technischen Kundendienst. Er ist direkt produktbezogen und nach dem Kauf zu erbringen, wenn die Kunden bereits über die Produkte verfügen /EVER-79/.

Nach außen zum Kunden hin dienen alle Maßnahmen des Kundendienstes der Kundenzufriedenheit mit dem Ziel, Ausfälle zu verhindern und damit das Image des Unternehmens zu verbessern. Es soll das Produkt und Firmenimage positiv beeinflußt werden mit dem Ziel, den Ersatzkauf beim eigenen Unternehmen sicherzustellen und neue Kunden zu gewinnen.

Punkt	Entwicklungsziele
1	In welche Märkte soll geliefert werden?
2	Über welche Vertriebswege soll geliefert werden?
3	Service-Ausführung durch (Mischformen möglich) - Betreiber - Mobilen Kundendienst des Vertragspartners - Regionale Werkstatt der Vertragspartner - Reparaturwerkstatt des Stammhauses
4	Service-Häufigkeit; Angaben in der Betriebsanleitung
5	Zulässige jährliche Servicekosten in % vom Verkaufspreis
6	Geplante Gebrauchsdauer beim Kunden
7	Besondere Betriebsmittel zulässig? Wenn ja, definieren!
8	Kundenmanual notwendig?

Abb. 5. Beispiele für Entwicklungsziele, aus der Sicht des Kundendienstes, die im Lastenheft festzuschreiben sind /BREI-86/

Die Qualität des Kundendienstes ist hierbei nicht allein in der Qualität der Serviceausführung zu sehen. Sie drückt sich auch in der Akzeptanz der Kosten für die zu erbringenden Leistungen aus. Der Preis für die zu erbringenden Serviceleistungen wird dabei im wesentlichen durch die Art der Konstruktion bestimmt. Der Konstrukteur hat es in der Hand, das Gerät so zu gestalten, daß es z.B. mit wenigen Handgriffen und in wenigen Minuten in seine Bestandteile zerlegt, repariert, zusammengebaut und justiert werden kann.

Als kundendienstfreundliche Systeme gelten neuentwickelte Anlagen und Maschinen /KORI-88/, die

- die Arbeit vor Ort erleichtern,
- Modifizierungen zu akzeptablen Kosten ermöglichen,
- die Leistungsüberwachung in sinnvolle Teilbereiche trennen lassen,
- die Fehlersuche und Analyse erleichtern,
- die Kostentransparenz verbessern und
- die Material-Logistik und -Steuerung kostengünstig gestalten.

Aus der Sicht des Kundendienstes sind die in Abb. 5 vorgestellten Entwicklungsziele gegenüber der Konstruktion und Entwicklung bereits im Lastenheft festzuhalten.

Managementinformationssysteme

Operative Systeme des Marketing dienen der routinemäßigen Steuerung absatzwirtschaftlicher Aktivitäten der Unternehmung. Primäre Aufgabe ist die Sicherung des gegenwärtigen Markterfolges. Deshalb müssen operative Systeme unter relativ stabilen Bedingungen arbeiten können. Als Beispiele für diese mehr strukturierten Entscheidungsbereiche können der Verkauf, die Warenverteilung, die laufende Preispolitik, der Verkäufereinsatz und bestimmte Bereiche der Werbung (z.B. Auswahl von Medien) genannt werden. Neben Zielvorgaben gehen faktische Informationen des Informationssystems in die operativen Systeme ein /MEFF-79/.

Abbildung 6 gibt einen Überblick über die unterschiedlichen Systeme und ihre Funktionen.

Marketingsysteme können nach verschiedenen Merkmalen (z.B. Komplexitätsgrad, Ausmaß und Art der Markttransaktionen, Zahl und Art der Systemteilnehmer, Vorhersehbarkeit des Systemverhaltens) abgegrenzt und typologisiert werden.

Sie haben die Aufgabe, relevante Informationen aus Betrieb und Markt zu sammeln, zu verarbeiten und den jeweiligen Entscheidungsträgern (vgl. "Marketingentscheidungen") zum richtigen Zeitpunkt zur Verfügung zu stellen. Nach dem Grad der Entwicklung solcher Systeme ist zwischen reinen Berichtssystemen, Ausnahmeberichtssystemen (Vertretersteuerung auf der Grundlage von Soll-Ist-Vergleichen) und echten Informations-Entscheidungssystemen (Prognosemodelle, Entscheidungsmodelle) zu unterscheiden /MEFF-79/.

In Marketing-Managementsystemen (MMS) sind alle Elemente und Aktivitäten zusammengefaßt, die sich mit der Steuerung und Regelung von Transformations- und Transaktionsprozessen befassen. Aufgabe des MMS ist es, als Entscheidungssystem das AMS (Absatzmarktsystem) durch Einsatz der Marketinginstrumente im Sinne der angestrebten Marketingziele zu beeinflussen.

Systeme	Funktionen
herkömmliche Berichtssysteme	- Abruf von Informationen bei Bedarf - gelegentliche Zustellung von Berichten
fortgeschrittene Informationssysteme	
benutzerorientierte Systeme	- Abruf von kommunikationsorientierten Profilinformationen - Abruf von Führungszahlen
funktionsorientierte Systeme	- systematische Entwicklung und Auswertung von Mittelwerten, automatische Anfertigung von Soll-Ist-Abweichungen - Abrufung von Einzelwerten. Abrufung der maschinellen Dokumentation - Erstellung von Empfehlungen durch den Rechner, Erarbeitung von Bestlösungen durch den Rechner, Treffen von automatisierten Globalentscheidungen
komplexe Management-Informationssysteme	
zukunftsorientierte Informationssysteme	- lernen - simulieren
Manager-orientierte Entscheidungssysteme	- Decken des spontanen Informationsbedarfs für eine Konversation zwischen Manager und System mit Hilfe einer Kunstsprache - Vergleich vergangener, gegenwärtiger und prognostischer Fertigungs-, Lager- und Verkaufszahlen am Bildschirm in alphanumerischer oder graphischer Darstellung - Abruf interner und externer Marktdaten

Abb. 6. Managementinformationssysteme

Dem MMS obliegt die wirtschaftliche Absatzführung, d.h. die Führung der Unternehmung nach den Gegebenheiten des Marktes. Im Mittelpunkt des Führungsprozesses steht die Koordination der verschiedenen Marketinginstrumente. Dem Einsatz der Instrumente im Markt folgen bestimmte Marktreaktionen. Sie wirken im Anschluß an die realisierten Marktprozesse in das MMS zurück /MEFF-77/.

Marketing

Marketing bedeutet Planung, Koordination und Kontrolle aller auf die aktuellen und potentiellen Märkte ausgerichteten Unternehmensaktivitäten. Durch eine dauerhafte

Befriedigung der Kundenbedürfnisse sollen die Unternehmungsziele im gesamtwirtschaftlichen Güterversorgungsprozeß verwirklicht werden /MEFF-77/.

Marketingentscheidungen

Allgemein lassen sich Marketing-Entscheidungen dadurch kennzeichnen, daß sie unter unvollkommenen Informationen über dynamische, nichtlineare, verzögerte, stochastische und sich gegenseitig beeinflussende Prozesse getroffen werden müssen /KOTL-74/.

Die Merkmale der Marketingentscheidungen bedingen den folgenden Anforderungskatalog /DICH-67/:

- Zunächst müssen sie geeignet sein, isoliert oder gemeinsam mit anderen Mittelentscheidungen das akquisitorische Potential der Unternehmung zu beeinflussen.
- Darüber hinaus sollten sie als Führungsentscheidungen auf hoher Ebene unter Berücksichtigung gesamtbetrieblicher Zusammenhänge getroffen werden.
- Ebenso sollten sie stets eine Norm beinhalten, also als Richtschnur für Ausführungsentscheidungen dienen.
- Schließlich müssen Marketingentscheidungen bewußt, d.h. unter systematischer Abwägung aller sinnvollen Alternativen und deren Konsequenzen getroffen werden.

Marketingkonzeption

Die Marketingkonzeption beinhaltet alle Maßnahmen der festzulegenden Aufbau- und Ablauforganisation des Marketings. Sie befaßt sich mit allen Strukturierungsproblemen der Unternehmung und berührt somit alle Funktionsbereiche bzw. Teildisziplinen des Entscheidungsfeldes Marketing.

Die aus einer Marketingkonzeption abgeleiteten Einzelmaßnahmen im Marketing sind in Abb. 7 exemplarisch in Form eines Funktionsplanes dargestellt.

Marketingorganisation

Der Ausdruck Marketingorganisation wird mit verschiedenen Bedeutungsinhalten verwendet. Im engeren Sinne versteht man darunter die generelle Regelung absatzspezifischer Aufgaben. Im weiteren Sinne werden - entsprechend der Auffassung des Marketing als Führungskonzeption - sämtliche Strukturierungsprobleme der Gesamtunternehmung unter dem Primat der Markterfordernisse in den Begriff einbezogen.

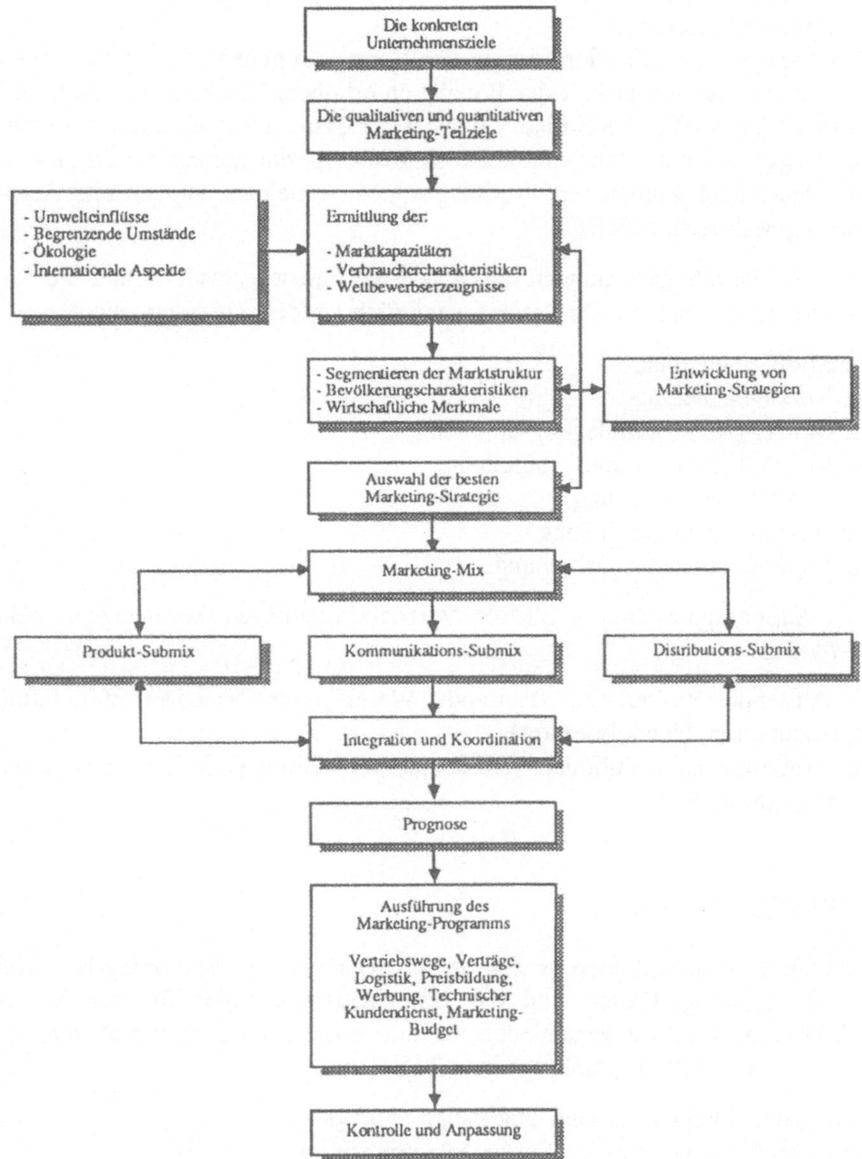

Abb. 7. Eine Marketingkonzeption /SITT-72/

Als Gestaltungskriterien der Marketingorganisation lassen sich folgende Grundsätze benennen /MEFF-77/:

– Die Aufbauorganisation muß ein integriertes Marketing ermöglichen, d.h. es muß sowohl eine effiziente Koordination aller Marketingaktivitäten als auch ein Abstimmen mit den anderen Subsystemen der Unternehmung (Beschaffung, Produktion, Finanzierung) erfolgen.

– Die Marketingorganisation muß Flexibilitätsbedingungen genügen, d.h. sie muß

trotz Änderungen in den Umweltbedingungen (Marktdynamik) ihre Leistungs-
wirksamkeit bewahren.

- Es ist solchen Organisationsformen der Vorzug zu geben, welche die Kreativität
  und Innovationsbereitschaft der Beteiligten erhöhen. Das bedeutet, daß ein Min-
  destmaß "produktiver" Konflikte zwischen den Systemelementen bestehen muß.
- Die Organisationsstruktur sollte eine sinnvolle Spezialisierung der Organisations-
  teilnehmer nach Funktionen, Produktgruppen, Abnehmergruppen und Absatzgebieten gewährleisten /MEFF-77/.

Bei den Marketingabteilungen lassen sich die Innenorganisation und die Außenorganisation unterscheiden. Der Innenorganisation werden u.a. zugerechnet:

- die Marketingleitung,
- die Verkaufsabteilung,
- die Muster (Referenzanlagen) -abteilung,
- die Versand (Distributions) -abteilung,
- die Kundendienstabteilung,
- die Marktforschungsabteilung,
- die Produktentwicklungsabteilung.

Zur Außenorganisation - oft als Vertriebsabteilungen bezeichnet - gehören
/TIET-78/:

- die Außendienstmitarbeiter (Reisende, Waren- oder Firmenvertreter, Industrie-
  repräsentanten, Handelsberater),
- die Außendienstinstitutionen (Verkaufsbüros, Zweigniederlassungen, Kunden-
  dienstaußenstellen).

Marketingplanung

Die wichtigsten Informationen im Entscheidungsprozeß des Marketing-Bereichs lie-
gen in der Planung. Daher muß das Dateneingangsvolumen für den Marketing
Bereich besonders auf die verschiedenen Planungsaufgaben abgestimmt werden. Die
Planung kann wie folgt unterteilt werden /SITT-72/:

- strategische Planung für eine langfristige Strategie,
- operative Planungsaufgaben für 4-5 Jahre im voraus;
- Aktionsplanung für 1-2 Jahre;
- Durchführungsplanung für das laufende Jahr.

Der Marketingplan beinhaltet die kurz-, mittel- und langfristig durchzuführenden
Maßnahmen. Dabei wird

- eine sorgfältige Beschreibung der einzelnen Maßnahmen angefertigt,
- der Durchführende bestimmt,
- das Budget festgelegt und
- der Start- und Endtermin festgelegt.

Eine sorgfältige Fortschrittskontrolle aller beschlossenen Maßnahmen ist zwingend erforderlich. Die Kontrolle der Maßnahmen und Ziele ist Aufgabe des Marketing-controlling /HELD-82/.

Ergebnis der Marketingplanung ist das Marketingprogramm oder Marketingmix der Unternehmung. Der Ausdruck "Marketingmix" bezeichnet somit die zu einem bestimmten Zeitpunkt getroffene Auswahl von Marketingaktivitäten in einer bestimmten Ausprägung /MEFF-79/.

Marketingpolitik

Inhalt der Marketingpolitik ist die Festlegung der Marketingziele (z.B. Sortiment, Absatzmenge, Marktanteil, Distributionsdichte usw.) und der Marketingstrategien, d.h. der Mittel und Wege zur Zielerreichung. Die Festlegung der Marketingpolitik ist also ein Entscheidungs-, d.h. Informationsverarbeitungsprozeß.

Marketingstrategien

Die Marketingstrategien stellen die langfristig konzipierten Mittelkombinationen (Marketing-Mix) dar, mit denen die gesteckten Ziele erreicht werden sollen. Die Fixierung dieser Mittel (-kombinationen) bedingt logischerweise Informationen über deren Wirkung.

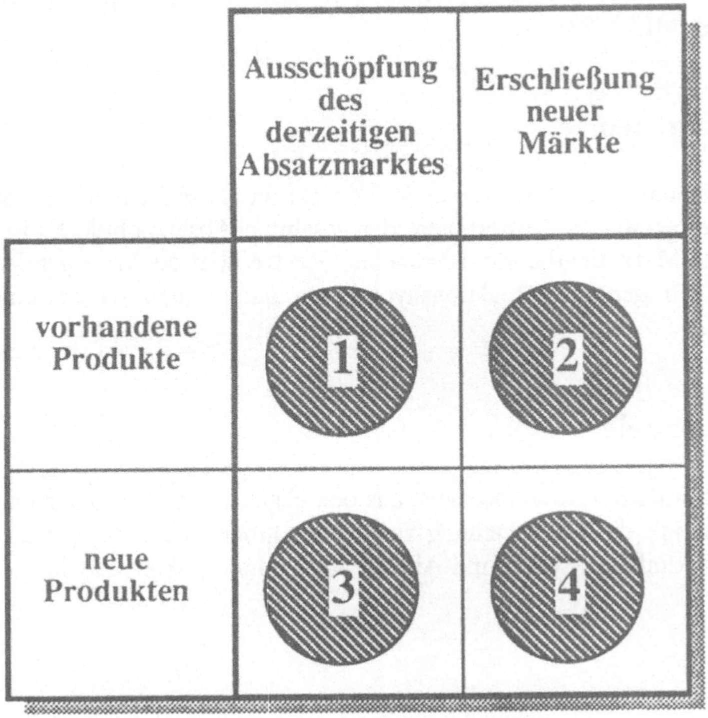

Abb. 8. Absatzpolitisches Entscheidungsfeld

Das absatzpolitsche Entscheidungsfeld ist dabei durch vier grundlegende Strategien gekennzeichnet, siehe Abb. 8.

Feld (1): Marktdurchdringung bzw. Marktausschöpfung dient der Erzielung gewinnbringender Erlöse auf vorhandenen Absatzmärkten. Voraussetzung hierfür ist ein fester Kundenstamm und eine sichere Marktposition: Im Mittelpunkt stehen hier weitgehend programmierbare Entscheidungen (z.B. Erhöhung der Besuchsintensität der Vertreter).

Ausgehend von dieser Situation gelangt man in das **Feld (2)** der Marktschaffung oder Marktausweitung. Dies kann beispielsweise durch verstärkten Kundendienst, Erhöhung der Werbeausgaben, kurz: durch eine Veränderung im Einsatz der nicht zum Produkt zählenden Marketingsinstrumente erreicht werden. Auf lange Sicht erlangt demgegenüber das Ziel der Wachstumssicherung - d.h. Ausweitung des Umsatzes, Erhöhung des Marktanteils und Gewinnsteigerung - für das Marketing besondere Bedeutung.

In **Feld (3)** verlangt die fortlaufende Verbesserung der Leistungsprogramme eine Veränderung alter Produktionskonzeptionen, Produkteliminierungen und die Entwicklung neuer Produkte. Durch Produktionsdifferenzierung, insbesondere Schließung von Marktlücken, sollen Marktanteile der Zukunft gesichert werden.

Das **Feld (4)** befaßt sich mit Fragen der Diversifikation, d.h. der Einführung neuer Programme bei neuen Kunden. Meist stehen die neuen Produkte in irgendeinem Zusammenhang mit dem bisherigen Leistungsprogramm der Unternehmung (z.B. Automobilhersteller produziert Motorräder oder Reifen) /MEFF-77/.

Marketingtheorie

Die Abschätzung und Messung der Marktreaktion als Entscheidungsresultate bzw. -konsequenzen sind das Kernproblem der gesamten Absatzpolitik. Es ist die zentrale Aufgabe der Marketingtheorie, allgemeine Gesetze über die Wirkung der Marketingaktivitäten, d.h. generelle Reaktionshypothesen, aufzustellen und empirisch zu testen /MEFF-77/.

Marketingziele

Die Marketingziele werden ihrerseits aus den allgemeinen Unternehmenszielen abgeleitet und durch die Heranziehung von Informationen über die vergangene, gegenwärtige und künftige Markt- und Absatzentwicklung konkretisiert bzw. operationalisiert.

Marktanalyse

Die Marktanalyse (vgl. die Checkliste in Abb. 9) gibt Auskunft über die aktuellen und zukünftigen Märkte im Sinne von Betätigungsfeldern des betrachteten Unternehmens und beinhaltet die Konkurrenzanalyse. Dabei wird der Markt unter folgenden Aspekten untersucht:

Allgemeine Marktdaten

- Größe/Volumen
- Entwicklung (Vergangenheit/Zukunft)
- Marktlebenszyklus
- Substitutionsgefahr (von Produkten, Technologien, Bedürfnissen etc.)
- Sättigungsgrade
- Internationalisierungsgrad (Import-/Exportdaten)
- Markteintrittsbarrieren
- Durchschnittswerte (Rentabilität, Auslastung, Fluktuationsrate etc.)

Marktteilnehmer

- Kunden

  - Struktur (Anzahl, Größenverteilung, Abhängigkeiten, Bindungen)
  - Verhalten (Bedürfnisse, Einkaufsgewohnheiten, Kaufmotive etc.)

- Händler

  - Struktur (Anzahl, Verteilung, Verträge etc.)
  - Verhalten (Kaufmotive, Kaufkriterien, Typen etc.)

- Konkurrenz (Grobanalyse)

  - Struktur (Anzahl, Größe, Marktverhalten etc.)
  - Verhalten (Marktverhalten, Innovationsverhalten etc.)

Marktbearbeitung

Schwerpunkte im

- Produktmix (Programm, Qualitätslage, Marken, Service etc.)

- Distributionsmix (national/international, Absatzkanäle, Logistik etc.)

- Kommunikationsmix (Verkauf, Werbung etc.)

- Kontrahierungsmix (Preislage, Rabattstruktur, Verträge etc.)

Abb. 9. Checkliste zur Marktanalyse /NN-82/

398

- Marktentwicklung
  - Entwicklung und Analyse des Marktvolumens
  - Entwicklung der Marktanteile

- Wettbewerbsverhältnisse
  - Eckwerte der wichtigsten Konkurrenten
  - Analyse des Konkurrenzangebotes
  - Konkurrenzbewertung

Kennzahlen

- Finanzen (Umsatz, Gewinn, Rendite, Cash-Flow, Verschuldungsgrad etc.)
- Beschäftigte (Anzahl, Fluktuation etc.)
- Investitionen (Höhe für F&E, Maschinen und Einrichtungen etc.)
- Marktstellung (Marktanteil, Marktführer oder Marktfolger etc.)

Marketinginstrumente

- Produktmix (Programmbreite, -tiefe, Spezialisierungsgrad, Patente, Lizenzen, Service, Qualitätslagen etc.)
- Distributionsmix (Absatzkanäle, national/international, Lieferfristen, Reisende, Handelsvertreter etc.)
- Kommunikationsmix (Werbung, Prospekte, Messen, Verkaufsmethoden, Verkaufsförderung etc.)
- Kontrahierungsmix (Preisstrategie, Rabattsystem, Kredite, Garantie, Finanzierung, Leasing etc.)

Management

- Management
- Qualifikation (Ausbildung, Erfahrung, Alter, Leistungsmaßstäbe etc.)
- Mitarbeitermotivation

Stärken/Schwächen/Strategien

- Hauptstärken
- Hauptschwächen
- Erkennbare Strategien der Konkurrenz

Abb. 10. Checkliste zur Konkurrenzanalyse /NN-82/

Marktanalyse

- Beurteilung der Unternehmensentwicklung bei Fortführung der bisherigen Unternehmensaktivitäten (vgl. Gap-Analyse). Damit verbunden: Erkennen strategischer Schlüsselprobeleme

- Beurteilung der Marktmöglichkeiten

- Erkennen der Bedürfniskonstellation für die Gestaltung der Marktaktivitäten

- Erkennen der Marktsegmentierungsmöglichkeiten

- Beurteilung der Marktanteilssituation und der Möglichkeiten für eine Veränderung der Marktanteile

- Beurteilung des Rentabilitätsproblems

- Hinweise zur Abgrenzung der strategischen Geschäftseinheiten

Konkurrenzanalyse

- Analyse der Wertvorstellungen und Zielsetzungen der Konkurrenz zum Erkennen eigener strategischer Möglichkeiten (Chancen) oder drohender Gefahren

- Beurteilung der strategischen Möglichkeiten der Konkurrenz

- Erkennen von Konkurrenzschwächen als Ansatzpunkte für eigene Offensivstrategien

Abb. 11. Zweck der Informationen /NN-82/

Es muß eine detaillierte Analyse der wichtigsten Wettbewerber erfolgen, mit dem Ziel, das Verhalten der Konkurrenten zu durchschauen und zu eigenen Gunsten zu beeinflussen, Abb. 10.

Aus Kostengründen erscheint bei der Analyse eine Einengung auf die Hauptwettbewerber sinnvoll. Insbesondere der Kostenaspekt spricht dafür, nur jene Informationen zu beschaffen, die auch tatsächlich für die Entscheidungsfindung bzw. die Ziel- und Strategiefindung sowie für die Marktbearbeitung benötigt werden. Somit muß jede zu beschaffende Information einen genau festgelegten Zweck erfüllen. So kann man den Zweck, z.B. der Markt- und Konkurrenzanalyse, wie in Abb. 11 definieren /NN-82/.

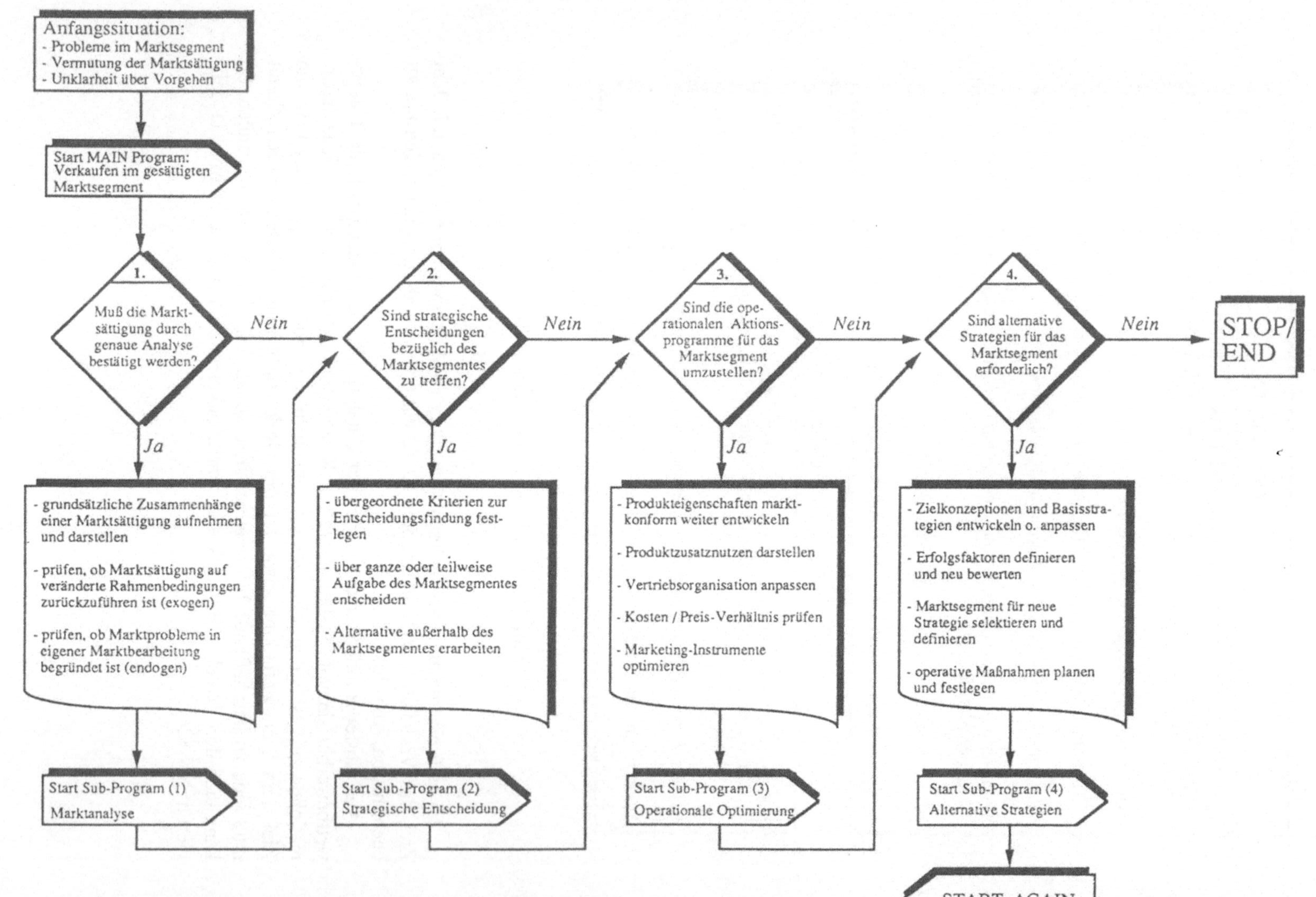

Anfangssituation:
- Probleme im Marktsegment
- Vermutung der Marktsättigung
- Unklarheit über Vorgehen

Start MAIN Program:
Verkaufen im gesättigten
Marktsegment

1.
Muß die Markt-
sättigung durch
genaue Analyse
bestätigt werden?

Nein

2.
Sind strategische
Entscheidungen
bezüglich des
Marktsegmentes
zu treffen?

Nein

3.
Sind die ope-
rationalen Aktions-
programme für das
Marktsegment
umzustellen?

Nein

4.
Sind alternative
Strategien für das
Marktsegment
erforderlich?

Nein

STOP/
END

Ja

Ja

Ja

Ja

- grundsätzliche Zusammenhänge
einer Marktsättigung aufnehmen
und darstellen

- prüfen, ob Marktsättigung auf
veränderte Rahmenbedingungen
zurückzuführen ist (exogen)

- prüfen, ob Marktprobleme in
eigener Marktbearbeitung
begründet ist (endogen)

- übergeordnete Kriterien zur
Entscheidungsfindung festlegen

- über ganze oder teilweise
Aufgabe des Marktsegmentes
entscheiden

- Alternative außerhalb des
Marktsegmentes erarbeiten

- Produkteigenschaften markt-
konform weiter entwickeln

- Produktzusatznutzen darstellen

- Vertriebsorganisation anpassen

- Kosten / Preis-Verhältnis prüfen

- Marketing-Instrumente
optimieren

- Zielkonzeptionen und Basisstra-
tegien entwickeln o. anpassen

- Erfolgsfaktoren definieren
und neu bewerten

- Marktsegment für neue
Strategie selektieren und
definieren

- operative Maßnahmen planen
und festlegen

Start Sub-Program (1)
Marktanalyse

Start Sub-Program (2)
Strategische Entscheidung

Start Sub-Program (3)
Operationale Optimierung

Start Sub-Program (4)
Alternative Strategien

START AGAIN

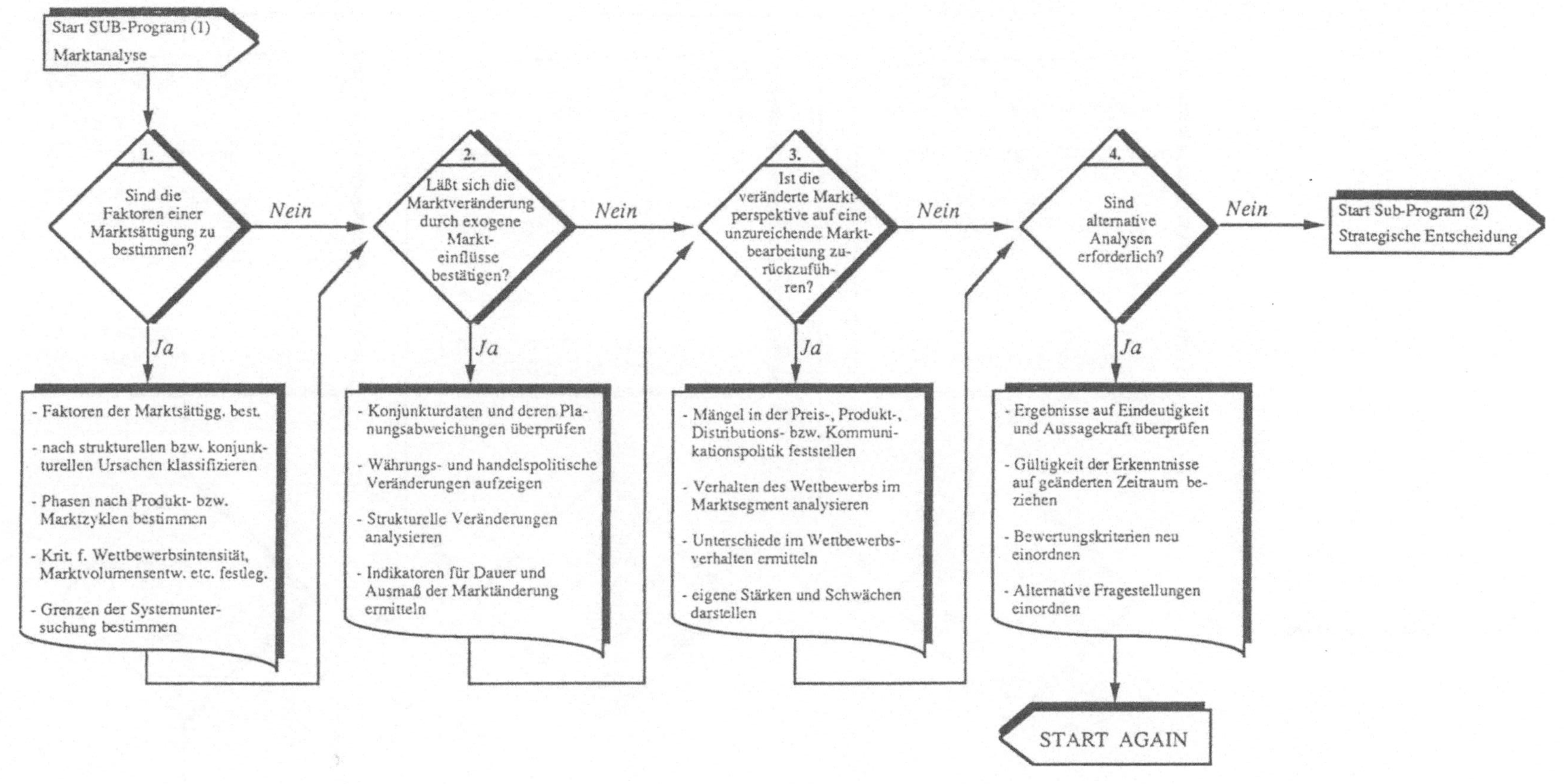

Start SUB-Program (1)
Marktanalyse
1.
Sind die Faktoren einer Marktsättigung zu bestimmen?
Nein
Ja
- Faktoren der Marktsättigg. best.
- nach strukturellen bzw. konjunkturellen Ursachen klassifizieren
- Phasen nach Produkt- bzw. Marktzyklen bestimmen
- Krit. f. Wettbewerbsintensität, Marktvolumensentw. etc. festleg.
- Grenzen der Systemuntersuchung bestimmen
2.
Läßt sich die Marktveränderung durch exogene Markteinflüsse bestätigen?
Nein
Ja
- Konjunkturdaten und deren Planungsabweichungen überprüfen
- Währungs- und handelspolitische Veränderungen aufzeigen
- Strukturelle Veränderungen analysieren
- Indikatoren für Dauer und Ausmaß der Marktänderung ermitteln
3.
Ist die veränderte Marktperspektive auf eine unzureichende Marktbearbeitung zurückzuführen?
Nein
Ja
- Mängel in der Preis-, Produkt-, Distributions- bzw. Kommunikationspolitik feststellen
- Verhalten des Wettbewerbs im Marktsegment analysieren
- Unterschiede im Wettbewerbsverhalten ermitteln
- eigene Stärken und Schwächen darstellen
4.
Sind alternative Analysen erforderlich?
Nein
Ja
- Ergebnisse auf Eindeutigkeit und Aussagekraft überprüfen
- Gültigkeit der Erkenntnisse auf geänderten Zeitraum beziehen
- Bewertungskriterien neu einordnen
- Alternative Fragestellungen einordnen
Start Sub-Program (2)
Strategische Entscheidung
START AGAIN

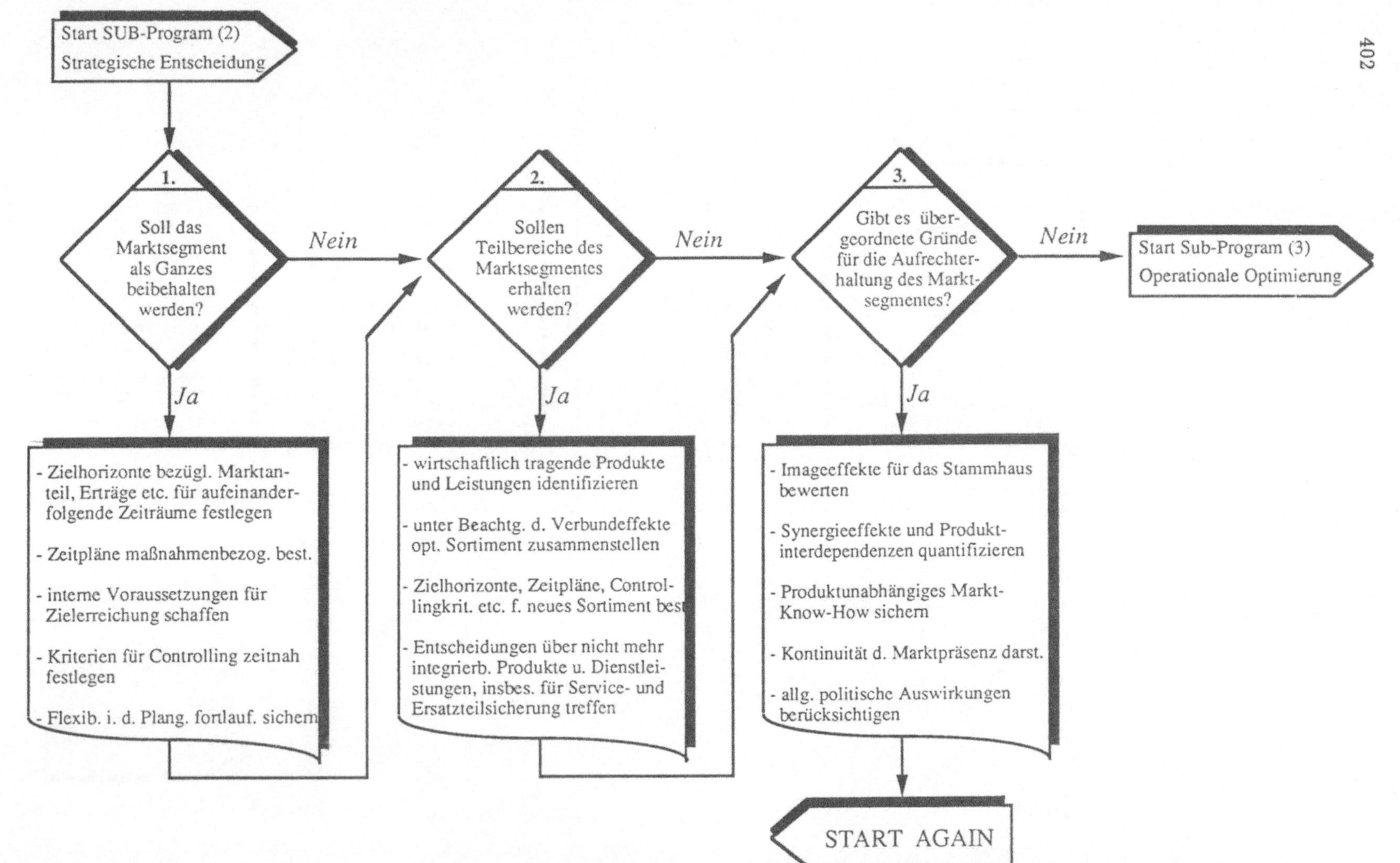

Start SUB-Program (2)
Strategische Entscheidung
1.
Soll das Marktsegment als Ganzes beibehalten werden?
Nein
Ja
2.
Sollen Teilbereiche des Marktsegmentes erhalten werden?
Nein
Ja
3.
Gibt es übergeordnete Gründe für die Aufrechterhaltung des Marktsegmentes?
Nein
Ja
Start Sub-Program (3) Operationale Optimierung
- Zielhorizonte bezügl. Marktanteil, Erträge etc. für aufeinanderfolgende Zeiträume festlegen
- Zeitpläne maßnahmenbezog. best.
- interne Voraussetzungen für Zielerreichung schaffen
- Kriterien für Controlling zeitnah festlegen
- Flexib. i. d. Plang. fortlauf. sichern
- wirtschaftlich tragende Produkte und Leistungen identifizieren
- unter Beachtg. d. Verbundeffekte opt. Sortiment zusammenstellen
- Zielhorizonte, Zeitpläne, Controllingkrit. etc. f. neues Sortiment best
- Entscheidungen über nicht mehr integrierb. Produkte u. Dienstleistungen, insbes. für Service- und Ersatzteilsicherung treffen
- Imageeffekte für das Stammhaus bewerten
- Synergieeffekte und Produktinterdependenzen quantifizieren
- Produktunabhängiges Markt-Know-How sichern
- Kontinuität d. Marktpräsenz darst.
- allg. politische Auswirkungen berücksichtigen
START AGAIN

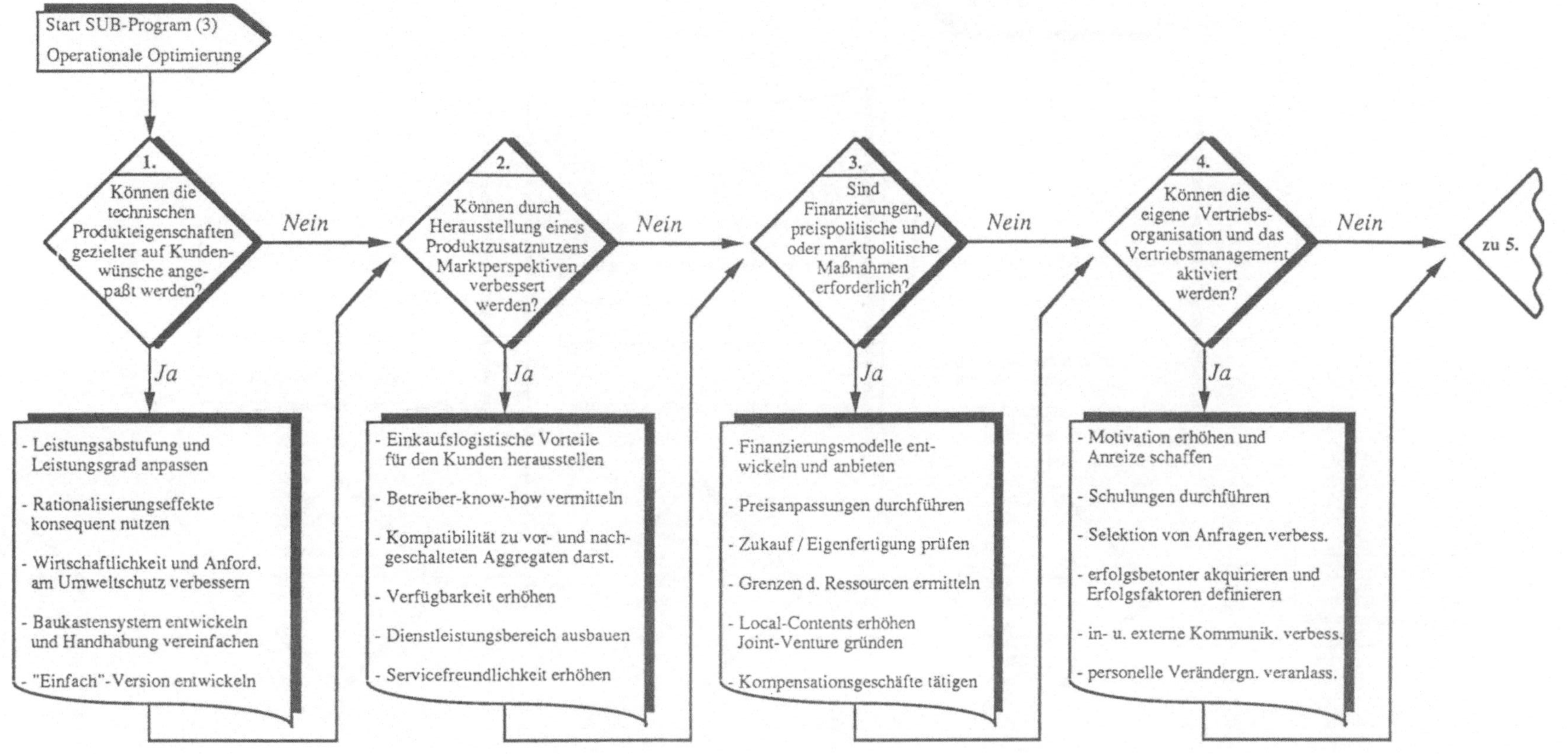

Start SUB-Program (3) Operationale Optimierung
1. Können die technischen Produkteigenschaften gezielter auf Kundenwünsche angepaßt werden?
Nein
Ja
- Leistungsabstufung und Leistungsgrad anpassen
- Rationalisierungseffekte konsequent nutzen
- Wirtschaftlichkeit und Anford. am Umweltschutz verbessern
- Baukastensystem entwickeln und Handhabung vereinfachen
- "Einfach"-Version entwickeln
2. Können durch Herausstellung eines Produktzusatznutzens Marktperspektiven verbessert werden?
Nein
Ja
- Einkaufslogistische Vorteile für den Kunden herausstellen
- Betreiber-know-how vermitteln
- Kompatibilität zu vor- und nachgeschalteten Aggregaten darst.
- Verfügbarkeit erhöhen
- Dienstleistungsbereich ausbauen
- Servicefreundlichkeit erhöhen
3. Sind Finanzierungen, preispolitische und/oder marktpolitische Maßnahmen erforderlich?
Nein
Ja
- Finanzierungsmodelle entwickeln und anbieten
- Preisanpassungen durchführen
- Zukauf / Eigenfertigung prüfen
- Grenzen d. Ressourcen ermitteln
- Local-Contents erhöhen Joint-Venture gründen
- Kompensationsgeschäfte tätigen
4. Können die eigene Vertriebsorganisation und das Vertriebsmanagement aktiviert werden?
Nein
Ja
- Motivation erhöhen und Anreize schaffen
- Schulungen durchführen
- Selektion von Anfragen verbess.
- erfolgsbetonter akquirieren und Erfolgsfaktoren definieren
- in- u. externe Kommunik. verbess.
- personelle Verändergn. veranlass.
zu 5.

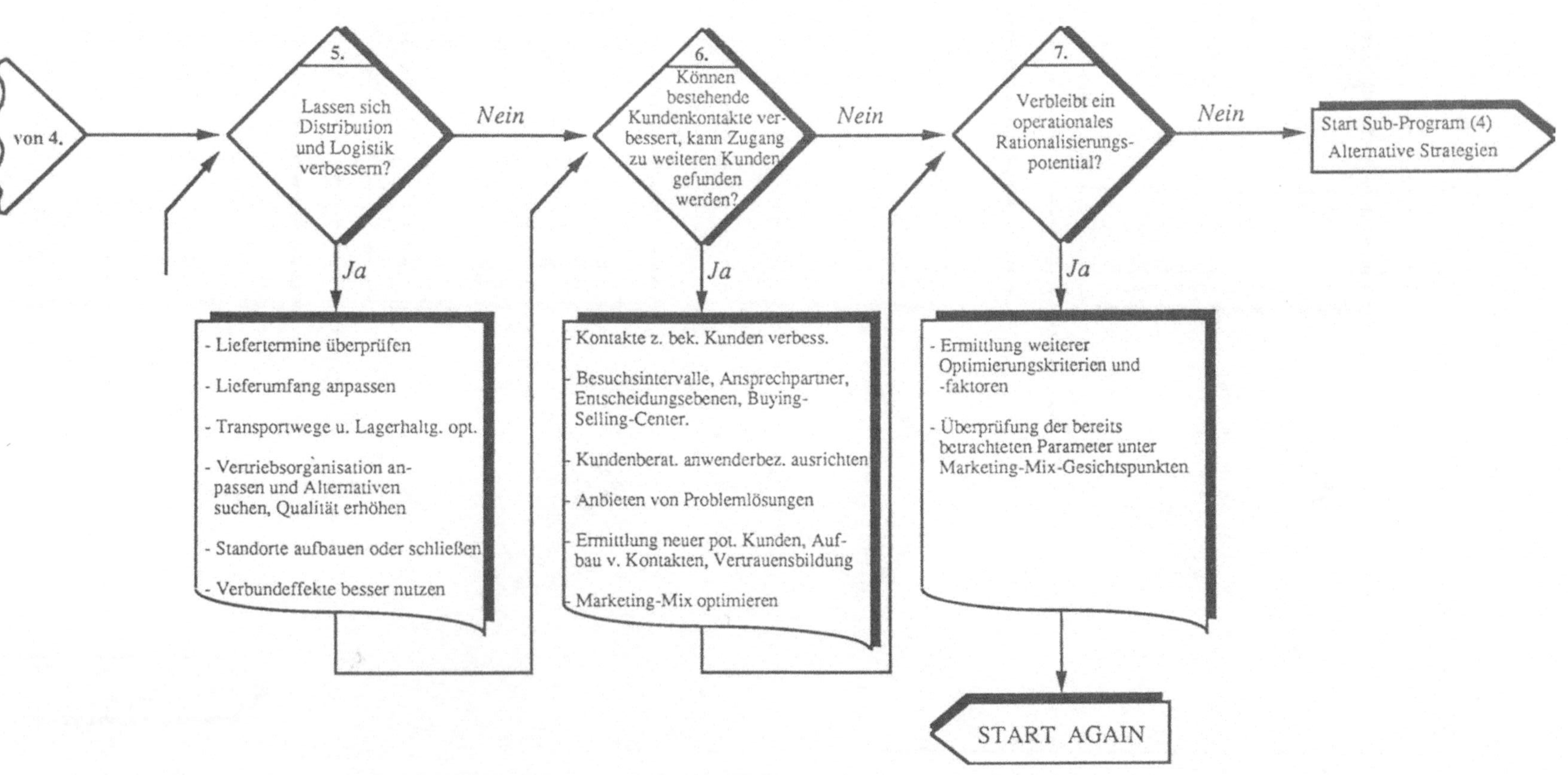
von 4.

5.
Lassen sich Distribution und Logistik verbessern?

Nein

6.
Können bestehende Kundenkontakte verbessert, kann Zugang zu weiteren Kunden gefunden werden?

Nein

7.
Verbleibt ein operationales Rationalisierungs-potential?

Nein

Start Sub-Program (4)
Alternative Strategien

Ja

- Liefertermine überprüfen
- Lieferumfang anpassen
- Transportwege u. Lagerhaltg. opt.
- Vertriebsorganisation anpassen und Alternativen suchen, Qualität erhöhen
- Standorte aufbauen oder schließen
- Verbundeffekte besser nutzen

Ja

- Kontakte z. bek. Kunden verbess.
- Besuchsintervalle, Ansprechpartner, Entscheidungsebenen, Buying-Selling-Center.
- Kundenberat. anwenderbez. ausrichten
- Anbieten von Problemlösungen
- Ermittlung neuer pot. Kunden, Aufbau v. Kontakten, Vertrauensbildung
- Marketing-Mix optimieren

Ja

- Ermittlung weiterer Optimierungskriterien und -faktoren
- Überprüfung der bereits betrachteten Parameter unter Marketing-Mix-Gesichtspunkten

START AGAIN

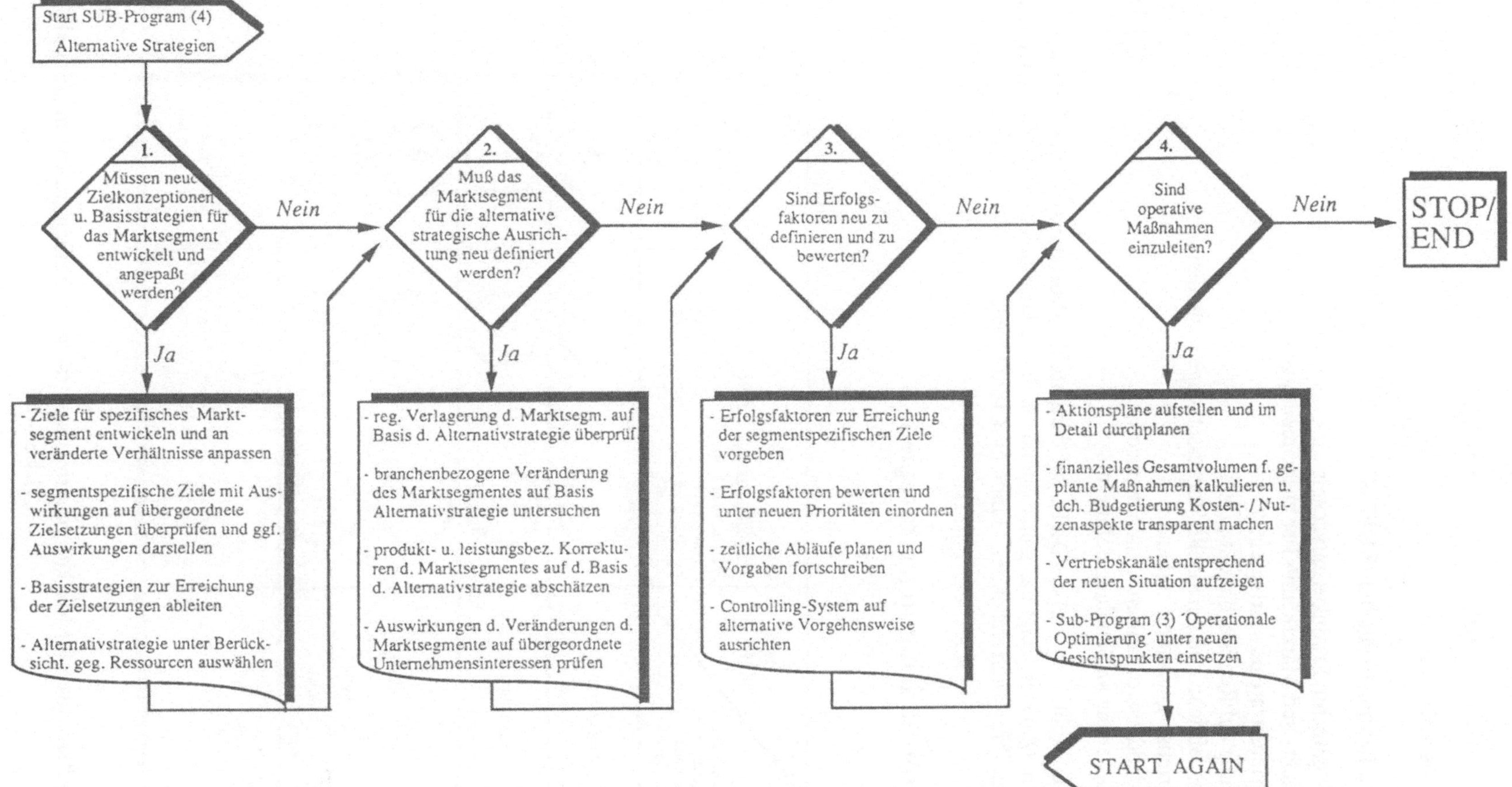

Abb. 12.1-6. Vertrieb in gesättigten Märkten in Form einer Prozeßanalyse /DIHL-86/

Marktbearbeitung

Marktbearbeitung beinhaltet /KUPP-82/:

- marktgerechte Produkte entwickeln,
- Produkt- und Marktkenntnisse zusammentragen,
- Vertriebsstrategie erarbeiten,
- Planung auf Realisierbarkeit prüfen,
- wirtschaftliche und personelle Voraussetzungen schaffen,
- Vertriebsorganisation aufbauen,
- Kundendienstorganisation aufbauen sowie
- Anforderung an Schulung definieren.

Die in Abbildung 12.1-6 /DIHL-86/ dargestellte Prozeßanalyse des Vertriebs in gesättigten Märkten, zeigt das ganze Spektrum der zu koordinierenden Marketingaktivitäten mit ihren weitreichenden Handlungsalternativen.

Marktdurchdringungsstrategien

Kunden / Firmen-Typ Kunden-gruppen im vorhandenen Teilmarkt	bestehender Kunde im Teilmarkt, der eigene und Wettbewerbsprodukte schon einsetzt	neuer Kunde im Teilmarkt, der bisher nur Wettbewerbsprodukte einsetzt	ganz neuer Kunde im Teilmarkt, der das Produkt noch nicht einsetzt
Anwender-Kunde	1	2	3
Erstausrüster-Kunde	4	5	6
Wiederverkäufer-/ Technischer Händler-Kunde	7	8	9
Export-Kunden Länder, Regionen (jedes Land wie oben gegliedert)	10	11	12
Marktdurchdringungsstrategien für o.g. Kundengruppen	Kundenausbau durch - Mitwachsen mit Kunden - Wettbewerbsverdrängung	Neukundengewinnung durch Wettbewerbsverdrängung = Anteilsverschiebung im Kundenvolumen	Neukundengewinnung durch Anwendungsberatung = Ausweitung des Kundenpotentials

Abb. 13. Alternativen für Marktdurchdringungsstrategien (Fallbeispiel: Pumpenmarkt) /LESS-82/

Marktdurchdringungsstrategien

Anwendungsintensität bei gegenwärtigen Kunden erhöhen, z.B. durch:

* Preisanreize für zunehmende Anwendung bieten,
* für andere Einsatzgebiete werben,
* Produktverbesserungen erarbeiten,
* bedarfsspezifische Spezialisierung (Segmentierung).

Konkurrenzkunden gewinnen, z.B. durch:

* stärkere Profilierung der eigenen Technik betreiben,
* gezielte Akquisition und Verkaufsförderung vornehmen.

Nicht-Anwender gewinnen, z.B. durch:

* Referenzanlagen herausstellen,
* Nutzen/Preisrelation anwendungsspezifisch anpassen,
* über neue Anwendungsmöglichkeiten besser informieren.

Distribution verbessern, z.B. durch:

* Vertriebskosten senken, ohne Markterfolg zu beeinträchtigen,
* Einsatz von Handelsvertretern,
* Lieferbereitschaft verbessern und zeitlich abstimmen,
* Entwicklung eines neuen Entlohnungssystems für den Außendienst zur Motivationssteigerung.

Sortimentserweiterungsstrategien, Produktentwicklungsstrategien

Entwicklung neuer charakteristischer Produktmerkmale, z.B. durch:

* an neue Entwicklungsrichtungen anpassen,
* Aussehen, Styling, Form verändern,
* Einsatzmöglichkeiten vergrößern,
* Miniaturisierung.

Abstufung des Sortiments nach anwendungsspezifischen Qualitätsmerkmalen, z.B. durch:

* Vertiefung des Sortiments,
* Verbreiterung des Sortiments.

Entwicklung neuer Dienstleistungen, z.B. durch:

* neue/modifizierte Wartungssysteme,
* Suchfehlersysteme für den Kunden.

Abb. 14. Beispielhafte Marktstrategien für die "Normstrategien" der Produkt-Markt Matrix /NN-82/

Alternative Marktdurchdringungsstrategien haben für den Außendienstmitarbeiter eine überragende Bedeutung, weil sie im wesentlichen den größten Teil seines Tagesgeschäfts ausmachen. Ein Fallbeispiel aus dem Maschinenbau, Abb. 13 /LESS-82/, macht deutlich, daß es insgesamt zwölf alternative Marktdurchdringungsmöglichkeiten für den Außendienstmitarbeiter gibt. Siehe hierzu auch Abb. 14.

Für den Außendienstmitarbeiter muß das Motto lauten: Absatzsteigerung durch Optimierung des Zeit- und Mitteleinsatzes im Vertrieb. Jeder einzelne Kunde muß als die kleinste Einheit in einem Markt geplant, bearbeitet und kontrolliert werden. Sonst nutzt man die vorhandenen Chancen, die das Unternehmen hat, nicht aus und das ist ja die Grundidee einer effizienten Marktdurchdringung. Das hierfür zu installierende Kunden-Management-System besteht aus drei Grundgedanken /LESS-82/:

1. Festlegen der Prioritäten in der Kundenberatung. Dazu gehört die Definition der Kundengruppen wie auch die namentliche Erwähnung von Einzel- und Neukunden.
2. Planung und Kontrolle des Ressourceneinsatz (Zeit und Mittel) für den Außendienstmitarbeiter.
3. Durchsetzung der Entscheidungen aus Punkt 1 und 2 im Verkaufsalltag. Hier stehen Motivationsmaßnahmen, Vergütungsregelung und Kontrollmaßnahmen im Vordergrund /LESS-82/.

Markterkundung

Markterkundung ist die gelegentliche und möglicherweise zufällige Analyse von Umsatzentwicklungen.

Marktforschung

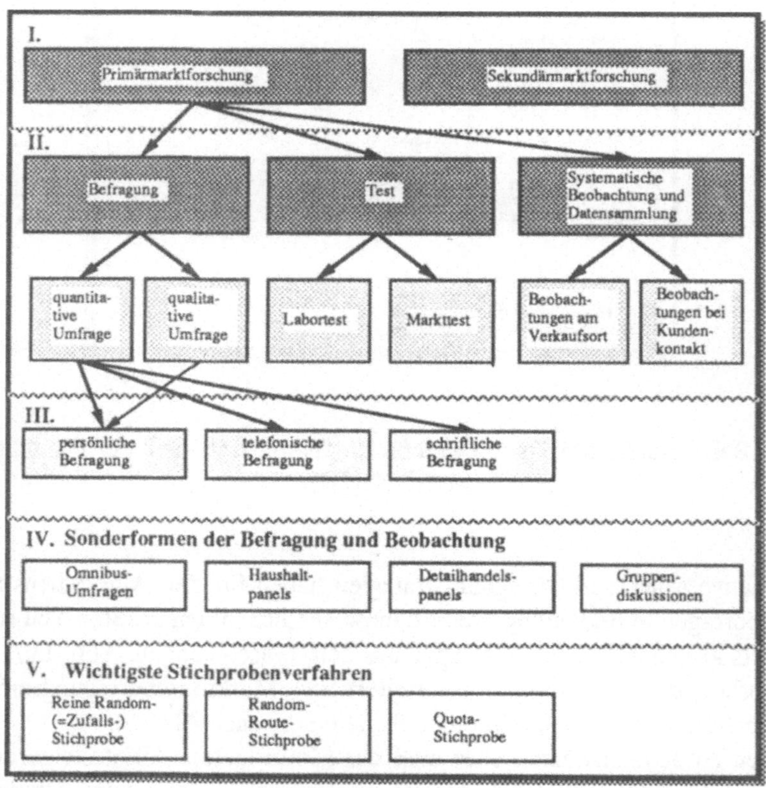

Abb. 15. Wichtige Marktforschungsmethoden im Überblick /NN-82/

Marktforschung ist die systematisch betriebene Erforschung der Märkte (Zusammentreffen von Angebot und Nachfrage), insbesondere die Analyse der Fähigkeit dieser Märkte, Umsätze hervorzubringen (Market Research) /MEFF-77/.

Zur Beschaffung von notwendigen Informationen steht der Unternehmensleitung eine Vielzahl von Methoden, Techniken und Hilfsmitteln zur Verfügung, Abb. 15. Für kleine und mittlere Unternehmen bieten sich für die systematische Erhebung von Marktdaten folgende gangbare Wege an /FHG-84/:

- Auswertung öffentlicher Statistiken,
- Verwertung von Marketing-Literatur, der Besuch von Schulungsveranstaltungen und - da diese bisher oftmals noch an Großunternehmen orientiert sind - betriebsspezifische Modifikation der dabei vermittelten Erkenntnisse,
- Gemeinschaftsmarketing mit nicht direkt konkurrierenden Partnerfirmen,
- Nutzung moderner Informationsbeschaffungsmöglichkeiten wie allgemein zugängliche Datenbanken und
- Kooperation mit privatwirtschaftlichen Beratern oder öffentlichen Beratungsinstitutionen, welche entsprechende Methoden beherrschen und Informationsquellen kennen, gegebenenfalls unter Nutzung öffentlicher finanzieller Hilfen wie Beratungszuschüsse etc.

Marktsegmentierung

Marktsegmentierung bedeutet die Zerlegung eines Gesamtmarktes in relativ homogene Teilmärkte. Ziel der Marktsegmentierung ist es, das Leistungsangebot möglichst optimal auf homogene Käuferstrukturen abstellen zu können. Insofern dient die Marktsegmentierung dazu, durch ein maßgeschneidertes Leistungsangebot die Nachfrager enger an den Anbieter zu binden.

Mehrstufige Marktsegmentierung beim Technologiemarketing
Anders als Konsumgüter werden Investitionsgüter in der Regel nicht von einer einzelnen Person, sondern von einem Einkaufsgremium gekauft. Wir sprechen von einem Einkaufsgremium (Buying-Center), das alle diejenigen Personen umfaßt, die formell oder informell an der Beschaffungsentscheidung beteiligt sind. Das bedeutet, daß Gegenstand der Marktsegmentierung nicht nur die kaufenden Unternehmen sind, sondern innerhalb dieser noch einmal danach zu unterscheiden ist, welche Marktwiderstände die einzelnen Personen im Buying-Center haben /BACK-86/.

Technische Berichte

Der technische Bericht ist durch folgende Merkmale gekennzeichnet:

- Vollständigkeit im Hinblick auf das Erhebungsprogramm,
- logische Anordnung,
- Unpersönlichkeit,
- Genauigkeit und

– Stilsicherheit, insbesondere keine Vermischung mit dem ebenfalls anzufertigenden allgemein verständlichen Bericht.

Allgemein wird ein technischer Bericht nach folgenden Gesichtspunkten gegliedert.

1. Einführende Bemerkungen: Gegenstand, Auftraggeber, durchführende Institution, Zeitraum der Untersuchung, Zeitpunkt der Berichterstellung, kurzer Bericht über den Anlaß der Untersuchung.
2. Zweck der Untersuchung: Feststellung des Problems, das zu beantworten versucht wird.
3. Methoden der Untersuchung: Beschreibung der Methoden, Feststellung der Art der Datengewinnung und der u.U. befragten Personen, Muster und Fragebogen, Erhebungsbogen und Erhebungsunterlagen, Beschreibung jeder speziellen Methode mit Begründung ihrer Benutzung, Aussage über die Begrenzung vom Standpunkt der wissenschaftlichen Methodik.
4. Ergebnisse: Tabellen und Karten und alle statistischen Berechnungen.
5. Zusammenfassung der Ergebnisse.
6. Empfehlungen.
7. Anhänge: Weitere Tabellen, Bibliographie, weitere theoretische Unterlagen, z.B. die Verläßlichkeit der Aussagen, Originalunterlagen.

Umwelt- und Umfeldanalyse

Die Umweltanalyse beinhaltet nachfolgende Fragestellungen.

- Sind für unser Produktangebot Chancen gegeben?
- Ist eine ausreichende Nachfrage vorhanden?
- Sind die Risiken gering oder nicht vorhanden?
- Ist der Wettbewerb zu stark, hindert er uns am Markteintritt?

Die Umwelt- bzw. Umfeldanalyse bildet den ersten Schritt im Rahmen der Analyse der externen Faktoren. Ihre Aufgabe ist es, die grundlegenden, in die Marketingplanung eingehenden (bzw. als Prämissen der Planung dienenden) Informationen zu liefern. Somit steht die Entwicklung einer Checkliste (vgl. Abb. 16), in der die wichtigsten Faktoren zunächst (noch) ohne Wertung aufgelistet werden, grundsätzlich am Anfang der planerischen Überlegungen /NN-82/.

Wirtschaftspolitik

- Gesetzgebung (Kartellgesetze, Import-/Exportrestriktionen, EG-Richtlinien etc.)

- Steuerpolitik (Belastung, regionale Unterschiede)

- Kapitalmarkt (Zinssätze, Devisen, Kursentwicklungen, staatliche Vorschriften, Inflationsrate etc.)

Sozialpolitik/Gesellschaftspolitik

- Bevölkerung (Entwicklung, Zuwachsraten, Altersstruktur, Geschlecht, Berufsstruktur, Ortsgrößen, soziale Schichtung, Geburtenraten etc.)

- Arbeitsmarkttendenzen (Arbeitslosenquote, Entwicklung, Branchen, Berufe, Regionen, Arbeitsmentalität, Mobilität etc.)

- Einkommen (Sozialprodukt, Haushaltseinkommen, Pro-Kopf-Einkommen, Sparquote, Kaufkraft, Lebenshaltungskosten etc.)

- Haushaltsentwicklung (Höhe, Wachstumsraten, Verschuldungsgrad, Zusammensetzung der Mittel, Ausgabenstruktur etc.)

- Sozialgesetzgebung und Arbeitsrecht (Lohnnebenkosten, Arbeitnehmerschutz, Stärke der Gewerkschaften, Streikrecht etc.)

Ressourcen

- Rohstoffe (aktuelle Situation bei den wichtigsten Rohstoffen, Entwicklung, Quellen, Möglichkeiten der vertraglichen Bindung, Abhängigkeitsgrad, Kosten)

- Teilezulieferung (Lieferantenstruktur, Liefersicherheit, Kosten, Kooperationsmöglichkeit, vertragliche Absicherung)

Technologie

- Neue Technologien auf der Beschaffungsseite (aktueller Stand, Einsatzmöglichkeiten, Kosten, Substitutionsnotwendigkeit und Gefahr)

- Neue Technologien in der Fertigung (gegenwärtiger Stand, Trends, Möglichkeiten der Übernahme, Kostenwirkung, Automatisation, Prozeßsteuerung etc.)

- Recyclingtechnologie

Standort

- Geographische Lage (Produktionsstätten, Vertriebslager, Verwaltung, Abdeckungsgrad national/international)

- Standortkennziffern (Bevölkerungszahlen, Einzugsgebiet, Steuersituation, Kaufkraft etc.)

Politische Entwicklung

- National (Regierungspartei, Grundtrends der politischen Orientierung, Möglichkeit der politischen Einflußnahme, Änderungswahrscheinlichkeit langfristig/kurzfristig etc.)

- International für aktuelle und potentielle Märkte (Politische Orientierung, Umfang der staatlichen Reglementierungen, Stabilität der politischen Entwicklung, Importrestriktionen, Kapitalverkehrsbeschränkungen, Inflationsrate)

- Bedeutung und Einfluß von Interessensverbänden (Gewerkschaften, Verbände)

Abb. 16. Checkliste zur Umfeldanalyse /NN-82/

Vertrieb

Ausgehend von der für das Zustandekommen des Absatzes objektiven Notwendigkeit, Kunden die Möglichkeit zum Kauf und u.U. zur Nutzung der hergestellten Produkte zu verschaffen, ist der Vertrieb die Zusammenfassung aller Absatzmittel, die im weitesten Sinne diesen Zweck verfolgen.

Unter Berücksichtigung einer etwaigen Mittelverbundenheit und der deshalb notwendigen Vermeidung von Überschneidungen werden folgende Teilaufgaben unterschieden und dem Vertrieb zugeordnet: Angebot und Verkauf; Verkaufsförderung; Warentransport und Lagerhaltung; Kundendienst; Zahlungsrückfluß.

Vertrieb umfaßt neben der physischen Komponente, durch Schaffung von Kaufgelegenheiten Nachfrage befriedigen zu können, eine akquisitorische, kundengewinnende Komponente. Sie besteht darin, daß die Art der Erfüllung der einzelnen Vertriebsaufgaben stimulierend auf das Kaufverhalten des Kunden wirkt und damit die Absatzchancen steigern kann /GERT-79/.

Vertriebsmittel

Als Vertriebsmittel werden ganz allgemein die sachlichen und personellen Einrichtungen bezeichnet, die der Erfüllung von Vertriebsaufgaben dienen können. Der Vertriebsmittelbegriff erstreckt sich sowohl auf ein Leistungspotential als auch auf dessen Inanspruchnahme. Die Leistungen, die bei der Inanspruchnahme der Vertriebsmittel durch Absatzsysteme erbracht werden, können entweder ausführende Tätigkeiten oder Entscheidungen sein.

Sachen und Personen lassen sich als Elemente von Vertriebsmitteln nach ihren besonderen Eigenschaften (z.B. Art und Umfang der Tätigkeit, Spezialisierungsgrad, Selbständigkeit) gliedern. Bei gleichen Eigenschaften werden sie zu Gruppen zusammengefaßt. Die Gruppenelemente sind untereinander weitgehend substituierbar. Werden die Teilmittel jeweils nur in starrer Verbindung mit anderen Teilmitteln eingesetzt (z.B. Fahrer und Fahrzeug), so liegen "Leistungsaggregate" vor. Der Leistungsumfang eines derartigen Aggregates wird durch die Kapazität des jeweils schwächsten Elements bestimmt (Limitationalität, z.B. großer Außendienstbezirk und wenige Außendienstmitarbeiter). Zwischen den Teilmitteln der Leistungsaggregate bestehen komplementäre Beziehungen. Gleiche Leistungsaggregate sind austauschbar und lassen sich deshalb ebenfalls zu Gruppen zusammenfassen. Durch die Aneinanderreihung verschiedener Leistungsaggregate und eigenständiger Elemente ergeben sich "Leistungssysteme", welche bestimmte Teilaufgaben des Vertriebs erfüllen können. Die Verbindung von Leistungssystemen ergibt schließlich komplette Alternativen zur Erfüllung der Gesamtaufgabe des Vertriebs in einem Absatzsystem /EVER-79/.

Um eine Vergleichbarkeit mit alternativen Vertriebslösungen für ein Absatzsystem zu gewährleisten (z.B. Lagerung durch einen Händler, der eine bestimmte Kundengruppe beliefert), ist eine weitgehend direkte Verrechnung der Lagerhaltungskosten auf Absatzsysteme anzustreben. Ein zu entwickelnder Verteilungsmaßstab muß der tatsächlichen Beanspruchung des Fertigwarenlagers durch ein Absatzsystem entsprechen /EVER-79/.

Ein Fertigwarenlager wird dabei grundsätzlich als Vertriebsmittel angesehen, weil die Lagerhaltung, unabhängig von ihren Ursachen, auf andere Vertriebsmittel (z.B. Großhändler) übertragen werden kann. Der Grund für die Zuordnung der Lagerhaltung zum Vertrieb besteht somit in der Berücksichtigung von Substitutionsbeziehungen, durch die alternative Vertriebslösungen vergleichbar werden.

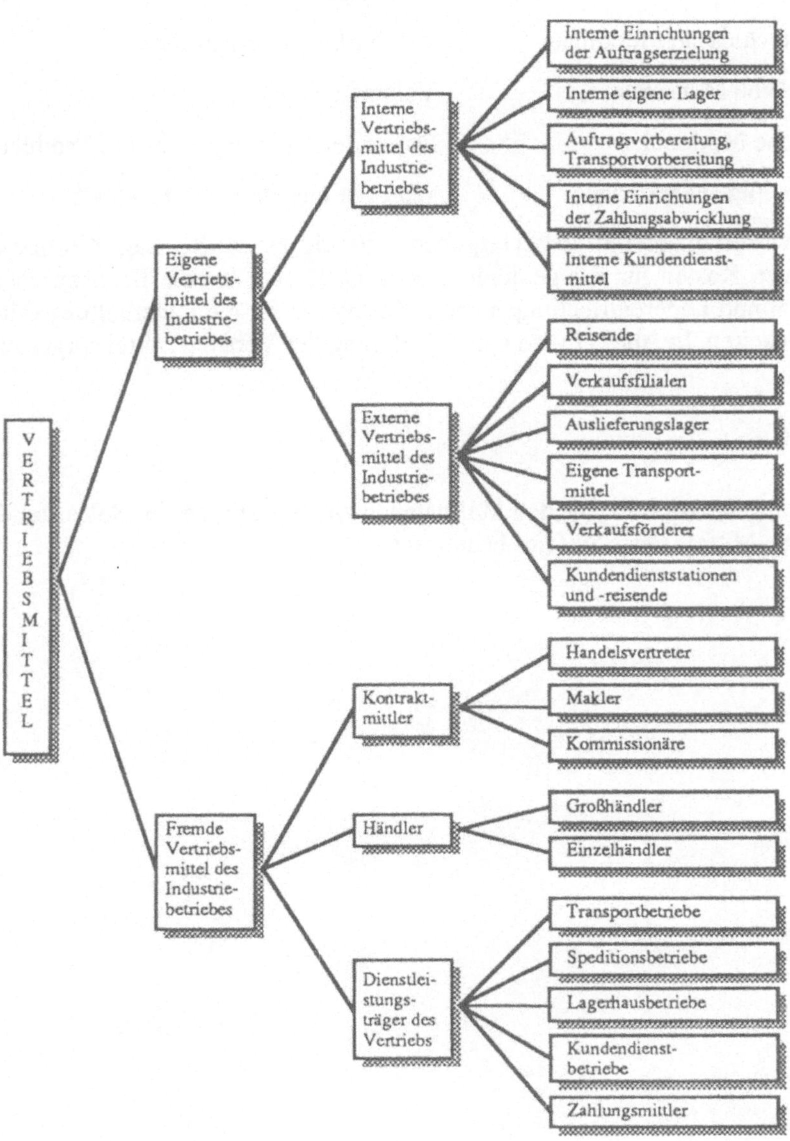

Abb. 17. Gliederung der Vertriebsmittel /EVER-79/

Allgemein ist eine Fertigwarenlagerhaltung durch folgende Merkmale gekennzeichnet:

–	qualitative Merkmale:	Schwierigkeit der Lagerhaltung aufgrund der Verderblichkeit von Produkten
–	quantitative Merkmale:	Menge der gelagerten Produkte zur Gewährleistung eines bestimmten Maßes an Lieferbereitschaft
–	lagertechnische Merkmale:	Art der Lagereinrichtungen
–	räumliche Merkmale:	Volumen, Fläche
–	zeitliche Merkmale:	Dauer der Lagerung einzelner Produkte
–	wertmäßige Merkmale:	Wert der eingelagerten Produkte.

Diese Merkmale sind ausschlaggebend für die Höhe der Lagerhaltungskosten. Dazu zählen Kosten für das gebundene Kapital, Kosten für die Beanspruchung von Lagerraum und Lagereinrichtungen sowie Kosten der für die Lagerhaltung erforderlichen Tätigkeiten. In Abb. 17 wird eine Gliederung der Vertriebsmittel vorgestellt.

Wartung

Die Wartungsfunktion ist mit den Maßnahmen zur Bewahrung des Sollzustandes von technischen Mitteln eines Systems beauftragt.

VIII Literatur

/ADIB-86/   M. Adiba , N.B. Quang. Historical multi-media databases. Proceedings of the Twelfth Int. Conf. on Very Large Data Bases, Kyoto, August 1986.

/ARHE-84/   G. Arheit. Erfahrungen beim Einsatz tragbarer Terminals im Versicherungsaußendienst, Versicherungswirtschaft, Mannheim, 4/1984.

/ARLA-87/   F. Arlabosse, E. Gaussens, J. Bigham, T. Wittig. Knowledge Representation and Inference Techniques in Industrial Control ESPRIT P387 KRITIC. In: /BRAU-87/.

/ASSL-88/   F. Assländer, H.-D. Grosse-Kreul. Auf dem Weg zum Computer Aided Selling, Versicherungswirtschaft, Würzburg/Bonn, 8/1988.

/ASSM-88/   R. Aßmann. Effiziente Implementierung des DES-Verfahrens. Studienarbeit an der Universität Karlsruhe, 1988.

/ASTH-87/   P. Astheimer, U. Eilers, M. Göbel. Studie über ein Basissystem zur interaktiven Bearbeitung von hierarchisch aufgebauten Systemen in Automatisierungssystemen. ZGDV-Bericht. Darmstadt, 1987.

/BACK-86/   K. Backhaus, R. Weiber. Marktsegmentierungsprobleme in sich verändernden Märkten. In: /VDI-86a/.

/BALL-84/   M. Balleer, P. Kakies. Dies und das aus der elektronischen Versicherungswelt, Versicherungswirtschaft, Göttingen/Hamburg, 19/1984.

/BALL-85a/   M. Balleer, P. Kakies. Dies und das aus der elektronischen Versicherungswelt, Versicherungswirtschaft, Göttingen/Hamburg, 8/1985.

/BALL-85b/   M. Balleer, P. Kakies. Dies und das aus der elektronischen Versicherungswelt, Versicherungswirtschaft, Göttingen/Hamburg, 21/1985.

/BALL-86a/   M. Balleer, P. Kakies. Dies und das aus der elektronischen Versicherungswelt, Versicherungswirtschaft, Göttingen/Hamburg, 8/1986.

/BALL-86b/   M. Balleer, P. Kakies: Dies und das aus der elektronischen Versicherungswelt, Versicherungswirtschaft, Göttingen/Hamburg, 20/1986.

/BALL-88/   M. Balleer, P. Kakies. Dies und das aus der elektronischen Versicherungswelt, Versicherungswirtschaft, Göttingen/Hamburg, 8/1988.

416

/BANE-87/   J. Banerjee, H.-T. Chou, J. F. Garza, W. Kim, D. Woelk, N. Ballou. Data Model Issues for Object-Oriented Applications. ACM Transactions on Office Information Systems 5 (1987), 3 - 26.

/BÄTS-85/   R. Bätscher. Videotex - Eine Chance für die Versicherung, Schweizerische Versicherungs-Zeitschrift, 53. Jg. 1985.

/BECK-89/   R. Becker. EDV-Unterstützung im Außendienst der Konsum- und Investitionsgüterindustrie und deren gegenwärtige Umsetzung in die Praxis. Studienarbeit, Universität Karlsruhe, Inst. f. Industriebetriebslehre und ind. Produktion, Januar 1989.

/BENÖ-84/   H. Benölken. Strategische Planung im Versicherungsunternehmen, Versicherungswirtschaft, Kiel, 5/1984, 6/1984, 7/1984, 8/1984.

/BERE-79/   L. Berekoven, W. Eckert, P. Ellenrieder. Marketing, Methodische Grundlagen und praktische Anwendung. Gabler, 1979.

/BERT-85/   E. Bertino, S. Gibbs, F. Rabitti, C. Thanos, D. Tsichritzis. Architecture of a multimedia document server. In: ESPRIT-85.

/BERT-87/   R. Bertelsmeier. LERNER: Durch maschinelles Lernen unterstützte Akquisitionsverfahren für Wissensbasen. In: /BRAU-87/.

/BESC-87/   K. Beschoner. Das ODA/ODIF-Modell als Grundlage zur Dokumentenübertragung zwischen offenen Systemen. GI-Fachtagung 1987: Kommunikation in verteilten Systemen.

/BIDL-73/   J. Bidlingmaier. Marketing, Bd. 1. Reinbek bei Hamburg, 1973.

/BIEL-88/   H. Bieletzki. Einsatz von hand-held-Computern im technischen Kundendienst. In: Portables 88 - Kongreßbericht September 1988.

/BIER-86/   K. Biermann, D. Wittiger. Zentralisation oder Dezentralisation?, Versicherungswirtschaft, Dortmund, 20/1986.

/BLAK-85/   G.R. Blakley and D. Chaum (eds.). Advances in Cryptology: Proceedings of CRYPTO 84. Lecture Notes in Computer Science 196, Springer 1985.

/BOCK-83/   P. Bocker. Datenübertragung. Band 1 und 2. Springer, Berlin, 1983.

/BODE-81/   F. Bodendorf. Unterstützung der Anwender von Statistiksoftware - ein Methodenbankrahmen um das Programmpaket SPSS. Dissertation, Nürnberg, 1981.

/BOIS-86/   D. Boissier. Der deutsche Versicherungsmarkt im Wandel, Versicherungswirtschaft, Eitorf, 15/1986.

/BÖKÖ-88/   P. Böhme-Köst. Verkaufsförderung im Wandel, Versicherungswirtschaft, Hamburg, 6/1988.

/BRAU-87/   W. Brauer, W. Wahlster (Hrsg.). Wissensbasierte Systeme - 2. Internationaler GI-Kongreß, München, Oktober 1987, Proceedings. Informatik-Fachberichte 155, Springer, Berlin, 1987.

/BREI-86/   H.G. Breiling. Maßnahmen zur Sicherstellung der Nutzerzufriedenheit durch Service von der Produktion bis zur Einstellung der Nutzung. In: /VDI-86a/.

/BREU-88a/   R. Breuer. Risikoeinschätzung und Risikobewältigung in der Datenverarbeitung, Versicherungswirtschaft, Stuttgart, 4/1988, 5/1988.

/BREU-88b/   R. Breuer. Sicherheits-Check in der Datenverarbeitung, Versicherungswirtschaft, Stuttgart, 8/1988.

/BROM-88/   R. Brombacher. Entscheidungsunterstützungssysteme für das Marketing Management, Springer, 1988.

/BULL-84/   H.-J. Bullinger, K.-P. Fähnrich. Ingenieurleistung durch Bürokommunikation. VDI-Z Bd. 126 (1984) Nr. 6, S. 171 - 174.

/BULL-87/   H.-J. Bullinger, J. Warschat, C. Raether. Expertensysteme in der industriellen Produktion. In: /BRAU-87//BUMA-86/ P. Bumann. Problemfeld Dokumentation. In: /VDI-86b/.

/CHRI-86/   S. Christodoulakis, F. Ho, M. Theodoridou. The Multimedia Object Presentation Manager of MINOS: A Symmetric Approach. ACM SIGMOD 1986, 295 - 310.

/CHRI-88/   U. Christ. Message-Handling-Systeme. In: Office Management (1988) Heft 1, S. 24-28.

/CLAU-87/   B. Clausius. Konzeption und Realisierung eines Systems zur DV-gestützten Außendienstberichterstattung für ein Unternehmen des Maschinenbaus. Diplomarbeit, Nürnberg, 1987.

/CODD-70/   E.F. Codd. A relational model of data for large shared data banks. Comm. ACM 13:6 (1970), 377 - 387.

/CODD-83/   E.F. Codd. Foreword. In: /SCHM-83/.

/CZ-87/   PC-Marktübersicht. In: Die Computer-Zeitung 15.04.87.

/DBP-85/   Deutsche Bundespost:
               – Das öffentliche Direktrufnetz, Dezember 85
               – Datenübertragung im Telefonnetz, März 86
               – DATEX-Dienst mit Leitungsvermittlung, Januar 86
               – DATEX-Dienst mit Paketvermittlung, August 87
               – ISDN, 1984.
               – Teletex, Januar 88
               – Telex, Juni 86
               – Textkommunikation: Teletex, Telex, Telefax, März 87

/DBP-88/   Bildschirmtext-Benutzer-Handbuch, Deutsche Bundespost, Darmstadt, 1988.

418

/DEC-80/   Digital Equipment Corporation
                RSX DECnet V3.0
                – User's Guide I: Introduction and Utilities
                – User's Guide II. Programming Facilities
                – DNA Phase-IV General Decription
                – System Manager's guide
                Maynard, Mass. , 1980.

/DICH-67/   E. Dichtl. Über Wesen und Struktur absatzpolitischer Entscheidungen. Betriebswirtschaftliche Schriften, Heft 21, Berlin, 1967.

/DIFF-76/   W. Diffie, M.E. Hellman. New Directions in Cryptography. IEEE IT 22 (1976), 644 - 654.

/DIGI-84/   Digital Equipment (DEC). VAX/VMS. Introduction to VAX/VMS. 1984.

/DIHL-86/   C. Dihlmann. Vertriebsstrategische Ansätze in gesättigten und schrumpfenden Märkten. In: /VDI-86a/.

/DIN-84/   Deutsches Institut für Normung. Dialoggestaltung. DIN 66234, Teil 8, Berlin 1984.

/DIN-85/   Deutsches Institut für Normung. Informationsverarbeitung - Das Graphische Kernsystem (GKS). Funktionale Beschreibung. DIN 66252, 1985.

/DIN-87/   DIN - Deutsches Institut für Normung e.V. Kommission Computer Integrated Manufacturing (KCIM). CIM-Schnittstellen für die rechnerintegrierte Produktion. Fachbericht 17, Beuth Verlag, Berlin, 1987.

/DINI-87/   DIN-Norm 8372.

/DITT-77/   K. Dittrich. Anwendungsspezifische Anforderungen an eine Programmiersprache für ein Methodenbanksystem. Diplomarbeit Universität Karlsruhe, 1977.

/DITT-79/   K.R. Dittrich, R. Huber und P.C. Lockemann. Methodenbanksysteme: Ein Werkzeug zum Maßschneidern von Anwendersoftware. Informatik-Spektrum 2 (1979), 194 - 203.

/DITT-86a/   K.R. Dittrich, U. Dayal (eds.). Proceedings International Workshop on Object-Oriented Database Systems. IEEE Computer Society Press, 1986.

/DITT-86b/   K.R. Dittrich. Object-oriented database systems: A workshop report. Proc. 5th ER Conference 1986. North Holland Publ. Group.

/DITT-86c/   K.R. Dittrich. Object-oriented Database Systems: The Notion and the Issues (extended abstract). In: /DITT-86a/ pp. 2 - 4.

/DONN-85/   H. Donner. Normen schaffen Freiheit im Büro. COM 4/85.

/DREL-88/   Th. Dreller. Integration portabler Personal Computer in unternehmensweite Informationssysteme. 3. Congress mit Ausstellung Portables & Laptops, 20. - 21. September 1988, Düsseldorf, Proceedings.

/ECKA-81/   Th. Eckard. Möglichkeiten, Grenzen und Wirtschaftlichkeit der Realisierung von Methodenbank-Elementen auf arbeitsplatzorientierten Kleinrechnern - dargestellt am Beispiel einer Prognose-Methodenbank. Dissertation Nürnberg, 1981.

/ENCA-86/   J. Encarnacao, W. Straßer. Computer Graphics. Oldenbourg Verlag, München, 1986.

/ENGE-71/   R.W. Engels. An Analysis of the April 1971 DBTG-Report. In: Proc. 1971 ACM SIGFIDET Workshop on Data Description, Access and Control. San Diego, 1971, pp. 69 - 91.

/ESPR-74/   A.C. Espreter. Datenbank und Methodenbank. Teil 1: Methodenorientiertes Programmieren. data-report 9 (1974), 25 - 28.

/EVER-79/   J. Evers. Der Vertrieb - Eine Analyse der Aufgaben, Mittel und Entscheidungen im System des Marketing. Physika-Verlag, 1979.

/EVER-85/   W. Eversheim, B. Dahl. CAD/CAM-Einführung und -Anwendung in kleineren und mittleren Unternehmen, gezeigt am Beispiel der Automobilzulieferindustrie. VDI-Bericht 570.2. VDI-Verlag, 1985.

/FÄHN-86/   E. Fähnrich, Rainer Isringhaus. Direktvertrieb in der amerikanischen Versicherungswirtschaft, Versicherungswirtschaft, Köln, 6/1986.

/FARN-65/   D. Farny, Produktions- und Kostentheorie der Versicherung, Karlsruhe 1965.

/FEHD-74/   P. Fehder. HQL: A set oriented transaction language for hierarchically-structured data bases. In: Proc. ACM Ann. Comp. Conf., 1974.

/FEIL-85/   M. Feilmeier, M. Junker. Flexible Verwaltungssysteme in der Lebensversicherung, Versicherungswirtschaft, München, 8/1985.

/FEIL-86/   M. Feilmeier, M. Junker. Computerunterstützte Kapitalanlage in festverzinslichen Titeln, Versicherungswirtschaft, München, 8/1986.

/FHG-84/   N.N. Markteinführung technischer Innovationen. ISI-Seminarberichte Band 15, FhG-ISI, 1984.

/FISH-87/   D.H. Fishman, D. Beech, H.P. Cate, E.C. Chow, T. Connors, J.W. Davis, N. Derrett, C.G. Hoch, W. Kent, P. Lyngbaek, B. Mahbod, M.A. Neimat, T.A. Ryan, M.C. Shan. IRIS: An Object-Oriented Database Management System. ACM Transactions on Office Information Systems 5 (1987), 48 - 69.

/FREY-75/   S.R. Frey. P. Layout: Planung, Optimierung und Einrichtung von Produktions-, Lager- und Verwaltungsstätten. Carl Hanser Verlag, 1975.

420

/FROM-88/   I. Fromm. Anforderungen an private Netze der Bürokommunikation. Teil 1 in DATACOM 2/88.

/FUTH-66/   H. Futh. Elektronische DV-Anlagen, Bd. 2. Organisation der Datenverarbeitung, 2. Auflage. Oldenbourg-Verlag. München, Wien, 1966.

/FZIA-88/   J. Brünig, R. Berrendorf, M. Göbel, P. Zuppa. Abschlußbericht AUDIUS Fragebogenaktion, FZI-Publikation Nr. 10, Karlsruhe, 1988; zugleich: FhG-AGD-Forschungs- und Arbeitsbericht FAGD-88i006, Darmstadt 1988.

/FZIA-89/   J. Brünig, W. Felger, M. Göbel, P. Zuppa, M. Spreng. Außendienstunterstützungssysteme für den technischen Vertrieb am Beispiel der Investitionsgüterindustrie. In: Informatik für die industrielle Automation INFINA '89. VDI-Berichte Nr.723. Düsseldorf, 1989.

/GAER-86/   F.v. Gaertner. Die Makler - Garanten des Leistungswettbewerbs im deutschen Versicherungsmarkt, Versicherungswirtschaft, Hamburg, 18/1986.

/GEIG-88/   H. Geiger. Zukunftserwartungen und Zukunftswünsche im Zeitvergleich, Versicherungswirtschaft, Köln, 6/1988.

/GEIS-86/   W. Geissler. Voraussetzungen zur Rechnerunterstützung. In: /VDI-86b/.

/GERT-79/   E. Gerth (Hrsg.). Modernes Marketing - Ein geschlossener Grundriß in Einzeldarstellungen, Band IV, Teil 2. Der Vertrieb - Eine Analyse der Aufgaben, Mittel und Entscheidungen im System des Marketing. Physica Verlag, Würzburg-Wien, 1979.

/GESC-86/   H. Geschka. Markt-Informationen für neue Produkte. In: /VDI-86a/.

/GESS-1984/   P. Gessner. Die neuen Informationstechnologien - Herausforderung und Chance für die Versicherungswirtschaft, Ulm, 19/1984

/GREL-87/   D. Grell. Die neuen Pixel-Macher. c't 1987, Heft 6, S. 36-39.

/GREM-86/   K. Gremminger. Lokale Netze - Das Rückgrat der rechnerintegrierten Produktion. In: CIM Management (1986), Heft 3, S. 6-12.

/GRIE-89/   W. Grieb. Untersuchung der Möglichkeiten zur Realisierung einer effizienten Informationsversorgung im technischen Vertrieb. Studienarbeit, Universität Karlsruhe, Rechenzentrum, Lehrstuhl für Organisation von DV-Anlagen, Institut für Rechneranwendung in Planung und Konstruktion, Februar 1989.

/GROS-85/   C. Grossmann. Strategisches Management in alten Gemäuern, Versicherungswirtschaft, St. Gallen, 9/1985.

/GULB-84/   J. Gulbins. UNIX, Springer, 1984.

/HAHN-86/   O. Hahn. Kooperation von Banken und Versicherungen, Versicherungswirtschaft, Nürnberg, 7/1986.

/HAMP-85/   R. Hampl. Vertriebssteuerung mit Branchenkennzahlen. Frankfurt 1985.

/HÄRD-85a/   T. Härder. Skriptum zu den Vorlesungen Informationssysteme I und Informationssysteme II, 1. Teil. Nachdruck Universität Stuttgart, 1985.

/HÄRD-85b/   T. Härder, A. Reuter. Skriptum zu den Vorlesungen Informationssysteme I und Informationssysteme II, 2. Teil. Nachdruck Universität Stuttgart, 1985.

/HARM-86/   P. Harmon, D. King. Expertensysteme in der Praxis - Perspektiven, Werkzeuge, Erfahrungen. Oldenbourg, München, 1986.

/HARO-83/   F. Hayes-Roth, D.A. Waterman, D.B. Lenat (eds.). Building Expert Systems. Addison-Wesley, Reading, Mass., 1983.

/HARO-87/   F. Hayes-Roth. Expert Systems. In: Encyclopedia of Artificial Intelligence, vol. I. Wiley, New York, 1987.

/HAUE-80/   K.-H. Hauer. Portable Methodenmonitoren. Informatik-Fachberichte, Bd. 23. Springer, Berlin, 1980.

/HAUN-87/   P. Haun. Entscheidungsorientiertes Rechnungswesen mit Daten- und Methodenbanken. Springer, Berlin, 1987.

/HEIN-84/   V. Heiner. Der Handelsvertreter und die neuen Medien, Versicherungswirtschaft, Krefeld, 19/1984.

/HEIN-85/   V. Heiner. Multifunktionsterminals für zukünftige Bürokommunikation, Versicherungswirtschaft, Krefeld, 21/1985.

/HEIZ-84/   W. Heinzel. Arbeitsplatzrechner. Professionelle Personal-Computer - Konzeption und Einsatz. Carl Hanser Verlag, München, 1984.

/HELD-82/   J. Held. Die Marketing und die Vertriebskonzeption, VDI-Bericht 461, VDI-Verlag, 1982.

/HERM-88/   H. Hermes. Syntax-Regeln für den elektronischen Datenaustausch. In: Einführung in EDIFACT. Deutsches Institut für Normung, 1988, S. 7-12.

/HERR-86/   H. Herrmann. Schaden-Service - die verpaßte Gelegenheit?, Versicherungswirtschaft, Erzhausen, 22/1986.

/HILL-81/   W. Hill, R. Fehlbaum, P. Ulrich. Organisationslehre 1, 2, UTB Haupt Verlag, 1981.

/HINT-84/   H.H. Hinterhuber. Strategische Unternehmensführung, Berlin, New York 1984.

/HINT-85/   H.H. Hinterhuber. Aufbau und Komponenten eines strategischen Planungssystems in der Versicherungsunternehmung, Versicherungswirtschaft, Innsbruck und Mailand, 10/1985.

422

/HINT-88/   H.H. Hinterhuber, W. Popp. Woran erkennt man den Strategen?, Versicherungswirtschaft, Innsbruck, 7/1988.

/HÖFF-87/   H. Höffner. Portable-Saison 1988 - Hardware vom Feinsten. micro 12, 1987.

/HORA-85/   W. Horak, K. Hoffmann. Office Document Architecture And Office Document Interchange Formats. In: ESPRIT-85.

/HÖRI-83/   K. Höring, K. Bahr, B. Struif, C. Tidemann. Interne Netzwerke für die Bürokommunikation. R. v. Deckers Verlag, 1983.

/HORN-85/   S. Hornig. Fehler und Risiken bei der Angebotskalkulation. In: /VDI-85/.

/HORN-87/   M. F. Hornick, S. B. Zdonik. A Shared, Segmented Memory System for an Object-Oriented Database. ACM Transactions on Office Information Systems 5 (1987), 70 - 95.

/HORS-85/   P. Horster. Kryptologie, BI-Verlag, 1985.

/HOSP-84/   W. Hoffmann/Springe. Wandlungen im Verrsicherungsmarketing, Versicherungswirtschaft, Göttingen, 16/1984.

/HÜBN-87/   W. Hübner, G. Lux-Mülders, M. Muth. Entwurf graphischer Benutzer-Schnittstellen. Seminarunterlagen ZGDV, 1987.

/HUDS-86/   S. E. Hudson, R. King. CACTIS: A Database System for Specifying Functionally-Defined Data. In: /DITT-86a/ pp. 26 - 37.

/IBM-79a/   IBM. VM/CMS. online 1979.

/IBM-79b/   IBM. VMS. online 1979.

/IHDE-87/   G. B. Ihde: Distribution als Element der logistischen Planungskette, Kongreßband - Internationaler Software-Congress Karlsruhe 1987.

/ILLI-86/   J. Illik. Von nix zu UNIX oder Geschichte der Betriebssysteme. In: Computer Magazin 10/86 ff.

/IRVE-88/   J.H. Irven, M.E. Nilson, T.H. Judd, J.F. Patterson, Y. Shibata. Multi-Media Information Services: A Laboratory Study. IEEE Communications Magazine 26 (1988), 27 - 44.

/ISO-85/   ISO. Graphical Kernel System (GKS). Functional Description. Internationaler Standard ISO/IS 7942, 1985.

/ISO-86a/   ISO. Information Processing - Text and Office Systems - Document Structures. ISO/DIS 8613, 1986.

/ISO-86b/   ISO. Information Processing - Text and Office Systems - Standard Generalized Markup Language (SGML). ISO 8879, 1986.

/ISO-87a/   ISO. Graphical Kernel System for Three Dimensions (GKS-3D). Functional Description. ISO/DIS 8805, 1987.

/ISO-87b/   ISO. Programmers Hierarchical Interactive Graphics System (PHIGS). Functional Description. ISO/DIS 9592, 1987.

/ISO-88/   ISO. Interfacing Techniques for Dialogues with Graphical Devices (Computer Graphics Interface, CGI). Functional Specification. ISO/DP 9636/1-6, 1988.

/KAKI-86/   P. Kakies. Stand und Entwicklungslinien der Informationstechnik in der Versicherungswirtschaft, Zeischrift für die gesamte Versicherungswissenschaft, Hamburg, 3/1986.

/KALB-87/   H. Kalbhenn. Außendienst bietet Rationalisierungsreserve, Computerwoche 21.8.1987.

/KAST-86/   Kastenmüller. Datenkomprimierung. ZBO 20.

/KAUF-88/   F. Kauffels. Kommunikation unter OS/2. In: DATACOM 6/88 ff.

/KERN-83/   B. Kernighan. Programmieren in C (Deutsche Ausgabe). Hanser-Verlag, 1983.

/KINT-85/   F. Kintsch. Vertrieb - Aufgaben und Planung, Überlegen Planen Verkaufen, VDI-Bericht 557. VDI-Verlag, 1985.

/KIRC-86/   W. Kirchner. Informationsbedarf und wirtschaftliche Informationssysteme für die Steuerung von Versicherungsunternehmen, Zeitschrift für die gesamte Versicherungswissenschaft, Düsseldorf, 3/1986.

/KIRS-75/   W. Kirsch, G. Englert, C. Börsig, E. Gabele. Marketing von Standard-Anwendungssoftware, Herstellerbericht, Forschungsgruppe des Institutes für Organisation der Ludwig-Maximilians-Universität München, 1975.

/KLEY-86/   C. Kleyboldt. Versicherungsmanagement im Wandel, Versicherungswirtschaft, Köln, 21/1986.

/KLOP-83/   M. Klopprogge. Gegenstands- und Beziehungsgeschichten: Ein Konzept zur Beschreibung und Verwaltung zeitveränderlicher Informationen in Datenbanken. Dissertation Universität Karlsruhe, 1983.

/KNOS-84/   J. Knospe. BTX kein stummes Medium, Versicherungswirtschaft, Köln, 6/1984.

/KOHN-86/   K.H. Kohnen. Schulung des Kundenpersonals und Gestellung von technischer Assistenz. In: /VDI-86b/.

/KORI-82/   D. Koring. Organisation und Kontrolle des Kundendienstes, VDI-Berichte 461, VDI-Verlag, 1982.

/KORI-88/   D. Koring. Leistungsfaktoren des Kundendienstes, Organisation eines Technischen Kundendienstes, Ersatzteilwesen im Technischen Kundendienst. Technischer Vertrieb, Teil 4: Kundendienst. VDI-Seminar, Hamburg, 1988.

/KOTL-74/   P. Kotler. Marketing-Management - Analyse, Planung und Kontrolle. Stuttgart, 1974.

/KREP-87/   K. Kreplin. Wissensbasierte Systeme zur Bürokommunikation: Dokumentenanalyse und Klassifikation. In: Computer Magazin 5/87.

/KREU-88/   H. Kreutz. Umfassender Schutz ist unmöglich. Computerwoche Extra 4/1988.

/KRÖN-88/   G. Krönert. Genormte Austauschformate für Dokumente, in Informatik-Spektrum Band 11 Heft 2/88.

/KRÜG-84/   G. Krüger. Telekommunikation und Rechnernetze. Skriptum der Universität Karlsruhe, 1984/1985.

/KRÜG-86/   G. Krüger, O. Drobnik: Unterlagen zum Praktikum Verteilte DV-Systeme, insb. Kapitel 4: Einführung in DECnet. Universität Karlsruhe, 1986.

/KUNZ-84/   R. Kunz. Konzeption, Realisierung und Nutzung einer Anwendungsschale Präsentationsgraphik für das graphische Kernsystem GKS, Diplomarbeit, Technische Hochschule Darmstadt, 1984.

/KUPP-82/   R. Kuppinger. Vertriebsplanung - eine wichtige Aufgabe für Vertriebsingenieure, VDI-Bericht 461. VDI-Verlag, 1982.

/KÜST-88/   M. Küster. Datenkomprimierung. Studienarbeit am Institut für Betriebs- und Dialogsysteme, Universität Karlsruhe 1988.

/LAUR-88/   G. Laurisch. Hinweise für Kauf und Installation von Videokonferenzeinrichtungen. In: ntz 12/88.

/LECK-84a/   N. Leckebusch. Perspektiven der Informationsverarbeitung, Versicherungswirtschaft, Gerlingen, 9/1984.

/LECK-84b/   N. Leckebusch. Anwendungsalternativen ohne Wildwuchs - Personal-Computer-Einsatz im Versicherungsbetrieb, Versicherungswirtschaft, Gerlingen, 19/1984.

/LEHM-84/   H.-W. Lehmann. Marketing in der Versicherungsagentur, Versicherungswirtschaft, Uelzen, 4/1984.

/LEMI-82/   D. Lemiesz. VDI und Technischer Vertrieb, VDI-Berichte 461. VDI-Verlag, 1982.

/LESS-82/   R. Lessing. Das Kunden-Portfolio - eine Methode zur effizienten Markdurchdringung, VDI-Bericht 461. VDI-Verlag, 1982.

/LINS-88/   M. Linster. Wie werden Expertensysteme "gebaut"? Der GMD-Spiegel 2/3-88.

/LOCK- 83/   P.C. Lockemann, A. Schreiner, H. Trauboth, M. Klopprogge. Systemanalyse DV-Einsatzplanung. Springer, 1983.

/LOCK-87/   P.C. Lockemann, J.W. Schmidt (Hrsg.). Datenbank-Handbuch. Springer, Berlin, 1987.

/LUDW-86/   R. Ludwig. Außendienst-Personal-Marketing - nur ein neuer Begriff?, Versicherungswirtschaft, Wiesbaden, 7/1986.

/LÜRZ-88/   R. Lürzer. Führungskräfteentwicklung in der Assekuranz: Zukunftsgerichtete Konzepte und Instrumente, Versicherungswirtschaft, St. Gallen, 7/1988.

/LYNG-86/   P. Lyngbaek, W. Kent. A data modeling methodology for the design and implementation of information systems. In: /DITT-86a/ pp. 6 - 17.

/MAGS-85/   O. Magschok. Schnittstellenmanagement zur Informationsnutzung und Erhöhung der Trefferquote von Angeboten. In: /VDI-85/.

/MANO-82/   F. Manola, A. Pirotte. CQLF - a query language for CODASYL-type databases. Proc. ACM SIGMOD Conf. 1982, 94 - 103.

/MANZ-79/   E. Manz. Entwurf und Implementierung einer Methodenverwaltung für ein spezielles Methodenbanksystem unter besonderer Berücksichtigung des Mehrbenutzerbetriebs. Diplomarbeit Universität Karlsruhe, 1979.

/MEFF-77/   H. Meffert. Marketing, Einführung in die Absatzpolitik. Gabler, 1977.

/MEIE-88/   F. Meier. Computerunterstütztes Lehren und Lehrer-Schüler-Beziehung: Gegensatz oder Ergänzung?, Versicherungswirtschaft, Bochum, 8/1988.

/MENA-88/   S.M. McMenamin, J.F. Palmer. Essential Systems Analysis, New York, 1988.

/MENC-86/   H. Menche. Erkenntnisse und Erfahrungsrückfluß aus der Projektabwicklung. In: /VDI-86b/.

/MEPI-87/   A. Meyer-Piening. Was macht das Unternehmen erfolgreich? In: Information Management, Heft 3, 1987.

/MERT-77/   P. Mertens, W. Neuwirth und W. Schmitt. Verknüpfung von Daten- und Methodenbanken, dargestellt am Beispiel der Analyse von Marktforschungsdaten. In: H. Plötzeneder (Hrsg.). Computergestützte Unternehmensplanung. Stuttgart, 1977, Seite 291 - 331.

/MERT-79/   P. Mertens und F. Bodendorf. Interaktiv nutzbare Methodenbanken, Entwurfskriterien und Stand der Verwirklichung. Angewandte Informatik 21 (1979), 533 - 541.

/MERT-84/   P. Mertens und J. Griese. Industrielle Datenverarbeitung, Band 2: Informations- und Planungssysteme, 4. Aufl. Wiesbaden, 1984.

/MERT-87/   P. Mertens. Expertensysteme in den betrieblichen Funktionsbereichen - Chancen, Erfolge, Mißerfolge. In: /BRAU-87/.

/MERT-88/   P. Mertens, G. Steppan. Die Ausdehnung des CIM-Gedankens in den Vertrieb. Erlangen, 1988.

/MEYE-73/   C.W. Meyer, H. R. Hansen. Vertriebsinformatik. Walter de Gruyter, 1973.

/MEYE-88/   D. Meyersieck. Startegisches Management von Informationstechnik und Systemen in Versicherungsunternehmen, Versicherungswirtschaft, Düsseldorf, 8/1988.

/MITT-86/   H. Mittasch. Montageplanung und -durchführung. In: /VDI-86b/.

/MÜHL-89/   M. Mühlan. Portierung, Optimierung und Integration eines Kryptographieprogrammes in eine Software-Umgebung. Studienarbeit, Universität Karlsruhe, Institut für Prozeßrechentechnik und Robotik, Februar 1989.

/MÜHL-89a/   L. Mühlbach et al. Mehrpunkt-Telekonferenzen. In: ntz 1/89.

/MÜLL-86/   W. Müller. Informationswert und Kosten-Nutzen-Analyse bei dispositiver EDV-Anwendung, Zeitschrift für die gesamte Versicherungswissenschaft, Frankfurt, 3/1986.

/MÜLU-84/   H.L. Müller-Lutz. Der Mikrocomputer - Möglichkeiten und Probleme seines Einsatzes, Versicherungswirtschaft, Gauting, 19/1984.

/MUSC-87/   H. Muschalla. Vertriebsorganisation im Wandel, VDI-Bericht 646. VDI-Verlag, 1987.

/MUSS-88/   G. Mußtopf. PC-Netzwerke aus Anwendersicht. In: Computer-Magazin 12/88.

/MUTH-84/   M. Muth. Marketing wird erste Führungsaufgabe, Versicherungswirtschaft, München, 3/1984.

/MÜWA-89/   N. Müller-Warmuth. Konzeption eines Außendienstunterstützungssystems für ein Unternehmen des Baustoffachhandels. Diplomarbeit, Universität Karlsruhe, Rechenzentrum, Lehrstuhl für Organisation von DV-Anlagen, Januar 1989.

/NAIS-82/   J. Naisbett. Megatrends Ten New Directions Transforming Our Lives. Warner Communications, 1982.

/NEBE-87/   D. Nebendahl (Hrsg.). Expertensysteme: Einführung in Technik und Anwendung. Siemens AG, Berlin, 1987.

/NEIP-81/   G. Neipp. Methodisches Vorgehen zur Auswahl und zum Einsatz von CAD-Systemen, VDI-Bericht 413. VDI-Verlag, 1981.

/NEIP-85/   G. Neipp. Unternehmensstrategie für die Einführung von CAD/-CAM/CIM. VDI-Bericht 570.1. VDI-Verlag, 1985.

/NEUM-84/ H. Neumaier. Vortrag über Möglichkeiten des Mikrocomputerein-satzes unter besonderer Berücksichtigung der Versicherungswirt-schaft, Versicherungswirtschaft, München, 9/1984.

/NEUM-87/ B. Neumann, R. Cunis, A. Günter, I. Syska. Wissensbasierte Planung und Konfigurierung. In: /BRAU-87/.

/NEWM-86/ W. Newman, R.F. Sproull. Grundzüge der interaktiven Computer-graphik. McGraw-Hill Verlag, Hamburg, 1986.

/NIED-85/ J. Niedereichholz. Einflußfaktoren der strategischen DV-Planung bei Versicherungsunternehmen, Versicherungswirtschaft, Frankfurt/M., 8/1985.

/NIES-85/ Nieschlag, Dichtl, Hörschgen. Marketing, Duncker & Humblot, 1985.

/NIJS-75/ G.M. Nijssen. Two Major Flaws in the CODASYL DDL 1973 and Proposed Corrections. Inform. Systems 1 (1975), 115 - 132.

/NN-82/ N.N. Marketing und Produktplanung, Reihe: Technischer Vertrieb. VDI-Verlag, 1982.

/NN-84/ Ergebnisbericht Nr.4, Bildschirmtext und Kleincomputer als Mittel zur Informationsübermittlung und -verarbeitung für den Außen-dienst, Verband der Lebensversicherungs-Unternehmen e.V., 6/1984.

/NN-85a/ Datenaustausch zwischen Versicherungsunternehmen und Vermitt-lern, Versicherungswirtschaft, 16/1985.

/NN-85b/ Der Versicherungsaußendienst in der Bewährungsprobe, Versiche-rungswirtschaft, 8/1985.

/NN-85c/ Ein Erfahrungsbericht - Der PC 1500(A) als Computer für den Außendienst, Versicherungswirtschaft, 21/1985.

/NN-86a/ N.N. CAD-Einsatz im Vertrieb: Mehr Angebote, mehr Umsatz. absatzwirtschaft 1986, Heft 9, 34 - 38.

/NN-86b/ Agentur-Informations-Systeme (AIS), Versicherungswirtschaft, 9/1986.

/NN-86c/ Datenschnittstelle für den Austausch von Instands- und Inkassodaten in der Kraftfahrtversicherung fertiggestellt, Versicherungswirtschaft, 19/1986.

/NN-87a/ N.N. Net Special: ISDN- eine Idee wird Realität. R.v.Decker's Verlag, Sondernummer Okt. 87.

/NN-87b/ N.N. Directory of Online Databases 8 (1). Cuadra/Elsevier, New York, 1987.

/NN-87c/ N.N. Konzept für integrierte Bürokommunikation. In: DATACOM 5/87.

/NN-88a/ N.N. Postdienste. Computer Persönlich, 02.03.88.

/NN-88b/   N.N. Computer am Henkel. Test 8, 732 - 735, 1988.

/NN-88c/   N.N. Laptop/Der Markt der tragbaren Personal Computer ist im Aufbruch - Rechenleistung im Aktentaschenformat - Lesbarkeit und Gewicht entscheiden über die Akzeptanz. Handelsblatt, 18.10.88.

/NN-88d/   N.N. Spezial-Autositz für Laptop-Anwender. Computerwoche, 23.12.88.

/NN-88e/   N.N. Aktivitäten im Fachgebiet GRIS: Künstliche Intelligenz!. In: ZGDV-Info 3/88, Darmstadt.

/NN-88f/   N.N. What's New - Peripherals. Byte, June 1988, p. 68.

/OHRT-84/   W. Ohrt. Bildschirmtext - oder mehr Kundennähe im Versicherungsbetrieb, Versicherungswirtschaft, Seevetal, 19/1984.

/PANY-87/   J. Panyr. Information-Retrieval-Systeme: State of the Art. HMD 1987, Heft 133, 15 - 35.

/PATT-88/   V. Pattay. E-Mail: Welcher Textdienst wofür. In: Computerwoche, 22.01.88 ff.

/PFIT-88/   A. Pfitzmann, B. Pfitzmann, M. Waidner. Datenschutz garantierende offene Kommunikationsnetze. Informatik-Spektrum 11 (1988), 118 - 142.

/PORT-83/   M. Porter. Wettbewerbsstrategie. Campus-Verlag, 1983.

/POTT-88/   G. Pott. Test-Datenbanken: Produktivität gesteigert, Programmqualität verbessert, Versicherungswirtschaft, Kuppenheim, 5/1988.

/PRES-85/   P. Pressmar. Chancen und Probleme der EDV-Korrespondenz, Versicherungswirtschaft, Pattensen, 8/1985.

/PUHL-83/   W. Puhl. Entwurf und Realisierung eines Kosten- und Erlösinformationssystems auf der Basis einer Datenbank und einer Methodensammlung. Dissertation Nürnberg, 1983.

/PUPP-87/   F. Puppe. Diagnostik-Expertensysteme. Informatik-Spektrum 10 (1987), 293 - 308.

/PUPP-88/   F. Puppe. Einführung in Expertensysteme. Springer, Berlin, 1988.

/PUTZ-85/   B. Putzi. Strategische Unternehmensführung in der Lebensversicherungsbranche, Versicherungswirtschaft, Innsbruck, 11/1985.

/RETT-86/   J. Retti u.a. Artificial Intelligence - Eine Einführung. 2. Aufl. Teubner, Stuttgart, 1986.

/RETT-87/   J. Retti, W. Nejdl, G. Friedrich. ARTEX - Wissensbasierte Fehlererkennung und Fehlerbehebung in einem Vermittlungssystem. In: /BRAU-87/.

/RICH-85/   H.-J. Richter. Mailboxen: Kommunikation ohne Grenzen?, Versicherungswirtschaft, Frankfurt/M., 21/1985.

/RICH-88/   B. Richter. Das mobile Daten-Kommunikations-System. 3. Congress mit Ausstellung Portables & Laptops, 20. - 21. September 1988, Düsseldorf, Proceedings.

/RIES-83/   M. Rieskamp, G. Schlageter. Anfragesprachen für Netzwerkdatenbanken: Übersicht und Vergleich. In: Informatik-Fachberichte, Bd. 72. Springer, 1983, 199 - 218.

/RIME-88/   G. Rimek. Verteiltes Datenbankmanagement. miniMicro magazin 3 (1988), 128 - 131.

/RIVE-78/   R.L. Rivest, A. Shamir and L. Adleman. A Method for Obtaining Digital Signatures and Public Key Cryptosystems. CACM 21 (1978), 120 - 126.

/RKW-81/   N.N. RKW-Handbuch Logistik, Ergänzbares Handbuch für Planung, Einrichtung und Anwendung logistischer Systeme in der Unternehmenspraxis. Erich Schmidt Verlag, 1981.

/ROHL-88/   T. Rohlfs. ISDN. Vortrag auf der Sitzung des AK AUDIUS am 11.10.88 im Forschungszentrum Informatik an der Universität Karlsruhe.

/ROZN-89/   M. Roznowski. Was das Netz hergibt. Technik und Betrieb von High-Speed-Modems. c't 1989, Heft 1, S. 248-260.

/RUBI-86/   M.R. Rubin, M.T. Huber. The Knowledge Industries in the United States 1960 - 1980. Princeton Univ. Press, 1986.

/RULA-87/   C. Ruland. Datenschutz in Kommunikationssystemen. DATACOM-Buchverlag, 1987.

/SCHE-87/   A. Scheer. Betriebsübergreifende Vorgangsketten durch Vernetzung der Informationsverarbeitung. In: Information Management, Heft 3, 1987.

/SCHI-87/   Schinagl. Neue Dienste der Deutschen Bundespost. Hrsg. vom FTZ - Darmstadt, 1987.

/SCHI-87a/   S.Schindler. ISOTEXT - Ein WYSIWYG-Editor/Formatierer für ODA und SGML-Dokumente. GI-Fachtagung 1987: Kommunikation in verteilten Systemen.

/SCHL-88/   H. Schlüter. Untersuchung über die Funktionalität von Kommunikationseinrichtungen im AUDIUS. Diplomarbeit, Universität Karlsruhe, Institut für Angewandte Informatik und formale Beschreibungsverfahren, Dezember 1988.

/SCHM-83/   J.W. Schmidt, M.L. Brodie (eds.). Relational database systems: analysis and comparison. Springer, 1983.

/SCHM-84/   R. Schmidt. Das Bildschirmtextangebot über Versicherungen, Versicherungswirtschaft, Kiel, 18/1984.

/SCHM-87a/   J.W. Schmidt. Datenbankmodelle. In: /LOCK-87/, S. 1 - 83.

/SCHM-87b/   A. Schmidt. Wirtschaftlichkeit. In: Information Management, 1987, Heft 5.

/SCHN-86/   J.v. Schnakenburg. Kostenrechnung und Controlling im Vertrieb. In: /VDI-86a/.

/SCHR-85/   H. Schreiber. Agentur-Datenverarbeitung mit dem Personalcomputer, Versicherungswirtschaft, Köln, 9/1985.

/SCHR-86/   H.F.W. Schramm. Weniger Kartei- und Aktenarbeit - Die Bewährungsprobe eines neuen Programmsystems für die große Aufgabenbreite der Versicherungsmakler, Versicherungswirtschaft, Hamburg, 22/1986.

/SCHU-85/   J.v. Schuckmann. Interaktive Autorensysteme auf den Spuren des Personalcomputers ?, Versicherungswirtschaft, 19/1985.

/SCHÜ-87/   K. Schürmann. Informationsmanagement in multinationalen Unternehmungen, dargestellt am Beispiel einer Großunternehmung aus der Chemieindustrie. Diplomarbeit an der Universität Köln, 1987.

/SCHU-88/   R. Schulze. Wissensverteilung ist ein finanzielles Problem. In: VDI-Nachrichten Nr. 33, 19. August 1988.

/SCHW-85/   R. Schwebler. Lebensversicherung 1985 - Märkte im Umbruch?, Versicherungswirtschaft, Karlsruhe, 12/1985.

/SCHW-86/   R. Schwab. Marketingorientierte Organisationsstruktur eines Versicherungsunternehmens, Zeitschrift für die gesamte Versicherungswissenschaft, Wien, 3/1986.

/SCHW-86a/   R. Schwebler. Kampf der Giganten oder neues Stadium in der Kooperation von Banken und Versicherungen?, Versicherungswirtschaft, Karlsruhe, 1/1986.

/SEBE-82/   H. Sebel. Zukunftsgerechte Weiterbildung - Basis für die persönliche Wettbewerbsfähigkeit, VDI-Bericht 461. VDI-Verlag, 1982.

/SEBE-88/   H. Sebel. Technischer Vertrieb, Teil 5, Vertriebsorganisation. VDI-Seminar, Hamburg, 1988.

/SEIF-85/   W.G. Seifert. Vortrag: Auf neuen Vertriebswegen zu Wachstumschancen ?, Versicherungswirtschaft, Ulm, 2/1985.

/SERP-85/   S.C. Serpell, C.B. Brookson, B.L. Clark. A Prototype Encryption System Using Public Key. In: /BLAK-85/.

/SIEM-77/   Siemens. BS 2000, Benutzerhandbuch, 1977.

/SITT-72/   C.A. Sittig. Marketing Management Informations- und Entscheidungssysteme. Luchterhand Verlag, 1972.

/SKUP-87/   R. Skuppin, R. Weber. PROMOTEX: Ein wissensbasiertes System in PROLOG für die Kraftfahrzeug-Diagnose. In: /BRAU-87/.

/SPAR-86/   L.F.W. Sparberg. Informationstechnologie und wirtschaftliche Dynamik, Versicherungswirtschaft, Stuttgart, 22/1986.

/STAB-86/   H. Stabenau. Optimale Warenverteilungssysteme. In: /VDI-86a/.

/STAD-86/   K.O. Stadtherr. ISDN-Inhaus-Welt. In: office management (1986) Heft 6, S. 618.

/STEF-87/   E. Steffens. Die Pixel-Macher der PCs. c't 1987, Heft 1, S. 36-42.

/STER-69/   M.E. Stern. Marketing-Planung - Eine System-Analyse. Berlin, 1969.

/STON-86/   M. Stonebraker. Object management in postgres using procedures. In: /DITT-86a/ pp. 66 - 72.

/STRA-86/   H. Strass. Architektur, Anwendungen und Entwicklungstendenzen des VMEbus. Design & Elektronik, Ausgabe 14 vom 08.07.86, S. 98-109.

/SURM-86/   A. Surminski. Das Image der Versicherung, Zeitschrift für die gesamte Versicherungswissenschaft, 3/1986.

/SÜRT-86/   H. Sürth. Inbetriebnahme - Vorbereitung und Durchführung. In: /VDI-86b/.

/TEIN-88/   H. Tein. Marktorientierter Kundendienst. In: Teil 4 von /VDI-88/.

/TIET-78/   B. Tietz. Marketing, WISU- Texte, Werner Verlag, 1978.

/TROS-86/   H. Trost. Wissensrepräsentation in der AI am Beispiel Semantischer Netze. In: /RETT-86/.

/TSIC-78/   D. Tsichritzis, A. Klug (eds.). The ANSI/X3/SPARC DBMS Framework-Report of the Study Group on Database Management Systems. Inform. Systems 3 (1978), 173 - 191.

/ULRI-86/   R. Ulrich. Vertriebsverfahren und Kommunikation, Zeitschrift für die gesamte Versicherungswissenschaft, Köln, 3/1986.

/ULRI-86a/   R. Ulrich. Quo vadis, Informationsverarbeitung?, Versicherungswirtschaft, Karlsruhe, 3/1986.

/UNIX/   Unix Programmers Manual.

/URLA-86/   Frank Urlass, Raimund Rusch, Volker Meyer. Schadenbearbeitung im Dialog, Versicherungswirtschaft, Hamburg/Stuttgart, 8/1986, 9/1986.

/URLA-88/   F. Urlass. Einsatz von Standard-Anwender-Software für die Schadensbearbeitung, Versicherungswirtschaft, Stuttgart, 8/1988.

/VDI-80/   N.N. Handbuch der Arbeitsgestaltung und Arbeitsorganisation. VDI-Verlag, 1980.

/VDI-83/   Verein Deutscher Ingenieure (Hrsg.). Angebotserstellung in der Investitionsgüterindustrie. VDI-Verlag, Düsseldorf 1983.

/VDI-84/   Verein Deutscher Ingenieure (Hrsg.). Der Vertriebsingenieur: Praxis der Marktbearbeitung, Reihe Technischer Vertrieb. VDI-Verlag 1984.

/VDI-85/   Verein Deutscher Ingenieure (Hrsg.). Treffsichere Angebote durch bessere Information, VDI Berichte 575. VDI-Verlag 1985.

/VDI-86a/   Verein Deutscher Ingenieure (Hrsg.). Wege zur Branchenspitze, VDI Berichte 616. VDI-Verlag 1986.

/VDI-86b/   Verein Deutscher Ingenieure (Hrsg.). Exportorientierte Auftragsabwicklung im Maschinen- und Anlagenbau, VDI Berichte 597. VDI-Verlag 1986.

/VDI-88a/   Wissensverteilung ist ein finanzielles Problem. In: VDI-Nachrichten Nr. 33, 19. August 1988.

/VDI-88b/   Verein Deutscher Ingenieure (Hrsg.). Handbuch zum Seminar "Technischer Vertrieb", Teil 1-5. VDI-Bildungswerk, 1988.

/VDI-88c/   Kleinrechner bringt Angeboten den Erfolg. In: VDI-Nachrichten Nr. 42, 21. Oktober 1988.

/VLU-82/   Verband der Lebensversicherungs-Unternehmen e.V. Schriftenreihe Betriebstechnische Fragen der Lebensversicherung, 69. Folge, 1982.

/VOSS-87/   G. Vossen. Datenmodelle, Datenbanksprachen und Datenbank-Management-Systeme. Addison-Wesley, Bonn, 1987.

/WAGE-81/   J.L. Wage. Arbeitshandbuch Planung, Organisation, Kontrolle im Verkauf. Verlag Moderne Industrie 1981.

/WARN-84/   H.J. Warnecke. Der Produktionsbetrieb: Eine Industriebetriebslehre für Ingenieure. Springer-Verlag, 1984.

/WEBE-86/   H.E. Weber. Projektbezogene Beschaffung von Ausrüstungsteilen und Leistungen. In: /VDI-86b/.

/WEDE-88/   H. Wedekind. Nullwerte in Datenbanksystemen. Informatik Spektrum 11 (1988), 97 - 98.

/WENZ-86/   G.-E. Wenzel. Investitionsgüter-Werbung: Kommunikation kalkuliert. absatzwirtschaft 3 (1986), 100 - 107.

/WETT-84/   H. Wettstein. Architektur von Betriebssystemen. Hanser-Verlag, 1984.

/WILL-86/   B. Willim. Digitale Kreativität: Computer Grafik in der Kommunikationsgestaltung. Drei-R-Verlag, Berlin, 1986.

/WINS-84/   P.H. Winston. Artificial Intelligence, 2nd ed. Addison-Wesley, Reading, Mass., 1984.

/WITT-82/   N. Wittmer. Produkt- oder Kundengruppenorganisation in Versicherungsunternehmen?, Versicherungswirtschaft, München, 8/1982.

/WITT-87/   G. Wittfeld. Revision von MS-DOS gefährdet Marktposition. In: Computerwoche 20.03.87.

/WOEL-86/   D. Woelk, W. Kim, W. Luther. An Object-Oriented Approach to Multimedia Databases. ACM SIGMOD 1986, 311 - 325.

/WÖHE-86/   G. Wöhe. Einführung in die allgemeine Betriebswirtschaftslehre, 8. Auflage. Berlin-Frankfurt/M, 1986.

/WOLT-78/   F.H. Wolter. Steuerung und Kontrolle des Außendienstes. Deutscher Betriebswirte Verlag, 1978.

/WOLT-80/   F.H. Wolter. Wie der moderne Innendienst den Verkauf fördert. Gabler Verlag, 1980.

/WOLZ-86/   B. Wolz. Bürokommunikation im Versicherungsunternehmen, Versicherungswirtschaft, München, 20/1986.

/ZAHN-79/   E. Zahn. Außendienst-Berichtssysteme aufbauen und verkaufswirksam nutzen. Verlag Moderne Industrie 1979.

/ZAHN-87/   E. Zahn. Marketing- und Vertriebscontrolling. VDI-Verlag, 1987.

/ZDON-86/   S.B. Zdonik, P. Wegner. Language and methodology for object-oriented database environments. In: Proceedings of the Nineteenth Annual Hawaii International Conference on System Sciences (Honolulu, Jan.) 1986, 378.

/ZEIS-84/   H.-P. Zeißl. Computer für Agenturen - ein Erfahrungsbericht, Versicherungswirtschaft, Waiblingen, 24/1984.